注1) ㄱ, ㄷ, ㅂ, ㅈの系列(平音)は、語頭では無声音(清音, ㅂは半濁音)、語中では有声音(濁音)で発音する. 語頭の無声音には†を付けた.
注2) 終声(音節末子音)のカナ発音表記の例: 낙 ナク, 난 ナン, 낟 ナッ, 날 ナル, 남 ナム, 납 ナプ, 낭 ナン.

ㅙ	ㅚ	ㅛ	ㅜ	ㅝ	ㅞ	ㅟ	ㅠ	ㅡ	ㅢ	ㅣ
괘 †クェ・グェ	괴 †クェ・グェ	교 †キョ・ギョ	구 †ク・グ	궈 †クォ・グォ	궤 †クェ・グェ	귀 †クィ・ギュ	규 †キュ・ギュ	그 †ク・グ	긔 †キ・ギ	기 †キ・ギ
꽤 ックェ	꾀 ックェ	꾜 ッキョ	꾸 ック	꿔 ックォ	꿰 ックェ	뀌 ックィ	뀨 ッキュ	끄 ック	끠 ッキ	끼 ッキ
놰 ヌェ	뇌 ヌェ	뇨 ニョ	누 ヌ	눠 ヌォ	눼 ヌェ	뉘 ヌィ	뉴 ニュ	느 ヌ	늬 ニ	니 ニ
돼 †トェ・ドェ	되 †トェ・ドェ	됴 †テョ・デョ	두 †トゥ・ドゥ	둬 †トォ・ドォ	뒈 †トェ・ドェ	뒤 †トゥィ・ドゥィ	듀 †テュ・デュ	드 †トゥ・ドゥ	듸 †ティ・ディ	디 †ティ・ディ
뙈 ットェ	뙤 ットェ	뚀 ッテョ	뚜 ットゥ	뚸 ットォ	뛔 ットェ	뛰 ットゥィ	뜌 ッテュ	뜨 ットゥ	띄 ッティ	띠 ッティ
뢔 ルェ	뢰 ルェ	료 リョ	루 ル	뤄 ルォ	뤠 ルェ	뤼 ルィ	류 リュ	르 ル	릐 リ	리 リ
뫠 ムェ	뫼 ムェ	묘 ミョ	무 ム	뭐 ムォ	뭬 ムェ	뮈 ムィ	뮤 ミュ	므 ム	믜 ミ	미 ミ
봬 †ペ・ベ	뵈 †ペ・ベ	뵤 †ピョ・ビョ	부 †プ・ブ	붜 †ポォ・ボォ	붸 †ペ・ベ	뷔 †ピィ・ビィ	뷰 †ピュ・ビュ	브 †ピ・ビ	븨 †ピ・ビ	비 †ピ・ビ
빼 ップェ	뾔 ップェ	뾰 ッピョ	뿌 ップ	쀄 ップェ	쀄 ップェ	쀠 ッピィ	쀼 ッピュ	쁘 ップ	쁴 ッピ	삐 ッピ
쇄 スェ	쇠 スェ	쇼 ショ	수 ス	숴 スォ	쉐 スェ	쉬 シュィ	슈 シュ	스 ス	싀 シ	시 シ
쐐 ッスェ	쐬 ッスェ	쑈 ッショ	쑤 ッス	쒀 ッスォ	쒜 ッスェ	쒸 ッシュィ	쓔 ッシュ	쓰 ッス	씌 ッシ	씨 ッシ
왜 ウェ	외 ウェ	요 ヨ	우 ウ	워 ウォ	웨 ウェ	위 ウィ	유 ユ	으 ウ	의 ウィ	이 イ
좨 †チュェ・ジュェ	죄 †チュェ・ジュェ	죠 †チョ・ジョ	주 †チュ・ジュ	줘 †チュォ・ジュォ	줴 †チュェ・ジュェ	쥐 †チュィ・ジュィ	쥬 †チュ・ジュ	즈 †チュ・ジュ	즤 †チ・ジ	지 †チ・ジ
쫴 ッチュェ	쬐 ッチュェ	쬬 ッチョ	쭈 ッチュ	쭤 ッチュォ	쮀 ッチュェ	쮜 ッチュィ	쮸 ッチュ	쯔 ッチュ	찍 ッチ	찌 ッチ
채 チュェ	최 チュェ	쵸 チョ	추 チュ	춰 チュォ	췌 チュェ	취 チュィ	츄 チュ	츠 チュ	츼 チ	치 チ
쾌 クェ	쾨 クェ	쿄 キョ	쿠 ク	쿼 クォ	퀘 クェ	퀴 クィ	큐 キュ	크 ク	킈 キ	키 キ
태 トェ	퇴 トェ	툐 テョ	투 トゥ	퉈 トォ						
퐤 プェ	푀 プェ	표 ピョ	푸 プ	풔 プォ						
홰 フェ	회 フェ	효 ヒョ	후 フ	훠 フォ						

Daily
Japanese-Korean-English
Dictionary

デイリー
日韓英
辞典 [カジュアル版]
三省堂編修所 [編]

三省堂

© Sanseido Co., Ltd. 2017
Printed in Japan

[装画] 青山タルト
[装丁] 三省堂デザイン室

まえがき

　近年，日本アニメのブームがわき起こったり，和食が世界遺産に登録されたりと，日本の文化・芸術が世界的に注目を集めています。それに伴い，海外からの観光客や日本での留学・就労をもとめる外国人が増えています。そして，2020 年の東京オリンピック・パラリンピックをきっかけとして，多くの日本人がさまざまな言語や文化背景をもつ人たちをおもてなしの心で迎え入れようとしています。

　2002 年より刊行を開始した「デイリー 3 か国語辞典」シリーズは，ハンディかつシンプルで使いやすいとのご好評をいただき，増刷を重ねてまいりました。このたび，より気軽にご利用いただけるよう，『デイリー日韓英辞典 カジュアル版』を刊行いたします。これは，同シリーズの『デイリー日韓英・韓日英辞典』より「日韓英部分」を独立させ内容を見直し，付録として「日常会話」や「分野別単語集」を盛りこんだものです。

　本書の構成は次の通りです。くわしくは「この辞書の使い方」をごらんください。
◇日韓英辞典…
　日本語に対応する韓国語がひと目でわかります。日常よく使われる日本語を収録し，五十音順に配列しました。
◇日常会話…
　「あいさつ」「食事」「買い物」「トラブル・緊急事態」の 4 場面でよく使われるごく基本的な表現をまとめました。韓国語と英語部分の音声は無料ウェブサービスで聴くことができます。
◇分野別単語集…
　「職業」「病院」など，テーマや場面別に関連する基本的な単語をまとめました。

　おもてなしにもご旅行にも，シンプルで引きやすい『デイリー日韓英辞典 カジュアル版』が，読者のみなさまのコミュニケーションに役立つよう，心より願っています。

　2017 年初夏

三省堂編修所

この辞書の使い方

【日韓英辞典】
○日本語見出し
・日常よく使われる日本語約 1 万 3 千項目を収録した
・五十音順に配列した
・長音「ー」は直前の母音に置き換えて配列した
    例：**アーモンド** → ああもんど   **チーム** → ちいむ
・見出し上部にふりがなを付け，常用漢字以外の漢字も用いた
・見出し下部にローマ字を付けた
    例：**上達する** → joutatsusuru   **長所** → chousho
・語義が複数あるものなどには（　　）で中見出しを設けた
・熟語見出しについては見出しを～で省略した

○韓国語
・見出しの日本語に対応する韓国語の代表的な語句を示した
・韓国語にはカタカナ発音を示した
・カタカナ発音の詳細については，v, vi 頁を参照
・韓国語の漢字語には漢字表記を（　）に示した
・見出しの日本語と漢字表記が一致する漢字語には＊を付した
    例：**鮮やかな** 선명(鮮明)한
        名案 명안＊

○英語
・見出しの日本語に対応する英語の代表的な語句を示した
・原則的にアメリカの英語を示した
・冠詞・複数形などの詳細な表記は原則的に割愛した
・英語にはカタカナ発音を示した
・カタカナ発音ではアクセントのある部分は太字で示した
・可変要素と日本語・韓国語がそのまま英語になったものなどはイタリック体で示した
    例：*one, one's, oneself, miso, sake*

【日常会話】
・「あいさつ」「食事」「買い物」「トラブル・緊急事態」の 4 場面でよく使われる日常会話表現約 260 をまとめた
・日韓英の順に配列し，同じ意味を表す別の表現は / で区切って併記した
・韓国語のカタカナ発音などは日韓英辞典に準じた

【分野別単語集】
・34 の分野別によく使われる語句約 800 をまとめた
・日韓英の順に配列し，英語は㊤で示した
・韓国語のカタカナ発音などは日韓英辞典に準じた

韓国語のカタカナ発音表記について

■ 見返しの反切表に，ハングルとそのカタカナ発音表記の基本的な対応関係を示しました．主な原則は，次のとおりです．

1. 平音の ㄱ, ㄷ, ㅂ, ㅈ は，語頭に来る場合は「⁺カ, ⁺タ, ⁺パ, ⁺チャ」，語中で母音の後に来る場合は「ガ, ダ, バ, ジャ」のように表記した．

2. 激音（ㅋ, ㅌ, ㅍ, ㅊ）は，つねに「カ, タ, パ, チャ」のように表記した．

3. 濃音（ㄲ, ㄸ, ㅃ, ㅆ, ㅉ）は，原則として「ッカ, ッタ, ッパ, ッサ, ッチャ」のように表記した．

    例：짜다 ッチャダ　　아까 アッカ

    なお，ハングルの綴りの上では平音で書かれていても実際の発音が濃音である場合，発音どおり濃音で表記した．

    例：안다 アンッタ　　사건 サッコン

    ただし，直前が閉鎖音の終声（-p, -t, -k つまりプ, ッ, ク）の場合には，「ッ」を入れず，「カ, タ, パ, チャ」などで表記した．

    例：없다 オプタ　　걱정 ⁺コクチョン

4. 終声（パッチム，音節末子音）のうち，ㄴ, ㅇ は「ン」で表記した．それ以外の終声は，見返しの表に示したように小字で表した．

5. 鼻音化，側面音化，激音化が起きる場合には，発音どおりに表記した．

    例：입문(하다) イムムン(ハダ)　　축하 チュカ
    　　진리 ⁺チルリ　　　　　　　같이 ⁺カチ

6. 終声のㄴやㄹの後のㅎ音は，日常会話では弱化してほぼ聞こえない場合があるが，標準語では脱落は認められていないので音価通りに表記した．

    例：전화 ⁺チョンファ　　결혼 ⁺キョルホン

7. 若い世代の発音では，母音の長短を区別しないことが多いので，長母音の表示は省略した．

■ 発音のカタカナ表記はあくまでも目安を示すものであって，韓国語の発音を正確に反映したものではありません．とくに注意を要する点は，次のとおりです．

1. 母音のうち，어と오はともに「オ」，으と우はともに「ウ」と表記したが，これらを区別することは非常に重要である．

   어は日本語の「オ」より口の開きが大きく，唇をあまり丸めない．오は日本語の「オ」に近いが，唇をはっきり丸めて発音する．
   으は唇を横に引いて発音し，우は唇を丸めて発音する．

2. 終声のうち，ㄴと○はともに「ン」で表記したが，これらを区別することもたいへん重要である．

   ㄴは，舌の先端を上の歯の裏にしっかりつけて発音する．
   ○は，舌を後ろに引いて発音する．

3. 終声として小字で示したものは，子音だけを発音する．また，말(マル)のように小字の「ル」で示したものは，欧米の言語に見られるような [l] の発音である．

日	韓	英

あ, ア

あーてぃすと **アーティスト** aatisuto	**아티스트** アティストゥ	artist **アー**ティスト
あーもんど **アーモンド** aamondo	**아몬드** アモンドゥ	almond **アー**モンド
あい(する) **愛(する)** ai (suru)	**사랑(하다)** サラン(ハダ)	love **ラ**ヴ
あいかぎ **合鍵** aikagi	**여벌의 열쇠** ヨボレ ヨルッスェ	duplicate key **デュー**プリケト **キー**
あいかわらず **相変わらず** aikawarazu	**변(変)함없이, 여전(如前)히** †ピョンハムオプシ, ヨジョンヒ	as usual アズ **ユー**ジュアル
あいきょうのある **愛嬌のある** aikyounoaru	**애교* 있는** エギョ インヌン	charming **チャー**ミング
あいさつ(する) **挨拶(する)** aisatsu (suru)	**인사(人事)(하다)** インサ(ハダ)	greeting; greet, salute **グリー**ティング, **グリー**ト, **サ**ルート
あいしゃどー **アイシャドー** aishadoo	**아이섀도** アイシェド	eye shadow **ア**イシャドウ
あいしょう **相性** aishou		
〜がいい	**서로 잘 맞다** ソロ †チャル マッタ	(be) compatible with (ビ) コン**パ**ティブル ウィズ
〜が悪い	**성격(性格)이 안 맞다** ソンッキョギ アン マッタ	(be) incompatible with (ビ) イン**コ**ンパティブル ウィズ
あいじょう **愛情** aijou	**애정*** エジョン	love, affection **ラ**ヴ, ア**フェ**クション

日	韓	英
あいず **合図** aizu	**신호**(信號) シンホ	signal, sign **ス**ィグナル, **サ**イン
〜する	**신호**(信號)**하다** シンホハダ	give a signal **ギ**ヴ ア **ス**ィグナル
あいすくりーむ **アイスクリーム** aisukuriimu	**아이스크림** アイスクリム	ice cream **ア**イス **ク**リーム
あいそ **愛想** aiso		
〜が尽きる	**정나미가 떨어지다** †チョンナミガ ットロジダ	(get) fed up with (ゲト) **フェ**ド **ア**プ ウィズ
〜のよい	**붙임성 있는** †プッチムソン インヌン	affable, approach-able **ア**ファブル, アプ**ロ**ウチャブル
あいた **空いた** aita	**비어 있는, 빈** †ピオ インヌン, †ピン	empty, vacant **エ**ンプティ, **ヴェ**イカント
あいだ **間** aida	**사이, 간격**(間隔) サイ, †カンギョク	space **ス**ペイス
あいづちをうつ **相槌を打つ** aizuchiwoutsu	**맞장구를 치다** マッチャングルル チダ	chime in with **チャ**イム イン ウィズ
あいて **相手** aite	**상대**(相對)**, 상대방**(相對方) サンデ, サンデバン	partner **パ**ートナ
(相対する)	**상대**(相對) サンデ	other party **ア**ザ **パ**ーティ
(ライバル)	**라이벌** ライボル	rival **ラ**イヴァル
あいでぃあ **アイディア** aidia	**아이디어** アイディオ	idea アイ**ディ**ーア

日	韓	英
あいどくしょ **愛読書** aidokusho	애독서* エドクソ	favorite book フェイヴァリト ブク
あいどる **アイドル** aidoru	아이돌 アイドル	idol **アイ**ドル
あいにく **生憎** ainiku	공교(工巧)롭게도 †コンギョロプケド	unfortunately アン**フォー**チュネトリ
あいま **合間** aima	틈, 짬 トゥム, ッチャム	interval, leisure **イン**タヴァル, **リー**ジャ
あいまいな **曖昧な** aimaina	애매*한 エメハン	vague, ambiguous **ヴェイ**グ, アン**ピ**ギュアス
あいろん **アイロン** airon	다리미 †タリミ	iron **アイ**アン
あう **会う** au	만나다 マンナダ	see, meet ス**ィー**, ミート
あう **合う** au	합(合)쳐지다, 일치(一致)하다 ハプチョジダ, イルチハダ	match, fit, suit **マ**チ, **フィ**ト, **スー**ト
あえて **敢えて** aete	감(敢)히 †カムヒ	dare to do **デ**ア トゥ **ドゥ**
あえる **和える** aeru	무치다, 버무리다 ムチダ, †ポムリダ	dress **ド**レス
あお **青** ao	파랑, 파란색(色) パラン, パランセク	blue **ブ**ルー
あおい **青い** aoi	파랗다, 푸르다 パラッタ, プルダ	blue **ブ**ルー
(未熟な)	미숙(未熟)한 ミスカン	inexperienced イニクス**ピ**アリアンスト
あおぐ **扇ぐ** aogu	부채질하다 †プチェジルハダ	fan **ファ**ン

日	韓	英
あおじろい **青白い** aojiroi	창백(蒼白)하다, 파르스름하 다 チャンベカダ, パルスルムハダ	pale, wan ペイル, **ワ**ン
あおる **煽る** aoru	부추기다 †プチュギダ	stir up ス**タ**ー **ア**プ
あか(い) **赤(い)** aka (i)	빨강, 빨간색(色) ッパルガン, ッパルガンセク	red **レ**ド
あかじ **赤字** akaji	적자* †チョクチャ	deficit **デ**フィスィト
あかす **明かす** akasu	(사정(事情) 등을) 밝히다, (밤을) 새우다 (サジョン †トゥンウル)パルキダ, (パムル) セウダ	disclose ディスク**ロ**ウズ
あかちゃん **赤ちゃん** akachan	아기 アギ	baby **ベ**イビ
あかみ **赤身**　　(肉の) akami	기름기가 없는 살코기 †キルムッキガ オムヌン サルコギ	lean **リ**ーン
あかり **明かり** akari	빛, 등불 †ピッ, †トゥンップル	light, lamp **ラ**イト, **ラ**ンプ
あがる **上がる** agaru	오르다, 높아지다 オルダ, ノパジダ	rise, advance **ラ**イズ, アド**ヴァ**ンス
(緊張する)	긴장*(하다) †キンジャン(ハダ)	get nervous **ゲ**ト **ナ**ーヴァス
あかるい **明るい** akarui	밝다 †パクタ	bright, light ブ**ラ**イト, **ラ**イト
(明朗な)	명랑(明朗)한 ミョンナンハン	cheerful **チ**アフル
(精通している)	정통(精通)하다 †チョントンハダ	(be) familiar with (ビ) ファ**ミ**リア ウィズ

日	韓	英
<ruby>空<rt>あ</rt></ruby>き aki	빈 자리 †ピン †チャリ	opening, gap オウプニング, ギャプ
(空席)	공석(空席) †コンソク	vacant seat ヴェイカント スィート
(欠員)	결원(欠員) †キョルウォン	vacancy ヴェイカンスィ
〜部屋	빈 방(房) †ピン †パン	vacant room ヴェイカント ルーム
<ruby>秋<rt>あき</rt></ruby> aki	가을 †カウル	autumn, fall オータム, フォール
<ruby>明<rt>あき</rt></ruby>らか akiraka		
〜な	명백(明白)함 ミョンベカム	clear, evident クリア, エヴィデント
〜に	명백(明白)하게, 분명(分明)히 ミョンベカゲ, †プンミョンヒ	clearly クリアリ
<ruby>諦<rt>あきら</rt></ruby>める akirameru	포기(抛棄)하다, 단념(斷念)하다, 체념(諦念)하다 ポギハダ, †タンニョムハダ, チェニョムハダ	give up, abandon ギヴ アプ, アバンドン
<ruby>飽<rt>あ</rt></ruby>きる akiru	싫증나다, 질리다 シルッチュンナダ, †チルリダ	get tired of (ゲト) タイアド オヴ
<ruby>呆<rt>あき</rt></ruby>れる akireru	어이없다, 기(気)가 막히다 オイオプタ, †キガ マキダ	(be) bewildered by (ビ) ビウィルダド バイ
<ruby>悪<rt>あく</rt></ruby> aku	악* アク	evil, vice イーヴィル, ヴァイス
<ruby>空<rt>あ</rt></ruby>く aku	비다 †ピダ	become vacant ビカム ヴェイカント

日	韓	英
あく **開く** aku	**열리다** ヨルリダ	open, begin, start **オ**ウプン, **ビギ**ン, ス**ター**ト
あくい **悪意** akui	**악의**＊ アギ	malice **マ**リス
あくしつな **悪質な** akushitsuna	**악질적**(悪質的)**인** アクチルジョギン	vicious **ヴィ**シャス
あくしゅ **握手** akushu	**악수**＊ アクス	handshake **ハ**ンドシェイク
〜する	**악수**＊**하다** アクスハダ	shake hands with **シェ**イク **ハ**ンヅ ウィズ
あくせいの **悪性の** akuseino	**악성**＊**의** アクソンエ	malignant マ**リ**グナント
あくせさりー **アクセサリー** akusesarii	**액세서리** エクセソリ	accessories アク**セ**ソリズ
あくせす(する) **アクセス(する)** akusesu (suru)	**액세스**(**하다**) エクセス(ハダ)	access **ア**クセス
あくせんと **アクセント** akusento	**액센트** エクセントゥ	accent **ア**クセント
あくび **欠伸** akubi	**하품** ハプム	yawn **ヨー**ン
あくめい **悪名** akumei	**악명**＊ アンミョン	bad name **バ**ド **ネ**イム
あくよう(する) **悪用(する)** akuyou (suru)	**악용**＊(**하다**) アギョン(ハダ)	abuse ア**ビュー**ズ
あくりょく **握力** akuryoku	**악력**＊ アンニョク	grip strength **グ**リプ スト**レ**ングス
あくりる **アクリル** akuriru	**아크릴** アクリル	acrylic ア**ク**リク

日	韓	英
あけがた **明け方** akegata	새벽(녘) セビョク(ニョク)	daybreak デイブレイク
あける **明ける** (夜が) akeru	(날이) 밝다, (날이) 새다 (ナリ) †パクタ, (ナリ) セダ	The day breaks. ザ デイ ブレイクス
あける **開ける** akeru	열다 ヨルダ	open オウプン
あげる **上げる** ageru	올리다, 높이다 オルリダ, ノピダ	raise, lift レイズ, リフト
(与える)	주다 †チュダ	give, offer ギヴ, オファ
あげる **揚げる** ageru	튀기다 トゥィギダ	deep-fry ディープフライ
あご **顎** ago	턱 トク	jaw, chin ヂョー, チン
あこがれ(る) **憧れ(る)** akogare(ru)	동경(憧憬)(하다) †トンギョン(ハダ)	yearning; aspire to ヤーニング, アスパイア トゥ
あさ **朝** asa	아침 アチム	morning モーニング
あさ **麻** asa	삼베 サムベ	linen リネン
あさい **浅い** asai	얕다, 깊지 않다 ヤッタ, †キプチ アンタ	shallow シャロウ
あざける **嘲る** azakeru	비웃다, 조롱(嘲弄)하다 †ピウッタ, †チョロンハダ	ridicule リディキュール
あさごはん **朝御飯** asagohan	아침 식사(食事), 아침밥 アチムシクサ, アチムッパプ	breakfast ブレクファスト
あさって **明後日** asatte	모레 モレ	day after tomorrow デイ アフタ トーモーロウ

日	韓	英
<small>あさひ</small> **朝日** asahi	**아침해** アチムヘ	morning sun **モー**ニング **サ**ン
<small>あさましい</small> **浅ましい** asamashii	**한심(寒心)하다** ハンシムハダ	shameful **シェ**イムフル
<small>あざむく</small> **欺く** azamuku	**속이다** ソギダ	cheat **チ**ート
<small>あざやかな</small> **鮮やかな** azayakana	**선명(鮮明)한** ソンミョンハン	vivid **ヴィ**ヴィド
(見事な)	**훌륭한** フルリュンハン	splendid スプ**レ**ンディド
<small>あさり</small> **浅蜊** asari	**모시조개** モシジョゲ	clam ク**ラ**ム
<small>あざわらう</small> **嘲笑う** azawarau	**비웃다, 조소(嘲笑)하다** †ピウッタ, †チョソハダ	ridicule **リ**ディキュール
<small>あし</small> **足・脚**(足首から先) ashi	**발** †パル	foot **フ**ト
(全体)	**다리** †タリ	leg **レ**グ
〜の裏	**발바닥** †パルッパダク	sole **ソ**ウル
<small>あじ</small> **味** aji	**맛** マッ	taste **テ**イスト
<small>あじあ</small> **アジア** ajia	**아시아** アシア	Asia **エ**イジャ
<small>あしくび</small> **足首** ashikubi	**발목** †パルモク	ankle **ア**ンクル
<small>あした</small> **明日** ashita	**내일(来日)** ネイル	tomorrow ト**モー**ロウ

日	韓	英
あしば **足場** ashiba	발판 †パルパン	scaffold スキャフォルド
あじみする **味見する** ajimisuru	맛보다 マッポダ	taste テイスト
あじわう **味わう** ajiwau	맛보다, 감상(感想)하다 マッポダ, †カムッサンハダ	taste, relish テイスト, レリシュ
あす **明日** asu	내일(来日) ネイル	tomorrow トマロウ
あずかる **預かる** azukaru	맡다, 보관(保管)하다 マッタ, †ポグヮンハダ	keep, take charge of キープ, テイク チャーヂ オヴ
あずき **小豆** azuki	팥 パッ	red bean レド ビーン
あずける **預ける** azukeru	맡기다 マッキダ	leave, deposit リーヴ, ディパズィト
あすぱらがす **アスパラガス** asuparagasu	아스파라거스 アスパラゴス	asparagus アスパラガス
あすぴりん **アスピリン** asupirin	아스피린 アスピリン	aspirin アスピリン
あせ **汗** ase	땀 ッタム	sweat スウェト
あせも **汗疹** asemo	땀띠 ッタムッティ	heat rash ヒート ラシュ
あせる **焦る** aseru	초조(焦燥)해하다 チョジョヘハダ	(be) in a hurry, (be) impatient (ビ) イン ア ハーリ, (ビ) インペイシェント
あそこ **あそこ** asoko	저기, 저쪽 †チョギ, †チョッチョク	that place, there ザト プレイス, ゼア

日	韓	英
あそび **遊び** asobi	놀이, 유흥(遊興) ノリ, ユフン	play プレイ
あそぶ **遊ぶ** asobu	놀다 ノルダ	play プレイ
あたい **価・値** (値段) atai	값, 가격(價格) †カプ, †カギョク	price, cost プライス, コスト
(価値)	가치(價値), 값어치 †カチ, †カボチ	value, worth ヴァリュ, ワース
あたえる **与える** ataeru	주다 †チュダ	give, present ギヴ, プリゼント
あたたかい **暖[温]かい** atatakai	따뜻하다 ッタットゥタダ	warm, mild ウォーム, マイルド
あたたまる **暖[温]まる** atatamaru	따뜻해지다 ッタットゥッテジダ	(get) warm (ゲト) ウォーム
あたためる **暖[温]める** atatameru	따뜻하게 하다, 데우다 ッタットゥタゲ ハダ, †テウダ	warm (up), heat ウォーム (アプ), ヒート
あだな **仇名** adana	별명(別名) †ピョルミョン	nickname ニクネイム
あたま **頭** atama	머리 モリ	head ヘド
(頭脳)	뇌(腦), 두뇌(頭腦) ヌェ, †トゥヌェ	brains, intellect ブレインズ, インテレクト
あたまきん **頭金** atamakin	계약금(契約金), 선금(先金) †ケヤクグム, ソングム	deposit ディパズィト
あたらしい **新しい** atarashii	새, 새롭다 セ, セロプタ	new ニュー
あたり **当たり** atari	명중(命中), 적중(適中) ミョンジュン, †チョクチュン	hit ヒト

日	韓	英
（成功）	성공（成功） ソンゴン	success サクセス
<ruby>辺<rt>あたり</rt></ruby>り atari	근처（近処），주변（周辺） †クンチョ，†チュビョン	around, vicinity アラウンド，ヴィ**スィ**ニティ
<ruby>当<rt>あたりまえ</rt></ruby>たり前の （自然な） atarimaeno	당연（当然）한 †タンヨンハン	natural **ナ**チュラル
（普通の）	보통（普通）（의） †ポトン（エ）	common, ordinary **カ**モン，**オ**ーディネリ
<ruby>当<rt>あた</rt></ruby>たる （ボールなどが） ataru	명중（命中）하다 ミョンジュンハダ	hit ヒト
（予想が）	（예상（予想）이）들어맞다 （イェサンイ）†トゥロマッタ	prove to be correct プルーヴ トゥ ビ コ**レ**クト
<ruby>あちこち<rt>あちこち</rt></ruby> achikochi	여기저기，이곳저곳 ヨギジョギ，イゴッジョゴッ	here and there **ヒ**ア アンド **ゼ**ア
<ruby>あちら<rt>あちら</rt></ruby> achira	저쪽，저기 †チョッチョク，†チョギ	(over) there （**オ**ウヴァ）**ゼ**ア
<ruby>熱<rt>あつ</rt></ruby>い atsui	뜨겁다 ットゥゴプタ	hot ハト
<ruby>暑<rt>あつ</rt></ruby>い atsui	덥다 †トプタ	hot ハト
<ruby>厚<rt>あつ</rt></ruby>い atsui	두껍다，두텁다 †トゥッコプタ，†トゥトプタ	thick **スィ**ク
<ruby>悪化<rt>あっか</rt></ruby>(する) akka (suru)	악화*（되다） アクヮ（ドェダ）	deterioration; grow worse ディティアリオ**レ**イション， グロウ **ワ**ース
<ruby>扱<rt>あつか</rt></ruby>い atsukai	취급（取扱） チュィグプ	management, treatment **マ**ニヂメント，ト**リ**ートメント

日	韓	英
あつかう **扱う** (待遇) atsukau	취급(取扱)하다 チグパダ	treat, deal with トリート, **ディール** ウィズ
(担当)	담당(担当)하다 †タムダンハダ	manage, deal with マ二ヂ, **ディール** ウィズ
(操作)	다루다, 조작(操作)하다 †タルダ, †チョヂャカダ	handle ハンドル
あつかましい **厚かましい** atsukamashii	뻔뻔스럽다 ッポンッポンスロプタ	impudent **イン**ピュデント
あつぎする **厚着する** atsugisuru	껴입다 ッキョイプタ	(be) heavily clothed (ビ) **ヘ**ヴィリ クロウズド
あつくるしい **暑苦しい** atsukurushii	숨막힐 듯이 덥다 スムマキル †トゥシ †トプタ	sultry, stuffy **サ**ルトリ, ス**タ**フィ
あつさ **厚さ** atsusa	두께 †トゥッケ	thickness ス**ィ**クネス
あっさり **あっさり** assari	담백(淡白)하게, 산뜻하게 †タムベカゲ, サンットゥタゲ	simply, plainly ス**ィ**ンプリ, **プ**レインリ
あっしゅく(する) **圧縮(する)** asshuku (suru)	압축＊(하다) アプチュク(ハダ)	compression; com- press コンプ**レ**ション, **カ**ンプレス
あっしょう **圧勝** asshou	압승 アプスン	overwhelming vic- tory オウヴァ(ホ)**ウェ**ルミング **ヴィ**クトリ
あつでの **厚手の** atsudeno	두꺼운 †トゥッコウン	thick ス**ィ**ク
あっぱくする **圧迫する** appakusuru	압박＊하다 アパパカダ	oppress, press オプ**レ**ス, **プ**レス
あつまり **集まり** atsumari	모임 モイム	meeting **ミ**ーティング

日	韓	英
あつまる **集まる** atsumaru	모이다 モイダ	gather, come together ギャザ, カム トゲザ
あつみ **厚み** atsumi	두께 †トゥッケ	thickness スィクネス
あつめる **集める** atsumeru	모으다 モウダ	gather, collect ギャザ, コレクト
あつらえる **誂える** atsuraeru	맞추다 マッチュダ	order オーダ
あつりょく **圧力** atsuryoku	압력* アムニョク	pressure プレシャ
あてさき **宛て先** atesaki	주소(住所) †チュソ	address アドレス
あてな **宛て名** atena	수신자명(受信者名) スシンジャミョン	address アドレス
あてはまる **当てはまる** atehamaru	들어맞다, 적합(適合)하다 †トゥロマッタ, †チョカパダ	apply to, (be) true of アプライ トゥ, (ビ) トルー オヴ
あてる **当てる** ateru	맞히다, 명중(命中)시키다 マチダ, ミョンジュンシキダ	hit, strike ヒト, ストライク
あと **跡** ato	자국, 흔적(痕迹) †チャグク, フンジョク	mark, trace マーク, トレイス
あどけない **あどけない** adokenai	천진난만(天真爛漫)하다 チョンジンナンマンハダ	innocent イノセント
あとしまつ **後始末** atoshimatsu	뒷처리 †トゥイチョリ	settlement セトルメント
～する	뒤처리하다 †トゥイチョリハダ	settle セトル

日	韓	英
あとつぎ **跡継ぎ** atotsugi	**후계자**（後継者） フゲジャ	successor サクセサ
あとで **後で** atode	**뒤에, 나중에** †トゥィエ, ナジュンエ	later, after レイタ, アフタ
あどばいす(する) **アドバイス(する)** adobaisu (suru)	**어드바이스**(하다), **조언**（助 言）(하다), **충고**（忠告）(하다) オドゥバイス(ハダ), †チョオン(ハダ), チュ ンゴ(ハダ)	advice; advise アド**ヴァ**イス, アド**ヴァ**イズ
あとぴー **アトピー** atopii	**아토피** アトピ	atopy **ア**トピ
あとりえ **アトリエ** atorie	**아틀리에** アトゥルリエ	atelier, studio **ア**トリエイ, ス**テュ**ーディオ ウ
あどれす **アドレス** adoresu	**어드레스, 주소**（住所） オドゥレス, †チュソ	address アド**レ**ス
あな **穴** ana	**구멍** †クモン	hole, opening **ホ**ウル, **オ**ウプニング
あなうんさー **アナウンサー** anaunsaa	**아나운서** アナウンソ	announcer ア**ナ**ウンサ
あなた **貴方[女]** anata	**당신**（当身） †タンシン	you **ユ**ー
あなどる **侮る** anadoru	**깔보다** ッカルボダ	despise ディス**パ**イズ
あに **兄** ani	**형***, 〔女性が呼ぶ場合〕**오빠** ヒョン, オッパ	(older) brother (**オ**ウルダ) ブ**ラ**ザ
あにめ **アニメ** anime	**애니메이션** エニメイション	animation アニ**メ**イション
あね **姉** ane	**누나**, 〔女性が呼ぶ場合〕**언니** ヌナ, オンニ	(older) sister (**オ**ウルダ) ス**ィ**スタ

日	韓	英
あねったい **亜熱帯** anettai	아열대* アヨルッテ	subtropical zone サブトラピカル ゾウン
あの **あの** ano	저, 그 †チョ, †ク	the, that, those ザ, ザト, ゾウズ
〜頃	그때 †クッテ	in those days イン ゾウズ デイズ
あぱーと **アパート** apaato	아파트 アパトゥ	apartment, flat アパートメント, フラト
あばく **暴く** abaku	폭로(暴露)하다 ポンノハダ	disclose ディスクロウズ
あばれる **暴れる** abareru	난폭(乱暴)하게 굴다 ナンポカゲ †クルダ	behave violently ビヘイヴ ヴァイオレントリ
あびせる **浴びせる** abiseru	끼얹다, 퍼붓다 ッキオンッタ, ポブッタ	pour on ポー オン
あぶない **危ない** abunai	위험(危険)하다 ウィホムハダ	dangerous, risky デインヂャラス, リスキ
あぶら **脂** abura	동물성(動物性) 지방(脂肪) †トンムルッソン †チバン	grease, fat グリース, ファト
あぶら **油** abura	기름 †キルム	oil オイル
あぶらえ **油絵** aburae	유화(油画) ユファ	oil painting オイル ペインティング
あぶらっこい **油っこい** aburakkoi	기름기가 많다 †キルムッキガ マンタ	oily オイリ
あぶる **炙る** aburu	굽다 †クプタ	roast ロウスト
あふれる **溢れる** afureru	넘치다, 넘쳐 흐르다 ノムチダ, ノムチョ フルダ	overflow, flood オウヴァフロウ, フラド

日	韓	英
あぷろーち（する） **アプローチ（する）** apuroochi (suru)	어프로치（하다） オプロチ（ハダ）	approach アプロウチ
あぼかど **アボカド** abokado	아보카도 アボカド	avocado アヴォカードウ
あまい **甘い** amai	달다 †タルダ	sweet スウィート
（寛容）	엄(厳)하지 않다 オムハジ アンタ	indulgent インダルヂェント
あまえる **甘える** amaeru	어리광 부리다, 응석 부리 다 オリグヮン †プリダ, ウンソク プリダ	behave like a baby ビヘイヴ ライク ア ベイビ
あまくち **甘口** amakuchi	단맛, 달콤한 맛 †タンマッ, †タルコムハン マッ	sweet スウィート
あまちゅあ **アマチュア** amachua	아마추어 アマチュオ	amateur アマチャ
あまど **雨戸** amado	덧문 †トンムン	(sliding) shutter （スライディング） シャタ
あまのがわ **天の川** amanogawa	은하수（銀河水） ウンハス	Milky Way ミルキ ウェイ
あまやかす **甘やかす** amayakasu	응석을 받아주다 ウンソグル †パダジュダ	spoil, indulge スポイル, インダルヂ
あまり **余り** amari	여분（余分）, 나머지 ヨブン, ナモジ	rest, remainder レスト, リマインダ
あまる **余る** amaru	남다 ナムッタ	remain リメイン
あまんじる **甘んじる** amanjiru	만족（満足）하다, 감수（甘受） 하다 マンジョカダ, †カムスハダ	(be) contented with （ビ） コンテンテド ウィズ
あみ **網** ami	그물 †クムル	net ネト

日	韓	英
^あ^み^{もの}**編み物** amimono	뜨개질 ットゥゲジル	knitting ニティング
^あ^む**編む** amu	짜다, 뜨다 ッチャダ, ットゥダ	knit ニト
^{あめ}**雨** ame	비 †ピ	rain レイン
〜が降る	비가 내리다, 비가 오다 †ピガ ネリダ, †ピガ オダ	It rains. イト レインズ
^{あめ}**飴** ame	엿, 사탕(砂糖) ヨッ, サタン	candy キャンディ
^{あめりか(がっしゅうこく)}**アメリカ(合衆国)** amerika (gasshuukoku)	미국(美国), 미합중국(美合衆国) ミグク, ミハプチュングク	United States (of America) ユナイテド ステイツ (オヴ アメリカ)
〜人	미국인(美国人), 미국(美国) 사람 ミグギン, ミグク サラム	American アメリカン
^{あや}**怪しい** ayashii	수상(殊常)하다, 의심(疑心)스럽다 スサンハダ, ウィシムスロプタ	doubtful, suspicious ダウトフル, サスピシャス
^{あや}**怪しむ** ayashimu	수상(殊常)히 여기다 スサンヒ ヨギダ	suspect, doubt サスペクト, ダウト
^{あやまち}**過ち** ayamachi	잘못, 과실(過失) †チャルモッ, †クヮシル	fault, error フォルト, エラ
^{あやまり}**誤り** ayamari	틀린 곳, 실수(失手) トゥルリン †コッ, シルッス	mistake, error ミステイク, エラ
^{あやま}**誤る** ayamaru	틀리다, 실수(失手)(하다) トゥルリダ, シルッス(ハダ)	mistake, fail in ミステイク, フェイル イン
^{あやま}**謝る** ayamaru	사과(謝過)하다, 잘못을 빌다 サグヮハダ, †チャルモスル †ピルダ	apologize to アパロヂャイズ トゥ

日	韓	英
あゆみ **歩み** ayumi	걸음 †コルム	walking, step **ウォ**ーキング, ス**テ**プ
あゆむ **歩む** ayumu	걷다 †コッタ	walk **ウォ**ーク
あらーむ **アラーム** araamu	알람, 자명종(自鳴鐘) アラム, †チャンミョンジョン	alarm ア**ラ**ーム
あらあらしい **荒々しい** araarashii	거칠다, 난폭(乱暴)하다 †コチルダ, ナンポカダ	rough, rude **ラ**フ, **ル**ード
あらい **粗い** arai	거칠다, 조잡(粗雑)하다 †コチルダ, †チョジャパダ	rough, coarse **ラ**フ, **コ**ース
あらう **洗う** arau	씻다, 빨다 ッシッタ, ッパルダ	wash, cleanse **ワ**シュ, ク**レ**ンズ
あらかじめ **予め** arakajime	미리, 사전(事前)에 ミリ, サジョネ	beforehand, in advance ビ**フォ**ーハンド, イン アド**ヴァ**ンス
あらし **嵐** arashi	폭풍(暴風), 폭풍우(暴風雨) ポプン, ポプンウ	storm, tempest ス**ト**ーム, **テ**ンペスト
あらす **荒らす** arasu	엉망으로 만들다 オンマヌロ マンドゥルダ	damage **ダ**ミヂ
あらそい **争い** arasoi	싸움, 분쟁(紛争) ッサウム, †プンジェン	quarrel, dispute ク**ウォ**レル, ディス**ピュ**ート
あらそう **争う** arasou	다투다, 싸우다 †タトゥダ, ッサウダ	fight, quarrel **ファ**イト, ク**ウォ**レル
あらたまる **改まる** aratamaru	개선(改善)되다, 새로워지다 †ケソンドェダ, セロウォジダ	(be) renewed (ビ) リ**ニュ**ード
あらためる **改める** aratameru	새롭게 하다, 고치다 セロプケ ハダ, †コチダ	renew, revise リ**ニュ**ー, リ**ヴァ**イズ

日	韓	英
あらゆる **あらゆる** arayuru	온갖, 모든 オンガッ, モドゥン	all, every **オ**ール, **エ**ヴリ
あらわす **表す** arawasu	나타내다, 표현(表現)(하다) ナタネダ, ピョヒョン(ハダ)	show, manifest, express **ショ**ウ, **マ**ニフェスト, イク**ス**プレス
あらわす **著す** arawasu	저술(著述)(하다) †チョスル(ハダ)	write, publish **ラ**イト, **パ**ブリシュ
あらわに **露わに** arawani	노골적(露骨的)으로 ノゴルッチョグロ	openly, publicly **オ**ウプンリ, **パ**ブリクリ
あらわれる **表れる** arawareru	나타나다, 표현(表現)(되다) ナタナダ, ピョヒョン(ドェダ)	(be) shown (ビ) **ショ**ウン
あらわれる **現れる** arawareru	나타나다 ナタナダ	come out, appear **カ**ム **ア**ウト, ア**ピ**ア
あり **蟻** ari	개미 †ケミ	ant **ア**ント
ありあまる **有り余る** ariamaru	넘쳐 나다, 넘칠 정도(程度)로 많다 ノムチョ ナダ, ノムチル †チョンドロ マンタ	more than enough **モ**ー **ザ**ン イ**ナ**フ
ありうる **有り得る** ariuru	있을 수 있다 イッスル ス イッタ	possible **パ**スィブル
ありえない **有り得ない** arienai	있을 수 없다 イッスル ス オプタ	impossible イン**パ**スィブル
ありがたい **有り難い** arigatai	고맙다 †コマプタ	thankful, grateful **サ**ンクフル, グ**レ**イトフル
ありがとう **有り難う** arigatou	고맙다, 고마워 †コマプタ, †コマウォ	Thanks. **サ**ンクス
ありのままの **ありのままの** arinomamano	있는 그대로의 インヌン †クデロエ	frank, plain フ**ラ**ンク, プ**レ**イン

日	韓	英
ありばい **アリバイ** aribai	알리바이 アルリバイ	alibi ア**リ**バイ
ありふれた **ありふれた** arifureta	흔한, 어디에나 있는 フンハン, オディエナ インヌン	common, ordinary **カ**モン, **オー**ディネリ
ある **在[有]る** aru	있다, 존재(存在)하다 イッタ, †チョンジェハダ	be, exist **ビ**ー, イグ**ズィ**スト
(起こる)	일어나다, 발생(発生)(하다) イロナダ, †パルッセンハダ	occur, happen オ**カ**ー, **ハ**プン
あるいは **或いは** aruiwa	또는, 혹(或)은 ットヌン, ホグン	(either) or (**イ**ーザ) **オ**ー
(多分)	아마 アマ	perhaps, maybe パ**ハ**プス, **メ**イビ
あるかり **アルカリ** arukari	알칼리성(性) アルカルリソン	alkali **ア**ルカライ
あるく **歩く** aruku	걷다 †コッタ	walk, go on foot **ウォ**ーク, ゴウ オン フト
あるこーる **アルコール** arukooru	알콜 アルコル	alcohol **ア**ルコホール
あるつはいまーびょう **アルツハイマー病** arutsuhaimaabyou	알츠하이머병(病) アルチュハイモビョン	Alzheimer's dis-ease **ア**ールツ ハイマズ ディ**ズィ**ーズ
あると **アルト** aruto	알토 アルト	alto **ア**ルトゥ
あるばいと(する) **アルバイト(する)** arubaito (suru)	아르바이트(하다), 알바(하다) アルバイトゥ(ハダ), アルバ(ハダ)	part-time job, work part-time パートタイム **チャ**ブ, **ワ**ーク パートタイム
あるばむ **アルバム** arubamu	앨범 エルボム	album **ア**ルバム

日	韓	英
あるみにうむ **アルミニウム** aruminiumu	알루미늄 アルミニュム	aluminum アルーミナム
あれ **あれ** are	저것, 그것 †チョゴッ，†クゴッ	that, it ザト，イト
～から	그로부터 †クロブト	since then スィンス ゼン
あれる **荒れる** (天気などが) areru	사나워지다 サナウォジダ	(be) rough (ビ) ラフ
(荒廃する)	황폐(荒廃)해지다 ファンペヘジダ	(be) ruined (ビ) ルインド
あれるぎー **アレルギー** arerugii	알레르기 アルレルギ	allergy アラヂ
あれんじ(する) **アレンジ(する)** arenji (suru)	준비(準備)(하다), 계획(計画) (하다) †チュンビ(ハダ)，†ケフェク(ハダ)	arrangement; arrange アレインヂメント，アレインヂ
あわ **泡** awa	거품 †コプム	bubble, foam バブル，フォウム
あわい **淡い** awai	엷다, 연(軟)하다 ヨルッタ，ヨンハダ	light, pale ライト，ペイル
あわせる **合わせる** awaseru	모으다, 맞추다 モウダ，マッチュダ	put together, unite プト トゲザ，ユーナイト
(適合)	맞춰 보다 マッチュオ †ポダ	set, adjust セト，アヂャスト
(照合)	조합(照合)하다 †チョハパダ	compare コンペア
あわただしい **慌ただしい** awatadashii	어수선하다, 분주(奔走)하다 オスソンハダ，†プンジュハダ	hurried ハーリド

日	韓	英
あわてる **慌てる** awateru	당황(唐慌)하다, 허둥대다 †タンファンハダ, ホドゥンデダ	(be) upset (ビ) アプ**セ**ト
(急ぐ)	서두르다 ソドゥ**ル**ダ	(be) hurried (ビ) **ハ**ーリド
あわび **鮑** awabi	전복(全鰒) †チョン**ボ**ク	abalone アバ**ロ**ウニ
あわれな **哀[憐]れな** awarena	가여운, 불쌍한, 가련(可憐) 한 †カ**ヨ**ウン, †プル**サ**ンハン, †カリョン**ハ** ン	pitiful **ピ**ティフル
あわれむ **哀[憐]れむ** awaremu	가엾게 생각하다, 불쌍히 여기다 †カ**ヨ**プケ センガ**カ**ダ, †プル**サ**ンヒ ヨギ ダ	pity, feel pity for **ピ**ティ, **フィ**ール **ピ**ティ フォ
あん **案** an	안*, 계획(計画) アン, †ケ**フェ**ク	plan プ**ラ**ン
(提案)	제안(提案) †チェ**ア**ン	proposal プロ**ポ**ウザル
あんいな **安易な** an-ina	안이*한 ア**ニ**ハン	easy **イ**ーズィ
あんがい **案外** angai	뜻밖의, 의외(意外)의 ット**ゥ**ッパ**ケ**, ウィ**ウェ**エ	unexpectedly アニクス**ペ**クテドリ
あんきする **暗記する** ankisuru	암기*하다 アム**ギ**ハダ	memorize, learn by heart **メ**モライズ, **ラ**ーン バイ **ハ**ート
あんけーと **アンケート** ankeeto	앙케이트 アンケイ**トゥ**	questionnaire クウェスチョ**ネ**ア
あんごう **暗号** angou	암호* ア**ム**ホ	cipher, code **サ**イファ, **コ**ウド
あんこーる **アンコール** ankooru	앙코르 アン**コ**ル	encore **ア**ーンコー

日	韓	英
あんさつ(する) **暗殺(する)** ansatsu (suru)	**암살***(**하다**) アムサル(ハダ)	assassination; assassinate アサスィ**ネ**イション, ア**サ**スィネイト
あんざん **暗算** anzan	**암산*** アムサン	mental arithmetic **メ**ンタル ア**リ**スメティク
あんじ(する) **暗示(する)** anji (suru)	**암시***(**하다**) アムシ(ハダ)	suggestion; suggest サグ**チェ**スチョン, サグ**チェ**スト
あんしょう(する) **暗唱(する)** anshou (suru)	**암송**(暗誦)(**하다**) アムソン(ハダ)	recitation; recite レスィ**テ**イション, リ**サ**イト
あんしょうばんごう **暗証番号** anshoubangou	**비밀번호**(秘密番号) †ピミルボンホ	PIN number **ピ**ン **ナ**ンバ
あんしん(する) **安心(する)** anshin (suru)	**안심***(**하다**) アンシム(ハダ)	relief; feel relieved リ**リ**ーフ, **フィ**ール リリーヴド
あんず **杏** anzu	**살구** サルグ	apricot **ア**プリカト
あんせい **安静** ansei	**안정*** アンジョン	rest **レ**スト
あんぜん(な) **安全(な)** anzen (na)	**안전***(**한**) アンジョン(ハン)	safety; safe **セ**イフティ, **セ**イフ
〜ベルト	**안전*** **벨트** アンジョン †ペルトゥ	seat belt **スィ**ート ベルト
あんだーらいん **アンダーライン** andaarain	**언더라인** オンド ライン	underline **ア**ンダライン
あんてい(する) **安定(する)** antei (suru)	**안정***(**되다**) アンジョン(ドェダ)	stability, (be) stabilized, (be) stable スタ**ビ**リティ, (ビ) ス**テ**イビライズド, (ビ) ス**テ**イブル
あんてな **アンテナ** antena	**안테나** アンテナ	antenna, aerial ア**ン**テナ, **エ**アリアル

日	韓	英
あんな あんな anna	저런, 저러한 †チョロン, †チョロハン	such, like that サチ, ライク ザト
～に	저렇게 †チョロケ	to that extent トゥ ザト イクステント
あんない(する) 案内(する) annai(suru)	안내*(하다) アンネ(ハダ)	guidance; guide ガイダンス, ガイド
(通知)	통지(通知)(하다) トンジ(ハダ)	notice; notify ノウティス, ノウティファイ
～所	안내소(案内所) アンネソ	information desk インフォメイション デスク
あんに 暗に anni	암암리(暗暗裡)에, 넌지시 アムアムニエ, ノンジシ	tacitly タスィトリ
あんばらんす アンバランス anbaransu	불균형(不均衡) †プルギュンヒョン	imbalance インバランス
あんぴ 安否 anpi	안부* アンブ	safety セイフティ
あんぺあ アンペア anpea	암페어 アムペオ	ampere アンピア
あんみん 安眠 anmin	안면* アンミョン	quiet sleep クワイエト スリープ
あんもくの 暗黙の anmokuno	암묵*의, 암묵적인 アムムゲ, アムモクチョギン	tacit タスィト

い, イ

日	韓	英
胃 i	위*, 속 ウィ, ソク	stomach スタマク
好い ii	좋다 †チョッタ	good, fine, nice グド, ファイン, ナイス

日	韓	英
いいあらそう **言い争う** iiarasou	말다툼하다, 언쟁(言争)하다 マルダトゥムハダ, オンジェンハダ	quarrel, argue ク**ウォ**レル, **アー**ギュー
いいえ **いいえ** iie	아니오, 아뇨 アニオ, アニョ	no ノウ
いいかえす **言い返す** iikaesu	말대꾸하다 マルデックハダ	answer back, retort **アン**サ バク, リ**トー**ト
いいかえる **言い換える** iikaeru	바꿔 말하다 †パックォ マルハダ	say in other words **セ**イ イン **ア**ザ **ワー**ヅ
いいかげんな **好い加減な** iikagenna	되는 대로의 †トェヌン †テロエ	random **ラン**ダム
(あいまい)	애매(曖昧)한 エメハン	vague **ヴェ**イグ
(無責任)	무책임(無責任)한 ムチェギムハン	irresponsible イリス**パン**スィブル
いいすぎ **言い過ぎ** iisugi	과언(過言) †クヮオン	exaggeration イグザヂャ**レ**イション
いいつけ **言い付け** iitsuke	명령(命令), 지시(指示) ミョンニョン, †チシ	instructions, order インスト**ラク**ションズ, **オー**ダ
いいつたえ **言い伝え** iitsutae	전설(伝説), 구전(口伝) †チョンソル, †クジョン	tradition トラ**ディ**ション
いいのがれる **言い逃れる** iinogareru	회피(回避)하다, 발뺌하다 フェピハダ, †パルッペムハダ	evade, excuse *oneself* イ**ヴェ**イド, イクス**キュー**ズ
いいふらす **言い触らす** iifurasu	퍼뜨리다 ポットゥリダ	spread スプ**レ**ド
いいぶん **言い分** iibun	할 말, 주장(主張) ハル マル, †チュジャン	say, opinion **セ**イ, オ**ピ**ニョン
いいまちがい **言い間違い** iimachigai	잘못 말함 †チャルモッ マルハム	misstatement ミス**ステ**イトメント

日	韓	英
Eメール いーめーる iimeeru	**이메일** イメイル	e-mail イーメイル
言い寄る いいよる iiyoru	**말을 걸며 접근(接近)하다** マルル †コルミョ †チョプクンハダ	make a pass at メイク ア **パ**ス アト
言い訳(する) いいわけ(する) iiwake (suru)	**변명(弁明)(하다)** †ピョンミョン(ハダ)	excuse, pretext; excuse イクス**キュー**ス, プリーテク スト, イクス**キュー**ズ
委員 いいん iin	**위원*** ウィウォン	(member of a) committee (**メ**ンバ オヴ ア) コ**ミ**ティ
～会	**위원회(委員会)** ウィウォンフェ	committee コ**ミ**ティ
言う いう iu	**말하다** マルハダ	say, tell **セ**イ, **テ**ル
家 いえ ie	**집** †チプ	house **ハ**ウス
(家庭)	**가정(家庭)** †カジョン	home **ホ**ウム
(一家)	**일가(一家)** イルガ	family **ファ**ミリ
家出する いえでする iedesuru	**가출*****하다** †カチュルハダ	run away from home ラン ア**ウェ**イ フラム **ホ**ウム
イオン いおん ion	**이온** イオン	ion **ア**イオン
以下 いか ika	**이하*** イハ	less than, under レス **ザ**ン, **ア**ンダ
(下記の)	**아래의** アレエ	following **フォ**ロウイング

日	韓	英
いか **烏賊** ika	오징어 オジンオ	cuttlefish, squid カトルフィシュ, スクウィード
いがい **以外** igai	이외* イウェ	except イクセプト
いがいな **意外な** igaina	의외*의, 뜻밖의 ウィウェエ, ットゥッパケ	unexpected アニクスペクテド
いかいよう **胃潰瘍** ikaiyou	위궤양* ウィグェヤン	stomach ulcer スタマク アルサ
いかがわしい **いかがわしい** ikagawashii	수상(殊常)하다, 의심(疑心)스럽다 スサンハダ, ウィシムスロプタ	doubtful, dubious ダウトフル, デュービアス
いがく **医学** igaku	의학* ウィハク	medical science メディカル サイエンス
いかす **生かす** ikasu	살리다 サルリダ	keep alive キープ アライヴ
いかすい **胃下垂** ikasui	위하수* ウィハス	gastroptosis ガストラプトウスィス
いかめしい **厳しい** ikameshii	위엄(威嚴)이 있다, 엄숙(嚴肅)하다 ウィオミ イッタ, オムッスカダ	dignified, grave ディグニファイド, グレイヴ
いかり **怒り** ikari	노여움, 분노(憤怒) ノヨウム, †プンノ	anger, rage アンガ, レイヂ
いき **息** iki	숨, 호흡(呼吸) スム, ホフプ	breath ブレス
いぎ **異議** igi	이의* イイ	objection オブヂェクション
いぎ **意義** igi	의의*, 뜻 ウィイ, ットゥッ	meaning ミーニング
いきいきと **生き生きと** ikiikito	생기(生氣) 있게 センギ イッケ	lively, vividly ライヴリ, ヴィヴィドリ

日	韓	英
いきおい **勢い** ikioi	**힘, 기운** ヒム, †キウン	power, force パウア, **フォース**
（気力）	**기력**（気力） †キリョク	energy エナヂ
いきかえる **生き返る** ikikaeru	**되살아나다** †トェサラナダ	come back to life **カム** パク トゥ **ライフ**
いきかた **生き方** ikikata	**삶의 방식**（方式） サルメ †パンシク	lifestyle **ライフスタイル**
いきさき **行き先** ikisaki	**갈 데, 목적지**（目的地） †カルテ, モクチョクチ	destination デスティ**ネ**イション
いきさつ **いきさつ** ikisatsu	**경위**（経緯） †キョンウィ	circumstances **サ**ーカムスタンセズ
いきどまり **行き止まり** ikidomari	**막다른 곳** マクタルン †コッ	dead end **デド エンド**
いきなり **いきなり** ikinari	**갑자기** †カプチャギ	suddenly, abruptly **サ**ドンリ, アブ**ラ**プトリ
いきぬき **息抜き** ikinuki	**잠시**（暫時）**쉼** †チャムシ シュイム	rest **レ**スト
〜する	**잠시**（暫時）**쉬다** †チャムシ シュイダ	take a rest **テイク ア レ**スト
いきのこる **生き残る** ikinokoru	**살아남다** サラナムッタ	survive サ**ヴァ**イヴ
いきもの **生き物** ikimono	**생물**（生物）**, 살아 있는 것** センムル, サラ インヌン †コッ	living thing, life **リ**ヴィング **ス**イング, **ラ**イフ
いぎりす **イギリス** igirisu	**영국**（英国） ヨングク	England, (Great) Britain **イ**ングランド, (グ**レ**イト) ブ**リ**トン

日	韓	英
〜人	**영국인**(英国人)**, 영국**(英国) **사람** ヨングギン, ヨングク サラム	English person イングリシュ パーソン
いきる **生きる** ikiru	**살다, 생존**(生存)**하다** サルダ, センジョンハダ	live, (be) alive ライヴ, (ビ) アライヴ
いく **行く** iku	**가다, 떠나다** †カダ, ッ トナダ	go, come ゴウ, カム
いくじ **育児** ikuji	**육아**＊ ユガ	childcare, nursing チャイルドケア, ナースィング
いくつ **幾つ** ikutsu	**몇 개**(個) ミョッ ケ	how many ハウ メニ
(何歳)	**몇 살** ミョッ サル	how old ハウ オウルド
いくつか **幾つか** ikutsuka	**몇 개**(個)(쯤) ミョッ ケ(ッチュム)	some, several サム, セヴラル
いくらか **幾らか** ikuraka	**다소**(多少)**, 얼마 정도**(程度) †タソ, オルマ †チョンド	some, a little サム, ア リトル
いけ **池** ike	**못, 연못** モッ, ヨンモッ	pond, pool パンド, プール
いけいれん **胃痙攣** ikeiren	**위경련**＊ ウィギョンニョン	cramp in the stomach クランプ イン ザ スタマク
いけない **いけない** ikenai	**나쁘다** ナップダ	bad, naughty バド, ノーティ
(禁止)	**안 되다** アン †トェダ	must not do マスト ナト ドゥ
いけばな **生け花** ikebana	**꽃꽂이** ッコッコジ	flower arrangement フラウア アレインヂメント
いけん **意見** iken	**의견**＊ ウィギョン	opinion, idea オピニョン, アイディーア

日	韓	英
(忠告)	충고(忠告) チュンゴ	advice, admonition アドヴァイス, アドモニション
いげん **威厳** igen	위엄* ウィオム	dignity, prestige ディグニティ, プレスティージ
いご **以後** igo	이후* イフ	from now on フラム ナウ オン
いこう **意向** ikou	의향* ウィヒャン	intention インテンション
いざこざ **いざこざ** izakoza	사소(些少)한 분쟁(紛争), 트러블 サソハン †プンジェン, トゥロブル	trouble トラブル
いさましい **勇ましい** isamashii	용감(勇敢)하다 ヨンガムハダ	brave, courageous ブレイヴ, カレイヂャス
いさめる **諫める** isameru	충고(忠告)하다, 간언(諫言)하다 チュンゴハダ, †カノンハダ	remonstrate リマンストレイト
いさん **遺産** isan	유산* ユサン	inheritance, legacy インヘリタンス, レガスィ
いし **石** ishi	돌 †トル	stone ストウン
いし **意志** ishi	의지* ウィジ	will, volition ウィル, ヴォウリション
いし **意思** ishi	의사* ウィサ	intention インテンション
いし **医師** ishi	의사* ウィサ	doctor ダクタ
いじ **意地** iji	고집(固執), 근성(根性) †コジプ, †クンソン	backbone バクボウン

日	韓	英
いしき（する） **意識（する）** ishiki (suru)	**의식**＊（하다） ウィシク（ハダ）	consciousness; conscious **カ**ンシャスネス, **カ**ンシャス
いじめる **いじめる** ijimeru	**괴롭히다** ↑クェロピダ	bully, torment **ブ**リ, **トー**メント
いしゃ **医者** isha	**의사**（医師） ウィサ	doctor **ダ**クタ
いしゃりょう **慰謝料** isharyou	**위자료**＊ ウィジャリョ	compensation money カンペン**セ**イション **マ**ニ
いじゅう（する） **移住（する）** ijuu (suru)	**이주**＊（하다） イジュ（ハダ）	migration; migrate マイグ**レ**イション, **マ**イグレ イト
いしゅく（する） **萎縮（する）** ishuku (suru)	**위축**＊（되다） ウィチュク（ドェダ）	atrophy **ア**トロフィ
いしょ **遺書** isho	**유서**＊ ユソ	will **ウ**ィル
いしょう **衣装** ishou	**의상**＊ ウィサン	clothes, costume ク**ロ**ウズ, **カ**スチューム
いじょう **以上** ijou	**이상**＊ イサン	more than, over, above **モー ザ**ン, **オ**ウヴァ, ア**バ** ヴ
いじょう（な） **異常（な）** ijou (na)	**이상**＊（한） イサン（ハン）	abnormality; un- usual, abnormal アプノー**マ**リティ, ア**ニュー** ジュアル, アプ**ノー**マル
いしょく（する） **移植（する）** ishoku (suru)	**이식**＊（하다） イシク（ハダ）	transplantation; transplant トランスプラン**テ**イション, トランス**プ**ラント
いしょくの **異色の** ishokuno	**이색적**（異色的）**인** イセクチョギン	unique ユー**ニー**ク
いじる **いじる** ijiru	**만지다, 손대다** マンジダ, ソンデダ	finger, fumble with **フ**ィンガ, **ファ**ンブル ウィ ズ

日	韓	英
いじわるな **意地悪な** ijiwaruna	**심술궂은** シムスルグジュン	ill-natured, nasty イル**ネ**イチァド, **ナ**スティ
いす **椅子** isu	**의자*** ウィジャ	chair, stool **チェ**ア, スト**ゥ**ール
(地位)	**직위**(職位), **자리** †チグィ, †チャリ	post **ポ**ウスト
いずれ **いずれ** (そのうちに) izure	**조만간**(早晩間)(에) †チョマンガネ	another time アナザ **タ**イム
いせい **異性** isei	**이성*** イソン	opposite sex **ア**ポズィト **セ**クス
いせき **遺跡** iseki	**유적*** ユジョク	ruins **ル**ーインズ
いぜん **以前** izen	**이전***에 イジョネ	ago, before ア**ゴ**ウ, ビ**フォ**ー
いぜん(として) **依然(として)** izen (toshite)	**여전**(如前)**히** ヨジョンヒ	still ス**ティ**ル
いそ **磯** iso	**해변**(海辺), **바닷가** ヘビョン, †パダッカ	beach, shore **ビ**ーチ, **ショ**ー
いそがしい **忙しい** isogashii	**바쁘다** †パップダ	(be) busy (ビ) **ビ**ズィ
いそぐ **急ぐ** isogu	**서두르다** ソドゥルダ	hurry, hasten **ハ**ーリ, **ヘ**イスン
いぞく **遺族** izoku	**유족*** ユジョク	bereaved (family) ビ**リ**ーヴド (**ファ**ミリ)
いぞん(する) **依存(する)** izon (suru)	**의존***(**하다**) ウィジョン(ハダ)	dependence; depend on ディ**ペ**ンデンス, ディ**ペ**ンド オン

日	韓	英
いた **板** ita	널빤지, 판자(板子) ノルッパンジ, パンジャ	board ボード
いたい **痛い** itai	아프다 アプダ	painful, sore ペインフル, ソー
いたい **遺体** itai	유해(遺骸), 시체(屍体) ユヘ, シチェ	dead body デド バディ
いだい(な) **偉大(な)** idai (na)	위대*(한) ウィデ(ハン)	greatness; great グレイトネス, グレイト
いだく **抱く** idaku	품다, 안다 プムッタ, アンッタ	have, bear ハヴ, ベア
いたずら **悪戯** itazura	장난 †チャンナン	mischief, trick ミスチフ, トリク
いただく **頂く** itadaku	받다 †パッタ	receive リスィーヴ
(飲食)	먹다 モクタ	get, have ゲト, ハヴ
いたばさみ **板挟み** itabasami	딜레마 †ティルレマ	dilemma ディレマ
いたみ **痛み** itami	아픔 アプム	pain, ache ペイン, エイク
いたむ **痛む** itamu	아프다, 손상(損傷)되다 アプダ, ソンサンドェダ	ache, hurt エイク, ハート
いためる **炒める** itameru	볶다 †ポクタ	fry フライ
いたりあ **イタリア** itaria	이탈리아 イタルリア	Italy イタリ
〜語	이탈리아어(語) イタルリアオ	Italian イタリャン

日	韓	英

い

いたる
至る
itaru

이르다, 다다르다
イルダ, †タダルダ

lead to
リード トゥ

いたるところ
至る所
itarutokoro

가는 곳마다
†カヌン †コンマダ

everywhere
エヴリ(ホ)ウェア

いたわる
労る
itawaru

돌보다, 위로(慰労)하다
†トルボダ, ウィロハダ

take (good) care of
テイク (グド) ケア オヴ

いち
位置
ichi

위치*
ウィチ

position
ポジション

いちおう
一応
ichiou

우선(優先), 일단(一旦)
ウソン, イルッタン

for the time being;
for the present;
tentatively
フォ ザ タイム ビーイング,
フォ ザ プレズント, テンタ
ティヴリ

いちがつ
一月
ichigatsu

일월*
イルオル

January
チャニュエリ

いちげき
一撃
ichigeki

일격*
イルギョク

blow
ブロウ

いちご
苺
ichigo

딸기
ッタルギ

strawberry
ストローベリ

いちじ(の)
一次(の)
ichiji (no)

일차*, 일차적(一次的)인
イルチャ, アルチャジョギン

primary, first
プライメリ, ファースト

いちじるしい
著しい
ichijirushii

현저(顕著)하다, 두드러지다,
뚜렷하다
ヒョンジョハダ, †トゥドゥロジダ, ットゥ
リョタダ

remarkable,
marked
リマーカブル, マークト

いちど
一度
ichido

한 번(番)
ハンボン

once, one time
ワンス, ワン タイム

いちどう
一同
ichidou

일동*
イルットン

all, everyone
オール, エヴリワン

いちにち
一日
ichinichi

하루
ハル

a day
ア デイ

日	韓	英
～おきに	격일(隔日)로 †キョギルロ	every other day エヴリ アザ デイ
～中	하루 종일(終日) ハル †チョンイル	all day (long) オール デイ (ローング)
いちにんまえ 一人前 ichininmae	한 사람 몫, 일인분(一人分) ハン サラム モク, イリンブン	for one person フォ ワン パースン
(ひとかどの)	어엿이 제 몫을 다하다 オヨシ †チェ モクスル †タハダ	independent インディペンデント
いちねん 一年 ichinen	일년* イルリョン	a year ア イア
いちば 市場 ichiba	시장* シジャン	market マーケト
いちばん 一番 ichiban	첫 번째, 일번* チョッ ポンッチェ, イルボン	first, No.1 ファースト, ナンバ ワン
(最上)	최고(最高), 제일(第一) チュエゴ, †チェイル	most, best モウスト, ベスト
いちぶ 一部 ichibu	일부* イルブ	a part ア パート
いちめん 一面 ichimen	일면* イルミョン	one side ワン サイド
(全面)	전면(全面) †チョンミョン	whole surface ホウル サーフェス
いちょう 銀杏 ichou	은행*(나무) ウンヘン(ナム)	ginkgo ギンコウ
いちょう 胃腸 ichou	위장* ウィジャン	stomach and intestines スタマク アンド インテスティンズ

日	韓	英
~薬	위장약(胃腸藥) ウィジャンヤク	medicine for the stomach and intestines メディスィン フォ ザ スタマク アンド インテスティンズ
いつ いつ itsu	언제 オンジェ	when (ホ)ウェン
いつう 胃痛 itsuu	위통* ウィトン	stomachache スタマケイク
いっか 一家 ikka	일가* イルガ	family ファミリ
(家庭)	가정(家庭) †カジョン	home ホウム
いつか いつか itsuka	언젠가는 オンジェンガヌン	some time, some day サム タイム, サム デイ
(過去の)	언젠가 オンジェンガ	once, at one time ワンス, アト ワン タイム
いっきに 一気に ikkini	단숨에, 일거(一挙)에 †タンスメ, イルゴエ	in one go イン ワン ゴウ
いっけん 一見 ikken	언뜻 보기에 オントゥッ †ポギエ	apparently アパレントリ
いっさい 一切 issai	일체* イルチェ	all, everything オール, エヴリスィング
いっさんかたんそ 一酸化炭素 issankatanso	일산화탄소* イルサンファタンソ	carbon monoxide カーボン モナクサイド
いっしき 一式 isshiki	한 벌 ハン †ポル	complete set コンプリート セト
いっしゅ 一種 isshu	일종* イルッチョン	a kind, a sort ア カインド, ア ソート

日	韓	英
いっしゅん **一瞬** isshun	일순*, 한순간 イルッスン, ハンスンガン	a moment ア **モ**ウメント
いっしょう **一生** isshou	일생*, 한평생(平生) イルッセン, ハンピョンセン	(whole) life (**ホ**ウル) **ラ**イフ
いっしょうけんめい **一生懸命** isshoukenmei	열심(熱心)히 ヨルッシミ	with all *one's* might ウィズ オール **マ**イト
いっしょに **一緒に** isshoni	같이, 함께 ↑カチ, ハムッケ	together ト**ゲ**ザ
いっせいに **一斉に** isseini	일제*히 イルッチェヒ	all at once **オ**ール アト **ワ**ンス
いっそう **一層** issou	한층 더 ハンチュン ↑ト	much more **マ**チ **モ**ー
いったいぜんたい **一体全体** ittaizentai	도대체(都大体) ↑トデチェ	on earth オン **ア**ース
いっち(する) **一致(する)** icchi (suru)	일치*(하다) イルチ(ハダ)	agreement; agree with アグ**リ**ーメント, アグ**リ**ーウィズ
いっちゅうや **一昼夜** icchuuya	하루 내내, 꼬박 하루 ハル ネネ, ッコバク ハル	for twenty-four hours フォ トウェンティ**フォ**ー **ア**ウアズ
いつつ **五つ** itsutsu	다섯 개(個) ↑タソッ ケ	five **ファ**イヴ
いっていの **一定の** itteino	일정*한 イルッチョンハン	a certain, fixed ア **サ**ートン, **フィ**クスト
いつでも **何時でも** itsudemo	언제라도 オンジェラド	any time, always **エ**ニ **タ**イム, **オ**ールウェイズ
いっとう **一等** ittou	일등* イルットゥン	first class **ファ**ースト ク**ラ**ス

日	韓	英
（一等賞）	일등 상(一等賞) イルットゥン サン	first prize ファースト プライズ
いっぱい **一杯** ippai	한 잔(盞) ハン †チャン	a cup of, a glass of ア カプ オヴ, ア グラス オ ヴ
（満杯）	가득 †カドゥク	full; full of フル, フル オヴ
（たくさん）	많이 マニ	many, much メニ, マチ
いっぱん **一般** ippan	일반* イルバン	generality; gener- ally デェネラリティ, デェナラリ
～的な	일반적(一般的)인 イルバンジョギン	general, common デェネラル, カモン
いっぽ **一歩** ippo	한걸음, 한발 ハンゴルム, ハンバル	one step ワン ステプ
いっぽう **一方** ippou	한쪽, 한편 ハンチョク , ハンピョン	one side ワン サイド
（話変わって）	한편(으로) ハンピョン(ウロ)	meanwhile ミーン(ホ)ワイル
～通行	일방통행(一方通行) イルバントンヘン	one-way traffic ワンウェイ トラフィク
～的な	일방적(一方的)인 イルバンジョギン	one-sided ワンサイデド
いつまでも **いつまでも** itsumademo	언제까지나 オンジェッカジナ	forever フォレヴァ
いつも **いつも** itsumo	언제나, 항상, 늘 オンジェナ , ハンサン, ヌル	always, usually オールウェイズ, ユージュア リ
いつわり **偽り** itsuwari	거짓 †コジッ	lie, falsehood ライ, フォールスフド

日	韓	英
いつわる **偽る** itsuwaru	거짓말하다, 속이다 †コジンマルハダ, ソギダ	lie, deceive **ラ**イ, ディス**ィ**ーヴ
いでおろぎー **イデオロギー** ideorogii	이데올로기 イデオルロギ	ideology アイディ**ア**ロヂ
いてざ **射手座** iteza	궁수(弓手)자리 †クンスジャリ	Archer, Sagittarius **ア**ーチャ, サヂ**テ**アリアス
いてん(する) **移転(する)** iten (suru)	이전*(하다) イジョン(ハダ)	move; move to **ム**ーヴ, **ム**ーヴ トゥ
いでん **遺伝** iden	유전* ユジョン	heredity ヒ**レ**ディティ
〜子	유전자(遺伝子) ユジョンジャ	gene **ヂ**ーン
いと **糸** ito	실 シル	thread, yarn ス**レ**ド, **ヤ**ーン
いど **井戸** ido	우물 ウムル	well **ウェ**ル
いど **緯度** ido	위도* ウィド	latitude **ラ**ティテュード
いどう(する) **移動(する)** idou (suru)	이동*(하다) イドン(ハダ)	movement; move **ム**ーヴメント, **ム**ーヴ
いとこ **従兄弟[姉妹]** itoko	사촌(四寸) サチョン	cousin **カ**ズン
いどころ **居所** idokoro	있는 곳, 소재(所在) インヌン †コッ, ソジェ	whereabouts (ホ)**ウェ**アラバウツ
いとなむ **営む** itonamu	경영(経営)하다, 영위(営為) 하다 †キョンヨンハダ, ヨンウィハダ	conduct, carry on コン**ダ**クト, **キャ**リ **オ**ン
いどむ **挑む** idomu	맞서 싸우다, 도전(挑戦)하다 マッソ ッサウダ, †トジョンハダ	challenge **チャ**レンヂ

日	韓	英
いない **以内** inai	**이내**＊ イネ	within, less than ウィ**ズ**ィン, レス **ザ**ン
いなか **田舎** inaka	**시골，촌**(村) シゴル, チョン	countryside **カ**ントリサイド
いなさく **稲作** inasaku	**벼농사，미작**(米作) †ピョノンサ, ミジャク	rice crop, rice farming **ラ**イス ク**ラ**プ, **ラ**イス **ファ**ーミング
いなずま **稲妻** inazuma	**번개** †ポンゲ	lightning **ラ**イトニング
いにしゃる **イニシャル** inisharu	**이니셜** イニショル	initial イ**ニ**シャル
いにん(する) **委任(する)** inin (suru)	**위임**＊(**하다**) ウィイム(ハダ)	commission; com- mit, leave, entrust コ**ミ**ション, コ**ミ**ト, **リ**ーヴ, イント**ラ**スト
いぬ **犬** inu	**개** †ケ	dog **ド**ーグ
いね **稲** ine	**벼** †ピョ	rice **ラ**イス
いねむりする **居眠りする** inemurisuru	**졸다** †チョルダ	nap, doze **ナ**プ, **ド**ウズ
いのしし **猪** inoshishi	**멧돼지** メットェジ	wild boar **ワ**イルド **ボ**ー
いのち **命** inochi	**목숨，생명**(生命) モクスム, センミョン	life **ラ**イフ
いのり **祈り** inori	**기도**(祈祷) †キド	prayer プ**レ**ア
いのる **祈る** inoru	**빌다，기도**(祈祷)**하다** †ピルダ, †キドハダ	pray to プ**レ**イ トゥ

日	韓	英
(望む)	바라다 †パラダ	wish ウィシュ
いばる **威張る** ibaru	뽐내다, 잘난 척하다 ッポムネダ, †チャルナン チョカダ	(be) haughty (ビ) ホーティ
いはん(する) **違反(する)** ihan (suru)	위반*(하다) ウィバン(ハダ)	violation, offense; violate, break ヴァイオレイション, オフェンス, ヴァイオレイト, ブレイク
いびき **鼾** ibiki	코를 곪 コルル †コム	snore スノー
～をかく	코를 골다 コルル †コルダ	snore スノー
いびつな **歪な** ibitsuna	찌그러진, 비뚤어진 ッチグロジン, †ピットゥロジン	distorted ディストーテド
いひん **遺品** ihin	유품* ユプム	belongings left by the departed ビローンギングズ レフト バイ ザ ディパーテド
いふく **衣服** ifuku	옷, 의복* オッ, ウィボク	clothes, dress クロウズ, ドレス
いぶす **燻す** ibusu	태우다, 그을리다 テウダ, †クウルリダ	smoke スモウク
いぶんか(の) **異文化(の)** ibunka (no)	이문화*(의) イムンファ(エ)	different culture; intercultural ディファレント カルチャ, インタカルチュラル
いべんと **イベント** ibento	이벤트 イベントゥ	event イヴェント
いほう(の) **違法(の)** ihou (no)	위법*(의) ウィボプ(エ)	illegality; illegal イリーガリ, イリーガル
いま **今** ima	지금, 현재(現在) †チグム, ヒョンジェ	now, at (the) present ナウ, アト (ザ) プレズント

日	韓	英
いまいましい **忌々しい** imaimashii	분(憤)하다, 화가 치밀다 †プンハダ, ファガ チミルダ	annoying アノイイング
いまごろ **今頃** imagoro	지금쯤, 이맘때 †チグムッチュム, イマムッテ	at this time アト ズィス タイム
いまさら **今更** imasara	이제 와서, 새삼스럽게 イジェ ワソ, セサムスロプケ	now, at this time ナウ, アト ズィス タイム
いまわしい **忌わしい** imawashii	꺼림칙하다, 불길(不吉)하다 ッコリムチカダ, †プルギルハダ	disgusting ディスガスティング
いみ **意味** imi	의미* ウィミ	meaning, sense ミーニング, **センス**
〜する	의미*하다 ウィミハダ	mean, signify ミーン, ス**ィ**グニファイ
いみん(する) **移民(する)** imin (suru)	이민*(하다), 이민* 가다 イミン(ハダ), イミン †カダ	emigration, immigration; emigrate, immigrate エミグレイション, イミグレイション, **エ**ミグレイト, **イ**ミグレイト
いめーじ **イメージ** imeeji	이미지 イミジ	image **イ**ミヂ
いもうと **妹** imouto	여동생(女同生) ヨドンセン	(younger) sister (**ヤ**ンガ) ス**ィ**スタ
いやいや **嫌々** iyaiya	마지못해 マジモテ	reluctantly リ**ラ**クタントリ
いやがらせ **嫌がらせ** iyagarase	짓궂게 굶 †チックッケ †クム	vexation ヴェク**セ**イション
いやくきん **違約金** iyakukin	위약금* ウィヤックム	forfeit **フォ**ーフィト
いやしい **卑しい** iyashii	천(賤)하다, 치사(恥事)하다 チョンハダ, チサハダ	low, humble **ロ**ウ, **ハ**ンブル

日	韓	英
いやす 癒す iyasu	고치다, 치료(治療)하다 コチダ, チリョハダ	heal, cure ヒール, キュア
いやな 嫌な iyana	싫은 シルン	unpleasant アンプレザント
いやほーん イヤホーン iyahoon	이어폰 イオポン	earphone イアフォウン
いやらしい 嫌らしい iyarashii	역겹다, 추잡(醜雜)하다 ヨクキョプタ, チュジャパダ	indecent インディーセント
いやりんぐ イヤリング iyaringu	이어링 イオリン	earring イアリング
いよく 意欲 iyoku	의욕* ウィヨク	volition ヴォウリション
いらい 以来 irai	이래*, 이후(以後) イレ, イフ	since, after that スィンス, アフタ ザト
いらい(する) 依頼(する) irai (suru)	의뢰*(하다) ウィルェ(ハダ)	request リクウェスト
いらいらする いらいらする irairasuru	신경질(神経質)이 나다, 짜증 이 나다 シンギョンジリ ナダ, ッチャジュンイ ナダ	(be) irritated (ビ) イリテイテド
いらすと イラスト irasuto	일러스트 イルロストゥ	illustration イラストレイション
いらすとれーたー イラストレーター irasutoreetaa	일러스트레이터 イルロストゥレイト	illustrator イラストレイタ
いりえ 入り江 irie	포구(浦口) ポグ	inlet インレト
いりぐち 入り口 iriguchi	입구(入口) イプク	entrance エントランス
いりょう 医療 iryou	의료* ウィリョ	medical treatment メディカル トリートメント

日	韓	英
いる **居る** iru	있다, 살다 イッタ, サルダ	be, there is **ビ**ー, **ゼ**ア **イ**ズ
いる **要る** iru	필요(必要)하다 ピリョハダ	need, want **ニ**ード, **ワ**ント
いるい **衣類** irui	의류*, 옷가지 ウィリュ, オッカジ	clothing, clothes **クロ**ウズィング, **クロ**ウズ
いるみねーしょん **イルミネーション** irumineeshon	일루미네이션 イルリュミネイション	illuminations イ**ル**ーミ**ネ**イションズ
いれいの **異例の** ireino	이례적(異例的)인 イレジョギン	exceptional イク**セ**プショナル
いれかえる **入れ替える** irekaeru	교체(交替)하다 †キョチェハダ	replace リプ**レ**イス
いれぢえ **入れ智恵** irejie	남에게 꾀를 일러 줌, 남에 게 배운 꾀 ナメゲ ックェルル イルロ †チュム, ナメゲ †ペウン ックェ	suggestion サグ**チェ**スチョン
いれば **入れ歯** ireba	틀니 トゥルリ	artificial tooth アーティ**フィ**シャル **トゥ**ース
いれもの **入れ物** iremono	그릇, 용기(容器) †クルッ, ヨンギ	receptacle リ**セ**プタクル
いれる **入れる** ireru	넣다 ノタ	put in **プ**ト イン
(人を)	채용(採用)하다 チェヨンハダ	let into, admit into **レ**ト イントゥ, アド**ミ**ト イ ントゥ
いろ **色** iro	색*, 색깔, 빛깔 セク, セッカル, †ピッカル	color **カ**ラ
いろいろな **色々な** iroirona	여러 가지 ヨロ †カジ	various **ヴェ**アリアス

日	韓	英
いろうする **慰労する** irousuru	위로*하다 ウィロハダ	acknowledge アク**ナ**リヂ
いろけ **色気** iroke	성적(性的) 매력(魅力) ソンジョク メリョク	sex appeal **セ**クス ア**ピ**ール
いろじろの **色白の** irojirono	살결이 흰 サルッキョリ ヒン	fair **フェ**ア
いろどり **彩り** irodori	채색(彩色) チェセク	coloring **カ**ラリング
いろん **異論** iron	이론* イロン	objection オブ**チェ**クション
いわ **岩** iwa	바위 †パウィ	rock **ラ**ク
いわい **祝い** iwai	축하(祝賀) チュカ	celebration セレブ**レ**イション
いわう **祝う** iwau	축하(祝賀)하다, 축복(祝福)하다 チュカハダ, チュクポカダ	congratulate, celebrate コング**ラ**チュレイト, **セ**レブレイト
いわし **鰯** iwashi	정어리 †チョンオリ	sardine サー**ディ**ーン
いわゆる **所謂** iwayuru	소위*, 이른바 ソウィ, イルンバ	what you call (ホ)**ワ**ト **ユ**ー **コ**ール
いわれ **謂れ** iware	유래(由来), 내력(来歴) ユレ, ネリョク	reason, origin **リ**ーズン, **オ**ーリヂン
いんが **因果** inga	인과* イングヮ	cause and effect **コ**ーズ アンド イ**フェ**クト
いんかん **印鑑** inkan	인감* インガム	seal ス**ィ**ール

日	韓	英
いんきな **陰気な** inkina	음침(陰沈)한, 음산(陰惨)한 ウムチムハン, ウムサンハン	gloomy グルーミ
いんけんな **陰険な** inkenna	음험*한, 음흉(陰凶)한 ウムホムハン, ウムヒュンハン	crafty クラフティ
いんさつ(する) **印刷(する)** insatsu (suru)	인쇄*(하다) インスェ(ハダ)	printing; print プリンティング, プリント
いんし **印紙** inshi	인지* インジ	revenue stamp レヴェニュー スタンプ
いんしゅう **因習** inshuu	인습* インスプ	convention コンヴェンション
いんしゅりん **インシュリン** inshurin	인슐린 インシュルリン	insulin インシュリン
いんしょう **印象** inshou	인상* インサン	impression インプレション
いんしょく **飲食** inshoku	음식* ウムシク	eating and drink-ing イーティング アンド ドリンキング
いんすたんと **インスタント** insutanto	인스턴트 インストントゥ	instant インスタント
いんすとーる(する) **インストール(する)** insutooru (suru)	인스톨*(하다) インストル(ハダ)	installation; install インストレイション, インストール
いんすぴれーしょん **インスピレーション** insupireeshon	영감(霊感) ヨンガム	inspiration インスピレイション
いんぜい **印税** inzei	인세* インセ	royalty ロイアルティ
いんせき **姻戚** inseki	인척* インチョク	relative by mar-riage レラティヴ バイ マリヂ

日	韓	英
いんそつ（する） **引率（する）** insotsu (suru)	**인솔**＊（하다） インソル(ハダ)	leading; lead リーディング，リード
いんたーちぇんじ **インターチェンジ** intaachenji	**인터체인지** イントチェインジ	interchange インタ**チェ**インヂ
いんたーねっと **インターネット** intaanetto	**인터넷** イントネッ	Internet **イ**ンタネト
いんたーふぇろん **インターフェロン** intaaferon	**인터페론** イントペロン	interferon インタ**フィ**ラン
いんたーほん **インターホン** intaahon	**인터폰** イントポン	intercom **イ**ンタカム
いんたい（する） **引退（する）** intai (suru)	**은퇴**（隠退）（하다） ウントェ(ハダ)	retirement; retire リ**タ**イアメント，リ**タ**イア
いんたびゅー（する） **インタビュー（する）** intabyuu (suru)	**인터뷰**（하다） イントビュ(ハダ)	interview **イ**ンタヴューー
いんてり **インテリ** interi	**인텔리** インテルリ	intellectual インテ**レ**クチュアル
いんてりあ **インテリア** interia	**인테리어** インテリオ	interior design イン**ティ**アリア ディ**ザ**イン
いんど **インド** indo	**인도** インド	India **イ**ンディア
いんとねーしょん **イントネーション** intoneeshon	**인토네이션** イントネイション	intonation イント**ネ**イション
いんどねしあ **インドネシア** indoneshia	**인도네시아** インドネシア	Indonesia インド**ニ**ージャ
いんぱくと **インパクト** inpakuto	**임팩트，충격**（衝撃） イムペクトゥ，チュンギョク	impact **イ**ンパクト
いんふぉーまる（な） **インフォーマル（な）** infoomaru (na)	**일상적**（日常的）**인** イルッサンジョギン	informal イン**フォ**ーマル

日	韓	英
いんふぉめーしょん **インフォメーション** infomeeshon	**안내** (案内) アンネ	information インフォメイション
いんふるえんざ **インフルエンザ** infuruenza	**인플루엔자** インプルルエンジャ	influenza インフルエンザ
いんふれ **インフレ** infure	**인플레이션** インプルレイション	inflation インフレイション
いんぼう **陰謀** inbou	**음모*** ウムモ	plot, intrigue プラト, イントリーグ
いんよう(する) **引用(する)** in-you (suru)	**인용***(하다) イニョン(ハダ)	quotation; quote, cite クウォウテイション, クウォウト, サイト
いんりょう **飲料** inryou	**음료*** ウムニョ	drink, beverage ドリンク, ベヴァリヂ
~水	**음료수**(飲料水) ウムニョス	drinking water ドリンキング ウォータ
いんりょく **引力** inryoku	**인력*** イルリョク	gravitation グラヴィテイション

う, ウ

日	韓	英
ういすきー **ウイスキー** uisukii	**위스키** ウィスキ	whiskey (ホ)ウィスキ
ういるす **ウイルス** uirusu	**바이러스** †パイロス	virus ヴァイアラス
ういんく(する) **ウインク(する)** uinku (suru)	**윙크**(하다) ウィンク(ハダ)	wink ウィンク
ういんどさーふぃん **ウインドサーフィン** uindosaafin	**윈드서핑** ウィドゥソピン	windsurfing ウィンドサーフィング

日	韓	英
うーる **ウール** uuru	**울, 양모**(羊毛) ウル, ヨンモ	wool; woolen **ウ**ル, **ウ**ルン
うえ **上** ue	**위** ウィ	upper part **ア**パ **パ**ート
うえいたー **ウエイター** ueitaa	**웨이터** ウェイト	waiter **ウェ**イタ
うえいとれす **ウエイトレス** ueitoresu	**웨이트리스** ウェイトゥリス	waitress **ウェ**イトレス
うえき **植木** ueki	**정원수**(庭園樹) †チョンウォンス	plant, tree **プラ**ント, **ト**リー
うえすと **ウエスト** uesuto	**웨이스트, 허리선**(線) ウェイストゥ, ホリソン	waist **ウェ**イスト
うぇぶさいと **ウェブサイト** webusaito	**웹 사이트** ウェプサイトゥ	website **ウェ**ブサイト
うえる **植える** ueru	**심다** シムッタ	plant **プラ**ント
うえる **飢える** ueru	**굶주리다, 주리다** †クムジュリダ, †チュリダ	go hungry, starve **ゴ**ウ **ハ**ングリ, **ス**ターヴ
うぉーみんぐあっぷ **ウォーミングアップ** woominguappu	**워밍업** ウォミンオプ	warm up **ウォ**ーム **ア**プ
うおざ **魚座** uoza	**물고기자리** ムルッコギジャリ	Fishes; Pisces **フィ**シェズ, **パ**イスィーズ
うかい(する) **迂回(する)** ukai (suru)	**우회**＊**(하다)** ウフェ(ハダ)	detour **ディ**ートゥア
うがい **嗽** ugai	**가글** †カグル	gargle **ガ**ーグル
うかがう **伺う** (訪問する) ukagau	**방문**(訪問)**하다** †パンムンハダ	make a call, visit **メ**イク ア **コ**ール, **ヴィ**スィィト

日	韓	英
(尋ねる)	여쭈다 ヨッチュダ	ask **ア**スク
うかつ **迂闊** ukatsu	주의 부족(注意不足) †チュイ †プジョク	carelessness **ケ**アレスネス
うかぶ **浮かぶ** ukabu	뜨다 ットゥダ	float フ**ロ**ウト
(心に)	떠오르다 ットオルダ	occur to オ**カ**ートゥ
うかる **受かる** ukaru	붙다, 합격(合格)(하다) †プッタ, ハプキョク(ハダ)	pass **パ**ス
うきわ **浮き輪** ukiwa	튜브 テュブ	swimming ring ス**ウィ**ミング **リ**ング
うく **浮く** uku	떠오르다 ットオルダ	float フ**ロ**ウト
(余る)	남다 ナムッタ	(be) saved (ビ) **セ**イヴド
うぐいす **鶯** uguisu	휘파람새 フィパラムセ	bush warbler **ブ**ッシュ **ワ**ーブラ
うけいれる **受け入れる** ukeireru	받아들이다 †パダドゥリダ	receive, accept リ**スィ**ーヴ, アク**セ**プト
うけおう **請け負う** ukeou	청부(請負)를 맡다 チョンブルル マッタ	contract コント**ラ**クト
うけつぐ **受け継ぐ** uketsugu	물려받다, 이어받다 ムルリョバッタ, イオバッタ	succeed to サク**スィ**ード トゥ
うけつけ **受付** uketsuke	접수(接受) †チョプス	receipt, acceptance リ**スィ**ート, アク**セ**プタンス
(受付所)	접수처(接受処) †チョプスチョ	information office インフォ**メ**イション **オ**ーフィス

日	韓	英
<ruby>受<rt>うけつけ</rt></ruby>**け付ける** uketsukeru	접수(接受)**하다** †チョプスハダ	receive, accept リ**スィ**ーヴ, アク**セ**プト
<ruby>受<rt>うけと</rt></ruby>**け取る** uketoru	받다, 수취(受取)**하다** †パッタ, スチュィハダ	receive, get リ**スィ**ーヴ, **ゲ**ト
<ruby>受<rt>うけ</rt></ruby>**け身** ukemi	피동(被動), 수동(受動) ピドン, スドン	passivity パ**スィ**ヴィティ
（受動態）	피동태(被動態), 수동태(受動態) ピドンテ, スドンテ	passive voice パスィヴ **ヴォ**イス
<ruby>受<rt>うけも</rt></ruby>**け持つ** ukemotsu	맡다, 담당(担当)**하다** マッタ, †タムダンハダ	take charge of **テ**イク **チャ**ーヂ オヴ
<ruby>受<rt>う</rt></ruby>**ける** ukeru	받다 †パッタ	receive, get リ**スィ**ーヴ, **ゲ**ト
（こうむる）	（피해(被害)를）입다 （ピヘル）イプタ	suffer **サ**ファ
<ruby>動<rt>うご</rt></ruby>**かす** ugokasu	움직이다, 옮기다 ウムジギダ, オムギダ	move **ム**ーヴ
<ruby>動<rt>うご</rt></ruby>**き** ugoki	움직임 ウムジギム	movement, motion **ム**ーヴメント, **モ**ウション
（活動）	활동(活動) ファルットン	activity アク**ティ**ヴィティ
（動向）	동향(動向) †トンヒャン	trend ト**レ**ンド
<ruby>動<rt>うご</rt></ruby>**く** ugoku	움직이다, 활동(活動)**하다** ウムジギダ, ファルットンハダ	move **ム**ーヴ
（心が）	흔들리다 フンドゥルリダ	(be) moved (ビ) **ム**ーヴド
<ruby>兎<rt>うさぎ</rt></ruby> usagi	토끼 トッキ	rabbit, hare **ラ**ビト, **ヘ**ア

日	韓	英
うし **牛** ushi	소 ソ	cattle **キャ**トル
（雄牛）	수소 スソ	bull, ox **ブ**ル, **ア**クス
（雌牛）	암소 アムソ	cow **カ**ウ
うしなう **失う** ushinau	잃다, 놓치다 イルタ, ノチダ	lose, miss **ルー**ズ, **ミ**ス
うしろ **後ろ** ushiro	뒤 トゥイ	back **バ**ク
うず **渦** uzu	소용돌이 ソヨンドリ	whirlpool (ホ)**ワー**ルプール
うすい **薄い** usui	얇다 ヤルッタ	thin **スィ**ン
（色が）	엷다, 연(軟)하다 ヨルッタ, ヨンハダ	light **ライ**ト
うすぐらい **薄暗い** usugurai	어두컴컴하다 オドゥコムコムハダ	dim, dark, gloomy **ディ**ム, **ダー**ク, グ**ルー**ミ
うずまき **渦巻き** uzumaki	소용돌이 ソヨンドリ	whirlpool (ホ)**ワー**ルプール
うすめる **薄める** usumeru	묽게 하다, 연(軟)하게 하다 ムルッケ ハダ, ヨンハゲ ハダ	thin, dilute **スィ**ン, ダイ**リュー**ト
うずもれる **埋もれる** uzumoreru	묻히다, 파묻히다 ムチダ, パムチダ	(be) buried (ビ) **ベ**リド
うずら **鶉** uzura	메추라기 メチュラギ	quail ク**ウェ**イル

日	韓	英
うせつ(する) **右折(する)** usetsu (suru)	**우회전**(右回転)**(하다)** ウフェジョン(ハダ)	right turn; turn right ライト **ター**ン, **ター**ン ライト
うそ **嘘** uso	**거짓, 거짓말** †コジッ, †コジンマル	lie **ラ**イ
～つき	**거짓말쟁이** †コジンマルジェンイ	liar **ラ**イア
～をつく	**거짓말을 하다** †コジンマルル ハダ	tell a lie **テ**ル ア **ラ**イ
うた **歌** uta	**노래** ノレ	song **ソー**ング
(詩歌)	**시**(詩) シ	poem **ポ**ウイム
うたう **歌う** utau	**노래하다, 노래를 부르다** ノレハダ, ノレルル †プルダ	sing **ス**ィング
うたがい **疑い** utagai	**의심**(疑心)**, 의문점**(疑問点) ウィシム, ウィムンッチョム	doubt **ダ**ウト
(不信・疑惑)	**불신**(不信)**, 의혹**(疑惑) †プルッシン, ウィホク	distrust ディスト**ラ**スト
(嫌疑)	**혐의**(嫌疑) ヒョミ	suspicion サス**ピ**ション
うたがう **疑う** utagau	**의심**(疑心)**하다** ウィシムハダ	doubt **ダ**ウト
(不信・疑惑)	**불신**(不信)**하다** †プルッシンハダ	distrust ディスト**ラ**スト
(嫌疑)	**혐의**(嫌疑)**를 두다** ヒョミルル †トゥダ	suspect サス**ペ**クト

日	韓	英

う

うたがわしい
疑わしい
utagawashii

의심(疑心)스럽다, 수상(殊常)하다
ウィシムスロプタ, スサンハダ

doubtful, suspi-cious
ダウトフル, サスピシャス

うち
内
uchi

안, 속
アン, ソク

inside
インサイド

うち
家
uchi

집, 가정(家庭)
†チプ, †カジョン

house; home
ハウス, ホウム

うちあける
打ち明ける
uchiakeru

고백(告白)하다
†コベカダ

tell, confess
テル, コンフェス

うちあわせる
打ち合わせる
uchiawaseru

미리 의논(議論)하다
ミリ ウィノンハダ

arrange
アレインヂ

うちかつ
打ち勝つ
uchikatsu

이기다, 극복(克服)하다
イギダ, †ククポカダ

conquer, overcome
カンカ, オウヴァカム

うちがわ
内側
uchigawa

안쪽
アンッチョク

inside
インサイド

うちきな
内気な
uchikina

내성적(内省的)인
ネソンジョギン

shy, timid
シャイ, ティミド

うちけす
打ち消す
uchikesu

부정(否定)하다, 지우다
†プジョンハダ, †チウダ

deny
ディナイ

うちゅう
宇宙
uchuu

우주＊
ウジュ

the universe
ザ ユーニヴァース

～飛行士

우주＊ 비행사(飛行士)
ウジュ †ピヘンサ

astronaut
アストロノート

うちわ
団扇
uchiwa

부채
†プチェ

(round) fan
(ラウンド) ファン

うつ
打つ
utsu

치다, 때리다
チダ, ッテリダ

strike, hit
ストライク, ヒト

（胸・心を）

감동(感動)시키다
カムドン シキダ

move, touch
ムーヴ, タチ

日	韓	英
うつ **撃つ** utsu	(총(銃)을) 쏘다 (チョンウル) ッソダ	fire, shoot ファイア, シュート
うっかりして **うっかりして** ukkarishite	깜빡하여 ッカムッパカヨ	carelessly ケアレスリ
うつくしい **美しい** utsukushii	아름답다 アルムダプタ	beautiful ビューティフル
うつす **写す** utsusu	베끼다 †ペッキダ	copy カピ
(写真を)	(사진(写真)을) 찍다 (サジヌル) ッチクタ	take テイク
うつす **移す** utsusu	옮기다, 바꾸다 オムギダ, †パックダ	move, transfer ムーヴ, トランスファ
うったえる **訴える** uttaeru	호소(呼訴)하다, 고소(告訴)하다 ホソハダ, †コソハダ	sue スー
うっとうしい **鬱陶しい** uttoushii	음울(陰鬱)하다, 성가시다 ウムルハダ, ソンガシダ	gloomy, unpleasant グルーミ, アンプレザント
うっとりする **うっとりする** uttorisuru	넋을 잃다 ノクスル イルタ	(be) absent-minded (ビ) アブセントマインデド
うつむく **俯く** utsumuku	머리를 숙이다, 고개를 숙이다 モリルル スギダ, †コゲルル スギダ	hang *one's* head ハング ヘド
うつる **映る** utsuru	비치다 †ピチダ	(be) reflected in (ビ) リフレクテド イン
うつる **写る** utsuru	찍히다 ッチキダ	appear in (a photo) アピア イン (ア フォウトウ)
うつる **移る** utsuru	옮다, 이사(移徙)하다 オムッタ, イサハダ	move ムーヴ

日	韓	英
(感染する)	감염(感染)**되다** †カミョムドェダ	catch, (be) infect-ed with **キャチ**, (ビ) インフェクテド ウィズ
うつわ **器** utsuwa	그릇, 용기(容器) †クルッ, ヨンギ	vessel **ヴェ**スル
(才能)	능력(能力) ヌンニョク	ability アビリティ
うで **腕** ude	팔 パル	arm **アー**ム
(才能)	솜씨, 기능(技能) ソムッシ, †キヌン	ability, skill アビリティ, ス**キ**ル
うでどけい **腕時計** udedokei	손목시계 ソンモクシゲ	wristwatch **リ**ストワチ
うなぎ **鰻** unagi	뱀장어 †ペムジャンオ	eel **イ**ール
うなずく **頷く** unazuku	수긍(首肯)**하다** スグンハダ	nod **ナ**ド
うなる **唸る** unaru	신음(呻吟)**하다** シヌムハダ	groan グ**ロ**ウン
(風・機械が)	윙윙거리다 ウィンウィンゴリダ	roar, buzz **ロ**ー, **バ**ズ
うに **海胆** uni	성게 ソンゲ	sea urchin ス**イ**ー **アー**チン
うぬぼれる **自惚れる** unuboreru	우쭐대다, 자랑하다 ウッチュルデダ, †チャランハダ	(be) conceited (ビ) コン**スィ**ーテド
うは **右派** uha	우파* ウパ	the right wing ザ **ラ**イト **ウィ**ング

日	韓	英
うばう **奪う** ubau	빼앗다, 박탈(剝奪)하다 ッペアッタ, †パクタルハダ	take away, rob テイク アウェイ, ラブ
うばぐるま **乳母車** ubaguruma	유모차＊ ユモチャ	baby carriage, buggy ベイビ キャリヂ, バギ
うぶ(な) **初(な)** ubu (na)	순진(純真)(한) スンジン(ハン)	innocent, naive イノセント, ナーイーヴ
うま **馬** uma	말 マル	horse ホース
うまい **巧い** umai	(솜씨가) 좋다 (ソムッシガ) †チョタ	good, skillful グド, スキルフル
うまい **旨い** umai	맛있다 マシッタ	good, delicious グド, ディリシャス
うまる **埋まる** umaru	메워지다 メウォジダ	(be) buried (ビ) ベリド
うまれ **生まれ** umare	탄생(誕生), 출생(出生) タンセン, チュルッセン	birth, origin バース, オーリヂン
うまれる **生[産]まれる** umareru	태어나다, 출생(出生)하다 テオナダ, チュルッセンハダ	(be) born (ビ) ボーン
(成立する)	만들어지다 マンドゥロジダ	come into existence カム イントゥ イグズィステンス
うみ **海** umi	바다 †パダ	sea, ocean スィー, オウシャン
うみがめ **海亀** umigame	바다거북 †パダゴブク	turtle タートル
うみだす **生み出す** umidasu	낳다, 만들어 내다 ナタ, マンドゥロ ネダ	produce プロデュース

日	韓	英
うみべ **海辺** umibe	해변(海辺), 바닷가 ヘビョン, †パダッカ	beach ビーチ
うむ **生[産]む** umu	낳다 ナタ	bear ベア
(生じる)	새롭게 만들어 내다 セロプケ マンドゥロ ネダ	produce プロ**デュ**ース
うめ **梅** ume	매화(梅花)(나무) メファ(ナム)	plum tree プラム トリー
(実)	매실(梅実) メシル	plum プラム
うめく **呻く** umeku	신음(呻吟)하다 シヌムハダ	groan, moan グロウン, **モ**ウン
うめたてる **埋め立てる** umetateru	메우다, 매립(埋立)하다 メウダ, メリプハダ	fill in, fill up フィル イン, フィル **ア**プ
うめる **埋める** umeru	묻다 ムッタ	bury **ベ**リ
うもう **羽毛** umou	우모* ウモ	feathers, down **フェ**ザズ, **ダ**ウン
うやまう **敬う** uyamau	존경(尊敬)하다, 공경(恭敬) 하다 †チョンギョンハダ, †コンギョンハダ	respect, honor リスペクト, **ア**ナ
うら **裏** ura	뒷면, 이면(裏面), 뒤 †トゥインミョン, イミョン, †トゥィ	back バク
うらがえす **裏返す** uragaesu	뒤집다 †トゥィジプタ	turn over ターン **オ**ウヴァ
うらがわ **裏側** uragawa	뒤쪽, 이면(裏面) †トゥィッチョク, イミョン	back, reverse side バク, リ**ヴァ**ース **サ**イド
うらぎる **裏切る** uragiru	배반(背反)하다, 배신(背信) 하다 †ペバンハダ, †ペシンハダ	betray ビト**レ**イ

日	韓	英
（期待などを）	기대(期待)를 저버리다 †キデルル †チョボリダ	(be) contrary to (ビ) **カ**ントレリ トゥ
うらぐち **裏口** uraguchi	뒷문 †トゥィンムン	back door バク ド−
うらごえ **裏声** uragoe	가성(仮声) †カソン	falsetto フォール**セ**トゥ
うらじ **裏地** uraji	안감 アンッカム	lining **ラ**イニング
うらづける **裏付ける** urazukeru	증명(証明)하다, 뒷받침하다 †チュンミョンハダ, †トゥィッパチムハダ	prove プ**ルー**ヴ
うらどおり **裏通り** uradoori	뒷골목 †トゥイッコルモク	back street バク スト**リー**ト
うらない **占い** uranai	점(占) †チョム	fortune-telling **フォー**チュンテリング
うらないし **占い師** uranaishi	점쟁이 †チョムジェンイ	fortune-teller **フォー**チュンテラ
うらなう **占う** uranau	점(占)을 보다 †チョムル †ポダ	tell *a person's* for- tune テル **フォー**チュン
うらにうむ **ウラニウム** uraniumu	우라늄 ウラニュム	uranium ユア**レ**イニアム
うらみ **恨み** urami	원한(怨恨), 앙심(怏心) ウォンハン, アンシム	grudge グ**ラ**ヂ
うらむ **恨む** uramu	원망(怨望)하다 ウォンマンハダ	bear a grudge ベア ア グ**ラ**ヂ
（残念に思う）	유감(遺憾)으로 생각하다 ユガムロ センガカダ	regret リグ**レ**ト
うらやましい **羨ましい** urayamashii	부럽다 †プロプタ	enviable **エ**ンヴィアブル

日	韓	英
うらやむ **羨む** urayamu	부러워하다, 샘내다 プロウォハダ, セムネダ	envy **エ**ンヴィ
うりあげ **売り上げ** uriage	매상(売上) メサン	amount sold ア**マ**ウント **ソ**ウルド
うりきれ **売り切れ** urikire	매진(売盡) メジン	sellout **セ**ラウト
うりきれる **売り切れる** urikireru	매진(売盡)되다, 다 팔리다 メジンドェダ, †タ パルリダ	(be) sold out (ビ) **ソ**ウルド **ア**ウト
うりだし **売り出し** uridashi	매출(売出), 방매(放売) メチュル, †パンメ	bargain sale **バ**ーゲン **セ**イル
うりだす **売り出す** uridasu	팔기 시작(始作)하다 パルギ シジャカダ	put on sale **プ**ト オン **セ**イル
うりて **売り手** urite	파는 사람 パヌン サラム	seller **セ**ラ
うりば **売り場** uriba	매장(売場) メジャン	department ディ**パ**ートメント
うる **売る** uru	팔다 パルダ	sell **セ**ル
うるうどし **閏年** uruudoshi	윤년* ユンニョン	leap year **リ**ープ **イ**ア
うるおい **潤い** uruoi	수분(水分), 촉촉함 スプン, チョクチョカム	moisture **モ**イスチャ
うるおう **潤う** uruou	촉촉해지다, 윤택(潤沢)해지 다 チョクチョケジダ, ユンテケジダ	(be) moistened (ビ) **モ**イスンド
うるさい **うるさい** urusai	시끄럽다 シックロプタ	noisy **ノ**イズィ
(しつこい)	귀찮게 굴다 †クィチャンケ †クルダ	persistent パ**スィ**ステント

日	韓	英
うるし **漆** urushi	옻, 옻나무 オッ, オンナム	lacquer, japan **ラ**カ, **チャ**パン
うれえる **憂える** ureeru	걱정하다, 염려(念慮)하다 †コクチョンハダ, ヨムリョハダ	(be) anxious (ビ) **アン**(ク)シャス
うれしい **嬉しい** ureshii	기쁘다 †キップダ	happy, delightful **ハ**ピ, ディ**ライ**トフル
うれゆき **売れ行き** ureyuki	팔림새 パルリムセ	sale **セイ**ル
うれる **売れる** ureru	팔리다 パルリダ	sell well **セ**ル **ウェ**ル
(顔・名が)	널리 알려지다 ノルリ アルリョジダ	become well known ビ**カ**ム **ウェ**ル **ノ**ウン
うろたえる **うろたえる** urotaeru	허둥거리다, 당황(唐慌)하다 ホドゥンゴリダ, †タンファンハダ	(be) upset (ビ) アプ**セ**ト
うわき **浮気** uwaki	바람기 †パラムッキ	(love) affair (ラヴ) ア**フェ**ア
うわぎ **上着** uwagi	윗도리 ウィットリ	jacket, coat **チャ**ケト, **コ**ウト
うわごと **譫言** uwagoto	헛소리, 잠꼬대 ホッソリ, †チャムッコデ	delirium ディ**リ**リアム
うわさ **噂** uwasa	소문(所聞) ソムン	rumor **ルー**マ
うわべ **上辺** uwabe	표면(表面), 겉 ピョミョン, †コッ	surface **サー**フェス
うわまわる **上回る** uwamawaru	상회(上回)하다 サンフェハダ	(be) more than, exceed (ビ) **モー ザ**ン, イク**スィー**ド

日	韓	英
うわやく **上役** uwayaku	상사(上司), 상관(上官) サンサ, サングヮン	one's superior ス**ピ**アリア
うん **運** un	운*, 운명(運命) ウン, ウンミョン	fate, destiny **フェ**イト, **デ**スティニ
(幸運)	행운(幸運) ヘンウン	fortune, luck **フォ**ーチュン, **ラ**ク
うんえい(する) **運営(する)** un-ei (suru)	운영*(하다) ウニョン(ハダ)	management; manage **マ**ニヂメント, マ**ニ**ヂ
うんが **運河** unga	운하* ウンハ	canal カ**ナ**ル
うんこう(する) **運行(する)** unkou (suru)	운행*(하다) ウンヘン(ハダ)	service, operation; operate, run **サ**ーヴィス, アペ**レ**イション, **ア**ペレイト, **ラ**ン
うんざりする unzarisuru	진절머리가 나다 †チンジョルモリガ ナダ	(be) sick of, (be) bored (ビ) ス**ィ**ク オヴ, (ビ) **ボ**ード
うんせい **運勢** unsei	운세* ウンセ	fortune **フォ**ーチュン
うんそう(する) **運送(する)** unsou (suru)	운송*(하다) ウンソン(ハダ)	transportation, transport トランスポー**テ**イション, ト**ラ**ンスポート
うんちん **運賃** unchin	차비(車費), 운임* チャビ, ウニム	fare **フェ**ア
うんてん(する) **運転(する)** unten (suru)	운전*(하다) ウンジョン(ハダ)	driving; drive ド**ラ**イヴィング, ド**ラ**イヴ
(機械の)	조작(操作)(하다) †チョジャク(ハダ)	operation; operate アペ**レ**イション, **ア**ペレイト
~免許証	운전면허증(運転免許証) ウンジョンミョノッチュン	driver's license ド**ラ**イヴァズ **ラ**イセンス

日	韓	英
うんてんしゅ **運転手** untenshu	**운전 기사**(運転技士) ウンジョン †キサ	driver ド**ラ**イヴァ
うんどう(する) **運動(する)** undou (suru)	**운동**∗(**하다**) ウンドン(ハダ)	physical exercise; take exercise **フィ**ズィカル エクサ**サ**イズ, **テ**イク エクサ**サ**イズ
うんめい **運命** unmei	**운명**∗ ウンミョン	fate, destiny **フェ**イト, **デ**スティニ
うんゆ **運輸** un-yu	**운수**∗ ウンス	transportation トランスポー**テ**イション
うんよく **運よく** un-yoku	**운**∗ **좋게** ウン †チョケ	fortunately **フォ**ーチュネトリ

え, エ

日	韓	英
え **絵** e	**그림** †クリム	picture **ピ**クチャ
えあこん **エアコン** eakon	**에어컨** エオコン	air conditioner **エ**ア コン**ディ**ショナ
えいえん(の) **永遠(の)** eien (no)	**영원**∗(**한**) ヨンウォン(ハン)	eternity; eternal イ**タ**ーニティ, イ**タ**ーナル
えいが **映画** eiga	**영화**∗ ヨンファ	movie, film **ムー**ヴィ, **フィ**ルム
~館	**극장**(劇場), **영화관**(映画館) †ククチャン, ヨンファグワン	movie theater **ムー**ヴィ ス**ィ**ータ
えいきゅうに **永久に** eikyuuni	**영구**∗**히** ヨングヒ	permanently **パ**ーマネントリ
えいきょう **影響** eikyou	**영향**∗ ヨンヒャン	influence **イ**ンフルエンス

日	韓	英
〜する	**영향**(影響)**을 미치다** ヨンヒャンウル ミチダ	influence **イ**ンフルエンス
えいぎょう(する) **営業(する)** eigyou (suru)	**영업**＊(**하다**) ヨンオプ(ハダ)	business; do business **ビ**ズネス，**ドゥ ビ**ズネス
えいご **英語** eigo	**영어**＊ ヨンオ	English **イ**ングリシュ
えいこう **栄光** eikou	**영광**＊ ヨングヮン	glory グ**ロ**ーリ
えいしゃ(する) **映写(する)** eisha (suru)	**영사**＊(**하다**) ヨンサ(ハダ)	projection; project プロ**ヂェ**クション，プロ**ヂェ**クト
えいじゅう(する) **永住(する)** eijuu (suru)	**영주**＊(**하다**) ヨンジュ(ハダ)	permanent residence; reside permanently パーマネント レ**ズィ**デンス，リ**ザ**イド パーマネントリ
えいず **エイズ** eizu	**에이즈** エイジュ	AIDS **エ**イツ
えいせい **衛星** eisei	**위성**＊ ウィソン	satellite **サ**テライト
えいせいてきな **衛生的な** eiseitekina	**위생적**(衛生的)**인** ウィセンジョギン	hygienic, sanitary ハイ**ヂ**ーニク，**サ**ニテリ
えいぞう **映像** eizou	**영상**＊ ヨンサン	picture **ピ**クチャ
えいてん(する) **栄転(する)** eiten (suru)	**영전**＊(**하다**) ヨンジョン(ハダ)	promotion; (be) promoted プロ**モ**ウション，(ビ) プロ**モ**ウテド
えいびんな **鋭敏な** eibinna	**예민**＊**한** イェミンハン	keen, sharp **キ**ーン，**シャ**ープ
えいゆう **英雄** eiyuu	**영웅**＊ ヨンウン	hero **ヒ**アロウ

日	韓	英
えいよ **栄誉** eiyo	**영예**＊ ヨンエ	honor **ア**ナ
えいよう **栄養** eiyou	**영양**＊ ヨンヤン	nutrition ニュート**リ**ション
えーじぇんと **エージェント** eejento	**에이전트** エイジョントゥ	agent **エ**イヂェント
えーす **エース** eesu	**에이스** エイス	ace **エ**イス
えがお **笑顔** egao	**웃는 얼굴** ウンヌン オルグル	smiling face ス**マ**イリング **フェ**イス
えがく **描く** egaku	**그리다** †クリダ	draw, paint ド**ロー**, **ペ**イント
(描写する)	**묘사**(描写)**(하다)** ミョサ(ハダ)	describe ディスク**ラ**イブ
えき **駅** eki	**역**＊ ヨク	station ス**テ**イション
えきしびしょん **エキシビション** ekishibishon	**전람회**(展覧会), **전시회**(展示会) †チョルラムフェ, †チョンシフェ	exhibition エクスィ**ビ**ション
えきしょう **液晶** ekishou	**액정**＊ エクチョン	liquid crystal **リ**クウィド ク**リ**スタル
えきす **エキス** ekisu	**추출액**(抽出液), **진액**(津液) チュチュルエク, †チネク	extract イクスト**ラ**クト
えきすぱーと **エキスパート** ekisupaato	**전문가**(専門家) †チョンムンガ	expert **エ**クスパート
えきぞちっくな **エキゾチックな** ekizochikkuna	**이국적**(異国的)**인** イグクチョギン	exotic イグ**ザ**ティク
えきたい **液体** ekitai	**액체**＊ エクチェ	liquid, fluid **リ**クウィド, フ**ルー**イド

日	韓	英
えきべん **駅弁** ekiben	역(駅)이나 기차(汽車) 안에서 파는 도시락 ヨギナ †キチャ アネソ パヌン †トシラク	station lunch ステイション ランチ
えくぼ **えくぼ** ekubo	**보조개** †ポジョゲ	dimple ディンプル
えごいすと **エゴイスト** egoisuto	에고이스트, 이기주의자(利己主義者) エゴイストゥ, イギジュイジャ	egoist イーゴウイスト
えごいずむ **エゴイズム** egoizumu	에고이즘, 이기주의(利己主義) エゴイジュム, イギジュイ	egoism イーゴウイズム
えこのみーくらす **エコノミークラス** ekonomiikurasu	이코노미 클래스 イコノミ クルレス	economy class イカノミ クラス
えこのみすと **エコノミスト** ekonomisuto	이코노미스트 イコノミストゥ	economist イカノミスト
えころじー **エコロジー** ekorojii	에콜로지, 생태학(生態学) エコルロジ, サンテハク	ecology イーカロヂィ
えしゃく(する) **会釈(する)** eshaku (suru)	가볍게 인사(人事)(하다) †カビョプケ インサ(ハダ)	salute, bow サルート, バウ
えすえふ(しょうせつ) **SF(小説)** esuefu (shousetsu)	공상(空想) 과학(科学)(소설(小説)) †コンサン †クヮハク(ソソル)	science fiction サイエンス フィクション
えすかれーたー **エスカレーター** esukareetaa	에스컬레이터 エスコルレイタ	escalator エスカレイタ
えすかれーと(する) **エスカレート(する)** esukareeto (suru)	에스컬레이트(되다) エスコルレイトゥ(ドェダ)	escalation; escalate エスカレイション, エスカレイト
えだ **枝** eda	가지 †カジ	branch, bough ブランチ, バウ
えっくすせん **エックス線** ekkususen	엑스 선(線) エクス ソン	X rays エクス レイズ
えっせい **エッセイ** essei	에세이 エセイ	essay エセイ

日	韓	英
えっせんす **エッセンス** essensu	에센스 エセンス	essence **エ**センス
えつらん(する) **閲覧(する)** etsuran (suru)	열람＊(하다) ヨルラム(ハダ)	reading; read **リ**ーディング, **リ**ード
えなめる **エナメル** enameru	에나멜 エナメル	enamel イ**ナ**メル
えねるぎー **エネルギー** enerugii	에너지 エノジ	energy **エ**ナヂ
えねるぎっしゅな **エネルギッシュな** enerugisshuna	정력적(精力的)인 †チョンニョクチョギン	energetic エナ**チェ**ティク
えのぐ **絵の具** enogu	그림물감 †クリムムルッカム	paints, colors **ペ**インツ, **カ**ラズ
えはがき **絵葉書** ehagaki	그림엽서(葉書) †クリムヨプソ	picture postcard **ピ**クチャ **ポ**ウストカード
えび **海老** ebi	새우 セウ	shrimp, prawn シュ**リ**ンプ, プ**ロ**ーン
えぴそーど **エピソード** episoodo	에피소드 エピソドゥ	episode **エ**ピソウド
えぴろーぐ **エピローグ** epiroogu	에필로그 エピルログ	epilogue **エ**ピローグ
えぷろん **エプロン** epuron	에이프런, 앞치마 エイプロン, アプチマ	apron **エ**イプロン
えほん **絵本** ehon	그림책 †クリムチェク	picture book **ピ**クチャ **ブ**ク
えめらるど **エメラルド** emerarudo	에메랄드 エメラルドゥ	emerald **エ**メラルド
えら **鰓** era	아가미 アガミ	gills **ギ**ルズ

日	韓	英
えらー **エラー** eraa	에러 エロ	error エラ
えらい **偉い** erai	위대(偉大)하다，훌륭하다 ウィデハダ , フルリュンハダ	great グレイト
えらぶ **選ぶ** erabu	선택(選択)하다，고르다 ソンテカハダ , †コルダ	choose, select チューズ, セレクト
（選挙する）	선거(選挙)하다 ソンゴハダ	elect イレクト
えり **襟** eri	옷깃 オッキッ	collar カラ
えりーと **エリート** eriito	엘리트 エルリトゥ	elite エイリート
える **得る** eru	얻다 オッタ	get, gain, obtain ゲト, ゲイン, オブテイン
えれがんとな **エレガントな** eregantona	품위(品位) 있는，우아(優雅) 한 プムィ インヌン , ウアハン	elegant エリガント
えれくとろにくす **エレクトロニクス** erekutoronikusu	전자공학(電子工学) †チョンジャゴンハク	electronics イレクトラニクス
えれべーたー **エレベーター** erebeetaa	엘리베이터 エルリペイト	elevator, lift エレヴェイタ, リフト
えん **円** en	원* ウォン	circle サークル
（通貨単位）	엔 エン	yen イェン
えんかい **宴会** enkai	연회* ヨンフェ	banquet バンクウェット
えんがわ **縁側** engawa	툇마루 トェンマル	veranda ヴェランダ

日	韓	英
えんがん **沿岸** engan	**연안*** ヨナン	coast, seashore **コ**ウスト，**ス**ィーショー
えんき(する) **延期(する)** enki (suru)	**연기***(**하다**) ヨンギ(ハダ)	postponement; postpone ポウストポウンメント，ポウ ストポウン
えんぎ(する) **演技(する)** engi (suru)	**연기***(**하다**) ヨンギ(ハダ)	performance; per- form パフォーマンス，パフォーム
えんきょくな **婉曲な** enkyokuna	**완곡*****한** ワンゴカン	euphemistic ユーフェ**ミ**スティク
えんきんほう **遠近法** enkinhou	**원근법*** ウォングンポプ	perspective パス**ペ**クティヴ
えんけい **円形** enkei	**원형*** ウォンヒョン	circle **サ**ークル
えんげい **園芸** engei	**원예*** ウォネ	gardening **ガ**ードニング
えんげき **演劇** engeki	**연극*** ヨングク	play, drama プレイ，ド**ラ**ーマ
えんこ **縁故** enko	**연고*** ヨンゴ	relationship, con- nections リ**レ**イションシプ，コ**ネ**ク ションズ
えんさん **塩酸** ensan	**염산*** ヨムサン	hydrochloric acid ハイドロク**ロ**ーリック **ア** スィド
えんし **遠視** enshi	**원시*** ウォンシ	farsightedness **ファ**ー**サ**イテドネス
えんじにあ **エンジニア** enjinia	**엔지니어，기술자**(技術者) エンジニオ，†キスルジャ	engineer エンヂ**ニ**ア
えんしゅう **円周** enshuu	**원주*** ウォンジュ	circumference サ**カ**ムファレンス

日	韓	英
～率 ～率	원주율(円周率) ウォンジュユル	circular constant **サ**ーキュラ **カ**ンスタント
えんしゅつ(する) **演出(する)** enshutsu (suru)	연출*(**하다**) ヨンチュル(ハダ)	direction; direct ディ**レ**クション, ディ**レ**クト
えんじょ(する) **援助(する)** enjo (suru)	원조*(**하다**)) ウォンジョ(ハダ)	assistance, support; assist, support ア**シ**スタンス, サ**ポ**ート, ア**シ**スト, サ**ポ**ート
えんしょう **炎症** enshou	염증* ヨムッチュン	inflammation インフラ**メ**イション
えんじる **演じる** enjiru	연기(演技)**하다** ヨンギハダ	perform, play パ**フォ**ーム, プ**レ**イ
えんじん **エンジン** enjin	엔진 エンジン	engine **エ**ンヂン
えんしんりょく **遠心力** enshinryoku	원심력* ウォンシムニョク	centrifugal force セント**リ**フュガル **フォ**ース
えんすい **円錐** ensui	원추*, 원뿔 ウォンチュ, ウォンプル	cone **コ**ウン
えんせい(する) **遠征(する)** ensei (suru)	원정*(**하다**) ウォンジョン(ハダ)	expedition; go on an expedition エクスペ**ディ**ション, **ゴ**ウ オン アン エクスペ**ディ**ション
えんぜつ(する) **演説(する)** enzetsu (suru)	연설*(**하다**) ヨンソル(ハダ)	(make a) speech (**メ**イク ア) ス**ピ**ーチ
えんそ **塩素** enso	염소* ヨムソ	chlorine ク**ロ**ーリーン
えんそう(する) **演奏(する)** ensou (suru)	연주*(**하다**) ヨンジュ(ハダ)	performance; perform, play パ**フォ**ーマンス, パ**フォ**ーム, プ**レ**イ

日	韓	英
えんそく 遠足 ensoku	소풍(逍風) ソプン	excursion イクスカージョン
えんたーていなー エンターテイナー entaateinaa	엔터테이너 エントテイノ	entertainer エンタテイナ
えんたーていめんと エンターテイメント entaateimento	엔터테인먼트 エントテインモントゥ	entertainment エンタテインメント
えんたい 延滞 entai	연체* ヨンチェ	delay ディレイ
えんだか 円高 endaka	엔고(高) エンゴ	strong yen rate ストローング イェン レイト
えんだん 縁談 endan	혼담(婚談) ホンダム	marriage proposal マリヂ プロポウザル
えんちゅう 円柱 enchuu	원주*, 원기둥 ウォンジュ, ウォンギドゥン	column カラム
えんちょう(する) 延長(する) enchou (suru)	연장*(하다) ヨンジャン(ハダ)	extension; prolong イクステンション, プロローング
えんどうまめ 豌豆豆 endoumame	완두*콩 ワンドゥコン	(green) pea (グリーン) ピー
えんとつ 煙突 entotsu	굴뚝 ↑クルットゥク	chimney チムニ
えんばん 円盤 enban	원반* ウォンパン	disk ディスク
～投げ	원반*던지기 ウォンパンドンジギ	discus throw ディスカス スロウ
えんぴつ 鉛筆 enpitsu	연필* ヨンピル	pencil ペンスル
えんぶん 塩分 enbun	염분* ヨムブン	salt ソールト

日	韓	英
えんまん（な） **円満（な）** enman (na)	**원만**＊（한） ウォンマン（ハン）	harmony; harmonious ハーモニ, ハーモウニアス
えんめい **延命** enmei	**연명**＊ ヨンミョン	prolongation of life プロウローンゲイション オヴ ライフ
えんやす **円安** en-yasu	**엔저** エンジョ	weak yen rate ウィーク イェン レイト
えんよう **遠洋** en-you	**원양**＊ ウォニャン	ocean オウシャン
えんりょ **遠慮** enryo	**삼감, 사양（辞譲）함** サムガム, サヤンハム	reserve, hesitation リザーヴ, ヘズィテイション
〜がちな	**조심（操心）스러운** †チョシム スロウン	reserved, modest リザーヴド, モディスト

お, オ

お **尾** o	**꼬리** ッコリ	tail テイル
おあしす **オアシス** oashisu	**오아시스** オアシス	oasis オウエイスィス
おい **甥** oi	**조카** †チョカ	nephew ネフュー
おいかえす **追い返す** oikaesu	**돌려 보내다** †トルリョ †ポネダ	send away センド アウェイ
おいかける **追いかける** oikakeru	**쫓아가다** ッチョチャガダ	run after ラン アフタ
おいこしきんし **追い越し禁止** oikoshikinshi	**추월 금지（追越禁止）** チュウォル †クムジ	No passing. ノウ パスィング

日	韓	英
おいこす **追い越す** oikosu	앞지르다, 추월(追越)하다 アプチルダ, チュウォルハダ	overtake オウヴァ**テイ**ク
おいしい **美味しい** oishii	맛있다 マシッタ	nice, delicious **ナ**イス, ディ**リ**シャス
おいだす **追い出す** oidasu	쫓아내다, 내쫓다 ッチョチャネダ, ネッチョッタ	drive out ド**ラ**イヴ **ア**ウト
おいつく **追いつく** oitsuku	따라붙다, 따라잡다 ッタラブッタ, ッタラジャプタ	catch up **キャ**チ **ア**プ
おいつめる **追い詰める** oitsumeru	몰아 넣다 モラ ノタ	drive into a corner ド**ラ**イヴ **イ**ントゥ ア **コ**ーナ
おいはらう **追い払う** oiharau	쫓아내다, 쫓아 버리다 ッチョチャネダ, ッチョチャ ⸠ポリダ	drive away ド**ラ**イヴ ア**ウェ**イ
おいる **老いる** oiru	늙다 ヌクタ	grow old グ**ロ**ウ **オ**ウルド
おいる **オイル** oiru	오일 オイル	oil **オ**イル
おいわい **お祝い** oiwai	축하(祝賀) チュカ	celebration セレブ**レ**イション
おう **王** ou	왕* ワン	king **キ**ング
おう **負う**(責任・義務を) ou	지다 ⸠チダ	take upon *oneself* **テ**イク ア**ポ**ン
(背負う)	짊어지다 ⸠チルモジダ	bear on *one's* back **ベ**ア オン **バ**ク
おう **追う** ou	쫓다 ッチョッタ	run after, chase ラン**ア**フタ, **チェ**イス
おうえん(する) **応援(する)** ouen (suru)	응원*(하다) ウンウォン(ハダ)	aid, support **エ**イド, サ**ポ**ート

日	韓	英
おうかくまく **横隔膜** oukakumaku	**횡격막*** フェンギョンマク	diaphragm ダイアフラム
おうきゅう **応急** oukyuu	**응급*** ウングプ	emergency イマーヂェンスィ
～処置	**응급치료**(応急治療) ウングプチリョ	first aid ファースト エイド
おうじ **王子** ouji	**왕자*** ワンジャ	prince プリンス
おうじ **皇子** ouji	**왕세자**(王世子) ワンセジャ	Imperial prince インピアリアル プリンス
おうしざ **牡牛座** oushiza	**황소자리** ファンソジャリ	Bull, Taurus ブル, トーラス
おうじて **応じて** oujite	**따라서** ッタラソ	according to アコーディング トゥ
おうしゅう(する) **押収(する)** oushuu (suru)	**압수***(**하다**) アプス(ハダ)	seizure; seize スィージャー, スィーズ
おうじょ **王女** oujo	**공주**(公主) †コンジュ	princess プリンセス
おうじょ **皇女** oujo	**공주**(公主) †コンジュ	Imperial princess インピアリアル プリンセス
おうじる **応じる** oujiru	**응**(応)**하다** ウンハダ	answer, reply to アンサ, リプライ トゥ
おうせつしつ **応接室** ousetsushitsu	**응접실*** ウンジョプシル	reception room リセプション ルーム
おうだん(する) **横断(する)** oudan (suru)	**횡단***(**하다**) フェンダン(ハダ)	crossing; cross クロースィング, クロース
～歩道	**횡단보도**(横断歩道) フェンダンボド	crosswalk クロースウォーク

日	韓	英
おうちょう **王朝** ouchou	**왕조*** ワンジョ	dynasty **ダ**イナスティ
おうと(する) **嘔吐(する)** outo (suru)	**구토*(하다)** †クト(ハダ)	vomit **ヴァ**ミト
おうとう(する) **応答(する)** outou (suru)	**응답*(하다)** ウンダプ(ハダ)	reply リプ**ラ**イ
おうひ **王妃** ouhi	**왕비*** ワンビ	queen ク**ウィ**ーン
おうふく(する) **往復(する)** oufuku (suru)	**왕복*(하다)** ワンボク(ハダ)	going and return-ing; go to and re-turn **ゴ**ウイング アンド リ**ター**ニ ング, **ゴ**ウ トゥ アンド リ **ター**ン
～切符	**왕복표**(往復票) ワンボクピョ	round-trip ticket **ラ**ウンドトリプ **ティ**ケト
おうぼ(する) **応募(する)** oubo (suru)	**응모*(하다)** ウンモ(ハダ)	application; apply for アプリ**ケ**イション, アプ**ラ**イ フォ
おうぼう(な) **横暴(な)** oubou (na)	**난폭**(乱暴)**(한)** ナンポク(ハン)	oppression; op-pressive オプ**レ**ション, オプ**レ**スィヴ
おうむ **鸚鵡** oumu	**앵무새** エンムセ	parrot **パ**ロト
おうよう(する) **応用(する)** ouyou (suru)	**응용*(하다)** ウンヨン(ハダ)	application; apply アプリ**ケ**イション, アプ**ラ**イ
おうりょう(する) **横領(する)** ouryou (suru)	**횡령*(하다)** フェンニョン(ハダ)	embezzlement; embezzle インベズルメント, インベズ ル
おえる **終える** oeru	**마치다, 종결**(終結)**짓다** マチダ, †チョンギョルジッタ	finish, complete **フィ**ニシュ, コンプ**リ**ート

日	韓	英
おおあめ **大雨** ooame	큰 비 クン †ピ	heavy rain ヘヴィ レイン
おおい **多い** ooi	많다 マンタ	many, much メニ, マチ
おおい **覆い** ooi	덮개, 씌우개 †トプケ, ッシウゲ	cover カヴァ
おおいに **大いに** ooini	크게, 많이 クゲ, マニ	greatly, very much グレイトリ, ヴェリ マチ
おおう **覆う** oou	덮다, 씌우다 †トプタ, ッシウダ	cover カヴァ
おおうりだし **大売り出し** oouridashi	대매출(大売出) †テメチュル	sale セイル
おおがた(の) **大型(の)** oogata (no)	대형* †テヒョン	large ラーヂ
おおかみ **狼** ookami	이리, 늑대 イリ, ヌクテ	wolf ウルフ
おおかれすくなかれ **多かれ少なかれ** ookaresukunakare	많든 적든, 다소(多少) マントゥン †チョクトゥン, †タソ	more or less モー オー レス
おおきい **大きい** ookii	크다 クダ	big, large ビグ, ラーヂ
おおきさ **大きさ** ookisa	크기 クギ	size サイズ
おーくしょん **オークション** ookushon	경매(競売) †キョンメ	auction オークション
おおげさな **大袈裟な** oogesana	과장(誇張)된 †クヮジャンドェン	exaggerated イグザヂェレイテド
おーけすとら **オーケストラ** ookesutora	오케스트라 オケストゥラ	orchestra オーケストラ

日	韓	英
おおごえ **大声** oogoe	큰 소리 クン ソリ	loud voice ラウド **ヴォ**イス
おおざっぱな **大雑把な** oozappana	대략적(大略的)인, 엉성한 †テリャクチョギン , オンソンハン	rough, loose **ラ**フ, **ルー**ス
おーすとらりあ **オーストラリア** oosutoraria	오스트레일리아 オストゥレイルリア	Australia オースト**レイ**リャ
おおぜい **大勢** oozei	많은 사람 マヌン サラム	(a) large number of (ア) **ラー**ヂ **ナ**ンバ オヴ
おーそどっくす(な) **オーソドックス(な)** oosodokkusu (na)	정통적(正統的)인 †チョントンジョク(イン)	orthodox **オー**ソダクス
おーそりてぃー **オーソリティー** oosoritii	권위(權威) †クォヌィ	authority オ**サ**リティ
おーだー **オーダー** oodaa	오더, 주문(注文) オド, †チュムン	order **オー**ダ
おおて **大手** oote	대기업(大企業) †テキオプ	major company **メイ**ヂャ **カ**ンパニ
おーでぃしょん **オーディション** oodishon	오디션 オディション	audition オー**ディ**ション
おーでころん **オーデコロン** oodekoron	오데코롱 オデコロン	eau de cologne オウ デ コ**ロ**ウン
おおどおり **大通り** oodoori	넓은 길, 대로(大路) ノルブン †キル, †テロ	main street **メ**イン スト**リー**ト
おーとばい **オートバイ** ootobai	오토바이 オトバイ	motorcycle **モ**ウタサイクル
おーとまちっく **オートマチック** ootomachikku	오토매틱 オトメティク	automatic オート**マ**ティク
おーなー **オーナー** oonaa	오너 オノ	owner **オ**ウナ

日	韓	英
おーばー **オーバー** oobaa	오버코트 オボコトゥ	overcoat **オ**ウヴァコウト
おーびー **OB** oobii	오비, 졸업생(卒業生) オビ, †チョロプセン	(male) graduate (**メ**イル) **グ**ラデュエト
おーぷにんぐ **オープニング** oopuningu	개시(開始), 개회(開会) †ケシ, †ケフェ	opening **オ**ウプニング
おーぷん **オーブン** oobun	오븐 オブン	oven **ア**ヴン
おーぼえ **オーボエ** ooboe	오보에 オボエ	oboe **オ**ウボウ
おおみそか **大晦日** oomisoka	섣달 그믐날 ソッタル †クムムナル	New Year's Eve **ニュー イ**アズ **イ**ーヴ
おおむかし **大昔** oomukashi	먼 옛날 モン イェンナル	ancient times **エ**インシェント **タ**イムズ
おおむぎ **大麦** oomugi	보리 †ポリ	barley **バ**ーリ
おおもじ **大文字** oomoji	대문자* †テムンッチャ	capital letter **キャ**ピタル レ**タ**
おおや **大家** ooya	집주인 †チプチュイン	landlord **ラ**ンドロード
おおやけ(の) **公(の)** ooyake (no)	공공(公共)(의) †コンゴン(エ)	publicness; public **パ**ブリクネス, **パ**ブリク
おおよろこび **大喜び** ooyorokobi	큰 기쁨, 매우 기뻐함 クン †キップム, メウ †キッポハム	great joy **グ**レイト **チョ**イ
おおらかな **大らかな** oorakana	너그러운 ノグロウン	largehearted **ラ**ーデ**ハ**ーテド
おおわらい(する) **大笑い(する)** oowarai (suru)	대소(大笑)(하다) †テソ(ハダ)	hearty laugh **ハ**ーティ **ラ**フ

日	韓	英
おか **丘** oka	언덕 オンドク	hill ヒル
おかあさん **お母さん** okaasan	어머니 オモニ	mother マザ
おかげ **お陰** okage	덕택(徳沢)，은혜(恩恵) †トクテク，ウンヘ	help, favor ヘルプ，フェイヴァ
おかしい **可笑しい** okashii	우습다 ウスプタ	amusing, funny アミューズィング，ファニ
（変だ・怪しい）	이상(異常)하다，수상(殊常) 하다 イサンハダ，スサンハダ	unusual, strange アニュージュアル，ストレインヂ
おかす **犯す** okasu	범(犯)하다 †ポムハダ	commit コミト
（法律などを）	어기다 オギダ	violate ヴァイオレイト
（人を）	강간(強姦)하다 †カンガンハダ	rape レイプ
おかす **侵す** okasu	침입(侵入)하다，침해(侵害) 하다 チミパダ，チムヘハダ	invade インヴェイド
おかす **冒す** okasu	（위험(危険)・곤란(困難)을） 무릅쓰다 （ウィホム・ゴルラヌル）ムルプッスダ	brave, face ブレイヴ，フェイス
おかね **お金** okane	돈 †トン	money マニ
おがむ **拝む** ogamu	절하다，숭배(崇拝)하다 †チョルハダ，スンペハダ	worship ワーシプ
（祈願する）	기원(祈願)하다 †キウォンハダ	pray to プレイトゥ
おがわ **小川** ogawa	시내 シネ	brook, stream ブルク，ストリーム

日	韓	英
おかん **悪寒** okan	오한* オハン	chill **チ**ル
おき **沖** oki	앞바다 アッパダ	offing **オ**ーフィング
おきあがる **起き上がる** okiagaru	일어나다, 일어서다 イロナダ, イロソダ	get up **ゲ**ト **ア**プ
おきて **掟** okite	관례(慣例), 규정(規定) †クワルレ, †キュジョン	law, rule **ロ**ー, **ル**ール
おきどけい **置き時計** okidokei	탁상시계(卓上時計) タクサンシゲ	table clock **テ**イブル **ク**ラク
おぎなう **補う** oginau	보충(補充)하다, 보완(補完) 하다, 메우다 †ポチュンハダ, †ポワンハダ, メウダ	make up for, sup- plement **メ**イク **ア**プ フォ, **サ**プリメ ント
おきにいり **お気に入り** okiniiri	마음에 드는 것 マウメ †トゥヌン †コッ	favorite **フェ**イヴァリト
おきもの **置物** okimono	장식물(装飾物) †チャンシンムル	ornament **オ**ーナメント
おきょう **お経** okyou	불경(仏経) †プルギョン	sutra **ス**ートラ
おきる **起きる** okiru	일어나다 イロナダ	get up, rise **ゲ**ト **ア**プ, **ラ**イズ
(目を覚ます)	잠이 깨다 †チャミ ッケダ	wake up **ウェ**イク **ア**プ
(物事が)	(무슨 일이) 발생(発生)하다 (ムスン イリ) †パルッセンハダ	happen, occur **ハ**プン, **オ**カー
おきわすれる **置忘れる** okiwasureru	둔 곳을 잊다 †トゥン †コスル イッタ	forget, leave **フォ**ゲト, **リ**ーヴ

日	韓	英
おく **奥** oku	속 ソク	interior, back インティアリア, バク
おく **億** oku	억* オク	one hundred million ワン ハンドレド ミリョン
おく **置く** oku	두다, 놓다 ↑トゥダ, ノタ	put, place プト, プレイス
おくがい **屋外** okugai	옥외* オグェ	outdoors アウトドーズ
おくさん **奥さん** okusan	부인(夫人) ↑プイン	wife ワイフ
おくじょう **屋上** okujou	옥상* オクサン	roof ルーフ
おくそく(する) **憶測(する)** okusoku (suru)	억측*(하다) オクチュク(ハダ)	guess ゲス
おくたーぶ **オクターブ** okutaabu	옥타브 オクタブ	octave アクタヴ
おくない **屋内** okunai	옥내*, 실내(室内) オンネ, シルレ	indoors インドー
おくびょうな **臆病な** okubyouna	겁(怯)이 많은 ↑コビ マヌン	cowardly, timid カウアドリ, ティミド
おくふかい **奥深い** okufukai	깊숙하다, 심오(深奥)하다 ↑キプスカダ, シモハダ	deep, profound ディープ, プロファウンド
おくゆき **奥行** okuyuki	깊이 ↑キピ	depth デプス
おくりさき **送り先** okurisaki	보내는 곳 ↑ポネヌン ↑コッ	destination デスティネイション
おくりじょう **送り状** okurijou	운송장(運送状) ウンソンチャン	invoice インヴォイス

日	韓	英
おくりぬし **送り主** okurinushi	**보내는 사람** †ポネヌン サラム	sender **センダ**
おくりもの **贈り物** okurimono	**선물**(膳物) ソンムル	present, gift プレゼント, **ギ**フト
おくる **送る** okuru	**보내다** †ポネダ	send **セ**ンド
(送り届ける)	**바래다주다** †パレダジュダ	escort **エ**スコート
(過ごす)	**보내다** †ポネダ	pass **パ**ス
おくる **贈る** okuru	**선사**(膳賜)**하다** ソンサハダ	present プリ**ゼ**ント
おくれる **遅れる** okureru	**늦다, 지체**(遅滞)**되다** ヌッタ, †チチェドェダ	(be) late for, (be) delayed (ビ) **レ**イト フォ, (ビ) ディ **レ**イド
(時代・流行に)	**뒤떨어지다** †トゥィットロジダ	(be) behind (ビ) ビ**ハ**インド
おこす **起こす** okosu	**일으키다** イルキダ	raise, set up **レ**イズ, **セ**ト **ア**プ
(目を覚まさせる)	**눈을 뜨게 하다, 깨우다** ヌヌル ットゥゲ ハダ, ッケウダ	wake **ウェ**イク
(物事を)	**(일을) 저지르다** (イルル) †チョジルダ	cause **コ**ーズ
おこる **起こる** okoru	**일어나다, 발생**(発生)**하다** イロナダ, †パルッセンハダ	happen, occur **ハ**プン, オ**カ**ー
おこる **怒る** okoru	**화**(火)**내다, 성내다** ファネダ, ソンネダ	get angry **ゲ**ット **ア**ングリ

日	韓	英
おごる **奢る** （ごちそうする） ogoru	한턱 내다, 쏘다 ハントク ネダ, ッソダ	treat トリート
おごる **驕る** ogoru	교만(驕慢)하다 †キョマンハダ	(be) haughty (ビ) ホーティ
おさえる **押さえる** osaeru	누르다, 막다 ヌルダ, マクタ	hold down ホウルド ダウン
おさえる **抑える** （感情などを） osaeru	억제(抑制)하다, 억누르다, 막다, 참다 オクチェハダ, オンヌルダ, マクタ, チャムッタ	control コントロウル
（反乱などをを）	진압(鎮圧)하다 †チナパダ	suppress サプレス
おさない **幼い** osanai	어리다, 미숙(未熟)하다 オリダ, ミスカダ	infant, juvenile インファント, チューヴェナイル
おさまる **治まる** osamaru	안정(安定)되다, 잠잠(潜潜) 해지다 アンジョンドェダ, †チャムジャムヘジダ	(be) settled (ビ) セトルド
（鎮まる）	진정(鎮定)되다 †チンジョンドェダ	calm down カーム ダウン
おさまる **納まる** osamaru	납입(納入)되다 ナピプトェダ	(be) put in (ビ) プト イン
（落着する）	낙착(落着)되다 ナクチャクドェダ	(be) settled (ビ) セトルド
おさめる **治める** osameru	다스리다, 통치(統治)하다 †タスリダ, トンチハダ	rule, govern ルール, ガヴァン
（鎮定）	진압(鎮圧)하다 †チナパダ	suppress サプレス
おさめる **納める** osameru	납입(納入)하다, 납품(納品) 하다 ナピパダ, ナプムハダ	pay ペイ

日	韓	英
おじ **伯[叔]父** (父の兄) oji	**큰아버지** クナボジ	uncle アンクル
(父の弟)	**작은아버지** †チャグナボジ	uncle アンクル
(母の兄弟)	**외삼촌**(外三寸) ウェサム チョン	uncle アンクル
おしあう **押し合う** oshiau	**서로 밀치다** ソロ ミルチダ	push one another プシュ ワン アナザ
おしい **惜しい** oshii	**아깝다, 섭섭하다** アッカプタ, ソプソパダ	regrettable リグレタブル
おじいさん (祖父) ojiisan	**할아버지,**〔母の父〕**외할아버지** ハラボジ, ウェハラボジ	grandfather グランドファーザ
(老人)	**노인**(老人) ノイン	old man オウルド マン
おしえ **教え** oshie	**가르침, 교훈**(教訓) †カルチム, †キョフン	lesson, teachings レスン, ティーチングズ
おしえる **教える** oshieru	**가르치다** †カルチダ	teach, instruct ティーチ, インストラクト
(告げる)	**알리다** アルリダ	tell テル
(知らせる)	**알리다** アルリダ	inform of インフォーム オヴ
おじぎする **お辞儀する** ojigisuru	**절하다** †チョルハダ	bow バウ
おしくも **惜しくも** oshikumo	**아깝게도, 안타깝게도** アッカプケド, アンタッカプケド	to *one's* regret トゥ リグレト
おしこむ **押し込む** oshikomu	**밀어 넣다** ミロ ノタ	push in, stuff into プシュ イン, スタフ イン トゥ

日	韓	英
おしつける **押しつける** oshitsukeru	밀어붙이다 ミロプチダ	press プレス
おしっこ **おしっこ** oshikko	오줌 オジュム	pee ピー
おしつぶす **押し潰す** oshitsubusu	눌러 뭉개다 ヌルロ ムンゲダ	crush, smash クラシュ, スマシュ
おしとどめる **押し止める** oshitodomeru	막다, 멈추게 하다 マクタ, モムチュゲ ハダ	stop スタプ
おしぼたん **押しボタン** oshibotan	누름단추 ヌルムダンチュ	push button プシュ バトン
おしまい **お仕舞い** oshimai	끝, 마지막 ックッ, マジマク	end エンド
おしめ **おしめ** oshime	기저귀 †キジョギ	diaper ダイアパ
おしゃべりする **お喋りする** oshaberisuru	수다 떨다 スダ ットルダ	chat, chatter チャト, チャタ
おしゃれ **お洒落** oshare	멋쟁이 モッチェンイ	dressing up ドレスィング アプ
～する	멋을 부리다 モスル †プリダ	dress smartly ドレス スマートリ
おじょうさん **お嬢さん** ojousan	아가씨 アガッシ	young lady ヤング レイディ
おしょく **汚職** oshoku	부정(不正), 독직(涜職) †プジョン, †トクジク	corruption, graft コラプション, グラフト
おしろい **おしろい** oshiroi	분(粉) †プン	powder パウダ
おす **押す** osu	누르다, 밀다 ヌルダ, ミルダ	push, press プシュ, プレス

日	韓	英
おす **雄** osu	**수컷** スコッ	male **メ**イル
おせじ **お世辞** oseji	**발림말, 아부**(阿附) †パルリムマル, アブ	compliment, flat-tery **カ**ンプリメント, フ**ラ**タリ
〜を言う	**빈말을 하다** †ピンマルル ハダ	compliment, flat-ter **カ**ンプリメント, フ**ラ**タ
おせっかい **お節介** osekkai	**참견**(参見) チャムギョン	meddling **メ**ドリング
おせん(する) **汚染(する)** osen (suru)	**오염**＊**(뢰다)** オヨム(リダ)	pollution; pollute ポ**リュ**ーション, ポ**リュ**ート
おそい **遅い** (時間) osoi	**늦다** ヌッタ	late **レ**イト
(速度)	**느리다** ヌリダ	slow ス**ロ**ウ
おそう **襲う** osou	**덮치다, 습격**(襲撃)**하다** †トプチダ, スプキョカダ	attack ア**タ**ク
おそかれはやかれ **遅かれ早かれ** osokarehayakare	**조만간**(早晩間) †チョマンガン	sooner or later **ス**ーナ オー **レ**イタ
おそなえ **お供え** osonae	**제물**(祭物) †チェムル	offering **オ**ーファリング
おそらく **恐らく** osoraku	**아마, 필시**(必是) アマ, ピルッシ	perhaps パ**ハ**プス
おそれ **恐れ** osore	**두려움, 무서움** †トゥリョウム, ムソウム	fear **フィ**ア
〜を知らない	**무서운 줄을 모르다** ムソウン †チュルル モルダ	intrepid イント**レ**ピド
おそれる **恐れる** osoreru	**무서워하다, 두려워하다** ムソウォハダ, †トゥリョウォハダ	fear, (be) afraid of **フィ**ア, (ビ) ア**フレ**イド オヴ

日	韓	英
（懸念）	걱정하다 †コクチョンハダ	worry about ワーリ アバウト
おそろしい **恐ろしい** osoroshii	무섭다 ムソプタ	fearful, awful フィアフル, オーフル
おそわる **教わる** osowaru	배우다 †ペウダ	learn ラーン
おぞん **オゾン** ozon	오존 オジョン	ozone オウゾウン
おたがいさま **お互い様** otagaisama	피차 일반（彼此一般） ピチャ イルバン	I am another. アイ アム アナザ
おたがいに **お互いに** otagaini	서로 ソロ	each other イーチ アザ
おだやかな **穏やかな** odayakana	온화（温和）한, 평온（平穏）한 オンファハン, ピョンオンファン	calm カーム
（気性が）	온화（温和）한, 점잖은 オンファハン, †チョムジャヌン	gentle ヂェントル
（気候が）	포근한 ポグンハン	mild マイルド
おちあう **落ち合う** ochiau	만나다, 합류（合流）하다 マンナダ, ハムニュハダ	meet, come to-gether ミート, カム トゲザ
おちいる **陥る** ochiiru	빠지다 ッパジダ	fall into フォール イントゥ
おちこむ **落ち込む** ochikomu	처져 있다 チョジョ イッタ	slump スランプ
おちつき **落ち着き** ochitsuki	침착성（沈着性）, 차분함 チムチャクソン, チャブンハム	composure コンポウジャ
おちつく **落ち着く** ochitsuku	가라앉다, 차분해지다 †カラアンッタ, チャブンヘジダ	calm down カーム ダウン

日	韓	英
（事柄などが）	결말(結末)이 나다 †キョルマリ ナダ	settle down セトル ダウン
おちど **落ち度** ochido	잘못, 실수(失手) †チャルモッ, シルッス	fault フォルト
おちば **落ち葉** ochiba	낙엽(落葉) ナギョプ	fallen leaf フォールン リーフ
おちる **落ちる** ochiru	떨어지다 ットロジダ	fall, drop フォール, ドラプ
（試験に）	떨어지다, 불합격(不合格)하다 ットロジダ, †プルハプキョカダ	fail in フォール イン
おっと **夫** otto	남편(男便) ナムピョン	husband ハズバンド
おつり **おつり** otsuri	거스름돈 †コスルムットン	change チェインヂ
おでこ **おでこ** odeko	이마 イマ	forehead フォーレド
おてん **汚点** oten	오점* オッチョム	stain ステイン
おてんば **お転婆** otenba	말괄량이 マルグヮルリャンイ	tomboy タムボイ
おと **音** oto	소리 ソリ	sound サウンド
おとうさん **お父さん** otousan	아버지 アボジ	father ファーザ
おとうと **弟** otouto	남동생(男同生) ナムドンセン	(younger) brother (ヤンガ) ブラザ
おとこ **男** otoko	남자(男子) ナムジャ	man, male マン, メイル

日	韓	英
おとこのこ **男の子** otokonoko	남자(男子)**아이, 소년**(少年) ナムジャアイ, ソニョン	boy **ボイ**
おどし **脅し** odoshi	위협(威脅)**, 협박**(脅迫) ウィヒョプ, ヒョプパク	threat, menace **スレト, メナス**
おとしだま **お年玉** otoshidama	세뱃돈 セベットン	New Year's gift **ニュー イアズ ギフト**
おとす **落とす** otosu	떨어뜨리다 ットロットゥリダ	drop, let fall **ドラプ, レト フォール**
(失う)	잃다 イルタ	lose **ルーズ**
(抜かす)	빠트리다 ッパトゥリダ	omit **オウミト**
(信用・人気を)	실추(失墜)**시키다** シルチュシキダ	lose **ルーズ**
おどす **脅す** odosu	위협(威脅)**하다, 협박**(脅迫)**하다** ウィヒョパダ, ヒョプパカダ	threaten, menace **スレトン, メナス**
おとずれる **訪れる** otozureru	찾다, 방문(訪問)**하다** チャッタ, †パンムンハダ	visit **ヴィズィト**
おととい **一昨日** ototoi	그저께, 그제 †クジョッケ, †クジェ	day before yester-day **デイ ビフォー イェスタデイ**
おととし **一昨年** ototoshi	재작년(再昨年) †チェジャンニョン	year before last **イア ビフォー ラスト**
おとな **大人** otona	어른, 성인(成人) オルン, ソンイン	adult, grown-up **アダルト, グロウナプ**
おとなしい **おとなしい** otonashii	조용하다, 얌전하다 †チョヨンハダ, ヤムジョンハダ	gentle, quiet **ヂェントル, クワイアト**
おとめざ **乙女座** otomeza	처녀(処女)**자리** チョニョジャリ	Virgin, Virgo **ヴァーヂン, ヴァーゴウ**

日	韓	英
おどり **踊り** odori	춤 チュム	dance ダンス
おとる **劣る** otoru	뒤지다, 뒤떨어지다 †トゥィジダ, †トゥィットロジダ	(be) inferior to (ビ) インフィアリア トゥ
おどる **踊る** odoru	춤추다 チュムチュダ	dance ダンス
おとろえる **衰える** otoroeru	쇠(衰)하다 スェハダ	(become) weak (ビカム) ウィーク
おどろかす **驚かす** odorokasu	놀라게 하다 ノルラゲ ハダ	surprise, astonish サプライズ, アスタニシュ
おどろき **驚き** odoroki	놀람 ノルラム	surprise サプライズ
おどろく **驚く** odoroku	놀라다 ノルラダ	(be) surprised (ビ) サプライズド
おなか **お腹** onaka	배 †ペ	stomach スタマク
おなじ **同じ** onaji	같다, 마찬가지다 †カッタ, マチャンガジダ	same セイム
(等しい) 	동등(同等)하다 †トンドゥンハダ	equal, equivalent イークワル, イクウィヴァレント
おに **鬼** oni	귀신(鬼神), 악마(悪魔) †クィシン, アクマ	ogre, demon オウガ, ディーモン
おにごっこ **鬼ごっこ** onigokko	술래잡기 スルレジャプキ	tag タグ
おね **尾根** one	산등성이 サントゥンソンイ	ridge リヂ
おのおの **各々** onoono	각각(各各), 각자(各自) †カクカク, †カクチャ	each イーチ

日	韓	英
おば 伯[叔]母 （父の姉妹） oba	고모（姑母） †コモ	aunt アント
（母の姉妹）	이모（姨母） イモ	aunt アント
おばあさん おばあさん（祖母） obaasan	할머니,〔母の母〕외할머니 ハルモニ, ウェハルモニ	grandmother グランドマザ
（老女）	노파（老婆） ノパ	old woman オウルド ウマン
おぱーる オパール opaaru	오팔 オパル	opal オウパル
おばけ お化け obake	귀신（鬼神）, 도깨비 †クィシン, †トッケビ	bogy, ghost ボウギ, ゴウスト
おび 帯 obi	띠 ッティ	belt, sash ベルト, サッシュ
おびえる 怯える obieru	겁（怯）내다, 벌벌 떨다 †コムネダ, †ポルボル ットルダ	(be) frightened at (ビ) フライトンド アト
おひつじざ 牡羊座 ohitsujiza	양（羊）자리 ヤンジャリ	Ram, Aries ラム, エアリーズ
おふぃす オフィス ofisu	오피스, 사무실（事務室） オピス, サムシル	office オーフィス
おぶざーばー オブザーバー obuzaabaa	업저버 オプチョボ	observer オブザーヴァ
おふしーずん オフシーズン ofushiizun	비수기（非需期） †ピスギ	off-season オーフスィーズン
おぷしょん オプション opushon	옵션 オプション	option アプション
おぶつ 汚物 obutsu	오물* オムル	filth フィルス

日	韓	英
おふれこ **オフレコ** ofureko	비공식(非公式), **기록 외**(記録外) †ピゴンシク, †キロク ウェ	off-the-record **オ**ーフザレコド
おべっか **おべっか** obekka	아부(阿附), 아첨(阿諂) アブ, アチョム	flattery フ**ラ**タリ
おぺら **オペラ** opera	오페라 オペラ	opera **ア**パラ
おぺれーたー **オペレーター** opereetaa	오퍼레이터 オポレイト	operator **ア**パレイタ
おぼえがき **覚え書き** oboegaki	메모, 각서(覚書) メモ, †カクソ	memo, memorandom メモウ, メモ**ラ**ンダム
おぼえる **覚える** oboeru	배우다 †ペウダ	learn **ラ**ーン
（記憶する）	기억(記憶)하다, 외우다 †キオカダ, ウェウダ	remember リ**メ**ンバ
（感じる）	느끼다 ヌッキダ	feel **フィ**ール
おぼれる **溺れる** oboreru	물에 빠지다 ムレ ッパジダ	(be) drowned (ビ) ド**ラ**ウンド
（ふける）	탐닉(耽溺)하다 タムニカダ	indulge in イン**ダ**ルデ イン
おまけ **おまけ** omake	덤 †トム	extra **エ**クストラ
（景品・割り増し）	덤 †トム	premium プ**リ**ーミアム
（割引き）	할인(割引) ハリン	discount **ディ**スカウント
おまもり **お守り** omamori	부적(符籍) †プジョク	charm, talisman **チャ**ーム, **タ**リスマン

93

日	韓	英
おまわりさん **お巡りさん** omawarisan	순경(巡警) スンギョン	police officer, policeman ポリース オーフィサ, ポリースマン
おむつ **おむつ** omutsu	기저귀 †キジョギ	diaper ダイアパ
おもい **重い** omoi	무겁다 ムゴプタ	heavy ヘヴィ
(重要・重大)	중요(重要)하다, 중대(重大)하다 †チュンヨハダ, †チュンデハダ	important, grave インポータント, グレイヴ
(病が)	심각(深刻)하다 シムガカダ	serious スィアリアス
おもいがけない **思いがけない** omoigakenai	뜻밖이다, 의외(意外)다 ットゥッパキダ, ウィウェダ	unexpected アニクスペクテド
おもいきり **思い切り** omoikiri	체념(諦念), 단념(断念) チェニョム, †タンニョム	resignation レズィグネイション
(思う存分)	마음껏, 실컷 マウムッコッ, シルコッ	to *one's* heart's content トゥ ハーツ コンテント
おもいだす **思い出す** omoidasu	생각해 내다, 회상(回想)하다 センガケ ネダ, フェサンハダ	remember, recall リメンバ, リコール
おもいちがい **思い違い** omoichigai	착각(錯覚), 잘못 생각함 チャッカク, †チャルモッ センガカム	misunderstanding ミスアンダスタンディング
おもいつく **思いつく** omoitsuku	생각나다, 생각해 내다 センガンナダ, センガケ ネダ	think of スィンク オヴ
おもいで **思い出** omoide	추억(追憶) チュオク	memory メモリ
おもいやり **思いやり** omoiyari	배려(配慮), 동정심(同情心) †ペリョ, †トンジョンシム	consideration, sympathy コンスィダレイション, スィンパスィ

日	韓	英
おもう **思う** omou	생각하다 センガカダ	think スィンク
（推測する）	추측(推測)하다 チュチュカダ	suppose サポウズ
おもかげ **面影** omokage	마음속에 떠오르는 모습 マウムッソゲ ットオルヌン モスプ	look, image ルク, イミヂ
おもくるしい **重苦しい** omokurushii	답답하다 †タプタパダ	gloomy, oppressive グルーミ, オプレスィヴ
おもさ **重さ** omosa	무게 ムゲ	weight ウェイト
おもしろい **面白い** omoshiroi	재미있다 †チェミイッタ	interesting インタレスティング
おもちゃ **おもちゃ** omocha	장난감 †チャンナンッカム	toy トイ
～屋	장난감 가게 †チャンナンッカム †カゲ	toyshop トイシャプ
おもて **表** omote	앞면, 표면(表面), 겉 アムミョン, ピョミョン, †コッ	face フェイス
（戸外）	문밖 ムンバク	outdoors アウトドーズ
～通り	큰길 クンギル	main street メイン ストリート
おもな **主な** omona	주(主)된 †チュドェン	main, principal メイン, プリンスィパル
おもに **主に** omoni	주(主)로 †チュロ	mainly, mostly メインリ, モウストリ
おもむき **趣** omomuki	정취(情趣) †チョンチュイ	import インポート

日	韓	英
（雅趣）	취향(趣向) チュイヒャン	taste, elegance **テ**イスト，**エ**リガンス
おもわく **思惑** omowaku	생각，의도(意図) センガク，ウィド	thought, intention **ソ**ート，イン**テ**ンション
おもんじる **重んじる** omonjiru	중시(重視)하다，소중(所重) 히 여기다 †チュンシハダ，ソジュンヒ ヨギダ	value **ヴァ**リュ
おや **親** oya	부모(父母) †プモ	parent **ペ**アレント
（トランプなどの）	선(先) ソン	dealer **ディ**ーラ
おやしらず **親知らず** oyashirazu	사랑니 サランニ	wisdom tooth **ウィ**ズダム **トゥ**ース
おやつ **おやつ** oyatsu	간식(間食) †カンシク	refreshments リフ**レ**シュメンツ
おやゆび **親指** oyayubi	엄지손가락 オムジソンッカラク	thumb **サ**ム
（足の）	엄지발가락 オムジパルッカラク	big toe **ビ**グ **トゥ**
およぐ **泳ぐ** oyogu	헤엄치다 ヘオムチダ	swim ス**ウィ**ム
およそ **凡そ** oyoso	대강(大綱)，대략(大略) †テガン，†テリャク	about, nearly ア**バ**ウト，**ニ**アリ
（まったく）	전(全)혀 †チョンヒョ	entirely イン**タ**イアリ
および **及び** oyobi	및 ミッ	and **ア**ンド
およぶ **及ぶ** oyobu	미치다，달(達)하다 ミチダ，†タルハダ	reach, amount to **リ**ーチ，ア**マ**ウント トゥ

日	韓	英
おりーぶ **オリーブ** oriibu	**올리브** オルリブ	olive **ア**リヴ
～オイル	**올리브유**(油) オルリブユ	olive oil **ア**リヴ **オ**イル
おりえんてーしょん **オリエンテーション** orienteeshon	**오리엔테이션** オリエンテイション	orientation オーリエン**テ**イション
おりかえす **折り返す** orikaesu	**되돌리다** †トェドルリダ	turn down **タ**ーン **ダ**ウン
おりじなりてぃー **オリジナリティー** orijinaritii	**독창성**(独創性) †トクチャンソン	originality オリヂ**ナ**リティ
おりじなる **オリジナル** orijinaru	**오리지널** オリジノル	original オ**リ**ヂナル
おりたたむ **折り畳む** oritatamu	**접다** †チョプタ	fold (up) **フォ**ウルド (**ア**プ)
おりめ **折り目** orime	**접은 자리** †チョブン †チャリ	fold **フォ**ウルド
おりもの **織物** orimono	**직물**＊ †チンムル	textile, fabric **テ**クスタイル, **ファ**ブリク
おりる **下[降]りる** oriru	**내려가다, 내려오다** ネリョガダ, ネリョオダ	go down **ゴ**ウ **ダ**ウン
(乗り物から)	**내리다** ネリダ	get off, get out of **ゲ**ト **オ**ーフ, **ゲ**ト **ア**ウト オヴ
おりんぴっく **オリンピック** orinpikku	**올림픽** オルリムピク	Olympic games オ**リ**ンピク **ゲ**イムズ
おる **折る** oru	**꺾다, 접다** ッコクタ, †チョプタ	break, snap **ブ**レイク, ス**ナ**プ
(曲げる)	**구부리다** †クブリダ	bend **ベ**ンド

日	韓	英
おる **織る** oru	**짜다** ッチャダ	weave **ウィ**ーヴ
おるがん **オルガン** orugan	**오르간** オルガン	organ **オ**ーガン
おるごーる **オルゴール** orugooru	**오르골** オルゴル	music box **ミュー**ズィク **バ**クス
おれる **折れる** oreru	**구부러지다** †クブロジダ	break ブ**レ**イク
（譲歩）	**양보(譲歩)하다** ヤンボハダ	give in **ギ**ヴ **イ**ン
おれんじ **オレンジ** orenji	**오렌지** オレンジ	orange **オ**リンデ
おろかな **愚かな** orokana	**어리석은** オリソグン	foolish, silly **フー**リシュ, **ス**ィリ
おろしうり **卸売り** oroshiuri	**도매(都売)** †トメ	wholesale **ホ**ウルセイル
おろしね **卸値** oroshine	**도매(都売)값** †トメカプ	wholesale price **ホ**ウルセイル プ**ラ**イス
おろす **下[降]ろす** orosu	**내리다** ネリダ	take down **テ**イク **ダ**ウン
（乗客を）	**내리다, 내려 주다** ネリダ, ネリョ †チュダ	drop ド**ラ**プ
おわり **終わり** owari	**끝, 마지막** ックッ, マジマク	end, close **エ**ンド, ク**ロ**ウズ
おわる **終わる** owaru	**끝나다** ックンナダ	end, close **エ**ンド, ク**ロ**ウズ
おん **恩** on	**은혜(恩恵)** ウンヘ	obligation アブリ**ゲ**イション

日	韓	英
おんしらず **恩知らず** onshirazu	**배은망덕**(背恩忘徳) †ペウンマンドク	ingratitude イング**レ**イティ**テュ**ード
おんがく **音楽** ongaku	**음악**＊ ウマク	music **ミュ**ージク
〜家	**음악가**(音楽家) ウマッカ	musician ミュー**ズ**ィシャン
おんかん **音感** onkan	**음감**＊ ウムガム	sense of pitch **セ**ンス オヴ **ピ**チ
おんきょう **音響** onkyou	**음향**＊ ウムヒャン	sound **サ**ウンド
おんけい **恩恵** onkei	**은혜**＊ ウンヘ	favor, benefit **フェ**イヴァ, **ベ**ネフィト
おんけんな **穏健な** onkenna	**온건**＊**한** オンゴンハン	moderate **マ**ダレト
おんこうな **温厚な** onkouna	**온후**＊**한** オンフハン	gentle **チェ**ントル
おんしつ **温室** onshitsu	**온실**＊ オンシル	greenhouse グ**リ**ーンハウス
おんじん **恩人** onjin	**은인**＊ ウニン	benefactor **ベ**ネファクタ
おんすい **温水** onsui	**온수**＊ オンス	warm water **ウォ**ーム **ウォ**ータ
おんせい **音声** onsei	**음성**＊ ウムソン	voice, sound **ヴォ**イス, **サ**ウンド
おんせん **温泉** onsen	**온천**＊ オンチョン	hot spring, spa **ハ**ト スプ**リ**ング, ス**パ**ー
おんたい **温帯** ontai	**온대**＊ オンデ	Temperate Zone **テ**ンペレト **ゾ**ウン

日	韓	英
おんだんな **温暖な** ondanna	온난*한 オンナンハン	warm, mild **ウォ**ーム, **マ**イルド
おんち **音痴** onchi	음치* ウムチ	tone deafness **ト**ウン **デ**フネス
おんど **温度** ondo	온도* オンド	temperature **テ**ンパラチャ
～計	온도계(温度計) オンドゲ	thermometer サ**マ**メタ
おんな **女** onna	여자(女子) ヨジャ	woman, female **ウ**マン, **フィ**ーメイル
おんなのこ **女の子** onnanoko	여자(女子)아이, 소녀(少女) ヨジャアイ, ソニョ	girl **ガ**ール
おんぷ **音符** onpu	음표(音標) ウムピョ	(musical) note (**ミュ**ーズィカル) **ノ**ウト
おんぶする **おんぶする** onbusuru	업다 オプタ	carry on *one's* back **キャ**リ オン **バ**ク
おんらいん(の) **オンライン(の)** onrain (no)	온라인 オルライン	on-line **オ**ンライン
おんわな **穏和な** onwana	온화*한 オンファハン	gentle, mild **ヂェ**ントル, **マ**イルド

日	韓	英

か, カ

か
蚊
ka
| **모기**
モギ | mosquito
モス**キ**ートウ |

か
科
ka
| **과**＊
†クヮ | family
ファミリ |

（学科の分科）
| **학과**(学科)
ハックヮ | department
ディ**パ**ートメント |

（学校の学科・課程）
| **교과**(教科)
†キョグヮ | course
コース |

か
課
ka
| **과**＊
†クヮ | section, division
セクション, ディ**ヴィ**ジョン |

（教科書などの
一区切り・章）
| **과**＊
†クヮ | lesson
レスン |

かーでぃがん
カーディガン
kaadigan
| **카디건**
カディゴン | cardigan
カーディガン |

かーてん
カーテン
kaaten
| **커튼**
コトゥン | curtain
カートン |

かーど
カード
kaado
| **카드**
カドゥ | card
カード |

がーどまん
ガードマン
gaadoman
| **경호원**(警護員)
†キョンホウォン | guard
ガード |

がーどれーる
ガードレール
gaadoreeru
| **가드레일**
†カドゥレイル | guardrail
ガードレイル |

かーぶ
カーブ
kaabu
| **커브**
コブ | curve, turn
カーヴ, **タ**ーン |

かーぺっと
カーペット
kaapetto
| **카펫**
カペッ | carpet
カーペト |

日	韓	英
がーるふれんど **ガールフレンド** gaarufurendo	걸프렌드, 여자(女子) 친구 (親旧) †콜프렌드ゥ, ヨジャ チング	girlfriend ガールフレンド
かい **会** kai	모임, 집회(集会) モイム, †チプェ	meeting, party ミーティング, パーティ
かい **回** kai	횟수, 번(番) フェッス, †ポン	time タイム
（競技・野球）	회전(回戦), 라운드 フェジョン, ラウンド	round, inning ラウンド, イニング
かい **貝** kai	조개 †チョゲ	shellfish シェルフィシュ
がい **害** gai	해* ヘ	harm, damage ハーム, ダミヂ
がいあつ **外圧** gaiatsu	외압* ウェアプ	foreign pressure フォーリン プレシャ
かいいん **会員** kaiin	회원* フェウォン	member メンバ
かいえん **開演** kaien	연극(演劇) 등을 시작(始作)함 ヨングク †トゥンル シジャカム	opening オウプニング
かいおうせい **海王星** kaiousei	해왕성* ヘワンソン	Neptune ネプテューン
かいが **絵画** kaiga	회화*, 그림 フェファ, †クリム	picture, painting ピクチャ, ペインティング
かいかい(する) **開会(する)** kaikai (suru)	개회*(하다) †ケフェ(ハダ)	opening; open オウプニング, オウプン
かいがい **海外** kaigai	해외* ヘウェ	foreign countries フォーリン カントリズ

日	韓	英
かいかく(する) **改革(する)** kaikaku(suru)	**개혁***(**하다**) †ケヒョク(ハダ)	reform, innova-tion; innovate リフォーム, イノヴェイション, イノヴェイト
かいかつな **快活な** kaikatsuna	**쾌활*****한** クェファルハン	cheerful チアフル
かいかん **会館** kaikan	**회관*** フェグヮン	hall ホール
かいかん(する) **開館(する)** kaikan (suru)	**개관***(**하다**) †ケグヮン(ハダ)	opening; open オウプニング, オウプン
かいがん **海岸** kaigan	**해안***, **바닷가** ヘアン, †パダッカ	seashore, coast スィーショー, コウスト
がいかん **外観** gaikan	**외관*** ウェグヮン	appearance アピアランス
かいぎ(する) **会議(する)** kaigi (suru)	**회의***(**하다**) フェイ(ハダ)	meeting, confer-ence ミーティング, カンファレンス
かいきゅう **階級** kaikyuu	**계급*** †ケグプ	class, rank クラス, ランク
かいきょう **海峡** kaikyou	**해협*** ヘヒョプ	strait, channel ストレイト, チャネル
かいぎょう(する) **開業(する)** kaigyou (suru)	**개업***(**하다**) †ケオプ(ハダ)	starting business スターティング ビズネス
かいぐん **海軍** kaigun	**해군*** ヘグン	navy ネイヴィ
かいけい **会計** kaikei	**회계*** フェゲ	account, finance アカウント, フィナンス
～士	**회계사**(**会計士**) フェゲサ	accountant アカウンタント

日	韓	英
かいけつ(する) **解決(する)** kaiketsu (suru)	**해결***(하다) ヘギョル(ハダ)	settlement; settle セトルメント, セトル
かいけん(する) **会見(する)** kaiken (suru)	**회견***(하다) フェギョン(ハダ)	interview インタヴュー
がいけん **外見** gaiken	**외관**(外観), **겉보기** ウェグヮン, †コッポギ	appearance アピアランス
かいご **介護** kaigo	**간호**(看護), **보살핌** †カンホ, †ポサルピム	care ケア
かいこう **海溝** kaikou	**해구*** ヘグ	oceanic trench オウシアニク トレンチ
かいごう **会合** kaigou	**회합***, **모임** フェハプ, モイム	meeting, gathering ミーティング, ギャザリング
がいこう **外交** gaikou	**외교*** ウェギョ	diplomacy ディプロウマスィ
～官	**외교관**(外交官) ウェギョグヮン	diplomat ディプロマト
がいこく **外国** gaikoku	**외국*** ウェグク	foreign country フォーリン カントリ
～人	**외국인**(外国人) ウェグギン	foreigner フォーリナ
かいさい(する) **開催(する)** kaisai (suru)	**개최***(하다) †ケチュェ(ハダ)	hold, open ホウルド, オウプン
かいさつぐち **改札口** kaisatsuguchi	**개찰구***, **나가는 곳** †ケチャルグ, ナガヌン †コッ	ticket gate ティケト ゲイト
かいさん(する) **解散(する)** kaisan (suru)	**해산***(하다) ヘサン(ハダ)	breakup ブレイカプ
がいさん **概算** gaisan	**어림셈** オリムセム	rough estimate ラフ エスティメト

日	韓	英
かいさんぶつ **海産物** kaisanbutsu	**해산물**＊ ヘサンムル	marine products マリーン プラダクツ
かいし（する） **開始（する）** kaishi (suru)	**개시**＊**（하다）** †ケシ(ハダ)	start; begin, open スタート，ビギン，オウプン
かいしめる **買い占める** kaishimeru	**매점**(買占)**하다** メジョムハダ	buy up, corner バイ アプ，コーナ
かいしゃ **会社** kaisha	**회사**＊ フェサ	company, corporation カンパニ，コーポレイション
〜員	**회사원**(会社員) フェサウォン	office worker オーフィス ワーカ
かいしゃく（する） **解釈（する）** kaishaku (suru)	**해석**＊**（하다）** ヘソク(ハダ)	interpretation; interpret インタープリテイション，インタープリト
かいしゅう（する） **回収（する）** kaishuu (suru)	**회수**＊**（하다）** フェス(ハダ)	recovery; collect リカヴァリ，コレクト
かいしゅう（する） **改修（する）** kaishuu (suru)	**수리**(修理)**（하다）** スリ(ハダ)	repair リペア
がいしゅつ（する） **外出（する）** gaishutsu (suru)	**외출**＊**（하다）** ウェチュル(ハダ)	go out ゴウ アウト
かいじょ（する） **介助（する）** kaijo (suru)	**간호**(看護)**（하다）** †カンホ(ハダ)	care ケア
かいじょ（する） **解除（する）** kaijo (suru)	**해제**＊**（하다）** ヘジェ(ハダ)	cancellation; cancel キャンセレイション，キャンセル
かいじょう **会場** kaijou	**회장**＊ フェジャン	meeting place ミーティング プレイス
かいじょう **海上** kaijou	**해상**＊ ヘサン	marine マリーン

日	韓	英
がいしょく(する) **外食(する)** gaishoku (suru)	**외식**∗**(하다)** ウェシク(ハダ)	eat out イート アウト
かいすい **海水** kaisui	**바닷물, 해수**∗ †パダンムル, ヘス	sea water スィー ウォータ
～浴	**해수욕**(海水浴) ヘスヨク	sea bathing スィー ベイズィング
かいすう **回数** kaisuu	**횟수**∗ フェッス	number of times ナンバ オヴ タイムズ
～券	**회수권**(回数券) フェスックォン	commutation ticket カミュテイション ティケト
がいする **害する** gaisuru	**해**(害)**하다, 해**(害)**치다** ヘハダ, ヘチダ	injure インヂャ
かいせい **快晴** kaisei	**쾌청**∗ クェチョン	fine weather ファイン ウェザ
かいせい(する) **改正(する)** kaisei (suru)	**개정**∗**(하다)** †ケジョン(ハダ)	revision; revise リヴィジョン, リヴァイズ
かいせつ(する) **解説(する)** kaisetsu (suru)	**해설**∗**(하다)** ヘソル(ハダ)	explanation; explain エクスプラネイション, イクスプレイン
かいぜん(する) **改善(する)** kaizen (suru)	**개선**∗**(하다)** †ケソン(ハダ)	improvement; improve インプルーヴメント, インプルーヴ
かいそう **海草** kaisou	**해초**∗ ヘチョ	seaweed スィーウィード
かいそう **階層** kaisou	**계층**∗ †ケチュン	class, stratum クラス, ストレイタム
かいそう(する) **回送(する)** kaisou (suru)	**회송**∗**(하다)** フェソン(ハダ)	sending on センディング オン

日	韓	英
かいぞう **改造** kaizou	**개조** * †ケジョ	reconstruction リーコンストラクション
かいそく **快速** kaisoku	**쾌속** * クェソク	high speed ハイ スピード
～列車	**쾌속** * **열차** (列車) クェソク ヨルチャ	fast train ファスト トレイン
かいぞく **海賊** kaizoku	**해적** * ヘジョク	pirate パイアレト
～版	**해적판** (海賊版) ヘジョクパン	pirated edition パイアレイテド イディション
かいたく(する) **開拓(する)** kaitaku (suru)	**개척** * **(하다)** †ケチョク(ハダ)	cultivation; open up カルティヴェイション, オウプン アプ
かいだん **階段** kaidan	**계단** * †ケダン	stairs ステアズ
かいだん(する) **会談(する)** kaidan (suru)	**회담** * **(하다)** フェダム(ハダ)	talk, conference トーク, カンファレンス
かいちく(する) **改築(する)** kaichiku (suru)	**개축** * **(하다)** †ケチュク(ハダ)	rebuilding リービルディング
がいちゅう **害虫** gaichuu	**해충** * ヘチュン	harmful insect, vermin ハームフル インセクト, ヴァーミン
かいちゅうでんとう **懐中電灯** kaichuudentou	**손전등** (電灯), **플래시** ソンジョンドゥン, プルレシ	flashlight フラシュライト
かいつう(する) **開通(する)** kaitsuu (suru)	**개통** * **(되다)** †ケトン(ドェダ)	(be) opened to traffic (ビ) オウプンド トゥトラフィク
かいて **買い手** kaite	**사는 사람**, **구매자** (購買者) サヌン サラム, †クメジャ	buyer バイア

日	韓	英
かいてい(する) **改定(する)** kaitei (suru)	**개정**＊(**하다**) †ケジョン(ハダ)	revision; revise リヴィジョン, リヴァイズ
かいてい(する) **改訂(する)** kaitei (suru)	**개정**＊(**하다**) †ケジョン(ハダ)	revision; revise リヴィジョン, リヴァイズ
かいてきな **快適な** kaitekina	**쾌적**＊**한** クェジョカン	agreeable, comfortable アグリーアブル, カンフォタブル
かいてん(する) **回転(する)** kaiten (suru)	**회전**＊(**하다**) フェジョン(ハダ)	turn ターン
かいてん(する) **開店(する)** kaiten (suru)	**개점**＊(**하다**) †ケジョム(ハダ)	opening; open オウプニング, オウプン
がいど **ガイド** gaido	**가이드** †カイドゥ	guide ガイド
〜ブック	**가이드북** †カイドゥブク	guidebook ガイドブク
〜ライン	**가이드라인** †カイドゥライン	guidelines ガイドラインズ
かいとう **解答** kaitou	**해답**＊ ヘダプ	answer, resolution アンサ, レゾルーション
〜する	**해답**＊**하다** ヘダパダ	answer, solve アンサ, サルヴ
かいとう(する) **回答(する)** kaitou (suru)	**회답**＊(**하다**) フェダプ(ハダ)	reply; reply to リプライ, リプライ トゥ
がいとう **街灯** gaitou	**가로등**(街路灯) †カロドゥン	streetlight ストリートライト
かいどく(する) **解読(する)** kaidoku (suru)	**해독**＊(**하다**) ヘドク(ハダ)	decipherment; decipher ディサイファメント, ディサイファ

日	韓	英
かいなんきゅうじょ **海難救助** kainankyuujo	**해난구조**＊ ヘナングジョ	sea rescue スィー レスキュー
かいにゅう(する) **介入(する)** kainyuu (suru)	**개입**＊(**하다**) †ケイプ(ハダ)	intervention; inter-vene インタヴェンション, インタ**ヴィ**ーン
がいねん **概念** gainen	**개념**＊ †ケニョム	notion, concept ノウション, **カ**ンセプト
かいばしら **貝柱** kaibashira	**조개관자**(貫子) †チョゲグヮンジャ	scallop ス**カ**ラプ
かいはつ(する) **開発(する)** kaihatsu (suru)	**개발**＊(**하다**) †ケバル(ハダ)	development; de-velop ディ**ヴェ**ロプメント, ディ**ヴェ**ロプ
かいばつ **海抜** kaibatsu	**해발**＊ ヘバル	above the sea アバヴ ザ **スィ**ー
かいひ **会費** kaihi	**회비**＊ フェビ	(membership) fee (メンバシプ) **フィ**ー
がいぶ **外部** gaibu	**외부**＊ ウェブ	outside アウト**サ**イド
かいふく(する) **回復(する)** kaifuku (suru)	**회복**＊(**되다**) フェボク(ドェダ)	recovery; recover リ**カ**ヴァリ, リ**カ**ヴァ
かいほう(する) **解放(する)** kaihou (suru)	**해방**＊(**하다**) ヘバン(ハダ)	liberation リバ**レ**イション
かいほう(する) **開放(する)** kaihou (suru)	**개방**＊(**하다**) †ケバン(ハダ)	opening; open **オ**ウプニング, **オ**ウプン
かいまく(する) **開幕(する)** kaimaku (suru)	**개막**＊(**하다**) †ケマク(ハダ)	opening; open **オ**ウプニング, **オ**ウプン
がいむ **外務** gaimu	**외무**＊ ウェム	foreign affairs **フォ**ーリン ア**フェ**アズ

日	韓	英
～省	**외교통상부**(外交通商部) ウェギョトンサンブ	Ministry of Foreign Affairs ミニストリ オヴ **フォー**リン ア**フェ**アズ
～大臣	**외교통상부**(外交通商部) **장관** (長官) ウェギョトンサンブ ↑チャングヮン	Minister of Foreign Affairs ミニスタ オヴ **フォー**リン ア**フェ**アズ
かいもの **買い物** kaimono	**쇼핑** ショピン	shopping **シャ**ピング
かいやく(する) **解約(する)** kaiyaku (suru)	**해약**＊(**하다**) ヘヤク(ハダ)	cancellation; cancel キャンセ**レ**イション, **キャン**セル
がいよう **概要** gaiyou	**개요**＊ ↑ケヨ	outline, summary **ア**ウトライン, **サ**マリ
がいらいご **外来語** gairaigo	**외래어**＊ ウェレオ	loan-word **ロ**ウンワード
がいりゃく **概略** gairyaku	**개략**＊ ↑ケリャク	outline, summary **ア**ウトライン, **サ**マリ
かいりゅう **海流** kairyuu	**해류**＊ ヘリュ	current **カ**ーレント
かいりょう(する) **改良(する)** kairyou (suru)	**개량**＊(**하다**) ↑ケリャン(ハダ)	improvement, reform インプ**ル**ーヴメント, リ**フォ**ーム
かいろ **回路** kairo	**회로**＊ フェロ	circuit **サ**ーキト
かいわ(する) **会話(する)** kaiwa (suru)	**회화**＊(**하다**) フェファ(ハダ)	conversation; talk カンヴァ**セ**イション, **ト**ーク
かう **買う** kau	**사다**, **구입**(購入)**하다** サダ, ↑クイパダ	buy, purchase **バ**イ, **パ**ーチェス
(認める)	**높이 평가**(評価)**하다** ノピ ピョンッカハダ	appreciate アプ**リ**ーシエイト

日	韓	英
かう **飼う** kau	기르다, 키우다, 사육(飼育) 하다 †キルダ, キウダ, サユカダ	keep, raise **キープ**, **レイズ**
かうんせらー **カウンセラー** kaunseraa	카운슬러 カウンスルロ	counselor **カウンセラ**
かうんたー **カウンター** kauntaa	카운터 カウント	counter **カウンタ**
かえす **返す** kaesu	되돌리다, 돌려 주다 †トェドルリダ, †トルリョ †チュダ	return, send back リ**ターン**, **センド** **バク**
かえって **却って** kaette	오히려, 반대(反対)로 オヒリョ, †パンデロ	on the contrary オン ザ **カン**トレリ
かえり **帰り** kaeri	돌아옴, 귀로(帰路) †トラオム, †クィロ	return リ**ターン**
かえりみる **省みる** kaerimiru	반성(反省)하다 †パンソンハダ	reflect upon リ**フレクト** アポン
かえりみる **顧みる** kaerimiru	회고(回顧)하다, 뒤돌아보다 フェゴハダ, †トゥィドラボダ	look back **ルク** **バク**
かえる **蛙** kaeru	개구리 †ケグリ	frog フ**ローグ**
かえる **変える** kaeru	바꾸다, 고치다 †パックダ, †コチダ	change **チェ**インヂ
かえる **換える** kaeru	바꾸다, 교환(交換)하다 †パックダ, †キョファンハダ	exchange, replace イクス**チェ**インヂ, リプレイ ス
かえる **帰る** kaeru	돌아가다, 돌아오다 †トラガダ, †トラオダ	come home, go home カム **ホウム**, **ゴウ** **ホウム**
かえる **返る** kaeru	되돌아가다 †トェドラガダ	return, come back リ**ターン**, **カム** **バク**
かお **顔** kao	얼굴, 용모(容貌) オルグル, ヨンモ	face, look **フェイス**, **ルク**

日	韓	英
かおいろ **顔色** kaoiro	**안색*, 혈색**(血色) アンセク, ヒョルッセク	complexion コンプレクション
かおり **香り** kaori	**향**(香)**, 향기**(香気) ヒャン, ヒャンギ	smell, fragrance スメル, フレイグランス
がか **画家** gaka	**화가*** ファガ	painter ペインタ
かがいしゃ **加害者** kagaisha	**가해자*** †カヘジャ	assailant アセイラント
かかえる **抱える** kakaeru	**껴안다, 떠맡다** ッキョアンッタ, ットマッタ	hold in *one's* arms ホウルド イン アームズ
かかく **価格** kakaku	**가격*** †カギョク	price, value プライス, ヴァリュ
かがく **化学** kagaku	**화학*** ファハク	chemistry ケミストリ
かがく **科学** kagaku	**과학*** †クヮハク	science サイエンス
〜者	**과학자**(科学者) †クヮハクチャ	scientist サイエンティスト
かかげる **掲げる** kakageru	**게양**(掲揚)**하다** †ケヤンハダ	hoist ホイスト
かかと **踵** kakato	**발뒤꿈치, 신발의 뒤축** †パルッドゥィックムチ, シンバレ †トゥイチュク	heel ヒール
かがみ **鏡** kagami	**거울** †コウル	mirror, glass ミラ, グラス
かがむ **屈む** kagamu	**굽히다, 구부리다** †クピダ, †クブリダ	stoop ストゥープ
かがやかしい **輝かしい** kagayakashii	**눈부시게 빛나다** ヌンプシゲ †ピンナダ	brilliant ブリリアント

日	韓	英
かがやき **輝き** kagayaki	빛남, 광휘(光輝) †ピンナム, †クウンフィ	brilliance ブリリャンス
かがやく **輝く** kagayaku	빛나다 †ピンナダ	shine, glitter シャイン, グリタ
かかりいん **係員** kakariin	담당자(担当者) †タムダンジャ	person in charge of パースン イン **チャ**ーデ オヴ
かかる **掛かる** kakaru	걸리다 †コルリダ	hang on ハング オン
(金が)	들다 †トゥルダ	cost コスト
(時間が)	걸리다 †コルリダ	take テイク
かかわらず **かかわらず** kakawarazu	불구(不拘)하고, 관계(関係) 없이 †プルグハゴ, †クウンゲオプシ	in spite of イン スパイト オヴ
かかわる **関[係]わる** kakawaru	관계(関係)되다 †クウンゲドェダ	(be) concerned in (ビ) コン**サ**ーンド イン
かき **牡蠣** kaki	굴 †クル	oyster **オ**イスタ
かき **柿** kaki	감 †カム	persimmon パー**ス**イモン
かき **夏期[季]** kaki	하기*, 하계(夏季) ハギ, ハゲ	summer **サ**マ
かぎ **鍵** kagi	열쇠 ヨルッスェ	key **キ**ー
かきかえる **書き換える** kakikaeru	다시 쓰다 †タシ ッスダ	rewrite リー**ラ**イト

日	韓	英
かきとめる **書き留める** kakitomeru	**메모하다, 적어 두다** メモハダ, †チョゴ †トゥダ	write down ライト **ダ**ウン
かきとり **書き取り** kakitori	**받아쓰기** †パダ ッスギ	dictation ディク**テ**イション
かきとる **書き取る** kakitoru	**받아 적다** †パダ †チョクタ	write down ライト **ダ**ウン
かきなおす **書き直す** kakinaosu	**고쳐 쓰다** †コチョ ッスダ	rewrite リー**ラ**イト
かきまぜる **かき混ぜる** kakimazeru	**뒤섞다** †トゥィソクタ	mix up ミクス **ア**プ
かきまわす **かき回す** kakimawasu	**휘젓다** フィジョッタ	stir ス**タ**ー
かきゅう **下級** kakyuu	**하급*** ハグプ	lower class **ロ**ウア **ク**ラス
かぎょう **家業** kagyou	**가업*** †カオプ	family business **ファ**ミリ **ビ**ズネス
かぎり **限り** kagiri	**끝, 한계**(限界) ックッ, ハンゲ	limit **リ**ミト
かぎる **限る** kagiru	**제한**(制限)**하다, 한정**(限定) **시키다** †チェハンハダ, ハンジョンシキダ	limit **リ**ミト
かく **各** kaku	**각*** †カク	each **イ**ーチ
かく **角**　(角度) kaku	**각도**(角度) †カクト	angle **ア**ングル
(四角) 	**사각**(四角) サガク	square スク**ウェ**ア
かく **核**　(芯) kaku	**중심**(中心) †チュンシム	kernel, core **カ**ーネル, **コ**ー

日	韓	英
（原子核）	**원자핵**（原子核） ウォンジャヘク	nucleus ニュークリアス
〜兵器	**핵무기**（核武器） ヘンムギ	nuclear weapon ニュークリア ウェポン
書く kaku	**쓰다** ッスダ	write ライト
（詩・文章を）	**짓다** †チッタ	compose コンポウズ
（絵を）	**그리다** †クリダ	draw, paint ドロー, ペイント
掻く kaku	**긁다, 할퀴다** †ククタ, ハルクィダ	scratch, rake スクラチ, レイク
（水を）	**젓다** †チョッタ	paddle パドル
家具 kagu	**가구**＊ †カグ	furniture ファーニチャ
嗅ぐ kagu	**냄새를 맡다** ネムセルル マッタ	smell, sniff スメル, スニフ
額 gaku	**액자**（額子）**, 틀** エクチャ, トゥル	frame フレイム
（金額）	**금액**（金額） †クメク	amount, sum アマウント, サム
学位 gakui	**학위**＊ ハグィ	degree ディグリー
架空(の) kakuu (no)	**가공**＊**(의)** †カゴン(エ)	imaginary イマヂネリ
各駅停車 kakuekiteisha	**완행열차**（緩行列車） ワンヘンヨルチャ	local train ロウカル トレイン

日	韓	英
かくげい **学芸** gakugei	**학예**＊ ハゲ	arts and sciences **アーツ** アンド **サイエンセズ**
かくご(する) **覚悟(する)** kakugo (suru)	**각오**＊**(하다)** カゴ(ハダ)	preparedness; (be) prepared for プリ**ペ**アドネス, (ビ) プリ**ペ** アド フォ
かくさ **格差** kakusa	**격차**＊ †キョクチャ	difference, gap **ディ**ファレンス, **ギャ**プ
かくじ **各自** kakuji	**각자**＊ †カクチャ	each **イー**チ
かくじつな **確実な** kakujitsuna	**확실**＊**한** ファクシルハン	sure, certain **シュ**ア, **サー**トン
がくしゃ **学者** gakusha	**학자**＊ ハクチャ	scholar ス**カ**ラ
がくしゅう **学習** gakushuu	**학습**＊ ハクスプ	learning **ラー**ニング
〜する	**학습**＊**(하다)** ハクスプ(ハダ)	study, learn ス**タ**ディ, **ラー**ン
がくじゅつ **学術** gakujutsu	**학술**＊ ハクスル	learning **ラー**ニング
かくす **隠す** kakusu	**숨기다, 감추다** スムギダ, †カムチュダ	hide, conceal **ハ**イド, コン**スィー**ル
(秘密にする)	**숨기다** スムギダ	hide, conceal **ハ**イド, コン**スィー**ル
がくせい **学生** gakusei	**학생**＊ ハクセン	student ス**テュー**デント
〜証	**학생증**(学生証) ハクセンッチュン	student's ID card ス**テュー**デンツ **アイディー** カード

日	韓	英
かくせいざい **覚醒剤** kakuseizai	흥분제(興奮劑), 각성제* フンブンジェ, †カクソンジェ	stimulant drug ス**ティ**ミュラント ド**ラ**グ
がくせつ **学説** gakusetsu	학설* ハクソル	doctrine, theory **ダ**クトリン, **ス**ィオリ
かくだい(する) **拡大(する)** kakudai (suru)	확대*(하다) ファクテ(ハダ)	magnification; magnify マグニフィ**ケ**イション, **マ**グ ニファイ
かくち **各地** kakuchi	각지* †カクチ	each place **イ**ーチ プ**レ**イス
かくちょう(する) **拡張(する)** kakuchou (suru)	확장*(하다) ファクチャン(ハダ)	extension; extend イクス**テ**ンション, イクス**テ** ンド
がくちょう **学長** gakuchou	학장*, 총장(總長) ハクチャン, チョンジャン	president プレ**ズ**ィデント
かくてい(する) **確定(する)** kakutei (suru)	확정*(하다) ファクチョン(ハダ)	decision; decide ディ**ス**ィジョン, ディ**サ**イド
かくど **角度** kakudo	각도* †カクト	angle **ア**ングル
かくとう(する) **格闘(する)** kakutou (suru)	격투*(하다) †キョクトゥ(ハダ)	fight **ファ**イト
かくとく(する) **獲得(する)** kakutoku (suru)	획득*(하다) フェクトゥク(ハダ)	acquisition; ac- quire アクウィ**ズ**ィション, アク**ワ** イア
かくにん(する) **確認(する)** kakunin (suru)	확인*(하다) ファギン(ハダ)	confirmation; con- firm カンファ**メ**イション, コン **ファ**ーム
がくねん **学年** gakunen	학년* ハンニョン	school year ス**ク**ール **イ**ア
がくひ **学費** gakuhi	학비* ハクピ	school expenses ス**ク**ール イクス**ペ**ンセズ

日	韓	英
がくふ **楽譜** gakufu	**악보** * アクポ	music, score **ミュー**ズィク, スコー
がくぶ **学部** gakubu	**학부** * ハクプ	faculty **ファ**カルティ
かくほ(する) **確保(する)** kakuho (suru)	**확보** * **(하다)** ファクポ(ハダ)	reservation; secure レザ**ヴェ**イション, スィ**キュ** ア
かくまく **角膜** kakumaku	**각막** * †カンマク	cornea **コー**ニア
かくめい **革命** kakumei	**혁명** * ヒョンミョン	revolution レヴォ**ルー**ション
がくもん **学問** gakumon	**학문** * ハンムン	learning, study **ラー**ニング, ス**タ**ディ
かくやすの **格安の** kakuyasuno	**싼** ッサン	cheap **チー**プ
かくりつ **確率** kakuritsu	**확률** * ファンニュル	probability プラバ**ビ**リティ
かくりつ(する) **確立(する)** kakuritsu (suru)	**확립** * **(하다)** ファンニプ(ハダ)	establishment; es- tablish イス**タ**ブリシュメント, イス **タ**ブリシュ
がくりょく **学力** gakuryoku	**학력** * ハンニョク	scholarship ス**カ**ラシプ
がくれき **学歴** gakureki	**학력** * ハンニョク	school career ス**クー**ル カ**リ**ア
かくれる **隠れる** kakureru	**숨다** スムッタ	hide *oneself* **ハ**イド
がくわり **学割** gakuwari	**학생(학생) 할인(할인)** ハクセン ハリン	reduced fee for students リ**デュー**スト **フィー** フォ ス **テュー**デンツ

日	韓	英
かけ **賭け** kake	**내기** ネギ	gambling ギャンブリング
かげ **陰** kage	**응달, 그늘** ウンダル, †クヌル	shade シェイド
かげ **影** kage	**그림자** †クリムジャ	shadow, silhouette シャドウ, スィルーエト
がけ **崖** gake	**낭떠러지, 벼랑** ナンットロジ, †ピョラン	cliff クリフ
かけい **家計** kakei	**가계*** †カゲ	household econo-my ハウスホウルド イカノミ
かけざん **掛け算** kakezan	**곱셈** †コブセム	multiplication マルティプリ**ケ**イション
かけつ(する) **可決(する)** kaketsu (suru)	**가결*****(하다)** †カギョル(ハダ)	approval; approve アプ**ルー**ヴァル, アプ**ルー**ヴ
かけね **掛け値** kakene	**에누리** エヌリ	overcharge オウヴァ**チャ**ーヂ
かけひき **駆け引き** kakehiki	**흥정, 밀당** フンジョン, ミルッタン	tactics **タ**クティクス
かけぶとん **掛け布団** kakebuton	**이불** イブル	quilt, comforter ク**ウィ**ルト, **カ**ンフォタ
かけら **かけら** kakera	**단편(断片), 조각** †タンピョン, †チョガク	fragment フ**ラ**グメント
かける **欠ける** kakeru	**모자라다** モジャラダ	break off ブレイク オフ
(不足する)	**부족(不足)하다** †プジョカダ	lack ラク
かける **掛ける** kakeru	**걸다** †コルダ	hang, suspend ハング, サス**ペ**ンド

日	韓	英
(掛け算)	곱하다 †コパダ	multiply マルティプライ
(時間・金を)	들이다 †トゥリダ	spend スペンド
かける **駆ける** kakeru	달리다 †タルリダ	run ラン
かける **賭ける** kakeru	(금품(金品)을) 걸다 (†グムプムル) †ゴルダ	bet on ベト オン
かこ **過去** kako	과거* †クヮゴ	past パスト
かご **籠** kago	바구니 †パグニ	basket, cage バスケト, ケイヂ
かこい **囲い** kakoi	울, 울타리 ウル, ウルタリ	enclosure, fence インクロウジャ, フェンス
かこう(する) **加工(する)** kakou (suru)	가공*(하다) †カゴン(ハダ)	processing; process プラセスィング, プラセス
かごう(する) **化合(する)** kagou (suru)	화합*(하다) ファハプ(ハダ)	combination; combine カンビネイション, コンバイン
かこむ **囲む** kakomu	둘러싸다 †トゥルロッサダ	surround, enclose サラウンド, インクロウズ
かさ **傘** kasa	우산(雨傘) ウサン	umbrella アンブレラ
かさい **火災** kasai	화재* ファジェ	fire ファイア
〜報知機	화재경보기(火災警報器) ファジェギョンボギ	fire alarm ファイア アラーム

日	韓	英
～保険	화재보험(火災保険) ファジェボホム	fire insurance **ファイア インシュ**アランス
かさなる **重なる** kasanaru	겹치다, 거듭되다 †キョプチダ, †コドゥプトェダ	(be) piled up (ビ) **パイルド ア**プ
(重複する)	중복(重複)되다 †チュンボクトェダ	overlap オウヴァ**ラ**プ
(度重なる)	거듭되다 †コドゥプドェダ	(be) repeated (ビ) リ**ピー**テド
(祭日などが)	겹치다 †キョプチダ	fall on **フォール オン**
かさねる **重ねる** kasaneru	포개다, 겹치다 ポゲダ, †キョプチダ	pile up **パイル ア**プ
(繰り返す)	되풀이하다 †トェプリハダ	repeat リ**ピー**ト
かさばる **嵩張る** kasabaru	부피가 커지다 †プピガ コジダ	(be) bulky (ビ) **バ**ルキ
かさむ **嵩む** kasamu	늘어나다 ヌロナダ	increase イン**クリー**ス
かざり **飾り** kazari	장식(装飾) †チャンシク	decoration, ornament デコ**レ**イション, **オー**ナメント
かざる **飾る** kazaru	꾸미다, 장식(装飾)하다 ックミダ, †チャンシカダ	decorate, ornament **デ**コレイト, **オー**ナメント
かざん **火山** kazan	화산* ファサン	volcano ヴァル**ケ**イノウ
かし **貸し** kashi	빚 †ピッ	loan **ロ**ウン

日	韓	英
かし **菓子** kashi	**과자** * †クヮジャ	confectionery, cake コンフェクショネリ, ケイク
かし **歌詞** kashi	**가사** * †カサ	words, text, lyrics ワーヅ, テクスト, リリクス
かじ **火事** kaji	**화재**(火災)**, 불** ファジェ, †プル	fire ファイア
かじ **家事** kaji	**가사** *, **집안일** †カサ, †チバンニル	housework ハウスワーク
かしきり **貸し切り** kashikiri	**전세**(專貰) †チョンセ	chartered チャータド
かしこい **賢い** kashikoi	**영리**(怜悧)**하다, 똑똑하다** ヨンニハダ, ットクットカダ	wise, clever ワイズ, クレヴァ
かしだし **貸し出し** kashidashi	**대출**(貸出) †テチュル	lending レンディング
かしつ **過失** kashitsu	**과실** * †クヮシル	fault, error フォールト, エラ
かしつけ **貸し付け** kashitsuke	**대부**(貸付) †テブ	loan, credit ローン, クレディト
かしみや **カシミヤ** kashimiya	**캐시미어** ケシミオ	cashmere キャジュミア
かしや **貸し家** kashiya	**셋집** セッチプ	house for rent ハウス フォ レント
かしゅ **歌手** kashu	**가수** * †カス	singer スィンガ
かじゅあるな **カジュアルな** kajuaruna	**캐주얼한** ケジュオルハン	casual キャジュアル
かしょ **箇所** kasho	**군데, 곳** †クンデ, †コッ	part, place, spot パート, プレイス, スパト

日	韓	英
かじょう **過剰** kajou	과잉* †クヮイン	excess, surplus イク**セ**ス, **サ**ープラス
かしょくしょう **過食症** kashokushou	과식증* †クヮシクチュン	bulimia ビュ**リ**ーミア
かじる **齧る** kajiru	베어 먹다, 갉아먹다 †ペオ モクタ, †カルガモクタ	gnaw at, nibble at ノー **ア**ト, **ニ**ブル アト
(少し知る)	조금 알다 †チョグム アルダ	know a bit of ノウ ア **ビ**ト オヴ
かす **滓** kasu	술지게미, 찌꺼기 スルジゲミ, ッチッコギ	dregs ド**レ**グズ
かす **貸す** kasu	빌려 주다 †ピルリョジュダ	lend **レ**ンド
かず **数** kazu	수* ス	number, figure **ナ**ンバ, **フィ**ギャ
がす **ガス** gasu	가스 †カス	gas **ギ**ャス
かすかな **微かな** kasukana	희미(稀微)한, 어렴풋한 ヒミハン, オリョムプタン	faint, slight **フェ**イント, ス**ラ**イト
かすむ **霞む** kasumu	안개가 끼다, 희미(稀微)해 지다 アンゲガ ッキダ, ヒミヘジダ	(be) hazy (ビ) **ヘ**イズィ
(目が)	침침(沈沈)하다 チムチムハダ	(be) dim (ビ) **ディ**ム
かする **課する** kasuru	부과(賦課)하다 †プグヮハダ	impose イン**ポ**ウズ
かぜ **風** kaze	바람 †パラム	wind, breeze **ウィ**ンド, ブ**リ**ーズ
かぜ **風邪** kaze	감기(感気) †カムギ	cold, flu **コ**ウルド, フ**ル**ー

日	韓	英
かせい **火星** kasei	**화성*** ファソン	Mars **マ**ーズ
かぜい（する） **課税（する）** kazei (suru)	**과세***（**하다**） †クヮセ（ハダ）	taxation タク**セ**イション
かせき **化石** kaseki	**화석*** ファソク	fossil **ファ**スィル
かせぐ **稼ぐ** kasegu	**벌다** †ポルダ	work, earn **ワ**ーク, **ア**ーン
（時間を）	**벌다** †ポルダ	gain **ゲ**イン
かせつ **仮説** kasetsu	**가설*** †カソル	hypothesis ハイ**パ**セスィス
かせつ（の） **仮設（の）** kasetsu (no)	**가설***（**의**） †カソル（エ）	temporary **テ**ンポレリ
～住宅	**가설*** **주택**（住宅） †カソル ジュテク	temporary houses **テ**ンポレリ **ハ**ウゼズ
～する	**가설*****하다** †カソルハダ	build temporarily **ビ**ルド **テ**ンポレリリ
かせん **河川** kasen	**하천*** ハチョン	river **リ**ヴァ
がぞう **画像** gazou	**화상*** ファサン	picture, image **ピ**クチャ, **イ**ミヂ
かぞえる **数える** kazoeru	**세다** セダ	count, calculate **カ**ウント, **キャ**ルキュレイト
かそく（する） **加速（する）** kasoku (suru)	**가속***（**하다**） †カソク（ハダ）	acceleration; ac- celerate アクセ**レ**イション, アク**セ**ラレイト

日	韓	英
かぞく **家族** kazoku	**가족*** †カジョク	family **ファミリ**
がそりん **ガソリン** gasorin	**가솔린** †カソルリン	gasoline, gas **ギャソリーン**, **ギャス**
～スタンド	**주유소**(注油所) †チュユソ	gas station **ギャス スティション**
かた・かたち **型・形** kata	**형태**(形態), **유형**(類型) ヒョンテ, ユヒョン	pattern **パタン**
(形状)	**형태**(形態), **본**(本) ヒョンテ, †ポン	shape **シェイプ**
(形式)	**틀**, **폼** トゥル, ポム	form **フォーム**
(様式)	**형***, **양식**(様式) ヒョン, ヤンシク	style, mode, type **スタイル**, **モウド**, **タイプ**
(鋳型)	**거푸집**, **틀** †コプジプ, トゥル	mold **モウルド**
かた **肩** kata	**어깨** オッケ	shoulder **ショウルダ**
かたい **固[堅・硬]い** katai	**단단하다**, **딱딱하다** †タンダンハダ, ッタクタカダ	hard, solid **ハード**, **サリド**
かだい **課題** kadai	**과제*** †クヮジェ	subject, theme **サブヂェクト**, **スィーム**
かたがき **肩書き** katagaki	**직함**(職銜) †チカム	title **タイトル**
かたき **敵** kataki	**적***, **원수**(怨讐) †チョク, ウォンス	enemy, opponent **エネミ**, **オポウネント**
かたぎ **気質** katagi	**기질***, **근성**(根性) †キジル, †クンソン	character **キャラクタ**

日	韓	英
かたち **形** katachi	형태(形態)，모양(模樣)새 ヒョンテ，モヤン	shape, form **シェイプ**，**フォーム**
かたづく **片付く** katazuku	정리(整理)되다 †チョンニドェダ	(be) put in order (ビ) **プト イン オーダ**
（完結）	매듭지어지다，끝나다 メドゥプジオジダ，ックンナダ	(be) finished (ビ) **フィニシュト**
（処理）	처리(処理)되다，해결(解決) 되다 チョリドェダ，ヘギョルドェダ	(be) settled (ビ) **セ**トルド
かたづける **片付ける** katazukeru	정리(整理)하다 †チョンニハダ	put in order **プ**ト イン **オーダ**
（完結）	매듭짓다，끝내다 メドゥプチッタ，ックンネダ	finish **フィニシュ**
（処理）	처리(処理)하다，해결(解決) 하다 チョリハダ，ヘギョルハダ	settle **セ**トル
かたな **刀** katana	칼，검(剣) カル，†コム	sword **ソード**
かたはば **肩幅** katahaba	어깨 폭 オッケ ポク	shoulder length **ショウルダ レングス**
かたほう **片方** katahou	한쪽 ハンッチョク	one of the pair **ワン オヴ ザ ペア**
かたまり **塊** katamari	덩어리 †トンオリ	lump, mass **ランプ**，**マス**
かたまる **固まる** katamaru	굳다，굳어지다 †クッタ，†クドジダ	harden **ハードン**
かたみち **片道** katamichi	편도* ピョンド	one way **ワン ウェイ**
〜切符	편도표(片道票) ピョンドピョ	one-way ticket **ワンウェイ ティケト**

日	韓	英
かたむく **傾く** katamuku	기울다, 기울어지다 †キウルダ, †キウロジダ	lean, incline リーン, インクライン
かたむける **傾ける** katamukeru	기울이다 †キウリダ	incline, bend インクライン, ベンド
かためる **固める** katameru	굳히다, 다지다 †クチダ, †タジダ	harden ハードン
かたよる **偏る** katayoru	치우치다 チウチダ	lean to, (be) biased リーン トゥ, (ビ) バイアスト
かたりあう **語り合う** katariau	이야기를 주고받다 イヤギルル †チュゴバッタ	have a talk with ハヴ ア トーク ウィズ
かたる **語る** kataru	이야기하다 イヤギハダ	talk, speak, narrate トーク, スピーク, ナレイト
かたろぐ **カタログ** katarogu	카탈로그 カタルログ	catalog キャタローグ
かたわら **傍ら** katawara	곁, 옆 †キョッ, ヨプ	by the side of バイ ザ サイド オヴ
かだん **花壇** kadan	화단* ファダン	flower bed フラウア ベド
かち **勝ち** kachi	승리(勝利) スンニ	victory, win ヴィクトリ, ウィン
かち **価値** kachi	가치* †カチ	value, worth ヴァリュ, ワース
かちく **家畜** kachiku	가축* †カチュク	livestock ライヴスタク
かちょう **課長** kachou	과장* †クヮジャン	section manager セクション マニヂャ
かつ **勝つ** katsu	이기다 イギダ	win ウィン

日	韓	英
がっか **学科** gakka	학과* ハックヮ	subject サブヂェクト
がっか **学課** gakka	학과* ハックヮ	lesson レスン
がっかい **学会** gakkai	학회* ハックェ	society, academy ソサイエティ, アキャデミ
がっかりする **がっかりする** gakkarisuru	실망(失望)하다, 낙심(落心)하다 シルマンハダ, ナクシムハダ	(be) disappointed (ビ) ディサポインテド
かっき **活気** kakki	활기* ファルギ	life, animation ライフ, アニメイション
がっき **学期** gakki	학기* ハッキ	term, semester ターム, セメスタ
がっき **楽器** gakki	악기* アッキ	musical instrument ミューズィカル インストルメント
かっきてきな **画期的な** kakkitekina	획기적*인 フェッキジョギン	epoch-making エポクメイキング
がっきゅう **学級** gakkyuu	학급* ハックナ	class クラス
かつぐ **担ぐ** katsugu	짊어지다, 짐을 메다 †チルモジダ, †チムル メダ	shoulder ショウルダ
かっこいい **かっこいい** kakkoii	멋있다, 근사(近似)하다 モシッタ, †クンサハダ	neat, super, cool ニート, スーパ, クール
かっこう **格好** kakkou	외양(外様), 겉모습 ウェヤン, †コッモスプ	shape, form シェイプ, フォーム
がっこう **学校** gakkou	학교* ハッキョ	school スクール

日	韓	英
かっさい **喝采** kassai	갈채* †カルチェ	cheers, applause **チ**アズ, アプ**ロ**ーズ
かつじ **活字** katsuji	활자* ファルッチャ	type **タ**イプ
がっしょう(する) **合唱(する)** gasshou (suru)	합창*(하다) ハプチャン(ハダ)	chorus; sing in chorus **コ**ーラス, ス**ィ**ング イン **コ**ーラス
がっそう(する) **合奏(する)** gassou (suru)	합주*(하다) ハプチュ(ハダ)	play in concert プ**レ**イ イン **カ**ンサト
かっそうろ **滑走路** kassouro	활주로* ファルッチュロ	runway **ラ**ンウェイ
かって **勝手**　(事情・様子) katte	사정(事情), 상황(状況) サジョン, サンファン	circumstances **サ**ーカムスタンセズ
～な	마음대로인 マウムデロイン	selfish **セ**ルフィシュ
かつて **かつて** katsute	일찍이, 예전부터 イルッチギ, イェジョンプト	once, before **ワ**ンス, ビ**フォ**ー
かっと **カット**　(挿絵) katto	컷 コッ	cut, illustration **カ**ト, イラスト**レ**イション
かっとう **葛藤**　(心の) kattou	갈등* †カルットゥン	conflict **カ**ンフリクト
かつどう(する) **活動(する)** katsudou (suru)	활동*(하다) ファルットン(ハダ)	activity; act アク**テ**ィヴィティ, **ア**クト
かっとなる **かっとなる** kattonaru	발끈하다 †パルックンハダ	fly into a rage フ**ラ**イ イントゥ ア **レ**イヂ
かっぱつな **活発な** kappatsuna	활발*한 ファルバルハン	active, lively **ア**クティヴ, **ラ**イヴリ

129

日	韓	英
かっぷ **カップ** kappu	**컵** コプ	cup **カ**プ
かっぷくのよい **恰幅のよい** kappukunoyoi	**풍채(風采)가 좋은** プンチェガ †チョウン	of stout build オヴ ス**タ**ウト ビルド
かっぷる **カップル** kappuru	**커플** コプル	couple **カ**プル
がっぺい(する) **合併(する)** gappei (suru)	**합병*(하다)** ハッピョン(ハダ)	merger; merge **マ**ーヂャ, **マ**ーヂ
かつやく(する) **活躍(する)** katsuyaku (suru)	**활약*(하다)** ファリャク(ハダ)	activity; (be) active in アク**ティ**ヴィティ, (ビ) **ア**クティヴ イン
かつよう(する) **活用(する)** katsuyou (suru)	**활용*(하다)** ファリョン(ハダ)	(put to) practical use (**プ**ト トゥ) プ**ラ**クティカル **ユ**ース
かつら **髪** katsura	**가발(仮髪)** †カバル	wig **ウィ**グ
かてい **家庭** katei	**가정*** †カジョン	home, family **ホ**ウム, **ファ**ミリ
かてい **過程** katei	**과정*** †クヮジョン	process プ**ラ**セス
かてい(する) **仮定(する)** katei (suru)	**가정*(하다)** †カジョン(ハダ)	supposition; suppose サポ**ズィ**ション, サ**ポ**ウズ
かてごりー **カテゴリー** kategorii	**카테고리** カテゴリ	category **キャ**テゴーリ
かど **角** kado	**모서리, 모퉁이** モソリ, モトゥンイ	corner, turn **コ**ーナ, **タ**ーン
かどう(する) **稼動(する)** kadou (suru)	**가동*(하다)** †カドン(ハダ)	operation; operate アペ**レ**イション, **ア**ペレイト

日	韓	英
かない **家内** kanai	**가족**(家族) †カジョク	family **ファミリ**
（妻）	**아내, 처**(妻) アネ, チョ	my wife マイ **ワイフ**
かなう **適う** kanau	**들어맞다, 적합**(適合)**하다** †トゥロマッタ, †チョカパダ	suit **スート**
かなえる **叶える** kanaeru	**이루다, 이루어 주다** イルダ, イルオ †チュダ	grant, answer グ**ラント, アンサ**
かなぐ **金具** kanagu	**쇠붙이** セプッチ	metal fittings **メトル フィティングズ**
かなしい **悲[哀]しい** kanashii	**슬프다, 애절**(哀切)**하다** スルプダ, エジョルハダ	sad, sorrowful **サド, サ**ロウフル
かなしみ **悲しみ** kanashimi	**슬픔, 비애**(悲哀) スルプム, †ピエ	sorrow, sadness **サロ**ウ, **サ**ドネス
かなしむ **悲[哀]しむ** kanashimu	**슬퍼하다, 마음 아파하다** スルポハダ, マウム アパハダ	feel sad, grieve over **フィール サド, グリーヴ オウ**ヴァ
かなづち **金槌** kanazuchi	**망치** マンチ	hammer **ハ**マ
かなめ **要** kaname	**요점**(要点)**, 급소**(急所) ヨッチョム, †クプソ	point, pivot **ポ**イント, **ピ**ヴォト
かならず **必ず** kanarazu	**반드시, 꼭** †パンドゥシ, ッコク	certainly **サ**ートンリ
かなり **かなり** kanari	**꽤, 상당**(相当)**히** ックェ, サンダンヒ	fairly, pretty **フェ**アリ, プ**リ**ティ
かに **蟹** kani	**게** †ケ	crab ク**ラ**ブ

日	韓	英
〜座	게자리 †ケジャリ	Crab, Cancer クラブ, キャンサ
かにゅう(する) **加入(する)** kanyuu (suru)	**가입*(하다)** †カイプ(ハダ)	joining; join, entry; enter **ヂョイニング**, **ヂョイン**, エントリ, **エンタ**
かね **金** kane	**돈, 화폐(貨幣)** †トン, ファペ	money **マ**ニ
(金属)	**금속(金属)** †クムソク	metal **メ**トル
かね **鐘** kane	**종*** †チョン	bell **ベ**ル
かねつ(する) **加熱(する)** kanetsu (suru)	**가열*(하다)** †カヨル(ハダ)	heating; heat **ヒー**ティング, **ヒー**ト
かねもうけする **金儲けする** kanemoukesuru	**돈을 벌다** †トヌル †ポルダ	make money メイク **マ**ニ
かねもち **金持ち** kanemochi	**부자(富者)** †プジャ	rich person **リ**チ **パー**ソン
かねる **兼ねる** kaneru	**겸(兼)하다** †キョムハダ	combine with コン**バ**イン ウィズ
かのうせい **可能性** kanousei	**가능성*** †カヌンソン	possibility パスィ**ビ**リティ
かのうな **可能な** kanouna	**가능*한** †カヌンハン	possible **パ**スィブル
かのじょ **彼女** kanojo	**그녀, 그 여자(女子)** †クニョ, †ク ヨジャ	she **シー**
(恋人)	**걸프렌드, 여자(女子) 친구** (親旧) †コルプレンドゥ, ヨジャ チング	girlfriend **ガー**ルフレンド

日	韓	英
かばう **庇う** kabau	감싸다, 두둔하다 †カムッサダ, †トゥドゥンハダ	protect プロテクト
かばん **鞄** kaban	가방 †カバン	bag バグ
かはんすう **過半数** kahansuu	과반수* †クヮバンス	majority マチョーリティ
かび **黴** kabi	곰팡이 †コムパンイ	mold, mildew モウルド, ミルデュー
かびん **花瓶** kabin	꽃병 ッコッピョン	vase ヴェイス
かぶ **株**　　（植物の） kabu	그루터기, 포기 †クルトギ, ポギ	stump スタンプ
（株式）	주식(株式), 주권(株券) †チュシク, †チュックォン	stock スタク
かぶ **蕪** kabu	순무 スンム	turnip ターニプ
かぶけん **株券** kabuken	주권* †チュックォン	stock certificate スタク サティフィケト
かぶしき **株式** kabushiki	주식* †チュシク	stock スタク
～会社	주식회사(株式会社) †チュシクフェサ	joint-stock corporation チョイントスタク コーポレイション
～市場	주식시장(株式市場) †チュシクシジャン	stock market スタク マーケト
かぶせる **被せる** kabuseru	씌우다, 덮다 ッスィウダ, †トプタ	cover with カヴァ ウィズ

日	韓	英
かぶぬし **株主** kabunushi	주주* †チュジュ	stockholder スタクホウルダ
かぶる **被る** kaburu	쓰다, 뒤집어쓰다 ッスダ, †トゥイジボッスダ	put on, wear プト オン, ウェア
かぶれ **かぶれ** kabure	발진(発疹) †パルッチン	skin eruptions スキン イラプションズ
かふん **花粉** kafun	꽃가루 ッコッカル	pollen パルン
かべ **壁** kabe	벽*, 장벽(障壁) †ピョク, †チャンビョク	wall, partition ウォール, パーティション
かへい **貨幣** kahei	화폐* ファペ	money, coin マニ, コイン
かべがみ **壁紙** kabegami	벽지* †ピョクチ	wallpaper ウォールペイパ
かぼちゃ **カボチャ** kabocha	호박 ホバク	pumpkin パンプキン
かま **釜** kama	솥 ソッ	iron pot アイアン パト
かまう **構う** （気にかける） kamau	신경(神経) 쓰다, 문제(問題) 삼다 シンギョン ッスダ, ムンジェ サムッタ	care about, mind ケア アバウト, マインド
（世話する）	보살피다, 마음을 쓰다 †ポサルピダ, マウムル ッスダ	care for ケア フォ
（干渉する）	상관(相関)하다 サングヮンハダ	meddle in メドル イン
かまきり **蟷螂** kamakiri	사마귀, 버마재비 サマグィ, †ポマジェビ	mantis マンティス

日	韓	英
がまんする **我慢する** gamansuru	**참다** チャムッタ	(be) patient, perse-vere (ビ) **ペ**イシェント, パースィ**ヴィ**ア
かみ **神** kami	**신*** シン	God **ガ**ド
かみ **紙** kami	**종이** †チョ**ン**イ	paper **ペ**イパ
かみ **髪** kami	**머리카락** モリ**カ**ラク	hair **ヘ**ア
かみそり **剃刀** kamisori	**면도칼, 면도기**(面刀器) ミョン**ド**カル, ミョン**ド**ギ	razor **レ**イザ
かみつな **過密な** kamitsuna	**과밀*한** †クヮ**ミ**ルハン	tight, heavy **タ**イト, **ヘ**ヴィ
かみなり **雷** kaminari	**천둥, 우레** チョン**ドゥ**ン, **ウ**レ	thunder **サ**ンダ
かみん **仮眠** kamin	**잠깐 눈을 붙임** †チャム**ッカ**ン ヌ**ヌ**ル †プ**チ**ム	doze **ド**ウズ
かむ **噛む** kamu	**씹다, 깨물다** ッ**シ**プタ, ッケ**ム**ルダ	bite, chew, gnaw **バ**イト, **チュ**ー, **ノ**ー
がむ **ガム** gamu	**껌** ッ**コ**ム	chewing gum **チュ**ーイング ガム
かむふらーじゅ **カムフラージュ** kamufuraaju	**위장**(偽装)**, 변장**(変装) ウィ**ジャ**ン, †ピョン**ジャ**ン	camouflage **キャ**モフラージュ
かめ **亀** kame	**거북** †コ**ブ**ク	tortoise, turtle **ト**ータス, **タ**ートル
かめい(する) **加盟(する)** kamei (suru)	**가맹*(하다)** †カ**メ**ン(ハダ)	affiliation; affiliate アフィリ**エ**イション, ア**フィ**リエイト

日	韓	英
かめら **カメラ** kamera	**카메라** カメラ	camera **キャ**メラ
~マン	**카메라맨** カメラメン	cameraman **キャ**メラマン
かめん **仮面** kamen	**가면*** †カミョン	mask **マ**スク
がめん **画面** gamen	**화면*** ファミョン	screen, picture スク**リー**ン, **ピ**クチャ
かも **鴨** kamo	**오리** オリ	duck **ダ**ク
(騙されやすい人)	**봉**(鳳) †ポン	sucker **サ**カ
かもく **科[課]目** kamoku	**과목*** †クヮモク	subject **サ**ブヂェクト
かもつ **貨物** kamotsu	**화물*** ファムル	freight, cargo フ**レ**イト, **カ**ーゴウ
~船	**화물선**(貨物船) ファムルッソン	freighter フ**レ**イタ
~列車	**화물열차**(貨物列車) ファムルヨルチャ	freight train フ**レ**イト ト**レ**イン
かやく **火薬** kayaku	**화약*** ファヤク	gunpowder **ガ**ンパウダ
かゆ **粥** kayu	**죽*** †チュク	rice gruel **ラ**イス グ**ルー**エル
かゆい **痒い** kayui	**가렵다** †カリョプタ	itchy **イ**チ
かよう **通う** (定期的に) kayou	**다니다** †タニダ	commute to, attend コ**ミュー**ト トゥ, ア**テ**ンド

日	韓	英
（通学する）	**다니다** †タニダ	go to school ゴゥ トゥ スクール
（電車などが）	**다니다** †タニダ	run between ラン ビトゥィーン
かようび **火曜日** kayoubi	**화요일**＊ ファヨイル	Tuesday テューズデイ
から **から** （時間） kara	**부터** †プト	from, since フラム，スィンス
（原因）	**(이)니까, (이)므로** (イ)ニッカ, (イ)ムロ	because ビコーズ
（原料）	**(으)로** (ウ)ロ	of, from オヴ, フラム
から **殻** （堅果の） kara	**껍질** ッコプチル	husk ハスク
（貝の）	**조개껍질** †チョゲッコプチル	shell シェル
（卵の）	**껍질** ッコプチル	eggshell エグシェル
がら **柄** gara	**무늬** ムニ	pattern, design パタン, ディザイン
からー **カラー** （色） karaa	**컬러, 색상**（色相） コルロ, セクサン	color カラ
（襟）	**칼라** カルラ	collar カラ
からい **辛い** karai	**맵다, 짜다** メプタ, ッチャダ	hot, spicy ハト, スパイスィ
からおけ **カラオケ** karaoke	**노래방** ノレバン	*karaoke* カリオウキ

日	韓	英
からかう **からかう** karakau	놀리다, 조롱(嘲弄)하다 ノルリダ, †チョロンハダ	make fun of メイク **ファン** オヴ
からくち **辛口** karakuchi	매운 맛 メウン マッ	hot, pungent ハト, **パン**ヂャント
(酒などが)	칼칼한 맛 カルカルハン マッ	dry ド**ラ**イ
(批評などが)	신랄(辛辣)함 シルラルハム	harsh, sharp **ハ**ーシュ, **シャ**ープ
からし **芥子** karashi	겨자 †キョジャ	mustard **マ**スタド
からす **烏** karasu	까마귀 ッカマグィ	crow ク**ロ**ウ
がらす **ガラス** garasu	유리 ユリ	glass グ**ラ**ス
からだ **体** karada	몸, 신체(身体), 육체(肉体) モム, シンチェ, ユクチェ	body **バ**ディ
(健康)	건강(健康) †コンガン	health **ヘ**ルス
からて **空手** karate	당수(唐手) †タンス	*karate* カ**ラ**ーティ
かり **借り** kari	빚, 부채(負債) †ピッ, †プチェ	debt, loan **デ**ト, **ロ**ウン
かりいれ **借り入れ** kariire	빌림, 빌려 옴 †ピルリム, †ピルリョ オム	borrowing **バ**ロウイング
かりきゅらむ **カリキュラム** karikyuramu	커리큘럼 コリキュルロム	curriculum カ**リ**キュラム
かりすま **カリスマ** karisuma	카리스마 カリスマ	charisma カ**リ**ズマ

日	韓	英
かりの **仮の** karino	임시(臨時)의, 일시적(一時的) 인 イムッシエ, イルッシジョギン .	temporary テンポレリ
かりゅう **下流** karyuu	하류* ハリュ	lower reaches ロウア リーチズ
かりる **借りる** kariru	꾸다, 빌리다 ックダ, †ピルリダ	borrow, rent バロウ, レント
かる **刈る** karu	깎다, 베다 ッカクタ, †ベダ	reap, harvest リープ, ハーヴェスト
(髪を)	머리를 깎다 モリルル ッカクタ	cut カト
かるい **軽い** karui	가볍다, 경솔(軽率)하다 †カビョプタ, †キョンソルハダ	light, slight ライト, スライト
(気楽な)	가볍다, 편(便)하다 †カビョプタ, ピョンハダ	easy イーズィ
かるしうむ **カルシウム** karushiumu	칼슘 カルシュム	calcium キャルスィアム
かるて **カルテ** karute	카르테 カルテ	chart チャート
かれ **彼** kare	그, 그이, 그 사람 †ク, †クイ, †ク サラム	he ヒー
(恋人)	남자친구(男子親旧) ナムジャチング	boyfriend ボイフレンド
かれい **鰈** karei	가자미, 넙치 †カジャミ, ノプチ	flatfish, flounder フラトフィシュ, フラウンダ
かれいな **華麗な** kareina	화려*한 ファリョハン	splendid, gorgeous スプレンディド, ゴーヂャス
かれー **カレー** karee	카레 カレ	curry カーリ

日	韓	英
かれーじ **ガレージ** gareeji	차고(車庫) チャゴ	garage ガ**ラー**ジ
かれし **彼氏** kareshi	남자 친구 ナムジャ チング	boyfriend **ボ**イフレンド
かれら **彼等** karera	그들, 그 사람들 †クドゥル, †ク サラムドゥル	they **ゼ**イ
かれる **枯れる** kareru	시들다, 말라 죽다 シドゥルダ, マルラ †チュクタ	wither, die **ウィ**ザ, **ダ**イ
かれんだー **カレンダー** karendaa	캘린더, 달력 ケルリンド, †タルリョク	calendar **キャ**レンダ
かろう **過労** karou	과로* †クヮロ	overwork **オ**ウヴァワーク
がろう **画廊** garou	화랑* ファラン	art gallery **アー**ト **ギャ**ラリ
かろうじて **辛うじて** karoujite	겨우, 간신(艱辛)히 †キョウ, †カンシンヒ	barely **ベ**アリ
かろりー **カロリー** karorii	칼로리 カルロリ	calorie **キャ**ロリ
かろんじる **軽んじる** karonjiru	경시(軽視)하다, 가볍게 보 다 †キョンシハダ, †カビョプケ †ポダ	make light of **メ**イク **ラ**イト オヴ
かわ **川** kawa	강(江) †カン	river **リ**ヴァ
かわ **皮** kawa	껍질, 살갗 ッコプチル, サルッカッ	skin ス**キ**ン
(樹皮)	껍질 ッコプチル	bark **パ**ーク
(果皮)	껍질 ッコプチル	peel **ピ**ール

日	韓	英
かわ **革** kawa	가죽 †カジュク	leather, fur レザ, ファー
がわ **側** gawa	쪽, 측* ッチョク, チュク	side サイド
かわいい **可愛い** kawaii	귀엽다, 사랑스럽다 †クィヨプタ, サランスロプタ	pretty, lovely, cute プリティ, ラヴリ, **キュ**ート
かわいがる **可愛がる** kawaigaru	귀여워하다 †クィヨウォハダ	love, pet, caress ラヴ, ペト, カレス
かわいそうな **可哀想な** kawaisouna	불쌍한, 가엾은 †プルッサンハン, †カヨプスン	poor, pitiable プア, ピティアブル
かわかす **乾かす** kawakasu	말리다 マルリダ	dry ドライ
かわく **乾く** kawaku	마르다 マルダ	dry (up) ドライ (**ア**プ)
かわせ **為替** kawase	환(換) ファン	money order, exchange マニ **オ**ーダ, イクス**チェ**インヂ
～銀行	외환은행(外換銀行) ウェファヌンヘン	exchange bank イクス**チェ**インヂ **バ**ンク
～レート	환율(換率) ファニュル	exchange rate イクス**チェ**インヂ **レ**イト
かわら **瓦** kawara	기와 †キワ	tile **タ**イル
かわり **代わり** kawari	대리(代理), 대용(代用) †テリ, †テヨン	substitute **サ**プスティテュート
～に	대용(代用)으로, 대신(代身) (으로) †テヨンウロ, †テシン(ウロ)	instead of インス**テ**ド オヴ

日	韓	英
かわる **代わる** kawaru	대신(代身)하다 †テシンハダ	replace リプレイス
かわる **変わる** kawaru	변(変)하다, 바뀌다 †ピョンハダ, †パックィダ	change, turn into チェインヂ, ターン イントゥ
かん **感** kan	감*, 느낌 †カム, ヌッキム	feeling, sense フィーリング, センス
かん **缶** kan	캔, 깡통 ケン, ッカントン	can キャン
かん **勘** kan	육감(六感), 직감(直感) ユッカム, †チッカム	intuition インテューイション
がん **癌** gan	암* アム	cancer キャンサ
かんえん **肝炎** kan-en	간염* †カニョム	hepatitis ヘパタイティス
がんか **眼科** ganka	안과* アンックヮ	ophthalmology アフサルマロヂ
～医	안과* 의사(医師) アンックヮ ウィサ	eye doctor アイ ダクタ
かんがい(する) **灌漑(する)** kangai (suru)	관개*(하다) †クヮンゲ(ハダ)	irrigation; irrigate イリゲイション, イリゲイト
かんがえ **考え** kangae	생각 センガク	thought, thinking ソート, スィンキング
かんがえる **考える** kangaeru	생각하다 センガカダ	think スィンク
かんかく **感覚** kankaku	감각* †カムガク	sense, feeling センス, フィーリング
かんかく **間隔** kankaku	간격* †カンギョク	space, interval スペイス, インタヴァル

日	韓	英
かんかつ **管轄** kankatsu	**관할*** †クヮンハル	jurisdiction of デュアリス**ディ**クション オ ヴ
かんがっき **管楽器** kangakki	**관악기*** †クヮナッキ	wind instrument **ウィ**ンド **イ**ンストルメント
かんき(する) **換気(する)** kanki (suru)	**환기***(시키다) ファンギ(シキダ)	ventilation; venti- late ヴェンティ**レイ**ション, **ヴェ** ンティレイト
かんきゃく **観客** kankyaku	**관객*** †クヮンゲク	spectator ス**ペ**クテイタ
～席	**객석**(客席) †ケクソク	seat, stand ス**ィ**ート, ス**タ**ンド
かんきょう **環境** kankyou	**환경*** ファンギョン	environment イン**ヴァ**イアロンメント
かんきり **缶切り** kankiri	**깡통 따개** ッカントン ッタゲ	can opener **キャ**ン **オ**ウプナ
がんきん **元金** gankin	**원금*** ウォングム	principal プ**リ**ンスィパル
がんぐ **玩具** gangu	**완구*** ワング	toy **ト**イ
かんけい **関係** kankei	**관계*** †クヮンゲ	relation(ship) リ**レ**イション(シプ)
～する	**관계*****하다** †クヮンゲハダ	(be) related to (ビ) リ**レ**イテド トゥ
かんげい(する) **歓迎(する)** kangei (suru)	**환영***(하다) ファニョン(ハダ)	welcome **ウェ**ルカム
～会	**환영회**(歓迎会) ファニョンフェ	welcome party, re- ception **ウェ**ルカム **パ**ーティ, リ**セ** プション

日	韓	英
かんげき(する) **感激(する)** kangeki (suru)	**감격**∗(**하다**) †カムギョク(ハダ)	deep emotion; be deeply moved ディープ イモウション, (ビ) ディープリ ムーヴド
かんけつ **完結** kanketsu	**완결**∗ ワンギョル	conclusion カンク**ルー**ジョン
～する	**완결**∗**하다** ワンギョルハダ	finish **フィ**ニシュ
かんけつな **簡潔な** kanketsuna	**간결**∗**한** †カンギョルハン	brief, concise ブリーフ, コン**サ**イス
かんげんがく **管弦楽** kangengaku	**관현악**(管絃楽) †クヮンヒョナク	orchestral music オー**ケ**ストラル **ミュ**ーズィク
かんご(する) **看護(する)** kango (suru)	**간호**∗(**하다**) †カンホ(ハダ)	nursing; nurse **ナ**ースィング, **ナ**ース
かんこう **観光** kankou	**관광**∗ †クヮングヮン	sightseeing **サ**イトスィーイング
～客	**관광객**(観光客) †クヮングヮンゲク	tourist **トゥ**アリスト
～バス	**관광**∗ **버스** †クヮングヮン †ポス	sightseeing bus **サ**イトスィーイング バス
かんこうちょう **官公庁** kankouchou	**관공서**(官公署) †クヮンゴンソ	government and municipal offices **ガ**ヴァメント アンド ミュー**ニ**スィパル **オ**ーフィセズ
かんこうへん **肝硬変** kankouhen	**간경변증**(肝硬変症) †カンギョンビョン	cirrhosis スィ**ロ**ウスィス
かんこく **韓国** kankoku	**한국**∗ ハングク	Korea コ**リ**ア
～語	**한국어**∗ ハングゴ	Korean コ**リ**アン

日	韓	英
かんごし **看護師** kangoshi	간호사* †カンホサ	nurse **ナ**ース
がんこな **頑固な** gankona	완고*한 ワンゴハン	stubborn, obstinate ス**タ**ボン, **ア**ブスティネト
かんさ(する) **監査(する)** kansa (suru)	감사*(하다) †カムサ(ハダ)	inspection; inspect インス**ペ**クション, インス**ペ**クト
かんさつ(する) **観察(する)** kansatsu (suru)	관찰*(하다) †クヮンチャル(ハダ)	observation; observe アブザ**ヴェ**イション, オブ**ザ**ーヴ
かんさん(する) **換算(する)** kansan (suru)	환산*(하다) ファンサン(ハダ)	conversion; convert コン**ヴァ**ージョン, コン**ヴァ**ート
かんし(する) **監視(する)** kanshi (suru)	감시*(하다) †カムシ(ハダ)	surveillance; watch サ**ヴェ**イランス, **ワ**チ
かんじ **感じ** kanji	느낌, 인상(印象) ヌッキム, インサン	feeling, impression **フィ**ーリング, インプ**レ**ション
かんじ **漢字** kanji	한자* ハンッチャ	Chinese character チャイ**ニ**ーズ **キャ**ラクタ
がんじつ **元日** ganjitsu	설날 ソルラル	New Year's Day **ニ**ュー **イ**アズ **デ**イ
かんしゃ(する) **感謝(する)** kansha (suru)	감사*(하다) †カムサ(ハダ)	thanks; thank **サ**ンクス, **サ**ンク
かんじゃ **患者** kanja	환자* ファンジャ	patient, case **ペ**イシェント, **ケ**イス
かんしゅう **観衆** kanshuu	관중* †クヮンジュン	spectators, audience ス**ペ**クテイタズ, **オ**ーディエンス
かんじゅせい **感受性** kanjusei	감수성* †カムッスソン	sensibility センスィ**ビ**リティ

日	韓	英
がんしょ **願書** gansho	**원서**＊ ウォンソ	application form アプリ**ケ**イション **フォ**ーム
かんしょう **感傷** kanshou	**감상**＊ †カムサン	sentiment **セ**ンティメント
かんしょう(する) **干渉(する)** kanshou (suru)	**간섭**＊**(하다)** †カンソプ(ハダ)	intervention; inter-fere インタ**ヴェ**ンション, インタ**フィ**ア
かんしょう(する) **鑑賞(する)** kanshou (suru)	**감상**＊**(하다)** †カムサン(ハダ)	appreciation; ap-preciate アプリーシ**エ**イション, アプ**リ**ーシエイト
かんじょう **感情** kanjou	**감정**＊ †カムジョン	feeling, emotion **フィ**ーリング, イ**モ**ウション
かんじょう **勘定** (計算) kanjou	**셈, 계산**(計算) セム, †ケサン	calculation キャルキュ**レ**イション
(勘定書)	**계산서**(計算書) †ケサンソ	bill **ビ**ル
(支払い)	**대금**(代金) **지불**(支払) †テグム †チブル	payment **ペ**イメント
がんじょうな **頑丈な** ganjouna	**튼튼한** トゥントゥンハン	strong, stout スト**ロ**ング, ス**タ**ウト
かんしょく **間食** kanshoku	**간식**＊ †カンシク	nosh, snack **ノ**シュ, ス**ナ**ク
かんじる **感じる** kanjiru	**느끼다** ヌッキダ	feel **フィ**ール
かんしん **関心** kanshin	**관심**＊ †クヮンシム	concern, interest コン**サ**ーン, **イ**ンタレスト
かんしん(する) **感心(する)** kanshin (suru)	**감탄**(感歎)**(하다)** †カムタン(ハダ)	admire アド**マ**イア

日	韓	英
〜な	기특(奇特)한, 갸륵한 †キトゥカン, †キャルカン	admirable アドミラブル
かんじんな 肝心な kanjinna	중요(重要)한, 요긴(要緊)한 †チュンヨハン, ヨギンハン	important, essential インポータント, イセンシャル
かんすう 関数 kansuu	함수(函数) ハムス	function ファンクション
かんする 関する kansuru	관(関)하다 †クヮンハダ	on, about オン, アバウト
かんせい 歓声 kansei	환성* ファンソン	shout of joy シャウト オヴ チョイ
かんせい(する) 完成(する) kansei (suru)	완성*(하다) ワンソン(ハダ)	completion; complete コンプリーション, コンプリート
かんぜい 関税 kanzei	관세* †クヮンセ	customs, tariff カスタムズ, タリフ
かんせいとう 管制塔 kanseitou	관제탑* †クヮンジェタプ	control tower コントロウル タウア
かんせん(する) 感染(する) kansen (suru)	감염*(되다) †カミョム(ドェダ)	infection; infect インフェクション, インフェクト
かんせんどうろ 幹線道路 kansendouro	간선도로* †カンソンドロ	highway ハイウェイ
かんぜんな 完全な kanzenna	완전*한 ワンジョンハン	perfect パーフィクト
かんそう 感想 kansou	감상* †カムサン	opinion オピニョン
かんそう(する) 乾燥(する) kansou (suru)	건조*(하다) †コンジョ(ハダ)	dryness; dry ドライネス, ドライ

日	韓	英
かんぞう **肝臓** kanzou	간장*, 간(肝) †カンジャン, †カン	liver リヴァ
かんそうきょく **間奏曲** kansoukyoku	간주곡* †カンジュゴク	intermezzo インタメッツォウ
かんそく(する) **観測(する)** kansoku (suru)	관측*(하다) †クヮンチュク(ハダ)	observation; observe アブザ**ヴェイ**ション, オブ**ザー**ヴ
かんそな **簡素な** kansona	간소*한 †カンソハン	simple **スィ**ンプル
かんたい **寒帯** kantai	한대* ハンデ	Frigid Zone フ**リ**ヂド **ゾー**ン
かんだいな **寛大な** kandaina	관대*한 †クヮンデハン	generous **ヂェ**ネラス
かんたく(する) **干拓(する)** kantaku (suru)	간척*(하다) †カンチョク(ハダ)	reclamation; reclaim レクラ**メイ**ション, リク**レイ**ム
かんたん(する) **感嘆(する)** kantan (suru)	감탄(感歎)(하다) †カムタン(ハダ)	admiration; admire アドミ**レイ**ション, アド**マイ**ア
がんたん **元旦** gantan	설날 아침 ソルラル アチム	New Year's Day **ニュー イ**アズ **デ**イ
かんたんな **簡単な** kantanna	간단*한 †カンダンハン	simple, easy **スィ**ンプル, **イー**ズィ
かんちがい(する) **勘違い(する)** kanchigai (suru)	착각(錯覚)(하다), 오해(誤解) (하다) チャッカク(ハダ), オヘ(ハダ)	mistake ミス**テイ**ク
かんちょう **官庁** kanchou	관청*, 관공서(官公署) †クヮンチョン, †クヮンゴンソ	government offices **ガ**ヴァンメント **オー**フィセズ
かんちょう **干潮** kanchou	간조* †カンジョ	low tide **ロ**ウ **タ**イド

日	韓	英
かんづめ **缶詰** kanzume	통조림 トンジョリム	canned food **キャンド フード**
かんてい **官邸** kantei	관저* †クウンジョ	official residence オフィシャル レズィデンス
かんてい(する) **鑑定(する)** kantei (suru)	감정*(하다) †カムジョン(ハダ)	judgement; judge **チャ**ヂメント, **チャ**ヂ
かんてん **観点** kanten	관점* †クウンッチョム	viewpoint **ヴュ**ーポイント
かんでんち **乾電池** kandenchi	건전지* †コンジョンジ	dry cell ド**ライ** セル
かんどう(する) **感動(する)** kandou (suru)	감동*(하다) †カムドン(ハダ)	(be) moved by (ビ) **ム**ーヴド バイ
〜的な	감동적(感動的)인 †カムドンジョギン	impressive イン**プレ**スィヴ
かんとうし **間投詞** kantoushi	감탄사(感歎詞) †カムタンサ	interjection インタ**チェ**クション
かんとく(する) **監督(する)** kantoku (suru)	감독*(하다) †カムドク(ハダ)	supervision; super-vise スーパ**ヴィ**ジャン, **ス**ーパ ヴァイズ
かんにんぐ(する) **カンニング(する)** kanningu (suru)	커닝(하다) コニン(ハダ)	cheating; cheat **チ**ーティング, **チ**ート
かんぬし **神主** kannushi	제주 †チェジュ	Shinto priest **シ**ントウ プリースト
かんねん **観念** kannen	관념* †クウンニョム	idea, conception アイ**ディ**ーア, コン**セ**プショ ン
かんぱ **寒波** kanpa	한파* ハンパ	cold wave コウルド **ウェ**イヴ

日	韓	英
かんぱい（する） **乾杯（する）** kanpai (suru)	건배＊（하다） †コンベ（ハダ）	toast; drink a toast to トゥスト，ドリンク ア トゥスト トゥ
かんばつ **旱魃** kanbatsu	가뭄 †カムム	drought ドラウト
がんばる **頑張る** ganbaru	노력（努力）하다，열심（熱心） 히 하다 ノリョカダ，ヨルッシムヒ ハダ	work hard ワーク ハード
かんばん **看板** kanban	간판＊ †カンパン	billboard, signboard ビルボード，サインボード
かんびょう（する） **看病（する）** kanbyou (suru)	간병＊（하다） †カンビョン（ハダ）	nursing; nurse ナースィング，ナース
かんぶ **患部** kanbu	환부＊ ファンブ	affected part アフェクテド パート
かんぶ **幹部** kanbu	간부＊ †カンブ	leader, management リーダ，マニヂメント
かんぷ（する） **還付（する）** kanpu (suru)	환부＊（하다），환급（還給）（하 다） ファンブ（ハダ），ファングプ（ハダ）	return リターン
かんぺき（な） **完璧（な）** kanpeki (na)	완벽＊（한） ワンビョク（ハン）	perfection; perfect パフェクション，パーフェクト
かんべん（する） **勘弁（する）** kanben (suru)	용서（容恕）（하다） ヨンソ（ハダ）	pardon, forgive パードン，フォギヴ
がんぼう **願望** ganbou	원망＊，바람 ウォンマン，†パラム	wish, desire ウィシュ，ディザイア
かんま **カンマ** kanma	콤마 コムマ	comma カマ
かんゆう（する） **勧誘（する）** kan-yuu (suru)	권유＊（하다） †クォニュ（ハダ）	solicitation; solicit ソリスィテイション，ソリスィト

日	韓	英
かんよ(する) **関与(する)** kan-yo (suru)	**관여**＊(**하다**) †クヮニョ(ハダ)	participation; participate パーティスィ**ペ**イション, パー**ティ**スィペイト
かんようく **慣用句** kan-youku	**관용구**＊ †クヮニョンック	idiom **イ**ディオム
かんような **寛容な** kan-youna	**관대**(寛大)**한** †クヮンデハン	tolerant, generous **タ**ララント, **チェ**ネラス
がんらい **元来** ganrai	**원래**＊ ウォルレ	originally, by nature オ**リ**ヂナリ, バイ **ネ**イチャ
かんらく(する) **陥落(する)** kanraku (suru)	**함락**＊(**하다**) ハムナク(ハダ)	surrender サ**レ**ンダ
かんらんせき **観覧席** kanranseki	**관람석**＊ †クヮルラムソク	seat, stand ス**イ**ート, ス**タ**ンド
かんり(する) **管理(する)** kanri (suru)	**관리**＊(**하다**) †クヮルリ(ハダ)	management, control **マ**ニヂメント, コント**ロ**ウル
～人	**관리인**(管理人) †クヮルリイン	caretaker, janitor **ケ**アテイカ, **チャ**ニタ
かんりゅう **寒流** kanryuu	**한류**＊ ハルリュ	cold current **コ**ウルド **カ**ーレント
かんりょう(する) **完了(する)** kanryou (suru)	**완료**＊(**하다**) ワルリョ(ハダ)	completion; finish コンプ**リ**ーション, **フィ**ニシュ
かんれい **慣例** kanrei	**관례**＊ †クヮルレ	custom, usage **カ**スタム, **ユ**ースィヂ
かんれん(する) **関連(する)** kanren (suru)	**관련**＊(**되다**) †クヮルリョン(ドェダ)	relation; (be) related to リ**レ**イション, (ビ) リ**レ**イテド トゥ
かんろく **貫禄** kanroku	**관록**＊ †クヮルロク	dignity **ディ**グニティ

151

日	韓	英
かんわ(する) **緩和(する)** kanwa (suru)	완화*(하다) ワンファ(ハダ)	mitigation; mitigate ミティゲイション, ミティゲイト

き, キ

日	韓	英
き **木** ki	나무 ナム	tree トリー
(木材)	목재(木材) モクチェ	wood ウド
ぎあ **ギア** gia	기어 †キオ	gear ギア
きあつ **気圧** kiatsu	기압* †キアプ	atmospheric pressure アトモスフェリク プレシャ
~計	기압계(気圧計) †キアプケ	barometer バラミタ
きーぼーど **キーボード** kiiboodo	키보드 キボドゥ	keyboard キーボード
きーほるだー **キーホルダー** kiihorudaa	키홀더 キホルド	key ring キー リング
きいろ **黄色** kiiro	노랑, 노란색(色) ノラン, ノランセク	yellow イェロウ
~い	노랗다 ノラタ	yellow イェロウ
きーわーど **キーワード** kiiwaado	키워드 キウォドゥ	key word キー ワード
ぎいん **議員** giin	의원* ウィウォン	member of an assembly メンバ オヴ アン アセンブリ

日	韓	英
きうい（ふるーつ） **キウイ（フルーツ）** kiui (furuutsu)	키위, 양다래 キウィ, ヤンダレ	kiwi **キー**ウィー
きえる **消える** kieru	사라지다, 없어지다 サラジダ, オプソジダ	vanish, disappear **ヴァ**ニシュ, ディサ**ピ**ア
ぎえんきん **義援金** gienkin	의연금（義捐金） ウィヨングム	contribution カントリ**ビュー**ション
きおく **記憶** kioku	기억* †キオク	memory **メ**モリ
〜する	기억*（하다） †キオク（ハダ）	memorize **メ**モライズ
きおん **気温** kion	기온* †キオン	temperature **テ**ンパラチャ
きか **幾何** kika	기하*학（学） †キハハク	geometry ヂー**ア**メトリ
きが **飢餓** kiga	기아* †キア	hunger **ハ**ンガ
きかい **機会** kikai	기회* †キフェ	opportunity, chance アポ**テュー**ニティ, **チャ**ンス
きかい **機械** kikai	기계* †キゲ	machine, apparatus マ**シー**ン, アパ**ラ**タス
〜工学	기계공학（機械工学） †キゲゴンハク	mechanical engineering ミ**キャ**ニカル エンヂ**ニ**アリング
ぎかい **議会** gikai	의회* ウィフェ	assembly, parliament ア**セ**ンブリ, **パー**ラメント
きがえ **着替え** kigae	옷을 갈아 입음, 새로 갈아 입을 옷 オスル †カラ イブム, セロ †カラ イプル オッ	change of clothes **チェ**インヂ オヴ ク**ロ**ウズ

日	韓	英
きがかり **気掛かり** kigakari	마음에 걸림, 걱정 マウメ †コルリム, †コクチョン	anxiety, worry アングザイエティ, **ワ**ーリ
きかく（する） **企画(する)** kikaku (suru)	기획＊(하다) †キフェク(ハダ)	plan, project プラン, プロ**チェ**クト
きかせる **聞かせる** kikaseru	들려주다 †トゥルリョジュダ	tell, let know **テ**ル, レト ノウ
きがつく **気が付く** kigatsuku	알아차리다 アラチャリダ	notice ノウティス
（行き届く）	통지(通知)하다 トンジハダ	(be) attentive (ビ) ア**テ**ンティヴ
（意識を取り戻す）	정신(精神)이 들다 †チョンシニ †トゥルダ	come to *oneself* **カ**ム トゥ
きがるな **気軽な** kigaruna	소탈(疏脱)한 ソタルハン	lighthearted, casual ライト**ハ**ーテド, **キャ**ジュアル
きかん **器官** kikan	기관＊ †キグヮン	organ **オ**ーガン
きかん **期間** kikan	기간＊ †キガン	period, term **ピ**アリオド, **タ**ーム
きかん **機関** kikan	기관＊ †キグヮン	engine, machine **エ**ンヂン, マ**シ**ーン
（機構）	기구(機構) †キグ	organ, organization **オ**ーガン, オーガニ**ゼ**イション
きかんさんぎょう **基幹産業** kikansangyou	기간산업＊ †キガンサノプ	key industries **キ**ー **イ**ンダストリズ
きかんし **気管支** kikanshi	기관지＊ †キグヮンジ	bronchus ブランカス

日	韓	英
〜炎	기관지염(気管支炎) †キグヮンジヨム	bronchitis ブランカイティス
きかんしゃ 機関車 kikansha	기관차* †キグヮンチャ	locomotive ロウコモウティヴ
きかんじゅう 機関銃 kikanjuu	기관총* †キグヮンチョン	machine gun マシーン ガン
きき 危機 kiki	위기* ウィギ	crisis クライスィス
ききとり 聞き取り kikitori	청취(聴取) チョンチュイ	hearing ヒアリング
ききめ 効き目 kikime	효과(効果), 효능(効能) ヒョックヮ, ヒョヌン	effect, efficacy イフェクト, エフィカスィ
ききょう(する) 帰郷(する) kikyou(suru)	귀향*(하다) †クィヒャン(ハダ)	homecoming; return home ホウムカミング, リターン ホウム
きぎょう 企業 kigyou	기업* †キオプ	enterprise エンタプライズ
きぎょうか 起業家 kigyouka	기업가* †キオプカ	entrepreneur アーントレプレナー
ぎきょく 戯曲 gikyoku	희곡* ヒゴク	drama, play ドラーマ, プレイ
ききん 基金 kikin	기금* †キグム	fund ファンド
ききんぞく 貴金属 kikinzoku	귀금속* †クィグムソク	precious metals プレシャス メトルズ
きく 菊 kiku	국화(菊花) †ククファ	chrysanthemum クリサンセマム

日	韓	英
きく **効く** kiku	**효력**(効力)**을 발휘**(発揮)**하다** ヒョリョグル †パルフィハダ	have effect on ハヴ イフェクト オン
きく **聞[聴]く** kiku	**듣다** †トゥッタ	listen to リスントゥ
(尋ねる)	**묻다** ムッタ	ask, inquire アスク, インクワイア
きぐ **器具** kigu	**기구**＊ †キグ	utensil, implement ユーテンシル, インプレメント
きくばり **気配り** kikubari	**배려**(配慮) †ペリョ	care, consideration ケア, コンスィダレイション
きげき **喜劇** kigeki	**희극**＊ ヒグク	comedy カメディ
きけん **危険** kiken	**위험**＊ ウィホム	danger, risk デインヂャ, リスク
きげん **期限** kigen	**기한**＊ †キハン	term, deadline ターム, デドライン
きげん **起源** kigen	**기원**＊ †キウォン	origin オーリヂン
きげん **機嫌** kigen	**기분**(気分) †キブン	humor, mood ヒューマ, ムード
きこう **気候** kikou	**기후**＊ †キフ	climate, weather クライメト, ウェザ
きごう **記号** kigou	**기호**＊ †キホ	mark, sign マーク, サイン
ぎこう **技巧** gikou	**기교**＊ †キギョ	technique, art テクニーク, アート
きこえる **聞こえる** kikoeru	**들리다** †トゥルリダ	hear ヒア

日	韓	英
きこく(する) **帰国(する)** kikoku (suru)	귀국＊(하다) †クィグク(ハダ)	homecoming; re-turn home **ホ**ウムカミング, リ**タ**ーン**ホ**ウム
ぎこちない **ぎこちない** gikochinai	딱딱하고 어색하다 ッタクタカゴ オセカダ	awkward, clumsy **オ**ークワド, ク**ラ**ムズィ
きこん **既婚** kikon	기혼＊ †キホン	married **マ**リド
きさい(する) **記載(する)** kisai (suru)	기재＊(하다) †キジェ(ハダ)	mention, entry; en-ter **メ**ンション, **エ**ントリ, **エ**ンタ
きさくな **気さくな** kisakuna	싹싹한, 소탈(疏脱)한 ッサクサカン, ソタルハン	frank フ**ラ**ンク
きざし **兆し** kizashi	조짐(兆朕), 징조(徴兆) †チョジム, †チンジョ	sign, indication **サ**イン, インディ**ケ**イション
きざな **気障な** kizana	아니꼬운, 마음에 걸리는 アニッコウン, マウメ †コルリヌン	affected ア**フェ**クテド
きざむ **刻む** kizamu	잘게 썰다 †チャルゲ ッソルダ	cut **カ**ト
(彫刻する)	조각(彫刻)하다 †チョガカダ	carve **カ**ーヴ
きし **岸** kishi	물가 ムルッカ	bank **バ**ンク
きじ **記事** kiji	기사＊ †キサ	article **ア**ーティクル
ぎし **技師** gishi	기사＊ †キサ	engineer エンヂ**ニ**ア
ぎじ **議事** giji	의사＊ ウィサ	proceedings プロ**スィ**ーディングズ

日	韓	英
ぎしき **儀式** gishiki	**의식**∗ ウィシク	ceremony, rite セレモウニ, ライト
きしつ **気質** kishitsu	**기질**∗ †キジル	temperament テンペラメント
きじつ **期日** kijitsu	**기일**∗ †キイル	date, time limit デイト, タイム リミト
きしゃ **汽車** kisha	**기차**∗ †キチャ	train トレイン
きしゃかいけん **記者会見** kishakaiken	**기자 회견**∗ †キジャ フェギョン	press conference プレス カンファレンス
きじゅつ(する) **記述(する)** kijutsu (suru)	**기술**∗**(하다)** †キスル(ハダ)	description; describe ディスクリプション, ディスクライブ
ぎじゅつ **技術** gijutsu	**기술**∗ †キスル	technique, technology テクニーク, テクナロヂ
〜提携	**기술**∗ **제휴(提携)** †キスル †チェヒュ	technical tie-up テクニカル タイアプ
きじゅん **基準** kijun	**기준**∗ †キジュン	standard, basis スタンダド, ベイスィス
きしょう **気象** kishou	**기상**∗ †キサン	weather, meteorology ウェザ, ミーティアラロヂ
きす(する) **キス(する)** kisu (suru)	**키스(하다)** キス(ハダ)	kiss キス
きず **傷** kizu	**상처(傷処)** サンチョ	wound, injury ウーンド, インジャリ
(物の)	**흠집** フムッチプ	flaw フロー

日	韓	英
（心の）	상처(傷処) サンチョ	trauma トラウマ
きすう **奇数** kisuu	홀수 ホルッス	odd number アド ナンバ
きずく **築く** kizuku	쌓다, 구축(構築)하다 ッサタ, †クチュカダ	build, construct ビルド, コンストラクト
きずつく **傷付く** kizutsuku	상처(傷処)를 입다, 다치다 サンチョルル イプタ, †タチダ	(be) wounded, (be) hurt (ビ) ウーンデド, (ビ) ハート
きずつける **傷付ける** kizutsukeru	상처(傷処)를 입히다 サンチョルル イピダ	wound, injure, hurt ウーンド, インヂャ, ハート
きずな **絆** kizuna	굴레, 결속(結束) †クルレ, †キョルッソク	bond バンド
きせい(する) **帰省(する)** kisei (suru)	귀성*(하다) †クィソン(ハダ)	homecoming ホウムカミング
きせい **既製** kisei	기성(既成) †キソン	ready-made レディメイド
～**服**	기성복(既成服) †キソンボク	ready-made clothes レディメイド クロウズ
ぎせい **犠牲** gisei	희생*, 희생물(犠牲物) ヒセン, ヒセンムル	sacrifice サクリファイス
～**者**	희생자(犠牲者) ヒセンジャ	victim ヴィクティム
きせいちゅう **寄生虫** kiseichuu	기생충* †キセンチュン	parasite パラサイト
きせき(てきな) **奇跡(的な)** kiseki (tekina)	기적*(적인) †キジョク(チョギン)	miracle; miraculous ミラクル, ミラキュラス
きせつ **季節** kisetsu	계절* †ケジョル	season スィーズン

日	韓	英
きた 北 kita	북*(쪽) †プク(チョク)	north ノース
ぎたー ギター gitaa	기타 †キタ	guitar ギター
きたい 気体 kitai	기체* †キチェ	gaseous body, gas, vapor ギャスィアス バディ, ギャス, ヴェイパ
きたい(する) 期待(する) kitai (suru)	기대*(하다) †キデ(ハダ)	expectation, hope エクスペクテイション, ホウプ
ぎだい 議題 gidai	의제* ウィジェ	agenda アチェンダ
きたえる 鍛える kitaeru	단련(鍛錬)하다 †タルリョンハダ	forge, temper, train フォーヂ, テンパ, トレイン
きたく(する) 帰宅(する) kitaku (suru)	귀가(帰家)(하다) †クィガ(ハダ)	return home リターン ホウム
きたちょうせん 北朝鮮 kitachousen	북한(北韓) †プカン	North Korea ノース コリーア
きたない 汚い kitanai	더럽다, 불결(不潔)하다 †トロプタ, †プルギョルハダ	dirty, soiled ダーティ, ソイルド
(金銭に)	인색(吝嗇)하다 インセカダ	stingy スティンヂ
(勝負に)	비열(卑劣)하다 †ピヨルハダ	unfair アンフェア
きたはんきゅう 北半球 kitahankyuu	북반구* †プクパング	Northern Hemisphere ノーザン ヘミスフェア
きち 基地 kichi	기지* †キジ	base ベイス

日	韓	英
きぜつ(する) **気絶(する)** kizetsu (suru)	**기절***(**하다**) †キジョル(ハダ)	faint, swoon **フェ**イント, ス**ウ**ーン
きせる **着せる** kiseru	**옷을 입히다** オスル イピダ	dress, put on **ド**レス, **プ**ト オン
きせん **汽船** kisen	**기선*** †キソン	steamer ス**ティ**ーマ
ぎぜん **偽善** gizen	**위선*** ウィソン	hypocrisy ヒ**パ**クリスィ
～的な	**위선적**(偽善的)**인** ウィソンジョギン	hypocritical ヒポク**リ**ティカル
きそ **基礎** kiso	**기초*** †キチョ	base, foundation **ベ**イス, ファウン**デ**イション
きそ(する) **起訴(する)** kiso (suru)	**기소***(**하다**) †キソ(ハダ)	prosecution; prosecute プラス**キュ**ーション, プ**ラ**スィキュート
きそう **競う** kisou	**겨루다** †キョルダ	compete コン**ピ**ート
きぞう(する) **寄贈(する)** kizou (suru)	**기증***(**하다**) †キジュン(ハダ)	donation; donate ド**ウ**ネイション, **ド**ウネイト
ぎそう(する) **偽装(する)** gisou (suru)	**위장***(**하다**) ウィジャン(ハダ)	camouflage **キャ**モフラージュ
ぎぞう(する) **偽造(する)** gizou (suru)	**위조***(**하다**) ウィジョ(ハダ)	forgery; forge **フォ**ーヂャリ, **フォ**ーヂ
きそく **規則** kisoku	**규칙*** †キュチク	rule, regulations **ル**ール, レギュ**レ**イションズ
～的な	**규칙적**(規則的)**인** †キュチクチョギン	regular **レ**ギュラ

日	韓	英
きちょう **機長** kichou	**기장**＊ †キジャン	captain **キャ**プテン
ぎちょう **議長** gichou	**의장**＊ ウィジャン	chairperson **チェ**アパースン
きちょうな **貴重な** kichouna	**귀중**＊**한** †クィジュンハン	precious, valuable プ**レ**シャス, **ヴァ**リュアブル
きちょうひん **貴重品** kichouhin	**귀중품**＊ †クィジュンプム	valuables **ヴァ**リュアブルズ
きちょうめんな **几帳面な** kichoumenna	**꼼꼼한** ッコムッコムハン	exact, methodical イグ**ザ**クト, メ**サ**ディカル
きちんと **きちんと** kichinto	**깔끔히, 정확**(正確)**히** ッカルックムヒ, †チョンファキ	exactly, accurately イグ**ザ**クトリ, **ア**キュレトリ
きつい **きつい**　（窮屈な） kitsui	**꼭 끼다** ッコク ッキダ	tight **タ**イト
（強い・大変な）	**힘들다** ヒムドゥルダ	strong, hard スト**ロ**ング, **ハ**ード
きつえん(する) **喫煙(する)** kitsuen (suru)	**흡연**(吸煙)**(하다)** フビョン(ハダ)	smoking; smoke ス**モ**ウキング, ス**モ**ウク
きづかう **気遣う** kizukau	**염려**(念慮)**하다, 걱정하다** ヨムニョハダ, †コクチョンハダ	(be) anxious, wor-ry (ビ) **ア**ンクシャス, **ワ**ーリ
きっかけ **切っ掛け** kikkake	**계기**(契機)**, 동기**(動機) †ケギ, †トンギ	chance, opportuni-ty **チャ**ンス, アパ**テュ**ーニティ
きづく **気付く** kizuku	**눈치를 채다** ヌンチルル チェダ	notice **ノ**ウティス
きっさてん **喫茶店** kissaten	**찻집, 카페, 커피집** チャッチプ, カペ, カペチプ	coffee shop, tea-room **コ**ーフィ **シャ**プ, **ティ**ールーム

日	韓	英
きっすいの **生粋の** kissuino	순수(純粋)한 スンスハン	genuine, native **チェ**ニュイン, **ネ**イティヴ
きっちん **キッチン** kicchin	부엌 †プオク	kitchen **キ**チン
きって **切手** kitte	우표(郵票) ウピョ	stamp ス**タ**ンプ
きっと **きっと** kitto	꼭, 반드시 ッコク, †パンドゥシ	surely, certainly **シュ**アリ, **サ**ートンリ
きつね **狐** kitsune	여우 ヨウ	fox **ファ**クス
きっぷ **切符** kippu	표(票) ピョ	ticket **ティ**ケト
きてい **規定** kitei	규정* †キュジョン	regulations レギュ**レ**イションズ
ぎていしょ **議定書** giteisho	의정서* ウィジョンソ	protocol **プ**ロウトコール
きどう **軌道** kidou	궤도* †クェド	orbit **オ**ービト
きとく **危篤** kitoku	위독* ウィドク	critical ク**リ**ティカル
きどる **気取る** kidoru	젠체하다, 점잔 빼다 †チェンチェハダ, †チョムジャン ッペダ	(be) affected (ビ) ア**フェ**クテド
きにいる **気に入る** kiniiru	마음에 들다 マウメ †トゥルダ	(be) pleased with, like (ビ) プ**リ**ーズド ウィズ, **ラ** イク
きにする **気にする** kinisuru	걱정하다 †コクチョンハダ	care about **ケ**ア ア**バ**ウト

日	韓	英
きにゅう(する) **記入(する)** kinyuu (suru)	**기입**＊(하다) †キイプ(ハダ)	writing in; write in ライティング イン, ライト イン
きぬ **絹** kinu	**비단**(緋緞) †ピダン	silk スィルク
きねん **記念** kinen	**기념**＊ †キニョム	commemoration コメモレイション
〜碑	**기념비**(記念碑) †キニョムビ	monument マニュメント
〜日	**기념일**(記念日) †キニョミル	memorial day メモーリアル デイ
きのう **昨日** kinou	**어제, 어저께** オジェ, オジョッケ	yesterday イェスタデイ
きのう **機能** kinou	**기능**＊ †キヌン	function ファンクション
ぎのう **技能** ginou	**기능**＊ †キヌン	skill スキル
きのこ **茸** kinoko	**버섯** †ポソッ	mushroom マシュルーム
きのどくな **気の毒な** kinodokuna	**가엾은, 불쌍한** †カヨプスン, †プルッサンハン	pitiable, poor ピティアブル, プア
きばつな **奇抜な** kibatsuna	**기발**＊**한** †キバルハン	novel, original ナヴェル, オリヂナル
きばらし **気晴らし** kibarashi	**기분**(気分) **전환**(転換) †キブン †チョンファン	pastime, diversion パスタイム, ディヴァージョン
きはん **規範** kihan	**규범**＊ †キュボム	norm ノーム
きばん **基盤** kiban	**기반**＊ †キバン	base, foundation ベイス, ファウンデイション

日	韓	英
きびしい **厳しい** kibishii	엄(厳)하다 オムハダ	severe, strict スィ**ヴィ**ア, スト**リ**クト
きひん **気品** kihin	기품* †キプム	grace, dignity グ**レ**イス, **ディ**グニティ
きびんな **機敏な** kibinna	기민*한 †キ**ミ**ンハン	smart, quick ス**マ**ート, ク**ウィ**ク
きふ(する) **寄付(する)** kifu (suru)	기부*(하다) †キブ(ハダ)	donation; donate ドウ**ネ**イション, ド**ウ**ネイト
きぶん **気分** kibun	기분* †キブン	mood, feeling **ム**ード, **フィ**ーリング
きぼ **規模** kibo	규모* †キュモ	scale ス**ケ**イル
きぼう(する) **希望(する)** kibou (suru)	희망*(하다) ヒマン(ハダ)	hope, wish **ホ**ウプ, **ウィ**シュ
きほん **基本** kihon	기본* †キボン	basis, standard **ベ**イスィス, ス**タ**ンダド
～的な	기본적(基本的)인 †キボンジョギン	basic, fundamental **ベ**イスィク, ファンダ**メ**ントル
きまえのよい **気前のよい** kimaenoyoi	통이 큰 トンイ クン	generous **チェ**ナラス
きまぐれな **気紛れな** kimagurena	변덕(変徳)스러운 †ピョンドクスロウン	capricious カプ**リ**シャス
きまつ **期末** kimatsu	기말* †キマル	end of the term **エ**ンド オヴ ザ **タ**ーム
きまま **気まま** kimama	제멋대로 †チェモッテロ	carefree **ケ**アフリー
きまり **決まり** kimari	결정(決定), 규정(規定) †キョルッチョン, †キュジョン	rule, regulation **ル**ール, レギュ**レ**イション

日	韓	英
～文句	상투적(常套的)인 표현(表現) サントゥジョギン ピョヒョン	set phrase **セ**ト フレ**イ**ズ
きまる **決まる** kimaru	정(定)해지다, 결정(決定)되다 †チョンヘジダ, †キョルッチョンドェダ	(be) settled, (be) decided (ビ) **セ**トルド, (ビ) ディ**サイ**デド
きみ **黄身** kimi	노른자위 ノルンジャウィ	yolk **ヨ**ウク
きみつ **機密** kimitsu	기밀* †キミル	secrecy, secret **スィー**クレスィ, **スィー**クレト
きみょうな **奇妙な** kimyouna	기묘*한 †キミョハン	strange, queer ストレ**イ**ンヂ, ク**ウィ**ア
ぎむ **義務** gimu	의무* ウィム	duty, obligation **デュー**ティ, アブリ**ゲイ**ション
きむずかしい **気難しい** kimuzukashii	까다롭다, 까칠하다 ッカダロプタ, ッカチルハダ	hard to please **ハー**ド トゥ プ**リー**ズ
きめる **決める** kimeru	정(定)하다, 결정(決定)하다 †チョンハダ, †キョルッチョンハダ	fix, decide on **フィ**クス, ディ**サイ**ド **オ**ン
きも **肝** kimo	간(肝) †カン	liver **リ**ヴァ
(度胸)	배짱 †ペッチャン	pluck プ**ラ**ク
きもち **気持ち** kimochi	기분(気分), 감정(感情) †キブン, †カムジョン	feeling, sensation **フィー**リング, セン**セイ**ション
きもの **着物** kimono	기모노 †キモノ	*kimono* キ**モ**ウノウ
ぎもん **疑問** gimon	의문* ウィムン	question, doubt ク**ウェ**スチョン, **ダ**ウト

日	韓	英
きゃく **客** kyaku	손님 ソンニム	caller, visitor, guest コーラ, ヴィズィタ, ゲスト
(店の)	**고객**(顧客) †コゲク	customer カスタマ
きやく **規約** kiyaku	**규약**∗ †キュヤク	agreement, contract アグリーメント, カントラクト
ぎゃく **逆** gyaku	**역**(逆), **반대**(反対) ヨク, †パンデ	reverse, contrary リヴァース, カントレリ
きゃくしつじょうむいん **客室乗務員** kyakushitsujoumuin	**스튜어디스** ストュオディス	Cabin Crew キャビン クルー
きゃくしゃ **客車** kyakusha	**객차**∗ †ケクチャ	passenger car パセンチャ カー
ぎゃくしゅう(する) **逆襲(する)** gyakushuu (suru)	**역습**∗(**하다**) ヨクスプ(ハダ)	counterattack カウンタラタク
きゃくせん **客船** kyakusen	**여객선**(旅客船) ヨゲクソン	passenger boat パセンチャ ボウト
ぎゃくたい(する) **虐待(する)** gyakutai (suru)	**학대**∗(**하다**) ハクテ(ハダ)	abuse; abuse アビュース, アビューズ
ぎゃくてん(する) **逆転(する)** gyakuten (suru)	**역전**∗(**되다**) ヨクチョン(ドェダ)	reversal; (be) reversed リヴァーサル, (ビ) リヴァースト
きゃくほん **脚本** kyakuhon	**각본**∗ †カクポン	play, drama, scenario プレイ, ドラーマ, サネアリオウ
きゃしゃな **華奢な** kyashana	**가냘프다** †カニャルプタ	delicate デリケト
きゃっかん **客観** kyakkan	**객관**∗ †ケックワン	objectiveness オブチェクティヴネス

日	韓	英
～的な	객관적(客観的)인 †ケックワンジョギン	objective オブ**チェ**クティヴ
きゃっしゅ **キャッシュ** kyasshu	캐시, 현금(現金) ケシ, ヒョングム	cash **キャ**シュ
～カード	체크 카드 チェク カドゥ	bank card **バ**ンク **カ**ード
きゃっち(する) **キャッチ(する)** kyacchi(suru)	캐치(하다) ケチ(ハダ)	catch; get, obtain **キャ**チ, **ゲ**ト, オブ**テ**イン
～フレーズ	캐치프레이즈 ケチプレイジュ	catchphrase **キャ**チフレイズ
ぎゃっぷ **ギャップ** gyappu	갭 †ケプ	gap **ギャ**ップ
きゃぷてん **キャプテン** kyaputen	캡틴 ケプティン	captain **キャ**プテン
きゃべつ **キャベツ** kyabetsu	양(洋)배추 ヤンペチュ	cabbage **キャ**ビヂ
きゃらくたー **キャラクター** kyarakutaa	캐릭터 ケリクト	character **キャ**ラクタ
ぎゃらりー **ギャラリー** (画廊) gyararii	화랑(画廊) ファラン	gallery **ギャ**ラリ
(見物人)	갤러리 †ケルロリ	gallery **ギャ**ラリ
きゃりあ **キャリア** kyaria	커리어 ケリオ	career カ**リ**ア
ぎゃんぐ **ギャング** gyangu	갱 †ケン	gang, gangster **ギャ**ング, **ギャ**ングスタ

日	韓	英
きゃんせる(する) **キャンセル(する)** kyanseru (suru)	**취소**(取消)**(하다)** チュイソ(ハダ)	cancellation; cancel キャンセレイション, **キャン**セル
〜待ち	**웨이팅 상태** ウェイティン サンテ	standby ス**タ**ンドバイ
きゃんぷ **キャンプ** kyanpu	**캠프** ケムプ	camp **キャ**ンプ
ぎゃんぶる **ギャンブル** gyanburu	**갬블, 도박**(賭博) †ケムブル, †トバク	gambling **ギャ**ンブリング
きゃんぺーん **キャンペーン** kyanpeen	**캠페인** ケムペイン	campaign キャン**ペ**イン
きゅう **急** kyuu	**긴급**(緊急)**, 위급**(危急) ギングブ, ウィグブ	emergency イ**マ**ーヂェンスィ
きゅう **級**　　　(等級) kyuu	**등급**(等級) †トゥングブ	class ク**ラ**ス
きゅうえん(する) **救援(する)** kyuuen (suru)	**구원***(하다) †クウォン(ハダ)	relief, rescue リ**リ**ーフ, **レ**スキュー
〜物資	relief supplies リ**リ**ーフ サプ**ラ**イズ	**구호 물자** †クホ ムルジャ
きゅうか **休暇** kyuuka	**휴가*** ヒュガ	vacation, holiday ヴェイ**ケ**イション, **ハ**リデイ
きゅうがく(する) **休学(する)** kyuugaku (suru)	**휴학***(하다) ヒュハク(ハダ)	absence from school **ア**プセンス フラム ス**ク**ール
きゅうかん **急患** kyuukan	**응급**(応急) **환자**(患者) ウングブ ファンジャ	emergency case イ**マ**ーヂェンスィ **ケ**イス
きゅうぎ **球技** kyuugi	**구기*** †クギ	ball game **ボ**ール **ゲ**イム

日	韓	英
きゅうきゅうしゃ 救急車 kyuukyuusha	구급차* †クグプチャ	ambulance アンビュランス
きゅうぎょう(する) 休業(する) kyuugyou (suru)	휴업*(하다) ヒュオプ(ハダ)	closure; close クロウジャ, クロウズ
きゅうくつな 窮屈な kyuukutsuna	갑갑한 †カプカパン	narrow, tight ナロウ, タイト
きゅうけい(する) 休憩(する) kyuukei (suru)	쉬다 シュィダ	rest, recess; take a rest レスト, リセス, テイク ア レスト
きゅうげきな 急激な kyuugekina	급격*한 †クプキョカン	sudden, abrupt サドン, アブラプト
きゅうこうれっしゃ 急行列車 kyuukouressha	급행열차* †クペンヨルチャ	express イクスプレス
きゅうさい(する) 救済(する) kyuusai (suru)	구제*(하다) †クジェ(ハダ)	relief, aid リリーフ, エイド
きゅうし(する) 休止(する) kyuushi (suru)	휴지*(하다) ヒュジ(ハダ)	pause ポーズ
きゅうしき 旧式 kyuushiki	구식* †クシク	old style オウルド スタイル
きゅうじつ 休日 kyuujitsu	휴일* ヒュイル	holiday ハリデイ
きゅうしゅう(する) 吸収(する) kyuushuu (suru)	흡수*(하다) フプス(ハダ)	absorption; absorb アブソープション, アブソープ
きゅうじょ(する) 救助(する) kyuujo (suru)	구조*(하다) †クジョ(ハダ)	rescue, help; save レスキュー, ヘルプ, セイヴ
きゅうじん 求人 kyuujin	구인* †クイン	job offer チャプ オーファ

日	韓	英
きゅうしんてきな **急進的な** kyuushintekina	급진적*인 †クプチンジョギン	radical **ラ**ディカル
きゅうすい(する) **給水(する)** kyuusui (suru)	급수*(하다) †クプス(ハダ)	water supply **ウ**ォータ サプ**ラ**イ
きゅうせい **急性** kyuusei	급성* †クプソン	acute ア**キュ**ート
きゅうせん(する) **休戦(する)** kyuusen (suru)	휴전*(하다) ヒュジョン(ハダ)	armistice; call a truce **ア**ーミスティス, **コ**ール ア**ト**ルース
きゅうそく(する) **休息(する)** kyuusoku (suru)	휴식*(하다) ヒュシク(ハダ)	repose, rest リ**ポ**ウズ, **レ**スト
きゅうそくな **急速な** kyuusokuna	급속*한 †クプソカン	rapid, prompt **ラ**ピド, プ**ラ**ンプト
きゅうとう(する) **急騰(する)** kyuutou (suru)	급등*(하다) †クプトゥン(ハダ)	sudden rise; jump **サ**ドン **ラ**イズ, **チャ**ンプ
ぎゅうにく **牛肉** gyuuniku	쇠고기 スェゴギ	beef **ビ**ーフ
ぎゅうにゅう **牛乳** gyuunyuu	우유* ウユ	milk **ミ**ルク
きゅうびょう **急病** kyuubyou	급환(急患) †クプァン	sudden illness **サ**ドン **イ**ルネス
きゅうめい **救命** kyuumei	구명* †クミョン	lifesaving **ラ**イフセイヴィング
〜胴衣	구명(救命)조끼 †クミョンチョッキ	life jacket **ラ**イフ **チャ**ケト
きゅうゆ(する) **給油(する)** kyuuyu (suru)	급유*(하다), 주유(注油)(하다) †クプユ(ハダ), †チュユ(ハダ)	refueling; refuel リー**フュ**ーアリング, リー**フュ**ーアル

日	韓	英
きゅうゆう **旧友** kyuuyuu	옛친구 (親旧) イェッチング	old friend **オ**ウルド フレンド
きゅうよ **給与** kyuuyo	급여 * †クピョ	salary, pay **サ**ラリ, **ペ**イ
きゅうよう **急用** kyuuyou	급(急)한 용무(用務) †クパン ヨンム	urgent business **アー**ヂェント **ビ**ズネス
きゅうよう(する) **休養(する)** kyuuyou (suru)	휴양 * (하다) ヒュヤン(ハダ)	rest; take a rest **レ**スト, **テ**イク ア **レ**スト
きゅうり **胡瓜** kyuuri	오이 オイ	cucumber **キュー**カンバ
きゅうりょう **給料** kyuuryou	급료 * †クムニョ	pay, salary **ペ**イ, **サ**ラリ
きよい **清い** kiyoi	맑다, 순수(純粋)하다 マクタ, スンスハダ	clean, pure **クリー**ン, **ピュ**ア
きょう **今日** kyou	오늘 オヌル	today トゥ**デ**イ
ぎょう **行** gyou	행 * ヘン	line **ラ**イン
きょうい **驚異** kyoui	경이 * †キョンイ	wonder **ワ**ンダ
きょういく(する) **教育(する)** kyouiku (suru)	교육 * (하다) †キョユク(ハダ)	education; educate エデュ**ケ**イション, **エ**デュケイト
きょうか **教科** kyouka	교과 *, 과목(科目) †キョグヮ, †クヮモク	subject **サ**ブヂェクト
きょうか(する) **強化(する)** kyouka (suru)	강화 * (하다) †カンファ(ハダ)	strengthening; strengthen ストレングスニング, ストレングスン

日	韓	英
きょうかい **協会** kyoukai	**협회*** ヒョプェ	association, society アソウスィ**エ**イション, ソ**サ**イエティ
きょうかい **教会** kyoukai	**교회*** †キョフェ	church **チャ**ーチ
きょうかい **境界** kyoukai	**경계*** †キョンゲ	boundary, border **バ**ウンダリ, **ボ**ーダ
ぎょうかい **業界** gyoukai	**업계*** オプケ	industry **イ**ンダストリ
きょうがく **共学** kyougaku	**공학*** †コンハク	coeducation コウエデュ**ケ**イション
きょうかしょ **教科書** kyoukasho	**교과서*** †キョックヮソ	textbook **テ**クストブク
きょうかつする **恐喝する** kyoukatsusuru	**공갈**(恐喝)**치다** †コンガルチダ	threat, blackmail スレ卜, プ**ラ**クメイル
きょうかん(する) **共感(する)** kyoukan (suru)	**공감***(**하다**) †コンガム(ハダ)	sympathy; sympathize **スィ**ンパスィ, **スィ**ンパサイズ
きょうき **凶器** kyouki	**흉기*** ヒュンギ	weapon **ウェ**ポン
きょうぎ **競技** kyougi	**경기*** †キョンギ	competition カンペ**ティ**ション
ぎょうぎ **行儀** gyougi	**행동거지**(行動挙止) ヘンドンゴジ	behavior, manners ビ**ヘ**イヴァ, **マ**ナズ
きょうきゅう(する) **供給(する)** kyoukyuu (suru)	**공급***(**하다**) †コングプ(ハダ)	supply サプ**ラ**イ
きょうぐう **境遇** kyouguu	**경우***, **처지**(処地) †キョンウ, チョジ	circumstances **サ**ーカムスタンセズ

日	韓	英
きょうくん **教訓** kyoukun	**교훈*** †キョフン	lesson レスン
きょうこう **恐慌** kyoukou	**공황*** †コンファン	panic パニク
きょうごうする **競合する** kyougousuru	**경합***하다 †キョンハパダ	compete with コンピート ウィズ
きょうこな **強固な** kyoukona	**강고***한 †カンゴハン	firm, solid ファーム, サリド
ぎょうざ **餃子** gyouza	**만두**(饅頭) マンドゥ	(Chinese) dumpling (チャイニーズ) ダンプリング
きょうざい **教材** kyouzai	**교재*** †キョジェ	teaching material ティーチング マテリアル
きょうさんしゅぎ **共産主義** kyousanshugi	**공산주의*** †コンサンジュイ	communism カミュニズム
きょうさんとう **共産党** kyousantou	**공산당*** †コンサンダン	Communist Party カミュニスト パーティ
きょうし **教師** kyoushi	**교사*** †キョサ	teacher, professor ティーチャ, プロフェサ
ぎょうじ **行事** gyouji	**행사*** ヘンサ	event, function イヴェント, ファンクション
きょうしつ **教室** kyoushitsu	**교실*** †キョシル	classroom クラスルーム
ぎょうしゃ **業者** gyousha	**업자*** オプチャ	trader トレイダ
きょうじゅ **教授** kyouju	**교수*** †キョス	professor プロフェサ

日	韓	英
きょうしゅう **郷愁** kyoushuu	향수* ヒャンス	nostalgia ナス**タ**ルヂャ
きょうせい(する) **強制(する)** kyousei (suru)	강제*(하다) †カンジェ(ハダ)	compulsion; compel コン**パ**ルション，コン**ペ**ル
ぎょうせい **行政** gyousei	행정* ヘンジョン	administration アドミニスト**レ**イション
～機関	행정* 기관(機関) ヘンジョン †キグヮン	administrative organ アド**ミ**ニストレイティヴ **オ**ーガン
ぎょうせき **業績** gyouseki	업적* オプチョク	achievement, results ア**チ**ーヴメント，リ**ザ**ルツ
きょうそう(する) **競走(する)** kyousou (suru)	경주*(하다) †キョンジュ(ハダ)	race; run a race **レ**イス，**ラ**ン **レ**イス
きょうそう(する) **競争(する)** kyousou (suru)	경쟁*(하다) †キョンジェン(ハダ)	competition; compete カンペ**ティ**ション，コン**ピ**ート
～力	경쟁력(競争力) †キョンジェンニョク	competitiveness コンペ**ティ**ティヴネス
きょうそうきょく **協奏曲** kyousoukyoku	협주곡* ヒョプチュゴク	concerto コン**チェ**アトウ
きょうそん(する) **共存(する)** kyouson (suru)	공존*(하다) †コンジョン(ハダ)	coexistence; coexist コウイグ**ズィ**ステンス，コウイグ**ズィ**スト
きょうだい **兄弟** kyoudai	형제* ヒョンジェ	brother ブ**ラ**ザ
きょうだん **教壇** kyoudan	교단* †キョダン	platform プ**ラ**トフォーム
きょうちょう(する) **強調(する)** kyouchou (suru)	강조*(하다) †カンジョ(ハダ)	emphasis; emphasize **エ**ンフィスィス，**エ**ンファサイズ

日	韓	英
きょうつう（する） **共通（する）** kyoutsuu (suru)	공통＊（되다） †コントン(ドェダ)	common カモン
きょうてい **協定** kyoutei	협정＊ ヒョプチョン	agreement, con- vention アグリーメント，コンヴェン ション
きょうど **郷土** kyoudo	향토＊ ヒャント	*one's* native dis- trict ネイティヴ ディストリクト
きょうどう **共同** kyoudou	공동＊ †コンドン	cooperation コウアペレイション
きょうどうくみあい **協同組合** kyoudoukumiai	협동조합＊ ヒョプトンジョハプ	cooperative コウアペラティヴ
きょうな **器用な** kiyouna	재주가 있는 †チェジュガ インヌン	skillful スキルフル
きょうばい（する） **競売（する）** kyoubai (suru)	경매＊（하다） †キョンメ(ハダ)	auction オークション
きょうはく（する） **脅迫（する）** kyouhaku (suru)	협박＊（하다） ヒョッパク(ハダ)	threat; threaten スレト，スレトン
きょうはん **共犯** kyouhan	공범＊ †コンボム	complicity コンプリスィティ
〜者	공범자（共犯者） †コンボムジャ	accomplice アカンプリス
きょうふ **恐怖** kyoufu	공포＊ †コンポ	fear, fright, terror フィア，フライト，テラ
きょうみ **興味** kyoumi	흥미＊ フンミ	interest インタレスト
ぎょうむ **業務** gyoumu	업무＊ オムム	business ビズネス

日	韓	英
きょうゆう(する) **共有(する)** kyouyuu (suru)	**공유*** **(하다)** †コンユ(ハダ)	joint-ownership; own チョイントオウナシプ, オウン
きょうよう **教養** kyouyou	**교양*** †キョヤン	culture, education カルチャ, エデュケイション
きょうりょく(する) **協力(する)** kyouryoku (suru)	**협력*** **(하다)** ヒョムニョク(ハダ)	cooperation; cooperate コウアペレイション, コウアペレイト
きょうりょくな **強力な** kyouryokuna	**강력*****한** †カンニョカン	strong, powerful ストロング, パウアフル
ぎょうれつ **行列** gyouretsu	**행렬*** ヘンニョル	procession, parade プロセション, パレイド
きょうれつな **強烈な** kyouretsuna	**강렬*****한** †カンニョルハン	intense インテンス
きょうわこく **共和国** kyouwakoku	**공화국*** †コンファグク	republic リパブリク
きょえいしん **虚栄心** kyoeishin	**허영심*** ホヨンシム	vanity ヴァニティ
きょか(する) **許可(する)** kyoka (suru)	**허가*****(하다)** ホガ(ハダ)	permission; permit パミション, パミト
きょぎ **虚偽** kyogi	**허위*** ホウィ	falsehood フォールスフド
ぎょぎょう **漁業** gyogyou	**어업*** オオプ	fishery フィシャリ
きょく **曲** kyoku	**곡*** †コク	tune, piece テューン, ピース
きょくげい **曲芸** kyokugei	**곡예*** †コゲ	acrobat アクロバト

日	韓	英
きょくげん **極限** kyokugen	극한＊ †ククハン	limit リミト
きょくせん **曲線** kyokusen	곡선＊ †コクソン	curve カーヴ
きょくたんな **極端な** kyokutanna	극단적(極端的)인 †ククタンジョギン	extreme, excessive イクストリーム, イクセスィヴ
きょくとう **極東** kyokutou	극동＊ †ククトン	Far East ファー イースト
きょこう **虚構** kyokou	허구＊ ホグ	fiction フィクション
ぎょこう **漁港** gyokou	어항＊ オハン	fishing port フィシング ポート
きょじゃくな **虚弱な** kyojakuna	허약＊한 ホヤカン	weak, delicate ウィーク, デリケト
きょじゅう(する) **居住(する)** kyojuu (suru)	거주＊(하다) †コジュ(ハダ)	residence; reside レズィデンス, リザイド
〜者	거주자(居住者) †コジュジャ	resident, inhabitant レズィデント, インハビタント
きょしょう **巨匠** kyoshou	거장＊ †コジャン	great master グレイト マスタ
きょしょくしょう **拒食症** kyoshokushou	거식증＊ †コシクチュン	anorexia アノレクスィア
きょぜつ(する) **拒絶(する)** kyozetsu (suru)	거절＊(하다) †コジョル(ハダ)	refusal; refuse リフューザル, リフューズ
ぎょせん **漁船** gyosen	어선＊ オソン	fishing boat フィシング ボウト

日	韓	英
ぎょそん **漁村** gyoson	**어촌*** オチョン	fishing village **フィ**シング **ヴィ**リヂ
きょだいな **巨大な** kyodaina	**거대*****한** ↑コデハン	huge, gigantic **ヒュ**ーヂ, チャイ**ギャ**ンティク
きょっかい(する) **曲解(する)** kyokkai (suru)	**곡해***(**하다**) ↑コケ(ハダ)	distortion; distort ディスト**ー**ション, ディス**ト**ート
きょてん **拠点** kyoten	**거점*** ↑コチョム	base, stronghold **ベ**イス, スト**ロ**ーングホウルド
きょねん **去年** kyonen	**작년**(昨年) ↑チャンニョン	last year **ラ**スト **イ**ア
きょひ(する) **拒否(する)** kyohi (suru)	**거부***(**하다**) ↑コプ(ハダ)	denial; deny ディ**ナ**イアル, ディ**ナ**イ
ぎょみん **漁民** gyomin	**어민*** オミン	fisherman **フィ**シャマン
きょり **距離** kyori	**거리*** ↑コリ	distance **ディ**スタンス
きらいな **嫌いな** kiraina	**싫은, 싫어하는** シルン, シロハヌン	disliked ディス**ラ**イクト
きらう **嫌う** kirau	**싫어하다, 꺼리다** シロハダ, ッコリダ	dislike ディス**ラ**イク
きらくな **気楽な** kirakuna	**마음 편**(便)**한, 홀가분한** マウム ピョンハン, ホルガブンハン	optimistic, easy アプティ**ミ**スティク, **イ**ーズィ
きり **錐** kiri	**송곳** ソンゴッ	drill, gimlet **ド**リル, **ギ**ムレト
きり **霧** kiri	**안개** アンゲ	fog, mist **フォ**ーグ, **ミ**スト
ぎり **義理** giri	**의리*** ウィリ	duty, obligation **デュ**ーティ, アプリ**ゲ**イション

日	韓	英
きりかえる **切り換える** kirikaeru	바꾸다 †パックダ	change チェインヂ
きりさめ **霧雨** kirisame	이슬비, 보슬비, 가랑비 イスルビ, †ポスルビ, †カランビ	drizzle ドリズル
きりすてる **切り捨てる** kirisuteru	잘라 버리다 †チャルラ †ポリダ	cut away カト アウェイ
(端数を)	버리다 †ポリダ	round down ラウンド ダウン
きりすときょう **キリスト教** kirisutokyou	기독교(基督教) †キドクキョ	Christianity クリスチアニティ
きりつ **規律** kiritsu	규율* †キュユル	order, discipline オーダ, ディスィプリン
きりつめる **切り詰める** kiritsumeru	줄이다, 절약(節約)하다 †チュリダ, †チョリャカダ	reduce, cut down リデュース, カト ダウン
きりぬき **切り抜き** kirinuki	오려 냄, 오려 낸 것 オリョ ネム, オリョ ネン †コッ	clipping クリピング
きりぬける **切り抜ける** kirinukeru	벗어나다 †ポソナダ	get through ゲト スルー
きりはなす **切り離す** kirihanasu	잘라 내다 †チャルラ ネダ	cut off, separate カト オーフ, セパレイト
きりひらく **切り開く** kirihiraku	가르다 ; 잘라 내다 †カルダ ; †チャルラ ネダ	cut out カト アウト
きりふだ **切り札** kirifuda	최후(最後)의 수단(手段) チュエフエ スダン	trump トランプ
きりみ **切り身** kirimi	생선(生鮮) 토막 センソン トマク	slice, fillet スライス, フィレト
きりゅう **気流** kiryuu	기류* †キリュ	air current エア カーレント

日	韓	英
きりょく **気力** kiryoku	**기력*** †キリョク	energy, vigor **エ**ナヂ, **ヴィ**ガ
きりん **麒麟** kirin	**기린*** †キリン	giraffe ヂ**ラ**フ
きる **切る** kiru	**자르다, 끊다** †チャルダ, ックンタ	cut **カ**ト
(薄く)	**썰다** ッソルダ	slice ス**ラ**イス
(はさみで)	**자르다** †チャルダ	cut **カ**ト
(スイッチを)	**끄다** ックダ	turn off **ターン オ**ーフ
きる **着る** kiru	**입다** イプタ	put on **プ**ト **オ**ン
きれ **切れ** (個・枚・片) kire	**자투리, 토막** †チャトゥリ, トマク	piece, cut **ピ**ース, **カ**ト
(布)	**조각** †チョガク	cloth ク**ロ**ス
きれいな **綺麗な** kireina	**예쁜, 깨끗한** イエップン, ッケックタン	pretty, beautiful プ**リ**ティ, **ビュ**ーティフル
(清潔な)	**청결**(清潔)**한** チョンギョルハン	clean ク**リ**ーン
きれいに **綺麗に** kireini	**예쁘게, 깨끗하게** イエップゲ, ッケックタゲ	beautifully **ビュ**ーティフリ
(すっかり)	**전부**(全部) †チョンブ	completely コンプ**リ**ートリ
きれつ **亀裂** kiretsu	**균열*** †キュニョル	crack ク**ラ**ク

日	韓	英
きれる **切れる** （刃物が） kireru	잘라지다, 끊어지다 †チャルラジダ, ックノジダ	cut well カト ウェル
（常備品・燃料などが）	떨어지다 ットロジダ	(be) out of (ビ) アウト オヴ
（期限が）	지나다, 다하다 †チナダ, †タハダ	expire イクスパイア
（頭が）	명석(明晳)하다, 똑똑하다 ミョンソカダ, ットクットカダ	brilliant, sharp, smart ブリリアント, **シャ**ープ, ス**マ**ート
きろ **帰路** kiro	귀로* †クィロ	way home ウェイ ホウム
きろく（する） **記録（する）** kiroku (suru)	기록*(하다) †キロク(ハダ)	record; record レコード, リコード
きろぐらむ **キログラム** kiroguramu	킬로그램 キルログレム	kilogram **キ**ログラム
きろめーとる **キロメートル** kiromeetoru	킬로미터 キルロミト	kilometer キ**ラ**ミタ
きろりっとる **キロリットル** kirorittoru	킬로리터 キルロリト	kiloliter **キ**ロリータ
きろわっと **キロワット** kirowatto	킬로와트 キルロワトゥ	kilowatt **キ**ロワト
ぎろん（する） **議論（する）** giron (suru)	논의(論議)(하다) ノニ(ハダ)	argument, discussion; argue, discuss アーギュメント, ディス**カ**ション, **ア**ーギュー, ディス**カ**ス
ぎわく **疑惑** giwaku	의혹* ウィホク	doubt, suspicion **ダ**ウト, サス**ピ**ション
きわだつ **際立つ** kiwadatsu	두드러지다 †トゥドゥロジダ	stand out ス**タ**ンド **ア**ウト

日	韓	英
きわどい **際どい** kiwadoi	**아슬아슬하다** アスラスルハダ	dangerous, risky デインヂャラス, リスキ
きん **金** kin	**금*** †クム	gold ゴウルド
ぎん **銀** gin	**은*** ウン	silver スィルヴァ
きんいつの **均一の** kin-itsuno	**균일*한** †キュニルハン	uniform ユーニフォーム
きんえん **禁煙** kin-en	**금연*** †クミョン	No Smoking ノウ スモウキング
ぎんが **銀河** ginga	**은하수**(銀河水) ウンハス	Galaxy ギャラクスィ
きんかい **近海** kinkai	**근해*** †クンヘ	inshore waters インショア ウォータズ
きんがく **金額** kingaku	**금액*** †クムエク	amount of money アマウント オヴ マニ
きんかんがっき **金管楽器** kinkangakki	**금관악기*** †クムグヮナクキ	brass instrument ブラス インストルメント
きんきゅう(の) **緊急(の)** kinkyuu (no)	**긴급*(한)** †キングプ(ハン)	emergency イマーヂェンスィ
~**事態**	**긴급* 사태**(事態) †キングプ サテ	emergency situation イマーヂェンスィ スィチュエイション
きんこ **金庫** kinko	**금고*** †クムゴ	safe, vault セイフ, ヴォールト
きんこう **均衡** kinkou	**균형*** †キュンヒョン	balance バランス

日	韓	英
きんこう **銀行** ginkou	은행* ウンヘン	bank バンク
きんこんしき **金婚式** kinkonshiki	금혼식* †クムホンシク	golden wedding ゴウルドン **ウェ**ディング
ぎんこんしき **銀婚式** ginkonshiki	은혼식* ウンホンシク	silver wedding ス**ィ**ルヴァ **ウェ**ディング
きんし **近視** kinshi	근시* †クンシ	near-sightedness ニア**サ**イテドネス
きんし(する) **禁止(する)** kinshi (suru)	금지*(하다) †クムジ(ハダ)	prohibition; prohibit プロウヒ**ビ**ション, プロ**ヒ**ビト
きんしゅ(する) **禁酒(する)** kinshu (suru)	금주*(하다) †クムジュ(ハダ)	abstinence; stop drinking **ア**ブスティネンス, ス**タ**プ **ド**リンキング
きんしゅく(する) **緊縮(する)** kinshuku (suru)	긴축*(하다) †キンチュク(ハダ)	retrenchment; retrench リト**レ**ンチメント, リト**レ**ンチ
きんじょ **近所** kinjo	이웃 イウッ	neighborhood **ネ**イバフド
きんじる **禁じる** kinjiru	금(禁)하다 †クムハダ	forbid, prohibit フォ**ビ**ド, プロ**ヒ**ビト
きんせい **近世** kinsei	근세* †クンセ	early modern ages **ア**ーリ **マ**ダン **エ**イヂズ
きんせい **金星** kinsei	금성* †クムソン	Venus **ヴィ**ーナス
きんせん **金銭** kinsen	금전* †クムジョン	money **マ**ニ
きんぞく **金属** kinzoku	금속* †クムソク	metal **メ**トル

日	韓	英
きんだい **近代** kindai	**근대**＊ †クンデ	modern ages マダン エイヂズ
きんちょう(する) **緊張(する)** kinchou (suru)	**긴장**＊(**하다**) †キンジャン(ハダ)	tension; (be) tense テンション, (ビ) テンス
ぎんなん **銀杏** ginnan	**은행**＊**열매** ウネン ヨルメ	ginkgo nut ギンコウ ナト
きんにく **筋肉** kinniku	**근육**＊ †クニュク	muscle マスル
きんねん **近年** kinnen	**근래**(近来)(**에**) †クルレ(エ)	in recent years イン リースント イアズ
きんぱく(する) **緊迫(する)** kinpaku (suru)	**긴박**＊(**하다**) †キンパク(ハダ)	tension; (be) tense テンション, (ビ) テンス
きんべんな **勤勉な** kinbenna	**근면**＊**한, 부지런한** †クンミョンハン, †プジロンハン	industrious, dili- gent インダストリアス, ディリ ヂェント
ぎんみ(する) **吟味(する)** ginmi (suru)	**음미**＊(**하다**) ウンミ(ハダ)	scrutiny; examine スクルーティニ, イグザミン
きんむ(する) **勤務(する)** kinmu (suru)	**근무**＊(**하다**) †クンム(ハダ)	service; serve, work サーヴィス, サーヴ, ワーク
きんゆう **金融** kin-yuu	**금융**＊ †クミュン	finance フィナンス
きんようび **金曜日** kin-youbi	**금요일**＊ †クミョイル	Friday フライデイ
きんり **金利** kinri	**금리**＊ †クムニ	interest rates インタレスト レイツ
きんりょく **筋力** kinryoku	**근력**＊ †クルリョク	muscular power マスキュラ パウア

185

日	韓	英

きんりん
近隣 / kinrin
이웃
イウッ
neighborhood
ネイバフド

きんろう(する)
勤労(する) / kinrou (suru)
근로*(하다)
†クルロ(ハダ)
labor, work
レイバ, ワーク

く, ク

く
区 / ku
구*
†ク
ward, district
ウォード, ディストリクト

ぐ
具 / gu
재료(材料)
†チェリョ
ingredients
イングリーディエンツ

ぐあい
具合 / guai
상태(狀態)
サンテ
condition, state
コンディション, ステイト

くい
杭 / kui
말뚝
マルトゥク
stake, pile
ステイク, パイル

くい
悔い / kui
뉘우침, 후회(後悔)
ヌィウチム, フフェ
regret, remorse
リグレト, リモース

くいき
区域 / kuiki
구역*
†クヨク
area, zone
エアリア, ゾウン

くいず
クイズ / kuizu
퀴즈
クィズ
quiz
クウィズ

くいちがう
食い違う / kuichigau
어긋나다, 엇갈리다
オグンナダ, オッカルリダ
(be) different from
(ビ) ディファレント フラム

くう
食う / kuu
먹다
モクタ
eat, have, take
イート, ハヴ, テイク

くうかん
空間 / kuukan
공간*
†コンガン
space, room
スペイス, ルーム

くうき
空気 / kuuki
공기*
†コンギ
air
エア

日	韓	英
（雰囲気）	분위기（雰囲気） †プヌィギ	atmosphere **ア**トモスフィア
くうきょ **空虚** kuukyo	공허* †コンホ	emptiness **エ**ンプティネス
くうぐん **空軍** kuugun	공군* †コングン	air force **エ**ア **フォ**ース
くうこう **空港** kuukou	공항* †コンハン	airport **エ**アポート
くうしゅう（する） **空襲（する）** kuushuu (suru)	공습*（하다） †コンスプ（ハダ）	(make an) air raid （メイク アン）**エ**ア レイド
ぐうすう **偶数** guusuu	짝수 ッチャクス	even number **イ**ーヴン **ナ**ンバ
くうせき **空席** kuuseki	빈 자리 †ピン †チャリ	vacant seat **ヴェ**イカント **ス**ィート
（ポスト）	공석*, 결원（欠員） †コンソク, †キョルウォン	vacant position **ヴェ**イカント ポ**ジ**ション
ぐうぜん **偶然** guuzen	우연* ウヨン	chance, accident **チャ**ンス, **ア**クスィデント
〜に	우연*히 ウヨンヒ	by chance バイ **チャ**ンス
くうぜんの **空前の** kuuzenno	공전*의 †コンジョネ	unprecedented アンプ**レ**セデンテド
くうそう（する） **空想（する）** kuusou (suru)	공상*（하다） †コンサン（ハダ）	daydream **デ**イドリーム
くうちゅう **空中** kuuchuu	공중* †コンジュン	air, sky **エ**ア, ス**カ**イ
くーでたー **クーデター** kuudetaa	쿠데타 クデタ	coup d'état **ク**ー デ**イ**ター

日	韓	英
くうはく **空白** kuuhaku	**공백*** †コンベク	blank ブランク
くうふく **空腹** kuufuku	**공복*** †コンボク	hunger ハンガ
～である	**공복*****이다** †コンボギダ	(be) hungry (ビ) ハングリ
くうゆ(する) **空輸(する)** kuuyu (suru)	**공수*****(하다)** †コンス(ハダ)	air transport エア トランスポート
くーらー **クーラー** kuuraa	**에어컨** エオコン	air conditioner エア コンディショナ
くーるな **クールな** kuuruna	**쿨한** クルハン	cool クール
くかく **区画** kukaku	**구획*** †クフェク	division ディヴィジョン
くがつ **九月** kugatsu	**구월*** †クウォル	September セプテンバ
くかん **区間** kukan	**구간*** †クガン	section セクション
くき **茎** kuki	**줄기** †チュルギ	stalk, stem ストーク, ステム
くぎ **釘** kugi	**못** モッ	nail ネイル
くきょう **苦境** kukyou	**역경(逆境)** ヨクキョン	difficult situation ディフィカルト スィチュエ イション
くぎり **区切り** kugiri	**단락(段落)** †タルラク	end, pause エンド, ポーズ
くぎる **区切る** kugiru	**구획(区画) 짓다** †クフェク チッタ	divide ディヴァイド

日	韓	英
くぐる **潜る** kuguru	밑으로 빠져나가다 ミトゥロ ッパジョナガダ	pass under パス アンダ
くさ **草** kusa	풀 プル	grass, herb グ**ラ**ス, **ア**ーブ
くさい **臭い** kusai	냄새나다, 구리다 ネムセナダ, †クリダ	smelly, stinking ス**メ**リ, ス**ティ**ンキング
くさり **鎖** kusari	쇠사슬 スェサスル	chain **チェ**イン
くさる **腐る** kusaru	썩다 ッソクタ	rot, go bad **ラ**ト, ゴウ バド
くし **串** kushi	꼬챙이, 꼬치 ッコチェンイ, ッコチ	spit, skewer ス**ピ**ト, ス**キュ**ーア
くし **櫛** kushi	빗 †ピッ	comb コウム
くじ **くじ** kuji	제비 †チェビ	lot, lottery **ラ**ト, **ラ**タリ
くじく **挫く** kujiku	삐다 ッピダ	sprain, wrench ス**プレ**イン, **レ**ンチ
くじける **挫ける** kujikeru	기세(気勢)가 꺾이다 †キセガ ッコッキダ	be discouraged ビ ディス**カ**ーリヂド
くじゃく **孔雀** kujaku	공작* †コンジャク	peacock **ピ**ーカク
くしゃみ **くしゃみ** kushami	재채기 †チェチェギ	sneeze ス**ニ**ーズ
〜をする	재채기를 하다 †チェチェギルル ハダ	sneeze ス**ニ**ーズ
くじょう **苦情** kujou	불만(不満), 불평(不平) †プルマン, †プルピョン	complaint コンプ**レ**イント

日	韓	英
くしょうする **苦笑する** kushousuru	쓴웃음을 짓다 ッスヌスムル †チッタ	force a smile **フォース** ア **スマイル**
ぐしょうてきな **具象的な** gushoutekina	**구체적**(具体的)**인** †クチェジョクギン	concrete カン**クリ**ート
くじら **鯨** kujira	**고래** †コレ	whale (ホ)**ウェイ**ル
くしん(する) **苦心(する)** kushin (suru)	**고심**∗(**하다**) †コシム(ハダ)	efforts; take pains **エ**ファツ, **テイク ペイン**ズ
くず **屑** kuzu	**쓰레기** ッスレギ	waste, rubbish **ウェ**イスト, **ラ**ビシュ
~入れ	**휴지통**(休紙桶), **쓰레기통** (桶) ヒュジトン, ッスレギトン	trash can ト**ラ**シュ **キャ**ン
くすぐったい **くすぐったい** kusuguttai	**간지럽다** †カンジロプタ	ticklish **ティ**クリシュ
くすぐる **くすぐる** kusuguru	**간질이다** †カンジリダ	tickle **ティ**クル
くずす **崩す** kuzusu	**무너뜨리다, 흩뜨리다** ムノットゥリダ, フットゥリダ	pull down, break **プル ダ**ウン, ブ**レイ**ク
(金を)	**깨다** ッケダ	change **チェ**インヂ
くすり **薬** kusuri	**약**∗ ヤク	medicine, drug **メ**ディスィン, ド**ラ**グ
~屋	**약국**(薬局) ヤクック	pharmacy, drug-store **ファ**ーマスィ, ド**ラ**グストー
くすりゆび **薬指** kusuriyubi	**약손가락** ヤクソンッカラク	ring finger **リ**ング **フィ**ンガ
くずれる **崩れる** kuzureru	**무너지다** ムノジダ	crumble, collapse ク**ラ**ンブル, コ**ラ**プス

日	韓	英
(形が)	흐트러지다, 무너지다 フトゥロジダ, ムノジダ	get out of shape ゲト アウト オヴ シェイプ
くせ 癖 kuse	버릇 †ポルッ	habit ハビト
くだ 管 kuda	관* †クヮン	pipe, tube パイプ, テューブ
ぐたいてきな 具体的な gutaitekina	구체적*인 †クチェジョギン	concrete カンクリート
くだく 砕く kudaku	부수다 †プスダ	break, smash ブレイク, スマシュ
くだける 砕ける kudakeru	부서지다 †プソジダ	break, (be) broken ブレイク, (ビ) ブロウクン
くたびれる くたびれる kutabireru	지치다, 피로(疲労)하다 †チチダ, ピロハダ	(be) fatigued (ビ) ファティーグド
くだもの 果物 kudamono	과일 †クヮイル	fruit フルート
くだらない 下らない kudaranai	쓸데없다, 시시하다 ッスルッテオプタ, シシハダ	trifling, trivial トライフリング, トリヴィアル
くだり 下り kudari	낮은 곳으로 내려감 ナジュン †コスロ ネリョガム	descent ディセント
(下り列車)	하행(下行) 열차(列車) ハヘン ヨルチャ	down train ダウン トレイン
くだる 下る kudaru	내려가다, 내려지다 ネリョガダ, ネリョジダ	go down, descend ゴウ ダウン, ディセンド
くち 口 kuchi	입 イプ	mouth マウス
ぐち 愚痴 guchi	푸념 プニョム	idle complaint アイドル コンプレイント

日	韓	英
くちげんか **口喧嘩** kuchigenka	**언쟁**(言争)，**말다툼** オンジェン，マルダトゥム	quarrel ク**ウォ**ーレル
くちびる **唇** kuchibiru	**입술** イプスル	lip **リ**プ
くちぶえ **口笛** kuchibue	**휘파람** フィパラム	whistle (ホ)**ウィ**スル
くちべに **口紅** kuchibeni	**루즈，립스틱** ルジュ，リプスティク	rouge, lipstick **ルー**ジュ，**リ**プスティク
くちょう **口調** kuchou	**어조**(語調)，**말투** オジョ，マルトゥ	tone **ト**ウン
くつ **靴** kutsu	**신，구두** シン，†クドゥ	shoes **シュ**ーズ
くつう **苦痛** kutsuu	**고통**＊ †コトン	pain, pang **ペ**イン，**パ**ング
くつがえす **覆す** kutsugaesu	**뒤엎다** トゥィオプタ	upset アプ**セ**ト
くっきー **クッキー** kukkii	**쿠키** クキ	cookie, biscuit **ク**キ，**ビ**スキト
くつした **靴下** kutsushita	**양말** ヤンマル	socks, stockings **サ**クス，**スタ**キングズ
くっしょん **クッション** kusshon	**쿠션** クション	cushion **ク**ション
(緩衝物)	**쿠션** クション	shock absorber **ショ**ク アプ**ソ**ーバ
くっせつ(する) **屈折(する)** kussetsu (suru)	**굴절**＊**(되다)** †クルッチョル(ドェダ)	refraction; (be) re- fracted リー**フラ**クション，(ビ) リー **フラ**クテド

日	韓	英
くっつく **くっつく** kuttsuku	달라붙다 †タルラブッタ	stick to スティク トゥ
くっつける **くっつける** kuttsukeru	붙이다 †プッチダ	join, stick **チョ**イン, ス**ティ**ク
くつろぐ **寛ぐ** kutsurogu	편(便)히 쉬다 ピョンヒ シュィダ	make *oneself* at home メイク アト **ホ**ウム
くどう(する) **駆動(する)** kudou (suru)	구동＊(시키다) †クドン(シキダ)	driving; drive ド**ラ**イヴィング, ド**ラ**イヴ
くとうてん **句読点** kutouten	구두점＊ †クドゥッチョム	punctuation marks パンクチュ**エ**イション **マ**ークス
くどく　(説得する) **口説く** kudoku	설득(説得)하다 ソルットゥカダ	persuade パス**ウェ**イド
(女性を)	꾀다 ックェダ	chat up **チャ**ト **ア**プ
くに **国** kuni	나라 ナラ	country **カ**ントリ
くのう(する) **苦悩(する)** kunou (suru)	고뇌＊(하다) †コヌェ(ハダ)	suffering; suffer **サ**ファリング, **サ**ファ
くばる　　(配達) **配る** kubaru	배달(配達)하다 †ペダルハダ	deliver ディ**リ**ヴァ
(配布)	나누어 주다 ナヌオ †チュダ	distribute ディスト**リ**ビュート
くび **首** kubi	목 モク	neck **ネ**ク
(免職)	면직(免職) ミョンジク	dismissal ディス**ミ**サル
くふう(する) **工夫(する)** kufuu (suru)	궁리(窮理)(하다) †クンニ(ハダ)	device, idea ディ**ヴァ**イス, アイ**ディ**ーア

日	韓	英
<ruby>区分<rt>くぶん</rt></ruby>(する) kubun (suru)	구분*(하다) †クブン(ハダ)	division; divide ディ**ヴィ**ジョン, ディ**ヴァイ**ド
<ruby>区別<rt>くべつ</rt></ruby>(する) kubetsu (suru)	구별*(하다) †クビョル(ハダ)	distinction; distinguish ディス**ティンク**ション, ディス**ティング**ウィッシュ
<ruby>窪み<rt>くぼみ</rt></ruby> kubomi	우묵한 곳, 움푹 파인 곳 ウムカン †コッ, ウムプク パイン ゴッ	hollow, dent **ハ**ロウ, **デ**ント
<ruby>熊<rt>くま</rt></ruby> kuma	곰 †コム	bear **ベ**ア
<ruby>組<rt>くみ</rt></ruby> kumi	반(班) †パン	class ク**ラ**ス
(グループ)	그룹 †クルプ	group, team グ**ルー**プ, **ティー**ム
(一対)	쌍(双) ッサン	pair **ペ**ア
<ruby>組合<rt>くみあい</rt></ruby> kumiai	조합* †チョハプ	association, union アソウスィ**エ**イション, **ユー**ニョン
<ruby>組み合わせ<rt>くみあわせ</rt></ruby> kumiawase	결합(結合), 짝 맞추기 †キョルハプ, ッチャク マッチュギ	combination カンビ**ネ**イション
<ruby>組み立て<rt>くみたて</rt></ruby> kumitate	조립(組立), 구조(構造) †チョリプ, †クジョ	structure スト**ラ**クチャ
<ruby>組み立てる<rt>くみたてる</rt></ruby> kumitateru	조립(組立)하다 †チョリパダ	assemble ア**セ**ンブル
<ruby>汲む<rt>くむ</rt></ruby> kumu	푸다 プダ	draw ド**ロー**
<ruby>組む<rt>くむ</rt></ruby>(人と) kumu	짜다 ッチャダ	unite with **ユー**ナイト ウィズ

日	韓	英
（物と物を）	짜다 ッチャダ	unite with ユーナイト ウィズ
くも 雲 kumo	구름 †クルム	cloud クラウド
くも 蜘蛛 kumo	거미 †コミ	spider スパイダ
くもり 曇り kumori	흐림 フリム	cloudy weather クラウディ ウェザ
くもる 曇る kumoru	흐리다 フリダ	(become) cloudy (ビカム) クラウディ
くやしい 悔しい kuyashii	분（憤）하다 †プンハダ	mortifying, vexing モーティファイング, ヴェク スィング
くやむ 悔む kuyamu	후회（後悔）하다 フフェハダ	repent, regret リペント, リグレト
くら 倉・蔵 kura	창고（倉庫） チャンゴ	warehouse, store- house ウェアハウス, ストーハウス
くらい 暗い kurai	어둡다 オドゥプタ	dark, gloomy ダーク, グルーミ
くらいまっくす クライマックス kuraimakkusu	클라이맥스 クルライメクス	climax クライマクス
くらげ 水母 kurage	해파리 ヘパリ	jellyfish チェリフィシュ
くらし 暮らし kurashi	생활（生活）, 생계（生計） センファル, センゲ	life, living ライフ, リヴィング
くらしっく クラシック kurashikku	클래식 クルレシク	classic クラスィク
〜音楽	클래식 음악（音楽） クルレシク ウマク	classical music クラスィカル ミューズィク

日	韓	英
くらす **暮らす** kurasu	생활(生活)**하다**, 살다 センファルハダ, サルダ	live, make a living **ライ**ヴ, メイク ア **リ**ヴィン グ
ぐらす **グラス** gurasu	글라스 †クルラス	glass **グ**ラス
くらすめーと **クラスメート** kurasumeeto	동급생(同級生) †トングゲセン	classmate **ク**ラスメイト
ぐらつく **ぐらつく** guratsuku	흔들리다, 동요(動揺)**하다** フンドゥルリダ, †トンヨハダ	shake **シェ**イク
くらぶ **クラブ** kurabu	클럽 クルロブ	club **ク**ラブ
ぐらふ **グラフ** gurafu	그래프 †クレプ	graph **グ**ラフ
くらべる **比べる** kuraberu	비교(比較)**하다** †ピギョハダ	compare コン**ペ**ア
ぐらむ **グラム** guramu	그램 †クレム	gram **グ**ラム
くらやみ **暗闇** kurayami	어둠 オドゥム	darkness, dark **ダ**ークネス, **ダ**ーク
くらりねっと **クラリネット** kurarinetto	클라리넷 クルラリネッ	clarinet クラリ**ネ**ト
ぐらんぷり **グランプリ** guranpuri	그랑프리 †クランプリ	grand prix **グ**ランド プ**リ**ー
くり **栗** kuri	밤 †パム	chestnut **チェ**スナト
くりーにんぐ **クリーニング** kuriiningu	클리닝 クルリニン	cleaning ク**リ**ーニング
〜店	세탁소(洗濯所) セタクソ	laundry **ロ**ーンドリ

日	韓	英
くりーむ **クリーム** kuriimu	**크림** クリム	cream クリーム
（化粧品など）	**크림** クリム	cream クリーム
くりかえし **繰り返し** kurikaeshi	**반복**(反復)**, 되풀이** †パンボク, †トェプリ	repetition, refrain レペ**ティ**ション, リフ**レ**イン
くりかえす **繰り返す** kurikaesu	**반복**(反復)**하다, 되풀이하다** †パンボカダ, †トェプリハダ	repeat リ**ピー**ト
くりこす **繰り越す** kurikosu	**이월**(移越)**하다** イウォルハダ	carry forward **キャ**リ **フォー**ワド
くりすたる **クリスタル** kurisutaru	**수정**(水晶) スジョン	crystal ク**リ**スタル
くりすちゃん **クリスチャン** kurisuchan	**크리스찬** クリスチャン	Christian ク**リ**スチャン
くりすます **クリスマス** kurisumasu	**크리스마스** クリスマス	Christmas ク**リ**スマス
〜イブ	**크리스마스 이브** クリスマス イブ	Christmas Eve ク**リ**スマス **イー**ヴ
くりっくする **クリックする** kurikkusuru	**클릭**(**하다**) クルリク(ハダ)	click ク**リ**ク
くりっぷ **クリップ** kurippu	**클립** クルリプ	clip ク**リ**プ
くる **来る** kuru	**오다, 도착**(到着)**하다** オダ, †トチャカダ	come, arrive **カ**ム, ア**ラ**イヴ
くるう **狂う** kuruu	**미치다** ミチダ	go mad **ゴ**ウ **マ**ド
（調子が）	**나빠지다** ナッパジダ	go wrong **ゴ**ウ **ロ**ーング

日	韓	英
ぐるーぷ **グループ** guruupu	그룹 †クルプ	group グループ
くるしい **苦しい** kurushii	괴롭다, 고통(苦痛)스럽다 †クェロプタ, †コトンスロプタ	painful, hard ペインフル, ハード
くるしみ **苦しみ** kurushimi	괴로움 †クェロウム	pain, suffering ペイン, **サ**ファリング
くるしむ **苦しむ** kurushimu	시달리다, 고통(苦痛)을 받다 シダルリダ, †コトンウル パッタ	suffer from **サ**ファ フラム
くるしめる **苦しめる** kurushimeru	괴롭히다, 고통(苦痛)을 주다 †クェロピダ, †コトンウル †チュダ	torment トーメント
くるぶし **踝** kurubushi	복사뼈 †ポクサッピョ	ankle **ア**ンクル
くるま **車**　(自動車) kuruma	자동차(自動車) †チャドンチャ	car **カ**ー
〜椅子	휠 체어 フィル チェオ	wheelchair (ホ)**ウィ**ールチェア
くるみ **胡桃** kurumi	호두 ホドゥ	walnut **ウォ**ールナト
くるむ **くるむ** kurumu	감싸다, 싸다 †カムッサダ, ッサダ	wrap up ラプ **ア**プ
くれ **暮れ** kure	연말(年末) ヨンマル	year-end **イ**アエンド
ぐれーど **グレード** gureedo	그레이드 †クレイドゥ	grade グレイド
ぐれーぷふるーつ **グレープフルーツ** gureepufuruutsu	자몽 †チャモン	grapefruit グレイプフルート
くれーむ **クレーム** kureemu	클레임 クルレイム	claim, complaint クレイム, コン**プ**レイント

日	韓	英
クレーン kureen	크레인, 기중기(起重機) クレイン, †キジュンギ	crane クレイン
クレジット kurejitto	크레디트 クレディトゥ	credit クレディト
～カード	신용(信用) 카드, 크레디트 카드 シニョン カドゥ, クレディトゥ カドゥ	credit card クレディト カード
クレヨン kureyon	크레용 クレヨン	crayon クレイアン
呉れる kureru	주다 †チュダ	give, present ギヴ, プリゼント
暮れる kureru	해가 지다 ヘガ †チダ	get dark ゲト ダーク
黒 kuro	검정, 까먼색(色), 흑* †コムジョン, ッカモンセク, フク	black ブラク
黒い kuroi	검다, 까맣다 †コムッタ, ッカマタ	black ブラク
苦労 kurou	고생(苦生) †コセン	troubles, hardships トラブルズ, ハードシプス
～する	고생(苦生)하다 †コセンハダ	suffer, work hard サファ, ワーク ハード
玄人 kurouto	전문가(専門家), 숙련자(熟練 者) †チョンムンガ, スンニョンジャ	expert, profession- al エクスパート, プロフェショ ナル
クローク kurooku	휴대품(携帯品) 보관소(保管 所) ヒュデプム ボッグヮンソ	cloakroom クロウクルーム
グローバル guroobaru	글로벌 †クルロボル	global グロウバル

日	韓	英
くろーる **クロール** kurooru	크롤 クロル	crawl クロール
くろじ **黒字** kuroji	흑자* フクチャ	black ブラク
くろっぽい **黒っぽい** kuroppoi	거무스름하다 †コムスルムハダ	blackish ブラキシュ
ぐろてすくな **グロテスクな** gurotesukuna	그로테스크한 †クロテスクハン	grotesque グロウテスク
くわえる **加える** kuwaeru	더하다, 가(加)하다, 보태다 †トハダ, †カハダ, †ポテダ	add to アドトゥ
くわしい **詳しい** kuwashii	상세(詳細)하다, 자세(仔細) 하다 サンセハダ, †チャセハダ	detailed ディテイルド
くわだてる **企てる** kuwadateru	기도(企図)하다, 획책(画策) 하다 †キドハダ, フェクチェカダ	plan, project プラン, プロチェクト
くわわる **加わる** kuwawaru	더해지다, 가(加)해지다 †トヘジダ, †カヘジダ	join, enter チョイン, エンタ
ぐん **軍** gun	군* †クン	army, forces アーミ, フォーセズ
ぐん **郡** gun	군* †クン	county カウンティ
ぐんじ **軍事** gunji	군사* †クンサ	military affairs ミリテリ アフェアズ
〜政府	군사* 정권(政権) †クンサ †チョンクォン	military regime ミリテリ レイジーム
ぐんしゅう **群衆** gunshuu	군중* †クンジュン	crowd クラウド
ぐんしゅく **軍縮** gunshuku	군축* †クンチュク	armaments reduc- tion アーマメンツ リダクション

日	韓	英
くんしょう **勲章** kunshou	**훈장*** フンジャン	decoration デコレイション
ぐんじん **軍人** gunjin	**군인*** ↑クニン	soldier, service-man ソウルヂャ, **サ**ーヴィスマン
くんせい **燻製** kunsei	**훈제*** フンジェ	smoked スモウクト
ぐんたい **軍隊** guntai	**군대*** ↑クンデ	army, troops **ア**ーミ, ト**ル**ープス
ぐんび **軍備** gunbi	**군비*** ↑クンビ	armaments **ア**ーマメンツ

け, ケ

日	韓	英
け **毛** ke	**털** トル	hair **ヘ**ア
（獣毛）	**모피**(毛皮) モピ	fur **ファ**ー
げい **芸** gei	**특별**(特別)**한 재주** トゥクピョルハン ↑チェジュ	art **ア**ート
けいい **敬意** keii	**경의*** ↑キョンイ	respect リス**ペ**クト
けいえい(する) **経営(する)** keiei (suru)	**경영***(**하다**) ↑キョンヨン(ハダ)	management; manage **マ**ニヂメント, **マ**ニヂ
～者	**경영자**(経営者) ↑キョンヨンジャ	manager **マ**ニヂャ
けいおんがく **軽音楽** keiongaku	**경음악*** ↑キョンウマク	light music **ラ**イト ミ**ュ**ーズィック
けいか(する) **経過(する)** keika (suru)	**경과***(**하다**) ↑キョングヮ(ハダ)	progress; pass (by) プ**ラ**グレス, **パ**ス (**バ**イ)

日	韓	英
けいかい（する） **警戒（する）** keikai (suru)	**경계*（하다）** †キョンゲ（ハダ）	caution; guard against コーション, ガード（アゲンスト）
けいかいな **軽快な** keikaina	**경쾌*한** †キョンクェハン	light ライト
けいかく（する） **計画（する）** keikaku (suru)	**계획*（하다）** †ケフェク（ハダ）	plan, project プラン, プロジェクト
けいき **景気** keiki	**경기*** †キョンギ	business ビズネス
けいけん（する） **経験（する）** keiken (suru)	**경험*（하다）** †キョンホム（ハダ）	experience イクスピアリアンス
けいげん（する） **軽減（する）** keigen (suru)	**경감*（하다）** †キョンガム（ハダ）	reduction リダクション
けいこ（する） **稽古（する）** keiko (suru)	**예행 연습（予行演習）（하다）** イェヘン ヨンスプ（ハダ）	practice, exercise プラクティス, エクササイズ
けいご **敬語** keigo	**경어*** †キョンオ	honorific アナリフィク
けいこう **傾向** keikou	**경향*** †キョンヒャン	tendency テンデンスィ
けいこうぎょう **軽工業** keikougyou	**경공업*** †キョンゴンオプ	light industries ライト インダストリズ
けいこうとう **蛍光灯** keikoutou	**형광등*** ヒョングァンドゥン	fluorescent lamp フルーオレスント ランプ
けいこく（する） **警告（する）** keikoku (suru)	**경고*（하다）** †キョンゴ（ハダ）	warning; warn ウォーニング, ウォーン
けいさい（する） **掲載（する）** keisai (suru)	**게재（掲載）（하다）** †ケジェ（ハダ）	publishing; publish パブリシング, パブリシュ

日	韓	英
けいざい **経済** keizai	**경제**＊ †キョンジェ	economy, finance イカノミ, フィナンス
〜学	**경제학**(経済学) †キョンジェハク	economics イーコナミクス
〜学者	**경제학자**(経済学者) †キョンジェハクチャ	economist イカノミスト
〜的な	**경제적**(経済的)**인** †キョンジェジョギン	economical イーコナミカル
けいさつ **警察** keisatsu	**경찰**＊ †キョンチャル	police ポリース
〜官	**경찰관**(警察官) †キョンチャルグヮン	police officer ポリース オーフィサ
〜署	**경찰서**(警察署) †キョンチャルッソ	police station ポリース ステイション
けいさん(する) **計算(する)** keisan (suru)	**계산**＊(**하다**) †ケサン(ハダ)	calculation; calculate, count キャルキュレイション, **キャ**ルキュレイト, **カ**ウント
〜機	**계산기**(計算器) †ケサンギ	calculator **キャ**ルキュレイタ
けいじ **刑事** keiji	**형사**＊ ヒョンサ	detective ディテクティヴ
けいじ(する) **掲示(する)** keiji (suru)	**게시**＊(**하다**) †ケシ(ハダ)	notice, bulletin, post ノウティス, **プ**レティン, **ポ**ウスト
〜板	**게시판**(掲示板) †ケシパン	bulletin board **プ**レティン ボード
けいしき **形式** keishiki	**형식**＊ ヒョンシク	form, formality フォーム, フォー**マ**リティ

日	韓	英
～的な	형식적(形式的)인 ヒョンシクチョギン	formal フォーマル
げいじゅつ 芸術 geijutsu	예술* イェスル	art アート
～家	예술가(芸術家) イェスルガ	artist アーティスト
けいしょう 敬称 keishou	경칭* †キョンチン	title (of honor) タイトル (オヴ アナ)
けいしょう 警鐘 keishou	경종* †キョンジョン	warning ウォーニング
けいしょう(する) 継承(する) keishou (suru)	계승*(하다) †ケスン(ハダ)	succession; succeed to サクセション, サクスィードトゥ
けいしょく 軽食 keishoku	간단(簡単)한 식사(食事) †カンダンハン シクサ	light meal ライト ミール
けいせい(する) 形成(する) keisei (suru)	형성*(하다) ヒョンソン(ハダ)	formation; form フォーメイション, フォーム
けいぞく(する) 継続(する) keizoku (suru)	계속*(하다) †ケソク(ハダ)	continuation; continue コンティニュエイション, コンティニュー
けいそつな 軽率な keisotsuna	경솔*한 †キョンソルハン	careless, rash ケアレス, ラシュ
けいたい 形態 keitai	형태* ヒョンテ	form, shape フォーム, シェイプ
けいたい(する) 携帯(する) keitai (suru)	휴대*(하다) ヒュデ(ハダ)	carrying; carry キャリイング, キャリ
～電話	휴대*폰 ヒュデポン	cellphone セルフォウン

日	韓	英
けいと **毛糸** keito	**털실** トルシル	woolen yarn **ウ**ルン ヤーン
けいど **経度** keido	**경도**＊ †キョンド	longitude ラン**ヂ**テュード
けいとう **系統** keitou	**계통**＊ †ケトン	system **ス**ィステム
〜的	**계통적**（系統的） †ケトンジョク	systematic スィステ**マ**ティク
げいにん **芸人** geinin	**예능인**（芸能人） イェヌンイン	entertainer エンタ**テ**ィナ
げいのう **芸能** geinou	**예능**＊，**연예**（演芸） イェヌン，ヨネ	entertainment エンタ**テ**インメント
〜人	**연예인** ヨネイン	entertainer エンタ**テ**ィナ
けいば **競馬** keiba	**경마**＊ †キョンマ	horse racing **ホ**ース レイスィング
〜場	**경마장**（競馬場） †キョンマジャン	racetrack **レ**イストラク
けいはくな **軽薄な** keihakuna	**경박**＊**한** †キョンバカン	frivolous フリ**ヴォ**ラス
けいばつ **刑罰** keibatsu	**형벌**＊ ヒョンボル	punishment, pen- alty **パ**ニシュメント，**ペ**ナルティ
けいはんざい **軽犯罪** keihanzai	**경범죄**＊ †キョンボムチュェ	minor offense **マ**イナ オ**フェ**ンス
けいひ **経費** keihi	**경비**＊ †キョンビ	expenses イク**スペ**ンセズ
けいび（する） **警備（する）** keibi (suru)	**경비**＊（**하다**） †キョンビ（ハダ）	defense, guard ディ**フェ**ンス，**ガ**ード

日	韓	英
けいひん **景品** keihin	**경품*** †キョンプム	premium プ**リ**ーミアム
けいべつ **軽蔑** keibetsu	**경멸*** †キョンミョル	contempt, scorn コン**テ**ンプト, ス**コ**ーン
〜する	**경멸***(**하다**) †キョンミョル(ハダ)	despise, scorn ディス**パ**イズ, ス**コ**ーン
けいほう **警報** keihou	**경보*** †キョンボ	warning, alarm **ウォ**ーニング, ア**ラ**ーム
けいむしょ **刑務所** keimusho	**교도소**(矯導所) †キョドソ	prison プ**リ**ズン
けいもう(する) **啓蒙(する)** keimou(suru)	**계몽***(**하다**) †ケモン(ハダ)	enlightenment; enlighten インラ**イ**トンメント, インラ**イ**トン
けいやく(する) **契約(する)** keiyaku(suru)	**계약***(**하다**) †ケヤク(ハダ)	contract **カ**ントラクト
〜書	**계약서**(契約書) †ケヤクソ	contract **カ**ントラクト
けいゆ(する) **経由(する)** keiyu(suru)	**경유***(**하다**) †キョンユ(ハダ)	by way of, via バイ **ウェ**イ オヴ, **ヴァ**イア
けいようし **形容詞** keiyoushi	**형용사*** ヒョンヨンサ	adjective **ア**ヂェクティヴ
けいり **経理** keiri	**경리*** †キョンニ	accounting ア**カ**ウンティング
けいりゃく **計略** keiryaku	**계략*** †ケリャク	stratagem スト**ラ**タヂャム
けいりゅう **渓流** keiryuu	**계류*** †ケリュ	mountain stream **マ**ウンテン スト**リ**ーム

日	韓	英
けいりょう **計量** keiryou	**계량**＊ †ケリャン	measurement メジャメント
けいれき **経歴** keireki	**경력**＊ †キョンニョク	career カリア
けいれん **痙攣** keiren	**경련**＊ †キョンニョン	spasm, cramp スパズム, クランプ
けいろ **経路** keiro	**경로**＊ †キョンノ	course, route コース, ルート
けーき **ケーキ** keeki	**케이크** ケイク	cake ケイク
けーす **ケース** （入れ物）	**케이스, 통**(桶) ケイス, トン	case ケイス
（場合）	**케이스, 경우**(境遇) ケイス, †キョンウ	case ケイス
けーぶる **ケーブル** keeburu	**케이블** ケイブル	cable ケイブル
～カー	**케이블 카** ケイブル カ	cable car ケイブル カー
げーむ **ゲーム** geemu	**게임** †ケイム	game ゲイム
けおりもの **毛織物** keorimono	**모직물** モジンムル	woolen goods ウルン グヅ
けが **怪我** kega	**상처**(傷処)**, 부상**(負傷) サンチョ, †プサン	wound, injury ウーンド, インジャリ
～する	**상처**(傷処) **나다, 부상**(負傷) **당하다** サンチョ ナダ, †プサンダンハダ	get hurt ゲト ハート
げか **外科** geka	**외과**＊ ウェックヮ	surgery サーヂャリ

日	韓	英
～医	외과＊ 의사 (医師) ウェックヮ ウィサ	surgeon サーヂョン
けがす 汚す （名誉などを） kegasu	더럽히다 †トロピダ	stain, disgrace ステイン, ディスグレイス
けがれ 汚れ kegare	더러움, 부정 (不浄)함 †トロウム, †プジョンハム	impurity インピュアリティ
けがわ 毛皮 kegawa	모피 (毛皮) モピ	fur ファー
げき 劇 geki	극＊ †クク	play プレイ
～作家	극작가 (劇作家) †ククチャッカ	dramatist, play-wright ドラマティスト, プレイライト
げきじょう 劇場 gekijou	극장＊ †ククチャン	theater スィアタ
げきだん 劇団 gekidan	극단＊ †ククタン	theatrical company スィアトリカル カンパニ
げきれい(する) 激励(する) gekirei (suru)	격려＊(하다) †キョンニョ(ハダ)	encouragement; encourage インカーリヂメント, インカーリヂ
けさ 今朝 kesa	오늘 아침 オヌル アチム	this morning ズィス モーニング
げざい 下剤 gezai	설사약 (泄瀉薬) ソルッサヤク	purgative, laxative パーガティヴ, ラクサティヴ
げし 夏至 geshi	하지＊ ハジ	summer solstice サマ サルスティス
けしいん 消印 keshiin	소인＊ ソイン	postmark ポウストマーク

日	韓	英
けしき **景色** keshiki	**경치**(景致) †キョンチ	scenery, view ス**ィ**ーナリ, **ヴュ**ー
けしごむ **消しゴム** keshigomu	**지우개** †チウゲ	eraser イ**レ**イサ
けじめ **けじめ** kejime	**구분**(区分), **분간**(分揀) †クブン, †プンガン	distinction ディス**ティ**ンクション
〜をつける	**분명**(分明)**히 하다** †プンミョンヒ ハダ	distinguish be- tween ディス**ティ**ングウィシュ ビ ト**ウィ**ーン
げしゃ(する) **下車(する)** gesha (suru)	**하차***(**하다**) ハチャ(ハダ)	get off **ゲ**ト **オ**ーフ
げしゅく(する) **下宿(する)** geshuku (suru)	**하숙***(**하다**) ハスク(ハダ)	lodgings; room at **ラ**ヂングズ, **ル**ーム アト
げじゅん **下旬** gejun	**하순*** ハスン	the last ten days of a month ザ **ラ**スト **テ**ン **デ**イズ オヴ ア **マ**ンス
けしょう(する) **化粧(する)** keshou (suru)	**화장***(**하다**) ファジャン(ハダ)	makeup; make up **メ**イカプ, **メ**イク アプ
〜室	**화장실**(化粧室) ファジャンシル	dressing room ド**レ**スィング **ル**ーム
〜品	**화장품**(化粧品) ファジャンプム	toilet articles **ト**イレト **ア**ーティクルズ
けす **消す** kesu	**끄다, 지우다** ックダ, †チウダ	put out, extinguish **プ**ト **ア**ウト, イクス**ティ**ン グウィシュ
けずる **削る** kezuru	**깎다, 삭제**(削除)**하다** ッカクタ, サクチェハダ	shave **シェ**イヴ
(削減)	**깎다, 삭감**(削減)**하다** ッカクタ, サクカムハダ	curtail カー**テ**イル

日		韓	英
	(削除)	지우다, 삭제(削除)하다 †チウダ, サクチェハダ	delete ディリート
桁 けた keta	(数字の)	자릿수(数) †チャリッス	figure フィギャ
気高い けだかい kedakai		고상(高尚)하다, 품위(品位) 가 있다 †コサンハダ, プムィガ イッタ	noble, dignified ノウブル, ディグニファイド
けちな kechina		인색(吝嗇)한 インセカン	stingy スティンヂ
ケチャップ けちゃっぷ kechappu		케첩 ケチョプ	catsup ケチャプ
血圧 けつあつ ketsuatsu		혈압* ヒョラプ	blood pressure ブラド プレシャ
決意(する) けつい(する) ketsui (suru)		결의*(하다) †キョリ(ハダ)	resolution; make up *one's* mind レゾルーション, メイク ア プ マインド
血液 けつえき ketsueki		혈액* ヒョレク	blood ブラド
血縁 けつえん ketsuen		혈연* ヒョリョン	blood relatives ブラド レラティヴズ
結果 けっか kekka		결과* †キョルグヮ	result, conse-quence リザルト, カンスィクウェン ス
結核 けっかく kekkaku		결핵* †キョルヘク	tuberculosis テュバーキュロウスィス
血管 けっかん kekkan		혈관* ヒョルグヮン	blood vessel ブラド ヴェスル
欠陥 けっかん kekkan		결함* †キョルハム	defect, fault ディフェクト, フォールト

日	韓	英
けっきょく **結局** kekkyoku	**결국**＊ †キョルグク	after all アフタ **オ**ール
けっきん **欠勤** kekkin	**결근**＊ †キョルグン	absence **ア**ブセンス
けっこう **結構** kekkou	**제법** †チェボプ	quite, rather ク**ワ**イト, **ラ**ザ
（許諾）	**괜찮습니다 .** †クェンチャンスムニダ	all right, will do **オ**ール **ラ**イト, **ウィ**ル **ドゥ**
～な	**훌륭한, 좋은** フルリュンハン, †チョウン	excellent, nice **エ**クセレント, **ナ**イス
けつごう（する） **結合（する）** ketsugou (suru)	**결합**＊**（하다）** †キョルハプ(ハダ)	union; unite **ユ**ーニョン, ユー**ナ**イト
げっこう **月光** gekkou	**월광**＊ ウォルグワン	moonlight **ムー**ンライト
けっこん（する） **結婚（する）** kekkon (suru)	**결혼**＊**（하다）** †キョルホン(ハダ)	marriage; marry **マ**リヂ, **マ**リ
～式	**결혼식**（結婚式） †キョルホンシク	wedding ceremo- ny **ウェ**ディング **セ**レモウニ
けっさい（する） **決済（する）** kessai (suru)	**결제**＊**（하다）** †キョルッチェ(ハダ)	settlement; settle **セ**トルメント, **セ**トル
けっさく **傑作** kessaku	**걸작**＊ †コルッチャク	masterpiece **マ**スタピース
けっさん **決算** kessan	**결산**＊ †キョルッサン	settlement of ac- counts **セ**トルメント オヴ ア**カ**ウン ツ
けっして **決して** kesshite	**결코** †キョルコ	never, by no means **ネ**ヴァ, バイ **ノ**ウ **ミー**ンズ

日	韓	英
げっしゃ **月謝** gessha	**월사금**（月謝金） ウォルッサグム	monthly fee マンスリ **フィ**ー
げっしゅう **月収** gesshuu	**월수**＊ ウォルッス	monthly income マンスリ **イ**ンカム
けっしょう **決勝** kesshou	**결승**＊ †キョルッスン	final(s) **ファ**イナル(ズ)
けっしょう **結晶** kesshou	**결정**＊ †キョルッチョン	crystal ク**リ**スタル
げっしょく **月食** gesshoku	**월식**＊ ウォルッシク	eclipse of the moon イク**リ**プス オヴ ザ **ム**ーン
けっしん(する) **決心(する)** kesshin (suru)	**결심**＊**(하다)** †キョルッシム(ハダ)	determination; de- cide ディターミ**ネ**イション, ディ **サ**イド
けっせい **血清** kessei	**혈청**＊ ヒョルチョン	serum ス**ィ**アラム
けっせき(する) **欠席(する)** kesseki (suru)	**결석**＊**(하다)** †キョルッソク(ハダ)	absence; (be) ab- sent **ア**ブセンス, (ビ) **ア**ブセント
けつだん(する) **決断(する)** ketsudan (suru)	**결단**＊**(하다)** †キョルッタン(ハダ)	decision; decide ディス**ィ**ジョン, ディ**サ**イド
けってい(する) **決定(する)** kettei (suru)	**결정**＊**(하다)** †キョルッチョン(ハダ)	decision; decide ディス**ィ**ジョン, ディ**サ**イド
けってん **欠点** ketten	**결점**＊ †キョルッチョム	fault, weak point **フォ**ールト, **ウィ**ーク **ポ**イ ント
けっとう **血統** kettou	**혈통**＊ ヒョルトン	blood, lineage ブ**ラ**ド, **リ**ニイヂ
けっぱく **潔白** keppaku	**결백**＊ †キョルベク	innocence **イ**ノセンス

日	韓	英
げっぷ **げっぷ** geppu	**트림** トゥリム	burp バープ
けっぺきな **潔癖な** keppekina	**결벽*****한** †キョルビョカン	cleanly, fastidious クレンリ, ファス**ティ**ディアス
けつぼう(する) **欠乏(する)** ketsubou (suru)	**결핍*****(되다)** †キョルピプ(ドェダ)	lack, shortage **ラ**ク, **ショー**ティヂ
けつまつ **結末** ketsumatsu	**결말*** †キョルマル	end, result **エ**ンド, リ**ザ**ルト
げつまつ **月末** getsumatsu	**월말*** ウォルマル	end of the month **エ**ンド オヴ ザ **マ**ンス
げつようび **月曜日** getsuyoubi	**월요일*** ウォリョイル	Monday **マ**ンデイ
けつれつ(する) **決裂(する)** ketsuretsu (suru)	**결렬*****(되다)** †キョルリョル(ドェダ)	rupture **ラ**プチャ
けつろん **結論** ketsuron	**결론*** †キョルロン	conclusion コンク**ルー**ジョン
けなす **貶す** kenasu	**헐뜯다, 비방(誹謗)하다** ホルトゥッタ, †ピバンハダ	speak ill of ス**ピー**ク **イ**ル オヴ
げねつざい **解熱剤** genetsuzai	**해열제*** ヘヨルッチェ	antipyretic アンティパイ**レ**ティク
けはい **気配** kehai	**기척, 기미(機微), 기색(起色), 낌새** †キチョク, †キミ, †キセク, ッキムセ	sign, indication **サ**イン, インディ**ケ**イション
けびょう **仮病** kebyou	**꾀병** ックェビョン	feigned illness **フェ**インド **イ**ルネス
げひんな **下品な** gehinna	**천(賤)한, 비천(卑賤)한, 야비(野卑)한** チョンハン, †ピチョンハン, ヤビハン	vulgar, coarse **ヴァ**ルガ, **コー**ス
けむし **毛虫** kemushi	**모충*** モチュン	caterpillar **キャ**タピラ

日	韓	英
けむり **煙** kemuri	**연기**(煙気) ヨンギ	smoke ス**モ**ウク
けもの **獣** kemono	**짐승** †チムスン	beast **ビ**ースト
げらく(する) **下落(する)** geraku (suru)	**하락**＊(**하다**) ハラク(ハダ)	fall **フォ**ール
げり(する) **下痢(する)** geri (suru)	**설사**(泄瀉)(**하다**) ソルッサ(ハダ)	(have) diarrhea (ハヴ) ダイア**リ**ーア
げりら **ゲリラ** gerira	**게릴라** †ケリルラ	guerrilla ゲ**リ**ラ
ける **蹴る** keru	**차다** チャダ	kick **キ**ク
(拒絶)	**거절**(拒絶)**하다** †コジョルハダ	reject リ**ヂェ**クト
げれつな **下劣な** geretsuna	**비열**(卑劣)**한, 야비**(野卑)**한** †ピヨルハン, ヤビハン	mean, base **ミ**ーン, **ベ**イス
けわしい **険しい** kewashii	**험**(険)**하다** ホムハダ	steep ス**ティ**ープ
けん **件** ken	**사건**(事件), **사항**(事項) サッコン, サハン	matter, affair, case **マ**タ, ア**フェ**ア, **ケ**イス
けん **県** ken	**현**＊ ヒョン	prefecture プリー**フェ**クチャ
けん **券** ken	**표**(票) ピョ	ticket, coupon **ティ**ケト, **ク**ーパン
げん **弦** (楽器の) gen	**현**＊ ヒョン	string スト**リ**ング
けんあくな **険悪な** ken-akuna	**험악**＊**한** ホマカン	threatening スレ**ト**ニング

日	韓	英
げんあん **原案** gen-an	**원안*** ウォナン	first draft **ファ**ースト ド**ラ**フト
けんい **権威** ken-i	**권위*** †クォヌィ	authority ア**ソ**ーリティ
げんいん **原因** gen-in	**원인*** ウォニン	cause **コ**ーズ
けんえき(する) **検疫(する)** ken-eki (suru)	**검역***(**하다**) †コミョク(ハダ)	quarantine ク**ウォ**ーランティーン
げんえき **現役** gen-eki	**현역*** ヒョニョク	active service **ア**クティヴ **サ**ーヴィス
けんえつ **検閲** ken-etsu	**검열*** †コミョル	inspection インス**ペ**クション
けんお(する) **嫌悪(する)** ken-o (suru)	**혐오***(**하다**) ヒョモ(ハダ)	abhorrence, ha- tred; hate アブ**ホ**ーレンス, **ヘ**イトレド, **ヘ**イト
けんか **喧嘩**　(口論) kenka	**싸움** ッサウム	quarrel, dispute ク**ウォ**ーレル, ディス**ピュ**ー ト
げんか **原価** genka	**원가*** ウォンカ	cost **コ**ースト
けんかい **見解** kenkai	**견해*** †キョンヘ	opinion, view オ**ピ**ニオン, **ヴュ**ー
げんかい **限界** genkai	**한계*** ハンゲ	limit, bounds **リ**ミト, **バ**ウンヅ
けんがく(する) **見学(する)** kengaku (suru)	**견학***(**하다**) †キョンハク(ハダ)	inspect, visit インス**ペ**クト, **ヴィ**ズィト
げんかくな **厳格な** genkakuna	**엄격*****한** オムギョカン	strict, rigorous スト**リ**クト, **リ**ガラス

日	韓	英
げんかしょうきゃく **減価償却** genkashoukyaku	감가상각* †カムッカサンガク	depreciation ディプリーシ**エ**イション
げんがっき **弦楽器** gengakki	현악기* ヒョナッキ	strings スト**リ**ングズ
げんかん **玄関** genkan	현관* ヒョングヮン	entrance **エ**ントランス
げんき **元気** genki	기력(気力), 기운 †キリョク, †キウン	spirits, energy ス**ピ**ッツ, **エ**ナヂ
けんきゅう(する) **研究(する)** kenkyuu (suru)	연구*(하다) ヨング(ハダ)	study, research ス**タ**ディ, リ**サ**ーチ
〜者	연구자(研究者) ヨングジャ	student, scholar ス**テュ**ーデント, ス**カ**ラ
〜所	연구소(研究所) ヨングソ	laboratory **ラ**ボラトーリ
けんきょな **謙虚な** kenkyona	겸허*한 †キョムホハン	modest **マ**デスト
けんきん **献金** kenkin	헌금* ホングム	donation ドウ**ネ**イション
げんきん **現金** genkin	현금* ヒョングム	cash **キャ**シュ
げんきん(する) **厳禁(する)** genkin (suru)	엄금*(하다) オムグム(ハダ)	forbid strictly フォ**ビ**ド スト**リ**クトリ
げんけい **原型** genkei	원형* ウォンヒョン	prototype プ**ロ**ウトタイプ
けんけつ **献血** kenketsu	헌혈* ホンヒョル	blood donation ブ**ラ**ド ドウ**ネ**イション
けんげん **権限** kengen	권한* †クォンハン	competence **カ**ンピテンス

日	韓	英
げんご **言語** gengo	**언어**＊ オノ	language ラングウィヂ
けんこう **健康** kenkou	**건강**＊ †コンガン	health ヘルス
げんこう **原稿** genkou	**원고**＊ ウォンゴ	manuscript, copy マニュスクリプト, カピ
げんこうはん **現行犯** genkouhan	**현행범**＊ ヒョンヘンボム	flagrant offense フレイグラント オフェンス
げんこく **原告** genkoku	**원고**＊ ウォンゴ	plaintiff プレインティフ
げんこつ **拳骨** genkotsu	**주먹** †チュモク	fist フィスト
けんさ(する) **検査(する)** kensa (suru)	**검사**＊(**하다**) †コムサ(ハダ)	inspection; inspect インスペクション, インスペクト
げんざい **現在** genzai	**현재**＊ ヒョンジェ	present プレゼント
けんさく(する) **検索(する)** kensaku (suru)	**검색**＊(**하다**) †コムセク(ハダ)	reference; refer to レファレンス, リファートゥ
げんさく **原作** gensaku	**원작**＊ ウォンジャク	original オリヂナル
げんさんち **原産地** gensanchi	**원산지**＊ ウォンサンジ	original home of オリヂナル ホウム オヴ
けんじ **検事** kenji	**검사**＊ †コムサ	public prosecutor パブリク プラスィキュータ
げんし **原子** genshi	**원자**＊ ウォンジャ	atom アトム
げんじつ **現実** genjitsu	**현실**＊ ヒョンシル	reality, actuality リアリティ, アクチュアリティ

日	韓	英
けんじつな **堅実な** kenjitsuna	**견실**＊**한** †キョンシルハン	steady ステディ
げんしてきな **原始的な** genshitekina	**원시적**＊**(인)** ウォンシジョク(イン)	primitive プリミティヴ
げんしゅ **元首** genshu	**원수**＊ ウォンス	sovereign サヴレン
けんしゅう **研修** kenshuu	**연수**＊ ヨンス	study スタディ
～生	**연수생(研修生)** ヨンスセン	trainee トレイニー
げんじゅうな **厳重な** genjuuna	**엄중**＊**한** オムジュンハン	strict, severe ストリクト, スィヴィア
げんしゅくな **厳粛な** genshukuna	**엄숙**＊**한** オムッスカン	grave, solemn グレイヴ, サレム
けんしょう **懸賞** kenshou	**현상**＊ ヒョンサン	prize プライズ
けんじょう **謙譲** kenjou	**겸양**＊ †キョミャン	modesty マデスティ
げんしょう **現象** genshou	**현상**＊ ヒョンサン	phenomenon フィナメノン
げんしょう(する) **減少(する)** genshou (suru)	**감소**＊**(하다)** †カムッ(ハダ)	decrease ディクリース
げんじょう **現状** genjou	**현상**＊ ヒョンサン	present condition プレズント カンディション
げんしょく **原色** genshoku	**원색**＊ ウォンセク	primary color プライメリ カラ
げんしりょく **原子力** genshiryoku	**원자력**＊ ウォンジャリョク	nuclear power ニュークリア パウア

日	韓	英
けんしん **検診** kenshin	**검진**∗ †コムジン	medical examination メディカル イグザミネイション
けんしん **献身** kenshin	**헌신**∗ ホンシン	self-devotion セルフディヴォウション
〜的に	**헌신적**(献身的)**으로** ホンシンジョグロ	devotedly ディヴォウテドリ
げんぜい(する) **減税(する)** genzei (suru)	**감세**∗(**하다**) †カムセ(ハダ)	tax reduction; reduce taxes タクス リダクション, リデュース タクセズ
けんせつ(する) **建設(する)** kensetsu (suru)	**건설**∗(**하다**) †コンソル(ハダ)	construction; construct コンストラクション, コンストラクト
けんぜんな **健全な** kenzenna	**건전**∗**한** †コンジョンハン	sound, wholesome サウンド, ホウルサム
げんそ **元素** genso	**원소**∗ ウォンソ	element エレメント
げんそう **幻想** gensou	**환상**∗ ファンサン	illusion, vision イルージョン, ヴィジョン
げんぞう(する) **現像(する)** genzou (suru)	**현상**∗(**하다**) ヒョンサン(ハダ)	development; develop ディヴェロプメント, ディヴェロプ
げんそく **原則** gensoku	**원칙**∗ ウォンチク	principle プリンスィプル
げんそく(する) **減速(する)** gensoku (suru)	**감속**∗(**하다**) †カムソク(ハダ)	slowdown; slow down スロウダウン, スロウ ダウン
けんそん **謙遜** kenson	**겸손**∗ †キョムソン	modesty, humility マデスティ, ヒューミリティ
けんたい **倦怠** kentai	**권태**∗ †クォンテ	weariness, ennui ウィアリネス, アーンウィー

日	韓	英
げんだい **現代** gendai	**현대*** ヒョンデ	present age, modern プレズント エイヂ, マダン
げんち **現地** genchi	**현지*** ヒョンジ	spot スパト
～時間	**현지*** 시간(時間) ヒョンジ シガン	local time ロウカル タイム
けんちく **建築** kenchiku	**건축*** †コンチュク	building ビルディング
～家	**건축가**(建築家) †コンチュクカ	architect アーキテクト
けんちょな **顕著な** kenchona	**현저*****한** ヒョンジョハン	remarkable リマーカブル
げんてい(する) **限定(する)** gentei (suru)	**한정***(**하다**) ハンジョン(ハダ)	limitation; limit to リミテイション, リミト トゥ
げんてん **原点** genten	**원점*** ウォンッチョム	starting point スターティング ポイント
げんてん **減点** genten	**감점*** †カムッチョム	demerit mark ディーメリト マーク
げんど **限度** gendo	**한도*** ハンド	limit リミト
けんとう **見当** kentou	**목표**(目標) モクピョ	aim エイム
(推測)	**어림, 짐작** オリム, †チムジャク	guess ゲス
けんとう(する) **検討(する)** kentou (suru)	**검토***(**하다**) †コムト(ハダ)	examination; examine イグザミネイション, イグザミン

日	韓	英
げんどうりょく **原動力** gendouryoku	**원동력**∗ ウォンドンニョク	motive power モウティヴ パワア
げんば **現場** genba	**현장**∗ ヒョンジャン	spot, scene スパト, スィーン
げんばく **原爆** genbaku	**원폭**∗ ウォンポク	atomic bomb アタミク バム
けんばん **鍵盤** kenban	↑**건반**∗ コンバン	keyboard キーボード
けんびきょう **顕微鏡** kenbikyou	**현미경**∗ ヒョンミギョン	microscope マイクロスコウプ
けんぶつ(する) **見物(する)** kenbutsu (suru)	↑**구경(하다)** クギョン(ハダ)	sightseeing;　see the sights of サイトスィーイング, スィー ザ サイツ オヴ
げんぶん **原文** genbun	**원문**∗ ウォンムン	original text オリヂナル テクスト
けんぽう **憲法** kenpou	**헌법**∗ ホンッポプ	constitution カンスティテューション
げんまい **玄米** genmai	**현미**∗ ヒョンミ	brown rice ブラウン ライス
げんみつな **厳密な** genmitsuna	**엄밀**∗**한** オムミルハン	strict, close ストリクト, クロウス
けんめいな **賢明な** kenmeina	**현명**∗**한** ヒョンミョンハン	wise, prudent ワイズ, プルーデント
けんめいに **懸命に** kenmeini	**열심(熱心)히,　힘껏** ヨルッシムヒ, ヒムッコッ	eagerly, hard イーガリ, ハード
けんもん(する) **検問(する)** kenmon (suru)	↑**검문**∗**(하다)** コムムン(ハダ)	inspection; inspect インスペクション, インスペ クト

日	韓	英
けんやく(する) **倹約(する)** ken-yaku (suru)	**절약**(節約)**(하다)** †チョリャク(ハダ)	thrift; economize, save スリフト, イカノマイズ, **セ**イヴ
げんゆ **原油** gen-yu	**원유**∗ ウォニユ	crude oil クルード **オ**イル
けんり **権利** kenri	**권리**∗ †クォルリ	right **ラ**イト
げんり **原理** genri	**원리**∗ ウォルリ	principle, theory プリンスィプル, **ス**ィオリ
げんりょう **原料** genryou	**원료**∗ ウォルリョ	raw materials **ロ**ー マ**テ**ィアリアルズ
けんりょく **権力** kenryoku	**권력**∗ †クォルリョク	power, authority **パ**ウア, オ**サ**リティ
げんろん **言論** genron	**언론**∗ オルロン	speech and writing ス**ピ**ーチ アンド **ラ**イティング

こ, コ

日	韓	英
こ **子** ko	**자식**(子息), **아이** †チャシク, アイ	child, infant **チャ**イルド, **イ**ンファント
こ **個** ko	**개**∗ †ケ	piece **ピ**ース
ご **後** go	**후**∗, **뒤** フ, †トゥイ	after, since **ア**フタ, ス**ィ**ンス
ご **碁** go	**바둑** †パドゥク	*go* **ゴ**
こい **濃い** koi	**진**(津)**하다**, **짙다** †チンハダ, †チッタ	dark, deep **ダ**ーク, **デ**ィープ

日	韓	英
こい(する) **恋(する)** koi (suru)	**사랑**(하다) サラン(ハダ)	love; fall in love with ラヴ, フォール イン ラヴ ウィズ
ごい **語彙** goi	**어휘*** オフィ	vocabulary ヴォウ**キャ**ビュレリ
こいしい **恋しい** koishii	**그립다** †クリ*プ*タ	miss ミス
こいぬ **子犬** koinu	**강아지** †カンアジ	puppy **パ**ピ
こいびと **恋人** koibito	**애인**(愛人), **연인**(恋人) エイン, ヨニン	sweetheart, lover ス**ウィ**ートハート, **ラ**ヴァ
こいん **コイン** koin	**코인** コイン	coin **コ**イン
〜ロッカー	**코인 라커** コイン ラコ	coin-operated locker **コ**イン**ア**ペレイテド **ラ**カ
ごう **号** gou	**호*** ホ	number, issue **ナ**ンバ, **イ**シュー
こうあん(する) **考案(する)** kouan (suru)	**고안***(하다) †コアン(ハダ)	device; devise ディ**ヴァ**イス, ディ**ヴァ**イズ
こうい **好意** koui	**호의*** ホイ	goodwill **グ**ドウィル
こうい **行為** koui	**행위*** ヘンウィ	act, action, deed **ア**クト, **ア**クション, **ディ**ード
ごうい **合意** goui	**합의*** ハビ	agreement, consent アグ**リ**ーメント, コン**セ**ント
こういしつ **更衣室** kouishitsu	**탈의실**(脱衣室) タリシル	dressing room ド**レ**スィング **ル**ーム

日	韓	英
こういしょう **後遺症** kouishou	후유증* フユッチュン	sequela セクウィーラ
ごうう **豪雨** gouu	호우* ホウ	heavy rain ヘヴィ レイン
こううん **幸運** kouun	행운* ヘンウン	fortune, luck フォーチュン, ラク
こうえい **光栄** kouei	영광(栄光) ヨングヮン	honor, glory アナ, グローリ
こうえん **公園** kouen	공원* †コンウォン	park パーク
こうえん(する) **講演(する)** kouen (suru)	강연*(하다) †カンヨン(ハダ)	lecture; lecture on レクチャ, レクチャ オン
こうおん **高音** kouon	고음* †コウム	high tone ハイ トゥン
こうか **効果** kouka	효과* ヒョックヮ	effect, efficacy イフェクト, エフィカスィ
こうか **校歌** kouka	교가* †キョガ	school song スクール ソング
こうか **硬貨** kouka	경화*, 동전(銅銭) †キョンファ, †トンジョン	coin コイン
こうかい(する) **公開(する)** koukai (suru)	공개*(하다) †コンゲ(ハダ)	disclosure; disclose ディスクロウジャ, ディスクロウズ
こうかい(する) **後悔(する)** koukai (suru)	후회*(하다) フフェ(ハダ)	regret, remorse リグレト, リモース
こうかい(する) **航海(する)** koukai (suru)	항해*(하다) ハンヘ(ハダ)	navigation; navigate ナヴィゲイション, ナヴィゲイト

日	韓	英
こうがい **公害** kougai	공해* †コンヘ	pollution ポリューション
こうがい **郊外** kougai	교외* †キョウェ	suburb サバーブ
こうがく **光学** kougaku	광학* †クヮンハク	optics アプティクス
ごうかく(する) **合格(する)** goukaku (suru)	합격*(하다) ハプキョク(ハダ)	passing; pass パスィング, パス
こうかな **高価な** koukana	비싼 †ピッサン	expensive イクスペンスィヴ
ごうかな **豪華な** goukana	호화*로운 ホファロウン	gorgeous, deluxe ゴーヂャス, デルクス
こうかん(する) **交換(する)** koukan (suru)	교환*(하다) †キョファン(ハダ)	exchange イクスチェインヂ
こうがん **睾丸** kougan	고환* †コファン	testicles テスティクルズ
こうがんざい **抗癌剤** kouganzai	항암제* ハンアムジェ	anticancer agent アンティキャンサ エイヂェ ント
こうき **後期** kouki	후기* フギ	latter term ラタ ターム
こうぎ **講義** kougi	강의* †カンイ	lecture レクチャ
こうぎ(する) **抗議(する)** kougi (suru)	항의*(하다) ハンイ(ハダ)	protest; protest against プロテスト, プロテスト ア ゲンスト
こうきあつ **高気圧** koukiatsu	고기압* †コギアプ	high atmospheric pressure ハイ アトモスフェリク プレ シャ

日	韓	英
こうきしん **好奇心** koukishin	**호기심**＊ ホギシム	curiosity キュアリアスィティ
こうきな **高貴な** koukina	**고귀**＊**한** †コグィハン	noble ノウブル
こうきゅうな **高級な** koukyuuna	**고급**＊**한** †コグパン	high-class articles ハイクラス アーティクルズ
こうきょ **皇居** koukyo	**황궁**（皇宮） ファングン	Imperial Palace インピアリアル パレス
こうきょう **好況** koukyou	**호황**＊ ホファン	prosperity プラスペリティ
こうきょう(の) **公共(の)** koukyou (no)	**공공**＊**(의)** †コンゴン(エ)	public, common パブリク, カモン
～料金	**공공요금**（公共料金） †コンゴンヨグム	public utility charges パブリク ユーティリティ チャーヂズ
こうぎょう **工業** kougyou	**공업**＊ †コンオプ	industry インダストリ
こうぎょう **鉱業** kougyou	**광업**＊ †クヮンオプ	mining マイニング
こうきょうきょく **交響曲** koukyoukyoku	**교향곡**＊ †キョンヒャンゴク	symphony スィンフォニ
ごうきん **合金** goukin	**합금**＊ ハプクム	alloy アロイ
こうぐ **工具** kougu	**공구**＊ †コング	tool, implement トゥール, インプレメント
こうくう **航空** koukuu	**항공**＊ ハンゴン	aviation エイヴィエイション

日	韓	英
〜会社	항공사(航空社) ハンゴンサ	airline エアライン
〜機	항공기(航空機) ハンゴンギ	aircraft エアクラフト
〜券	항공권(航空券) ハンゴンクォン	airline ticket エアライン ティケト
〜便	항공우편(航空郵便) ハンゴンウピョン	airmail エアメイル
こうけい 光景 koukei	광경* †クヮンギョン	spectacle, scene スペクタクル, スィーン
こうげい 工芸 kougei	공예* †コンエ	craft クラフト
ごうけい(する) 合計(する) goukei (suru)	합계*(하다) ハプケ(ハダ)	sum, total; sum up サム, トウトル, サム アプ
こうけいき 好景気 koukeiki	호경기* ホギョンギ	prosperity, boom プラスペリティ, ブーム
こうけいしゃ 後継者 koukeisha	후계자* フゲジャ	successor サクセサ
こうげき(する) 攻撃(する) kougeki (suru)	공격*(하다) †コンギョク(ハダ)	attack, assault アタク, アソールト
こうけつあつ 高血圧 kouketsuatsu	고혈압* †コヒョラプ	high blood pressure ハイ ブラド プレシャ
こうけん(する) 貢献(する) kouken (suru)	공헌*(하다) †コンホン(ハダ)	contribution; contribute コントリビューション, コントリビュート
こうげん 高原 kougen	고원* †コウォン	plateau プラトウ

日	韓	英
こうご **口語** kougo	**구어**＊ †クオ	colloquial language コロウクウィアル ラングウィヂ
こうこう **高校** koukou	**고교**＊ †コギョ	high school ハイ スクール
〜生	**고등학생**(高等学生), **고교생**(高校生) †コドゥンハクセン, †コギョセン	high school student ハイ スクール ステューデント
こうごう **皇后** kougou	**황후**＊, **왕후**(王后) ファンフ, ウァンフ	empress エンプレス
こうこがく **考古学** koukogaku	**고고학**＊ †コゴハク	archaeology アーキアロヂ
こうこく(する) **広告**(する) koukoku (suru)	**광고**＊(하다) †クゥンゴ(ハダ)	advertisement; advertise アドヴァタイズメント, アドヴァタイズ
こうごに **交互に** kougoni	**번갈아서** †ポンガラソ	alternately オールタネトリ
こうさ(する) **交叉[差](する)** kousa (suru)	**교차**＊(하다) †キョチャ(ハダ)	crossing; cross クロースィング, クロース
〜点	**교차점**(交叉点), **교차로**(交叉路) †キョチャッチョム, †キョチャロ	crossing, crossroads クロースィング, クロースロウヅ
こうざ **口座** kouza	**계좌**(計座) †ケジュワ	bank account バンク アカウント
〜番号	**계좌번호**(計座番号) †ケジュワボノ	number of *one's* account ナンバ オヴ ア カウント
こうざ **講座** kouza	**강좌**＊ †カンジュワ	chair, lecture チェア, レクチャ
こうさい(する) **交際(する)** kousai (suru)	**교제**＊(하다) †キョジェ(ハダ)	friendship; associate with フレンドシプ, アソウシエイト ウィズ

日	韓	英
こうさく **工作** kousaku	**공작*** †コンジャク	handicraft ハンディクラフト
～機械(工作機械)	**공작기계**(工作機械) †コンジャクキゲ	machine tool マシーン トゥール
こうさん(する) **降参(する)** kousan (suru)	**항복**(降伏)(**하다**) ハンボク(ハダ)	surrender サレンダ
こうざん **鉱山** kouzan	**광산**(鉱山) †クヮンサン	mine マイン
こうし **講師** koushi	**강사*** †カンサ	lecturer, instructor レクチャラ, インストラクタ
こうじ **工事** kouji	**공사*** †コンサ	work, construction ワーク, コンストラクション
こうしき **公式** koushiki	**공식*** †コンシク	formula フォーミュラ
～の	**공식적**(公式的)**인, 공식**(公式) †コンシクチョギン, †コンシク	official, formal オフィシャル, フォーマル
こうじつ **口実** koujitsu	**구실*** †クシル	pretext, excuse プリーテクスト, イクス キューズ
こうしゃ **校舎** kousha	**교사*** †キョサ	schoolhouse スクールハウス
こうしゅう **公衆** koushuu	**공중*** †コンジュン	public パブリク
～電話(公衆電話)	**공중전화**(公衆電話) †コンジュンジョンファ	pay phone ペイ フォウン
こうしゅう **講習** koushuu	**강습*** †カンスプ	course コース
こうじゅつ(する) **口述(する)** koujutsu (suru)	**구술***(**하다**) †クスル(ハダ)	dictation; dictate ディクテイション, ディクテ イト

日	韓	英
こうじょ（する） **控除（する）** koujo (suru)	**공제*（하다）** †コンジェ（ハダ）	deduction; deduct ディ**ダ**クション, ディ**ダ**クト
こうしょう（する） **交渉（する）** koushou (suru)	**교섭*（하다）** †キョソプ（ハダ）	negotiations; ne-gotiate ニゴウシ**エ**イションズ, ニ**ゴ**ウシエイト
こうじょう **工場** koujou	**공장*** †コンジャン	factory, plant **ファ**クトリ, **プ**ラント
こうしょうな **高尚な** koushouna	**고상*한** †コサンハン	noble, refined **ノ**ウブル, リ**ファ**インド
ごうじょうな **強情な** goujouna	**고집（固執）이 센** †コジビ セン	obstinate **ア**プスティネト
こうしょきょうふしょう **高所恐怖症** koushokyoufushou	**고소공포증*** †コソゴンポッチュン	acrophobia アクロ**フォ**ウビア
こうしん（する） **行進（する）** koushin (suru)	**행진*（하다）** ヘンジン（ハダ）	march, parade **マ**ーチ, パ**レ**イド
こうしんりょう **香辛料** koushinryou	**향신료*** ヒャンシンニョ	spice ス**パ**イス
こうすい **香水** kousui	**향수*** ヒャンス	perfume パー**フュ**ーム
こうずい **洪水** kouzui	**홍수*** ホンス	flood フ**ラ**ド
こうせい **構成** kousei	**구성*** †クソン	composition カンポ**ズィ**ション
〜する	**구성*하다** †クソンハダ	compose コン**ポ**ウズ
ごうせい（する） **合成（する）** gousei (suru)	**합성*（하다）** ハプソン（ハダ）	synthesis ス**ィ**ンセスィス

日	韓	英
～樹脂	합성*수지 (樹脂) ハプッソンスジ	synthetic resin スィンセティク レズィン
こうせいな 公正な kouseina	공정*한 †コンジョンハン	just, fair ヂャスト, フェア
こうせいぶっしつ 抗生物質 kouseibusshitsu	항생물질* ハンセンムルッチル	antibiotic アンティバイアティク
こうせん 光線 kousen	광선* †クヮンソン	ray, beam レイ, ビーム
こうぜんと 公然と kouzento	공공연 (公公然)하게 †コンゴンヨンハゲ	openly, publicly オウプンリ, パブリクリ
こうそ(する) 控訴(する) kouso (suru)	공소*(하다) †コンソ(ハダ)	appeal アピール
こうそう 構想 kousou	구상* †クサン	plan, conception プラン, コンセプション
こうぞう 構造 kouzou	구조* †クジョ	structure ストラクチャ
こうそうびる 高層ビル kousoubiru	고층 빌딩 †コチュン †ビルディン	high rise, sky-scraper ハイ ライズ, スカイスクレイパ
こうそく 高速 kousoku	고속* †コソク	high speed ハイ スピード
～道路	고속도로 (高速道路) †コソクトロ	expressway, high-way イクスプレスウェイ, ハイウェイ
こうたい(する) 交替[代](する) koutai (suru)	교대 (交代)(하다), 교체 (交替)(하다) †キョデ(ハダ), †キョチェ(ハダ)	shift; take turns シフト, テイク ターンズ
こうたいし 皇太子 koutaishi	황태자*, 왕태자 (王太子) ファンテジャ, ウァンテジャ	Crown Prince クラウン プリンス

日	韓	英
こうだいな **広大な** koudaina	광대*한 †クァンデハン	vast, immense **ヴァ**スト, イ**メ**ンス
こうたく **光沢** koutaku	광택* †クァンテク	luster, gloss **ラ**スタ, グ**ロ**ス
こうちゃ **紅茶** koucha	홍차* ホンチャ	tea **ティ**ー
こうちょう **校長** kouchou	교장* †キョジャン	principal プ**リ**ンスィパル
こうちょうな **好調な** kouchouna	순조(順調)로운 スンジョロウン	in good condition イン **グ**ド コン**ディ**ション
こうつう **交通** koutsuu	교통* †キョトン	traffic ト**ラ**フィク
〜規制	교통* 규제(規制) †キョトン †キュジェ	traffic regulations ト**ラ**フィク レギュレ**イ**ションズ
〜事故	교통사고(交通事故) †キョトンサゴ	traffic accident ト**ラ**フィク ア**ク**スィデント
〜標識	교통* 표지(標識) †キョトン ピョジ	traffic sign ト**ラ**フィク **サ**イン
こうてい **皇帝** koutei	황제* ファンジェ	emperor **エ**ンペラ
こうてい(する) **肯定(する)** koutei (suru)	긍정*(하다) †クンジョン(ハダ)	affirmation; affirm アファーメ**イ**ション, ア**ファ**ーム
こうてき(な) **公的(な)** kouteki (na)	공적*(인) †コンチョク(イン)	official, public オ**フィ**シャル, **パ**ブリク
こうてつ **鋼鉄** koutetsu	강철* †カンチョル	steel ス**ティ**ール
こうてんする **好転する** koutensuru	호전*되다 ホジョンドェダ	turn for the better **タ**ーン フォ ザ **ベ**ター

日	韓	英
こうど **高度** koudo	**고도*** †コド	altitude アルティテュード
こうとう **高等** koutou	**고등*** †コドゥン	high ハイ
〜学校	**고등학교**(高等学校) †コドゥンハッキョ	high school ハイ スクール
〜裁判所	**고등법원**(高等法院) †コドゥンボブォン	high court ハイ コート
こうとう **口頭** koutou	**구두*** †クドゥ	oral, verbal オーラル, ヴァーバル
こうとう(する) **高騰(する)** koutou (suru)	**앙등**(昂騰)(**하다**), **고등***(**하다**) アンドゥン(ハダ), †コドゥン(ハダ)	sudden rise; jump サドン ライズ, チャンプ
こうどう **講堂** koudou	**강당*** †カンダン	hall, auditorium ホール, オーディトーリアム
こうどう(する) **行動(する)** koudou (suru)	**행동***(**하다**) ヘンドン(ハダ)	action, conduct; act アクション, カンダクト, アクト
ごうとう **強盗** goutou	**강도*** †カンド	robber, burglar ラバ, バーグラ
ごうどう **合同** goudou	**합동*** ハプトン	union, combination ユーニョン, カンビネイション
こうどく **購読** koudoku	**구독*** †クドク	subscription サブスクリプション
〜料	**구독료**(購読料) †クドンニョ	subscription サブスクリプション
こうないえん **口内炎** kounaien	**구내염*** †クネヨム	stomatitis ストウマタイティス

日	韓	英
こうぶんしょ **公文書** koubunsho	공문서* †コンムンソ	official document オフィシャル ダキュメント
こうへいな **公平な** kouheina	공평＊한 †コンピョンハン	fair, impartial フェア, インパーシャル
ごうべんじぎょう **合弁事業** goubenjigyou	합작(合作) 투자(投資) 사업 (事業) ハプチャク トゥジャ サオプ	joint venture チョイント ヴェンチャ
こうほ **候補** kouho	후보* フボ	candidature キャンディダチャ
〜者	후보자(候補者) フボジャ	candidate キャンディデイト
こうぼ **酵母** koubo	효모* ヒョモ	yeast, leaven イースト, レヴン
こうほう **広報** kouhou	홍보(弘報) ホンボ	public information パブリック インフォメイション
〜活動	홍보(弘報) 활동(活動) ホンボ ファルットン	public relations パブリック リレイションズ
ごうほう(てきな) **合法(的な)** gouhou (tekina)	합법＊(적(的)인 ハプポプ(ジョギン)	lawfulness; legal ローフルネス, リーガル
ごうまんな **傲慢な** goumanna	거만(倨慢)한, 오만*한 †コマンハン, オマンハン	haughty ホーティ
こうみゃく **鉱脈** koumyaku	광맥* †クヮンメク	vein (of ore) ヴェイン (オヴ オー)
こうみょうな **巧妙な** koumyouna	교묘＊한 †キョミョハン	skillful, dexterous スキルフル, デクストラス
こうむ **公務** koumu	공무* †コンム	official duties オフィシャル デューティズ
〜員	공무원(公務員) †コンムウォン	public official パブリック オフィシャル

日	韓	英
こうにゅう(する) **購入(する)** kounyuu (suru)	**구입***(**하다**) †クイプ(ハダ)	purchase; buy パーチェス, バイ
こうにん **後任** kounin	**후임*** フイム	successor サクセサ
こうにん(の) **公認(の)** kounin (no)	**공인***(**의**) †コンイン(エ)	official, approved オフィシャル, アプルーヴド
こうはい **後輩** kouhai	**후배*** フベ	junior チューニア
こうばい **勾配** koubai	**경사**(傾斜), **비탈** †キョンサ, †ピタル	slope, incline スロウプ, インクライン
こうばしい **香ばしい** koubashii	**고소하다**, **향기**(香気)**롭다** †コソハダ, ヒャンギロプタ	fragrant フレイグラント
こうはん **後半** kouhan	**후반*** フバン	latter half ラタ ハフ
こうばん **交番** kouban	**파출소**(派出所) パチュルッソ	police box ポリース ボクス
こうひょう **好評** kouhyou	**호평*** ホピョン	popularity パピュラリティ
こうふくな **幸福な** koufukuna	**행복*****한** ヘンボカン	happy ハピ
こうぶつ **好物** koubutsu	**좋아하는 음식**(飲食) †チョアハヌン ウムシク	favorite food フェイヴァリト フード
こうぶつ **鉱物** koubutsu	**광물*** †クヮンムル	mineral ミネラル
こうふん(する) **興奮(する)** koufun (suru)	**흥분***(**하다**) フンブン(ハダ)	excitement; excite イクサイトメント, イクサイト
こうぶん **構文** koubun	**구문*** †クムン	construction コンストラクション

日	韓	英
こうむる **被る** koumuru	**입다, 받다** イプタ, †パッタ	suffer, receive **サ**ファ, リ**ス**ィーヴ
こうもく **項目** koumoku	**항목**＊ ハンモク	item, clause **ア**イテム, ク**ロ**ーヴ
こうもん **肛門** koumon	**항문**＊ ハンムン	anus **エ**イナス
こうや **荒野** kouya	**황야**＊ ファンヤ	wilds **ワ**イルヅ
こうよう **紅葉** kouyou	**단풍**(丹楓) †タンプン	red leaves **レ**ド **リ**ーヴズ
こうようじゅ **広葉樹** kouyouju	**광엽수**＊ †クヮンヨプス	broadleaf tree ブ**ロ**ードリーフ ト**リ**ー
こうらく **行楽** kouraku	**행락**＊ ヘンナク	excursion イクス**カ**ージョン
～客	**행락객**(行楽客) ヘンナクケク	tourist **トゥ**アリスト
ごうり(てきな) **合理(的な)** gouri (tekina)	**합리**＊(**적**(的)**인**) ハムニ(ジョギン)	rationality; rational ラショ**ナ**リティ, **ラ**ショナル
～化	**합리화**(合理化) ハムニファ	rationalization ラショナリ**ゼ**イション
こうりつ **効率** kouritsu	**효율**＊ ヒョユル	efficiency イ**フィ**シェンスィ
～的な	**효율적**(効率的)**인** ヒョユルッチョギン	efficient イ**フィ**シェント
こうりゅう(する) **交流(する)** kouryuu (suru)	**교류**＊(**하다**) †キョリュ(ハダ)	exchange イクス**チェ**インヂ

日	韓	英
ごうりゅう(する) **合流(する)** gouryuu (suru)	**합류**∗ ハムニュ	confluence; confluent **カ**ンフルーエンス, **カ**ンフルーエント
こうりょ(する) **考慮(する)** kouryo (suru)	**고려**∗(**하다**) †コリョ(ハダ)	consideration, consider コンスィ**ダ**レイション, コン**スィ**ダ
こうりょく **効力** kouryoku	**효력**∗ ヒョリョク	effect, efficacy イ**フェ**クト, **エ**フィカスィ
こうれい **高齢** kourei	**고령**∗ †コリョン	advanced age アド**ヴァ**ンスト **エ**イヂ
～化社会	**고령화**(高齢化)**사회**(社会) †コリョンファ サフェ	aging society **エ**イヂング ソ**サ**イエティ
こうろう **功労** kourou	**공로**∗ †コンノ	merits **メ**リツ
こえ **声** koe	**소리** ソリ	voice **ヴォ**イス
こえる **超[越]える** koeru	**넘다, 초월**(超越)**하다** ノムッタ, チョウォルハダ	exceed, pass イク**スィ**ード, **パ**ス
こーち **コーチ** koochi	**코치** コチ	coach **コ**ウチ
こーと **コート** (上着) kooto	**코트** コトゥ	coat **コ**ウト
(球技の)	**코트** コトゥ	court **コ**ート
こーひー **コーヒー** koohii	**커피** コピ	coffee **コ**ーフィ
～店	**커피숍** コピショプ	coffee shop **コ**ーフィ **シャ**プ

日	韓	英
こーら **コーラ** koora	**콜라** コルラ	cola **コ**ウラ
こーらす **コーラス** koorasu	**코러스** コロス	chorus **コ**ーラス
こおり **氷** koori	**얼음** オルム	ice **ア**イス
こおる **凍る** kooru	**얼다** オルダ	freeze フリーズ
ごーる **ゴール** gooru	**골** †コル	goal **ゴ**ウル
〜キーパー	**골키퍼** †コルキポ	goalkeeper **ゴ**ウルキーパ
こがい **戸外** kogai	**집밖** †チプパク	outdoors アウト**ド**ーズ
ごかい(する) **誤解(する)** gokai (suru)	**오해***(**하다**) オヘ(ハダ)	misunderstanding; misunderstand ミスアンダス**タ**ンディング, ミスアンダス**タ**ンド
こがいしゃ **子会社** kogaisha	**자회사*** †チャフェサ	subsidiary サブ**スィ**ディエリ
こかいん **コカイン** kokain	**코카인** コカイン	cocaine コウ**ケ**イン
ごがく **語学** gogaku	**어학*** オハク	language study **ラ**ングウィヂ ス**タ**ディ
ごかくけい **五角形** gokakukei	**오각형*** オガキョン	pentagon **ペ**ンタガン
こかげ **木陰** kokage	**나무 그늘** ナム †ク**ヌ**ル	shade of a tree **シェ**イド オヴ ア ト**リ**ー

日	韓	英
こがす **焦がす** kogasu	**태우다** テウダ	burn, scorch バーン, スコーチ
こがたの **小型の** kogatano	**소형*의** ソヒョンエ	small, compact スモール, コンパクト
ごがつ **五月** gogatsu	**오월*** オウォル	May メイ
ごかん **五感** gokan	**오감*** オガム	five senses ファイヴ センセズ
ごかんせい **互換性** gokansei	**호환성*** ホファンソン	compatibility コンパティビリティ
～のある	**호환 가능**(互換可能)**한** ホファン †カヌンハン	compatible コンパティブル
こぎって **小切手** kogitte	**수표**(手票) スピョ	check チェク
ごきぶり **ゴキブリ** gokiburi	**바퀴벌레** †パクィボルレ	cockroach カクロウチ
こきゃく **顧客** kokyaku	**고객*** †コゲク	customer, client カスタマ, クライエント
こきゅう(する) **呼吸(する)** kokyuu (suru)	**호흡***(**하다**) ホフプ(ハダ)	respiration; breathe レスピレイション, ブリーズ
こきょう **故郷** kokyou	**고향*** †コヒャン	home ホウム
こぐ **漕ぐ** kogu	**배를 젓다, 페달을 밟다** †ペルル †チョッタ, ペダルル †パプタ	row ロウ
ごく **語句** goku	**어구*** オグ	words ワーヅ
こくえい **国営** kokuei	**국영*** †クギョン	state-operated ステイト アペレイテド

日	韓	英
こくがい **国外** kokugai	**국외**＊ †クグェ	abroad アブロード
こくぎ **国技** kokugi	**국기**＊ †クッキ	national sport ナショナル スポート
こくさい **国際** kokusai	**국제**＊ †ククチェ	international インタナショナル
～結婚	**국제**＊ **결혼**(結婚) †ククチェギョルホン	mixed marriage ミクスト マリヂ
～線	**국제선**(国際線) †ククチェソン	international air-line インタナショナル エアライン
～電話	**국제**＊ **전화**(電話) †ククチェジョンファ	overseas telephone call オウヴァスィーズ テレフォウン コール
～法	**국제법**(国際法) †ククチェポプ	international law インタナショナル ロー
こくさん **国産** kokusan	**국산**＊ †ククサン	domestic ドメスティク
こくせき **国籍** kokuseki	**국적**＊ †ククチョク	nationality ナショナリティ
こくそ(する) **告訴(する)** kokuso (suru)	**고소**＊(**하다**) †コソ(ハダ)	accusation, complaint アキュゼイション, コンプレイント
こくち(する) **告知(する)** kokuchi (suru)	**고지**＊(**하다**) †コジ(ハダ)	notice; notify ノウティス, ノウティファイ
こくど **国土** kokudo	**국토**＊ †ククト	national land ナショナル ランド
こくどう **国道** kokudou	**국도**＊ †ククト	national road ナショナル ロウド

日	韓	英
こくない **国内** kokunai	**국내*** †クンネ	domestic ドメスティク
〜線	**국내선**(国内線) †クンネソン	domestic airline service ドメスティク エアライン サーヴィス
こくはく(する) **告白(する)** kokuhaku (suru)	**고백***(**하다**) †コベク(ハダ)	confession; confess コンフェション, コンフェス
こくはつ(する) **告発(する)** kokuhatsu (suru)	**고발***(**하다**) †コバル(ハダ)	accusation; accuse アキュゼイション, アキューズ
こくばん **黒板** kokuban	**칠판**(漆板) チルパン	blackboard ブラクボード
こくふくする **克服する** kokufukusuru	**극복***(**하다**) †ククポク(ハダ)	conquer, overcome カンカ, オウヴァカム
こくべつしき **告別式** kokubetsushiki	**영결식**(永訣式) ヨンギョルシク	farewell service フェアウェル サーヴィス
こくほう **国宝** kokuhou	**국보*** †ククポ	national treasure ナショナル トレジャ
こくぼう **国防** kokubou	**국방*** †ククパン	national defense ナショナル ディフェンス
こくみん **国民** kokumin	**국민*** †クンミン	nation, people ネイション, ピープル
こくもつ **穀物** kokumotsu	**곡물*** †コンムル	grain, cereals グレイン, スィアリアルズ
こくゆうの **国有の** kokuyuuno	**국유***의 †クギュエ	national ナショナル
こくりつ **国立** kokuritsu	**국립*** †クンニプ	national, state ナショナル, ステイト

日	韓	英
こくれん **国連** kokuren	유엔 ユエン	UN **ユー**エン
こけい **固形** kokei	고형* †コヒョン	solid **サ**リド
こげる **焦げる** kogeru	타다, 눋다 タダ, ヌッタ	burn **バ**ーン
ここ **ここ** koko	여기, 이곳 ヨギ, イゴッ	here, this place **ヒ**ア, **ズィ**ス プ**レ**イス
こご **古語** kogo	고어* †コオ	archaic word アー**ケ**イイク **ワ**ード
ごご **午後** gogo	오후* オフ	afternoon アフタ**ヌ**ーン
ここあ **ココア** kokoa	코코아 ココア	cocoa **コ**ウコウ
こごえる **凍える** kogoeru	얼다, 시리다 オルダ, シリダ	freeze フ**リ**ーズ
ここちよい **心地よい** kokochiyoi	기분(気分)이 좋다 †キブニ †チョッタ	comfortable **カ**ンフォタブル
こごと **小言** kogoto	잔소리, 꾸중 †チャンソリ, ックジュン	scolding ス**コ**ウルディング
ここなつ **ココナツ** kokonatsu	코코넛 ココノッ	coconut **コ**ウコナト
こころ **心** kokoro	마음 マウム	mind, heart **マ**インド, **ハ**ート
(感情)	감정(感情) †カムジョン	feeling **フィ**ーリング
こころえる **心得る** kokoroeru	터득(攄得)하다, 이해(理解) 하다 トドゥカダ, イヘハダ	understand アンダス**タ**ンド

241

こ

日	韓	英
こころがける **心がける** kokorogakeru	주의(注意)하다, 명심(銘心)하다 †チュイハダ, ミョンシムハダ	bear in mind ベア イン マインド
こころがまえ **心構え** kokorogamae	마음의 준비(準備), 각오(覚悟) マウメ †チュンビ, †カゴ	preparation プレパレイション
こころざし **志** kokorozashi	뜻, 후의(厚意) ットゥッ, フイ	will, intention ウィル, インテンション
こころざす **志す** kokorozasu	뜻하다, 뜻을 두다 ットゥタダ, ットゥスル †トゥダ	intend, aim インテンド, エイム
こころぼそい **心細い** kokorobosoi	허전하다, 불안(不安)하다 ホジョンハダ, †プランハダ	forlorn フォローン
こころみる **試みる** kokoromiru	시도(試図)해 보다 シドヘ †ボダ	try, attempt トライ, アテンプト
こころよい **快い** kokoroyoi	상쾌(爽快)하다, 유쾌(愉快)하다 サンクェハダ, ユクェハダ	pleasant, agreeable プレザント, アグリーアブル
こころよく **快く** kokoroyoku	기꺼이 †キッコイ	with pleasure ウィズ プレジャ
こさめ **小雨** kosame	가랑비 †カランビ	light rain ライト レイン
ごさん **誤算** gosan	오산＊ オサン	miscalculation ミスキャルキュレイション
こし **腰** koshi	허리 ホリ	waist ウェイスト
こじ **孤児** koji	고아＊ †コア	orphan オーファン
こしかける **腰掛ける** koshikakeru	앉다 アンッタ	sit (down) スィト (ダウン)
こしつ **個室** koshitsu	독실(独室) †トクシル	private room プライヴェト ルーム

日	韓	英
こしつ(する) **固執(する)** koshitsu (suru)	**고집**＊(**하다**) †コジブ(ハダ)	persistence; persist パスィステンス, パスィスト
ごじつ **後日** gojitsu	**후일**＊ フイル	later, some day レイタ, サム デイ
こしっぷ **ゴシップ** goshippu	**고십** †コシプ	gossip ガスィプ
こしょう **故障** koshou	**고장**＊ †コジャン	breakdown, trouble ブレイクダウン, トラブル
～する	**고장**＊**이 나다** †コジャンイ ナダ	break down ブレイク ダウン
ごしょく **誤植** goshoku	**오식**＊ オシク	misprint ミスプリント
こしらえる **拵える** koshiraeru	**만들다** マンドゥルダ	make メイク
こじん **個人** kojin	**개인**＊ †ケイン	individual インディヴィデュアル
～的な	**개인적**(個人的)**인** †ケインジョギン	individual, personal インディヴィデュアル, パーソナル
こす **越[超]す** kosu	**넘다, 넘기다** ノムッタ, ノムギダ	exceed, pass イクスィード, パス
こすと **コスト** kosuto	**코스트** コストゥ	cost コースト
こする **擦る** kosuru	**문지르다, 비비다** ムンジルダ, †ピビダ	rub ラブ
こせい **個性** kosei	**개성**＊ †ケソン	personality パーソナリティ

日	韓	英
~的な	개성적(個性的)인 †ケソンジョギン	unique ユーニーク
こせき **戸籍** koseki	호적* ホジョク	family register **ファミリ** レ**ヂ**スタ
こぜに **小銭** kozeni	잔돈 †チャンドン	change **チェ**インヂ
~入れ	동전 지갑(銅銭紙匣) †トンジョン †チガプ	coin purse **コ**イン パース
ごぜん **午前** gozen	오전* オジョン	morning **モー**ニング
こたい **固体** kotai	고체* †コチェ	solid **サ**リド
こだい **古代** kodai	고대* †コデ	ancient **エ**インシェント
こたえ **答え** kotae	대답(対答) †テダプ	answer, reply **アン**サ, リプ**ラ**イ
(解答)	해답(解答) ヘダプ	solution ソ**ルー**ション
こたえる **応える** kotaeru	응(応)하다 ウンハダ	respond リス**パ**ンド
(報いる)	보답(報答)하다 †ポダパダ	meet **ミー**ト
こたえる **答える** kotaeru	대답(対答)하다, 답(答)하다 †テダパダ, †タパダ	answer, reply **アン**サ, リプ**ラ**イ
こだわる **こだわる** kodawaru	구애(拘礙)받다, 집착(執着) 하다 †クエパッタ, †チプチャカダ	(be) particular about (ビ) パ**ティ**キュラ アバウト
ごちそう **御馳走** gochisou	한턱, 대접(待接) ハントク, †テジョプ	feast **フィー**スト

日	韓	英
～する	한턱 내다, 쏘다 ハントク ネダ, ッソダ	treat *one* to a feast トリート トゥ ア **フィ**ースト
こちょう（する） **誇張（する）** kochou (suru)	과장＊（하다） †クヮジャン（ハダ）	exaggeration, ex- aggerate イグ**ザ**ヂャ**レ**イション, イグ **ザ**ヂャレイト
こちら **こちら** kochira	이쪽, 여기 イッチョク, ヨギ	this way, here **ズィ**ス **ウェ**イ, **ヒ**ア
こつ **こつ** kotsu	비결（秘訣）, 요령（要領） †ピギョル, ヨリョン	knack **ナ**ク
こっか **国家** kokka	국가＊ †クッカ	state **ス**テイト
～元首	국가＊ 원수（元首） †クッカ ウォンス	sovereign **サ**ヴレン
こっか **国歌** kokka	국가＊ †クッカ	national anthem **ナ**ショナル **ア**ンセム
こっかい **国会** kokkai	국회＊ †ククェ	Diet **ダ**イエト
こづかい **小遣い** kozukai	용돈 ヨンットン	pocket money **パ**ケト **マ**ニ
こっかく **骨格** kokkaku	골격＊ †コルギョク	frame, build **フレ**イム, **ビ**ルド
こっき **国旗** kokki	국기＊ †クッキ	national flag **ナ**ショナル **フラ**グ
こっきょう **国境** kokkyou	국경＊ †クッキョン	frontier フラン**ティ**ア
こっく **コック** kokku	요리사（料理師） ヨリサ	cook **ク**ク

日	韓	英
こっこう **国交** kokkou	**국교*** †クッキョ	diplomatic relations ディプロマティク リレイションズ
ごつごつした **ごつごつした** gotsugotsushita	**울퉁불퉁한** ウルトゥンプルトゥンハン	rugged ラゲド
こつずい **骨髄** kotsuzui	**골수*** †コルッス	marrow マロウ
こっせつ **骨折** kossetsu	**골절*** †コルッチョル	fracture フラクチャ
こっそり **こっそり** kossori	**살짝, 몰래** サルッチャク, モルレ	quietly, in secret クワイエトリ, イン スィークレト
こっとうひん **骨董品** kottouhin	**골동품*** †コルットンプム	curio, antique キュアリオウ, アンティーク
こっぷ **コップ** koppu	**컵** コプ	glass グラス
こてい(する) **固定(する)** kotei (suru)	**고정***(**하다**) †コジョン(ハダ)	fix フィクス
こてん **古典** koten	**고전*** †コジョン	classic クラスィク
～的な	**고전적**(古典的)**인** †コジョンジョギン	classic クラスィク
～文学	**고전**(古典) **문학**(文学) †コジョン ムンハク	classical literature クラスィカル リタラチャ
ごと **毎** goto	**매***, **마다** メ, マダ	every, each エヴリ, イーチ
こどう(する) **鼓動(する)** kodou (suru)	**고동***(**치다**) †コドン(チダ)	beat, pulsation ビート, パルセイション

日	韓	英
こどく(な) **孤独(な)** kodoku (na)	**고독***(한) †コドク(ハン)	solitude; solitary **サ**リテュード, **サ**リテリ
ことし **今年** kotoshi	**올해** オルヘ	this year **ズィ**ス **イ**ア
ことづけ **言付け** kotozuke	**전언**(伝言)**, 전갈**(伝喝) †チョノン, †チョンガル	message **メ**スィヂ
ことなる **異なる** kotonaru	**다르다** †タルダ	differ from **ディ**ファ フラム
ことば **言葉** kotoba	**말** マル	speech ス**ピー**チ
(言語)	**언어**(言語) オノ	language **ラ**ングウィヂ
(語)	**단어**(単語) †タノ	word **ワ**ード
こども **子供** kodomo	**아이, 어린이** アイ, オリニ	child **チャ**イルド
ことわざ **諺** kotowaza	**속담**(俗談) ソクタム	proverb プ**ラ**ヴァーブ
ことわる **断る** kotowaru	**거절**(拒絶)**하다** †コジョルハダ	refuse レ**フュー**ズ
(辞退する)	**사퇴**(辞退)**하다** サテハダ	decline ディク**ラ**イン
こな **粉** kona	**가루** †カル	powder **パ**ウダ
こなごなに **粉々に** konagonani	**산산**(散散)**이** サンサニ	to pieces トゥ **ピー**セズ
こね **コネ** kone	**연고**(縁故) ヨンゴ	connections コ**ネ**クションズ

日	韓	英
こねこ **子猫** koneko	새끼고양이 セッキゴヤンイ	kitty **キ**ティ
こねる **捏ねる** koneru	반죽하다 †パンジュカダ	knead ニード
この **この** kono	이 イ	this, these **ズ**ィス, **ズ**ィーズ
このあいだ **この間** konoaida	일전(日前)에, 요전에 イルッチョネ, ヨジョネ	other day **ア**ザ **デ**イ
このごろ **この頃** konogoro	요즈음, 이맘때 ヨジュウム, イマムッテ	now, these days **ナ**ウ, **ズ**ィーズ **デ**イズ
このまえ **この前** konomae	일전(日前)에 イルジョネ	last time **ラ**スト **タ**イム
このましい **好ましい** konomashii	바람직하다 †パラムジカダ	desirable ディ**ザ**イアラブル
(感じのいい)	호감(好感)이 가다 ホガミ †カダ	agreeable ア**グ**リーアブル
(よりよい)	낫다 ナッタ	preferable プ**レ**ファラブル
このみ **好み** konomi	기호(嗜好), 취향(趣向) †キホ, チュィヒャン	taste **テ**イスト
このむ **好む** konomu	좋아하다, 즐기다 †チョアハダ, †チュルギダ	like, (be) fond of **ラ**イク, (ビ) **フォ**ンド オヴ
こばむ **拒む** kobamu	거부(拒否)하다, 거절(拒絶)하다 †コブハダ, †コジョルハダ	refuse レ**フュ**ーズ
ごはん **ご飯** gohan	밥 †パプ	rice **ラ**イス
(食事)	식사(食事) シクサ	meal **ミ**ール

249

日	韓	英
こぴー（する） **コピー（する）** kopii (suru)	**복사**（複写）**（하다）** †ポクサ（ハダ）	photocopy, copy **フォ**ウトカピ, **カ**ピ
こひつじ **子羊** kohitsuji	**새끼양** セッキャン	lamb **ラ**ム
こぶし **拳** kobushi	**주먹** †チュモク	fist **フィ**スト
こぶん **子分** kobun	**졸개** †チョルゲ	follower **ファ**ロウア
こぼす **零す** kobosu	**흘리다，엎지르다** フルリダ, オプチルダ	spill **ス**ピル
（不平を）	**불평**（不平）**하다，투덜대다** †プルピョンハダ, トゥドゥルデダ	complain コン**プレ**イン
こぼれる **零れる** koboreru	**넘치다** ノムチダ	fall, drop, spill **フォ**ール, **ド**ラプ, スピル
こま **独楽** koma	**팽이** ペンイ	top **タ**プ
ごま **胡麻** goma	**깨** ッケ	sesame **セ**サミ
〜油	**참기름** チャムギルム	sesame oil **セ**サミ **オ**イル
こまーしゃる **コマーシャル** komaasharu	**선전**（宣伝）**，광고**（広告） ソンジョン, †クヮンゴ	advertisement アドヴァ**タ**イズメント
こまかい **細かい** komakai	**잘다，작다** †チャルダ, †チャクタ	small, fine ス**モ**ール, **ファ**イン
（詳細）	**상세**（詳細）**하다** サンセハダ	detailed ディ**テ**イルド
（金銭に）	**인색**（吝嗇）**하다** インセカダ	stingy ス**ティ**ンヂ

こ

日	韓	英
ごまかす **誤魔化す** gomakasu	속이다, 기만(欺瞞)하다 ソギダ, †キマンハダ	cheat, swindle **チ**ート, ス**ウィ**ンドル
こまく **鼓膜** komaku	고막* †コマク	eardrum **イ**アドラム
こまらせる **困らせる** komaraseru	난처(難処)하게 하다 ナンチョハゲ ハダ	embarrass, annoy インバラス, アノイ
こまる **困る** komaru	곤란(困難)하다, 어려움을 겪다 †コルランハダ, オリョウムル †キョクタ	have trouble ハヴ トラブル
ごみ **ごみ** gomi	쓰레기 ッスレギ	dust, refuse **ダ**スト, レ**フュ**ース
〜箱	쓰레기통 ッスレギトン	trash can ト**ラ**シュ **キャ**ン
こみゅにけーしょん **コミュニケーション** komyunikeeshon	커뮤니케이션 コミュニケイション	communication コミュー二**ケ**イション
こむ **込[混]む** komu	붐비다, 혼잡(混雑)하다 †プムビダ, ホンジャパダ	(be) jammed (ビ) **ヂャ**ムド
ごむ **ゴム** gomu	고무 †コム	rubber **ラ**バ
こむぎ **小麦** komugi	밀 ミル	wheat (ホ)**ウィ**ート
〜粉	밀가루 ミルッカル	flour フ**ラ**ウア
こめ **米** kome	쌀 ッサル	rice **ラ**イス
こめかみ **こめかみ** komekami	관자(貫子)놀이 †クワンジャノリ	temples **テ**ンプルズ
こめでぃ **コメディ** komedi	코미디 コミディ	comedy **カ**メディ

日	韓	英
こめんと **コメント** komento	코멘트 コメントゥ	comment カメント
こもじ **小文字** komoji	소문자* ソムンッチャ	small letter スモール レタ
こもん **顧問** komon	고문* †コムン	adviser, counselor アドヴァイザ, カウンセラ
こや **小屋** koya	오두막집 オドゥマクチプ	hut, shed ハト, シェド
ごやく **誤訳** goyaku	오역* オヨク	mistranslation; mistranslate ミストランスレイション, ミストランスレイト
こゆうの **固有の** koyuuno	고유*의 †コユエ	peculiar to ピキューリア トゥ
こゆび **小指** koyubi	새끼손가락 セッキソンッカラク	the little finger リトル フィンガ
こよう(する) **雇用(する)** koyou (suru)	고용*(하다) †コヨン(ハダ)	employment; employ インプロイメント, インプロイ
こらえる **堪える** koraeru	참다, 견디다 チャムッタ, †キョンディダ	bear, endure ベア, インデュア
ごらく **娯楽** goraku	오락* オラク	amusement アミューズメント
こらむ **コラム** koramu	컬럼 コルロム	column カラム
こらむにすと **コラムニスト** koramunisuto	컬럼니스트 コルロムニストゥ	columnist カラムニスト
こりつ(する) **孤立(する)** koritsu (suru)	고립*(되다) †コリプ(トェダ)	isolation; (be) isolated アイソレイション, (ビ) アイソレイテド

日	韓	英
ごりら **ゴリラ** gorira	**고릴라** †コリルラ	gorilla ゴリラ
こりる **懲りる** koriru	**넌더리 나다, 질리다** ノンドリ ナダ, †チルリダ	have had enough of ハヴ ハド イナフ オヴ
こる **凝る** koru	**열중(熱中)하다** ヨルチュンハダ	(be) absorbed in (ビ) アブソープド イン
(肩などが)	**뻐근하다** ッポグンハダ	grow stiff グロウ スティフ
これ **これ** kore	**이것** イゴッ	this ズィス
これから **これから** korekara	**지금(只今)부터, 앞으로** †チグムブット, アプロ	from now on フラム ナウ オン
ころがる **転がる** (倒れる) korogaru	**넘어지다** ノモジダ	fall フォール
こわがる **恐[怖]がる** kowagaru	**무서워하다** ムソウォハダ	fear, (be) afraid フィア, (ビ) アフレイド
こわす **壊す** kowasu	**부수다, 파괴(破壊)하다** †プスダ, パグェハダ	break, destroy ブレイク, ディストロイ
こわれる **壊れる** kowareru	**부서지다, 파괴(破壊)되다** †プソジダ, パグェドェダ	break, (be) broken ブレイク, (ビ) ブロウクン
こん **紺** kon	**남색(藍色), 감색(紺色)** ナムセク, †カムセク	dark blue ダーク ブルー
こんかい **今回** konkai	**이번(에)** イボン(エ)	this time ズィス タイム
こんき **根気** konki	**끈기** ックンギ	perseverance パースィヴィアランス
こんきょ **根拠** konkyo	**근거*** †クンゴ	ground グラウンド

日	韓	英
こんくーる **コンクール** konkuuru	**콩쿠르** コンクル	contest **カ**ンテスト
こんくりーと **コンクリート** konkuriito	**콘크리트** コンクリトゥ	concrete **カ**ンクリート
こんげつ **今月** kongetsu	**이달**(에), **이번 달**(에) イダル(エ), イボン ッタル(エ)	this month **ズィ**ス **マ**ンス
こんご **今後** kongo	**앞으로** アプロ	from now on フラム **ナ**ウ **オ**ン
こんごう(する) **混合(する)** kongou (suru)	**혼합**＊(**하다**) ホンハプ(ハダ)	mixture; mix **ミ**クスチャ, **ミ**クス
こんさーと **コンサート** konsaato	**콘서트** コンソトゥ	concert **カ**ンサト
こんざつ(する) **混雑(する)** konzatsu (suru)	**혼잡**＊(**하다**) ホンジャプ(ハダ)	congestion; (be) congested コン**チェ**スチョン, (ビ) コン **チェ**ステド
こんさるたんと **コンサルタント** konsarutanto	**컨설턴트** コンソルトントゥ	consultant コン**サ**ルタント
こんしゅう **今週** konshuu	**이번 주**(週)(에) イボン ッチュ(エ)	this week **ズィ**ス **ウィ**ーク
こんじょう **根性** konjou	**근성**＊ †クンソン	nature **ネ**イチャ
(気力)	**기력**(気力) †キリョク	spirit, grit **ス**ピリト, **グ**リト
こんすたんとな **コンスタントな** konsutantona	**일정**(一定)**한**, **한결같은** イルッチョンハン, ハンギョルガトゥン	constant **カ**ンスタント
こんせい **混成** konsei	**혼성**＊ ホンソン	mixed **ミ**クスト

日	韓	英
こんぜつ(する) **根絶(する)** konzetsu (suru)	**근절**＊(**하다**) †クンジョル(ハダ)	eradication; eradicate イラディ**ケイ**ション, イラディケイト
こんせぷと **コンセプト** konseputo	**콘셉트** コンセプトゥ	concept **カン**セプト
こんせんと **コンセント** konsento	**콘센트** コンセントゥ	outlet **ア**ウトレト
こんそめ **コンソメ** konsome	**콩소메** コンソメ	consommé コンソ**メ**イ
こんたくと **コンタクト** kontakuto	**콘택트** コンテクトゥ	contact **カ**ンタクト
〜レンズ	**콘택트 렌즈** コンテクトゥ レンジュ	contact lenses **カ**ンタクト **レ**ンゼズ
こんだん **懇談** kondan	**간담**＊ †カンダム	familiar talk ファ**ミ**リャ **ト**ーク
〜会	**간담회**(懇談会) †カンダムフェ	round-table conference **ラ**ウンドテイブル **カ**ンファレンス
こんちゅう **昆虫** konchuu	**곤충**＊ †コンチュン	insect **イ**ンセクト
こんでぃしょん **コンディション** kondishon	**컨디션** コンディション	condition コン**ディ**ション
こんてすと **コンテスト** kontesuto	**콘테스트** コンテストゥ	contest **コ**ンテスト
こんてな **コンテナ** kontena	**컨테이너** コンテイノ	container コン**テ**イナ
こんど **今度** kondo	**이번**(**에**) イボン(エ)	this time ズィス **タ**イム

日	韓	英
こんどう(する) **混同(する)** kondou (suru)	**혼동*(하다)** ホンドン(ハダ)	confusion; confuse コン**フュ**ージョン, コン**フュ**ーズ
こんどーむ **コンドーム** kondoomu	**콘돔** コンドム	condom **カ**ンドム
こんどみにあむ **コンドミニアム** kondominiamu	**콘도미니엄, 콘도** コンドミニオム, コンド	condominium コンド**ミ**ニアム
こんとらすと **コントラスト** kontorasuto	**콘트라스트** コントゥラストゥ	contrast **カ**ントラスト
こんとらばす **コントラバス** kontorabasu	**콘트라베이스** コントゥラベイス	contrabass **カ**ントラベイス
こんとろーる(する) **コントロール(する)** kontorooru (suru)	**컨트롤(하다)** コントゥロル(ハダ)	control コント**ロ**ウル
こんとん **混沌** konton	**혼돈*** ホンドン	chaos **ケ**イアス
こんな **こんな** konna	**이런, 이러한** イロン, イロハン	such **サ**チ
こんなん **困難** konnan	**곤란*, 어려움** †コルラン, オリョウム	difficulty **ディ**フィカルティ
こんにち **今日** konnichi	**오늘, 오늘날** オヌル, オヌルラル	today トゥ**デ**イ
こんぱくと(な) **コンパクト(な)** konpakuto (na)	**콤팩트(한)** コムペクトゥ(ハン)	compact コン**パ**クト
こんばん **今晩** konban	**오늘 밤(에)** オヌル †パム(エ)	this evening **ズィ**ス **イ**ーヴニング
こんび **コンビ** konbi	**콤비** コムビ	combination, partner コンビ**ネ**イション, **パ**ートナ
こんびに **コンビニ** konbini	**편의점(便宜店)** ピョニジョム	convenience store コン**ヴィ**ーニェンス ス**ト**ー

日	韓	英
こんびねーしょん **コンビネーション** konbineeshon	콤비네이션 コムビネイション	combination コンビ**ネ**イション
こんぴゅーた **コンピュータ** konpyuuta	컴퓨터 コムピュト	computer コン**ピュ**ータ
こんぶ **昆布** konbu	다시마 †タシマ	kelp, tangle **ケ**ルプ, **タ**ングル
こんぷれっくす **コンプレックス** konpurekkusu	콤플렉스 コムプルレクス	complex **カ**ンプレクス
こんぽう(する) **梱包(する)** konpou (suru)	짐을 싸다, 짐을 꾸리다 †チムル ッサダ, †チムル ックリダ	packing; pack up **パ**キング, **パ**ッ ク **ア**プ
こんぽん **根本** konpon	근본* †クンボン	foundation ファウン**デ**イション
こんや **今夜** kon-ya	오늘 밤(에) オヌル †パム(エ)	this evening, to- night **ズ**ィス **イ**ーヴニング, トゥ **ナ**イト
こんやく **婚約** kon-yaku	약혼(約婚) ヤコン	engagement イン**ゲ**イヂメント
〜する	약혼(約婚)하다 ヤコンハダ	get engaged to ゲト イン**ゲ**イヂド トゥ
〜指輪	약혼반지(約婚半指) ヤコンバンジ	engagement ring イン**ゲ**イヂメント **リ**ング
こんらん(する) **混乱(する)** konran (suru)	혼란*(하다) ホルラン(ハダ)	confusion; get confused コン**フュ**ージョン, ゲト コ ン**フュ**ーズド
こんれい **婚礼** konrei	혼례* ホルレ	wedding **ウェ**ディング
こんわく **困惑** konwaku	곤혹*, 난처(難処)함 †コンホク, ナンチョハム	embarrassment イン**バ**ラスメント

日	韓	英

さ, サ

^さ
差
sa
— 차*, 차이(差異)
チャ, チャイ
— difference
ディファレンス

^{さいがい}
災害
saigai
— 재해
†チェヘ
— disaster, accident
ディ**ザ**スター, **ア**クスィデント

^{さいくつ(する)}
採掘(する)
saikutsu (suru)
— 채굴*(하다)
チェグル(ハダ)
— mining; mine
マイニング, **マ**イン

^{さいくりんぐ}
サイクリング
saikuringu
— 사이클링
サイクルリン
— cycling
サイクリング

^{さいけつ(する)}
採血(する)
saiketsu (suru)
— 채혈*(하다)
チェヒョル(ハダ)
— drawing blood; draw blood
ドローイング ブ**ラ**ド, ド**ロー** ブ**ラ**ド

^{さいけつ(する)}
採決(する)
saiketsu (suru)
— 채결*(하다)
チェギョル(ハダ)
— vote
ヴォウト

^{さいげつ}
歳月
saigetsu
— 세월*
セウォル
— time
タイム

^{さいけん}
債券
saiken
— 채권*
チェックォン
— debenture, bond
ディ**ベ**ンチャ, **バ**ンド

^{ざいげん}
財源
zaigen
— 재원*
†チェウォン
— funds
ファンヅ

^{さいけんとう(する)}
再検討(する)
saikentou (suru)
— 재검토*(하다)
†チェゴムト(ハダ)
— reexamination; re-examine
リーイグザミ**ネ**イション, リーイグ**ザ**ミン

^{さいご}
最期
saigo
— 임종(臨終)
イムジョン
— death, last moment
デス, **ラ**スト **モ**ウメント

^{さいご}
最後
saigo
— 최후*
チュエフ
— last, end
ラスト, **エ**ンド

日	韓	英
～の	최후*(의) チュエフ(エ)	last, final ラスト, ファイナル
ざいこ 在庫 zaiko	재고* †チェゴ	stocks スタクス
さいこう 最高 saikou	최고* チュエゴ	supremacy, maxi-mum シュプレマスィ, マクスィマム
～裁判所	대법원(大法院) †テボプォン	Supreme Court シュプリーム コート
さいこん(する) 再婚(する) saikon (suru)	재혼*(하다) †チェホン(ハダ)	remarriage; remar-ry リマリヂ, リーマリ
さいさん 採算 saisan	채산* チェサン	profit, gain プラフィト, ゲイン
ざいさん 財産 zaisan	재산* †チェサン	estate, fortune イステイト, フォーチュン
さいじつ 祭日 saijitsu	경축일(慶祝日) †キョンチュギル	national holiday ナショナル ホリデイ
ざいしつ 材質 zaishitsu	재질* †チェジル	quality of the ma-terial クワリティ オヴ ザ マティアリアル
さいしゅう 最終 saishuu	최종* チュエジョン	last ラスト
さいしゅう(する) 採集(する) saishuu (suru)	채집*(하다) チェジプ(ハダ)	collection; collect カレクション, カレクト
さいしょ(の) 最初(の) saisho (no)	최초*(의) チュエチョ(エ)	first, initial ファースト, イニシャル
さいしょう(の) 最小(の) saishou (no)	최소*(의) チュエソ(エ)	least リースト

日	韓	英
～公倍数	최소* 공배수 (公倍数) チュエソ †コンベス	least common multiple リースト コモン マルティプル
さいじょう(の) **最上(の)** saijou (no)	최상*(의) チュエサン(エ)	best ベスト
さいしょうげん **最小限** saishougen	최소한* チュエソハン	minimum ミニマム
さいしょくしゅぎしゃ **菜食主義者** saishokushugisha	채식주의자* チェシクチュイジャ	vegetarian ヴェヂテアリアン
さいしん(の) **最新(の)** saishin (no)	최신*(의) チュエシン(エ)	latest, up-to-date レイティスト, アプトゥデイト
さいしん(の) **細心(の)** saishin (no)	세심*(한) セシム(ハン)	careful, prudent ケアフル, プルーデント
さいず **サイズ** saizu	사이즈 サイジュ	size サイズ
さいせい(する) **再生(する)** saisei (suru)	재생*(하다) †チェセン(ハダ)	rebirth; regenerate リーバース, リヂェナレイト
(録音物の)	재생*(하다) †チェセン(ハダ)	playback; play back プレイバク, プレイ バク
ざいせい **財政** zaisei	재정* †チェジョン	finances フィナンセズ
さいせいき **最盛期** saiseiki	전성기(全盛期) †チョンソンギ	prime プライム
さいぜん **最善** saizen	최선* チュエソン	best ベスト
さいぜんせん **最前線** saizensen	최전선* チュエジョンソン	front フラント

日	韓	英
さいそく(する) **催促(する)** saisoku (suru)	**재촉(하다)** †チェチョク(ハダ)	demand; press ディマンド, プレス
さいだい **最大** saidai	**최대*** チュエデ	maximum マクスィマム
～公約数	**최대*** **공약수**(公約数) チュエデ †コンヤクス	greatest common measure グレイテスト カモン メジャ
さいだいげん **最大限** saidaigen	**최대한*** チュエデハン	maximum マクスィマム
さいたく(する) **採択(する)** saitaku (suru)	**채택***(**하다**) チェテク(ハダ)	adoption, choice アダプション, チョイス
ざいだん **財団** zaidan	**재단*** †チェダン	foundation ファウンデイション
さいちゅう(に) **最中(に)** saichuu (ni)	**한창(인 때)** ハンチャン(イン ッテ)	in the midst of イン ザ ミドスト オヴ
さいてい **最低** saitei	**최저*** チュエジョ	minimum ミニマム
さいてき **最適** saiteki	**최적*** チュエジョク	most suitable モウスト スータブル
さいてん(する) **採点(する)** saiten (suru)	**채점***(**하다**) チェッチョム(ハダ)	marking; mark マーキング, マーク
さいと **サイト** saito	**사이트** サイトゥ	site サイト
さいど **再度** saido	**재차**(再次) †チェチャ	again アゲイン
さいど **サイド** saido	**사이드** サイドゥ	side サイド

日	韓	英
さいなん **災難** sainan	**재난*** †チェナン	misfortune, calamity ミスフォーチュン, カラミティ
さいにゅう **歳入** sainyuu	**세입*** セイプ	annual revenue アニュアル レヴェニュー
さいのう **才能** sainou	**재능*** †チェヌン	talent, ability タレント, アビリティ
さいばい(する) **栽培(する)** saibai (suru)	**재배***(**하다**) †チェベ(ハダ)	cultivation; cultivate カルティヴェイション, カルティヴェイト
さいはつ(する) **再発(する)** saihatsu (suru)	**재발***(**하다**) †チェバル(ハダ)	relapse; recur リラプス, リカー
さいばん(する) **裁判(する)** saiban (suru)	**재판***(**하다**) †チェパン(ハダ)	justice, trial チャスティス, トライアル
～官	**법관**(法官) †ポプクヮン	judge, court チャヂ, コート
～所	**재판소**(裁判所) †チェパンソ	court of justice コート オヴ チャスティス
さいふ **財布** saifu	**지갑**(紙匣) †チガプ	purse, wallet パース, ワレト
さいへん(する) **再編(する)** saihen (suru)	**재편***(**하다**) †チェピョン(ハダ)	reorganization; reorganize リオーガニゼイシャン, リオーガナイズ
さいほう **裁縫** saihou	**재봉***(**하다**) †チェボン(ハダ)	needlework ニードルワーク
さいぼう **細胞** saibou	**세포*** セポ	cell セル
さいみんじゅつ **催眠術** saiminjutsu	**최면술*** チュエミョンスル	hypnotism ヒプノティズム

日	韓	英
さいむ **債務** saimu	**채무***, **빚** チェム , ↑ピッ	debt デト
ざいむ **財務** zaimu	**재무*** ↑チェム	financial affairs フィ**ナ**ンシャル ア**フェ**アズ
ざいもく **材木** zaimoku	**재목*** ↑チェモク	wood, lumber **ウ**ド, **ラ**ンバ
さいよう(する) **採用(する)** saiyou (suru)	**채용***(**하다**) チェヨン(ハダ)	adoption; adopt ア**ダ**プション, ア**ダ**プト
ざいりゅう(する) **在留(する)** zairyuu (suru)	**재류***(**하다**) ↑チェリュ(ハダ)	residence, stay **レ**ズィデンス, ス**テ**イ
さいりょう **裁量** sairyou	**재량*** ↑チェリャン	judgment **ヂャ**ヂメント
さいりょう(の) **最良(の)** sairyou (no)	**가장 좋은** ↑カジャン ↑チョウン	best **ベ**スト
さいりよう(する) **再利用(する)** sairiyou (suru)	**재활용**(**再活用**)(**하다**) ↑チェファリョン(ハダ)	reuse リ**ユ**ーズ
ざいりょう **材料** zairyou	**재료*** ↑チェリョ	materials マ**ティ**アリアルズ
ざいりょく **財力** zairyoku	**재력*** ↑チェリョク	financial power フィ**ナ**ンシャル **パ**ウア
さいれん **サイレン** sairen	**사이렌** サイレン	siren **サ**イアレン
さいわい **幸い** saiwai	**다행**(**多幸**) ↑タヘン	happiness **ハ**ピネス
さいん(する) **サイン(する)** sain (suru)	**사인**(**하다**) サイン(ハダ)	signature; sign ス**ィ**グナチャ, **サ**イン
さうな **サウナ** sauna	**사우나** サウナ	sauna **サ**ウナ

日	韓	英
さえぎる **遮る** saegiru	**차단(遮斷)하다, 가리다** チャダンハダ, †カリダ	interrupt, obstruct インタラプト, オブストラクト
さえる **冴える** saeru	**맑고 깨끗하다, 뛰어나다** マルッコ ッケックタダ, ットゥィオナダ	(be) bright (ビ) ブライト
さか **坂** saka	**비탈길, 고개** †ピタルッキル, †コゲ	slope, hill スロウプ, ヒル
さかい **境** sakai	**경계(境界)** †キョンゲ	boundary, border バウンダリ, ボーダ
さかえる **栄える** sakaeru	**번영(繁榮)하다** †ポニョンハダ	prosper プラスパ
さがく **差額** sagaku	**차액*** チャエク	difference ディファレンス
さがしだす **探し出す** sagashidasu	**찾아내다** チャジャネダ	find ファインド
さがす **捜[探]す** sagasu	**찾다** チャッタ	seek for, look for スィーク フォ, ルク フォ
(調べる)	**조사(調査)하다, 찾다** †チョサハダ, チャッタ	look up, look out ルク アプ, ルク アウト
さかずき **杯** sakazuki	**술잔** スルッチャン	cup, glass カプ, グラス
さかだち **逆立ち** sakadachi	**물구나무서기** ムルグナムソギ	handstand ハンドスタンド
さかな **魚** sakana	**물고기, 생선(生鮮)** ムルッコギ, センソン	fish フィシュ
さかのぼる **遡る** sakanoboru	**거슬러 올라가다** †コスルロ オルラガダ	go up ゴウ アプ
さかや **酒屋** sakaya	**술가게** スルカゲ	liquor store リカ ストー

日	韓	英
さからう **逆らう** sakarau	거역(拒逆)하다, 거스르다 †コヨカダ, †コスルダ	oppose, go against オ**ポ**ウズ, **ゴ**ウ ア**ゲ**ンスト
さかり **盛り** sakari	한창 때 ハンチャン ッテ	height **ハ**イト
（人生）	한창 때 ハンチャン ッテ	prime プ**ラ**イム
さがる **下がる** sagaru	내려가다, 내리다 ネリョガダ, ネリダ	fall, drop **フォ**ール, ド**ラ**プ
さかん(な) **盛ん(な)** sakan (na)	왕성(旺盛)(한), 활발(活発) (한) ワンソンハン, ファルバルハン	prosperous プ**ラ**スペラス
さき **先** saki	앞, 끝 アプ, ックッ	point, tip **ポ**イント, **ティ**プ
（未来）	장래(将来), 미래(未来) †チャンネ, ミレ	future **フュ**ーチャ
さぎ **詐欺** sagi	사기* サギ	fraud フ**ロ**ード
〜師	사기*꾼 サギックン	swindler ス**ウィ**ンドラ
さきおととい **一昨昨日** sakiototoi	엊그제, 엊그저께 オックジェ, オックジョッケ	three days ago ス**リ**ー **デ**イズ ア**ゴ**ウ
さきそふぉん **サキソフォン** sakisofon	색소폰 セクソポン	saxophone **サ**クソフォウン
さきほど **先ほど** sakihodo	아까, 조금 전(前)에 アッカ, †チョグム †チョネ	a little while ago ア **リ**トル (ホ)**ワ**イル ア**ゴ**ウ
さきものとりひき **先物取引** sakimonotorihiki	선물(先物) 거래(去来) ソンムル †コレ	futures trading **フュ**ーチャズ ト**レ**イディン グ
さきゅう **砂丘** sakyuu	사구* サグ	dune **デュ**ーン

日	韓	英
さぎょう(する) **作業(する)** sagyou (suru)	**작업***(하다) †チャゴプ(ハダ)	work, operations ワーク, アペレイションズ
～服	**작업복**(作業服) †チャゴプポク	overalls オウヴァロールズ
さく **裂く** saku	**찢다** ッチッタ	rend, tear, sever レンド, テア, セヴァ
さく **割く** saku	**가르다, 쪼개다** †カルダ, ッチョゲダ	spare スペア
さく **咲く** saku	**(꽃이) 피다** (ッコチ) ピダ	bloom, come out ブルーム, カム アウト
さく **柵** saku	**울타리** ウルタリ	fence フェンス
さくいん **索引** sakuin	**색인*** セギン	index インデクス
さくげん(する) **削減(する)** sakugen (suru)	**삭감***(하다) サクカム(ハダ)	reduction, cut; reduce リダクション, カト, リデュース
さくし **作詞** sakushi	**작사*** †チャクサ	writing the lyrics ライティング ザ リリクス
さくじつ **昨日** sakujitsu	**어제** オジェ	yesterday イェスタデイ
さくしゃ **作者** (本の) sakusha	**작자***, 만든 사람 †チャクチャ, マンドゥン サラム	writer, author ライタ, オーサ
さくしゅ(する) **搾取(する)** sakushu (suru)	**착취***(하다) チャクチュイ(ハダ)	exploitation; squeeze エクスプロイテイション, スクウィーズ
さくじょ(する) **削除(する)** sakujo (suru)	**삭제***(하다) サクチェ(ハダ)	deletion; delete デリーション, ディリート

日	韓	英
さくせい（する） **作成（する）** sakusei (suru)	작성*（하다） †チャクソン（ハダ）	draw up, make out ドロー アプ, メイク アウト
さくせん **作戦** sakusen	작전* †チャクチョン	operations アペレイションズ
さくねん **昨年** sakunen	작년*（에） †チャンニョン（エ）	last year ラスト イア
さくばん **昨晩** sakuban	어젯밤（에） オジェッパム（エ）	last night ラスト ナイト
さくひん **作品** sakuhin	작품* †チャクプム	work, piece ワーク, ピース
さくぶん（する） **作文（する）** sakubun (suru)	작문*（하다） †チャンムン（ハダ）	composition; compose カンポ**ズィ**ション, コン**ポウ**ズ
さくもつ **作物** sakumotsu	작물* †チャンムル	crops クラプス
さくや **昨夜** sakuya	어젯밤（에） オジェッパム（エ）	last night ラスト ナイト
さくら **桜** sakura	벚나무 †ポンナム	cherry tree チェリ トリー
（花）	벚꽃 †ポッコッ	cherry blossoms チェリ ブラソムズ
さくらんぼ **桜桃** sakuranbo	체리, 버찌 チェリ, †ポッチ	cherry チェリ
さくりゃく **策略** sakuryaku	책략* チェンニャク	plan, plot プラン, プラト
さぐる **探る** saguru	더듬다, 살피다, 뒤지다 †トドゥムッタ, サルピダ, †トゥィジダ	search, look for サーチ, ルク フォ

日	韓	英
さけ **鮭** sake	연어 (鰱魚) ヨノ	salmon **サ**モン
さけ **酒** sake	술 スル	*sake*, alcohol **サ**キー, **ア**ルコホール
～を飲む	술을 마시다 スルル マシダ	drink ド**リ**ンク
さけぶ **叫ぶ** sakebu	외치다, 부르짖다 ウェチダ, †プルジッタ	shout, cry **シャ**ウト, ク**ラ**イ
さ.ける **避ける** sakeru	피 (避)하다 ピハダ	avoid ア**ヴォ**イド
さ.ける **裂ける** sakeru	찢어지다, 갈라지다 ッチジョジダ, †カルラジダ	split スプ**リ**ト
さ.げる **下げる** sageru	낮추다, 숙이다 ナチュダ, スギダ	lower, drop **ラ**ウア, ド**ラ**プ
ささ **笹** sasa	조릿대 †チョリッテ	bamboo grass バンブー グ**ラ**ス
ささい(な) **些細(な)** sasai (na)	사소 (些少)(한) サソ(ハン)	trifling, trivial ト**ラ**イフリング, ト**リ**ヴィアル
ささ.える **支える** sasaeru	버티다, 떠받치다 †ポティダ, ットパチダ	support, maintain サ**ポ**ート, メイン**テ**イン
ささ.げる **捧げる** (奉仕) sasageru	바치다 †パチダ	devote *oneself* to ディ**ヴォ**ウト トゥ
ささや.く **囁く** sasayaku	속삭이다 ソクサギダ	whisper (ホ)**ウィ**スパ
さ.さる **刺さる** sasaru	찔리다, 꽂히다 ッチルリダ, ッコチダ	stick ス**ティ**ク
さしあ.げる **差し上げる** (高く掲げる) sashiageru	들어올리다 †トゥロオルリダ	lift up, raise **リ**フト **ア**プ, **レ**イズ

日	韓	英
（献上する）	**드리다** †トゥリダ	give, present ギヴ, プリゼント
さしえ **挿絵** sashie	**삽화**（挿画） サプァ	illustration イラスト**レ**イション
さしこむ **差し込む** sashikomu	**끼워 넣다** ッキウォ ノタ	insert イン**サ**ート
さしず（する） **指図（する）** sashizu (suru)	**지시**（指示）**（하다）** †チシ（ハダ）	direction; direct, instruct ディ**レ**クション, ディ**レ**クト, インスト**ラ**クト
さしだしにん **差出人** sashidashinin	**발신인**（発信人）, **발송인**（発送 人） †パルッシニン, †パルッソンイン	sender, remitter **セ**ンダ, リ**ミ**タ
さしひく **差し引く** sashihiku	**빼다, 공제**（控除）**하다** ッペダ, †コンジェハダ	deduct from ディ**ダ**クト フラム
さしみ **刺し身** sashimi	**생선회**（生鮮膾） センソンフェ	*sashimi* サ**シ**ーミ
ざしょう（する） **座礁（する）** zashou (suru)	**좌초**（坐礁）**（하다）** †チュウチョ（ハダ）	striking a rock スト**ラ**イキング ア **ロ**ク
さす **差す** sasu	**들어오다, 비치다** トゥロオダ, †ピチダ	insert イン**サ**ート
さす **刺す** sasu	**찌르다, 꽂다** ッチルダ, ッコッタ	pierce, stab **ピ**アス, ス**タ**ブ
さす **指す** sasu	**가리키다** †カリキダ	point to **ポ**イント トゥ
さす **射す** sasu	**쏘다** ッソダ	shine in **シャ**イン イン
さずける **授ける** sazukeru	**내리다, 수여**（授与）**하다** ネリダ, スヨハダ	give, grant ギヴ, グ**ラ**ント

日	韓	英
（伝授）	전수（伝授）하다 †チョンスハダ	induct インダクト
さすらう **流離う** sasurau	유랑（流浪）하다, 방랑（放浪） 하다 ユランハダ, †パンナンハダ	wander ワンダ
さする **擦る** sasuru	쓰다듬다, 문지르다 ッスダドゥムッタ, ムンジルダ	rub ラブ
ざせき **座席** zaseki	좌석* †チュワソク	seat スィート
させつ（する） **左折（する）** sasetsu (suru)	좌회전（左回転）（하다） †チュワフェジョン（ハダ）	left turn; turn left レフト **ターン**, **ターン** レフト
ざせつ（する） **挫折（する）** zasetsu (suru)	좌절*（하다） †チュワジョル（ハダ）	failure; (be) frus- trated **フェ**イリュア, (ビ) フ**ラ**スト レイテド
させる **させる** saseru	시키다 シキダ	make *a person do* メイク
さそい **誘い** sasoi	권유（勧誘）, 초대（招待） †クォニュ, チョデ	invitation インヴィ**テ**イション
（誘惑）	유혹（誘惑） ユホク	temptation テンプ**テ**イション
さそう **誘う** sasou	권유（勧誘）하다, 초대（招待） 하다, 꾀다 †クォニュハダ, チョデハダ, ックェダ	invite インヴァイト
（誘惑）	유혹（誘惑）하다 ユホカダ	tempt テンプト
さそりざ **さそり座** sasoriza	전갈（全蠍）자리 †チョンガルジャリ	Scorpion; Scorpio ス**コ**ーピアン, ス**コ**ーピオウ
さだめる **定める** sadameru	정*하다, 결정（決定）하다 †チョンハダ, †キョルッチョンハダ	decide on, fix ディ**サ**イド オン, **フ**ィクス

日	韓	英
さち **幸** sachi	**행복**(幸福)**, 다복**(多福) ヘンボク, †タボク	happiness ハピネス
さつ **冊** satsu	**권**(巻) †クォン	volume, copy ヴァリュム, カピ
さつ **札** satsu	**지폐**(紙幣) †チペ	bill, paper money ビル, ペイパ マニ
～入れ	**지갑**(紙匣) †チガプ	wallet ワレト
ざつ(な) **雑(な)** zatsu (na)	**엉성**(한)**, 조잡**(粗雑)(한) オンソン(ハン), †チョジャプ(ハン)	rough, rude ラフ, ルード
さつえい(する) **撮影(する)** satsuei (suru)	**촬영***(하다) チュワリョン(ハダ)	photographing; photograph フォウトグラフィング, フォ ウトグラフ
ざつおん **雑音** zatsuon	**잡음*** †チャブム	noise ノイズ
さっか **作家** (本の) sakka	**작가*** †チャクカ	writer, author ライタ, オーサ
さっかー **サッカー** sakkaa	**축구**(蹴球) チュクク	soccer, football サカ, フトボール
さっかく **錯覚** sakkaku	**착각*** チャクカク	illusion イルージョン
ざっかや **雑貨屋** zakkaya	**잡화점**(雑貨店) †チャブファジョム	variety store ヴァライエティ ストー
さっき **さっき** sakki	**아까, 조금 전**(前)(에) アッカ, †チョグム †チョン(エ)	(just) now (ヂャスト) ナウ
さっきょく(する) **作曲(する)** sakkyoku (suru)	**작곡***(하다) †チャクコク(ハダ)	composition; com- pose カンポズィション, コンポウ ズ

日	韓	英
さっきん(する) **殺菌(する)** sakkin (suru)	**살균** * **(하다)** サルギュン(ハダ)	sterilization; steril-ize ステリリ**ゼイ**ション, **ス**テリライズ
さっさと **さっさと** sassato	**빨리빨리, 서둘러** ッパルリッパルラン, ソドゥルロ	quickly, promptly ク**ウィ**クリ, プ**ラ**ンプトリ
ざっし **雑誌** zasshi	**잡지** * †チャプチ	magazine マガ**ズィ**ーン
ざっしゅ **雑種** zasshu	**잡종** * †チャプチョン	crossbreed, hybrid ク**ロ**ースブリード, **ハ**イブリド
さつじん **殺人** satsujin	**살인** * サリン	homicide, murder **ハ**ミサイド, **マ**ーダ
〜犯	**살인범**(殺人犯) サリンボム	homicide, murder-er **ハ**ミサイド, **マ**ーダラ
さっする **察する** sassuru	**헤아리다** ヘアリダ	guess, imagine **ゲ**ス, イ**マ**デン
ざっそう **雑草** zassou	**잡초** * †チャプチョ	weeds **ウィ**ーヅ
さっそく **早速** sassoku	**빨리, 조속** *히 ッパルリ, †チョソキ	immediately イ**ミ**ーディエトリ
ざつだん **雑談** zatsudan	**잡담** * †チャプタム	gossip, chat **ガ**スィプ, **チャ**ト
〜する	**잡담** *하다 †チャプタムハダ	chat **チャ**ト
さっちゅうざい **殺虫剤** sacchuuzai	**살충제** * サルチュンジェ	insecticide イン**セ**クティサイド
さっとう(する) **殺到(する)** sattou (suru)	**쇄도** *(**하다**) スェド(ハダ)	rush **ラ**シュ

日	韓	英
ざっとう **雑踏** zattou	**혼잡**(混雑) ホンジャプ	congestion コンチェスチョン
さつまいも **薩摩芋** satsumaimo	**고구마** †コグマ	sweet potato スウィート ポテイトウ
ざつむ **雑務** zatsumu	**잡무*** †チャムム	small jobs スモール ヂャブズ
さてい(する) **査定(する)** satei (suru)	**사정***(하다) サジョン(ハダ)	assessment; assess アセスメント, アセス
さといも **里芋** satoimo	**토란**(土卵) トラン	taro ターロウ
さとう **砂糖** satou	**설탕**(雪糖) ソルタン	sugar シュガ
さどう **茶道** sadou	**다도*** †タド	tea ceremony ティー セレモウニ
さとる **悟る** satoru	**깨닫다, 간파**(看破)**하다** ッケダッタ, †カンパハダ	realize, notice リーアライズ, ノウティス
さは **左派** saha	**좌파*** †チュウパ	the left wing ザ レフト ウィング
さば **鯖** saba	**고등어** †コドゥンオ	mackerel マクレル
さばいばる **サバイバル** sabaibaru	**서바이벌** ソバイボル	survival サヴァイヴァル
さばく **砂漠** sabaku	**사막*** サマク	desert デザト
さび **錆** sabi	**녹**(緑) ノク	rust ラスト
さびしい **寂しい** sabishii	**쓸쓸하다, 적막**(寂寞)**하다** ッスルッスルハダ, †チョンマカダ	lonely, desolate ロウンリ, デソレト

日	韓	英
さびる **錆びる** sabiru	녹슬다 ノクスルダ	rust **ラ**スト
さふぁいあ **サファイア** safaia	사파이어 サパイオ	sapphire **サ**ファイア
ざぶとん **座布団** zabuton	방석(方席) †パンソク	cushion **ク**ション
さべつ(する) **差別(する)** sabetsu (suru)	차별*(하다) チャビョル(ハダ)	discrimination; discriminate ディスクリ**ミ**ネイション, ディスク**リ**ミネイト
さほう **作法** sahou	예의범절(礼儀凡節) イェエボムジョル	manners **マ**ナズ
さぽーたー **サポーター** (サッカーなどの) sapootaa	서포터 ソポト	supporter サ**ポ**ータ
(関節などの)	서포터 ソポト	supporter サ**ポ**ータ
さぼる **サボる** saboru	게으름 피우다, 빼먹다 †ケウルム ピウダ, ッペモクタ	(be) idle (ビ) **ア**イドル
さまざま(な) **様々(な)** samazama (na)	다양(多様)(한) †タヤン(ハン)	various **ヴェ**アリアス
さます **冷ます** samasu	식히다 シキダ	cool **ク**ール
さまたげる **妨げる** samatageru	방해(妨害)**하다** †パンヘハダ	disturb ディス**タ**ーブ
さまよう **彷徨う** samayou	헤매다, 방황*하다 ヘメダ, †パンファンハダ	wander about **ワ**ンダ アバウト
さみっと **サミット** samitto	수뇌(首脳) 회담(会談) スノェ フェダム	summit **サ**ミト

日	韓	英
さむい **寒い** samui	**춥다** チュプタ	cold, chilly コウルド, **チ**リ
さむけ **寒気** samuke	**한기*** ハンギ	chill **チ**ル
～がする	**한기***가 들다 ハンギガ †トゥルダ	feel a chill フィール ア **チ**ル
さむさ **寒さ** samusa	**추위** チュウィ	cold コウルド
さめ **鮫** same	**상어** サンオ	shark **シャ**ーク
さめる **冷める** sameru	**식다** シクタ	cool (down) **ク**ール (**ダ**ウン)
さもないと **さもないと** samonaito	**그렇지 않으면** †クロチ アヌミョン	otherwise **ア**ザワイズ
さやいんげん **莢隠元** sayaingen	**꼬투리째 먹는 강낭콩** ッコトゥリッチェ モンヌン †カンナンコン	green bean グ**リ**ーン **ビ**ーン
ざやく **坐薬** zayaku	**좌약*** †チュワヤク	suppository サ**パ**ズィトーリ
さよう(する) **作用(する)** sayou (suru)	**작용***(**하다**) †チャギョン(ハダ)	action, function; act **ア**クション, **ファ**ンクション, **ア**クト
さら **皿** sara	**접시** †チョプシ	plate, dish プ**レ**イト, **ディ**シュ
さらいしゅう **再来週** saraishuu	**다음다음주** †タウムダウムジュ	week after next **ウィ**ーク アフタ **ネ**クスト
さらいねん **再来年** sarainen	**내후년**(来後年)(**에**) ネフニョン(エ)	year after next **イ**ア アフタ **ネ**クスト

日	韓	英
ざらざら(の) **ざらざら(の)** zarazara (no)	까칠까칠(한) ッカチルッカチル(ハン)	rough, coarse ラフ, コース
さらす **曝す** sarasu	(햇볕에) 쬐다, 바래다, 드러내다 (ヘッピョッチェ) ッチュェダ, †パレダ, †トゥロネダ	expose イクスポウズ
サラダ **サラダ** sarada	샐러드 セルロドゥ	salad サラド
さらに **更に** sarani	더욱 더, 나아가 †トウク †ト, ナアガ	still more, further スティル モー, ファーザ
さらりーまん **サラリーマン** sarariiman	샐러리맨 セルロリメン	office worker オーフィス ワーカ
さりげない **さりげない** sarigenai	아무렇지도 않은 듯한 アムロチド アヌン †トゥタン	natural, casual ナチュラル, キャジュアル
さる **猿** saru	원숭이 ウォンスンイ	monkey, ape マンキ, エイプ
さる **去る** saru	떠나다, 가다 ットナダ, †カダ	quit, leave クウィト, リーヴ
ざる **笊** zaru	소쿠리 ソクリ	bamboo basket バンブー バスケト
さるもねらきん **サルモネラ菌** sarumonerakin	살모넬라 균(菌) サルモネラ †キュン	salmonella (germs) サルモネラ (チャームズ)
さわがしい **騒がしい** sawagashii	시끄럽다, 떠들썩하다 シックロプタ, ットゥルッソカダ	noisy ノイズィ
さわぎ **騒ぎ** sawagi	소란(騷亂), 소동(騷動) ソラン, ソドン	noise, clamor ノイズ, クラマ
さわぐ **騒ぐ** sawagu	소란(騷亂)스럽게 굴다, 떠들다 ソランスロプケ, ットゥルダ	make a noise メイク ア ノイズ

さ

日	韓	英
さわやかな **爽やかな** sawayakana	**상쾌**(爽快)**한, 시원시원한** サンクェハン , シウォンシウォンハン	refreshing リフレシング
さわる **触る** sawaru	**만지다, 건드리다** マンジダ , †コンドゥリダ	touch, feel **タ**チ, **フィ**ール
さん **酸** san	**산*** サン	acid **ア**スィド
さんか(する) **参加(する)** sanka (suru)	**참가***(**하다**) チャムガ(ハダ)	participation; participate パーティスィ**ペ**イション, パー**ティ**スィペイト
〜者	**참가자**(参加者) チャムガジャ	participant パー**ティ**スィパント
ざんがい **残骸** zangai	**잔해*** †チャンヘ	remains, wreckage リ**メ**インズ, **レ**キヂ
さんかく **三角** sankaku	**삼각*** サムガク	triangle ト**ラ**イアングル
〜形	**삼각형**(三角形) サムガキョン	triangle ト**ラ**イアングル
ざんがく **残額** zangaku	**잔액*** †チャネク	remainder リ**メ**インダ
さんがつ **三月** sangatsu	**삼월*** サムォル	March **マ**ーチ
さんかん(する) **参観(する)** sankan (suru)	**참관***(**하다**) チャムグヮン(ハダ)	visit, inspection; inspect **ヴィ**ズィト, インス**ペ**クショ ン, インス**ペ**クト
さんきゃく **三脚** sankyaku	**삼각*** **받침대** サムガク †パッチムデ	tripod ト**ラ**イパド
ざんぎゃくな **残虐な** zangyakuna	**잔학***(**한**) †チャンハク(ハン)	atrocious, brutal アト**ロ**ウシャス, ブ**ルー**トル

日	韓	英
さんぎょう **産業** sangyou	**산업**＊ サノプ	industry **イ**ンダストリ
ざんぎょう(する) **残業(する)** zangyou (suru)	**잔업**＊(**하다**) †チャノプ(ハダ)	overtime work; work overtime **オ**ウヴァタイム **ワ**ーク, **ワ**ー ク **オ**ウヴァタイム
ざんきん **残金** zankin	**잔금**＊ †チャングム	balance, surplus **バ**ランス, **サ**ープラス
さんぐらす **サングラス** sangurasu	**선글라스** ソングルラス	sunglasses **サ**ングラセズ
ざんげ(する) **懺悔(する)** zange (suru)	**참회**＊(**하다**) チャムフェ(ハダ)	confession, repent- ance; confess コン**フェ**ション, リ**ペ**ンタン ス, コン**フェ**ス
さんご **珊瑚** sango	**산호**＊ サンホ	coral **カ**ラル
～礁	**산호초**(珊瑚礁) サンホチョ	coral reef **カ**ラル **リ**ーフ
さんこう **参考** sankou	**참고**＊ チャムゴ	reference **レ**ファレンス
ざんこく(な) **残酷(な)** zankoku (na)	**잔혹**＊(**한**) †チャンホク(ハン)	cruel, merciless; cruelty ク**ル**エル, **マ**ースィレス, ク **ル**エルティ
さんしゅつ(する) **算出(する)** sanshutsu (suru)	**산출**＊(**하다**) サンチュル(ハダ)	calculation; com- pute キャルキュ**レ**イション, コン **ピュ**ート
さんしょう(する) **参照(する)** sanshou (suru)	**참조**＊(**하다**) チャムジョ(ハダ)	reference; refer to **レ**ファレンス, リ**ファ**ートゥ
ざんしん(な) **斬新(な)** zanshin (na)	**참신**＊(**한**) チャムシン(ハン)	new, novel **ニュ**ー, **ナ**ヴェル
さんすう **算数** sansuu	**산수**＊ サンス	arithmetic ア**リ**スメティク

日	韓	英
さんする **産する** sansuru	낳다, 산출(産出)하다 ナタ, サンチュルハダ	produce プロ**デュ**ース
さんせい **酸性** sansei	산성* サンソン	acidity ア**ス**ィディティ
〜雨	산성*비 サンソンビ	acid rain **ア**スィド **レ**イン
さんせい（する） **賛成（する）** sansei（suru）	찬성*(하다) チャンソン(ハダ)	approval; approve of アプルーヴァル, アプルーヴ オヴ
さんそ **酸素** sanso	산소* サンソ	oxygen **ア**クスィヂェン
〜マスク	산소* 마스크 サンソ マスク	oxygen mask **ア**クスィヂェン **マ**スク
ざんだか **残高** zandaka	잔고* †チャンゴ	balance **バ**ランス
さんたくろーす **サンタクロース** santakuroosu	산타클로스 サンタクルロス	Santa Claus **サ**ンタ ク**ロ**ーズ
さんだる **サンダル** sandaru	샌들 センドゥル	sandals **サ**ンダルズ
さんち **産地** sanchi	산지* サンジ	place of production プ**レ**イス オヴ プロ**ダ**クション
さんちょう **山頂** sanchou	산꼭대기 サンッコクテギ	top of a mountain **タ**プ オヴ ア **マ**ウンテン
さんどいっち **サンドイッチ** sandoicchi	샌드위치 センドゥウィチ	sandwich **サ**ンドウィチ
ざんねんな **残念な** zannenna	유감(遺憾)(스러운) ユガム(スロウン)	regrettable リグ**レ**タブル

日	韓	英
さんばし **桟橋** sanbashi	**부두**(埠頭) †プドゥ	pier ピア
さんぱつ **散髪** sanpatsu	**이발**(理髪) イバル	haircut ヘアカト
さんび(する) **賛美(する)** sanbi (suru)	**찬미**(讃美)**(하다)** チャンミ(ハダ)	praise プレイズ
さんぴ **賛否** sanpi	**찬부**∗ チャンブ	yes or no **イェス** オー ノウ
さんふじんか **産婦人科** sanfujinka	**산부인과**∗ サンブインックヮ	obstetrics and gy- necology オブス**テ**トリクス アンド ガ イナ**カ**ロディ
～医	**산부인과**∗ **의사**(医師) サンブインックヮ ウィサ	obstetrician, gyne- cologist アブステト**リ**シャン, ガイネ **カ**ロジスト
さんぶつ **産物** sanbutsu	**산물**∗ サンムル	product, produce プ**ラ**ダクト, プロ**デュ**ース
さんぷる **サンプル** sanpuru	**샘플** セムプル	sample **サ**ンプル
さんぶん **散文** sanbun	**산문**∗ サンムン	prose プ**ロ**ウズ
さんぽ(する) **散歩(する)** sanpo (suru)	**산보**∗**(하다)** サンッポ(ハダ)	walk; take a walk **ウォ**ーク, **テ**イク ア **ウォ**ー ク
さんまんな **散漫な** sanmanna	**산만**∗**(한)** サンマン(ハン)	loose **ル**ース
さんみ **酸味** sanmi	**신맛** シンマッ	acidity ア**ス**ィディティ
さんみゃく **山脈** sanmyaku	**산맥**∗ サンメク	mountain range **マ**ウンテン **レ**インヂ

日	韓	英
さんらん（する） **産卵（する）** sanran (suru)	**산란***（**하다**） サルラン（ハダ）	lay eggs レイ **エ**グズ
さんりゅうの **三流の** sanryuuno	**삼류의** サムニュエ	third-class; third-rate サードクラス, **サード**レイト
さんれつ（する） **参列（する）** sanretsu (suru)	**참석**（参席）（**하다**） チャムソク（ハダ）	attendance; attend ア**テ**ンダンス, ア**テ**ンド

し, シ

日	韓	英
し **市** shi	**시*** シ	city, town ス**ィ**ティ, **タ**ウン
し **死** shi	**죽음** ↑チュグム	death **デ**ス
し **氏** shi	**씨*** ッシ	Mr. **ミ**スタ
し **詩** shi	**시*** シ	poetry, poem ポ**ウ**イトリ, ポ**ウ**イム
じ **字** ji	**글자, 필적**（筆跡） ↑クルッチャ, ピルッチョク	letter, character **レ**タ, **キャ**ラクタ
じ **時** ji	**시*** シ	hour, time ア**ウ**ア, **タ**イム
じ **痔** ji	**치질**（痔疾） チジル	piles, hemorrhoids **パ**イルズ, **ヘ**モロイヅ
しあい **試合** shiai	**시합*** シハプ	game, match **ゲ**イム, **マ**チ
しあがる **仕上がる** shiagaru	**끝나다, 완성**（完成）**되다** ックンナダ, ワンソンドェダ	(be) completed （ビ）コンプ**リ**ーテド
しあげる **仕上げる** shiageru	**끝내다, 완성**（完成）**하다** ックンネダ, ワンソンハダ	finish, complete **フィ**ニシュ, コンプ**リ**ート

日	韓	英
しあさって **明々後日** shiasatte	**글피** †クルピ	two days after to-morrow トゥー デイズ アフタ トモーロウ
しあわせ **幸せ** shiawase	**행복**(幸福) ヘンボク	happiness ハピネス
～な	**행복**(幸福)**한** ヘンボカン	happy, fortunate ハピ, **フォー**チュネト
じい **辞意** jii	**사의**＊ サイ	resignation レズィグ**ネ**イション
しいく(する) **飼育(する)** shiiku (suru)	**사육**＊(**하다**) サユク(ハダ)	breeding; raise ブリーディング, **レイ**ズ
じいしき **自意識** jiishiki	**자의식**＊ †チャウィシク	self-consciousness セルフ**カン**シャスネス
しーつ **シーツ** shiitsu	**시트** シトゥ	(bed) sheet (ベド) **シー**ト
しーでぃー **CD** shiidii	**시디** シディ	compact disk **カン**パクト **ディ**スク
しーと **シート** shiito	**시트** シトゥ	seat **スィー**ト
～ベルト	**안전**(安全)**벨트** アンジョンベルトゥ	seatbelt **スィー**トベルト
しーふーど **シーフード** shiifuudo	**해산물**(海産物) ヘサンムル	seafood **スィー**フード
しいる **強いる** shiiru	**강요**(強要)**하다** †カンヨハダ	force, compel **フォー**ス, コンペル
しーる **シール** shiiru	**실, 스티커** シル, スティコ	sticker **スティ**カ

日	韓	英
しいれ **仕入れ** shiire	**매입**(買入), **구입**(購入) メイプ, †クイナ	stocking スタキング
しいれる **仕入れる** shiireru	**사들이다, 구입**(購入)**하다** サドゥリダ, †クイパダ	stock スタク
しいん **子音** shiin	**자음**＊ †チャウム	consonant カンソナント
しーん **シーン** shiin	**신, 장면**(場面) シン, †チャンミョン	scene スィーン
じいん **寺院** jiin	**사원**＊, **절** サウォン, †チョル	Buddhist temple ブディスト テンプル
じーんず **ジーンズ** jiinzu	**진, 청바지** †チン, チョンパジ	jeans ヂーンズ
しうち **仕打ち** shiuchi	**처사**(処事), **소행**(所行) チョサ, ソヘン	treatment トリートメント
しえい **市営** shiei	**시영**＊ シヨン	municipal man- agement ミューニスィパル マニヂメ ント
じえい(する) **自衛(する)** jiei (suru)	**자위**＊**(하다)** †チャウィ (ハダ)	self-defense セルフディフェンス
～隊	**자위대**(自衛隊) †チャウィデ	Self-Defense Forc- es セルフディフェンス フォー セズ
しぇーばー **シェーバー** sheebaa	**면도기**(面刀器) ミョンドギ	shaver シェイヴァ
しぇーびんぐくりーむ **シェービング** **クリーム** sheebingukuriimu	**쉐이빙 크림** シェイビン クリム	shaving cream シェイヴィング クリーム
じぇすちゃー **ジェスチャー** jesuchaa	**제스처** †チェスチョ	gesture ヂェスチャ

日	韓	英
じぇっとき **ジェット機** jettoki	제트기(機) †チェトゥギ	jet plane **チェ**ト プレイン
しぇふ **シェフ** shefu	셰프 シェプ	chef **シェ**フ
しぇるたー **シェルター** sherutaa	피난(避難) 장소(場所) ピナン †チャンソ	shelter **シェ**ルタ
しえん(する) **支援(する)** shien (suru)	지원*(하다) †チウォン(ハダ)	support サ**ポー**ト
しお **塩** shio	소금 ソグム	salt **ソー**ルト
〜辛い	짜다 ッチャダ	salty **ソー**ルティ
〜漬け	장아찌 †チャンアッチ	salted food **ソー**ルテド **フー**ド
しお **潮** shio	조수(潮水) †チョス	tide **タ**イド
〜風	바닷바람 †パダッパラム	sea breeze **スィー** ブリーズ
しか **鹿** shika	사슴 サスム	deer **ディ**ア
じか **時価** jika	시가*, 시세(時勢) シッカ, シセ	current price **カー**レント プ**ラ**イス
じが **自我** jiga	자아* †チァア	self, ego **セ**ルフ, **エ**ゴウ
しかい **視界** shikai	시계* シゲ	sight **サ**イト
しかい(する) **司会(する)** shikai (suru)	사회*(하다) サフェ(ハダ)	preside at プリ**ザ**イド アト

日	韓	英
〜者	**사회자**(司会者) サフェジャ	chairperson **チェ**アパースン
しがい **市外** shigai	**시외*** シウェ	suburb **サ**バーブ
しがいせん **紫外線** shigaisen	**자외선*** †チャウェソン	ultraviolet rays アルトラ**ヴァ**イオレト レイズ
しかえし(する) **仕返し(する)** shikaeshi (suru)	**보복**(報復)(**하다**) †ポボク(ハダ)	revenge リ**ヴェ**ンヂ
しかく **四角** shikaku	**사각형**(四角形) サガキョン	square スク**ウェ**ア
しかく **資格** shikaku	**자격*** †チャギョク	qualification クワリフィ**ケ**イション
しかく **視覚** shikaku	**시각** シガク	sight **サ**イト
じかく(する) **自覚(する)** jikaku (suru)	**자각***(**하다**) †チャガク(ハダ)	consciousness; (be) conscious **カ**ンシャスネス, (ビ) **カ**ンシャス
しかけ **仕掛け** shikake	**장치**(装置), **조작**(造作) †チャンチ, †チョジャク	device, mechanism ディ**ヴァ**イス, **メ**カニズム
しかし **しかし** shikashi	**그러나, 그렇지만** †クロナ, †クロチマン	but, however **バ**ト, ハウ**エ**ヴァ
じかせい **自家製** jikasei	**집에서 만든 것** †チベソ マンドゥン †コッ	homemade **ホ**ウムメイド
じがぞう **自画像** jigazou	**자화상*** †チャファサン	self-portrait セルフ**ポ**ートレト
しかた **仕方** shikata	**방법**(方法), **수단**(手段) †パンボプ, スダン	method, way **メ**ソド, **ウェ**イ

日	韓	英
〜がない	할 수 없다, 방법(方法)이 없다 ハルス オプタ, †パンボビ オプタ	cannot help **キャ**ナト **ヘ**ルプ
しがつ **四月** shigatsu	**사월**＊ サウォル	April **エ**イプリル
じかつ(する) **自活(する)** jikatsu (suru)	**자활**＊(하다) †チャファル(ハダ)	self-support; support *oneself* **セ**ルフサ**ポー**ト, サ**ポー**ト
じかに **直に** jikani	**직접**(直接), 손수 †チクチョプ, ソンス	directly ディ**レ**クトリ
しがみつく **しがみつく** shigamitsuku	**달라붙다, 매달리다** †タルラブッタ, メダルリダ	cling to ク**リ**ング トゥ
しかも **しかも** shikamo	**게다가, 더구나** †ケダガ, †トグナ	moreover, besides モー**ロ**ウヴァ, ビ**サ**イヅ
しかる **叱る** shikaru	**꾸짖다, 나무라다** ックジッタ, ナムラダ	scold, reprove ス**コ**ウルド, リプ**ルー**ヴ
しがん(する) **志願(する)** shigan (suru)	**지원**＊(하다) †チウォン(ハダ)	desire, aspire to ディ**ザ**イア, アス**パ**イア トゥ
じかん **時間** jikan	**시간**＊ シガン	time, hour **タ**イム, **ア**ウア
〜給	**시간급**(時間給) シガングプ	hourly wages **ア**ウアリ **ウェ**イヂェズ
しき **式** shiki	**식**＊ シク	ceremony **セ**レモウニ
しき(する) **指揮(する)** shiki (suru)	**지휘**＊(하다) †チフィ(ハダ)	command コ**マ**ンド
〜者	**지휘자**(指揮者) †チフィジャ	commander, director コ**マ**ンダ, ディ**レ**クタ
じき **時期** jiki	**시기**＊ シギ	time, season **タ**イム, ス**ィー**ズン

日	韓	英
じき **磁気** jiki	**자기*** †チャギ	magnetism マグネティズム
しききん **敷金** shikikin	**집세 보증금**(保証金) †チプセ ボジュングム	deposit ディパズィト
しきさい **色彩** shikisai	**색채*** セクチェ	color, tint カラ, **ティント**
〜感覚	**색채*** **감각**(感覚) セクチェ ガムガク	color sense カラ **センス**
しきじょう **式場** shikijou	**식장*** シクチャン	hall of ceremony ホール オヴ **セ**レモウニ
しきそ **色素** shikiso	**색소*** セクソ	pigment **ピグ**メント
しきちょう **色調** shikichou	**색조*** セクチョ	tone **トウ**ン
しきてん **式典** shikiten	**식전*** シクチョン	ceremony **セ**レモウニ
じきひつ **直筆** jikihitsu	**자필**(自筆) †チャピル	autograph **オー**トグラフ
しきべつ(する) **識別(する)** shikibetsu (suru)	**식별***(**하다**) シクピョル(ハダ)	discrimination; discriminate ディスクリ**ミ**ネイション, ディスクリ**ミ**ネイト
しきもの **敷物** shikimono	**까는 것, 깔개** ッカヌン †コッ, ッカルゲ	carpet, rug **カー**ペト, **ラ**グ
しきゅう **子宮** shikyuu	**자궁*** †チャグン	uterus, womb **ユー**テラス, **ウー**ム
じきゅう **時給** jikyuu	**시급*** シグプ	hourly wage **ア**ウアリ **ウェ**イヂ

日	韓	英
じきゅうじそく **自給自足** jikyuujisoku	**자급자족**＊ †チャグプジャジョク	self-sufficiency セルフサ**フィ**シエンスィ
しきょう **市況** shikyou	**시황**＊ シファン	market **マー**ケト
じきょう(する) **自供(する)** jikyou(suru)	**자백**(自白)(**하다**) †チャベク(ハダ)	(voluntary) con-fession (**ヴァ**ランテリ) コン**フェ**ション
じぎょう **事業** jigyou	**사업**＊ サオプ	enterprise **エ**ンタプライズ
しきり **仕切り** shikiri	**구분**(区分), **경계**(境界) †クブン, †キョンゲ	partition パー**ティ**ション
しきりに **頻りに** shikirini	**자주, 빈번**(頻繁)**하게** †チャジュ, †ピンボンハゲ	very often **ヴェ**リ **オ**ーフン
しきん **資金** shikin	**자금**＊ †チャグム	capital, funds **キャ**ピタル, **ファ**ンヅ
しく **敷く** shiku	**깔다** ッカルダ	lay, spread **レ**イ, ス**プ**レド
じく **軸** jiku	**축**＊ チュク	axis, shaft **ア**クスィス, **シャ**フト
しぐさ **仕草** shigusa	**몸짓, 동작**(動作) モムジッ, †トンジャク	behavior, gesture ビ**ヘ**イヴァ, **チェ**スチャ
じぐざぐ **ジグザグ** jiguzagu	**지그재그** †チグジェグ	zigzag **ズィ**グザグ
しくみ **仕組み** shikumi	**짜임새, 구조**(構造) ッチャイムセ, †クジョ	mechanism **メ**カニズム
しけ **時化** shike	**험악**(険悪)**한 날씨** ホマカン ナルッシ	stormy weather ス**トー**ミ **ウェ**ザ

日	韓	英
しけい **死刑** shikei	**사형**＊ サヒョン	capital punishment **キャ**ピタル **パ**ニシュメント
しげき(する) **刺激(する)** shigeki (suru)	**자극**(刺戟)**(하다)** †チャグク(ハダ)	stimulus; stimulate ス**ティ**ミュラス, ス**ティ**ミュ レイト
しげる **茂る** shigeru	**무성**(茂盛)**하다, 우거지다** ムソンハダ, ウゴジダ	grow thick グ**ロ**ウ ス**イ**ク
しけん(する) **試験(する)** shiken (suru)	**시험**＊**(하다)** シホム(ハダ)	examination; ex- amine イグザミ**ネ**イション, イグ**ザ** ミン
～管	**시험관**(試験管) シホムグヮン	test tube **テ**スト **テュ**ーブ
しげん **資源** shigen	**자원**＊ †チャウォン	resources リ**ソ**ーセズ
じけん **事件** jiken	**사건**＊ サッコン	event, incident, case イ**ヴェ**ント, **イ**ンスィデント, **ケ**イス
じげん **次元** jigen	**차원**＊ チャウォン	dimension ディ**メ**ンション
じこ **自己** jiko	**자기**＊ †チャギ	self, ego **セ**ルフ, **エ**ゴウ
じこ **事故** jiko	**사고**＊ サゴ	accident **ア**クスィデント
しこう **思考** shikou	**사고**＊ サゴ	thinking **ス**インキング
じこう **時効** jikou	**시효**＊ シヒョ	prescription プリス**ク**リプション
じこく **時刻** jikoku	**시각**＊ シガク	time, hour **タ**イム, **ア**ウア

日	韓	英
～表	시간표(時間表) シガンピョ	timetable, schedule タイムテイブル, スケデュル
地獄 jigoku	지옥* †チオク	hell, inferno ヘル, インファーノウ
仕事 shigoto	일 イル	work, business, task ワーク, ビズネス, タスク
仕込む (教え込む) shikomu	가르치다, 길들이다 †カルチダ, †キルドゥリダ	train, teach トレイン, ティーチ
示唆(する) shisa (suru)	시사*(하다) シサ(ハダ)	suggestion; suggest サグチェスチョン, サグチェスト
時差 jisa	시차* シチャ	difference in time ディファレンス イン タイム
～ぼけ	시차병(時差病) シチャピョン	jet lag チェト ラグ
地酒 jizake	토주(土酒) トジュ	local brew, local liquor ロウカル ブルー, ロウカル リカ
視察(する) shisatsu (suru)	시찰*(하다) シチャル(ハダ)	inspection; inspect インスペクション, インスペクト
自殺(する) jisatsu (suru)	자살*(하다) †チャサル(ハダ)	suicide; kill oneself スーイサイド, キル
～者	자살자(自殺者) †チャサルッチャ	suicide スーイサイド
資産 shisan	자산* †チャサン	property, fortune プラパティ, フォーチュン
持参(する) jisan (suru)	지참*(하다) †チチャム(ハダ)	take with one, bring テイク ウィズ, ブリング

日	韓	英
〜金	지참금(持参金) †チチャムグム	dowry ダウアリ
しじ(する) **指示(する)** shiji (suru)	지시*(하다) †チシ(ハダ)	indication; indicate インディ**ケ**イション, **イン**ディケイト
しじ(する) **支持(する)** shiji (suru)	지지*(하다) †チジ(ハダ)	support サ**ポ**ート
じじ **時事** jiji	시사* シサ	current events カーレント イ**ヴェ**ンツ
ししざ **獅子座** shishiza	사자(獅子)자리 サジャジャリ	Lion, Leo **ラ**イオン, **リ**ーオウ
ししつ **資質** shishitsu	자질* †チャジル	nature, temperament **ネ**イチャ, **テ**ンペラメント
じじつ **事実** jijitsu	사실* サシル	fact, truth **ファ**クト, ト**ル**ース
ししゃ **使者** shisha	사자*, 사신(使臣) サジャ, サシン	messenger, envoy **メ**センヂャ, **エ**ンヴォイ
ししゃ **支社** shisha	지사* †チサ	branch ブ**ラ**ンチ
ししゃ **死者** shisha	사자*, 죽은 사람 サジャ, †チュグン サラム	dead person **デ**ド **パ**ースン
じしゃく **磁石** jishaku	자석* †チャソク	magnet **マ**グネト
ししゃごにゅう(する) **四捨五入(する)** shishagonyuu (suru)	반올림(하다) †パノルリム(ハダ)	round up (a number) **ラ**ウンド **ア**プ (ア **ナ**ンバ)
じしゅ(する) **自首(する)** jishu (suru)	자수*(하다) †チャス(ハダ)	deliver *oneself* to the police ディ**リ**ヴァ トゥ ザ ポ**リ**ース

日	韓	英
ししゅう **刺繍** shishuu	**자수**＊ †チャス	embroidery インブロイダリ
しじゅう **始終** shijuu	**언제나, 늘** オンジェナ, ヌル	all the time, al- ways **オー**ル ザ **タ**イム, **オー**ル ウェイズ
ししゅつ **支出** shishutsu	**지출**＊ †チチュル	expenses イクス**ペ**ンセズ
じしゅてき **自主的** jishuteki	**자주적**＊ †チャジュジョク	independent インディ**ペ**ンデント
ししゅんき **思春期** shishunki	**사춘기**＊ サチュンギ	adolescence, pu- berty ア**ド**レセンス, **ビュー**バティ
ししょ **司書** shisho	**사서**＊ サソ	librarian ライブ**レ**アリアン
じしょ **辞書** jisho	**사전**(辞典) サジョン	dictionary **ディ**クショネリ
じじょ **次女** jijo	**차녀**＊ チャニョ	second daughter **セ**コンド **ド**ータ
ししょう **支障** shishou	**지장**＊ †チジャン	hindrance, trou- bles **ヒ**ンドランス, ト**ラ**ブルズ
しじょう **市場** shijou	**시장**＊ シジャン	market **マー**ケット
じじょう **事情** jijou	**사정**＊, **이유**(理由) サジョン, イユ	circumstances **サー**カムスタンセズ
ししょく(する) **試食(する)** shishoku (suru)	**시식**＊**(하다)** シシク(ハダ)	sampling, tasting **サ**ンプリング, **テ**イスティン グ
じしょく(する) **辞職(する)** jishoku (suru)	**사직**＊**(하다)** サジク(ハダ)	resignation; resign レ**ズ**イグ**ネ**イション, リ**ザ**イ ン

日	韓	英
じじょでん **自叙伝** jijoden	자서전* †チャソジョン	autobiography オートバイア**グ**ラフィ
しじん **詩人** shijin	시인* シイン	poet, poetess **ポ**ウイト, **ポ**ウイテス
じしん **自信** jishin	자신* †チャシン	confidence **カ**ンフィデンス
じしん **自身** jishin	자신* †チャシン	self, oneself **セ**ルフ, ワン**セ**ルフ
じしん **地震** jishin	지진* †チジン	earthquake **ア**ースクウェイク
じすい(する) **自炊(する)** jisui (suru)	자취*(하다) †チャチュィ(ハダ)	cook for *oneself* **ク**ク フォ
しすう **指数** shisuu	지수* †チス	index number **イ**ンデクス **ナ**ンバ
しずかな **静かな** shizukana	조용한, 고요한 †チョヨンハン, †コヨハン	silent, still, calm **サ**イレント, ス**ティ**ル, **カ**ーム
しずく **滴** shizuku	물방울 ムルッパンウル	drop **ド**ラプ
しずけさ **静けさ** shizukesa	조용함, 고요함 †チョヨンハム, †コヨハム	silence, stillness **サ**イレンス, ス**ティ**ルネス
しすてむ **システム** shisutemu	시스템 システム	system ス**ィ**システム
じすべり **地滑り** jisuberi	사태(沙汰), 산사태(山沙汰) サテ, サンサテ	landslip **ラ**ンドスリプ
しずまる **静まる** shizumaru	조용해지다, 안정(安静)되다 †チョヨンヘジダ, アンジョンドェダ	calm down **カ**ーム **ダ**ウン
しずむ **沈む** shizumu	가라앉다, 잠기다 †カラアンッタ, †チャムギダ	sink, go down ス**ィ**ンク, **ゴ**ウ **ダ**ウン

日	韓	英
（太陽などが）	**지다** †チダ	set セト
（気分が）	**침울**(沈鬱)**하다，우울**(憂鬱)**하다** チムルハダ，ウウルハダ	feel depressed フィール ディプレスト
<ruby>鎮<rt>しず</rt></ruby>める shizumeru	**진정**(鎮静)**시키다，가라앉히다** †チンジョンシキダ，†カラアンチダ	quell クウェル
<ruby>姿勢<rt>しせい</rt></ruby> shisei	**자세**＊ †チャセ	posture, pose パスチャ，ポウズ
<ruby>自制<rt>じせい</rt></ruby>(する) jisei(suru)	**자제**＊(**하다**) †チャジェ(ハダ)	self-control; control *oneself* セルフコントロウル，コントロウル
<ruby>私生活<rt>しせいかつ</rt></ruby> shiseikatsu	**사생활**＊ サセンファル	private life プライヴェト ライフ
<ruby>史跡<rt>しせき</rt></ruby> shiseki	**사적**＊ サジョク	historic site ヒストリク サイト
<ruby>施設<rt>しせつ</rt></ruby> shisetsu	**시설**＊ シソル	institution インスティテューション
<ruby>視線<rt>しせん</rt></ruby> shisen	**시선**＊ シソン	eyes, glance アイズ，グランス
<ruby>自然<rt>しぜん</rt></ruby> shizen	**자연**＊ †チャヨン	nature ネイチャ
〜<ruby>科学<rt>かがく</rt></ruby>	**자연**＊ **과학**(科学) †チャヨングヮハク	natural science ナチュラル サイエンス
<ruby>慈善<rt>じぜん</rt></ruby> jizen	**자선**＊ †チャソン	charity, benevolence チャリティ，ベネヴォレンス
<ruby>思想<rt>しそう</rt></ruby> shisou	**사상**＊ ササン	thought, idea ソート，アイディーア

日	韓	英
じそく **時速** jisoku	**시속**＊ シソク	speed per hour スピード パー **ア**ウア
じぞく(する) **持続(する)** jizoku (suru)	**지속**＊(**하다**) †チソク(ハダ)	continuation; continue コンティニュ**エ**イション, コン**ティ**ニュー
しそん **子孫** shison	**자손**＊ †チャソン	descendant ディ**セ**ンダント
じそんしん **自尊心** jisonshin	**자존심**＊ †チャジョンシム	self-respect, pride **セ**ルフリスペクト, プ**ラ**イド
した **下** shita	**아래, 밑** アレ, ミッ	lower part, bottom **ラ**ウア パート, **バ**トム
した **舌** shita	**혀** ヒョ	tongue **タ**ング
したい **死体** shitai	**시체**(屍体) シチェ	dead body, corpse **デ**ド **バ**ディ, **コ**ープス
しだい **次第** shidai	**순서**(順序) スンソ	order **オ**ーダ
〜に	**점차**(漸次), **점점**(漸漸) †チョムチャ, †チョムジョム	gradually グ**ラ**ヂュアリ
じたい **事態** jitai	**사태**＊ サテ	situation スィチュ**エ**イション
じたい(する) **辞退(する)** jitai (suru)	**사퇴**＊(**하다**) サトェ(ハダ)	decline, refuse ディク**ラ**イン, レフ**ュ**ーズ
じだい **時代** jidai	**시대**＊ シデ	time, period, era **タ**イム, **ピ**アリオド, **イ**アラ
したう **慕う** shitau	**흠모**(欽慕)**하다, 사모**(思慕)**하다** フムモハダ, サモハダ	yearn after, long for **ヤ**ーン アフタ, **ロ**ーング フォ

日	韓	英
したうけ **下請け** shitauke	하청(下請) ハチョン	subcontract サブ**カ**ントラクト
したがう **従う** shitagau	따라가다, 따르다 ッタラガダ, ッタルダ	follow, accompany **ファ**ロウ, ア**カ**ンパニ
したがき **下書き** shitagaki	초안(草案), 초고(草稿) チョアン, チョゴ	draft ド**ラ**フト
したぎ **下着** shitagi	속옷 ソゴッ	underwear **ア**ンダウェア
したく(する) **仕度(する)** shitaku (suru)	채비(하다), 준비(準備)(하 다) チェビ(ハダ), †チュンビ(ハダ)	preparations; pre- pare プレパ**レ**イションズ, プリ**ペ** ア
じたく **自宅** jitaku	자택*, 집 †チャテク, †チプ	*one's* house **ハ**ウス
したごしらえ **下拵え** shitagoshirae	사전(事前) 준비(準備) サジョン †チュンビ	preparations プレパ**レ**イションズ
したじ **下地** shitaji	밑바탕, 기초(基礎) ミッパタン, †キチョ	groundwork グ**ラ**ウンドワーク
したしい **親しい** shitashii	친(親)하다, 사이가 좋다 チンハダ, サイガ †チョタ	close, familiar ク**ロ**ウス, ファ**ミ**リャ
したしらべ **下調べ** shitashirabe	예비(予備) 조사(調査), 예습 (予習) イェビ †チョサ, イェスプ	preliminary inqui- ry プリ**リ**ミネリ イン**ク**ワイア リ
したたる **滴る** shitataru	물방울이 되어 떨어지다 ムルッパンウリ †トェオ ッ トロジダ	drop, drip ド**ラ**プ, ド**リ**プ
したて **仕立て** shitate	재봉(裁縫), 바느질 †チェボン, †パヌジル	tailoring, cut **テ**イラリング, **カ**ト
したどり **下取り** shitadori	중고품(中古品) 인수(引受) †チュンゴプム インス	trade-in ト**レ**イディン

日	韓	英
したみ **下見** shitami	**예비**(予備) **조사**(調査) イェビ †チョサ	preliminary in-spection プリリミネリ インスペクション
しち **質** shichi	**저당**(抵当)，**담보**(担保) †チョダン，†タムボ	pawn, pledge ポーン，プレヂ
じち **自治** jichi	**자치**＊ †チャチ	autonomy オータノミ
しちがつ **七月** shichigatsu	**칠월**＊ チルオル	July ヂュライ
しちゃく(する) **試着**(する) shichaku (suru)	**시착**＊(**하다**) シチャク(ハダ)	try on トライ オン
しちゅう **支柱** shichuu	**지주**＊ †チジュ	prop プラプ
しちゅー **シチュー** shichuu	**스튜** ストュ	stew ステュー
しちゅえーしょん **シチュエーション** (状況) shichueeshon	**상항**(状況) サンハン	situation スィチュエイション
しちょう **市長** shichou	**시장**＊ シジャン	mayor メイア
しちょうしゃ **視聴者** shichousha	**시청자**＊ シチョンジャ	TV audience ティーヴィー オーディエンス
しつ **質** shitsu	**품질**(品質) プムジル	quality クワリティ
しつう **歯痛** shitsuu	**치통**＊ チトン	toothache トゥーセイク
じっか **実家** jikka	**친정**(親庭)，**생가**(生家)，**본가**(本家) チンジョン，センガ，†ポンガ	parents' home ペアレンツ ホウム

日	韓	英
しっかく **失格** shikkaku	실격* シルッキョク	disqualification ディスクワリフィ**ケ**イション
しつぎょう(する) **失業(する)** shitsugyou (suru)	실업*(하다) シロプ(ハダ)	unemployment; (be) unemployed アニン**プ**ロイメント, (ビ) ア ニン**プ**ロイド
～者	실업자(失業者) シロプチャ	unemployed アニン**プ**ロイド
じつぎょう **実業** jitsugyou	실업* シロプ	business **ビ**ズネス
～家	실업가(実業家) シロプカ	businessperson **ビ**ズネスパースン
じっきょうちゅうけい **実況中継** jikkyouchuukei	실황(実況) 중계(中継) シルファン チュンゲ	live broadcast **ラ**イヴ **ブ**ロードキャスト
シックな shikkuna	세련(洗練)된, 멋진 セリョンデン, モッチン	chic **シ**ーク
じっくり **じっくり** jikkuri	곰곰이, 차분히 コムゴミ, チャブンヒ	slowly and carefully ス**ロ**ウリ アンド **ケ**アフリ
しっけ **湿気** shikke	습기* スプキ	moisture **モ**イスチャ
しつける **躾ける** shitsukeru	예의범절(礼儀凡節)을 가르치다 イェイボムジョル カルチダ	train, discipline ト**レ**イン, **ディ**スィプリン
じっけん(する) **実験(する)** jikken (suru)	실험*(하다) シルホム(ハダ)	experiment イクス**ペ**リメント
じつげん(する) **実現(する)** jitsugen (suru)	실현*(하다) シルヒョン(ハダ)	realization; realize リーアリ**ゼ**イション, **リ**ーア ライズ
しつこい **しつこい** shitsukoi	끈질기다, 끈덕지다 ックンジルギダ, ックンドクチダ	persistent, obstinate パ**スィ**ステント, **ア**ブスティ ネト

日	韓	英
じっこう（する） **実行（する）** jikkou (suru)	실행*（하다） シルヘン（ハダ）	practice; carry out プラクティス, **キャリ アウ**ト
じっさい（に） **実際（に）** jissai (ni)	실제*（로） シルッチェ（ロ）	actually, practical-ly, in fact **ア**クチュアリ, プラ**ク**ティカリ, イン **ファ**クト
じつざい（の） **実在（の）** jitsuzai (no)	실재*（의） シルッチェ（エ）	actual existence **ア**クチュアル イグ**ズィ**ステンス
じっし（する） **実施（する）** jisshi (suru)	실시*（하다） シルッシ（ハダ）	enforcement; en-force イン**フォ**ースメント, イン**フォ**ース
じっしつ **実質** jisshitsu	실질* シルッチル	substance **サ**ブスタンス
じっしゅう **実習** jisshuu	실습* シルッスプ	practice, training プ**ラ**クティス, ト**レ**イニング
～生	실습생（実習生） シルッスプセン	trainee トレイ**ニ**ー
しっしん（する） **失神（する）** shisshin (suru)	실신*（하다） シルッシン（ハダ）	swoon, faint ス**ウ**ーン, **フェ**イント
しっせき（する） **叱責（する）** shisseki (suru)	질책*（하다） †チルチェク（ハダ）	reproof, reproach リプ**ル**ーフ, リプ**ロ**ウチ
じっせき **実績** jisseki	실적* シルッチョク	results, achieve-ments リ**ザ**ルツ, ア**チ**ーヴメンツ
じっせん（する） **実践（する）** jissen (suru)	실천*（하다） シルチョン（ハダ）	practice プ**ラ**クティス
しっそ（な） **質素（な）** shisso (na)	검소（倹素）（한） †コムソ（ハン）	simplicity; plain, simple スィンプ**リ**スィティ, プ**レ**イン, **ス**ィンプル
しっそう（する） **失踪（する）** shissou (suru)	실종*（되다） シルッチョン（ドェダ）	disappearance; disappear ディサ**ピ**アランス, ディサ**ピ**ア

日	韓	英
じったい **実態** jittai	**실태*** シルテ	reality リーアリティ
じっちょく(な) **実直(な)** jicchoku (na)	**성실**(誠実)**하고 정직**(正直) **(한)** ソンシルハゴ †チョンジク(ハン)	honest; honesty **ア**ネスト, **ア**ネスティ
しっと(する) **嫉妬(する)** shitto (suru)	**질투*****(하다)** †チルトゥ(ハダ)	jealousy; (be) jeal- ous **チェ**ラスィ, (ビ) **チェ**ラス
しつど **湿度** shitsudo	**습도*** スプト	humidity ヒュー**ミ**ディティ
しっと **じっと** jitto	**가만히, 꾹, 지그시** †カマンヒ, ックク, †チグシ	quietly, still ク**ワ**イエトリ, ス**ティ**ル
しつない **室内** shitsunai	**실내*** シルレ	indoor イン**ドー**
〜で	**실내*****에서** シルレエソ	indoors イン**ドー**ズ
しっぱい(する) **失敗(する)** shippai (suru)	**실패*****(하다)** シルペ(ハダ)	failure; fail in **フェ**イリュア, **フェ**イル イ ン
しっぴつ(する) **執筆(する)** shippitsu (suru)	**집필*****(하다)** †チプピル(ハダ)	writing; write **ラ**イティング, **ラ**イト
しっぷ **湿布** shippu	**습포*****, 찜질** スッポ, ッチムジル	compress **カ**ンプレス
じつぶつ **実物** jitsubutsu	**실물*** シルムル	real thing, genuine article **リ**ーアル ス**ィ**ング, **チェ**ニュ イン **アー**ティクル
しっぽ **尻尾** shippo	**꼬리** ッコリ	tail **テ**イル
しつぼう(する) **失望(する)** shitsubou (suru)	**실망*****(하다)** シルマン(ハダ)	disappointment; (be) disappointed ディサ**ポ**イントメント, (ビ) ディサ**ポ**インテド

日	韓	英
しつもん(する) **質問(する)** shitsumon (suru)	**질문***(**하다**) †チルムン(ハダ)	question; ask a question ク**ウェ**スチョン, **ア**スク ア ク**ウェ**スチョン
じつよう **実用** jitsuyou	**실용*** シリョン	practical use プ**ラ**クティカル **ユ**ース
じつりょく **実力** jitsuryoku	**실력*** シルリョク	ability ア**ビ**リティ
〜者	**실력자**(実力者) シルリョクチャ	influential person インフル**エ**ンシャル **パ**ースン
じつれい **実例** jitsurei	**실례*** シルレ	example イグ**ザ**ンプル
しつれん(する) **失恋(する)** shitsuren (suru)	**실연***(**당하다**) シリョン(ダンハダ)	unrequited love; (be) disappointed in love アンリク**ワ**イテド **ラ**ヴ, (ビ)ディサ**ポ**インテド イン **ラ**ヴ
じつわ **実話** jitsuwa	**실화*** シルファ	true story ト**ル**ー ス**ト**ーリ
してい(する) **指定(する)** shitei (suru)	**지정***(**하다**) †チジョン(ハダ)	designation; designate デズィグ**ネ**イション, **デ**ズィグネイト
〜席	**지정석**(指定席) †チジョンソク	reserved seat リ**ザ**ーヴド ス**ィ**ート
してき(する) **指摘(する)** shiteki (suru)	**지적***(**하다**) †チジョク(ハダ)	point out, indicate **ポ**イント **ア**ウト, **イ**ンディケイト
してきな **私的な** shitekina	**사적*****인** サッチョギン	private, personal プ**ラ**イヴェト, **パ**ーソナル
してつ **私鉄** shitetsu	**민영**(民営)**철도**(鉄道) ミニョン チョルット	private railroad プ**ラ**イヴェト **レ**イルロウド
してん **支店** shiten	**지점*** †チジョム	branch プ**ラ**ンチ

日	韓	英
じてん **辞典** jiten	**사전**＊ サジョン	dictionary **ディ**クショネリ
じでん **自伝** jiden	**자전**＊, **자서전**(自叙伝) †チャジョン, †チャソジョン	autobiography オートバイ**ア**グラフィ
じてんしゃ **自転車** jitensha	**자전거**＊ †チャジョンゴ	bicycle バイスィクル
しどう(する) **指導(する)** shidou (suru)	**지도**＊(하다) †チド(ハダ)	guidance, direc- tion **ガ**イダンス, ディ**レ**クション
じどう **児童** jidou	**아동**＊ アドン	child **チャ**イルド
じどうし **自動詞** jidoushi	**자동사**＊ †チャドンサ	intransitive verb イント**ラ**ンスィティヴ **ヴァ**ープ
じどうしゃ **自動車** jidousha	**자동차**＊ †チャドンチャ	car, automobile **カ**ー, オートモ**ビ**ール
じどうてきに **自動的に** jidoutekini	**자동적**＊**으로** †チャドンジョグロ	automatically オート**マ**ティカリ
じどうどあ **自動ドア** jidoudoa	**자동문**(自動門) †チャドンムン	automatic door オート**マ**ティク **ド**ー
じどうはんばいき **自動販売機** jidouhanbaiki	**자동판매기**＊ †チャドンパンメギ	vending machine **ヴェ**ンディング マ**シ**ーン
しとやか(な) **淑やか(な)** shitoyaka (na)	**정숙**(静淑)(한) †チョンスク(ハン)	graceful グ**レ**イスフル
しな **品** shina	**물건**(物件) ムルゴン	article, goods **ア**ーティクル, **グ**ッ
〜切れ	**품절**(品切) プムジョル	sold out ソウルド **ア**ウト
しない **市内** shinai	**시내**＊ シネ	in the city イン ザ ス**ィ**ティ

日	韓	英
しなびる **萎びる** shinabiru	**시들다** シドゥルダ	wither ウィザ
しなもの **品物** shinamono	**물품**(物品) ムルプム	article, goods アーティクル, **グ**ヅ
しなもん **シナモン** shinamon	**시나몬, 계피**(桂皮) シナモン, †ケピ	cinnamon **ス**ィナモン
しなやかな **しなやかな** shinayakana	**나긋나긋한** ナグンナグタン	flexible フ**レ**クシブル
しなりお **シナリオ** shinario	**시나리오** シナリオ	scenario, screen-play スィ**ネ**アリオウ, スク**リ**ーンプレイ
じなん **次男** jinan	**차남*** チャナム	second son **セ**カンド **サ**ン
じにん(する) **辞任(する)** jinin (suru)	**사임***(하다) サイム(ハダ)	resignation; resign レズィグ**ネ**イション, リ**ザ**イン
しぬ **死ぬ** shinu	**죽다** †チュクタ	die **ダ**イ
じぬし **地主** jinushi	**지주*** †チジュ	landowner **ラ**ンドオウナ
しはい(する) **支配(する)** shihai (suru)	**지배***(하다) †チベ(ハダ)	management, control **マ**ニヂメント, コント**ロ**ウル
〜人	**지배인**(支配人) †チベイン	manager **マ**ニヂャ
しばい **芝居** shibai	**연극**(演劇) ヨングク	play, drama プ**レ**イ, ド**ラ**ーマ
じばさんぎょう **地場産業** jibasangyou	**지역**(地域) **산업**(産業) †チヨクサノブ	local industry **ロ**ウカル **イ**ンダストリ

日	韓	英
しばしば **しばしば** shibashiba	**자주, 누차**(屢次) †チャジュ, ヌチャ	often **オー**フン
しはつ **始発** shihatsu	**시발*, 첫차** シバル, チョッチャ	first train [bus] **ファ**ースト トレイン
じはつてき **自発的** jihatsuteki	**자발적*** †チャバルッチョク	spontaneous スパン**テ**イニアス
しばふ **芝生** shibafu	**잔디밭** †チャンディバッ	lawn **ロ**ーン
しはらい **支払い** shiharai	**지불*** †チブル	payment **ペ**イメント
しはらう **支払う** shiharau	**지불*하다** †チブルハダ	pay **ペ**イ
しばらく **暫く** shibaraku	**잠시**(暫時)**, 당분간**(当分間) †チャムシ, †タンブンガン	for a while フォ ア (ホ)**ワ**イル
しばる **縛る** shibaru	**묶다, 매다** ムクタ, メダ	bind **バ**インド
しはんの **市販の** shihanno	**시판***(의) シパン(エ)	on the market オン ザ **マ**ーケト
じばん **地盤** jiban	**지반*** †チバン	foundation, base ファウン**デ**イション, **ベ**イス
しひ **私費** shihi	**사비*** サビ	private expense プ**ラ**イヴェト イクス**ペ**ンス
じひ **慈悲** jihi	**자비*** †チャビ	mercy, pity **マ**ースィ, **ピ**ティ
じびいんこうか **耳鼻咽喉科** jibiinkouka	**이비인후과*** イビインヌックヮ	otolaryngology オウトウラリン**ガ**ラヂ
しひょう **指標** shihyou	**지표*** †チピョ	index **イ**ンデクス

日	韓	英
じひょう **辞表** jihyou	**사표*** サピョ	resignation レズィグ**ネ**イション
じびょう **持病** jibyou	**지병*** †チビョン	chronic disease ク**ラ**ニク ディ**ズ**ィーズ
しびれる **痺れる** shibireru	**저리다, 마비**(麻痺)**되다** †チョリダ , マビドェダ	become numb ビ**カ**ム **ナ**ム
しぶ **支部** shibu	**지부*** †チブ	branch ブ**ラ**ンチ
じふ(する) **自負(する)** jifu (suru)	**자부***(**하다**) †チャブ(ハダ)	pride プ**ラ**イド
しぶい **渋い** shibui	**떫다, 떨떠름하다** ットルッタ , ットルットルムハダ	astringent アスト**リ**ンヂェント
(好みが)	**점잖다, 멋있다** †チョムチャンタ , モシッタ	quiet, tasteful ク**ワ**イエト, **テ**イストフル
しぶき **飛沫** shibuki	**물보라** ムルボラ	spray スプ**レ**イ
しぶとい **しぶとい** shibutoi	**고집**(固執)**이 세다, 끈질기 다** †コジビ セダ , ックンジルギダ	tenacious, obsti- nate ティ**ネ**イシャス, **ア**プスティ ネト
しぶる **渋る** shiburu	**주저**(躊躇)**하다** †チュジョハダ	hesitate **ヘ**ズィテイト
じぶん **自分** jibun	**자기**(自己)**, 자신**(自身) †チャギ , †チャシン	self **セ**ルフ
しへい **紙幣** shihei	**지폐*** †チペ	bill **ビ**ル
しほう **司法** shihou	**사법***(**부**(部)) サボプ(プ)	administration of justice アドミニスト**レ**イション オ ヴ **チャ**スティス

日	韓	英
しほう **四方** shihou	**사방**＊ サバン	every direction **エ**ヴリ ディ**レ**クション
しぼう **脂肪** shibou	**지방**＊ †チバン	fat, grease **ファ**ト, グ**リ**ース
しぼう(する) **志望(する)** shibou (suru)	**지망**＊(하다) †チマン(ハダ)	wish, desire **ウィ**シュ, ディ**ザ**イア
しぼう(する) **死亡(する)** shibou (suru)	**사망**＊(하다) サマン(ハダ)	death, decease; die **デ**ス, ディ**スィ**ース, **ダ**イ
しぼむ **萎む** shibomu	**시들다, 오므라들다** シドゥルダ, オムラドゥルダ	wither, fade **ウィ**ザ, **フェ**イド
しぼる **絞[搾]る** shiboru	**짜다, 조이다** ッチャダ, †チョイダ	press, wring, squeeze プ**レ**ス, **リ**ング, スク**ウィ**ース
しほん **資本** shihon	**자본**＊ †チャボン	capital **キャ**ピタル
～家	**자본가**(資本家) †チャボンガ	capital **キャ**ピタル
～金	**자본금**(資本金) †チャボングム	capital **キャ**ピタル
～主義	**자본주의**(資本主義) †チャボンジュイ	capitalism **キャ**ピタリズム
しま **縞** shima	**줄무늬** †チュルムニ	stripes スト**ラ**イプス
しま **島** shima	**섬** ソム	island **ア**イランド
しまい **姉妹** shimai	**자매**＊ †チャメ	sister ス**ィ**スタ

日	韓	英
しまう **仕舞う** shimau	안에 넣다, 끝내다 アネ ノタ, ックンネダ	put away プト アウェイ
じまく **字幕** jimaku	자막* †チャマク	subtitles サブタイトルズ
しまる **閉まる** shimaru	닫히다 †タチダ	shut, (be) closed シャト, (ビ) クロウズド
じまん(する) **自慢(する)** jiman (suru)	자랑(하다) †チャラン(ハダ)	boast, vanity ボウスト, ヴァニティ
じみな **地味な** jimina	수수한, 검소(倹素)한 ススハン, †コムソハン	plain, quiet プレイン, クワイエト
しみゅれーしょん **シミュレーション** shimyureeshon	시뮬레이션 シミュルレイション	simulation スィミュレイション
しみる **染みる** shimiru	스며들다, 배다 スミョドゥルダ, †ペダ	penetrate, soak ペネトレイト, ソウク
しみん **市民** shimin	시민* シミン	citizen スィティズン
～権	시민권(市民権) シミンックォン	citizenship スィティズンシプ
じむ **事務** jimu	사무* サム	business, affairs ビズネス, アフェアズ
～員	사무원(事務員) サムウォン	clerk, office worker クラーク, オーフィス ワーカ
～所	사무소(事務所), 사무실(事務室) サムソ, サムシル	office オーフィス
しめい **使命** shimei	사명* サミョン	mission ミション

日	韓	英
しめい **氏名** shimei	**성명**(姓名) ソンミョン	name **ネ**イム
しめい(する) **指名(する)** shimei (suru)	**지명**＊(하다) †チミョン(ハダ)	nomination; nominate ナミ**ネ**イション, ナミ**ネ**イト
しめきり **締め切り** (期日の) shimekiri	**마감** マガム	deadline **デ**ドライン
しめきる **締め切る** (戸などを) shimekiru	**늘 닫아 두다** ヌル †タダ †トゥダ	keep closed **キ**ープ ク**ロ**ウズド
(期限)	**마감하다** マガムハダ	close ク**ロ**ウズ
しめす **示す** shimesu	**가리키다, 보이다** †カリキダ, †ポイダ	show, indicate **ショ**ウ, イン**ディ**ケイト
しめだす **締め出す** shimedasu	**쫓아내다, 따돌리다** ッチョチャネダ, ッタドルリダ	shut out **シャ**ト **ア**ウト
じめつ(する) **自滅(する)** jimetsu (suru)	**자멸**＊(하다) †チャミョル(ハダ)	ruin *oneself* **ル**ーイン
しめる **湿る** shimeru	**습기**(湿気) **차다** スプキ チャダ	dampen **ダ**ンプン
しめる **占める** shimeru	**차지하다** チャジハダ	occupy **ア**キュパイ
しめる **閉める** shimeru	**닫다, 잠그다** †タッタ, †チャムグダ	shut, close **シャ**ト, ク**ロ**ウズ
しめる **締める** shimeru	**죄다, 매다** †チュエダ, メダ	tie, tighten **タ**イ, **タ**イトン
じめん **地面** jimen	**지면**＊, **땅바닥** †チミョン, ッタンッパダク	earth, ground **ア**ース, グ**ラ**ウンド
しも **霜** shimo	**서리** ソリ	frost フ**ロ**ースト

日	韓	英
じもと **地元** jimoto	그 지방 (地方) †ク ジバン	local area ロウカル エアリア
しもん **指紋** shimon	지문* †チムン	fingerprint フィンガプリント
しや **視野** shiya	시야* シヤ	range of vision レインヂ オヴ **ヴィ**ジョン
（思考・判断の範囲）	시야*, 시계 (視界) シヤ, シゲ	outlook **ア**ウトルク
じゃーなりすと **ジャーナリスト** jaanarisuto	저널리스트 †チョノルリストゥ	journalist **チャ**ーナリスト
じゃーなりずむ **ジャーナリズム** jaanarizumu	저널리즘 †チョノルリジュム	journalism **チャ**ーナリズム
しゃーぷぺんしる **シャープペンシル** shaapupenshiru	샤프 펜슬 シャプ ペンスル	mechanical pencil メ**キャ**ニカル **ペ**ンスル
しゃーべっと **シャーベット** shaabetto	셔벗 ショボッ	sherbet **シャ**ーベト
しゃいん **社員** shain	사원* サウォン	employee, staff インプ**ロ**イイー, ス**タ**フ
しゃか **釈迦** shaka	석가*, 부처 ソクカ, †プチョ	Buddha **ブ**ダ
しゃかい **社会** shakai	사회* サフェ	society ソ**サ**イエティ
〜主義	사회주의 (社会主義) サフェジュイ	socialism **ソ**ウシャリズム
じゃがいも **じゃが芋** jagaimo	감자 †カムジャ	potato ポ**テ**イトウ
しゃがむ **しゃがむ** shagamu	웅크리다 ウンクリダ	squat down スク**ワ**ト **ダ**ウン

日	韓	英
しやくしょ **市役所** shiyakusho	**시청**(市庁) シチョン	city hall ス**ィ**ティ **ホ**ール
じゃぐち **蛇口** jaguchi	**수도**(水道)**꼭지** スドコクチ	tap, faucet **タ**プ, **フ**ォーセト
じゃくてん **弱点** jakuten	**약점**＊ ヤクチョム	weak point **ウ**ィーク **ポ**イント
しゃくほう(する) **釈放(する)** shakuhou (suru)	**석방**＊**(하다)** ソクパン(ハダ)	release リ**リ**ース
しゃくめい(する) **釈明(する)** shakumei (suru)	**해명**(解明)**(하다)** ヘミョン(ハダ)	explanation; explain エクスプラ**ネ**イション, イク ス**プレ**イン
しゃくや **借家** shakuya	**셋집** セッチプ	rented house **レ**ンテド **ハ**ウス
しゃくよう(する) **借用(する)** shakuyou (suru)	**차용**＊**(하다)** チャヨン(ハダ)	borrowing; borrow **バ**ロウイング, **バ**ロウ
しゃげき **射撃** shageki	**사격**＊ サギョク	shooting **シュ**ーティング
じゃけっと **ジャケット** jaketto	**재킷, 웃옷** †チェキッ, ウソッ	jacket **チャ**ケト
じゃけんな **邪険な** jakenna	**매정한** メジョンハン	cruel, hardhearted ク**ル**エル, **ハ**ード**ハ**ーテド
しゃこ **車庫** shako	**차고**＊ チャゴ	garage ガ**ラ**ージ
しゃこう **社交** shakou	**사교**＊ サギョ	social intercourse **ソ**ウシャル **イ**ンタコース
〜ダンス	**사교**＊ **댄스** サギョ †テンス	social dance **ソ**ウシャル **ダ**ンス

日	韓	英
しゃざい(する) **謝罪(する)** shazai (suru)	**사죄**＊**(하다)** サジュェ(ハダ)	apology; apologize アパロヂ, アパロヂャイズ
しゃじつ **写実** shajitsu	**사실**＊ サシル	real picture リーアルピクチャ
～主義	**사실주의**(写実主義) サシルジュイ	realism リーアリズム
しゃしょう **車掌** shashou	**차장**＊ チャジャン	conductor, guard コンダクタ, ガード
しゃしん **写真** shashin	**사진**＊ サジン	photograph フォウトグラフ
～家	**사진가**(写真家) サジンガ	photographer フォタグラファ
じゃず **ジャズ** jazu	**재즈** †チェジュ	jazz ヂャズ
しゃせい(する) **写生(する)** shasei (suru)	**사생**＊**(하다)** サセン(ハダ)	sketch スケチ
しゃせつ **社説** shasetsu	**사설**＊ サソル	editorial エディトーリアル
しゃせん **車線** shasen	**차선**＊ チャソン	lane レイン
しゃたく **社宅** shataku	**사택**＊ サテク	company house カンパニ ハウス
しゃだん(する) **遮断(する)** shadan (suru)	**차단**＊**(하다)** チャダン(ハダ)	interception; intercept インタセプション, インタセプト
しゃちょう **社長** shachou	**사장**＊ サジャン	president プレズィデント

日	韓	英
しゃつ **シャツ** shatsu	**셔츠** ショチュ	shirt **シャート**
しゃっかん **借款** shakkan	**차관**＊ チャグヮン	loan **ロ**ウン
じゃっかん **若干** jakkan	**약간**＊ ヤクカン	some, a few **サ**ム, ア **フュ**ー
しゃっきん **借金** shakkin	**빚** †ピッ	debt, loan **デ**ト, **ロ**ウン
しゃっくり **しゃっくり** shakkuri	**딸꾹질** ッタルッククチル	hiccup **ヒ**カプ
しゃったー **シャッター** shattaa	**셔터** ショト	shutter **シャ**タ
しゃどう **車道** shadou	**차도**＊ チャド	roadway **ロ**ウドウェイ
しゃふつ(する) **煮沸(する)** shafutsu (suru)	**끓이다** ックリダ	boil **ボ**イル
しゃぶる **しゃぶる** shaburu	**빨다** ッパルダ	suck, suckle **サ**ク, **サ**クル
しゃべる **シャベル** shaberu	**삽** サプ	shovel **シャ**ヴル
じゃま(する) **邪魔(する)** jama (suru)	**방해**(妨害)(**하다**) †パンヘ(ハダ)	disturbance; dis- turb ディス**タ**ーバンス, ディス **タ**ーブ
じゃむ **ジャム** jamu	**잼** †チェム	jam **ヂャ**ム
しゃめん **斜面** shamen	**경사면**(傾斜面) †キョンサミョン	slope ス**ロ**ウプ

日	韓	英
じゃり **砂利** jari	**자갈** †チャガル	gravel グラヴェル
しゃりょう **車両** sharyou	**차량**＊ チャリャン	vehicles, cars **ヴィ**ーイクルズ, **カ**ーズ
しゃりん **車輪** sharin	**차바퀴** チャパクィ	wheel (ホ)**ウィ**ール
しゃれ **洒落** share	**익살, 재담**(才談) イクサル, †チェダム	joke, witticism **チョ**ウク, **ウィ**ティスィズム
～**た**	**멋진** モッチン	witty, smart **ウィ**ティ, スマート
しゃれい **謝礼** sharei	**사례**＊ サレ	remuneration リミューナ**レ**イション
しゃわー **シャワー** shawaa	**샤워** シャウォ	shower **シャ**ウア
じゃんぱー **ジャンパー** janpaa	**점퍼** †チョムポ	windbreaker **ウィ**ンドブレイカ
しゃんぱん **シャンパン** shanpan	**샴페인** シャムペイン	champagne シャン**ペ**イン
じゃんぷ(する) **ジャンプ(する)** janpu (suru)	**점프**(**하다**) †チョムプ(ハダ)	jump **チャ**ンプ
しゃんぷー **シャンプー** shanpuu	**샴푸** シャムプ	shampoo シャン**プ**ー
じゃんる **ジャンル** janru	**장르** †チャンル	genre **ジャ**ーンル
しゅい **首位** shui	**수위**＊ スウィ	leading position **リ**ーディング ポ**ズィ**ション
しゅう **週** shuu	**주**＊ †チュ	week **ウィ**ーク

日	韓	英
じゅう **銃** juu	**총*** チョン	gun **ガ**ン
じゅう **自由** jiyuu	**자유*** †チャユ	freedom, liberty フ**リ**ーダム, **リ**バティ
～形	**자유형**(自由形) †チャユヒョン	free-style swim-ming フ**リ**ースタイル ス**ウィ**ミング
～席	**자유석**(自由席) †チャユソク	non-reserved seat ナンリ**ザ**ーヴド ス**ィ**ート
～な	**자유***(**로운**) †チャユ(ロウン)	free, liberal フ**リ**ー, **リ**ベラル
しゅうい **周囲** shuui	**주위*** †チュイ	circumference サー**カ**ムファレンス
じゅうい **獣医** juui	**수의사**(獣医師) スイサ	veterinarian ヴェテリ**ネ**アリアン
じゅういちがつ **十一月** juuichigatsu	**십일월*** シビルォル	November ノウ**ヴェ**ンバ
しゅうえき **収益** shuueki	**수익*** スイク	profits, gains プ**ラ**フィツ, **ゲ**インズ
しゅうかい **集会** shuukai	**집회*** †チプェ	meeting, gathering **ミ**ーティング, **ギャ**ザリング
しゅうかく(する) **収穫(する)** shuukaku (suru)	**수확***(**하다**) スファク(ハダ)	crop, harvest ク**ラ**プ, **ハ**ーヴェスト
しゅうがくりょこう **修学旅行** shuugakuryokou	**수학여행*** スハンニョヘン	school trip ス**ク**ール ト**リ**プ
じゅうがつ **十月** juugatsu	**시월*** シウォル	October アク**ト**ウバ

日	韓	英
しゅうかん **習慣** shuukan	**습관*** スプクヮン	habit, custom **ハ**ビト, **カ**スタム
しゅうかんし **週刊誌** shuukanshi	**주간지*** †チュガンジ	weekly **ウィ**ークリ
しゅうき **周期** shuuki	**주기*** †チュギ	cycle, period **サ**イクル, **ピ**アリオド
しゅうきゅう **週給** shuukyuu	**주급*** †チュグプ	weekly pay **ウィ**ークリ **ペ**イ
しゅうきゅう **週休** shuukyuu	**주휴*** †チュヒュ	weekly holiday **ウィ**ークリ **ハ**リデイ
じゅうきょ **住居** juukyo	**주거*** †チュゴ	dwelling, resi- dence ド**ウェ**リング, **レ**ズィデンス
しゅうきょう **宗教** shuukyou	**종교*** †チョンギョ	religion リ**リ**ヂョン
じゅうぎょういん **従業員** juugyouin	**종업원*** †チョンオブォン	employee, worker インプ**ロ**イイー, **ワ**ーカ
しゅうきん(する) **集金(する)** shuukin (suru)	**수금**(収金)**(하다)** スグム(ハダ)	collection of mon- ey; collect money コ**レ**クション オヴ **マ**ニ, コ **レ**クト **マ**ニ
じゅうきんぞく **重金属** juukinzoku	**중금속*** †チュングムソク	heavy metal **ヘ**ヴィ **メ**トル
しゅうけい(する) **集計(する)** shuukei (suru)	**집계*****(하다)** †チプケ(ハダ)	total **ト**ウトル
しゅうげき(する) **襲撃(する)** shuugeki (suru)	**습격*****(하다)** スプキョク(ハダ)	attack, assault ア**タ**ク, ア**ソ**ールト
しゅうごう(する) **集合(する)** shuugou (suru)	**집합*****(하다)** †チパプ(ハダ)	gathering; gather **ギャ**ザリング, **ギャ**ザ

日	韓	英
じゅうこうぎょう **重工業** juukougyou	**중공업*** †チュンゴンオプ	heavy industries ヘヴィ インダストリズ
じゅーさー **ジューサー** juusaa	**주서** †チュソ	juicer チューサ
しゅうさい **秀才** shuusai	**수재*** スジェ	talented person タレンテド パースン
しゅうざいさん **私有財産** shiyuuzaisan	**사유**(私有) **재산**(財産) サユ †チェサン	private property プライヴェト プラパティ
しゅうし **修士** shuushi	**석사**(碩士) ソクサ	master マスタ
～課程	**석사**(碩士) **과정**(課程) ソクサ †クヮジョン	master's course マスタズ コース
じゅうし(する) **重視(する)** juushi (suru)	**중시*****(하다)** †チュンシ(ハダ)	emphasis; attach importance to エンファスィス, アタチ インポータンス トゥ
じゅうじか **十字架** juujika	**십자가**(十字架) シプチャガ	cross クロース
しゅうじつ **終日** shuujitsu	**하루 종일*** ハルジョンイル	all day オール デイ
じゅうじつ(する) **充実(する)** juujitsu (suru)	**충실*****(하다)** チュンシル(ハダ)	fill up, complete フィル アプ, コンプリート
しゅうしふ **終止符** shuushifu	**종지부*** †チョンジブ	period ピアリオド
～を打つ	**종지부*****를 찍다** †チョンジブルル ッチクタ	put a period to プト ア ピアリオド トゥ
しゅうしゅう(する) **収集(する)** shuushuu (suru)	**수집*****(하다)** スジプ(ハダ)	collection; collect コレクション, コレクト

日	韓	英
~家	수집가 (収集家) スジプカ	collector コレクタ
しゅうしゅく(する) **収縮(する)** shuushuku (suru)	**수축**＊(**하다**) スチュク(ハダ)	contraction; contract コントラクション, コント**ラ** クト
じゅうじゅん(な) **従順(な)** juujun (na)	순종적 (順従的) **인** スンジョンジョギン	obedient オ**ビ**ーディエント
じゅうしょ **住所** juusho	주소＊ †チュソ	address ア**ド**レス
じゅうしょう **重傷** juushou	중상＊ †チュンサン	serious wound ス**ィ**アリアス **ウ**ーンド
しゅうしょく(する) **就職(する)** shuushoku (suru)	**취직**＊(**하다**) チュイジク(ハダ)	(find) employment (**ファ**インド) インプ**ロ**イメ ント
じゅうじろ **十字路** juujiro	사거리 サゴリ	crossroads ク**ロ**ースロウヅ
じゅうしん **重心** juushin	중심＊ †チュンシム	center of gravity **セ**ンタ オヴ グ**ラ**ヴィティ
じゅーす **ジュース** juusu	주스 †チュス	juice **ヂュ**ース
しゅうせい **習性** shuusei	습성＊ スプソン	habit **ハ**ビト
しゅうせい(する) **修正(する)** shuusei (suru)	**수정**＊(**하다**) スジョン(ハダ)	amend, revise ア**メ**ンド, リ**ヴァ**イズ
しゅうせん **終戦** shuusen	종전＊ †チョンジョン	end of the war **エ**ンド オヴ ザ **ウォ**ー
しゅうぜん(する) **修繕(する)** shuuzen (suru)	**수선**＊(**하다**) スソン(ハダ)	repair, mending リ**ペ**ア, **メ**ンディング

日	韓	英
じゅうぞく(する) **従属(する)** juuzoku (suru)	종속*(**되다**) †チョンソク(ドェダ)	subordination; (be) subordinate to サボーディネイション, (ビ) サボーディネト トゥ
じゅうたい **重体** juutai	중태* †チュンテ	serious condition スィアリアス コンディション
じゅうたい **渋滞** juutai	정체(停滞) †チョンチェ	jam チャム
じゅうだい(な) **重大(な)** juudai (na)	중대*(**한**) †チュンデ(ハン)	serious スィアリアス
しゅうたいせい **集大成** shuutaisei	집대성* †チプテソン	compilation コンピレイション
じゅうたく **住宅** juutaku	주택* †チュテク	house, housing ハウス, ハウズィング
しゅうだん **集団** shuudan	집단* †チプタン	group, body グループ, バディ
じゅうだん(する) **縦断(する)** juudan (suru)	종단*(**하다**) †チョンダン(ハダ)	traverse トラヴァース
しゅうち(の) **周知(の)** shuuchi (no)	주지*(**의**) †チュジ(エ)	well-known ウェルノウン
しゅうちしん **羞恥心** shuuchishin	수치심* スチシム	sense of shame センス オヴ シェイム
しゅうちゃく(する) **執着(する)** shuuchaku (suru)	집착*(**하다**) †チプチャク(ハダ)	attachment; stick to アタチメント, スティク トゥ
しゅうちゃくえき **終着駅** shuuchakueki	종착역* †チョンチャクヨク	terminus, terminal ターミナス, ターミナル
しゅうちゅう(する) **集中(する)** shuuchuu (suru)	집중*(**하다**) †チプチュン(ハダ)	concentration; concentrate カンセントレイション, カンセントレイト

日	韓	英
しゅうてん **終点** shuuten	**종점*** †チョンッチョム	end of a line エンド オヴ ア ライン
しゅうでん **終電** shuuden	**막차** マクチャ	last train ラスト トレイン
じゅうてん **重点** juuten	**중점*** †チュンッチョム	emphasis, importance エンファスィス, インポータンス
じゅうでん(する) **充電(する)** juuden (suru)	**충전***(**하다**) チュンジョン(ハダ)	charge チャーヂ
しゅうと **舅** shuuto	**시아버지** シアボジ	father-in-law ファーザリンロー
じゅうど(の) **重度(の)** juudo (no)	**심각**(深刻)(**한**),**중증**(重症) (**의**) シムガク(ハン), †チュンッチュン(エ)	serious スィアリアス
じゅうどう **柔道** juudou	**유도*** ユド	*judo* ヂュードウ
しゅうとく(する) **修[習]得(する)** shuutoku (suru)	**습득**(習得)(**하다**) スプトゥク(ハダ)	learning, acquirement; learn ラーニング, アクワイアメント, ラーン
しゅうとめ **姑** shuutome	**시어머니** シオモニ	mother-in-law マザリンロー
じゅうなん(な) **柔軟(な)** juunan (na)	**유연***(**한**) ユヨン(ハン)	flexible, supple フレクスィブル, サプル
じゅうにがつ **十二月** juunigatsu	**십이월*** シビウォル	December ディセンバ
じゅうにしちょう **十二指腸** juunishichou	**십이지장*** シビジジャン	duodenum デューアディーナム
しゅうにゅう **収入** shuunyuu	**수입*** スイプ	income インカム

日	韓	英
しゅうにん(する) **就任(する)** shuunin (suru)	**취임***(**하다**) チュイイム(ハダ)	inauguration; in-auguration イノーギュレイション, イノーギュレイト
しゅうのう(する) **収納(する)** shuunou (suru)	**수납***(**하다**) スナプ(ハダ)	storage; store ストーリヂ, ストー
しゅうはすう **周波数** shuuhasuu	**주파수*** †チュパス	frequency フリークウェンスィ
じゅうびょう **重病** juubyou	**중병*** †チュンビョン	serious illness ス**ィ**アリアス **イ**ルネス
しゅうふく(する) **修復(する)** shuufuku (suru)	**수복***(**하다**) スボク(ハダ)	restoration; restore レスト**レ**イション, リスト**ー**
じゅうぶん(な) **十分(な)** juubun (na)	**충분**(充分)(**한**) チュンブン(ハン)	sufficient, enough サ**フ**ィシェント, イ**ナ**フ
しゅうへん **周辺** shuuhen	**주변*** †チュビョン	circumference サー**カ**ムフェレンス
しゅうまつ **週末** shuumatsu	**주말*** †チュマル	weekend **ウ**ィーケンド
じゅうみん **住民** juumin	**주민*** †チュミン	inhabitant, resi-dent イン**ハ**ビタント, **レ**ズィデント
〜登録	**주민*** **등록**(登録) †チュミンドゥンノク	resident registra-tion **レ**ズィデント レジスト**レ**イション
じゅうやく **重役** juuyaku	**중역*** †チュンヨク	director ディ**レ**クタ
じゅうゆ **重油** juuyu	**중유*** †チュンユ	heavy oil **ヘ**ヴィ **オ**イル
しゅうよう(する) **収容(する)** shuuyou (suru)	**수용***(**하다**) スヨン(ハダ)	accommodation; receive ア**カ**モデイション, リス**ィ**ーヴ

日	韓	英
じゅうよう(な) **重要(な)** juuyou (na)	중요*(한) †チュンヨ(ハン)	important, principal インポータント, プリンスィパル
じゅうらい **従来** juurai	종래*(에) †チョンネ(エ)	up to this time アプ トゥ ズィス タイム
しゅうり(する) **修理(する)** shuuri (suru)	수리*(하다) スリ(ハダ)	repair, mend リペア, メンド
しゅうりょう(する) **終了(する)** shuuryou (suru)	종료*(하다) †チョンニョ(ハダ)	end, conclusion エンド, コンクルージョン
じゅうりょう **重量** juuryou	중량* †チュンニャン	weight ウェイト
〜挙げ	역기(力技), 역도(力道) ヨッキ, ヨット	weight lifting ウェイト リフティング
じゅうりょく **重力** juuryoku	중력* †チュンニョク	gravity, gravitation グラヴィティ, グラヴィテイション
しゅうろく(する) **収録(する)** shuuroku (suru)	수록*(하다) スロク(ハダ)	recording リコーディング
しゅうわい **収賄** shuuwai	수회*, 수뢰(収略) スフェ, スレェ	corruption, graft コラプション, グラフト
しゅえい **守衛** shuei	수위* スウィ	guard ガード
しゅえん(する) **主演(する)** shuen (suru)	주연*(하다) †チュヨン(ハダ)	leading role, play the leading part リーディング ロウル, プレイ ザ リーディング パート
しゅかん **主観** shukan	주관* †チュグヮン	subjectivity サブヂェクティヴィティ
〜的な	주관적(主観的)인 †チュグヮンジョギン	subjective サブヂェクティヴ

日	韓	英
しゅぎ **主義** shugi	**주의** * †チュイ	principle, doctrine プリンスィプル, **ダ**クトリン
しゅぎょう(する) **修行(する)** shugyou (suru)	**수행** * **(하다)** スヘン(ハダ)	apprenticeship アプ**レ**ンティスシプ
じゅきょう **儒教** jukyou	**유교** * ユギョ	Confucianism コン**フュ**ーシャニズム
じゅぎょう **授業** jugyou	**수업** * スオプ	teaching, lesson **ティ**ーチング, **レ**スン
じゅく **塾** juku	**학원** (学院) ハグォン	*juku* (school) **ヂュ**ク (ス**ク**ール)
しゅくえん **祝宴** shukuen	**연회** (宴会) ヨンフェ	feast, banquet **フィ**ースト, **バ**ンクウェト
しゅくがかい **祝賀会** shukugakai	**축하회** * チュカフェ	celebration セレ**ブレ**イション
じゅくご **熟語** jukugo	**숙어** * スゴ	idiom, phrase **イ**ディオム, フ**レ**イズ
しゅくさいじつ **祝祭日** shukusaijitsu	**국경일** (国慶日) †ククキョンイル	national holiday **ナ**ショナル **ハ**リデイ
しゅくしょう(する) **縮小(する)** shukushou (suru)	**축소** * **(하다)** チュクソ(ハダ)	reduction; reduce リ**ダ**クション, リ**デュ**ース
じゅくす **熟す** jukusu	**잘 익다, 무르익다** †チャル イクタ, ムルイクタ	become ripe, mature ビ**カ**ム **ラ**イプ, マ**チュ**ア
しゅくだい **宿題** shukudai	**숙제** * スクチェ	homework **ホ**ウムワーク
しゅくはく(する) **宿泊(する)** shukuhaku (suru)	**숙박** * **(하다)** スクパク(ハダ)	lodging; lodge, stay **ラ**ヂング, **ラ**ヂ, ス**テ**イ
〜料	**숙박료** (宿泊料) スクパンニョ	hotel charges ホ**ウ**テル **チャ**ーヂズ

日	韓	英
しゅくふく(する) **祝福(する)** shukufuku (suru)	**축복***(**하다**) チュクポク(ハダ)	blessing; bless ブレスィング，ブレス
じゅくれん(する) **熟練(する)** jukuren (suru)	**숙련***(**되다**) スンニョン(ドェダ)	become skilled ビカム スキルド
しゅけん **主権** shuken	**주권*** †チュックォン	sovereignty サヴレンティ
じゅけん **受験** juken	**수험*** スホム	examination イグザミネイション
しゅご **主語** shugo	**주어*** †チュオ	subject サブヂェクト
しゅごう **酒豪** shugou	**주호***，**술고래** †チュホ，スルゴレ	heavy drinker ヘヴィ ドリンカ
しゅさい(する) **主催(する)** shusai (suru)	**주최***(**하다**) †チュチュェ(ハダ)	sponsor スパンサ
しゅざい(する) **取材(する)** shuzai (suru)	**취재***(**하다**) チュイジェ(ハダ)	gather information ギャザ インフォメイション
しゅじゅつ **手術** shujutsu	**수술*** ススル	operation アペレイション
～する	**수술***(**하다**) ススルハダ	operate アペレイト
しゅしょう **主将** shushou	**주장*** †チュジャン	captain キャプティン
しゅしょう **首相** shushou	**수상*** スサン	prime minister プライム ミニスタ
じゅしょう(する) **受賞(する)** jushou (suru)	**수상***(**하다**) スサン(ハダ)	winning a prize; win a prize ウィニング ア プライズ， ウィン ア プライズ

日	韓	英
しゅしょく **主食** shushoku	**주식**＊ †チュシク	staple food ステイプル フード
じゅしん（する） **受信（する）** jushin (suru)	**수신**＊**（하다）** スシン（ハダ）	reception; receive リセプション, リスィーヴ
しゅじんこう **主人公** shujinkou	**주인공**＊ †チュインゴン	hero, heroine ヒアロウ, ヘロウイン
しゅせき **首席** shuseki	**수석**＊ スソク	head ヘド
しゅだい **主題** shudai	**주제**＊ †チュジェ	subject, theme サブヂェクト, スィーム
しゅだん **手段** shudan	**수단**＊ スダン	means, way ミーンズ, ウェイ
しゅちょう（する） **主張（する）** shuchou (suru)	**주장**＊**（하다）** †チュジャン（ハダ）	assertion, claim アサーション, クレイム
しゅつえん（する） **出演（する）** shutsuen (suru)	**출연（하다）** チュリョン（ハダ）	appearance; (ap- pear) on the stage アピアランス, (アピア) オン ザ ステイヂ
しゅっきん（する） **出勤（する）** shukkin (suru)	**출근**＊**（하다）** チュルグン（ハダ）	attendance; go to work アテンダンス, ゴウ トゥ ワーク
しゅっけつ（する） **出血（する）** shukketsu (suru)	**출혈**＊**（하다）** チュルヒョル（ハダ）	hemorrhage, bleeding ヘモリヂ, ブリーディング
しゅつげん（する） **出現（する）** shutsugen (suru)	**출현**＊**（하다）** チュルヒョン（ハダ）	appearance; ap- pear アピアランス, アピア
じゅつご **述語** jutsugo	**술어**＊ スロ	predicate プレディカト
しゅっこく（する） **出国（する）** shukkoku (suru)	**출국**＊**（하다）** チュルグク（ハダ）	departure from a country; leave a country ディパーチャ フラム ア カン トリ, リーヴ ア カントリ

日	韓	英
しゅっさん（する） **出産（する）** shussan (suru)	**출산**＊（**하다**） チュルッサン（ハダ）	(give) birth （**ギ**ヴ）**バ**ース
しゅっし（する） **出資（する）** shusshi (suru)	**출자**＊（**하다**） チュルッチャ（ハダ）	investment; invest イン**ヴェ**ストメント，イン**ヴェ**スト
しゅつじょう（する） **出場（する）** shutsujou (suru)	**출장**＊（**하다**） チュルッチャン（ハダ）	participation; par- ticipate パーティスィ**ペ**イション， パー**ティ**スィペイト
しゅっしん **出身** shusshin	**출신**＊ チュルッシン	place of origin プ**レ**イス オヴ **オ**ーリヂン
～校	**출신교**(出身校)，**모교**(母校) チュルッシンキョ，モギョ	alma mater **ア**ルマ **メ**イタ
～地	**출신지**(出身地) チュルッシンジ	hometown **ホ**ウム**タ**ウン
しゅっせ（する） **出世（する）** shusse (suru)	**출세**＊（**하다**） チュルッセ（ハダ）	success in life サク**セ**ス イン **ラ**イフ
しゅっせき（する） **出席（する）** shusseki (suru)	**출석**＊（**하다**） チュルッソク（ハダ）	attendance; attend ア**テ**ンダンス，ア**テ**ンド
～者	**출석자**(出席者) チュルッソクチャ	attendance ア**テ**ンダンス
しゅっちょう **出張** shucchou	**출장**＊ チュルッチャン	business trip **ビ**ズネス ト**リ**プ
～する	**출장**＊ **가다** チュルッチャン †カダ	make a business trip **メ**イク ア **ビ**ズネス ト**リ**プ
しゅっぱつ（する） **出発（する）** shuppatsu (suru)	**출발**＊（**하다**） チュルバル（ハダ）	departure; start, depart ディ**パ**ーチャ，ス**タ**ート， ディ**パ**ート
しゅっぱん（する） **出版（する）** shuppan (suru)	**출판**＊（**하다**） チュルパン（ハダ）	publication; pub- lish パブリ**ケ**イション，**パ**ブリ シュ

日	韓	英
〜社	출판사(出版社) チュルパンサ	publishing company パブリシング カンパニ
しゅっぴ 出費 shuppi	지출(支出) †チチュル	expenses イクスペンセズ
しゅつりょく(する) 出力(する) shutsuryoku (suru)	출력*(하다) チュルリョク(ハダ)	output アウトプト
しゅと 首都 shuto	수도* スド	capital, metropolis キャピタル, メトロポリス
しゅどう 手動 shudou	수동* スドン	manual マニュアル
しゅどう(する) 主導(する) shudou (suru)	주도*(하다) †チュド(ハダ)	(take) initiative (テイク) イニシャティヴ
〜権	주도권(主導権) †チュドックォン	initiative イニシャティヴ
じゅどうたい 受動態 judoutai	수동태* スドンテ	passive voice パスィヴ ヴォイス
しゅとく(する) 取得(する) shutoku (suru)	취득*(하다) チュイドゥク(ハダ)	acquisition; acquire アクウィズィション, アクワイア
じゅなん 受難 junan	수난* スナン	sufferings サファリングズ
じゅにゅう(する) 授乳(する) junyuu (suru)	수유*(하다) スユ(ハダ)	breast-feeding; nurse ブレストフィーディング, ナース
しゅにん 主任 shunin	주임* †チュイム	chief, head チーフ, ヘド
しゅのう 首脳 shunou	수뇌* スヌェ	head ヘド

日	韓	英
しゅび **守備** shubi	**수비**∗ スビ	defense ディ**フェ**ンス
しゅひん **主賓** shuhin	**주빈**∗ †チュビン	guest of honor **ゲ**スト オヴ **ア**ナ
しゅふ **主婦** shufu	**주부**∗ †チュブ	housewife **ハ**ウスワイフ
しゅみ **趣味** shumi	**취미**∗ チュイミ	taste, hobby **テ**イスト, **ハ**ビ
じゅみょう **寿命** jumyou	**수명**∗ スミョン	life span **ラ**イフ ス**パ**ン
しゅもく **種目** shumoku	**종목**∗ †チョンモク	item; event **ア**イテム, イ**ヴェ**ント
しゅやく **主役** shuyaku	**주역**∗ †チュヨク	leading part **リ**ーディング **パ**ート
しゅよう **腫瘍** shuyou	**종양**∗ †チョンヤン	tumor **テュ**ーマ
しゅよう(な) **主要(な)** shuyou (na)	**주요**∗(한) †チュヨ(ハン)	principal, main **プ**リンスィパル, **メ**イン
じゅよう **需要** juyou	**수요**∗ スヨ	demand ディ**マ**ンド
じゅりつ(する) **樹立(する)** juritsu (suru)	**수립**∗(**하다**) スリプ(ハダ)	establishment; establish イス**タ**ブリシュメント, イス**タ**ブリシュ
しゅりょう **狩猟** shuryou	**수렵**∗, **사냥** スリョプ, サニャン	hunting **ハ**ンティング
しゅりょく **主力** shuryoku	**주력**∗ †チュリョク	main force **メ**イン **フォ**ース

日	韓	英
しゅるい **種類** shurui	**종류**＊ †チョンニュ	kind, sort **カ**インド, **ソ**ート
しゅわ **手話** shuwa	**수화**＊ スファ	sign language **サ**イン **ラ**ングウィヂ
じゅわき **受話器** juwaki	**수화기**＊ スファギ	receiver リ**ス**ィーヴァ
じゅん **準** jun	**준**＊ †チュン	semi- **セ**ミ
〜決勝	**준결승**(準決勝) †チュンギョルッスン	semi-finals セミ**ファ**イナル
じゅん **順** jun	**순서**(順序), **차례**(次例) スンソ, チャレ	order, turn **オ**ーダ, **タ**ーン
じゅんい **順位** jun-i	**순위**＊ スヌィ	grade, ranking グ**レ**イド, **ラ**ンキング
じゅんえき **純益** jun-eki	**순익**＊ スニク	net profit **ネ**ト プ**ラ**フィト
しゅんかん **瞬間** shunkan	**순간**＊ スンガン	moment **モ**ウメント
じゅんかん(する) **循環(する)** junkan (suru)	**순환**＊(**하다**) スンファン(ハダ)	circulation; circulate サーキュ**レ**イション, **サ**ーキュレイト
じゅんきん **純金** junkin	**순금**＊ スングム	pure gold **ピュ**ア **ゴ**ウルド
じゅんじょ **順序** junjo	**순서**＊ スンソ	order **オ**ーダ
じゅんじょう **純情** junjou	**순정**＊ スンジョン	pure heart **ピュ**ア **ハ**ート

日	韓	英
じゅんしん(な) **純真(な)** junshin (na)	**순진**＊(한) スンジン(ハン)	naive, innocent ナーイーヴ, **イ**ノセント
じゅんすい(な) **純粋(な)** junsui (na)	**순수**＊(한) スンス(ハン)	pure, genuine **ピュ**ア, **チェ**ニュイン
じゅんちょう(な) **順調(な)** junchou (na)	**순조**＊(로운) スンジョ(ロウン)	smooth, favorable ス**ム**ーズ, **フェ**イヴァラブル
じゅんのう(する) **順応(する)** junnou (suru)	**순응**＊(하다) スヌン(ハダ)	adaptation; adapt *oneself* to アダプ**テ**イション, ア**ダ**プト トゥ
じゅんばん **順番** junban	**순번**＊, **차례**(次例) スンボン, チャレ	order, turn **オ**ーダ, **タ**ーン
じゅんび(する) **準備(する)** junbi (suru)	**준비**＊(하다) †チュンビ(ハダ)	preparation; pre- pare プレパ**レ**イション, プリ**ペ**ア
じゅんろ **順路** junro	**길**, **경로**(経路) †キル, †キョンノ	fixed route **フィ**クスト **ル**ート
しょう **省** shou	**성**＊, **부**(部) ソン, †プ	ministry **ミ**ニストリ
しょう **章** shou	**장**＊ †チャン	chapter **チャ**プタ
しょう **賞** shou	**상**＊ サン	prize, reward プ**ラ**イズ, リ**ウォ**ード
しよう **私用** shiyou	**사적**(私的)**인 용무**(用務) サッチョギン ヨンム	private business プ**ラ**イヴェト **ビ**ズネス
しよう(する) **使用(する)** shiyou (suru)	**사용**＊(하다) サヨン(ハダ)	use **ユ**ーズ
～料	**사용료**(使用料) サヨンニョ	fee **フィ**ー

日	韓	英
じょう **錠** jou	**자물쇠** †チャムルッスェ	lock **ラ**ク
じょうえい（する） **上映（する）** jouei (suru)	**상영**＊**(하다)** サンヨン（ハダ）	put on, show **プ**ト **オ**ン，**ショ**ウ
しょうエネ **省エネ** shouene	**에너지 절약**（節約） エノジ †**チョ**リャク	energy saving **エ**ナヂ **セ**イヴィング
じょうえん（する） **上演（する）** jouen (suru)	**상연**＊**(하다)** サンヨン（ハダ）	presentation; present プリーゼン**テ**イション，プリ**ゼ**ント
しょうか **消火** shouka	**소화**＊ ソファ	fire fighting **ファ**イア **ファ**イティング
〜する	**불을 끄다** †**プ**ルル ッ**ク**ダ	put out a fire **プ**ト **ア**ウト ア **ファ**イア
〜器	**소화기**（消火器） ソファギ	extinguisher イクス**ティ**ングウィシャ
しょうか（する） **消化（する）** shouka (suru)	**소화**＊**(하다)** ソファ（ハダ）	digestion; digest ディ**ヂェ**スチョン，**ダ**イヂェスト
〜不良	**소화**＊ **불량**（不良） ソファブルリャン	indigestion インディ**ヂェ**スチョン
しょうが **生姜** shouga	**생강**（生薑） センガン	ginger **ヂ**ンヂャ
しょうかい（する） **照会（する）** shoukai (suru)	**조회**＊**(하다)** †チョフェ（ハダ）	inquiry; inquire インク**ワ**イアリ，インク**ワ**イア
しょうかい（する） **紹介（する）** shoukai (suru)	**소개**＊**(하다)** ソゲ（ハダ）	introduction; introduce イントロ**ダ**クション，イントロ**デュ**ース
しょうがい **傷害** shougai	**상해**＊ サンヘ	injury **イ**ンヂャリ

日	韓	英
しょうがい **障害** shougai	장해* †チャンヘ	obstacle **ア**ブスタクル
しょうがい **生涯** shougai	생애* センエ	lifetime **ラ**イフタイム
しょうがくきん **奨学金** shougakukin	장학금* †チャンハクグム	scholarship ス**カ**ラシプ
しょうがくせい **小学生** shougakusei	초등학생(初等学生) チョドゥンハクセン	schoolchild ス**ク**ールチャイルド
しょうがくせい **奨学生** shougakusei	장학생* †チャンハクセン	scholar ス**カ**ラ
しょうがつ **正月** shougatsu	정월* †チョンウォル	New Year **ニュ**ー **イ**ア
しょうがっこう **小学校** shougakkou	초등학교(初等学校) チョドゥンハクキョ	elementary school エレ**メ**ンタリ ス**ク**ール
じょうき **蒸気** jouki	증기* †チュンギ	vapor, steam **ヴェ**イパ, ス**ティ**ーム
じょうぎ **定規** jougi	자 †チャ	ruler **ル**ーラ
じょうきゃく **乗客** joukyaku	승객* スンゲク	passenger **パ**センチャ
しょうきゅう(する) **昇給(する)** shoukyuu (suru)	승급*(하다) スングプ(ハダ)	raise **レ**イズ
じょうきゅう **上級** joukyuu	상급* サングプ	high rank **ハ**イ **ラ**ンク
しょうぎょう **商業** shougyou	상업* サンオプ	commerce **カ**マス
じょうきょう **情[状]況** joukyou	정황(情況), 상황(状況) †チョンファン, サンファン	circumstances **サ**ーカムスタンセズ

日	韓	英
しょうきょくてきな 消極的な shoukyokutekina	소극적*인 ソグクチョギン	negative, passive ネガティヴ, パスィヴ
しょうぐん 将軍 shougun	장군* †チャングン	general ヂェネラル
じょうげ 上下 jouge	상하* サンハ	top and bottom タプ アンド バトム
～する	오르내리다 オルネリダ	rise and fall ライズ アンド フォール
じょうけい 情景 joukei	정경* †チョンギョン	spectacle, sight スペクタクル, サイト
しょうげき 衝撃 shougeki	충격* チュンギョク	shock, impact シャク, インパクト
しょうけん 証券 shouken	증권* †チュンックォン	bill, bond ビル, バンド
しょうげん(する) 証言(する) shougen (suru)	증언*(하다) †チュンオン(ハダ)	testimony; testify テスティモウニ, テスティファイ
じょうけん 条件 jouken	조건* †チョッコン	condition, terms コンディション, タームズ
しょうこ 証拠 shouko	증거* †チュンゴ	proof, evidence プルーフ, エヴィデンス
しょうご 正午 shougo	정오* †チョンオ	noon ヌーン
じょうこく(する) 上告(する) joukoku (suru)	상고*(하다) サンゴ(ハダ)	appeal アピール
しょうさい 詳細 shousai	상세*한 것, 자세(子細)한 것 サンセハン †コッ, †チャセハン †コッ	details ディーテイルズ
じょうざい 錠剤 jouzai	정제* †チョンジェ	tablet タブレト

日	韓	英
じょうし **上司** joushi	**상사**＊ サンサ	superior, boss スーピアリア, バス
しょうじき **正直** shoujiki	**정직**＊ †チョンジク	honesty アネスティ
～な	**정직**＊(한) †チョンジク(ハン)	honest アネスト
じょうしき **常識** joushiki	**상식**＊ サンシク	common sense カモン センス
じょうしつ(の) **上質(の)** joushitsu (no)	**상질**＊(의) サンジル(エ)	fine quality ファイン クワリティ
しょうしゃ **商社** shousha	**상사**＊ サンサ	trading company トレイディング カンパニ
じょうしゃ(する) **乗車(する)** jousha (suru)	**승차**＊(하다) スンチャ(ハダ)	ride; board, take, get in ライド, ボード, テイク, ゲト イン
～券	**승차권**(乗車券) スンチャックォン	ticket ティケト
しょうしゅう(する) **召集(する)** shoushuu (suru)	**소집**＊(하다) ソジプ(ハダ)	convene, call コンヴィーン, コール
じょうじゅん **上旬** joujun	**상순**＊ サンスン	first ten days of a month ファースト テン デイズ オヴ ア マンス
しょうしょ **証書** shousho	**증서**＊ †チュンソ	bond, deed バンド, ディード
しょうじょ **少女** shoujo	**소녀**＊ ソニョ	girl ガール
しょうしょう **少々** shoushou	**약간**(若干), **조금** ヤクカン, †チョグム	a little, a few ア リトル, ア フュー

日	韓	英
しょうじょう **症状** shoujou	**증상*** †チュンサン	symptom ス**ィ**ンプトム
しょうじょう **賞状** shoujou	**상장*** サンッチャン	certificate of merit サ**テ**ィフィケト オヴ **メ**リト
じょうしょう(する) **上昇(する)** joushou (suru)	**상승*****(하다)** サンスン(ハダ)	rise, ascent **ラ**イズ, ア**セ**ント
じょうじょう(する) **上場(する)** joujou (suru)	**상장*****(하다)** サンジャン(ハダ)	list on the stock exchange **リ**スト オン ザ ス**タ**ク イク ス**チェ**インヂ
しょうじる **生じる** shoujiru	**생기다, 발생(発生)하다** センギダ, †パルッセンハダ	happen, take place **ハ**プン, **テ**イク プ**レ**イス
しょうしん(する) **昇進(する)** shoushin (suru)	**승진*****(하다)** スンジン(ハダ)	promotion; be promoted プロ**モ**ウション, ビ プロ**モ**ウテド
じょうず(な) **上手(な)** jouzu (na)	**능숙(能熟)(한), 능란(能爛)(한)** ヌンスク(ハン), ヌンナン(ハン)	skillful ス**キ**ルフル
しょうすう **小数** shousuu	**소수*** ソス	decimal **デ**スィマル
しょうすう **少数** shousuu	**소수*** ソス	minority ミ**ノ**ーリティ
じょうせい **情勢** jousei	**정세*** †チョンセ	situation スィチュ**エ**イション
しょうせつ **小説** shousetsu	**소설*** ソソル	novel **ナ**ヴェル
～家	**소설가(小説家)** ソソルガ	novelist **ナ**ヴェリスト
じょうせつ(の) **常設(の)** jousetsu (no)	**상설*****(의)** サンソル(エ)	standing ス**タ**ンディング

日	韓	英
じょうせん(する) **乗船(する)** jousen (suru)	**승선***(**하다**) スンソン(ハダ)	embarkation; embark インバー**ケ**イション, イン**パ**ーク
しょうそく **消息** shousoku	**소식*** ソシク	news, information **ニ**ューズ, インフォ**メ**イション
しょうたい(する) **招待(する)** shoutai (suru)	**초대***(**하다**) チョデ(ハダ)	invitation; invite インヴィ**テ**イション, イン**ヴァ**イト
じょうたい **状態** joutai	**상태*** サンテ	state, situation ス**テ**イト, スィチュ**エ**イション
しょうだく(する) **承諾(する)** shoudaku (suru)	**승낙***(**하다**) スンナク(ハダ)	consent, agreement コン**セ**ント, ア**グ**リーメント
じょうたつ(する) **上達(する)** joutatsu (suru)	**향상**(向上)(**되다**) ヒャンサン(ドェダ)	improvement; improve インプ**ル**ーヴメント, インプ**ル**ーヴ
しょうだん **商談** shoudan	**상담*** サンダム	business talk **ビ**ズネス **ト**ーク
じょうだん **冗談** joudan	**농담**(弄談) ノンダム	joke, jest **チョ**ウク, **チェ**スト
しょうち(する) **承知(する)** shouchi (suru)	**승낙**(承諾)(**하다**), **동의**(同意)(**하다**) スンナク(ハダ), †トンイ(ハダ)	agreement; agree ア**グ**リーメント, アグ**リ**ー
じょうちょ **情緒** joucho	**정서*** †チョンソ	atmosphere **ア**トモスフィア
しょうちょう(する) **象徴(する)** shouchou (suru)	**상징***(**하다**) サンジン(ハダ)	symbol; symbolize ス**ィ**ンボル, ス**ィ**ンボライズ
しょうてん **商店** shouten	**상점*** サンジョム	store, shop ス**ト**ー, **シャ**プ
しょうてん **焦点** shouten	**초점*** チョッチョム	focus **フォ**ウカス

日	韓	英
じょうと(する) **譲渡(する)** jouto (suru)	**양도***(**하다**) ヤンド(ハダ)	transfer ト**ラ**ンスファ
しょうどう **衝動** shoudou	**충동*** チュンドン	impulse **イ**ンパルス
〜的な	**충동적**(衝動的)**인** チュンドンジョギン	impulsive インパル**スィ**ヴ
じょうとう(の) **上等(の)** joutou (no)	**고급**(高級)(**한**)，**상등***(**의**) コグプ(ハン), サンドゥン(エ)	good, superior **グ**ド, スー**ピ**アリア
しょうどく(する) **消毒(する)** shoudoku (suru)	**소독***(**하다**) ソドク(ハダ)	disinfection; disinfect ディスイン**フェ**クション, ディスイン**フェ**クト
〜薬	**소독약**(消毒薬) ソドンニャク	disinfectant ディスイン**フェ**クタント
しょうとつ(する) **衝突(する)** shoutotsu (suru)	**충돌***(**하다**) チュンドル(ハダ)	collision, clash コ**リ**ジョン, ク**ラ**シュ
しょうにか **小児科** shounika	**소아과*** ソアックヮ	pediatrics ピーディ**ア**トリクス
〜医	**소아과*** **의사**(医師) ソアックヮ ウィサ	pediatrician ピーディアト**リ**シャン
しょうにん **商人** shounin	**상인*** サンイン	merchant **マ**ーチャント
しょうにん **証人** shounin	**증인*** †チュンイン	witness **ウィ**トネス
じょうにん(の) **常任(の)** jounin (no)	**상임***(**의**) サンイム(エ)	standing, regular ス**タ**ンディング, **レ**ギュラ
じょうねつ **情熱** jounetsu	**정열*** †チョンニョル	passion, ardor **パ**ション, **ア**ーダ

日	韓	英
しょうねん**少年** shounen	**소년**＊ ソニョン	boy **ボ**イ
じょうば**乗馬** jouba	**승마**＊ スンマ	riding **ラ**イディング
しょうはい**勝敗** shouhai	**승패**＊ スンペ	victory or defeat **ヴィ**クトリ オ ディ**フィー**ト
しょうばい**商売** shoubai	**장사**＊ †チャンサ	trade, business ト**レ**イド, **ビ**ズネス
じょうはつ**蒸発(する)** jouhatsu (suru)	**증발**＊**(하다)** †チュンバル(ハダ)	evaporation; evaporate イ**ヴァ**ポレイション, イ**ヴァ**ポレイト
(失踪)	**실종(失踪)(되다)** シルジョン(ドェダ)	disappearance; disappear ディサ**ピ**アランス, ディサ**ピ**ア
しょうひ**消費(する)** shouhi (suru)	**소비**＊**(하다)** ソビ(ハダ)	consumption; consume コン**サ**ンプション, コン**シュ**ーム
～者	**소비자(消費者)** ソビジャ	consumer コン**シュ**ーマ
～税	**소비세(消費税)** ソビセ	consumption tax コン**サ**ンプション **タ**クス
しょうひょう**商標** shouhyou	**상표**＊ サンピョ	trademark, brand ト**レ**イドマーク, ブ**ラ**ンド
しょうひん**賞品** shouhin	**상품**＊ サンプム	prize プ**ラ**イズ
しょうひん**商品** shouhin	**상품**＊ サンプム	commodity, goods コ**マ**ディティ, **グ**ヅ
～化(する)	**상품화(商品化)(하다)** サンプムファ(ハダ)	commercialize コ**マ**ーシャライズ

日	韓	英
じょうひん(な) **上品(な)** jouhin (na)	**고상**(高尚)**(한)** †コサン(ハン)	elegant, refined エ**リ**ガント, リ**ファ**インド
しょうぶ **勝負** shoubu	**승부*** スンブ	game, match **ゲ**イム, **マ**チ
〜する	**승부*****를 가르다** スンブルル †カルダ	contest, fight コン**テ**スト, **ファ**イト
じょうぶな **丈夫な** joubuna	**건강**(健康)**한, 튼튼한** †コンガンハン, トゥントゥンハン	strong, robust スト**ロ**ング, ロウ**バ**スト
しょうべん **小便** shouben	**소변*** ソビョン	urine **ユ**アリン
じょうほ(する) **譲歩(する)** jouho (suru)	**양보*****(하다)** ヤンボ(ハダ)	concession; con-cede コン**セ**ション, コン**スィ**ード
じょうほう **情報** jouhou	**정보*** †チョンボ	information インフォ**メ**イション
しょうぼうし **消防士** shouboushi	**소방관**(消防官) ソバングヮン	fire fighter **ファ**イア **ファ**イタ
しょうぼうしゃ **消防車** shoubousha	**소방차*** ソバンチャ	fire engine **ファ**イア **エ**ンヂン
しょうぼうしょ **消防署** shoubousho	**소방서*** ソバンソ	firehouse **ファ**イアハウス
しょうみ **正味** shoumi	**정미***, **정량**(正量) †チョンミ, †チョンニャン	net **ネ**ト
じょうみゃく **静脈** joumyaku	**정맥*** †チョンメク	vein **ヴェ**イン
じょうむいん **乗務員** joumuin	**승무원*** スンムウォン	crew (member) ク**ル**ー (**メ**ンバ)
しょうめい **照明** shoumei	**조명*** †チョミョン	lighting **ラ**イティング

日	韓	英
しょうめい(する) **証明(する)** shoumei (suru)	**증명*(하다)** †チュンミョン(ハダ)	proof; prove プルーフ, プルーヴ
～書	**증명서**(証明書) †チュンミョンソ	certificate サティフィケト
しょうめん **正面** shoumen	**정면*** †チョンミョン	front フラント
じょうやく **条約** jouyaku	**조약*** †チョヤク	treaty, pact トリーティ, パクト
しょうゆ **醤油** shouyu	**간장** †カンジャン	soy sauce ソイ ソース
しょうよう **商用** shouyou	**상용*** サンヨン	business ビズネス
じょうよう(する) **常用(する)** jouyou (suru)	**상용*(하다)** サンヨン(ハダ)	common use; use habitually カモン ユース, ユーズ ハビチュアリ
じょうようしゃ **乗用車** jouyousha	**승용차*** スンヨンチャ	passenger car パセンヂャ カー
しょうらい **将来** shourai	**장래*** †チャンネ	the future フューチャ
しょうり **勝利** shouri	**승리*** スンニ	victory ヴィクトリ
じょうりく(する) **上陸(する)** jouriku (suru)	**상륙*(하다)** サンニュク(ハダ)	landing; land ランディング, ランド
しょうりつ **勝率** shouritsu	**승률*** スンニュル	winning percentage ウィニング パセンティヂ
しょうりゃく(する) **省略(する)** shouryaku (suru)	**생략*(하다)** センニャク(ハダ)	abridgment; abridge アブリヂメント, アブリヂ

日	韓	英
じょうりゅう **上流** jouryuu	**상류**＊ サンニュ	upper stream **ア**パ スト**リ**ーム
じょうりゅう(する) **蒸留(する)** jouryuu (suru)	**증류**＊**(하다)** †チュンニュ(ハダ)	distillation; distill ディスティ**レ**イション，ディ ス**ティ**ル
〜酒	**증류주**(蒸留酒) †チュンニュジュ	distilled liquor ディス**ティ**ルド **リ**カ
しょうりょう **少量** shouryou	**소량**＊ ソリャン	a little ア **リ**トル
しょうれい(する) **奨励(する)** shourei (suru)	**장려**＊**(하다)** †チャンニョ(ハダ)	encouragement; encourage インカーリヂメント，イン **カ**ーリヂ
じょうれい **条例** jourei	**조례**＊ †チョレ	regulations, rules レギュ**レ**イションズ，**ル**ール ズ
じょうれん **常連** jouren	**단골 손님** †タンゴル ソンニム	frequenter フリーク**ウェ**ンタ
しょうろんぶん **小論文** shouronbun	**소논문**＊ ソノンムン	essay **エ**セイ
しょえん **初演** shoen	**초연**＊ チョヨン	first public perfor- mance **ファ**ースト **パ**ブリク パ **フォ**ーマンス
ショー shoo	**쇼** ショ	show **ショ**ウ
〜ウインドウ	**쇼 윈도** ショ ウィンド	show window **ショ**ウ **ウィ**ンドウ
しょーつ **ショーツ** （婦人用下着） shootsu	**팬티** ペンティ	shorts **ショ**ーツ
しょーとぱんつ **ショートパンツ** shootopantsu	**반**(半)**바지** †パンバジ	short pants **ショ**ート **パ**ンツ

日	韓	英
しょーる **ショール** shooru	**숄** ショル	shawl **ショール**
しょか **初夏** shoka	**초여름** チョヨルム	early summer **アー**リ **サ**マ
じょがい(する) **除外(する)** jogai (suru)	**제외**＊(**하다**) †チェ**ウェ**(ハダ)	exception; except イク**セプ**ション, イク**セ**プト
しょき **初期** shoki	**초기**＊ チョギ	first stage **ファ**ースト ス**テ**イヂ
しょき **書記** (記録係) shoki	**서기**＊ ソギ	clerk, secretary ク**ラ**ーク, **セ**クレテリ
(政党・組織などの)	**서기관**(書記官) ソギジャングヮン	secretary-general **セ**クレタリ**ヂ**ェネラル
しょきゅう **初級** shokyuu	**초급**＊ チョ**グ**プ	beginners' class ビ**ギ**ナズ ク**ラ**ス
じょきょ(する) **除去(する)** jokyo (suru)	**제거**＊(**하다**) †チェ**ゴ**(ハダ)	removal; remove リ**ムー**ヴァル, リ**ムー**ヴ
しょく **職** shoku	(**일**)**자리** (イル)ジャリ	job, work, position **チャ**ブ, **ワ**ーク, ポ**ズィ**ション
しょくいん **職員** shokuin	**직원**＊ †チ**グォ**ン	the staff ザ ス**タ**フ
しょくぎょう **職業** shokugyou	**직업**＊ †チ**ゴ**プ	occupation, profession アキュ**ペ**イション, プロ**フェ**ション
〜病	**직업병**(職業病) †チ**ゴ**プピョン	occupational disease アキュ**ペ**イショナル ディ**ズィ**ーズ
しょくご **食後** shokugo	**식후**＊ シ**ク**フ	after a meal ア**フ**タ ア **ミ**ール

日	韓	英
しょくじ **食事** shokuji	식사* シクサ	meal ミール
しょくぜん **食前** shokuzen	식전* シクチョン	before a meal ビフォー ア ミール
しょくちゅうどく **食中毒** shokuchuudoku	식중독* シクチュンドク	food poisoning フード ポイズニング
しょくつう **食通** shokutsuu	미식가(美食家) ミシクカ	gourmet グアメイ
しょくどう **食堂** shokudou	식당* シクタン	restaurant レストラント
しょくにん **職人** shokunin	장인(匠人) †チャンイン	workman, artisan ワークマン, アーティザン
しょくば **職場** shokuba	직장* †チクチャン	place of work プレイス オヴ ワーク
しょくひ **食費** shokuhi	식비* シクピ	food expenses フード イクスペンセズ
しょくひん **食品** shokuhin	식품* シクプム	food フード
～添加物	식품* 첨가물(添加物) シクプムチョムガムル	food additives フード アディティヴズ
しょくぶつ **植物** shokubutsu	식물* シンムル	plant, vegetation プラント, ヴェデテイション
～園	식물원(植物園) シンムルォン	botanical garden ボタニカル ガードン
しょくもつ **食物** shokumotsu	식물* シンムル	food フード
しょくよう **食用** shokuyou	식용* シギョン	for food, edible フォ フード, エディプル

日	韓	英
しょくよく **食欲** shokuyoku	**식욕**∗ シギョク	appetite ア**ペ**タイト
しょくりょう **食料** shokuryou	**식료**∗ シンニョ	food **フ**ード
じょげん(する) **助言(する)** jogen (suru)	**조언**∗**(하다)** †チョオン(ハダ)	advice, counsel; advise アド**ヴァ**イス, **カ**ウンセル, アド**ヴァ**イズ
じょこう(する) **徐行(する)** jokou (suru)	**서행**∗**(하다)** ソヘン(ハダ)	go slow **ゴ**ウ ス**ロ**ウ
しょさい **書斎** shosai	·**서재**∗ ソジェ	study ス**タ**ディ
しょざいち **所在地** shozaichi	**소재지**∗ ソジェジ	location ロウ**ケ**イション
じょさいない **如才ない** josainai	**빈틈없다** †ピントゥムオプタ	tactful, shrewd **タ**クトフル, シュ**ル**ード
しょしき **書式** shoshiki	**서식**∗ ソシク	form, format **フォ**ーム, **フォ**ーマト
じょしゅ **助手** joshu	**조수**∗ †チョス	assistant ア**スィ**スタント
しょじゅん **初旬** shojun	**초순**∗ チョスン	first third of a month **ファ**ースト **サ**ード オヴ ア **マ**ンス
じょじょに **徐々に** jojoni	**서서**∗**히** ソソヒ	gradually, slowly グ**ラ**デュアリ, ス**ロ**ウリ
しょしんしゃ **初心者** shoshinsha	**초보자**(初歩者) チョボジャ	beginner ビ**ギ**ナ
じょすう **序数** josuu	**서수**∗ ソス	ordinal **オ**ーディナル

343

日	韓	英
じょせい **女性** josei	**여성**＊ ヨソン	woman **ウ**マン
じょそう **助走** josou	**도움닫기** †トウムダッキ	approach run ア**プ**ロウチ **ラ**ン
しょぞく(する) **所属(する)** shozoku (suru)	**소속**＊**(하다)** ソソク(ハダ)	belonging; belong to ビ**ロー**ンギング, ビ**ロー**ング トゥ
しょたい **所帯** shotai	**세대**(世帯), **살림** セデ, サルリム	household, family **ハ**ウスホウルド, **ファ**ミリ
しょたいめん **初対面** shotaimen	**초면**(初面) チョミョン	first meeting **ファー**スト **ミー**ティング
しょち(する) **処置(する)** shochi (suru)	**처치**＊**(하다), 조처**(措処)**(하다)** チョチ(ハダ), †チョチョ(ハダ)	take measure, administer **テ**イク **メ**ジャ, アドミ**ニ**スタ
しょちょう **所長** shochou	**소장**＊ ソジャン	head, director **ヘ**ド, ディ**レ**クタ
しょちょう **署長** shochou	**서장**＊ ソジャン	head **ヘ**ド
しょっかく **触覚** shokkaku	**촉각**＊ チョクカク	sense of touch **セ**ンス オヴ **タ**チ
しょっき **食器** shokki	**식기**＊ シクキ	tableware **テ**イブルウェア
～棚	**찬장** チャンッチャン	cupboard **カ**バド
しょっく **ショック** shokku	**쇼크** ショク	shock **シャ**ク
しょっぱい **しょっぱい** shoppai	**짜다** ッチャダ	salty **ソー**ルティ

日	韓	英
しょっぴんぐ **ショッピング** shoppingu	**쇼핑** ショピン	shopping **シャ**ピング
～センター	**쇼핑 센터** ショピン セント	shopping center **シャ**ピング **セ**ンタ
しょてん **書店** shoten	**서점**＊ ソジョム	bookstore **ブ**クストー
しょとう **諸島** shotou	**제도**＊ †チェド	islands, archipela-go **ア**イランヅ, **アー**キペラゴウ
じょどうし **助動詞** jodoushi	**조동사**＊ †チョドンサ	auxiliary verb オーグ**ズィ**リャリ **ヴァー**ブ
しょとく **所得** shotoku	**소득**＊ ソドゥク	income **イ**ンカム
～税	**소득세**(所得税) ソドゥクセ	income tax **イ**ンカム **タ**クス
しょばつ(する) **処罰(する)** shobatsu (suru)	**처벌**＊**(하다)** チョボル(ハダ)	punishment; pun-ish **パ**ニシュメント, **パ**ニシュ
じょばん **序盤** joban	**초반**(初盤) チョバン	early stage **アー**リ ス**テ**イヂ
しょひょう **書評** shohyou	**서평**＊ ソピョン	book review **ブ**ク リ**ヴュー**
しょぶん(する) **処分(する)** shobun (suru)	**처분**＊**(하다)** チョブン(ハダ)	disposal; dispose of ディス**ポ**ウザル, ディス**ポ**ウズ オヴ
しょほ **初歩** shoho	**초보**＊ チョボ	rudiment **ルー**ディメント
しょほうせん **処方箋** shohousen	**처방전**(処方箋) チョバンジョン	prescription プリス**ク**リプション

日	韓	英
しょみん **庶民** shomin	**서민**＊ ソミン	people ピープル
〜的な	**서민적**（庶民的）**인** ソミンジョギン	popular パピュラ
しょめい（する） **署名(する)** shomei (suru)	**서명**＊**(하다)** ソミョン（ハダ）	signature; sign ス**ィ**グナチャ，**サ**イン
じょめい（する） **除名(する)** jomei (suru)	**제명**＊**(하다)** †チェミョン（ハダ）	expulsion; expel イクス**パ**ルション，イクス**ペ**ル
しょゆう（する） **所有(する)** shoyuu (suru)	**소유**＊**(하다)** ソユ（ハダ）	possession; have ポ**ゼ**ション，**ハ**ヴ
〜権	**소유권**（所有権） ソユックォン	ownership, title **オ**ウナシプ，**タ**イトル
〜者	**소유자**（所有者） ソユジャ	owner, proprietor **オ**ウナ，プラプ**ラ**イアタ
〜物	**소유물**（所有物） ソユムル	property プ**ラ**パティ
じょゆう **女優** joyuu	**여배우**（女俳優） ヨベウ	actress **ア**クトレス
しょり（する） **処理(する)** shori (suru)	**처리**＊**(하다)** チョリ（ハダ）	disposition; dispose ディスポ**ズ**ィション，ディス**ポ**ウズ
じょりょく **助力** joryoku	**조력**＊ †チョリョク	help, aid **ヘ**ルプ，**エ**イド
しょるい **書類** shorui	**서류**＊ ソリュ	documents, papers **ダ**キュメンツ，**ペ**イパズ
じらい **地雷** jirai	**지뢰**＊ †チルェ	(land) mine （ランド）**マ**イン

日	韓	英
しらが **白髪** shiraga	백발* †ペクパル	gray hair グレイ ヘア
しらける **白ける** shirakeru	흥(興)이 깨지다 フンイ ッケジダ	(be) chilled (ビ) チルド
しらじらしい **白々しい** shirajirashii	시치미를 떼다 シチミルル ッテダ	transparent トランスペアレント
しらせ **知らせ** shirase	알림, 통지(通知) アルリム, トンジ	notice, information ノウティス, インフォメイション
しらせる **知らせる** shiraseru	알리다, 통지(通知)하다 アルリダ, トンジハダ	inform, tell, report インフォーム, テル, リポート
しらばくれる **しらばくれる** shirabakureru	모르는 체하다 モルヌン チェハダ	feign ignorance フェイン イグノランス
しらべる **調べる** shiraberu	조사(調査)하다 †チョサハダ	examine, check up イグザミン, チェク アプ
しり **尻** shiri	엉덩이, 뒤쪽 オンドンイ, †トゥイッチョク	hips, buttocks ヒプス, バトクス
しりあい **知り合い** shiriai	아는 사람 アヌン サラム	acquaintance アクウェインタンス
しりあう **知り合う** shiriau	서로 알게 되다 ソロ アルゲ †トェダ	get to know ゲト トゥ ノウ
しりーず **シリーズ** shiriizu	시리즈 シリジュ	series スィリーズ
しりぞく **退く** shirizoku	물러나다 ムルロナダ	retreat, go back リトリート, ゴウ バク
しりぞける **退ける** shirizokeru	물리치다, 거절(拒絶)하다 ムルリチダ, †コジョルハダ	drive back ドライヴ バク

日	韓	英
しりつ **市立** shiritsu	**시립*** シリプ	municipal ミューニスィパル
しりつ **私立** shiritsu	**사립*** サリプ	private プライヴェト
じりつ(する) **自立(する)** jiritsu (suru)	**자립***(**하다**) †チャリプ(ハダ)	independence; (be- come) independ- ent インディペンデンス, (ビカ ム) インディペンデント
しりゅう **支流** shiryuu	**지류*** †チリュ	tributary, branch トリビュテリ, ブランチ
しりょ **思慮** shiryo	**사려*** サリョ	thought, consider- ation ソート, コンスィダレイショ ン
～**深い**	**사려*****가 깊다** サリョガ †キプタ	prudent プルーデント
しりょう **資料** shiryou	**자료*** †チャリョ	materials, data マティアリアルズ, デイタ
しりょく **視力** shiryoku	**시력*** シリョク	sight, vision サイト, ヴィジョン
じりょく **磁力** jiryoku	**자력*** †チャリョク	magnetism マグネティズム
しる **汁** shiru	**즙***, **국** †チュプ, †ククク	juice チュース
しる **知る** shiru	**알다** アルダ	know ノウ
しるく **シルク** shiruku	**실크** シルク	silk スィルク
～**ロード**	**실크 로드, 비단길** シルク ロドゥ, †ピダンギル	Silk Road スィルク ロウド

日	韓	英
しるし **印** shirushi	표(標), 표시(標示) ピョ, ピョシ	mark, sign マーク, **サ**イン
しるす **記す** shirusu	적다, 새기다 †チョクタ, セギダ	write down **ラ**イト **ダ**ウン
しれい **司令** shirei	사령* サリョン	command コ**マ**ンド
～官	사령관(司令官) サリョングヮン	commander コ**マ**ンダ
～部	사령부(司令部) サリョンブ	headquarters **ヘ**ドクウォータズ
しれい **指令** shirei	지령* †チリョン	order, instructions **オ**ーダ, インスト**ラ**クションズ
じれい **辞令** jirei	사령* サリョン	appointment; language ア**ポ**イントメント, ラングウィヂ
しれわたる **知れ渡る** shirewataru	널리 알려지다 ノルリ アルリョジダ	(be) known to all (ビ) **ノ**ウン トゥ **オ**ール
しれん **試練** shiren	시련* シリョン	trial, ordeal ト**ラ**イアル, オー**ディ**ール
じれんま **ジレンマ** jirenma	딜레마 †ティルレマ	dilemma ディ**レ**マ
しろ **城** shiro	성* ソン	castle **キャ**スル
しろ **白** shiro	하양, 흰색백* ハヤン, ヒンセクペク	white (ホ)**ワ**イト
しろい **白い** shiroi	희다, 하얗다 ヒダ, ハヤタ	white (ホ)**ワ**イト

日	韓	英
しろうと **素人** shirouto	**초보자**(初歩者) チョボジャ	amateur **ア**マチャ
しわ **皺** shiwa	**주름, 구김살** †チュルム, †クギムッサル	wrinkles, creases **リ**ンクルズ, ク**リ**ーセズ
しわける **仕分ける** shiwakeru	**분류**(分類)**하다, 구분**(区分)**하다** †プルリュハダ, †クブンハダ	classify, sort ク**ラ**スィファイ, **ソ**ート
しわざ **仕業** shiwaza	**소행**(所行)**, 짓**(거리) ソヘン, †チッ(コリ)	act, deed **ア**クト, **ディ**ード
しん **芯** shin	**심지, 심**∗ シムジ, シム	core **コ**ー
しんい **真意** shin-i	**진의**∗ †チニ	real intention **リ**ーアル イン**テ**ンション
じんい **人為** jin-i	**인위**∗ イヌィ	human work **ヒュ**ーマン **ワ**ーク
〜**的な**	**인위적**(人為的)**인** イヌィジョギン	artificial アーティ**フィ**シャル
じんいん **人員** jin-in	**인원**∗ イヌォン	staff ス**タ**フ
しんか(する) **進化(する)** shinka (suru)	**진화**∗(**하다**) †チンファ(ハダ)	evolution; evolve エヴォ**ル**ーション, イ**ヴァ**ルヴ
しんがい(する) **侵害(する)** shingai (suru)	**침해**∗(**하다**) チムヘ(ハダ)	infringement; in-fringe イン**フ**リンヂメント, イン**フ**リンヂ
じんかく **人格** jinkaku	**인격**∗ インッキョク	character, person-ality **キャ**ラクタ, パーソ**ナ**リティ
しんがっき **新学期** shingakki	**신학기**∗ シンハッキ	new school term **ニュ**ー ス**ク**ール **タ**ーム

349

し

日	韓	英
しんかん **新刊** shinkan	**신간**∗ シンガン	new publication ニュー パブリ**ケ**イション
しんぎ(する) **審議(する)** shingi (suru)	**심의**∗(**하다**) シミ(ハダ)	discussion; discuss ディス**カ**ション, ディス**カ**ス
しんきゅう(する) **進級(する)** shinkyuu (suru)	**진급**∗(**하다**) †チングプ(ハダ)	promotion; (be) promoted プロ**モ**ウション, (ビ) プロ**モ** ウテド
しんきょう **心境** shinkyou	**심경**∗ シムギョン	frame of mind フレイム オヴ **マ**インド
しんきろう **蜃気楼** shinkirou	**신기루**∗ シンギル	mirage ミ**ラ**ージュ
しんきろく **新記録** shinkiroku	**신기록**∗ シンギロク	new record **ニュー** レコド
しんきんかん **親近感** shinkinkan	**친근감**∗ チングンガム	affinity ア**フィ**ニティ
しんぐ **寝具** shingu	**침구**∗ チムグ	bedding **ベ**ディング
じんくす **ジンクス** jinkusu	**징크스** †チンクス	jinx **ヂ**ンクス
しんぐる **シングル** shinguru	**싱글** シングル	single **ス**ィングル
しんぐるす **シングルス** shingurusu	**단식**(単式) †タンシク	singles **ス**ィングルズ
しんけい **神経** shinkei	**신경**∗ シンギョン	nerve **ナ**ーヴ
〜痛	**신경통**(神経痛) シンギョントン	neuralgia ニュア**ラ**ルヂャ

日	韓	英
しんけん(な) **真剣(な)** shinken (na)	**진지**(真摯)**(한)** †チンジハン	serious, earnest ス**ィ**アリアス，**ア**ーニスト
じんけん **人権** jinken	**인권**＊ インックォン	human rights **ヒュ**ーマン ラィツ
じんけんひ **人件費** jinkenhi	**인건비**＊ インコンビ	personnel expens- es パー**ソ**ネル イクス**ペ**ンセズ
しんこう(する) **進行(する)** shinkou (suru)	**진행**＊**(하다)** †チンヘン(ハダ)	progress プ**ラ**グレス
しんごう **信号** shingou	**신호**＊ シンホ	signal ス**ィ**グナル
じんこう **人口** jinkou	**인구**＊ イング	population パピュ**レ**イション
じんこう **人工** jinkou	**인공**＊ インゴン	artificiality アーティフィ**シャ**リティ
〜衛星	**인공**＊ **위성**(衛星) インゴン ウィソン	artificial satellite アーティ**フィ**シャル **サ**テラ イト
〜呼吸	**인공**＊ **호흡**(呼吸) インゴン ホフプ	artificial respira- tion アーティ**フィ**シャル レスピ **レ**イション
〜的な	**인공적**(人工的)**인** インゴンジョギン	artificial アーティ**フィ**シャル
しんこきゅう **深呼吸** shinkokyuu	**심호흡**＊ シムホフプ	deep breathing **デ**ィープ ブ**リ**ーズィング
しんこく(する) **申告(する)** shinkoku (suru)	**신고**＊**(하다)** シンゴ(ハダ)	report, declare リ**ポ**ート，ディク**レ**ア
しんこく(な) **深刻(な)** shinkoku (na)	**심각**＊**(한)** シムガク(ハン)	serious, grave ス**ィ**アリアス，グ**レ**イヴ

日	韓	英
しんこん **新婚** shinkon	**신혼*** シンホン	newlyweds ニューリウェヅ
〜旅行	**신혼*** **여행**(旅行) シンホン ヨヘン	honeymoon ハニムーン
しんさ(する) **審査(する)** shinsa (suru)	**심사***(**하다**) シムサ(ハダ)	examination; examine イグザミ**ネ**イション, イグ**ザ**ミン
しんさい **震災** shinsai	**지진**(地震) **재해** †チジン ジヘ	earthquake, disaster アースクウェイク, ディ**ザ**スタ
じんざい **人材** jinzai	**인재*** インジェ	talented person **タ**レンテド **パ**ーソン
しんさつ(する) **診察(する)** shinsatsu (suru)	**진찰***(**하다**) †チンチャル(ハダ)	medical examination; examine メディカル イグザミ**ネ**イション, イグ**ザ**ミン
しんし **紳士** shinshi	**신사*** シンサ	gentleman **チェ**ントルマン
じんじ **人事** jinji	**인사*** インサ	personnel matters パー**ソ**ネル **マ**タズ
しんしつ **寝室** shinshitsu	**침실*** チムシル	bedroom **ベ**ドルーム
しんじつ **真実** shinjitsu	**진실*** †チンシル	truth ト**ル**ース
〜の	**진실***(**의**) †チンシル(エ)	true, real ト**ル**ー, **リ**ーアル
しんじゃ **信者** shinja	**신자*** シンジャ	believer ビ**リ**ーヴァ
しんじゅ **真珠** shinju	**진주*** †チンジュ	pearl **パ**ール

日	韓	英
じんしゅ **人種** jinshu	**인종**＊ インジョン	race レイス
〜差別	**인종**＊ **차별**(差別) インジョンチャビョル	racial discrimination レイシャル ディスクリミネイション
しんしゅく(する) **伸縮(する)** shinshuku (suru)	**신축**＊(**하다**) シンチュク(ハダ)	elasticity; elastic イラス**ティ**スィティ, イラスティク
しんしゅつ(する) **進出(する)** shinshutsu (suru)	**진출**＊(**하다**) †チンチュル(ハダ)	advance アド**ヴァ**ンス
しんじょう **信条** shinjou	**신조**＊ シンジョ	belief, principle ビ**リ**ーフ, **プ**リンスィプル
しんしょく(する) **侵食(する)** shinshoku (suru)	**침식**(侵蝕)(**하다**) チムシク(ハダ)	erosion; erode イ**ロ**ウジョン, イ**ロ**ウド
しんじる **信じる** shinjiru	**믿다** ミッタ	believe ビ**リ**ーヴ
しんじん **新人** shinjin	**신인**＊ シニン	newcomer **ニュ**ーカマ
しんすい(する) **浸水(する)** shinsui (suru)	**침수**＊(**되다**) チムス(ドェダ)	flood; (be) flooded フ**ラ**ド, (ビ) フ**ラ**デド
しんせい(する) **申請(する)** shinsei (suru)	**신청**＊(**하다**) シンチョン(ハダ)	application; apply for アプリ**ケ**イション, アプ**ラ**イ フォ
じんせい **人生** jinsei	**인생**＊ インセン	life **ラ**イフ
しんせいじ **新生児** shinseiji	**신생아**＊ シンセンア	newborn baby **ニュ**ーボーン **ベ**イビ
しんせき **親戚** shinseki	**친척**＊ チンチョク	relative **レ**ラティヴ

日	韓	英
しんせさいざー **シンセサイザー** shinsesaizaa	**신시사이저** シンシサイジョ	synthesizer ス**ィ**ンセサイザ
しんせつ **親切** shinsetsu	**친절**＊ チンジョル	kindness **カ**インドネス
しんせつ（な） **親切（な）** shinsetsu (na)	**친절**＊（한） チンジョル（ハン）	kind **カ**インド
しんせん（な） **新鮮（な）** shinsen (na)	**신선**＊（한） シンソン（ハン）	fresh, new フ**レ**シュ, **ニ**ュー
しんぜん **親善** shinzen	**친선**＊ チンソン	friendship フ**レ**ンドシプ
しんそう **真相** shinsou	**진상**＊ †チンサン	truth ト**ルー**ス
しんぞう **心臓** shinzou	**심장**＊ シムジャン	heart **ハ**ート
～病	**심장병**（心臓病） シムジャンピョン	heart disease **ハ**ート ディ**ズィ**ーズ
～発作	**심장**＊ **발작**（発作） シムジャン †パルッチャク	heart attack **ハ**ート ア**タ**ク
～麻痺	**심장**＊ **마비**（麻痺） シムジャン マビ	heart failure **ハ**ート フ**ェ**イリャ
じんぞう **腎臓** jinzou	**신장**＊, **콩팥** シンジャン, コンパッ	kidney **キ**ドニ
しんぞく **親族** shinzoku	**친족**＊ チンジョク	relative **レ**ラティヴ
じんそく **迅速** jinsoku	**신속**＊ シンソク	rapidity ラ**ピ**ディティ
しんたい **身体** shintai	**신체**＊ シンチェ	body **バ**ディ

日	韓	英
しんだい **寝台** shindai	**침대**∗ チムデ	bed ベド
～車	**침대차**(寝台車) チムデチャ	sleeping car スリーピング カー
しんたく(する) **信託(する)** shintaku (suru)	**신탁**∗(**하다**) シンタク(ハダ)	trust トラスト
しんだん(する) **診断(する)** shindan (suru)	**진단**∗(**하다**) †チンダン(ハダ)	diagnosis; diag- nose ダイアグノウスィス, **ダ**イア グノウズ
しんちゅう **真鍮** shinchuu	**놋쇠** ノッスェ	brass ブラス
しんちょう **身長** shinchou	**신장**∗ シンジャン	height ハイト
しんちょう(な) **慎重(な)** shinchou (na)	**신중**∗(**한**) シンジュン(ハン)	cautious; prudent コーシャス, プルーデント
しんちんたいしゃ **新陳代謝** shinchintaisha	**신진대사**∗ シンジンデサ	metabolism メタボリズム
じんつう **陣痛** jintsuu	**진통**∗ †チントン	labor レイバ
しんてん(する) **進展(する)** shinten (suru)	**진전**∗(**되다**) †チンジョン(ドェダ)	development; de- velop ディ**ヴェ**ロプメント, ディ **ヴェ**ロプ
しんでんず **心電図** shindenzu	**심전도**∗ シムジョンド	electrocardiogram イレクトロウ**カ**ーディオグラ ム
しんど **震度** shindo	**진도**∗ †チンド	seismic intensity **サ**イズミク インテンスィ ティ
しんとう **神道** shintou	**신도** シンド	Shinto **シ**ントウ

355

し

日	韓	英
しんどう(する) **振動(する)** shindou (suru)	진동*(**하다**) †チンドン(ハダ)	vibration; vibrate ヴァイブ**レ**イション, **ヴァ**イ ブレイト
じんどう **人道** jindou	인도* インド	humanity ヒュー**マ**ニティ
～主義	인도주의(人道主義) インドジュイ	humanitarianism ヒューマニ**テ**アリアニズム
～的な	인도적(人道的)인 インドジョギン	humane ヒュー**メ**イン
しんどろーむ **シンドローム** shindoroomu	신드롬 シンドゥロム	syndrome **ス**ィンドロウム
しんなー **シンナー** shinnaa	시너 シノ	thinner **ス**ィナ
しんにゅう(する) **侵入(する)** shinnyuu (suru)	침입*(**하다**) チミブ(ハダ)	invasion; invade イン**ヴェ**イジョン, イン**ヴェ** イド
しんにゅうせい **新入生** shinnyuusei	신입생* シニブセン	new student **ニュー** ス**テュ**ーデント
しんにん(する) **信任(する)** shinnin (suru)	신임*(**하다**) シニム(ハダ)	confidence **カ**ンフィデンス
～状	신임장(信任状) シニムッチャン	credentials クリ**デ**ンシャルズ
しんねん **新年** shinnen	신년*, 새해 シンニョン, セヘ	new year **ニュー** イア
しんぱい **心配** shinpai	걱정 †コクチョン	anxiety, worry アング**ザ**イエティ, **ワ**ーリ .
～する	걱정하다 †コクチョンハダ	(be) anxious about (ビ) **ア**ンクシャス アバウト
しんばる **シンバル** shinbaru	심벌즈 シムボルジュ	cymbals **ス**ィンバルズ

日	韓	英
しんぱん（する） **審判(する)** shinpan (suru)	**심판**＊(하다) シmパン(ハダ)	judgment; judge **ヂャ**ヂメント，**ヂャ**ヂ
しんぴ **神秘** shinpi	**신비**＊ シンビ	mystery **ミ**スタリ
〜的な	**신비적**(神秘的)**인** シンビジョギン	mysterious ミス**ティ**アリアス
しんぴょうせい **信憑性** shinpyousei	**신빙성**＊ シンビンッソン	authenticity オーセン**ティ**スィティ
しんぴん **新品** shinpin	**새 것** セ↑コッ	new article **ニュー アー**ティクル
しんぷ **新婦** shinpu	**신부**＊ シンブ	bride ブ**ラ**イド
しんふぉにー **シンフォニー** shinfonii	**심포니** シmポニ	symphony **ス**ィンフォニ
じんぶつ **人物** jinbutsu	**인물**＊ インムル	person, man **パ**ースン，**マ**ン
しんぷる **シンプル** shinpuru	**심플** シmプル	simple **ス**ィンプル
しんぶん **新聞** shinbun	**신문**＊ シンムン	newspaper, press **ニュ**ーズペイパ，プ**レ**ス
〜社	**신문사**(新聞社) シンムンサ	newspaper pub- lishing company **ニュ**ーズペイパ **パ**ブリシン グ **カ**ンパニ
じんぶんかがく **人文科学** jinbunkagaku	**인문과학**＊ インムングヮハク	humanities ヒュー**マ**ニティズ
しんぽ（する） **進歩(する)** shinpo (suru)	**진보**＊(하다) ↑チンボ(ハダ)	progress, advance プ**ラ**グレス，アド**ヴァ**ンス

日	韓	英
~的 (な)	진보적(進歩的)인 †チンボジョギン	advanced, progressive アド**ヴァ**ンスト, プログレ **ッ**シヴ
じんぼう **人望** jinbou	인망* インマン	popularity パピュ**ラ**リティ
しんぽうしゃ **信奉者** shinpousha	신봉자* シンボンジャ	believer, follower ビ**リー**ヴァ, **ファ**ロウア
しんぼく **親睦** shinboku	친목* チンモク	friendship フレンドシプ
しんぽじうむ **シンポジウム** shinpojiumu	심포지엄 シムポジオム	symposium スィン**ポ**ウズィアム
しんぼる **シンボル** shinboru	심벌 シムボル	symbol **ス**ィンボル
しんまい **新米** shinmai	햅쌀 ヘプサル	new rice **ニュー ラ**イス
(初心者)	초심자(初心者), 초보자(初歩者) チョシンジャ, チョボジャ	novice, newcomer **ナ**ヴィス, **ニュー**カマ
じんましん **蕁麻疹** jinmashin	두드러기 †トゥドゥロギ	nettle rash, hives **ネ**トル **ラ**シュ, **ハ**イヴズ
しんみつ(な) **親密(な)** shinmitsu (na)	친밀*(한) チンミル(ハン)	close ク**ロ**ウス
じんみゃく **人脈** jinmyaku	인맥* インメク	connections コ**ネ**クションズ
しんめとりー **シンメトリー** shinmetorii	시메트리 シメトゥリ	symmetry **ス**ィメトリー
じんもん(する) **尋問(する)** jinmon (suru)	심문(訊問)(하다) シムムン(ハダ)	interrogation; interrogate インテロ**ゲ**イション, インテ ロゲイト

日	韓	英
しんや **深夜** shin-ya	**심야*** シミャ	midnight ミドナイト
しんゆう **親友** shin-yuu	**친(親)한 친구**(親旧) チンハン チング	close friend クロウス フレンド
しんよう(する) **信用(する)** shin-you (suru)	**신용***(하다) シニョン(ハダ)	confidence; trust カンフィデンス, トラスト
しんようじゅ **針葉樹** shin-youju	**침엽수*** チミョプス	conifer カニファ
しんらい(する) **信頼(する)** shinrai (suru)	**신뢰***(하다) シルルェ(ハダ)	reliance; rely リライアンス, リライ
しんらつ(な) **辛辣(な)** shinratsu (na)	**신랄***(한) シルラル(ハン)	biting バイティング
しんり **心理** shinri	**심리*** シムニ	mental state メンタル ステイト
～学	**심리학**(心理学) シムニハク	psychology サイカロディ
しんり **真理** shinri	**진리*** †チルリ	truth トルース
しんりゃく(する) **侵略(する)** shinryaku (suru)	**침략***(하다) チムニャク(ハダ)	aggression; invade アグレション, インヴェイド
しんりん **森林** shinrin	**삼림*** サムニム	forest, woods フォーレスト, ウヅ
しんるい **親類** shinrui	**친척**(親戚) チンチョク	relative レラティヴ
じんるい **人類** jinrui	**인류*** イルリュ	human race, man- kind ヒューマン レイス, マンカ インド

日	韓	英
〜学	인류학(人類学) イルリュハク	anthropology アンスロパロディ
しんろ 進路 shinro	진로* †チルロ	course, way コース, ウェイ
しんろう 新郎 shinrou	신랑* シルラン	bridegroom ブライドグルーム
しんわ 神話 shinwa	신화* シンファ	myth, mythology ミス, ミサロヂ

す, ス

す 酢 su	초(醋), 식초(食醋) チョ, シクチョ	vinegar ヴィニガ
す 巣 su	둥지 †トゥンジ	nest ネスト
ず 図 zu	그림, 표(表) †クリム, ピョ	picture, figure ピクチャ, フィギャ
ずあん 図案 zuan	도안* †トアン	design, sketch ディザイン, スケチ
ずい 髄 zui	골수(骨髄) †コルッス	marrow マロウ
すいい 水位 suii	수위* スウィ	water level ウォータ レヴェル
すいい 推移 suii	추이* チュイ	change チェインヂ
すいえい 水泳 suiei	수영* スヨン	swimming スウィミング
すいおん 水温 suion	수온* スオン	water temperature ウォータ テンパラチャ

日	韓	英
すいか **西瓜** suika	**수박** スパク	watermelon **ウォ**ータメロン
すいがい **水害** suigai	**수해**∗ スヘ	flood disaster フ**ラ**ド ディ**ザ**スタ
すいぎん **水銀** suigin	**수은**∗ スウン	mercury **マ**ーキュリ
すいこう(する) **推敲(する)** suikou (suru)	**퇴고**∗(**하다**) トェゴ(ハダ)	elaboration; polish イラボ**レ**イション, **パ**リシュ
すいこう(する) **遂行(する)** suikou (suru)	**수행**∗(**하다**) スヘン(ハダ)	execution; execute エクセ**キュ**ーション, **エ**クセ キュート
すいさいが **水彩画** suisaiga	**수채화**∗ スチェファ	watercolor **ウォ**ータカラ
すいさんぎょう **水産業** suisangyou	**수산업**∗ スサノプ	fisheries **フィ**シャリズ
すいさんぶつ **水産物** suisanbutsu	**수산물**∗ スサンムル	marine products マ**リ**ーン プ**ラ**ダクツ
すいじ **炊事** suiji	**취사**∗ チュィサ	cooking **ク**キング
すいしつ **水質** suishitsu	**수질**∗ スジル	water quality **ウォ**ータ ク**ワ**リティ
すいしゃ **水車** suisha	**물레방아** ムルレバンア	waterwheel **ウォ**ータ(ホ)ウィール
すいじゃくする **衰弱する** suijakusuru	**쇠약**∗(**하다**) スェヤク(ハダ)	grow weak グ**ロ**ウ **ウィ**ーク
すいじゅん **水準** suijun	**수준**∗ スジュン	level, standard **レ**ヴェル, ス**タ**ンダド
すいしょう **水晶** suishou	**수정**∗ スジョン	crystal ク**リ**スタル

日	韓	英
すいじょうき **水蒸気** suijouki	수증기* スジュンギ	steam, vapor **スティ**ーム, **ヴェ**イパ
すいじょうすきー **水上スキー** suijousukii	수상* 스키 スサン スキ	water-skiing **ウォ**ータスキーイング
すいしん(する) **推進(する)** suishin (suru)	추진*(하다) チュジン(ハダ)	propulsion, pro- motion プロ**パ**ルション, プロ**モ**ウ ション
すいすい **すいすい** suisui	쓱쓱, 획획, 줄줄 ッスクスク, フェクフェク, †チュルジュル	lightly, smoothly **ラ**イトリ, ス**ムー**ズリ
すいせい **水星** suisei	수성* スソン	Mercury **マー**キュリ
すいせん(する) **推薦(する)** suisen (suru)	추천*(하다) チュチョン(ハダ)	recommendation; recommend レコメン**デ**イション, レコ**メ** ンド
すいそ **水素** suiso	수소* スソ	hydrogen **ハ**イドロヂェン
〜爆弾	수소* 폭탄(爆弾) スソ ポクタン	hydrogen bomb **ハ**イドロヂェン **バ**ム
すいそう **水槽** suisou	물탱크 ムルテンク	water tank, cistern **ウォ**ータ **タ**ンク, **ス**ィスタ ン
すいそく(する) **推測(する)** suisoku (suru)	추측*(하다) チュチュク(ハダ)	guess, conjecture **ゲ**ス, コン**ヂェ**クチャ
すいぞくかん **水族館** suizokukan	수족관* スジョックァン	aquarium アク**ウェ**アリアム
すいたい(する) **衰退(する)** suitai (suru)	쇠퇴*(하다) スェトェ(ハダ)	decline, fall ディク**ラ**イン, **フォ**ール
すいちょく **垂直** suichoku	수직* スジク	vertical **ヴァ**ーティカル

日	韓	英
〜に	수직*(으로) スジグロ	vertically ヴァーティカリ
すいっち **スイッチ** suicchi	스위치 スウィチ	switch スウィチ
すいてい(する) **推定(する)** suitei(suru)	추정*(하다) チュジョン(ハダ)	presumption; pre- sume プリザンプション, プリ ジューム
すいでん **水田** suiden	논 ノン	rice field ライス フィールド
すいとう **水筒** suitou	물통(桶) ムルトン	water bottle, can- teen ウォータ バトル, キャン ティーン
すいどう **水道** suidou	수도* スド	water service ウォータ サーヴィス
すいはんき **炊飯器** suihanki	밥솥 †パプソッ	rice cooker ライス クカ
ずいひつ **随筆** zuihitsu	수필* スピル	essay エセイ
〜家	수필가(随筆家) スピルガ	essayist エセイイスト
すいぶん **水分** suibun	수분* スブン	water, moisture ウォータ, モイスチャ
ずいぶん **随分** zuibun	꽤 ックェ	fairly, extremely フェアリ, イクストリームリ
すいへい **水平** suihei	수평* スピョン	level レヴェル
〜線	수평선(水平線) スピョンソン	horizon ホライズン

日	韓	英
すいぼつ(する) **水没(する)** suibotsu (suru)	**수몰*(되다)** スモル(ドェダ)	submergence サブマージェンス
すいみん **睡眠** suimin	**수면*** スミョン	sleep スリープ
～薬	**수면제**(睡眠剤) スミョンジェ	sleeping drug スリーピング ドラグ
すいめん **水面** suimen	**수면*** スミョン	surface of the water サーフェス オヴ ザ ウォータ
すいようび **水曜日** suiyoubi	**수요일*** スヨイル	Wednesday ウェンズデイ
すいり(する) **推理(する)** suiri (suru)	**추리*(하다)** チュリ(ハダ)	reasoning; reason リーズニング, リーズン
～小説	**추리* 소설**(小説) チュリ ソソル	detective story ディテクティヴ ストーリ
すいりょく **水力** suiryoku	**수력*** スリョク	water power ウォータ パウア
～発電	**수력* 발전**(発電) スリョク †パルッチョン	hydroelectricity ハイドロウイレクトリスィティ
すいれん **睡蓮** suiren	**수련*** スリョン	water lily ウォータ リリ
すいろ **水路** suiro	**수로*** スロ	waterway, channel ウォータウェイ, チャネル
すいろん(する) **推論(する)** suiron (suru)	**추론*(하다)** チュロン(ハダ)	reasoning; reason リーズニング, リーズン
すいんぐ **スイング** suingu	**스윙** スウィン	swing スウィング
すう **吸う** suu	**들이마시다** †トゥリマシダ	breathe in, inhale ブリーズ イン, インヘイル

日	韓	英
すう **数** suu	**수** * ス	number, figure **ナ**ンバ, **フィ**ギャ
すうがく **数学** suugaku	**수학** * スハク	mathematics マセ**マ**ティクス
すうこうな **崇高な** suukouna	**숭고** ***한** スンゴハン	sublime サブ**ラ**イム
すうじ **数字** suuji	**숫자** スッチャ	figure, numeral **フィ**ギャ, **ニュー**メラル
すうしき **数式** suushiki	**수식** * スシク	numerical expression ニュー**メ**リカル イクスプレ ション
ずうずうしい **図々しい** zuuzuushii	**뻔뻔스럽다** ッポンッポンスロプタ	impudent イン**ピュ**デント
すーつ **スーツ** suutsu	**양복**(洋服)**, 슈트** シュトゥ	suit **スー**ト
～ケース	**슈트케이스** シュトゥケイス	suitcase **スー**トケイス
すうにん **数人** suunin	**몇 사람, 몇명**(名) ミョッ サラム, ミョッミョン	several people **セ**ヴラル **ピー**プル
すうねん **数年** suunen	**몇 년**(年) ミョン ニョン	several years **セ**ヴラル **イ**アズ
すーぱー **スーパー** suupaa	**슈퍼** シュポ	super- **スー**パ
～スター	**슈퍼스타** シュポスタ	superstar **スー**パスター
～マーケット	**슈퍼마켓** シュポマケッ	supermarket **スー**パマーケト

日	韓	英
すうはい(する) **崇拝(する)** suuhai (suru)	숭배*(하다) スンペ(ハダ)	worship ワーシプ
すーぷ **スープ** suupu	수프 スプ	soup スープ
すえっこ **末っ子** suekko	막내 マンネ	youngest child ヤンゲスト チャイルド
すえる **据える** sueru	설치(設置)하다, 차려 놓다 ソルチハダ, チャリョノタ	place, lay, set プレイス, レイ, セト
ずが **図画** zuga	도면(図面)과 그림, 도화(図画) ↑トミョングヮ ↑クリム, ↑トファ	drawing, picture ドローイング, ピクチャ
すかーと **スカート** sukaato	스커트, 치마 スコトゥ, チマ	skirt スカート
すかーふ **スカーフ** sukaafu	스카프 スカプ	scarf スカーフ
ずがいこつ **頭蓋骨** zugaikotsu	두개골* ↑トゥゲゴル	skull スカル
すかいだいびんぐ **スカイダイビング** sukaidaibingu	스카이다이빙 スカイダイビン	skydiving スカイダイヴィング
すかうと(する) **スカウト(する)** sukauto (suru)	스카우트(하다) スカウトゥ(ハダ)	scout スカウト
すがすがしい **清々しい** sugasugashii	상쾌(爽快)하다, 시원하다 サンクェハダ, シウォンハダ	refreshing, fresh リフレシング, フレシュ
すがた **姿** sugata	모습, 자태(姿態) モスプ, ↑チャテ	figure, shape フィギャ, シェイプ
ずかん **図鑑** zukan	도감* ↑トガム	illustrated book イラストレイテド ブク
すき **隙** suki	틈, 짬 トゥム, ッチャム	opening, gap オウプニング, ギャプ

日	韓	英
（弱点）	허점(虛点)，약점(弱点) ホッチョム，ヤクチョム	unguarded point アンガーデド ポイント
すきー **スキー** sukii	스키 スキ	skiing, ski ス**キ**ーング，**ス**キー
すききらい **好き嫌い** sukikirai	좋고 싫음，호불호(好不好) †チョコ シルム，ホブロ	likes and dislikes **ラ**イクス アンド **ディ**スライ クス
すきな **好きな** sukina	좋아하는 †チョアハヌン	favorite **フェ**イヴァリト
すきま **隙間** sukima	틈 トゥム	opening, gap **オ**ウプニング，**ギャ**プ
すきゃんだる **スキャンダル** sukyandaru	스캔들 スケンドゥル	scandal ス**キャ**ンダル
すきゅーばだいびんぐ **スキューバダイビ** **ング** sukyuubadaibingu	스쿠버 다이빙 スクボ †タイビン	scuba diving ス**キュ**ーバ **ダ**イヴィング
すぎる **過ぎる** sugiru	지나다，지나가다 †チナダ，†チナガダ	pass, go past **パ**ス，**ゴ**ウ **パ**スト
すきんしっぷ **スキンシップ** sukinshippu	스킨십 スキンシプ	physical contact **フィ**ズィカル **カ**ンタクト
すく **空く** suku	틈이 생기다，비다 トゥミ センギダ，†ピダ	(become) less crowded (ビカム) レス ク**ラ**ウディド
すぐ **直ぐ** sugu	곧，즉시(即時) †コッ，†チュクシ	at once, immedi- ately アト **ワ**ンス，イ**ミ**ーディエ トリ
すくい **救い** sukui	도움，구조(救助) †トゥム，†クジョ	help, aid, relief **ヘ**ルプ，**エ**イド，リ**リ**ーフ
すくう **掬う** sukuu	떠내다 ットネダ	scoop, ladle ス**ク**ープ，**レ**イドル

日	韓	英
すくう **救う** sukuu	구(救)하다, 구조(救助)하다 †クハダ, †クジョハダ	help, relieve ヘルプ, リリーヴ
すくーたー **スクーター** sukuutaa	스쿠터 スクト	scooter ス**ク**ータ
すくーぷ **スクープ** sukuupu	스쿠프 スクプ	scoop ス**ク**ープ
すくない **少ない** sukunai	적다 †チョクタ	few, little **フュ**ー, **リ**トル
すくなくとも **少なくとも** sukunakutomo	적어도 †チョゴド	at least アト **リ**ースト
すくむ **竦む** sukumu	움츠러들다 ウムチュロドゥルダ	cower, draw back **カ**ウア, ドロー バク
すくりーん **スクリーン** sukuriin	스크린 スクリン	screen ス**ク**リーン
すぐれた **優れた** sugureta	뛰어난 ットゥィオナン	excellent, fine **エ**クセレント, **ファ**イン
すぐれる **優れる** sugureru	뛰어나다, 우수(優秀)하다 ットゥィオナダ, ウスハダ	(be) superior to, (be) better (ビ) ス**ピ**アリア トゥ, (ビ) **ベ**タ
ずけい **図形** zukei	도형* †トヒョン	figure, diagram **フィ**ギャ, **ダ**イアグラム
すけーと **スケート** sukeeto	스케이트 スケイトゥ	skating ス**ケ**イティング
すけーる **スケール** sukeeru	스케일 スケイル	scale ス**ケ**イル
すけじゅーる **スケジュール** sukejuuru	스케줄 スケジュル	schedule ス**ケ**デュル

日	韓	英
すけっち(する) **スケッチ(する)** sukecchi (suru)	스케치(하다) スケチ(ハダ)	sketch スケチ
すける **透ける** sukeru	비쳐 보이다, 속이 보이다 †ピチョ †ポイダ, ソギ †ポイダ	(be) transparent (ビ) トランスペアレント
すこあ **スコア** sukoa	스코어 スコオ	score スコー
〜ボード	스코어보드 スコオボドゥ	scoreboard スコーボード
すごい **凄い** sugoi	대단하다, 무섭다 †テダンハダ, ムソプタ	wonderful, terrible **ワ**ンダフル, **テ**リブル
すこし **少し** sukoshi	약간(若干), 조금 ヤクカン, †チョグム	a few, a little ア **フュ**ー, ア **リ**トル
すごす **過ごす** sugosu	보내다, 생활(生活)하다 †ポネダ, センファルハダ	pass, spend **パ**ス, スペンド
すこっぷ **スコップ** sukoppu	스콥 スコプ	scoop, shovel ス**クー**プ, **シャ**ヴル
すこやかな **健やかな** sukoyakana	튼튼한, 건강(健康)한 トゥントゥンハン, †コンガンハン	healthy **ヘ**ルスィ
すさまじい **すさまじい** susamajii	무섭다, 굉장(宏壮)하다 ムソプタ, †クェンジャンハダ	dreadful, terrible **ド**レドフル, **テ**リブル
ずさんな **杜撰な** zusanna	날림(의), 엉터리(의) ナルリム(エ), オントリ(エ)	careless, slipshod **ケ**アレス, ス**リ**プショド
すし **鮨** sushi	(생선(生鮮))초밥 (センソン)チョバプ	*sushi* **スー**シ
すじ **筋** suji	선(線), 줄 ソン, †チュル	line, stripe **ラ**イン, スト**ラ**イプ
(腱)	힘줄 ヒムッチュル	tendon **テ**ンドン

日	韓	英
(話の)	논리(論理) ノルリ	plot プラト
すしづめ(の) **すし詰め(の)** sushizume (no)	초만원(超満員)(의) チョマヌォン(エ)	jam-packed **チャ**ンパクト
すじみち **筋道** sujimichi	조리(條理), 사리(事理) †チョリ, サリ	reason, logic **リー**ズン, **ラ**ヂク
すじょう **素性** sujou	천성(天性), 본질(本質) チョンソン, †ポンジル	birth, origin **パー**ス, **オー**リヂン
すず **鈴** suzu	방울 †パンウル	bell **ベ**ル
すすぐ **濯ぐ** susugu	헹구다 ヘングダ	rinse **リ**ンス
すすける **煤ける** susukeru	그을다 †クウルダ	(become) sooty (ビカム) **ス**ティ
すずしい **涼しい** suzushii	시원하다, 서늘하다 シウォンハダ, ソヌルハダ	cool **ク**ール
すすむ **進む** susumu	나아가다, 진척(進陟)되다 ナアガダ, †チンチョクトェダ	go forward **ゴ**ウ **フォ**ーワド
すずむ **涼む** suzumu	바람을 쐬다 †パラムル ッスェダ	enjoy the cool air イン**チョ**イ ザ **ク**ール **エ**ア
すずめ **雀** suzume	참새 チャムセ	sparrow ス**パ**ロウ
すすめる **勧める** susumeru	권(勧)하다 †クォンハダ	advise アド**ヴァ**イズ
すすめる **進める** susumeru	진행(進行)시키다 †チンヘンシキダ	advance, push on アド**ヴァ**ンス, **プ**シュ **オ**ン
すすめる **薦める** susumeru	추천(推薦)하다 チュチョンハダ	recommend レコ**メ**ンド

日	韓	英
すずり **硯** suzuri	**벼루** ↑ピョル	inkstone インクストウン
すする **啜る** susuru	**홀짝홀짝 마시다** ホルッチャコルッチャク マシダ	sip, slurp スィプ, スラープ
すそ **裾** suso	**옷단, 옷자락** オッタン, オッチャラク	skirt, train スカート, トレイン
すたー **スター** sutaa	**스타** スタ	star スター
すたーと **スタート** sutaato	**스타트** スタトゥ	start スタート
〜ライン	**스타트 라인** スタトゥ ライン	starting line スターティング ライン
すたいる **スタイル** sutairu	**스타일** スタイル	style スタイル
すたじあむ **スタジアム** sutajiamu	**스타디움** スタディウム	stadium ステイディアム
すたじお **スタジオ** sutajio	**스튜디오** ストゥディオ	studio ステューディオウ
すたっふ **スタッフ** sutaffu	**스태프** ステプ	staff スタフ
すたれる **廃れる** sutareru	**소용(所用)없게 되다** ソヨンオプケ ↑トェダ	go out of use ゴウ アウト オヴ ユース
すたんど **スタンド** (電灯) sutando	**스탠드** ステンドゥ	desk lamp デスク ランプ
すちーむ **スチーム** suchiimu	**스팀** スティム	steam スティーム
ずつう **頭痛** zutsuu	**두통*** ↑トゥトン	headache ヘデイク

日	韓	英
すっかり **すっかり** sukkari	모두, 전부(全部) モドゥ, †チョンブ	all, entirely オール, イン**タ**イアリ
すづけ **酢漬け** suzuke	초(醋)절임 チョジョリム	pickling **ピ**クリング
すっぱい **酸っぱい** suppai	시다 シダ	sour, acid **サ**ウア, **ア**スィド
すっぽん **鼈** suppon	자라 †チャラ	soft-shelled turtle **ソ**フトシェルド **タ**ートル
すてーき **ステーキ** suteeki	스테이크 ステイク	steak ス**テ**イク
すてーじ **ステージ** suteeji	스테이지 ステイジ	stage ス**テ**イヂ
すてきな **素敵な** sutekina	멋있는 モシンヌン	great, fine, splen- did グ**レ**イト, **ファ**イン, スプ**レ** ンディド
すてっぷ **ステップ** suteppu	스텝 ステプ	step ス**テ**プ
すでに **既に** sudeni	이미 イミ	already オール**レ**ディ
すてる **捨てる** suteru	버리다 †ポリダ	throw away, dump ス**ロ**ウ ア**ウェ**イ, **ダ**ンプ
すてんれす **ステンレス** sutenresu	스테인리스 ステインリス	stainless steel ス**テ**インレス ス**ティ**ール
すといっくな **ストイックな** sutoikkuna	금욕적(禁欲的)인 †クミョクチョギン	stoic ス**ト**ウイク
すとーかー **ストーカー** sutookaa	스토커 ストコ	stalker ス**ト**ーカ

日	韓	英
すとーぶ **ストーブ** sutoobu	**스토브** ストブ	heater, stove **ヒ**ータ, ス**トゥ**ヴ
すとーりー **ストーリー** sutoorii	**스토리** ストリ	story ス**トー**リ
すとーる **ストール** sutooru	**스톨** ストル	stole ス**トゥ**ル
すとっきんぐ **ストッキング** sutokkingu	**스타킹** スタキン	stockings ス**タ**キングズ
すとっく **ストック** sutokku	**재고**(在庫), **재고품**(在庫品) †チェゴ, †チェゴプム	stock ス**タ**ク
すとらいき **ストライキ** sutoraiki	**파업**(罷業) パオプ	strike スト**ラ**イク
すとらいく **ストライク** 　　　(野球の) sutoraiku	**스트라이크** ストゥライク	strike スト**ラ**イク
すとらいぷ **ストライプ** sutoraipu	**스트라이프** ストゥライプ	stripes スト**ラ**イプス
すとれす **ストレス** sutoresu	**스트레스** ストゥレス	stress スト**レ**ス
すとれっち **ストレッチ** sutorecchi	**스트레치** ストゥレチ	stretch スト**レ**チ
すな **砂** suna	**모래** モレ	sand **サ**ンド
すなお(な) **素直(な)** sunao (na)	**순수**(純粋)(**한**,) **솔직**(率直) (**한**) スンス(ハン), ソルッチク(ハン)	docile, obedient **ダ**スィル, オ**ビー**ディエント
すなっく **スナック** sunakku	**스낵 바** スネク †パ	snack (bar) ス**ナ**ク (**バ**ー)
(菓子) 	**스낵 (과자**(菓子)**)** スネク (グヮジャ)	snack ス**ナ**ク

日	韓	英
すなわち **即ち** sunawachi	즉(即) †チュク	namely, that is ネイムリ, **ザ**トイズ
すにーかー **スニーカー** suniikaa	스니커 スニコ	sneakers スニーカズ
すね **脛** sune	정강이 †チョンガンイ	leg, shin レグ, シン
すねる **拗ねる** suneru	토라지다 トラジダ	(be) sulky, (be) cynical (ビ) **サ**ルキ, (ビ) **ス**ィニカル
ずのう **頭脳** zunou	두뇌* †トゥヌェ	brains, head ブレインズ, ヘド
すのーぼーど **スノーボード** sunooboodo	스노보드 スノボドゥ	snowboard スノウボード
すぱい **スパイ** supai	스파이, 간첩(間諜) スパイ, †カンチョプ	spy, secret agent スパイ, **ス**ィークレト **エ**イ ヂェント
すぱいす **スパイス** supaisu	스파이스 スパイス	spice スパイス
すばしこい **すばしこい** subashikoi	양념, 향신료(香辛料) ヤンニョム, ヒャンシンニョ	nimble, agile ニンブル, **ア**ヂル
すはだ **素肌** suhada	맨살 メンサル	bare skin ベア ス**キ**ン
すぱな **スパナ** supana	스패너 スペノ	wrench, spanner レンチ, ス**パ**ナ
ずばぬけて **ずば抜けて** zubanukete	출중(出衆)나게 チュルッチュンナゲ	by far, exceptionally バイ **フ**ァー, イク**セ**プショ ナリ
すばやい **素早い** subayai	재빠르다 †チェッパルダ	nimble, quick ニンブル, ク**ウィ**ク

日	韓	英
すばらしい **素晴らしい** subarashii	**뛰어나다, 근사**(近似)**하다, 멋지다** ットウィオナダ, †クンサハダ, モッチダ	wonderful, splen- did **ワ**ンダフル, スプ**レ**ンディド
すぴーかー **スピーカー** supiikaa	**스피커** スピコ	speaker ス**ピ**ーカ
すぴーち **スピーチ** supiichi	**스피치** スピチ	speech ス**ピ**ーチ
すぴーど **スピード** supiido	**스피드** スピドゥ	speed ス**ピ**ード
すぷーん **スプーン** supuun	**스푼, 숟가락** スプン , スッカラク	spoon ス**プ**ーン
ずぶぬれの **ずぶ濡れの** zubunureno	**흠뻑 젖은** フムッポク †チョジュン	soaked to the skin **ソ**ウクト トゥ ザ ス**キ**ン
すぷれー **スプレー** supuree	**스프레이** スプレイ	spray スプ**レ**イ
すぺあ **スペア** supea	**스페어** スペオ	spare, refill ス**ペ**ア, リー**フィ**ル
すぺいん **スペイン** supein	**스페인** スペイン	Spain ス**ペ**イン
〜語	**스페인어**(語) スペイノ	Spanish ス**パ**ニシュ
すぺーす **スペース** supeesu	**스페이스** スペイス	space ス**ペ**イス
すぺーど **スペード** supeedo	**스페이드** スペイドゥ	spade ス**ペ**イド
すぺしゃりすと **スペシャリスト** supesharisuto	**스페셜리스트** スペショルリストゥ	specialist ス**ペ**シャリスト
すぺしゃる **スペシャル** supesharu	**스페셜** スペショル	special ス**ペ**シャル

日	韓	英
すべすべした **すべすべした** subesubeshita	반들반들한, 매끈매끈한 †パンドゥルパンドゥルハン, メックンメックンハン	smooth, slippery ス**ム**ーズ, ス**リ**パリ
すべて **全て** subete	전부(全部), 모두 †チョンブ, モドゥ	all **オ**ール
すべる **滑る** suberu	미끄러지다 ミックロジダ	slip, slide, glide ス**リ**プ, ス**ラ**イド, グ**ラ**イド
すぺる **スペル** superu	스펠 スペル	spelling ス**ペ**リング
すぽーくすまん **スポークスマン** supookusuman	대변인(代弁人) †テビョニン	spokesman ス**ポ**ウクスマン
すぽーつ **スポーツ** supootsu	스포츠 スポチュ	sports ス**ポ**ーツ
〜マン	스포츠맨 スポチュメン	sportsman, athlete ス**ポ**ーツマン, **ア**スリート
すぽっとらいと **スポットライト** supottoraito	스포트라이트 スポトゥライトゥ	spotlight ス**パ**トライト
ずぼん **ズボン** zubon	바지 †パジ	trousers ト**ラ**ウザズ
すぽんさー **スポンサー** suponsaa	스폰서 スポンソ	sponsor ス**パ**ンサ
すぽんじ **スポンジ** suponji	스펀지 スポンジ	sponge ス**パ**ンヂ
すまい **住まい** sumai	거주지(居住地), 사는 곳 †コジュジ, サヌン †コッ	house **ハ**ウス
すます **済ます** sumasu	끝내다, 마치다 ックンネダ, マチダ	finish **フィ**ニシュ
すまっしゅ **スマッシュ** sumasshu	스매시 スメシ	smashing, smash ス**マ**シング, ス**マ**シュ

日	韓	英
すみ **炭** sumi	**숯, 목탄**(木炭) スッ, モクタン	charcoal **チャー**コウル
すみ **隅** sumi	**구석** †クソ	nook, corner **ヌ**ク, **コー**ナ
すみ **墨** sumi	**먹** モク	China ink **チャイナ** **イン**ク
すみれ **菫** sumire	**제비꽃** †チェビッコッ	violet **ヴァ**イオレト
すむ **済む** sumu	**끝나다, 해결**(解決)**되다** ックンナダ, ヘギョルドェダ	(be) finished (ビ) **フィ**ニシュト
すむ **住む** sumu	**살다** サルダ	live **ラ**イヴ
すむ **澄む** sumu	**맑아지다** マルガジダ	become clear ビ**カ**ム クリア
すもう **相撲** sumou	**스모, 씨름** スモ, ッシルム	*sumo* wrestling **スー**モウ **レ**スリング
すもーくさーもん **スモークサーモン** sumookusaamon	**훈제**(燻製) **연어**(鰱魚) フンジェ ヨノ	smoked salmon ス**モ**ウクト **サ**モン
すもっぐ **スモッグ** sumoggu	**스모그** スモグ	smog ス**マ**グ
すもも **李** sumomo	**자두** †チャドゥ	plum, damson プ**ラ**ム, **ダ**ムゾン
すやき **素焼き** suyaki	**질그릇** †チルグルッ	unglazed pottery アング**レ**イズド **パ**タリ
すらいす **スライス** suraisu	**슬라이스** スルライス	slice ス**ラ**イス
ずらす **ずらす** zurasu	**비켜 놓다** †ピキョ ノタ	shift, move **シ**フト, **ムー**ヴ

す

日	韓	英
すらすら(と) すらすら(と) surasura (to)	**줄줄, 술술** †チュルジュル, スルスル	smoothly, fluently スムースリ, フルエントリ
スラング すらんぐ surangu	**속어**(俗語) ソゴ	slang スラング
スランプ すらんぷ suranpu	**슬럼프** スルロムプ	slump スランプ
掏摸 すり suri	**소매치기** ソメチギ	pickpocket ピクパケト
擦り下ろす すりおろす suriorosu	**갈다** †カルダ	grind, grate グラインド, グレイト
擦り傷 すりきず surikizu	**찰과상**(擦過傷) チャルグヮサン	abrasion アブレイジョン
擦り切れる すりきれる surikireru	**닳아서 떨어지다, 해어지다** †タラソ ットロジダ, ヘオジダ	wear out ウェア アウト
スリッパ すりっぱ surippa	**슬리퍼** スルリポ	slippers スリパズ
スリップ すりっぷ surippu	**슬립** スルリプ	slip スリプ
スリル すりる suriru	**스릴** スリル	thrill スリル
為る する suru	**하다** ハダ	do, try, play ドゥ, トライ, プレイ
擦る する suru	**문지르다** ムンジルダ	rub, chafe ラブ, チェイフ
狡い ずるい zurui	**교활**(狡猾)**하다** †キョファルハダ	sly スライ
ずる賢い ずるがしこい zurugashikoi	**영악**(獰悪)**하다** ヨンアカダ	cunning, crafty カニング, クラフティ

日	韓	英
するどい **鋭い** surudoi	**날카롭다** ナルカロプタ	sharp, pointed **シャー**プ, **ポ**インテド
ずるやすみ **ずる休み** zuruyasumi	**꾀를 부려 쉼** ックェルル †プリョ シュイム	truancy ト**ルー**アンスィ
すれちがう **擦れ違う** surechigau	**스쳐 지나가다, 서로 엇갈 리다** スチョ †チナガダ, ソロ オッカルリダ	pass each other パス **イー**チ **ア**ザ
ずれる **ずれる** zureru	**어긋나다, 빗나가다** オグンナダ, †ピンナガダ	shift **シ**フト
すろーがん **スローガン** suroogan	**슬로건** スルロゴン	slogan, motto ス**ロウ**ガン, **マ**トウ
すろーぷ **スロープ** suroopu	**슬로프** スルロプ	slope ス**ロウ**プ
すろーもーしょん **スローモーション** suroomooshon	**슬로 모션** スルロ モション	slow motion ス**ロウ モウ**ション
すろっとましん **スロットマシン** surottomashin	**슬롯 머신** スルロッ モシン	slot machine ス**ラ**ト マ**シー**ン
すわる **座る** suwaru	**앉다** アンッタ	sit down, take a seat **スィ**ト **ダ**ウン, **テイ**ク ア **ス**ィート
ずんぐりした **ずんぐりした** zungurishita	**땅딸막한** ッタンッタルマカン	thickset, dumpy **スィ**クセト, **ダ**ンピ
すんぜん **寸前** sunzen	**직전(直前)에** †チクチョネ	just before **ヂャ**スト ビ**フォ**

せ, セ

日	韓	英
せ **背** se	**등, 키** †トゥン, キ	back, height **バ**ク, **ハ**イト

日	韓	英
せい **姓** sei	**성*** ソン	family name, sur-name ファミリ ネイム, サーネイム
せい **性** sei	**성*** ソン	sex セクス
せい **生** sei	**삶, 인생**(人生) サム, インセン	life, living ライフ, リヴィング
ぜい **税** zei	**세*** セ	tax タクス
～込み	**세*****금 포함** セグム ピョハム	including tax インクルーディング タクス
～別	**세*****금 별도** セグム ピョルド	without tax ウィザウト タクス
せいい **誠意** seii	**성의*** ソンイ	sincerity スィンセリティ
せいいっぱい **精一杯** seiippai	**힘껏** ヒムッコッ	as hard as possible アズ ハード アズ パスィブル
せいえん(する) **声援(する)** seien (suru)	**성원***(**하다**) ソンウォン(ハダ)	encouragement; cheer インカーリヂメント, チア
せいおう **西欧** seiou	**서구*** ソグ	West Europe ウェスト ユアロプ
せいか **成果** seika	**성과*** ソンックヮ	result, fruits リザルト, フルート
せいかい **政界** seikai	**정계*** †チョンゲ	political world ポリティカル ワールド
せいかい **正解** seikai	**정답**(正答) †チョンダプ	correct answer コレクト アンサ

日	韓	英
せいかく **性格** seikaku	**성격*** ソンッキョク	character, personality **キャ**ラクタ, パーソ**ナ**リティ
せいかくな **正確な** seikakuna	**정확*****한** †チョンファカン	exact, correct イグ**ザ**クト, コ**レ**クト
せいがく **声楽** seigaku	**성악*** ソンアク	vocal music **ヴォ**ウカル **ミュー**ズィク
せいかつ(する) **生活(する)** seikatsu (suru)	**생활*****(하다)** センファル(ハダ)	life, livelihood; live **ラ**イフ, **ラ**イヴリフド, **リ**ヴ
せいかんする **生還する** seikansuru	**생환하다** センファナダ	return alive リ**ター**ン ア**ラ**イヴ
せいかん(する) **静観(する)** seikan (suru)	**정관*****(하다)** †チョングヮン(ハダ)	wait and see **ウェ**イト アンド ス**ィ**ー
ぜいかん **税関** zeikan	**세관*** セグヮン	customs **カ**スタムズ
せいき **世紀** seiki	**세기*** セギ	century **セ**ンチュリ
せいぎ **正義** seigi	**정의*** †チョンイ	justice **ヂャ**スティス
せいきゅう(する) **請求(する)** seikyuu (suru)	**청구*****(하다)** チョング(ハダ)	demand, claim ディ**マ**ンド, ク**レ**イム
〜書	**청구서**(請求書) チョングソ	bill **ビ**ル
せいぎょ(する) **制御(する)** seigyo (suru)	**제어*****(하다)** †チェオ(ハダ)	control コント**ロ**ウル
せいきょく **政局** seikyoku	**정국*** †チョングク	political situation ポ**リ**ティカル スィチュ**エ**イション
ぜいきん **税金** zeikin	**세금*** セグム	tax **タ**クス

日	韓	英
せいけい **生計** seikei	**생계**∗ センゲ	living **リ**ヴィング
せいけいげか **整形外科** seikeigeka	**정형외과**(整形外科) †チョンヒョンウェックヮ	plastic surgery プ**ラ**スティク **サ**ーヂャリ
せいけつ(な) **清潔(な)** seiketsu (na)	**청결**∗(한) チョンギョル(ハン)	clean, neat ク**リ**ーン, **ニ**ート
せいけん **政権** seiken	**정권**∗ †チョンックォン	political power ポ**リ**ティカル **パ**ウア
せいげん(する) **制限(する)** seigen (suru)	**제한**∗(하다) †チェハン(ハダ)	restriction; restrict リスト**リ**クション, リスト**リ** クト
せいこう(する) **成功(する)** seikou (suru)	**성공**∗(하다) ソンゴン(ハダ)	success; succeed in サク**セ**ス, サク**スィ**ード イ ン
せいざ **星座** seiza	**성좌**∗, **별자리** ソンジャ, †ピョルチャリ	constellation カンステ**レ**イション
せいさい(する) **制裁(する)** seisai (suru)	**제재**∗(하다) †チェジェ(ハダ)	punishment; pun- ish **パ**ニシュメント, **パ**ニシュ
せいさく **政策** seisaku	**정책**∗ †チョンチェク	policy **パ**リスィ
せいさく(する) **制[製]作(する)** seisaku (suru)	**제작**(制作)(**하다**) †チェジャク(ハダ)	make; produce **メ**イク, プロ**デュ**ース
せいさん(する) **生産(する)** seisan (suru)	**생산**∗(**하다**) センサン(ハダ)	manufacture マニュ**ファ**クチャ
せいし **生死** seishi	**생사**∗ センサ	life and death **ラ**イフ アンド **デ**ス
せいし **製紙** seishi	**제지**∗ †チェジ	paper manufacture **ペ**イパ マニュ**ファ**クチャ

日	韓	英
せいし(する) **静止(する)** seishi (suru)	정지＊(하다) †チョンジ(ハダ)	stillness, repose ス**ティ**ルネス, リ**ポ**ウズ
せいし(する) **制止(する)** seishi (suru)	제지＊(하다) †チェジ(ハダ)	restraint, control リスト**レ**イント, コント**ロ**ウル
せいじ **政治** seiji	정치＊ †チョンチ	politics **パ**リティクス
～家	정치가(政治家) †チョンチガ	statesman, politician ス**テ**イツマン, パリ**ティ**シャン
せいしきな **正式な** seishikina	정식＊(의) †チョンシク(エ)	formal, official **フォ**ーマル, オ**フィ**シャル
せいしつ **性質** seishitsu	성질＊ ソンジル	nature, disposition **ネ**イチャ, ディスポ**ズィ**ション
せいじつ(な) **誠実(な)** seijitsu (na)	성실＊(한) ソンシル(ハン)	sincere, honest スィン**スィ**ア, **ア**ネスト
せいじゃく **静寂** seijaku	정적＊ †チョンジョク	stillness, silence ス**ティ**ルネス, **サ**イレンス
せいじゅく(する) **成熟(する)** seijuku (suru)	성숙＊(하다) ソンスク(ハダ)	ripeness; ripen **ラ**イプネス, **ラ**イプン
せいしゅん **青春** seishun	청춘＊ チョンチュン	youth **ユ**ース
せいしょ **聖書** seisho	성서＊, 성경(聖経) ソンソ, ソンギョン	Bible **バ**イブル
せいしょ **清書** seisho	정서(浄書) †チョンソ	fair copy **フェ**ア カピ
せいじょう(な) **清浄(な)** seijou (na)	청정＊(한), 깨끗(한) チョンジョン(ハン), ッケックッ(ハン)	pure, clean **ピュ**ア, ク**リ**ーン

日	韓	英
せいじょうな **正常な** seijouna	정상적(正常的)**인** †チョンサンジョギン	normal ノーマル
せいしょうねん **青少年** seishounen	청소년* チョンソニョン	younger genera-tion ヤンガ ヂェネレイション
せいしん **精神** seishin	정신* †チョンシン	spirit, mind スピリト, マインド
せいじん **成人** seijin	성인* ソンイン	adult, grown-up アダルト, グロウナプ
せいしんかい **精神科医** seishinkai	정신과(精神科) 의사(医師) †チョンシンックヮ ウィサ	psychiatrist サイカイアトリスト
せいず **製図** seizu	제도* †チェド	drafting, drawing ドラフティング, ドローイング
せいすう **整数** seisuu	정수* †チョンス	integer インティヂャ
せいぜい **せいぜい** seizei	기껏해야, 겨우, 고작 †キッコテヤ, †キョウ, †コジャク	at most アト モウスト
せいせき **成績** seiseki	성적* ソンジョク	result, record リザルト, リコード
せいぜん **整然** seizen	정연* †チョンヨン	good order グド オーダ
せいせんしょくりょうひん **生鮮食料品** seisenshokuryouhin	신선(新鮮)한 식료품(食料品) シンソンハン シンニョプム	perishables ペリシャブルズ
せいそ(な) **清楚(な)** seiso (na)	청초*(한) チョンチョ(ハン)	neat ニート
せいそう(する) **清掃(する)** seisou (suru)	청소*(하다) チョンソ(ハダ)	cleaning; clean クリーニング, クリーン

日	韓	英
せいぞう(する) **製造(する)** seizou (suru)	제조*(하다) †チェジョ(ハダ)	manufacture, production マニュ**ファ**クチャ, プロ**ダ**クション
せいそうけん **成層圏** seisouken	성층권* ソンチュンックォン	stratosphere スト**ラ**トスフィア
せいぞん(する) **生存(する)** seizon (suru)	생존*(하다) センジョン(ハダ)	existence; survive イグ**ズィ**ステンス, サ**ヴァ**イヴ
せいだい(な) **盛大(な)** seidai (na)	성대*(한) ソンデ(ハン)	prosperous, grand プ**ラ**スペラス, グ**ラ**ンド
ぜいたく **贅沢** zeitaku	사치(奢侈) サチ	luxury, extravagance **ラ**クシャリ, イクスト**ラ**ヴァガンス
せいちょう(する) **成[生]長(する)** seichou (suru)	성장(成長)(하다) ソンジャン(ハダ)	growth; grow グ**ロ**ウス, グ**ロ**ウ
せいつう(する) **精通(する)** seitsuu (suru)	정통*(하다) †チョントン(ハダ)	familiarity; (be) familiar with ファミリ**ア**リティ, (ビ) ファ**ミ**リャ ウィズ
せいてつ **製鉄** seitetsu	제철* †チェチョル	iron manufacture **ア**イアン マニュ**ファ**クチャ
せいでんき **静電気** seidenki	정전기* †チョンジョンギ	static electricity ス**タ**ティク イレクト**リ**スィティ
せいと **生徒** seito	학생(学生) ハクセン	student, pupil ス**テュ**ーデント, **ピュ**ーピル
せいど **制度** seido	제도* †チェド	system, institution ス**ィ**ステム, インスティ**テュ**ーション
せいとう **政党** seitou	정당* †チョンダン	political party ポ**リ**ティカル パ**ー**ティ
せいとう(な) **正当(な)** seitou (na)	정당*(한) †チョンダン(ハン)	just, proper, legal **ヂャ**スト, プ**ラ**パ, **リ**ーガル

日	韓	英
せいとうぼうえい **正当防衛** seitoubouei	**정당방위** ＊ †チョンダンバンウィ	legal defense リーガル ディフェンス
せいとん（する） **整頓（する）** seiton (suru)	**정돈** ＊（**하다**） †チョンドン（ハダ）	order; put in order オーダ，プト イン オーダ
せいなん **西南** seinan	**서남** ＊ ソナム	southwest サウスウェスト
せいねん **青年** seinen	**청년** ＊ チョンニョン	young man, youth ヤング マン，ユース
せいねん **成年** seinen	**성년** ＊ ソンニョン	adult age アダルト エイヂ
せいねんがっぴ **生年月日** seinengappi	**생년월일** ＊ センニョヌォリル	date of birth デイト オヴ バース
せいのう **性能** seinou	**성능** ＊ ソンヌン	capacity, efficien-cy カパスィティ，イフィシェンスィ
せいはんたい **正反対** seihantai	**정반대** ＊ †チョンバンデ	exact opposite イグザクト アポズィト
せいひん **製品** seihin	**제품** ＊ †チェプム	product プラダクト
せいふ **政府** seifu	**정부** ＊ †チョンブ	government ガヴァンメント
せいぶ **西部** seibu	**서부** ＊ ソブ	the western part ザ ウェスタン パート
せいふく **制服** seifuku	**제복** ＊ †チェボク	uniform ユーニフォーム
せいふく（する） **征服（する）** seifuku (suru)	**정복** ＊（**하다**） †チョンボク（ハダ）	conquest; conquer カンクウェスト，カンカ

日	韓	英
せいぶつ **生物** seibutsu	**생물*** センムル	living thing, life **リ**ヴィング ス**ィ**ング, **ラ**イフ
～学	**생물학**(生物学) センムルハク	biology バイ**ア**ロディ
せいぶつが **静物画** seibutsuga	**정물화*** †チョンムルファ	still life ス**ティ**ル **ラ**イフ
せいぶん **成分** seibun	**성분*** ソンブン	ingredient, component イング**リ**ーディエント, コン**ポ**ウネント
せいべつ **性別** seibetsu	**성별*** ソンビョル	sex distinction **セ**クス ディス**ティ**ンクション
せいぼ **歳暮** seibo	**연말**(年末)**에 보내는 선물**(膳物) ヨンマレ †ポネヌン ソンムル	year-end gift **イ**アレンド **ギ**フト
せいほうけい **正方形** seihoukei	**정사각형**(正四角形) †チョンサガキョン	square スク**ウェ**ア
せいほく **西北** seihoku	**서북*** ソブク	northwest ノース**ウェ**スト
せいみつ(な) **精密(な)** seimitsu (na)	**정밀*****(한)** †チョンミル(ハン)	precise, minute プリ**サ**イス, マイ**ニュ**ート
ぜいむ **税務** zeimu	**세무*** セム	taxation business タク**セ**イション ビ**ズ**ネス
～署	**세무서**(税務署) セムソ	tax office **タ**クス **オ**ーフィス
せいめい **姓名** seimei	**성명*** ソンミョン	(full) name (**フ**ル) **ネ**イム
せいめい **生命** seimei	**생명*** センミョン	life **ラ**イフ

日	韓	英
～保険	생명* 보험(保険) センミョンボホム	life insurance ライフ インシュアランス
せいめい **声明** seimei	성명* ソンミョン	declaration, statement デクラレイション, ステイトメント
せいもん **正門** seimon	정문* †チョンムン	front gate フラント ゲイト
せいやく(する) **制約(する)** seiyaku (suru)	제약*(하다) †チェヤク(ハダ)	restriction, limitation; restrict リストリクション, リミテイション, リストリクト
せいやく(する) **誓約(する)** seiyaku (suru)	서약*(하다) ソヤク(ハダ)	oath, pledge オウス, プレヂ
せいよう **西洋** seiyou	서양* ソヤン	West ウェスト
せいよう(する) **静養(する)** seiyou (suru)	정양*(하다) †チョンヤン(ハダ)	rest; take a rest レスト, テイク ア レスト
せいり **生理** seiri	생리* センニ	physiology フィズィアロヂィ
～用品	생리대(生理帯) センニデ	sanitary napkin サニテリ ナプキン
せいり(する) **整理(する)** seiri (suru)	정리*(하다) †チョンニ(ハダ)	arrangement; arrange アレインヂメント, アレインヂュ
ぜいりし **税理士** zeirishi	세무사(財務士) セムサ	licensed tax accountant ライセンスト タクス アカウンタント
せいりつ(する) **成立(する)** seiritsu (suru)	성립*(되다) ソンニプ(ドェダ)	formation; (be) formed フォーメイション,(ビ)フォームド
ぜいりつ **税率** zeiritsu	세율* セユル	tax rates タクス レイツ

日	韓	英
せいりょういんりょう **清涼飲料** seiryouinryou	**청량**(清涼) **음료수**(飲料水) チョンニャンウムニョス	soft drink, refreshing drink ソフト ドリンク, リフレシング ドリンク
せいりょく **勢力** seiryoku	**세력**＊ セリョク	influence, power インフルエンス, パウア
せいりょく **精力** seiryoku	**정력**＊ †チョンニョク	energy, vitality エナヂ, ヴァイタリティ
～的な	**정력적**(精力的)**인** †チョンニョクチョギン	energetic, vigorous エナヂェティク, **ヴィ**ゴラス
せいれき **西暦** seireki	**서기**(西紀) ソギ	Christian Era クリスチャン イアラ
せいれつ(する) **整列(する)** seiretsu (suru)	**정렬**＊(**하다**) †チョンニョル(ハダ)	stand in a row スタンド イン ア ロウ
せーたー **セーター** seetaa	**스웨터** スウェト	sweater, pullover スウェタ, プロウヴァ
せーる **セール** seeru	**세일** セイル	sale セイル
せーるすまん **セールスマン** seerusuman	**세일즈맨** セイルジュメン	salesman セイルズマン
せおう **背負う** seou	**짊어지다, 메다, 업다** †チルモジダ, メダ, オプタ	carry on *one's* back **キャ**リ オン パク
せおよぎ **背泳ぎ** seoyogi	**배영**(背泳) †ペヨン	backstroke バクストロウク
せかい **世界** sekai	**세계**＊ セゲ	world ワールド
～史	**세계사**(世界史) セゲサ	world history ワールド ヒストリ

日	韓	英
〜的な	세계적(世界的)인 セゲジョギン	worldwide ワールドワイド
せかす 急かす sekasu	재촉하다 †チェチョカダ	expedite, hurry エクスペダイト, ハーリ
せき 咳 seki	기침 †キチム	cough コーフ
せき 席 seki	좌석(座席) †チュワソク	seat スィート
せきがいせん 赤外線 sekigaisen	적외선* †チョグェソン	infrared rays インフラレド レイズ
せきずい 脊髄 sekizui	척수* チョクス	spinal cord スパイナル コード
せきたてる 急き立てる sekitateru	재촉하다, 다그치다 ジェチョカダ, †タグチダ	hurry, hasten ハーリ, ヘイスン
せきたん 石炭 sekitan	석탄* ソクタン	coal コウル
せきどう 赤道 sekidou	적도* †チョクト	equator イクウェイタ
せきにん 責任 sekinin	책임* チェギム	responsibility リスパンスィビリティ
せきひ 石碑 sekihi	석비* ソクピ	stone monument ストウン マニュメント
せきぶん 積分 sekibun	적분* †チョクプン	integral (calculus) インテグラル (キャルキュラ ス)
せきめんする 赤面する sekimensuru	얼굴이 빨개지다 オルグリ ッパルゲジダ	blush ブラシュ
せきゆ 石油 sekiyu	석유* ソギュ	petroleum, oil ピトロウリアム, オイル

日	韓	英
せきり **赤痢** sekiri	**이질**(痢疾) イジル	dysentery **ディ**センテアリ
せくしー（な） **セクシー(な)** sekushii (na)	**섹시**(한) セクシ(ハン)	sexy **セ**クスィ
せくはら **セクハラ** sekuhara	**성희롱**(性戯弄) ソンヒロン	sexual harassment **セ**クシュアル ハ**ラ**スメント
せけん **世間** seken	**세상**(世上), **사회**(社会) セサン, サフェ	world, society **ワ**ールド, ソ**サ**イエティ
せしゅう **世襲** seshuu	**세습**＊ セスプ	heredity ヘ**レ**ディティ
ぜせい（する） **是正(する)** zesei (suru)	**시정**＊(**하다**) シジョン(ハダ)	correction; correct コ**レ**クション, コ**レ**クト
せそう **世相** sesou	**세상**＊ セサン	social conditions **ソ**ウシャル コン**ディ**ション ズ
せだい **世代** sedai	**세대**＊ セデ	generation デェネ**レ**イション
せつ **説** setsu	**주장**(主張), **의견**(意見) †チュジャン, ウィギョン	opinion オ**ピ**ニョン
ぜつえん（する） **絶縁(する)** zetsuen (suru)	**절연**＊(**하다**) †チョリョン(ハダ)	breaking the con- nection; break off relations ブ**レ**イキング ザ コ**ネ**クショ ン, ブ**レ**イク オーフ リ**レ**イ ションズ
せっかい **石灰** sekkai	**석회**＊ ソクフェ	lime **ラ**イム
せっかち（な） **せっかち(な)** sekkachi (na)	**성급**(性急)(**한**) ソングプ(ハン)	hasty, impetuous **ヘ**イスティ, イン**ペ**チュアス
せっきょう（する） **説教(する)** sekkyou (suru)	**설교**＊(**하다**) ソルギョ(ハダ)	sermon; preach **サ**ーモン, プ**リ**ーチ

日	韓	英
せっきょくてきな **積極的な** sekkyokutekina	적극적*인 †チョククチョギン	positive, active パズィティヴ, **ア**クティヴ
せっきん（する） **接近（する）** sekkin (suru)	접근*(하다) †チョプクン(ハダ)	approach アプ**ロ**ウチ
せっくす **セックス** sekkusu	섹스 セクス	sex **セ**クス
せっけい（する） **設計（する）** sekkei (suru)	설계*(하다) ソルゲ(ハダ)	plan, design **プ**ラン, ディ**ザ**イン
～者	설계자(設計者) ソルゲジャ	designer ディ**ザ**イナ
～図	설계도(設計図) ソルゲド	plan, blueprint **プ**ラン, ブ**ルー**プリント
せっけっきゅう **赤血球** sekkekkyuu	적혈구 †チョキョルグ	red blood cell **レ**ド ブ**ラ**ド **セ**ル
せっけん **石鹸** sekken	비누 †ピヌ	soap **ソ**ウプ
せっこう **石膏** sekkou	석고* ソクコ	gypsum, plaster **ヂ**プサム, プ**ラ**スタ
ぜっこう（する） **絶交（する）** zekkou (suru)	절교*(하다) †チョルギョ(ハダ)	cutting contact **カ**ティング **カ**ンタクト
ぜっこう（の） **絶好（の）** zekkou (no)	절호*(의) †チョルホ(エ)	best, ideal **ベ**スト, アイ**ディー**アル
ぜっさん（する） **絶賛（する）** zessan (suru)	절찬*(하다) †チョルチャン(ハダ)	highest praise; ex- tol **ハ**イエスト プ**レ**イズ, イク**ス**トウル
せっし **摂氏** sesshi	섭씨* ソプッシ	Celsius **セ**ルスィアス

日	韓	英
せっしゅ(する) **摂取(する)** sesshu (suru)	**섭취***(**하다**) ソプチュィ(ハダ)	intake; take in **イ**ンテイク, **テ**イク **イ**ン
せっしょう(する) **折衝(する)** sesshou (suru)	**절충***(**하다**) †チョルチュン(ハダ)	negotiation; nego- tiate ニ**ゴ**ウシ**エ**イション, ニ**ゴ**ウ シエイト
せっしょく(する) **接触(する)** sesshoku (suru)	**접촉***(**하다**) †チョプチョク(ハダ)	contact, touch **カ**ンタクト, **タ**チ
ぜっしょく(する) **絶食(する)** zesshoku (suru)	**단식**(断食)(**하다**) †タンシク(ハダ)	fasting; fast **ファ**スティング, **ファ**スト
せっする **接する** sessuru	**접*****하다** †チョパダ	touch **タ**チ
せっせい(する) **節制(する)** sessei (suru)	**절제***(**하다**) †チョルッチェ(ハダ)	temperance; (be) temperate **テ**ンペランス, (ビ) **テ**ンペレ ト
せっせと **せっせと** sesseto	**부지런히, 열심**(熱心)**히** †プジロンヒ, ヨルッシムヒ	diligently **ディ**リヂェントリ
せっせん **接戦** sessen	**접전*** †チョプチョン	close game ク**ロ**ウス **ゲ**イム
せつぞく(する) **接続(する)** setsuzoku (suru)	**접속***(**하다**) †チョプソク(ハダ)	connection; con- nect コ**ネ**クション, コ**ネ**クト
〜詞	**접속사**(接続詞) †チョプソクサ	conjunction コン**ヂャ**ンクション
せったい(する) **接待(する)** settai (suru)	**접대***(**하다**) †チョプテ(ハダ)	reception; enter- tain, host リ**セ**プション, エン**タ**テイン, **ホ**ウスト
ぜったい **絶対** zettai	**절대*** †チョルッテ	absolute **ア**プソリュート
ぜつだいな **絶大な** zetsudaina	**절대적**(絶大的)**인** †チョルッテジョギン	greatest, tremen- dous グ**レ**イティスト, トリ**メ**ンダ ス

日	韓	英
せつだん（する） **切断（する）** setsudan (suru)	**절단**＊**（하다）** †チョルッタン（ハダ）	cut off カトオーフ
せっちゃくざい **接着剤** secchakuzai	**접착제**＊ †チョプチャクチェ	adhesive アドヒースィヴ
せっちゅうあん **折衷案** secchuuan	**절충안**＊ †チョルチュンアン	compromise カンプロマイズ
ぜっちょう **絶頂** zecchou	**절정**＊ †チョルッチョン	summit, height サミト, ハイト
せってい（する） **設定（する）** settei (suru)	**설정**＊**（하다）** ソルッチョン（ハダ）	setting up; set up セティングアプ, セトアプ
せってん **接点** setten	**접점**＊ †チョプチョム	point of contact ポイントオヴカンタクト
せつど **節度** setsudo	**절도**＊ †チョルット	moderation モダレイション
せっとう **窃盗** settou	**절도**＊ †チョルット	theft セフト
せっとく（する） **説得（する）** settoku (suru)	**설득**＊**（하다）** ソルットゥク（ハダ）	persuadion; per- suade パスウェイジョン, パスウェイド
せっぱく **切迫** seppaku	**절박**＊ †チョルバク	urgency, immi- nence アーヂェンスィ, イミナンス
ぜっぱん **絶版** zeppan	**절판**＊ †チョルパン	out of print アウトオヴプリント
せつび **設備** setsubi	**설비**＊ ソルビ	equipment, facili- ties イクウィプメント, ファスィリティズ
〜投資	**설비**＊**투자**（投資） ソルビトゥジャ	plant and equip- ment investment プラントアンドイクウィプメントインヴェストメント

日	韓	英
ぜつぼう(する) **絶望(する)** zetsubou (suru)	**절망***(**하다**) †チョルマン(ハダ)	despair; despair of ディスペア, ディスペア オヴ
～的な	**절망적**(絶望的)**인** †チョルマンジョギン	desperate, hopeless デスパレト, ホウプレス
せつめい(する) **説明(する)** setsumei (suru)	**설명***(**하다**) ソルミョン(ハダ)	explanation; explain エクスプラネイション, イクスプレイン
～書	**설명서**(説明書) ソルミョンソ	explanatory note イクスプラナトーリ ノウト
ぜつめつ(する) **絶滅(する)** zetsumetsu (suru)	**절멸***(**하다**) †チョルミョル(ハダ)	extinction; (become) extinct イクスティンクション, (ビカム) イクスティンクト
せつやく(する) **節約(する)** setsuyaku (suru)	**절약***(**하다**) †チョリャク(ハダ)	economy, saving; save イカノミ, セイヴィング, セイヴ
せつりつ(する) **設立(する)** setsuritsu (suru)	**설립***(**하다**) ソルリプ(ハダ)	establishment; establish イスタブリシュメント, イスタブリシュ
せともの **瀬戸物** setomono	**도자기**(陶瓷器)，**사기**(沙器) **그릇** †トジャギ, サギグルッ	earthenware, china アースンウェア, チャイナ
せなか **背中** senaka	**등** †トゥン	back バク
せのび(する) **背伸び(する)** senobi (suru)	**발돋움**(**하다**) †パルドドゥム(ハダ)	stand on tiptoe スタンド オン ティプトウ
ぜひ **是非** zehi	**옳고 그름**，**시비**(是非) オルコ †クルム, シビ	right and wrong ライト アンド ロング
～とも	**꼭**，**반드시** ッコク, †パンドゥシ	by all means バイ オール ミーンズ
せびる **せびる** sebiru	**조르다** †チョルダ	tease ティーズ

日	韓	英
せびろ **背広** sebiro	양복(洋服), 슈트 ヤンボク, シュトゥ	business suit ビズネス スート
せぼね **背骨** sebone	등뼈 †トゥンッピョ	backbone バクボウン
せまい **狭い** semai	좁다 †チョプタ	narrow, small ナロウ, スモール
せまる **迫る** semaru	다가오다, 가까워지다 †タガオダ, †カッカウォジダ	approach アプロウチ
せみころん **セミコロン** semikoron	세미콜론 セミコルロン	semicolon セミコウロン
せめて **せめて** semete	최소한(最小限), 하다못해 チュエソハン, ハダモテ	at least, at most アト リースト, アト モウスト
せめる **攻める** semeru	공격(攻撃)하다 †コンギョカダ	attack, assault アタク, アソールト
せめる **責める** semeru	꾸짖다, 나무라다 ックジッタ, ナムラダ	blame, reproach ブレイム, リプロウチ
せめんと **セメント** semento	시멘트 シメントゥ	cement セメント
せらぴすと **セラピスト** serapisuto	세라피스트 セラピストゥ	therapist セラピスト
せらみっく(す) **セラミック(ス)** seramikku (su)	세라믹 セラミク	ceramics セラミクス
ぜりー **ゼリー** zerii	젤리 †チェルリ	jelly チェリ
せりふ **台詞** serifu	대사* †テサ	one's lines ラインズ
せるふさーびす **セルフサービス** serufusaabisu	셀프 서비스 セルプ ソビス	self-service セルフサーヴィス

日	韓	英
せれなーで **セレナーデ** serenaade	**세레나데** セレナデ	serenade セレ**ネ**イド
せれもにー **セレモニー** seremonii	**세레머니** セレモニ	ceremony **セ**レモウニ
ぜろ **ゼロ** zero	**제로, 영(**零**), 공(**空**)** †チェロ , ヨン , †コン	zero **ズィ**アロウ
せろてーぷ **セロテープ** seroteepu	**스카치테이프** スカチテイプ	Scotch tape ス**カ**チ テイプ
せろり **セロリ** serori	**셀러리** セルロリ	celery **セ**ラリ
せろん **世論** seron	**여론(**輿論**)** ヨロン	public opinion パブリク オ**ピ**ニョン
せわ **世話** sewa	**보살핌, 도와줌** †ポサルピム , †トワジュム	care, aid **ケ**ア, **エ**イド
～する	**보살피다, 도와주다** †ポサルピダ , †トワジュダ	take care **テ**イク **ケ**ア
せん **千** sen	**천**＊ チョン	thousand **サ**ウザンド
せん **栓** sen	**마개** マゲ	stopper, plug ス**タ**パ, プ**ラ**グ
せん **線** sen	**선**＊ ソン	line **ラ**イン
ぜん **禅** zen	**선**＊ ソン	*Zen* **ゼ**ン
ぜん **膳** zen	**상(**床**)** サン	table, tray **テ**イブル, ト**レ**イ
ぜんあく **善悪** zen-aku	**선악**＊ ソナク	good and evil **グ**ド アンド **イ**ーヴィル

日	韓	英
せんい **繊維** sen-i	섬유* ソミュ	fiber **ファ**イバ
ぜんい **善意** zen-i	선의* ソニ	goodwill **グ**ドウィル
ぜんいん **全員** zen-in	†전원* チョヌォン	all members **オール** メンバズ
ぜんかい **前回** zenkai	†저번 (에) チョボン(エ)	last time **ラスト** タイム
ぜんかい(する) **全快(する)** zenkai (suru)	완쾌 (完快) (되다) ワンクェ(ドェダ)	complete recovery コンプリート リ**カ**ヴァリ
ぜんき **前期** zenki	†전기* チョンギ	the first term ザ **ファー**スト **ター**ム
せんきょ(する) **選挙(する)** senkyo (suru)	선거* (하다) ソンゴ(ハダ)	election; elect イ**レ**クション, イ**レ**クト
せんくしゃ **先駆者** senkusha	선구자* ソングジャ	pioneer パイオ**ニ**ア
せんげつ **先月** sengetsu	지난달 †チナンダル	last month **ラスト** マンス
せんげん(する) **宣言(する)** sengen (suru)	선언* (하다) ソノン(ハダ)	declaration; de- clare デクラ**レ**イション, ディク**レ** ア
せんご **戦後** sengo	†전후* チョヌ	after the war アフタ ザ **ウォ**ー
ぜんご **前後** zengo	†전후*, 앞뒤 チョヌ, アプトゥイ	front and rear フ**ラ**ント アンド **リ**ア
せんこう **専攻** senkou	†전공* チョンゴン	major **メ**イヂャ

日	韓	英
せんこく（する） **宣告(する)** senkoku (suru)	**선고*(하다)** ソンゴ(ハダ)	sentence **センテンス**
ぜんこく **全国** zenkoku	**전국*** †チョングク	whole country **ホウル カントリ**
～的な	**전국적(全国的)인** †チョングクチョギン	national **ナ**ショナル
せんさー **センサー** sensaa	**센서** センソ	sensor **センサ**
せんさい（な） **繊細(な)** sensai (na)	**섬세*(한)** ソムセ(ハン)	delicate **デ**リケト
せんざい **洗剤** senzai	**세제*** セジェ	detergent, cleanser ディ**タ**ーヂェント，ク**レ**ンザ
ぜんさい **前菜** zensai	**오르되브르，전채*** オルドェブル，†チョンチェ	hors d'oeuvre **オ**ー **ダ**ーヴル
せんし（する） **戦死(する)** senshi (suru)	**전사*(하다)** †チョンサ(ハダ)	death in battle **デ**ス イン **バ**トル
せんしつ **船室** senshitsu	**선실*** ソンシル	cabin **キャ**ビン
せんじつ **先日** senjitsu	**일전(日前)(에)，지난번(에)** イルッチョン(エ)，†チナンボン(エ)	other day **ア**ザ **デ**イ
ぜんじつ **前日** zenjitsu	**전날** †チョンナル	day before **デ**イ ビ**フォ**ー
せんしゃ **戦車** sensha	**전차*** †チョンチャ	tank **タ**ンク
せんしゅ **選手** senshu	**선수*** ソンス	athlete, player **ア**スリート，プ**レ**イア
～権	**선수권(選手権)** ソンスックォン	championship **チャ**ンピオンシプ

日	韓	英
せんしゅう **先週** senshuu	지난주(에) †チナンジュ(エ)	last week ラスト **ウィ**ーク
ぜんしゅう **全集** zenshuu	전집* †チョンジプ	complete works カンプリート **ワ**ークス
せんしゅつ(する) **選出(する)** senshutsu (suru)	선출*(하다) ソンチュル(ハダ)	election; elect イ**レ**クション, イ**レ**クト
せんじゅつ **戦術** senjutsu	전술* †チョンスル	tactics **タ**クティクス
せんじょう **戦場** senjou	전장* †チョンジャン	battlefield **バ**トルフィールド
せんしょくたい **染色体** senshokutai	염색체* ヨムセクチェ	chromosome ク**ロ**ウモソウム
ぜんしん **全身** zenshin	전신* †チョンシン	whole body **ホ**ウル **バ**ディ
ぜんしん(する) **前進(する)** zenshin (suru)	전진*(하다) †チョンジン(ハダ)	progress, advance プラ**グ**レス, アド**ヴァ**ンス
せんしんこく **先進国** senshinkoku	선진국* ソンジングク	industrialized countries イン**ダ**ストリアライズド **カ** ントリーズ
せんす **扇子** sensu	부채 †プチェ	folding fan **フォ**ウルディング **ファ**ン
せんすい(する) **潜水(する)** sensui (suru)	잠수*(하다) †チャムス(ハダ)	dive **ダ**イヴ
～艦	잠수함(潜水艦) †チャムスハム	submarine **サ**ブマリーン
せんせい **先生** sensei	선생*님 ソンセンニム	teacher, instructor **ティ**ーチャ, インスト**ラ**クタ

日	韓	英
せんせい **専制** sensei	**전제** * †チョンジェ	despotism デスパティズム
せんせい(する) **宣誓(する)** sensei (suru)	**선서** *(**하다**) ソンソ(ハダ)	oath; take an oath オウス，**テイク** アン **オ**ウス
ぜんせいき **全盛期** zenseiki	**전성기** * †チョンソンギ	best days ベスト **デ**イズ
せんせいじゅつ **占星術** senseijutsu	**점성술** * †チョムソンスル	astrology アストラロディ
せんせーしょん **センセーション** senseeshon	**센세이션** センセイション	sensation センセイション
せんぜん **戦前** senzen	**전전** * †チョンジョン	prewar プリー**ウォ**ー
ぜんせん **前線** zensen	**전선** * †チョンソン	front フラント
ぜんぜん **全然** zenzen	**전(全)혀** †チョニョ	not at all **ナ**ト アト **オ**ール
せんぞ **先祖** senzo	**선조** * ソンジョ	ancestor **ア**ンセスタ
せんそう **戦争** sensou	**전쟁** * †チョンジェン	war, warfare **ウォ**ー，**ウォ**ーフェア
ぜんそうきょく **前奏曲** zensoukyoku	**전주곡** * †チョンジュゴク	overture, prelude オウヴァチャ，プレリュード
ぜんそく **喘息** zensoku	**천식** * チョンシク	asthma **ア**ズマ
ぜんたい **全体** zentai	**전체** * †チョンチェ	whole **ホ**ウル
せんたく(する) **洗濯(する)** sentaku (suru)	**세탁** *(**하다**) セタク(ハダ)	wash, laundry **ワ**シュ，**ロ**ーンドリ

日	韓	英
〜機	세탁기 (洗濯機) セタクキ	washing machine **ワ**シング マ**シ**ーン
せんたく(する) **選択(する)** sentaku (suru)	선택＊(하다) ソンテク(ハダ)	selection, choice; select セ**レ**クション, **チョ**イス, セ**レ**クト
せんたん **先端** sentan	첨단 (尖端) チョムダン	point, tip **ポ**イント, **ティ**プ
ぜんちし **前置詞** zenchishi	전치사＊ †チョンチサ	preposition プレポ**ズィ**ション
せんちめーとる **センチメートル** senchimeetoru	센티미터 センティミト	centimeter **セ**ンティミータ
せんちめんたる(な) **センチメンタル(な)** senchimentaru (na)	센티멘털 (한) センティメントル(ハン)	sentimental センティ**メ**ンタル
せんちょう **船長** senchou	선장＊ ソンジャン	captain **キャ**プテン
ぜんちょう **前兆** zenchou	전조＊ †チョンジョ	omen **オ**ウメン
ぜんてい **前提** zentei	전제＊ †チョンジェ	premise プ**レ**ミス
せんでん(する) **宣伝(する)** senden (suru)	선전＊(하다) ソンジョン(ハダ)	advertisement; advertise アドヴァ**タ**イズメント, **ア**ドヴァタイズ
ぜんと **前途** zento	앞날, 장래 (将来) アムナル, †チャンネ	the future, prospects ザ **フュ**ーチャ, プ**ラ**スペクツ
せんとう **先頭** sentou	선두＊ ソンドゥ	head **ヘ**ド
せんどう(する) **扇動(する)** sendou (suru)	선동 (煽動)(하다) ソンドン(ハダ)	stir up, agitate ス**タ**ー **ア**プ, **ア**ヂテイト

日	韓	英
せんとうき **戦闘機** sentouki	**전투기*** †チョントゥギ	fighter **ファイ**タ
せんにゅうかん **先入観** sennyuukan	**선입관*** ソニプクワン	preconception, prejudice プリーコン**セ**プション, プレ**デュ**ディス
ぜんにん **善人** zennin	**선인*** ソニン	good man **グ**ド **マ**ン
ぜんにんしゃ **前任者** zenninsha	**전임자*** †チョニムジャ	predecessor プレデ**セ**サ
せんぬき **栓抜き** sennuki	**병(瓶)따개** †ピョンッタゲ	bottle opener **バ**トル **オ**ウプナ
せんねん(する) **専念(する)** sennen (suru)	**전념***(**하다**) †チョンニョム(ハダ)	devote *oneself to* ディ**ヴォ**ウト トゥ
せんのう(する) **洗脳(する)** sennou (suru)	**세뇌***(**하다**) セヌェ(ハダ)	brainwashing; brainwash ブレイン**ウォ**ーシング, ブレイン**ウォ**ーシュ
せんばい(する) **専売(する)** senbai (suru)	**전매***(**하다**) †チョンメ(ハダ)	monopoly モ**ナ**ポリ
～特許	**전매*** **특허**(特許) †チョンメトゥコ	patent **パ**テント
せんぱい **先輩** senpai	**선배*** ソンベ	senior, elder ス**ィー**ニャ, **エ**ルダ
せんばつ(する) **選抜(する)** senbatsu (suru)	**선발***(**하다**) ソンバル(ハダ)	selection; select セ**レ**クション, セ**レ**クト
せんばん **旋盤** senban	**선반*** ソンバン	lathe **レ**イズ
ぜんはん **前半** zenhan	**전반*** †チョンバン	first half **ファ**ースト **ハ**フ

日	韓	英
ぜんぱん **全般** zenpan	**전반*** †チョンバン	whole **ホ**ウル
ぜんぶ **全部** zenbu	**전부*** †チョンブ	all, whole **オ**ール, **ホ**ウル
せんぷうき **扇風機** senpuuki	**선풍기*** ソンプンギ	electric fan イレクトリク **ファ**ン
せんぷく(する) **潜伏(する)** senpuku(suru)	**잠복***(**하다**) †チャムポク(ハダ)	concealment; hide コン**スィ**ールメント, **ハ**イド
ぜんぶん **全文** zenbun	**전문*** †チョンムン	whole sentence **ホ**ウル **セ**ンテンス
せんぼう **羨望** senbou	**선망*** ソンマン	envy **エ**ンヴィ
せんぽう **先方** senpou	**상대방**(相対方) サンデバン	other party **ア**ザ **パ**ーティ
せんめいな **鮮明な** senmeina	**선명*****한** ソンミョンハン	clear ク**リ**ア
ぜんめつ(する) **全滅(する)** zenmetsu(suru)	**전멸***(**하다**) †チョンミョル(ハダ)	annihilation; go to the wind アナイア**レ**イション, **ゴ**ウ トゥ ザ **ウ**インド
せんめんじょ **洗面所** senmenjo	**세면*****장**(場) セミョンジャン	lavatory, toilet **ラ**ヴァトーリ, **ト**イレト
せんもん **専門** senmon	**전문*** †チョンムン	specialty スペシ**ア**リティ
〜家	**전문가**(専門家) †チョンムンガ	specialist スペ**シャ**リスト
せんやく **先約** sen-yaku	**선약*** ソニャク	previous engage- ment プ**リ**ーヴィアス イン**ゲ**イヂ メント

日	韓	英
せんゆう(する) **占有(する)** sen-yuu (suru)	**점유***(**하다**) †チョミュ(ハダ)	occupation; occupy アキュペイション, **ア**キュパイ
せんよう **専用** sen-you	**전용*** †チョニョン	exclusive use イクスクルースィヴ **ユ**ース
せんりつ **旋律** senritsu	**선율*** ソニュル	melody **メ**ロディ
せんりゃく **戦略** senryaku	**전략*** †チョルリャク	strategy スト**ラ**テディ
せんりょう(する) **占領(する)** senryou (suru)	**점령***(**하다**) †チョムニョン(ハダ)	occupation; occupy アキュペイション, **ア**キュパイ
ぜんりょう(な) **善良(な)** zenryou (na)	**선량***(**한**) ソルリャン(ハン)	good, virtuous **グ**ド, **ヴァ**ーチュアス
ぜんりょく **全力** zenryoku	**전력*** †チョルリョク	all *one's* strength **オ**ール スト**レ**ングス
せんれい **洗礼** senrei	**세례*** セレ	baptism バプ**ティ**ズム
ぜんれい **前例** zenrei	**전례*** †チョルレ	precedent プ**レ**スィデント
せんれん(する) **洗練(する)** senren (suru)	**세련**(洗煉)(**되다**) セリョン(ドェダ)	refinement; refine リ**ファ**インメント, リ**ファ**イン
せんろ **線路** senro	**선로*** ソルロ	railway line **レ**イルウェイ **ラ**イン

そ, ソ

日	韓	英
そあく **粗悪** soaku	**조악***, **조잡**(粗雑) †チョアク, †チョジャプ	of poor quality オヴ **プ**ア ク**ワ**リティ

日	韓	英
そう **沿う** sou	**따르다** ッタルダ	along, on アロング, **オ**ン
そう **添う** sou	**따르다, 붙어 다니다** ッタルダ, †プト †タニダ	accompany ア**カ**ンパニ
ぞう **象** zou	**코끼리** コッキリ	elephant **エ**レファント
ぞう **像** zou	**상*** サン	image, figure, statue **イ**ミヂ, **フィ**ギャ, ス**タ**チュー
そうあん **草案** souan	**초안*** チョアン	draft ド**ラ**フト
そうい **相異[違]** soui	**상이(相異), 다름** サンイ, †タルム	difference, variation **ディ**ファレンス, ヴェアリ**エ**イション
ぞうお(する) **憎悪(する)** zouo (suru)	**증오***(하다) †チュノオ(ハダ)	hatred; hate **ヘ**イトリド, **ヘ**イト
そうおん **騒音** souon	**소음*** ソウム	noise **ノ**イズ
ぞうか(する) **増加(する)** zouka (suru)	**증가***(하다) †チュンガ(ハダ)	increase; increase イン**ク**リース, **イ**ンクリース
そうかい **総会** soukai	**총회*** チョンフェ	general meeting **ヂェ**ネラル **ミ**ーティング
そうがく **総額** sougaku	**총액*** チョンエク	total (amount) **ト**ウトル (ア**マ**ウント)
そうかん **創刊** soukan	**창간*** チャンガン	foundation ファウン**デ**イション
そうかんかんけい **相関関係** soukankankei	**상관관계*** サングヮングヮンゲ	correlation コーリ**レ**イション

日	韓	英
そうがんきょう **双眼鏡** sougankyou	**쌍안경*** ッサンアンギョン	binoculars バイ**ナ**キュラズ
そうき **早期** souki	**조기*** †チョギ	early stage **ア**ーリ ス**テ**イヂ
そうぎ **葬儀** sougi	**장례식**(葬礼式) †チャンネシク	funeral **フ**ューネラル
ぞうきばやし **雑木林** zoukibayashi	**잡목**(雑木) **숲** †チャムモク スプ	coppice **カ**ピス
そうきん(する) **送金(する)** soukin (suru)	**송금***(**하다**) ソングム(ハダ)	remittance; send money リ**ミ**タンス, **セ**ンド **マ**ニ
ぞうきん **雑巾** zoukin	**걸레** †コルレ	dustcloth **ダ**ストクロース
ぞうげ **象牙** zouge	**상아*** サンア	ivory **ア**イヴォリ
そうけい **総計** soukei	**총계*** チョンゲ	total (amount) **ト**ウトル (ア**マ**ウント)
そうげん **草原** sougen	**초원*** チョウォン	plain, prairie プ**レ**イン, プ**レ**アリ
そうこ **倉庫** souko	**창고*** チャンゴ	warehouse **ウェ**アハウス
そうご **相互** sougo	**상호*** サンホ	mutuality ミューチュア**リ**ティ
〜の	**상호***(**의**) サンホ(エ)	mutual **ミ**ューチュアル
そうこう(する) **走行(する)** soukou (suru)	**주행***(**하다**) †チュヘン(ハダ)	traveling; travel ト**ラ**ヴリング, ト**ラ**ヴェル
〜距離	**주행*** **거리**(距離) †チュヘン †コリ	mileage **マ**イリヂ

日	韓	英
そうごう(する) **総合(する)** sougou (suru)	**종합**＊**(하다)** †チョンハプ(ハダ)	synthesis; synthe-size スィンセスィス, **ス**ィンセサイズ
～的な	**종합적**(総合的)**인** †チョンハプチョギン	synthetic スィン**セ**ティク
そうごん(な) **荘厳(な)** sougon (na)	**장엄**＊**(한)** †チャンオム(ハン)	solemn, sublime **サ**レム, サブ**ラ**イム
そうさ(する) **捜査(する)** sousa (suru)	**수사**＊**(하다)** スサ(ハダ)	investigation, search インヴェスティ**ゲ**イション, **サ**ーチ
そうさ(する) **操作(する)** sousa (suru)	**조작**＊**(하다)** †チョジャク(ハダ)	operation; operate アペ**レ**イション, **ア**ペレイト
そうさい(する) **相殺(する)** sousai (suru)	**상쇄**＊**(하다)** サンスェ(ハダ)	offset, set off **オ**ーフセト, セト **オ**ーフ
そうさく(する) **創作(する)** sousaku (suru)	**창작**＊**(하다)** チャンジャク(ハダ)	creation; create クリ**エ**イション, クリ**エ**イト
そうさく(する) **捜索(する)** sousaku (suru)	**수색**＊**(하다)** スセク(ハダ)	investigation; search for インヴェスティ**ゲ**イション, **サ**ーチ フォ
そうじ(する) **掃除(する)** souji (suru)	**청소**(清掃)**(하다)** チョンソ(ハダ)	cleaning; clean, sweep ク**リ**ーニング, ク**リ**ーン, ス**ウ**ィープ
そうしき **葬式** soushiki	**장례식**(葬礼式) †チャンネシク	funeral **フュ**ーネラル
そうしゃ **走者** sousha	**주자**＊ †チュジャ	runner **ラ**ナ
そうじゅう(する) **操縦(する)** soujuu (suru)	**조종**＊**(하다)** †チョジョン(ハダ)	handling; operate **ハ**ンドリング, **ア**ペレイト
～士	**조종사**(操縦士) †チョジョンサ	pilot **パ**イロト

日	韓	英
そうじゅくな **早熟な** soujukuna	**조숙*****한** †チョスカン	precocious プリコウシャス
そうしゅん **早春** soushun	**이른 봄** イルン †ポム	early spring アーリ スプリング
そうしょく(する) **装飾(する)** soushoku (suru)	**장식*****(하다)** †チャンシク(ハダ)	decoration; decorate デコレイション, **デ**コレイト
そうしん(する) **送信(する)** soushin (suru)	**송신*****(하다)** ソンシン(ハダ)	transmission; transmit トランス**ミ**ション, トランス**ミ**ト
そうしんぐ **装身具** soushingu	**장신구*** †チャンシング	accessories アク**セ**サリズ
ぞうぜい **増税** zouzei	**증세*** †チュンセ	tax increase **タ**クス インク**リ**ース
そうせつ(する) **創設(する)** sousetsu (suru)	**창설*****(하다)** チャンソル(ハダ)	foundation; found ファウン**デ**イション, **ファ**ウンド
ぞうせん **造船** zousen	**조선*** †チョソン	shipbuilding **シ**プビルディング
そうぞう(する) **創造(する)** souzou (suru)	**창조*****(하다)** チャンジョ(ハダ)	creation; create クリ**エ**イション, クリ**エ**イト
そうぞう(する) **想像(する)** souzou (suru)	**상상*****(하다)** サンサン(ハダ)	imagination; imagine イマヂ**ネ**イション, イマ**ヂ**ン
そうぞうしい **騒々しい** souzoushii	**시끄럽다** シックロプタ	noisy, loud **ノ**イズィ, **ラ**ウド
そうぞく(する) **相続(する)** souzoku (suru)	**상속*****(하다)** サンソク(ハダ)	inheritance; inherit イン**ヘ**リタンス, イン**ヘ**リト
～税	**상속세**(相続税) サンソクセ	inheritance tax イン**ヘ**リタンス **タ**クス

日	韓	英
～人	상속인(相続人) サンソギン	heir, heiress エア, エアレス
そうそふ **曾祖父** sousofu	증조부* †チュンジョブ	great-grandfather グレイトグランドファーザ
そうそぼ **曾祖母** sousobo	증조모* †チュンジョモ	great-grandmother グレイトグランドマザ
そうだ **操舵** souda	조타* †チョタ	steering スティアリング
そうたい(する) **早退(する)** soutai (suru)	조퇴*(하다) †チョトェ(ハダ)	leave earlier than usual リーヴ アーリア ザン ユージュアル
そうだいな **壮大な** soudaina	장대*한, 웅장(雄壮)한 †チャンデハン, ウンジャンハン	magnificent, grand マグニフィセント, グランド
そうたいてきな **相対的な** soutaitekina	상대적*인 サンデジョギン	relative レラティヴ
そうだん(する) **相談(する)** soudan (suru)	상담*(하다), 의논(議論)(하다) サンダム(ハダ), ウィノン(ハダ)	consultation; consult with カンサルテイション, コンサルト ウィズ
そうち **装置** souchi	장치* †チャンチ	equipment イクウィプメント
そうちょう **早朝** souchou	이른 아침 イルン アチム	early morning アーリ モーニング
ぞうてい(する) **贈呈(する)** zoutei (suru)	증정*(하다) †チュンジョン(ハダ)	presentation; present プリーゼンテイション, プリゼント
そうとう(する) **相当(する)** soutou (suru)	상당*(하다) サンダン(ハダ)	suit, (be) fit for スート, (ビ) フィト フォ
そうどう **騒動** soudou	소동* ソドン	disturbance, confusion ディスターバンス, コンフュージョン

日	韓	英
そうなん(する) **遭難(する)** sounan (suru)	**조난* (당하다)** †チョナン(ダンハダ)	(have a) disaster (ハヴ ア) ディ**ザ**スタ
そうにゅう(する) **挿入(する)** sounyuu (suru)	**삽입* (하다)** サビブ(ハダ)	insertion; insert イン**サー**ション, イン**サー**ト
そうば **相場** souba	**시세(時勢)** シセ	market price **マー**ケト プ**ラ**イス
そうび **装備** soubi	**장비*** †チャンビ	equipment, outfit イク**ウィ**プメント, **ア**ウトフィト
そうふ(する) **送付(する)** soufu (suru)	**송부* (하다)** ソンブ(ハダ)	sending; send **セン**ディング, **セン**ド
〜先	**송부처**(送付処) ソンプチョ	addressee アドレ**スィー**
そうべつかい **送別会** soubetsukai	**송별회*** ソンビョルフェ	farewell party フェア**ウェ**ル **パー**ティ
そうほう **双方** souhou	**쌍방*** ッサンバン	both parties **ボ**ウス **パー**ティズ
そうめい(な) **聡明(な)** soumei (na)	**총명* (한)** チョンミョン(ハン)	bright, intelligent ブ**ラ**イト, インテリヂェント
そうりだいじん **総理大臣** souridaijin	**수상**(首相) スサン	Prime Minister プ**ラ**イム **ミ**ニスタ
そうりつ(する) **創立(する)** souritsu (suru)	**창립* (하다)** チャンニブ(ハダ)	foundation; found ファウン**デ**イション, **ファ**ウンド
〜者	**창립자**(創立者) チャンニプチャ	founder **ファ**ウンダ
そうりょ **僧侶** souryo	**승려*** スンニョ	priest, bonze プ**リー**スト, **バ**ンズ
そうりょう **送料** souryou	**송료*** ソンニョ	postage, carriage **ボ**ウスティヂ, **キャ**リヂ

日	韓	英
ぞうわい **贈賄** zouwai	**증회**＊ †チュンフェ	bribery ブ**ラ**イバリ
そえる **添える** soeru	**첨부**(添付)**하다** チョムブハダ	affix, attach ア**フィ**クス, ア**タ**チ
そーす **ソース** soosu	**소스** ソス	sauce **ソ**ース
そーせーじ **ソーセージ** sooseeji	**소시지** ソシジ	sausage **ソ**スィヂ
そーだ **ソーダ** sooda	**소다** ソダ	soda **ソ**ウダ
ぞーん **ゾーン** zoon	**존** †チョン	zone **ゾ**ウン
ぞくご **俗語** zokugo	**속어**＊ ソゴ	colloquial lan- guage, slang コ**ロ**ウクウィアル **ラ**ング ウィヂ, ス**ラ**ング
そくし(する) **即死(する)** sokushi (suru)	**즉사**＊**(하다)** †チュクサ(ハダ)	instant death; die on the spot **イ**ンスタント **デ**ス, **ダ**イ オ ン ザ ス**パ**ト
そくしん(する) **促進(する)** sokushin (suru)	**촉진**＊**(하다)** チョクチン(ハダ)	promotion; pro- mote プロ**モ**ウション, プロ**モ**ウト
ぞくする **属する** zokusuru	**속**(属)**하다** ソカダ	belong to ビ**ロ**ーング トゥ
そくせき **即席** sokuseki	**즉석**＊ †チュクソク	improvised, in- stant **イ**ンプロ**ヴァ**イズド, **イ**ンス タント
ぞくぞくと **続々と** zokuzokuto	**속속**(続続), **연**(連)**이어** ソクソク, ヨニオ	one after another **ワ**ン ア**フ**タ ア**ナ**ザ
そくたつ **速達** sokutatsu	**속달**＊ ソクタル	special delivery ス**ペ**シャル ディ**リ**ヴァリ

日	韓	英
そくてい(する) **測定(する)** sokutei (suru)	**측정**＊(**하다**) チュクチョン(ハダ)	measurement; measure メジャメント, メジャ
そくど **速度** sokudo	**속도**＊ ソクト	speed, velocity スピード, ヴェラスィティ
〜計	**속도계**(速度計) ソクトゲ	speedometer スピダメタ
〜制限	**속도**＊ **제한**(制限) ソクト †チェハン	speed limit スピード リミト
そくばい(する) **即売(する)** sokubai (suru)	**즉매**＊(**하다**) †チュンメ(ハダ)	spot sale; sell on the spot スパト セイル, セル オン ザ スパト
そくばく(する) **束縛(する)** sokubaku (suru)	**속박**＊(**하다**) ソクパク(ハダ)	restraint; restrain リストレイント, リストレイ ン
そくほう **速報** sokuhou	**속보**＊ ソクポ	prompt report プランプト リポート
そくめん **側面** sokumen	**측면**＊ チュンミョン	side サイド
そくりょう(する) **測量(する)** sokuryou (suru)	**측량**＊(**하다**) チュンニャン(ハダ)	measurement; measure メジャメント, メジャ
そくりょく **速力** sokuryoku	**속력**＊ ソンニョク	speed, velocity スピード, ヴェラスィティ
そこ **底** soko	**바닥, 밑바닥** †パダク, ミッパダク	bottom バトム
そこく **祖国** sokoku	**조국**＊ †チョグク	motherland, fa- therland マザランド, ファーザランド
そこぢから **底力** sokojikara	**저력**＊ †チョリョク	latent power レイテント パウア

日	韓	英
そこな**う** **損なう** sokonau	**해치다, 파손**(破損)**하다** ヘチダ, パソンハダ	hurt, harm ハート, ハーム
そざい **素材** sozai	**소재**＊ ソジェ	material マティアリアル
そし(する) **阻止(する)** soshi (suru)	**저지**(沮止)**(하다)** †チョジ(ハダ)	obstruction; obstruct オブストラクション, オブストラクト
そしき(する) **組織(する)** soshiki (suru)	**조직**＊**(하다)** †チョジク(ハダ)	organization; organize オーガニゼイション, オーガナイズ
そしつ **素質** soshitsu	**소질**＊ ソジル	nature, gift ネイチャ, ギフト
そして **そして** soshite	**그래서, 그리고** †クレソ, †クリゴ	and, then アンド, ゼン
そしょう(する) **訴訟(する)** soshou (suru)	**소송**＊**(하다)** ソソン(ハダ)	suit, action スート, アクション
そしょく **粗食** soshoku	**조식**＊ †チョシク	simple diet スィンプル ダイエト
そせん **祖先** sosen	**선조**(先祖)**, 조상**(祖上) ソンジョ, †チョサン	ancestor アンセスタ
そそ**ぐ** **注ぐ** sosogu	**붓다, 따르다** †プッタ, ッタルダ	flow into フロウ イントゥ
そそっかしい **そそっかしい** sosokkashii	**경솔**(軽率)**하다, 덜렁대다** †キョンソルハダ, †トルロンデダ	careless ケアレス
そその**かす** **唆す** sosonokasu	**부추기다, 꾀다** †プチュギダ, ックェダ	tempt, seduce テンプト, スィデュース
そだ**つ** **育つ** sodatsu	**자라다** †チャラダ	grow グロウ

日	韓	英
そだてる **育てる** sodateru	키우다, 기르다 キウダ, †キルダ	bring up ブリング **ア**プ
そち **措置** sochi	조치* †チョチ	measure, step **メ**ジャ, ス**テ**プ
そちら **そちら** sochira	그쪽, 거기 †クッチョク, †コギ	that way, there **ザ**ト **ウェ**イ, **ゼ**ア
そっきょう **即興** sokkyou	즉흥* †チュクン	improvisation インプロヴィ**ゼ**イション
そつぎょう(する) **卒業(する)** sotsugyou (suru)	졸업*(하다) †チョロプ(ハダ)	graduation; graduate from グラデュ**エ**イション, グ**ラ**デュエイト フラム
~生	졸업생(卒業生) †チョロプセン	graduate グ**ラ**デュエト
そっくす **ソックス** sokkusu	양말(洋襪) ヤンマル	socks **サ**クス
そっくり **そっくり** sokkuri	빼닮다 ッペダムッタ	just like **ヂャ**スト ライク
そっけない **そっけない** sokkenai	쌀쌀맞다, 무뚝뚝하다 ッサルッサルマッタ, ムットゥクトゥカダ	cold, blunt **コ**ウルド, ブ**ラ**ント
そっこう **即効** sokkou	즉효* †チュキョ	immediate effect イ**ミ**ーディエト イ**フェ**クト
そっちょくな **率直な** socchokuna	솔직*한 ソルッチカン	frank, outspoken フ**ラ**ンク, **ア**ウトスポウクン
そっと **そっと** sotto	살그머니, 몰래 サルグモニ, モルレ	quietly, softly ク**ワ**イエトリ, **ソ**ーフトリ
ぞっとする **ぞっとする** zottosuru	오싹하다 オッサカダ	shudder, shiver **シャ**ダ, **シ**ヴァ

日	韓	英
そつろん **卒論** sotsuron	졸업 (卒業) 논문 (論文) ジョロムノンムン	graduation thesis グラデュエイション スィー スィス
そで **袖** sode	소매 ソメ	sleeve スリーヴ
そと **外** soto	겉, 밖 †コッ, †パク	outside アウトサイド
そとがわ **外側** sotogawa	바깥쪽 †パッカッチョク	outside アウトサイド
そなえる **備える** sonaeru	갖추다, 대비 (対備) 하다 †カッチュダ, †テビハダ	provide, equip プロヴァイド, イクウィプ
その **その** sono	그, 저 †ク, †チョ	that ザト
そのうえ **その上** sonoue	게다가, 또한 †ケダガ, ットハン	besides ビサイヅ
そのうち **その内** sonouchi	곧, 가까운 시일 (時日) 내 (内) 에 †コッ, †カッカウン シイル レエ	soon スーン
そのかわり **その代わり** sonokawari	그 대신 (代身) †ク †テシン	instead インステド
そのご **その後** sonogo	그 뒤, 그 후 (後) †ク †トゥイ, †ク フ	after that アフタ ザト
そのころ **その頃** sonokoro	그때 †クッテ	about that time アバウト ザト タイム
そのとき **その時** sonotoki	그때 †クッテ	then, at that time ゼン, アト ザト タイム
そば **傍** soba	옆, 곁 ヨプ, †キョッ	side サイド
そふ **祖父** sofu	조부＊, 할아버지 †チョブ, ハラボジ	grandfather グランドファーザ

日	韓	英
そふぁー **ソファー** sofaa	**소파** ソパ	sofa ソウファ
そふとうぇあ **ソフトウェア** sofutowea	**소프트웨어** ソプトゥウェオ	software ソーフトウェア
そふとくりーむ **ソフトクリーム** sofutokuriimu	**소프트크림** ソプトゥクリム	soft ice cream ソーフト アイス クリーム
そふぼ **祖父母** sofubo	**조부모**＊ †チョブモ	grandparents グランドペアレンツ
そぷらの **ソプラノ** sopurano	**소프라노** ソプラノ	soprano ソプラーノウ
そぶり **素振り** soburi	**기색**(気色)，**거동**(挙動) †キセク，†コドン	air, behavior エア, ビヘイヴァ
そぼ **祖母** sobo	**조모**＊，**할머니** †チョモ，ハルモニ	grandmother グランドマザ
そぼくな **素朴な** sobokuna	**소박**＊**한** ソバカン	simple, artless スィンプル, アートレス
そまつな **粗末な** somatsuna	**변변치 못한** †ピョンビョンチ モタン	poor, humble プア, ハンブル
そむく **背く** somuku	**어기다**，**위반**(違反)**하다** オギダ，ウィバンハダ	disobey, betray ディスオベイ, ビトレイ
そむりえ **ソムリエ** somurie	**소믈리에** ソムルリエ	sommelier サムリエイ
そめる **染める** someru	**물들이다**，**염색**(染色)**하다** ムルドゥリダ，ヨムセカダ	dye, color ダイ, カラ
そよかぜ **微風** soyokaze	**미풍**＊，**산들바람** ミプン，サンドゥルパラム	breeze ブリーズ
そら **空** sora	**하늘** ハヌル	sky スカイ

日	韓	英
そらまめ **空豆** soramame	잠두(蚕豆) †チャムドゥ	broad bean ブロード ビーン
そる **剃る** soru	깎다, 면도(面刀)하다 ッカクタ, ミョンドハダ	shave シェイヴ
それ **それ** sore	그것, 저것 †クゴッ, †チョゴッ	it, that イト, ザト
それから **それから** sorekara	그리고, 그 다음에 †クリゴ, †ク †タウメ	and, since then アンド, スィンス ゼン
それぞれ **それぞれ** sorezore	각각(各各), 각자(各自) †カクカク, †カクチャ	respectively リスペクティヴリ
それでも **それでも** soredemo	그런데도 †クロンデド	but, nevertheless バト, ネヴァザレス
それどころか **それどころか** soredokoroka	오히려 オヒリョ	on the contrary オン ザ カントレリ
それとも **それとも** soretomo	혹(或)은, 또는 ホグン, ットヌン	or オー
それなら **それなら** sorenara	그러면, 그렇다면 †クロミョン, †クロタミョン	if so, in that case イフ ソウ, イン ザト ケイス
それに **それに** soreni	게다가 †ケダガ	besides, moreover ビサイヅ, モーロウヴァ
それはそうと **それはそうと** sorewasouto	그건 그렇고 †クゴン †クロコ	meanwhile ミーン(ホ)ワイル
それまで **それまで** soremade	그때까지 †クッテッカジ	till then ティル ゼン
それる **逸れる** soreru	빗나가다, 벗어나다 †ピンナガダ, †ポソナダ	turn away ターン アウェイ
そろ **ソロ** soro	솔로 ソルロ	solo ソウロウ

日	韓	英
揃う (そろう) sorou	갖추어지다, 모이다 †カッチュオジダ, モイダ	(be) even (ビ) イーヴン
揃える (そろえる) soroeru	같게 하다, 갖추다 †カッケ ハダ, †カッチュダ	make even メイク イーヴン
損 (そん) son	손해(損害) ソンヘ	loss, disadvantage ロース, ディサド**ヴァ**ンティヂ
〜をする	손해(損害)를 보다 ソンヘルル †ポダ	lose **ルー**ズ
損害 (そんがい) songai	손해* ソンヘ	damage, loss **ダ**ミヂ, ロース
尊敬(する) (そんけい(する)) sonkei (suru)	존경*(하다) †チョンギョン(ハダ)	respect; esteem リス**ペ**クト, イス**ティ**ーム
尊厳 (そんげん) songen	존엄* †チョノム	dignity, prestige **ディ**グニティ, プレス**ティ**ージ
存在(する) (そんざい(する)) sonzai (suru)	존재*(하다) †チョンジェ(ハダ)	existence; exist イグ**ズィ**ステンス, イグ**ズィ**スト
ぞんざいな (ぞんざいな) zonzaina	조잡(粗雑)한, 난폭(乱暴)한 †チョジャパン, ナンポカン	impolite, rough インポ**ラ**イト, **ラ**フ
損失 (そんしつ) sonshitsu	손실* ソンシル	loss, disadvantage ロース, ディサド**ヴァ**ンティヂ
尊重(する) (そんちょう(する)) sonchou (suru)	존중*(하다) †チョンジュン(ハダ)	respect, esteem リス**ペ**クト, イス**ティ**ーム

そ

日	韓	英

た, タ

た **田** ta	**논** ノン	rice field ライス **フィ**ールド
たーげっと **ターゲット** taagetto	**타깃** タギッ	target **タ**ーゲト
だーす **ダース** daasu	**다스** †タス	dozen **ダ**ズン
たーとるねっく **タートルネック** taatorunekku	**터틀넥** トトゥルルネク	turtleneck **タ**ートルネク
だーびー **ダービー** daabii	**더비** †トビ	Derby **ダ**ービ
たーん **ターン** taan	**턴** トン	turn **タ**ーン
たい **対** tai	**대*** †テ	versus **ヴァ**ーサス
たい **鯛** tai	**도미** †トミ	sea bream **スィ**ー ブリーム
だい **代** dai	**값** †カプ	price プ**ラ**イス
(時代)	**대*** †テ	age, period **エ**イヂ, **ピ**アリオド
(世代)	**대*** †テ	generation ヂェネ**レ**イション
だい **台** dai	**받침대**(台) †パッチムッテ	stand, pedestal ス**タ**ンド, **ペ**デストル
たいい **大意** taii	**대의*** †テイ	summary **サ**マリ

日	韓	英
たいいく **体育** taiiku	체육* チェユク	physical education **フィ**ズィカル エデュ**ケイ**ション
～館	체육관(体育館) チェユククヮン	gymnasium ヂム**ネ**イズィアム
たいいん(する) **退院(する)** taiin (suru)	퇴원*(하다) トェウォン(ハダ)	leave the hospital **リ**ーヴ ザ **ハ**スピタル
たいえき(する) **退役(する)** taieki (suru)	퇴역*(하다) トェヨク(ハダ)	retirement; retire リ**タ**イアメント, リ**タ**イア
だいえっと **ダイエット** daietto	다이어트 †タイオトゥ	diet **ダ**イエト
たいおう(する) **対応(する)** taiou (suru)	대응*(하다) †テウン(ハダ)	correspondence; correspond コレス**パ**ンデンス, コレス**パ**ンド
だいおきしん **ダイオキシン** daiokishin	다이옥신 †タイオクシン	dioxin ダイア**ク**スィン
たいおん **体温** taion	체온* チェオン	temperature **テ**ンペラチャ
～計	체온계(体温計) チェオンゲ	thermometer サ**メ**タ
たいか **大家** taika	대가* †テガ	great master, authority グ**レ**イト **マ**スタ, オ**サ**リティ
たいかい **大会** taikai	대회* †テフェ	general meeting **ヂ**ェネラル **ミ**ーティング
たいがい **大概** taigai	대개* †テゲ	generally, almost **ヂ**ェネラリ, **オ**ールモウスト
たいかく **体格** taikaku	체격* チェギョク	physique, build フィ**ズ**ィーク, **ビ**ルド

日	韓	英
たいがく(する) **退学(する)** taigaku (suru)	**퇴학***(당하다) トェハク(ダンハダ)	leave school リーヴ ス**ク**ール
だいがく **大学** daigaku	**대학*** †テハク	university, college ユー二**ヴァ**ースィティ, **カ**リヂ
～院	**대학원**(大学院) †テハグォン	graduate school グ**ラ**デュエト ス**ク**ール
～生	**대학생**(大学生) †テハクセン	university [college] student ユー二**ヴァ**ースィティ [**カ**リヂ] ス**テュ**ーデント
たいき **大気** taiki	**대기*** †テギ	atmosphere, air **ア**トモスフィア, **エ**ア
～汚染	**대기*** **오염**(汚染) †テギ オヨム	air pollution **エ**ア ポ**リュ**ーション
～圏	**대기권**(大気圏) †テギックォン	atmosphere **ア**トモスフィア
だいきぼ **大規模** daikibo	**대규모*** †テギュモ	large scale **ラ**ーヂ ス**ケ**イル
たいきゃく(する) **退却(する)** taikyaku (suru)	**퇴각***(하다) トェガク(ハダ)	retreat リト**リ**ート
たいきゅうせい **耐久性** taikyuusei	**내구성*** ネグソン	durability デュア**ラ**ビリティ
たいきょ(する) **退去(する)** taikyo (suru)	**퇴거***(하다) トェゴ(ハダ)	leave, withdraw **リ**ーヴ, ウィズド**ロ**ー
たいきん **大金** taikin	**대금***, **큰돈** †テグム, クンドン	a large amount of money ア **ラ**ーヂ ア**マ**ウント オヴ **マ**二
だいきん **代金** daikin	**대금*** †テグム	price, cost プ**ラ**イス, **コ**ースト

日	韓	英
だいく **大工** daiku	**목수**(木手) モクス	carpenter カーペンタ
たいぐう(する) **待遇(する)** taiguu (suru)	**대우***(**하다**) †テウ(ハダ)	treatment; treat トリートメント, トリート
たいくつな **退屈な** taikutsuna	**따분한, 지루한** ッタブンハン, †チルハン	boring, tedious ボーリング, **ティ**ーディアス
たいけい **体形** taikei	**체형*** チェヒョン	figure **フィ**ギャ
たいけい **体系** taikei	**체계*** チェゲ	system **ス**ィステム
だいけい **台形** daikei	**사다리꼴** サダリッコル	trapezoid トラペゾイド
たいけつ(する) **対決(する)** taiketsu (suru)	**대결***(**하다**) †テギョル(ハダ)	confrontation; confront カンフランテイション, コンフラント
たいけん(する) **体験(する)** taiken (suru)	**체험***(**하다**) チェホム(ハダ)	experience イクスピアリアンス
たいこ **太鼓** taiko	**북** †プク	drum ドラム
たいこう(する) **対抗(する)** taikou (suru)	**대항***(**하다**) †テハン(ハダ)	opposition; oppose アポ**ズ**ィション, オポウズ
だいこう(する) **代行(する)** daikou (suru)	**대행***(**하다**) †テヘン(ハダ)	act for **ア**クト フォ
たいこく **大国** taikoku	**대국*** †テグク	great nation グレイト **ネ**イション
だいこん **大根** daikon	**무** ム	Japanese radish ヂャパ**ニ**ーズ **ラ**ディシュ

日	韓	英
たいざい(する) **滞在(する)** taizai (suru)	**체재*(하다)** チェジェ(ハダ)	stay ステイ
だいざい **題材** daizai	**제재*, 소재**(素材) †チェジェ, ソジェ	subject, theme **サ**ブヂェクト, **ス**ィーム
たいさく **対策** taisaku	**대책*** †テチェク	measures **メ**ジャズ
たいし **大使** taishi	**대사*** †テサ	ambassador アン**バ**サダ
〜館	**대사관**(大使館) †テサグヮン	embassy **エ**ンバスィ
だいじ **大事** daiji	**중요**(重要)**함, 소중**(所重)**함** †チュンヨハム, ソジュンハム	importance, very important matter イン**ポ**ータンス, **ヴェ**リ インポータント **マ**タ
〜な	**중요**(重要)**한, 소중**(所重)**한** †チュンヨハン, ソジュンハン	important, precious イン**ポ**ータント, プ**レ**シャス
〜にする	**소중**(所重)**히 하다** ソジュンヒ ハダ	make much of **メ**イク **マ**チ オヴ
だいじぇすと **ダイジェスト** daijesuto	**다이제스트** †タイジェストゥ	digest **ダ**イヂェスト
たいしつ **体質** taishitsu	**체질*** チェジル	constitution カンスティ**テュ**ーション
たいしゅう **大衆** taishuu	**대중*** †テジュン	general public **ヂェ**ネラル **パ**ブリク
たいじゅう **体重** taijuu	**체중*** チェジュン	weight **ウェ**イト
たいしょう **対象** taishou	**대상*** †テサン	object **ア**ブヂェクト

日	韓	英
たいしょう(する) **対照(する)** taishou (suru)	**대조**＊**(하다)** †テジョ(ハダ)	contrast; contrast **カ**ントラスト，コント**ラ**スト
たいじょう(する) **退場(する)** taijou (suru)	**퇴장**＊**(하다)** トェジャン(ハダ)	leave, exit **リ**ーヴ，**エ**グズィット
だいじょうぶ **大丈夫** daijoubu	**괜찮다，걱정 없다** †クェンチャンタ，†コクチョン オプタ	safe, secure **セ**イフ，ス**ィキュ**ア
たいしょく(する) **退職(する)** taishoku (suru)	**퇴직**＊**(하다)** トェジク(ハダ)	retirement; retire from リ**タ**イアメント，リ**タ**イア フラム
たいしん(の) **耐震(の)** taishin (no)	**내진**＊**(의)** ネジン(エ)	earthquake-proof **ア**ースクウェイクプ**ルー**フ
だいじん **大臣** daijin	**대신**＊，**장관(長官)** †テシン，†チャングヮン	minister **ミ**ニスタ
だいず **大豆** daizu	**콩，대두**＊ コン，†テドゥ	soybean **ソ**イビーン
たいすい(の) **耐水(の)** taisui (no)	**내수**＊**(의)** ネス(エ)	waterproof **ウォ**ータプルーフ
～性	**내수성(耐水性)** ネスソン	water-resistant **ウォ**ータリ**ズ**ィスタント
だいすう **代数** daisuu	**대수**＊ †テス	algebra **ア**ルヂブラ
たいせい **体制** taisei	**체제**＊ チェジェ	organization, structure オーガニ**ゼ**イション，スト**ラ**クチャ
たいせいよう **大西洋** taiseiyou	**대서양**＊ †テソヤン	Atlantic アト**ラ**ンティク
たいせき **体積** taiseki	**체적**＊，**부피** チェジョク，†プピ	volume **ヴァ**リュム

日	韓	英
たいせつ **大切** taisetsu		
～な	**소중(所重)한** ソジュンハン	important インポータント
～にする	**소중(所重)히 하다** ソジュンヒ ハダ	take care of テイク ケア オヴ
たいせん(する) **対戦(する)** taisen (suru)	**대전*(하다)** †テジョン(ハダ)	match; match with マチ, マチ ウィズ
たいそう **体操** taisou	**체조*** チェジョ	gymnastics ヂムナスティクス
だいたい **大体** (およそ) daitai	**대략(大略)** †テリャク	about アバウト
だいたすう **大多数** daitasuu	**대다수*** †テダス	a large majority ア ラーヂ マヂョーリティ
たいだん(する) **対談(する)** taidan (suru)	**대담*(하다)** †テダム(ハダ)	talk; have a talk with トーク, ハヴ ア トーク ウィズ
だいたんな **大胆な** daitanna	**대담*한** †テダムハン	bold, daring ボウルド, デアリング
たいちょう **体調** taichou	**컨디션** コンディション	physical condition フィズィカル コンディション
だいちょう **大腸** daichou	**대장*** †テジャン	large intestine ラーヂ インテスティン
たいつ **タイツ** taitsu	**타이츠** タイチュ	tights タイツ
たいてい **大抵** taitei	**대개(大概), 대부분(大部分)** †テゲ, †テブブン	generally, almost ヂェネラリ, オールモウスト
(大部分)	**대부분(大部分)** †テブブン	almost オールモウスト

日	韓	英
たいど **態度** taido	**태도**(態度) テド	attitude, manner **ア**ティテュード, **マ**ナ
たいとう(の) **対等(の)** taitou (no)	**대등***(한) †テドゥン(ハン)	equal, even **イ**ークワル, **イ**ーヴン
だいどうみゃく **大動脈** daidoumyaku	**대동맥*** †テドンメク	aorta エイ**オ**ータ
だいとうりょう **大統領** daitouryou	**대통령*** †テトンニョン	president プレ**ズィ**デント
だいどころ **台所** daidokoro	**부엌** †プオク	kitchen **キ**チン
だいとし **大都市** daitoshi	**대도시*** †テドシ	big city **ビ**グ ス**ィ**ティ
たいとる **タイトル** taitoru	**타이틀** タイトゥル	title **タ**イトル
だいなまいと **ダイナマイト** dainamaito	**다이너마이트** †タイノマイトゥ	dynamite **ダ**イナマイト
だいなみっく(な) **ダイナミック(な)** dainamikku (na)	**역동적**(力動的)(인) ヨクトンジョク(イン)	dynamic ダイ**ナ**ミク
たいねつ **耐熱** tainetsu	**내열*** ネヨル	heat-resist, heat-proof ヒートリ**ズィ**スト, ヒートプ**ル**ーフ
だいばー **ダイバー** daibaa	**다이버** †タイボ	diver **ダ**イヴァ
たいはいてきな **退廃的な** taihaitekina	**퇴폐적***인 トェペジョギン	decadent **デ**カダント
たいはん **大半** taihan	**대부분**(大部分), **태반**(太半) †テブブン, テバン	greater part of グ**レ**イタ **パ**ート オヴ

日	韓	英
だいひょう(する) **代表(する)** daihyou (suru)	**대표***(하다) †テピョ(ハダ)	representative; represent レプリ**ゼン**タティヴ, レプリ**ゼン**ト
〜的な	**대표적**(代表的)**인** †テピョジョギン	representative レプリ**ゼン**タティヴ
たいぴん **タイピン** taipin	**넥타이핀** ネクタイピン	tiepin **タ**イピン
だいびんぐ **ダイビング** daibingu	**다이빙** †タイビン	diving **ダ**イヴィング
たいぷ **タイプ** taipu	**타입** タイプ	type **タ**イプ
だいぶ **大分** daibu	**상당**(相当)**히, 꽤** サンダンヒ, ックェ	very, pretty **ヴェ**リ, **プ**リティ
たいふう **台風** taifuu	**태풍**(颱風) テプン	typhoon タイ**フー**ン
だいぶぶん **大部分** daibubun	**대부분*** †テブブン	greater part グ**レ**イタ **パ**ート
たいへいよう **太平洋** taiheiyou	**태평양*** テピョンヤン	Pacific パ**スィ**フィク
たいへん **大変** (とても) taihen	**매우, 대단히** メウ, †テダンヒ	very, extremely **ヴェ**リ, イクスト**リー**ムリ
(やっかいな)	**귀찮은, 성가신** †キイチャヌン, ソンガシン	troublesome ト**ラ**ブルサム
だいべん **大便** daiben	**대변*** †テピョン	feces **フィー**スィーズ
たいほ(する) **逮捕(する)** taiho (suru)	**체포***(하다) チェポ(ハダ)	arrest, capture ア**レ**スト, **キャ**プチャ

日	韓	英
たいほう **大砲** taihou	대포* †テポ	gun, cannon **ガ**ン，**キャ**ノン
たいぼうの **待望の** taibouno	대망*의，기다리던 †テマンエ，†キダリドン	long-awaited **ロ**ングアウェイテド
だいほん **台本** daihon	대본* †テボン	playbook, script プ**レ**イブク，スク**リ**プト
たいまー **タイマー** taimaa	타이머 タイモ	timer **タ**イマ
たいまん(な) **怠慢(な)** taiman (na)	태만*한 テマン(ハン)	negligent **ネ**グリチェント
たいみんぐ **タイミング** taimingu	타이밍 タイミン	timing **タ**イミング
たいむ **タイム** taimu	타임 タイム	time **タ**イム
だいめい **題名** daimei	제목(題目) †チェモク	title **タ**イトル
だいめいし **代名詞** daimeishi	대명사* †テミョンサ	pronoun プ**ロ**ウナウン
たいや **タイヤ** taiya	타이어 タイオ	tire **タ**イア
だいや **ダイヤ** (列車の) daiya	열차(列車) 운행표(運行表) ヨルチャ ウネンピョ	timetable **タ**イムテイブル
だいやもんど **ダイヤモンド** daiyamondo	다이아몬드 †タイアモンド	diamond **ダ**イアモンド
たいよう **太陽** taiyou	태양* テヤン	sun **サ**ン

日	韓	英
だいよう(する) **代用(する)** daiyou (suru)	**대용**＊**(하다)** †テヨン(ハダ)	substitution; substitute for サプスティテューション, サプスティテュート フォ
たいらげる **平らげる** tairageru	**먹어 치우다** モゴ チウダ	eat up イート アプ
たいらな **平らな** tairana	**평평(平平)한** ピョンピョンハン	even, level, flat イーヴン, レヴェル, フラト
だいり **代理** dairi	**대리**＊ †テリ	deputy, proxy デピュティ, プラクスィ
～店	**대리점**(代理店) †テリジョム	agency エイヂェンスィ
たいりく **大陸** tairiku	**대륙**＊ †テリュク	continent カンティネント
だいりせき **大理石** dairiseki	**대리석**＊ †テリソク	marble マーブル
たいりつ(する) **対立(する)** tairitsu (suru)	**대립**＊**(하다)** †テリプ(ハダ)	opposition; oppose アポズィション, オポウズ
たいりょう **大量** tairyou	**대량**＊ †テリャン	mass, large quantities マス, ラーヂ クワンティティズ
～生産	**대량**＊ **생산**(生産) †テリャン センサン	mass production マス プロダクション
たいりょく **体力** tairyoku	**체력**＊ チェリョク	physical strength フィズィカル ストレングス
だいれくとめーる **ダイレクトメール** dairekutomeeru	**다이렉트 메일** †タイレクトゥ メイル	direct mail ディレクト メイル
たいわ(する) **対話(する)** taiwa (suru)	**대화**＊**(하다)** †テファ(ハダ)	dialogue ダイアローグ

日	韓	英
たいわん **台湾** taiwan	**대만**＊, **타이완** †テマン, タイワン	Taiwan タイワーン
たうえ **田植え** taue	**모심기, 모내기** モシムッキ, モネギ	rice-planting ライスプランティング
だうんろーど(する) **ダウンロード(する)** daunroodo (suru)	**다운로드**(**하다**) †ダウンロドゥ(ハダ)	download ダウンロウド
だえき **唾液** daeki	**타액**＊ タエク	saliva サライヴァ
たえず **絶えず** taezu	**끊임없이** ックニムオプシ	always, all the time オールウェイズ, オール ザ タイム
たえる **絶える** taeru	**끊어지다** ックノジダ	cease, die out スィース, ダイ アウト
たえる **耐える** taeru	**참다, 인내**(忍耐)**하다** チャムッタ, インネハダ	bear, stand ベア, スタンド
(持ちこたえる)	**버티다, 견디다** †ポティダ, †キョンディダ	withstand ウィズスタンド
だえん **楕円** daen	**타원**＊ タウォン	ellipse, oval イリプス, オウヴァル
たおす **倒す** taosu	**넘어뜨리다, 쓰러뜨리다** ノモットゥリダ, ッスロットゥリダ	knock down ナク ダウン
(負かす)	**누르다** ヌルダ	defeat, beat ディフィート, ビート
たおる **タオル** taoru	**타월** タウォル	towel タウエル
たおれる **倒れる** taoreru	**넘어지다, 쓰러지다** ノモジダ, ッスロジダ	fall, break down フォール, ブレイク ダウン

日	韓	英
たか **鷹** taka	매 メ	hawk ホーク
たかい **高い** takai	높다, (키가) 크다 ノプタ, (キガ) クダ	high, tall ハイ, トール
(値段が)	가격(価格)이(값이) 비싸다 †カギョギ(ガプシ) †ピッサダ	expensive イクスペンスィヴ
たがい(に) **互い(に)** tagai (ni)	서로 ソロ	mutually ミューチュアリ
だかい(する) **打開(する)** dakai (suru)	타개*(하다) タゲ(ハダ)	break ブレイク
たがく **多額** tagaku	다액*, 고액(高額) †タエク, †コエク	a large sum of ア ラージ サム オヴ
たかさ **高さ** takasa	높이 ノピ	height, altitude ハイト, アルティテュード
たかね **高値** takane	고가(高価) †コカ	high price ハイ プライス
たかめる **高める** takameru	높이다 ノピダ	raise レイズ
たがやす **耕す** tagayasu	갈다, 경작(耕作)하다 †カルダ, †キョンジャカダ	cultivate, plow カルティヴェイト, プラウ
たから **宝** takara	보물(宝物) †ポムル	treasure トレジャ
たからくじ **宝籤** takarakuji	복권(福券) †ポククォン	public lottery パブリク ラタリ
たかる (ゆすり) **たかる** takaru	등치다, 갈취(喝取)하다 †トゥンチダ, †カルチハダ	blackmail ブラクメイル
たき **滝** taki	폭포(瀑布) ポクポ	waterfall, falls ウォータフォール, フォールズ

日	韓	英
たきしーど **タキシード** takishiido	턱시도 トクシド	tuxedo タク**スィー**ドウ
だきょう(する) **妥協(する)** dakyou (suru)	타협＊(하다) タヒョプ(ハダ)	compromise **カン**プロマイズ
たく **炊く** taku	짓다 †チッタ	cook, boil **ク**ク, **ボ**イル
たく **焚く** taku	불을 때다, 불을 지피다 †プルル ッテダ, †プルル ジピd	make a fire メイク ア **ファ**イア
だく **抱く** daku	안다 アンッタ	embrace インブ**レ**イス
たくえつした **卓越した** takuetsushita	탁월＊한 タグォルハン	excellent **エ**クセレント
たくさん **沢山** takusan	많이 マニ	many, much **メ**ニ, **マ**チ
たくしー **タクシー** takushii	택시 テクシ	taxi **タ**クスィ
たくはい **宅配** takuhai	택배＊ テクペ	door-to-door de-livery ドータドー ディ**リ**ヴァリ
たくましい **逞しい** takumashii	건장(健壮)하다, 강인(強靱)하다 †コンジャンハダ, †カンインハダ	sturdy, stout ス**タ**ーディ, ス**タ**ウト
たくみな **巧な** takumina	교묘(巧妙)한 †キョミョハン	skillful ス**キ**ルフル
たくらむ **企む** takuramu	획책(劃策)하다, 꾀하다 フェクチェカダ, ックェハダ	plan, scheme プ**ラ**ン, ス**キ**ーム
たくわえ **蓄[貯]え** takuwae	비축(備蓄), 저축(貯蓄) †ピチュク, †チョチュク	store, reserve スト**ー**, リ**ザ**ーヴ
(貯金) 	저금(貯金) †チョグム	savings **セ**イヴィングズ

日	韓	英
たくわえる **蓄[貯]える** takuwaeru	비축(備蓄)하다, 저축(貯蓄)하다 †ピチュカダ, †チョチュカダ	store, keep スト-, キープ
(貯金)	저금(貯金)(하다) †チョグム(ハダ)	save セイヴ
たけ **竹** take	대, 대나무 †テ, †テナム	bamboo バンブー
だげき **打撃** dageki	타격(打撃), 손해(損害) タギョク, ソンヘ	blow, shock プロウ, シャク
だけつ(する) **妥結(する)** daketsu (suru)	타결*(하다) タギョル(ハダ)	agreement; agree アグリーメント, アグリー
たこ **凧** tako	연(鳶) ヨン	kite カイト
たこ **蛸** tako	문어(文魚), 낙지 ムノ, ナクチ	octopus アクトパス
たこくせき **多国籍** takokuseki	다국적* †タグクチョク	multinational マルティナショナル
たさいな **多彩な** tasaina	다채*로운 †タチェロウン	multicolor, various マルティカラ, ヴェアリアス
ださんてきな **打算的な** dasantekina	타산적*인 タサンジョギン	calculating キャルキュレイティング
たしかな **確かな** (間違いのない) tashikana	확실(確実)한, 분명(分明)한 ファクシルハン, †プンミョンハン	sure, certain シュア, サートン
(信用できる)	믿을 만한 ミドゥル マンハン	reliable リライアブル
たしかめる **確かめる** tashikameru	확인(確認)하다 ファギンハダ	make sure of メイク シュア オヴ
たしざん **足し算** tashizan	덧셈 †トッセム	addition アディション

日	韓	英
だしん(する) **打診(する)** (意向を) dashin (suru)	**타진**＊**(하다)** タジン(ハダ)	sound out **サ**ウンド **ア**ウト
たす **足す** tasu	**더하다** †トハダ	add **ア**ド
だす **出す** dasu	**내놓다，꺼내다** ネノタ, ッコネダ	take out **テ**イク **ア**ウト
(提出)	**제출**(提出)**(하다)** †チェチュル(ハダ)	hand in **ハ**ンド **イ**ン
(発行)	**발행**(発行)**(하다)** †パルヘン(ハダ)	publish **パ**プリシュ
(露出)	**노출**(露出)**(하다)** ノチュル(ハダ)	expose イクス**ポ**ウズ
(手紙などを)	**부치다，보내다** †プチダ, †ポネダ	mail, post **メ**イル, **ポ**ウスト
たすう **多数** tasuu	**다수**＊ †タス	majority マ**ヂョ**ーリティ
～決	**다수결**(多数決) †タスギョル	decision by majority ディス**ィ**ジョン バイ マ**ヂョ**ーリティ
たすかる **助かる** tasukaru	**살아나다，도움이 되다** サラナダ, †トウミ †トェダ	(be) rescued (ビ) レス**キュ**ード
たすける **助ける** tasukeru	**구**(救)**하다，살리다** †クハダ, サルリダ	help, save **ヘ**ルプ, **セ**イヴ
たずねる **尋ねる** tazuneru	**묻다** ムッタ	ask **ア**スク
たずねる **訪ねる** tazuneru	**방문**(訪問)**하다** †パンムンハダ	visit **ヴィ**ズィト
だせい **惰性** dasei	**타성**＊ タソン	inertia イ**ナ**ーシャ

日	韓	英
（習慣）	습관(習慣) スプクヮン	habit ハビト
<ruby>黄昏<rt>たそがれ</rt></ruby> tasogare	황혼* ファンホン	dusk, twilight ダスク, トワイライト
<ruby>只<rt>ただ</rt></ruby> （無料） tada	무료(無料), 공짜 ムリョ, †コンッチャ	gratis, free グラティス, フリー
<ruby>唯<rt>ただ</rt></ruby> tada	보통(普通), 그냥 †ポトン, †クニャン	only, just オウンリ, チャスト
<ruby>只今<rt>ただいま</rt></ruby> tadaima	지금(只今), 현재(現在) †チグム, ヒョンジェ	right now ライト ナウ
（すぐに）	곧 †コッ	soon スーン
<ruby>戦[闘]い<rt>たたかい</rt></ruby> tatakai	싸움, 전쟁(戦争) ッサウム, †チョンジェン	war, battle ウォー, バトル
<ruby>戦[闘]う<rt>たたかう</rt></ruby> tatakau	싸우다 ッサウダ	fight, battle ファイト, バトル
<ruby>叩く<rt>たたく</rt></ruby> tataku	두드리다, 치다 †トゥドゥリダ, チダ	strike, hit ストライク, ヒト
<ruby>但し<rt>ただし</rt></ruby> tadashi	다만, 단(但) †タマン, †タン	but, however バト, ハウエヴァ
<ruby>正しい<rt>ただしい</rt></ruby> tadashii	옳다, 바르다 オルタ, †パルダ	right, correct ライト, コレクト
<ruby>正す<rt>ただす</rt></ruby> tadasu	바르게 하다, 고치다 †パルゲ ハダ, †コチダ	correct コレクト
<ruby>佇む<rt>たたずむ</rt></ruby> tatazumu	멈춰 서다 モムチュオ ソダ	stand still スタンド スティル
<ruby>直ちに<rt>ただちに</rt></ruby> tadachini	곧, 즉시(即時) †コッ, †チュクシ	at once アト ワンス

日	韓	英
たたむ **畳む** tatamu	접다, 개다 †チョプタ, †ケダ	fold フォウルド
（商売などを）	그만두다 †クマンドゥダ	shut, close シャト, クロウズ
ただよう **漂う** tadayou	떠돌다, 감돌다 ットドルダ, †カムドルダ	drift, float ドリフト, フロウト
ただれる **爛れる** tadareru	짓무르다, 문드러지다 †チンムルダ, ムンドゥロジダ	(be) inflamed (ビ) インフレイムド
たちあがる **立ち上がる** tachiagaru	일어서다 イロソダ	stand up スタンド アプ
たちあげる **立ち上げる** tachiageru	일으키다, 개시(開始)하다 イルキダ, †ケシハダ	start up スタート アプ
（パソコンを）	기동(起動)시키다 †キドンシキダ	boot ブート
たちいりきんし **立入禁止** tachiirikinshi	출입(出入) 금지(禁止) チュリプ †クムジ	No Admittance ノウ アドミタンス
たちさる **立ち去る** tachisaru	떠나가다, 물러가다 ットナガダ, ムルロガダ	leave リーヴ
たちどまる **立ち止まる** tachidomaru	멈춰 서다 モムチュォ ソダ	stop, halt スタプ, ホールト
たちなおる **立ち直る** tachinaoru	다시 일어서다, 회복(回復) 되다 †タジ イロソダ, フェボクトェダ	get over, recover ゲト オウヴァ, リカヴァ
たちのく **立ち退く** tachinoku	퇴거(退去)하다, 물러나다 トェゴハダ, ムルロナダ	leave, move out リーヴ, ムーヴ アウト
たちば **立場** tachiba	입장* イプチャン	standpoint スタンドポイント
たちよる **立ち寄る** tachiyoru	다가서다, 들르다 †タガソダ, †トゥルルダ	drop by ドラプ バイ

日	韓	英
たつ **経つ** tatsu	시간(時間)이 흐르다 シガニ フルダ	pass, go by パス, ゴウ バイ
たつ **建つ** tatsu	서다, 세워지다 ソダ, セウォジダ	(be) built (ビ) ビルト
たつ **発つ** tatsu	출발(出発)하다 チュルバルハダ	start, leave スタート, リーヴ
たつ **立つ** tatsu	일어서다, 일어나다 イロソダ, イロナダ	stand, rise スタンド, ライズ
たつ **断つ** tatsu	끊다 ックンタ	cut off カト オーフ
たっきゅう **卓球** takkyuu	탁구* タクク	table tennis テイブル テニス
だっきゅう(する) **脱臼(する)** dakkyuu (suru)	탈구*(하다) タルグ(ハダ)	dislocation; dislocate *one's* ディスロウケイション, ディスロウケイト
たっしゃな **達者な** tasshana	건강(健康)한 †コンガンハン	healthy ヘルスィ
(上手な)	능숙(能熟)한, 잘하는 ヌンスカン, †チャルハヌン	good, skillful グド, スキルフル
だっしゅ(する) **ダッシュ(する)** dasshu (suru)	대시(하다) †テシ(ハダ)	dash ダシュ
だっしゅつ(する) **脱出(する)** dasshutsu (suru)	탈출*(하다) タルチュル(ハダ)	escape イスケイプ
たっする **達する** tassuru	달(達)하다, 이르다 †タルハダ, イルダ	reach リーチ
(到着する)	도달(到達)하다, 도착(到着)하다 †トダルハダ, †トチャカダ	arrive at アライヴ アト

日	韓	英
だつぜい **脱税** datsuzei	**탈세*** タルッセ	tax evasion **タ**クス イ**ヴェ**イジョン
たっせいする **達成する** tasseisuru	**달성*****하다** †タルッソンハダ	accomplish, achieve ア**カ**ンプリシュ, ア**チ**ーヴ
だっせん(する) **脱線(する)** dassen (suru)	**탈선***(**하다**) タルッソン(ハダ)	derailment, (be) derailed ディ**レ**イルメント, (ビ) ディ**レ**イルド
たった **たった** tatta	**단지**(但只), **겨우** †タンジ, †キョウ	only, just **オ**ウンリ, **チャ**スト
〜今	**이제 막, 방금**(方今) イジェ マク, †パングム	just now **チャ**スト **ナ**ウ
だったい(する) **脱退(する)** dattai (suru)	**탈퇴***(**하다**) タルトェ(ハダ)	withdrawal ウィズド**ロ**ーアル
たっち **タッチ** tacchi	**터치** トチ	touch **タ**チ
〜する	**터치**(**하다**) トチ(ハダ)	touch **タ**チ
だっぴ(する) **脱皮(する)** dappi (suru)	**탈피***(**하다**) タルピ(ハダ)	ecdysis; shed *one's* skin **エ**クディスィス, **シェ**ドス**キ**ン
たっぷり **たっぷり** tappuri	**듬뿍, 많이** †トゥムップク, マニ	fully **フ**リ
たつまき **竜巻** tatsumaki	**회오리바람** フェオリパラム	tornado トー**ネ**イドウ
だつらくする **脱落する** datsurakusuru	**탈락*****하다** タルラカダ	fall out **フォ**ール **ア**ウト
たて **縦** tate	**세로** セロ	length **レ**ングス

日	韓	英
たて **盾** tate	**방패**(防牌) †パンペ	shield シールド
たてじま **縦縞** tatejima	**세로 줄무늬** セロ †チュルムニ	vertical stripes ヴァーティカル ストライプス
たてふだ **立て札** tatefuda	**팻말** ペンマル	bulletin board ブレティン ボード
たてまえ **建前** tatemae	**표면상**(表面上)**의 태도**(態度) ピョミョンサンエ テド	professed intention プロフェスト インテンション
たてもの **建物** tatemono	**건물**＊ †コンムル	building ビルディング
たてる **建てる** tateru	**세우다, 짓다** セウダ, †チッタ	build, construct ビルド, コンストラクト
たてる **立てる** tateru	**세우다, 일으키다** セウダ, イルキダ	stand, put up スタンド, プト アプ
だとう **妥当** datou	**타당**＊ タダン	propriety プロプライアティ
だとう（する） **打倒（する）** datou (suru)	**타도**＊**（하다）** タド（ハダ）	defeat ディフィート
たどうし **他動詞** tadoushi	**타동사**＊ タドンサ	transitive verb トランズィティヴ ヴァーブ
たとえば **例えば** tatoeba	**예**(例)**를 들면** イェルル †トゥルミョン	for example フォ イグザンプル
たとえる **例える** tatoeru	**예**(例)**를 들다** イェルル †トゥルダ	compare to コンペア トゥ
たな **棚** tana	**선반** ソンバン	shelf, rack シェルフ, ラク
たなばた **七夕** tanabata	**칠석**＊ チルッソク	Star Festival スター フェスティヴァル

日	韓	英
たに **谷** tani	산(山)골짜기 サンッコルッチャギ	valley **ヴァ**リ
だに **ダニ** dani	진드기 †チンドゥギ	tick **ティ**ク
たにん **他人** tanin	타인*, 남 タイン , ナム	others **ア**ザズ
(知らない人)	모르는 사람 モルヌン サラム	stranger スト**レ**インチャ
たね **種** tane	씨앗, 종자(種子) ッシアッ, †チョンジャ	seed **ス**ィード
(原因)	원인(原因) ウォニン	cause **コ**ーズ
たのしい **楽しい** tanoshii	즐겁다 †チュルゴプタ	happy, cheerful **ハ**ピ, **チ**アフル
たのしみ **楽しみ** tanoshimi	즐거움, 낙(楽) †チュルゴウム, ナク	pleasure, joy プ**レ**ジャ, **チ**ョイ
たのしむ **楽しむ** tanoshimu	즐기다 †チュルギダ	enjoy イン**チ**ョイ
たのみ **頼み** tanomi	부탁(付託), 청(請) †プタク, チョン	request, favor リク**ウェ**スト, **フェ**イヴァ
(信頼)	믿음, 신뢰(信頼) ミドゥム, シルルェ	reliance, trust リ**ラ**イアンス, ト**ラ**スト
たのむ **頼む** tanomu	부탁(付託)하다, 맡기다 †プタカダ, マッキダ	ask, request **ア**スク, リク**ウェ**スト
たのもしい **頼もしい** tanomoshii	믿음직스럽다 ミドゥムジクスロプタ	reliable リ**ラ**イアブル
たば **束** taba	다발, 뭉치 †タバル, ムンチ	bundle, bunch **バ**ンドル, **バ**ンチ

日	韓	英
たばこ **煙草** tabako	담배 †タムベ	tobacco タバコウ
たび **旅** tabi	여행(旅行) ヨヘン	travel, journey トラヴェル, **チャ**ーニ
～立つ	여행(旅行)을 떠나다 ヨヘンウル ットナダ	start on a journey ス**ター**ト オン ア **チャ**ーニ
たびたび **度々** tabitabi	누차(屢次), 여러 번(番) ヌチャ, ヨロ †ポン	often **オー**フン
たびびと **旅人** tabibito	나그네, 여행자(旅行者) ナグネ, ヨヘンジャ	traveler ト**ラ**ヴラ
だびんぐ(する) **ダビング(する)** dabingu(suru)	더빙(하다) トビン(ハダ)	dubbing; dub **ダ**ビング, **ダ**ブ
たぶー **タブー** tabuu	터부 トブ	taboo タ**ブ**ー
だぶる **ダブる** daburu	겹치다, 중복(重複)되다 †キョプチダ, †チュンボクトェダ	overlap オウヴァ**ラ**プ
だぶる **ダブル** daburu	더블 †トブル	double **ダ**ブル
たぶろいど **タブロイド** taburoido	타블로이드판(判) タブルロイドパン	tabloid **タ**ブロイド
たぶん **多分** tabun	아마 アマ	perhaps, maybe パ**ハ**プス, **メ**イビ
たべもの **食べ物** tabemono	음식물(飲食物), 먹을 것 ウムッシンムル, モグル †コッ	food, provisions **フ**ード, プロ**ヴィ**ジョンズ
たべる **食べる** taberu	먹다 モクタ	eat **イ**ート
たほう **他方** tahou	한편 ハンピョン	the other hand ズィ **ア**ザ **ハ**ンド

日	韓	英
たぼうな **多忙な** tabouna	**다망*한** †タマンハン	busy ビズィ
だぼく **打撲** daboku	**타박*** タバク	bruise ブルーズ
たま **球** tama	**공, 전구**(電球) †コン, †チョング	ball, bulb ボール, バルブ
たま **玉** tama	**옥*, 구슬** オク, †クスル	ball, bead ボール, ビード
たま **弾** tama	**총**(銃)**알, 탄환**(弾丸) チョンアル, タンファン	bullet, shot ブレト, シャト
たまご **卵** tamago	**달걀, 계란**(鶏卵) †タルギャル, †ケラン	egg エグ
たましい **魂** tamashii	**혼*, 넋** ホン, ノク	soul, spirit ソウル, スピリト
だます **騙す** damasu	**속이다** ソギダ	deceive, cheat ディスィーヴ, チート
たまたま **たまたま** tamatama	**우연**(偶然)**히, 마침** ウヨンヒ, マチム	by chance バイ チャンス
だまって **黙って** damatte	**묵묵**(黙黙)**히** ムンムキ	silently サイレントリ
（無断で）	**무단**(無断)**으로** ムダヌロ	without notice ウィザウト ノウティス
たまに **たまに** tamani	**가끔, 때때로** †カックム, ッテッテロ	occasionally オケイジョナリ
たまねぎ **玉葱** tamanegi	**양파** ヤンパ	onion アニョン
たまらない **堪らない** （我慢できない） tamaranai	**참을 수 없다** チャムル ス オプタ	unbearable アンベアラブル

日	韓	英
たまる **溜まる** tamaru	**모이다, 괴다** モイダ, †クェダ	accumulate, gather アキューミュレイト, ギャザ
だまる **黙る** damaru	**입을 다물다, 침묵**(沈黙)**하다** イブル †タムルダ, チムムカダ	(become) silent (ビカム) **サ**イレント
だむ **ダム** damu	**댐** †テム	dam **ダ**ム
ためいき **溜め息** tameiki	**한숨** ハンスム	sigh **サ**イ
だめーじ **ダメージ** dameeji	**손해**(損害)**, 피해**(被害) ソネ, ピヘ	damage **ダ**ミヂ
ためす **試す** tamesu	**시험**(試験)**하다** シホムハダ	try, test ト**ラ**イ, **テ**スト
だめな **駄目な** damena	**소용**(所用)**없는, 쓸데없는** ソヨンオプヌン, ッスルデオンヌン	useless, no use **ユ**ースレス, ノウ **ユ**ース
ためになる **為になる** tameninaru	**이익**(利益)**이 되다** イイギ †トェダ	good for, profitable **グ**ド フォ, プ**ラ**フィタブル
ためらう **躊躇う** tamerau	**망설이다, 주저**(躊躇)**하다** マンソリダ, †チュジョハダ	hesitate ヘ**ズ**ィテイト
ためる **貯める** tameru	**저축**(貯蓄)**하다, 모으다** †チョチュカダ, モウダ	save, store **セ**イヴ, ス**ト**ー
ためる **溜める** tameru	**담아 두다** †タマ †トゥダ	accumulate, collect アキューミュレイト, コ**レ**クト
たもつ **保つ** tamotsu	**유지**(維持)**하다, 지키다** ユジハダ, †チキダ	keep **キ**ープ
(維持する)	**유지**(維持)**하다** ユジハダ	hold, maintain **ホ**ウルド, メイン**テ**イン
たより **頼り** tayori	**의지**(依支) ウィジ	reliance, confidence リ**ラ**イアンス, **カ**ンフィデンス

日	韓	英
（信頼）	신뢰（信頼） シルルェ	confidence カンフィデンス
たよる **頼る** tayoru	의지（依支）하다, 믿다 ウィジハダ, ミッタ	rely on, depend on リライ **オン**, ディペンド **オ**ン
たら **鱈** tara	대구（大口） †テグ	cod カド
だらく（する） **堕落（する）** daraku (suru)	타락＊（하다） タラク（ハダ）	degeneration; degenerate ディチェネ**レ**イション, ディ**チェ**ネレイト
だらける **だらける** darakeru	해이（解弛）해지다, 게으름 피우다 ヘイヘジダ, †ケウルム ピウダ	(be) lazy （ビ）**レ**イズィ
だらしない **だらしない** darashinai	단정（端正）하지 못하다 †タンジョンハジ モタダ	slovenly スラヴンリ
（内面的に）	칠칠치 못하다 チルチルチ モタダ	untidy アン**タ**イディ
たらす **垂らす** tarasu	늘어뜨리다, 드리우다 ヌロットゥリダ, †トゥリウダ	hang down ハング **ダ**ウン
（液体を）	흘리다 フルリダ	drop, spill ド**ラ**プ, ス**ピ**ル
だらだら（と） **だらだら（と）** daradara (to)	질질 †チルジル	lazily **レ**イズィリ
たりない **足りない** tarinai	모자라다, 부족（不足）하다 モジャラダ, †プジョカダ	(be) short of （ビ）**ショ**ート オヴ
たりょうに **多量に** taryouni	다량＊으로 †タリャンウロ	abundantly ア**バ**ンダントリ
たりる **足りる** tariru	족（足）하다, 충분（充分）하다 †チョカダ, チュンブンハダ	(be) enough （ビ）イ**ナ**フ

日	韓	英
たる **樽** taru	통(桶) トン	barrel, cask バレル, **キャ**スク
だるい **だるい** darui	나른하다 ナルンハダ	feel heavy, (be) dull フィール **ヘ**ヴィ, (ビ) **ダ**ル
たるむ **弛む** tarumu	느슨해지다, 해이(解弛)해지다 ヌスンヘジダ, ヘイヘジダ	(become) loose, slacken (ビカム) **ルー**ス, ス**ラ**クン
だれ **誰** dare	누구 ヌグ	who **フー**
～か	누군가 ヌグンガ	someone, some-body **サ**ムワン, **サ**ムバディ
たれる **垂れる** tareru	늘어지다 ヌロジダ	hang **ハ**ング
(滴る)	떨어지다 ットロジダ	drop, drip ド**ラ**プ, ド**リ**プ
だれる **だれる** (退屈) dareru	긴장(緊張)이 풀리다, 해이(解弛)해지다 †キンジャンイ プルリダ, ヘイヘジダ	(be) bored with (ビ) **ボー**ド ウィズ
たれんと **タレント** tarento	탤런트 テルロントゥ	personality パーソ**ナ**リティ
たわむ **撓む** tawamu	휘다, 굽다 フィダ, †クプタ	bend **ベ**ンド
たわむれる **戯れる** tawamureru	까불다, 놀다 ッカブルダ, ノルダ	play プ**レ**イ
たん **痰** tan	담*, 가래 †タム, †カレ	phlegm, sputum フレム, ス**ピュー**タム
だん **段** dan	단* †タン	step, stair ス**テ**プ, ス**テ**ア
だんあつ(する) **弾圧(する)** dan-atsu (suru)	탄압*(하다) タナプ(ハダ)	suppression; suppress サプ**レ**ション, サプ**レ**ス

日	韓	英
たんい **単位** tan-i	**단위*** †タヌィ	unit **ユ**ーニト
（授業の）	**학점**（学点） ハクチョム	credit ク**レ**ディト
たんいつ **単一** tan-itsu	**단일*** †タニル	single, sole ス**ィ**ングル，**ソ**ウル
たんか **担架** tanka	**들것** †トゥルッコッ	stretcher スト**レ**チャ
たんかー **タンカー** tankaa	**탱커** テンコ	tanker **タ**ンカ
だんかい **段階** dankai	**단계*** †タンゲ	step, stage ス**テ**プ，ス**テ**イヂ
だんがい **断崖** dangai	**절벽**（絶壁），**낭떠러지** †チョルビョク，ナントロジ	cliff ク**リ**フ
だんがん **弾丸** dangan	**탄환***，**총**（銃）**알** タンファン，チョンアル	bullet, shot **ブ**レト，**シャ**ト
たんき **短期** tanki	**단기*** †タンギ	short term **ショ**ート **タ**ーム
たんきな **短気な** tankina	**성급**（性急）**한** ソングパン	quick-tempered ク**ウィ**クテンパド
たんきゅうする **探究する** tankyuusuru	**탐구*****하다** タムグハダ	study, investigate ス**タ**ディ，イン**ヴェ**スティゲ イト
たんきょり **短距離** tankyori	**단거리*** †タンゴリ	short distance **ショ**ート ディスタンス
～競走	**단거리*** **경주**（競走） †タンゴリ †キョンジュ	short-distance race **ショ**ートディスタンス **レ**イ ス
たんく **タンク** tanku	**탱크** テンク	tank **タ**ンク

日	韓	英
だんけつ(する) **団結(する)** danketsu (suru)	**단결*(하다)** †タンギョル(ハダ)	union; unite **ユ**ーニョン, ユー**ナ**イト
たんけん(する) **探検(する)** tanken (suru)	**탐험(探険)(하다)** タムホム(ハダ)	exploration; explore エクスプロ**レ**イション, イク スプ**ロ**ー
だんげん(する) **断言(する)** dangen (suru)	**단언*(하다)** †タノン(ハダ)	assertion; assert ア**サ**ーション, ア**サ**ート
たんご **単語** tango	**단어*** †タノ	word **ワ**ード
だんごう(する) **談合(する)** dangou (suru)	**담합*(하다)** †タムハプ(ハダ)	bid rigging **ビ**ド **リ**ギング
だんさー **ダンサー** dansaa	**댄서** †テンソ	dancer **ダ**ンサ
たんさん **炭酸** tansan	**탄산*** タンサン	carbonic acid カー**バ**ニク **ア**スィド
～ガス	**탄산* 가스** タンサン †カス	carbonic acid gas カー**バ**ニク **ア**スィド **ギャ**ス
～水	**탄산수(炭酸水)** タンサンス	soda water **ソ**ウダ **ウォ**ータ
たんしゅく(する) **短縮(する)** tanshuku (suru)	**단축*(하다)** †タンチュク(ハダ)	shorten; reduction; reduce **ショ**ートン, リ**ダ**クション, リ**デュ**ース
たんじゅんな **単純** tanjunna	**단순*한** †タンスンハン	plain, simple プ**レ**イン, **ス**ィンプル
たんしょ **短所** tansho	**단점(短点), 결점(欠点)** †タンッチョム, †キョルッチョム	shortcoming **ショ**ートカミング
たんじょう(する) **誕生(する)** tanjou (suru)	**탄생*(하다)** タンセン(ハダ)	birth; (be) born **バ**ース, (ビ) **ボ**ーン

日	韓	英
たんじょうせき **誕生石** tanjouseki	**탄생석**＊ タンセンソク	birthstone バースストウン
たんじょうび **誕生日** tanjoubi	**생일**(生日) センイル	birthday バースデイ
たんす **箪笥** tansu	**옷장, 장롱** オッチャン，†チャンノン	chest of drawers チェスト オヴ ドローズ
だんす **ダンス** dansu	**댄스, 춤** †テンス，チュム	dancing, dance ダンスィング，**ダ**ンス
たんすい **淡水** tansui	**담수**＊ †タムス	fresh water フレシュ **ウ**ォータ
たんすう **単数** tansuu	**단수**＊ †タンス	singular ス**ィ**ンギュラ
だんせい **男性** dansei	**남성**＊ ナムソン	male メイル
たんせき **胆石** tanseki	**담석**＊ †タムソク	bilestone バイルストウン
だんぜん **断然** danzen	**단호**(断乎)**히** †タンホヒ	resolutely, firmly レゾルートリ，**ファ**ームリ
たんそ **炭素** tanso	**탄소**＊ タンソ	carbon **カ**ーボン
だんそう **断層** dansou	**단층**＊ †タンチュン	fault **フ**ォルト
たんだい **短大** tandai	**단기**(短期) **대학**(大学) †タンギ †テハク	junior college **ヂ**ューニャ **カ**リヂ
だんたい **団体** dantai	**단체**＊ †タンチェ	party, organization **パ**ーティ，オーガニ**ゼ**イション
だんだん **段々** dandan	**점점**(漸漸), **차츰** †チョムジョム，チャチュム	gradually グ**ラ**ヂュアリ

日	韓	英
たんちょうな **単調な** tanchouna	**단조**＊**로운** †タンジョロウン	monotonous, dull モナトナス, **ダ**ル
たんてい **探偵** tantei	**탐정**＊ タムジョン	detective ディ**テ**クティヴ
たんとう(する) **担当(する)** tantou (suru)	**담당**＊**(하다)** †タムダン(ハダ)	charge; take charge of **チャ**ーヂ, テイク **チャ**ーヂ オヴ
たんどく **単独** tandoku	**단독**＊ †タンドク	single, individual **ス**ィングル, インディ**ヴィ** デュアル
たんなる **単なる** tannaru	**단순(単純)한** †タンスンハン	mere, simple **ミ**ア, **ス**ィンプル
たんに **単に** tanni	**단순(単純)히, 단지(但只)** †タンスンヒ , †タンジ	only, merely **オ**ウンリ, **ミ**アリ
たんにん **担任** (先生) tannin	**담임**＊ **선생(先生)님** †タミム ソンセンニム	teacher in charge of **ティ**ーチャ イン **チャ**ーヂ オ ヴ
だんねんする **断念する** dannensuru	**단념**＊**하다** †タンニョムハダ	abandon, give up ア**バ**ンドン, **ギ**ヴ **ア**プ
たんねんに **丹念に** tannenni	**공(功)들여** †コンドゥリョ	laboriously ラ**ボ**ーリアスリ
たんのう **胆囊** tannou	**쓸개** ッスルゲ	gall(-)bladder **ゴ**ールブラダ
たんのう(する) **堪能(する)** tannou (suru)	**충분(充分)(하다)** チュンブン(ハダ)	(be) satisfied (ビ) **サ**ティスファイド
～**な**	**뛰어난** ティオナン	good, proficient **グ**ド, プロ**フィ**シェント
たんぱ **短波** tanpa	**단파**＊ †タンパ	shortwave **ショ**ートウェイヴ

日	韓	英
たんぱくな **淡白** (味・色が) tanpakuna	담백*한 †タンベカン	light, simple ライト, スィンプル
たんぱくしつ **蛋白質** tanpakushitsu	단백질* †タンベクチル	protein プロウティーイン
だんぱん **談判** danpan	담판* †タムパン	negotiation ニゴウシエイション
だんぴんぐ **ダンピング** danpingu	덤핑 †トムピン	dumping ダンピング
だんぷかー **ダンプカー** danpukaa	덤프카 †トムプカ	dump truck ダンプ トラク
だんぺん **断片** danpen	단편*, 조각 †タンピョン, †チョガク	fragment フラグメント
たんぺんしょうせつ **短編小説** tanpenshousetsu	단편 소설* †タンピョン ソソル	short story ショート ストーリ
たんぼ **田圃** tanbo	논 ノン	rice field ライス フィールド
たんぽ **担保** tanpo	담보* †タムボ	security, mortgage スィキュアリティ, モーギヂ
だんぼう **暖房** danbou	난방* ナンバン	heating ヒーティング
だんぼーる **段ボール** danbooru	골판지(板紙), 박스 †コルパンジ, パクス	corrugated paper コラゲイテド ペイパ
たんぽぽ **蒲公英** tanpopo	민들레 ミンドゥルレ	dandelion ダンデライオン
たんぽん **タンポン** tanpon	탐폰 タムポン	tampon タンパン
たんまつ **端末** tanmatsu	단말* †タンマル	terminal ターミナル

日	韓	英
だんめん **断面** danmen	**단면*** †タンミョン	section, phase **セ**クション, **フェ**イズ
だんらく **段落** danraku	**단락*** †タルラク	paragraph **パ**ラグラフ
だんりゅう **暖流** danryuu	**난류*** ナルリュ	warm current **ウォ**ーム **カ**ーレント
だんりょく **弾力** danryoku	**탄력*** タルリョク	elasticity イラス**ティ**スィティ
だんわ **談話** danwa	**담화*** †タムファ	talk, conversation **ト**ーク, カンヴァ**セ**イション

ち, チ

ち **血** chi	**피** ピ	blood ブ**ラ**ド
ちあがーる **チアガール** chiagaaru	**치어걸** チオゴル	cheerleader **チ**アリーダ
ちあん **治安** chian	**치안*** チアン	public peace パブリック **ピ**ース
ちい **地位** chii	**지위*** †チウィ	position ポ**ズィ**ション
ちいき **地域** chiiki	**지역*** †チヨク	area, region, zone **エ**アリア, **リ**ーヂョン, **ゾ**ウン
ちいさい **小さい** chiisai	**작다, 어리다** †チャクタ, オリダ	small, little ス**モ**ール, **リ**トル
（幼い）	**어리다** オリダ	little, young **リ**トル, **ヤ**ング
（微細な）	**미세**（微細）**한** ミセハン	minute, fine マイ**ニュ**ート, **ファ**イン

日	韓	英
（こまごました）	자잘한, 세세(細細)한 †チャジャルハン, セセハン	trifling, petty トライフリング, ペティ
ちーず **チーズ** chiizu	치즈 チジュ	cheese **チーズ**
ちーふ **チーフ** chiifu	치프 チプ	chief, head **チーフ**, ヘド
ちーむ **チーム** chiimu	팀 ティム	team **ティーム**
～ワーク	팀워크 ティムウォク	teamwork **ティームワーク**
ちえ **知恵** chie	지혜* †チヘ	wisdom **ウィ**ズダム
ちぇーん **チェーン** cheen	체인 チェイン	chain **チェ**イン
ちぇーんそー **チェーンソー** cheensoo	체인 소 チェイン ソ	chain saw **チェ**イン ソー
ちぇーんてん **チェーン店** cheenten	체인점(店) チェイン †チョム	chain store **チェ**イン スト—
ちぇす **チェス** chesu	체스 チェス	chess **チェ**ス
ちぇっく(する) **チェック(する)** chekku (suru)	체크(하다) チェク(ハダ)	check **チェ**ク
ちぇろ **チェロ** chero	첼로 チェルロ	cello **チェ**ロウ
ちえん(する) **遅延(する)** chien (suru)	지연*(하다) †チヨン(ハダ)	delay ディ**レ**イ
ちぇんばろ **チェンバロ** chenbaro	쳄발로 チェムバルロ	cembalo **チェ**ンバロウ

ち

日	韓	英
地下（ちか） chika	지하* †チハ	underground アンダグラウンド
～室	지하실（地下室） †チハシル	basement, cellar ベイスメント, セラ
～鉄	지하철（地下鉄） †チハチョル	subway サブウェイ
～道	지하도（地下道） †チハド	underpass, subway アンダパス, サブウェイ
近い（ちかい） chikai	가깝다 †カッカプタ	near, close to ニア, クロウス トゥ
（似ている）	비슷하다 ピスタダ	closely related クロウスリ リレイテド
違い（ちがい） chigai	차이（差異） チャイ	difference ディファレンス
治外法権（ちがいほうけん） chigaihouken	치외법권* チウェボプクォン	extraterritorial rights エクストラテリトーリアル ライツ
誓う（ちかう） chikau	맹세（盟誓）하다 メンセハダ	vow, swear ヴァウ, スウェア
違う（ちがう） chigau	다르다, 틀리다 †タルダ, トゥルリダ	differ from ディファ フラム
地学（ちがく） chigaku	지학* †チハク	physical geography フィズィカル デアグラフィ
近頃（ちかごろ） chikagoro	요즈음, 최근（最近） ヨジュウム, チェグン	recently, these days リーセントリ, ズィーズ デイズ
近付く（ちかづく） chikazuku	가까이 가다, 접근（接近）하다 †カッカイ †カダ, †チョプクンハダ	approach アプロウチ

ち

日	韓	英
<ruby>近道<rt>ちかみち</rt></ruby> chikamichi	지름길, 첩경(捷径) †チルムッキル, チョプキョン	short cut ショート カト
<ruby>近寄る<rt>ちかよる</rt></ruby> chikayoru	접근(接近)하다, 다가가다 †チョプクンハダ, †タガガダ	approach アプロウチ
<ruby>力<rt>ちから</rt></ruby> chikara	힘 ヒム	power, energy パウア, エナヂ
(体力)	체력(体力), 완력(腕力) チェリョク, ワンニョク	strength, force ストレングス, フォース
(能力)	능력(能力) ヌンニョク	ability, power アビリティ, パウア
<ruby>地球<rt>ちきゅう</rt></ruby> chikyuu	지구* †チグ	earth アース
～儀	지구의(地球儀) †チグエ	globe グロウブ
<ruby>千切る<rt>ちぎる</rt></ruby> chigiru	찢다 ッチッタ	tear off テア オフ
<ruby>チキン<rt>ちきん</rt></ruby> chikin	치킨 チキン	chicken チキン
<ruby>地区<rt>ちく</rt></ruby> chiku	지구* †チグ	district, section ディストリクト, セクション
<ruby>逐一<rt>ちくいち</rt></ruby> chikuichi	하나하나, 자세(仔細)히 ハナハナ, †チャセヒ	in detail イン ディテイル
<ruby>畜産<rt>ちくさん</rt></ruby> chikusan	축산* チュクサン	stockbreeding スタクブリーディング
<ruby>蓄積（する）<rt>ちくせき（する）</rt></ruby> chikuseki (suru)	축적*(하다) チュクチョク(ハダ)	accumulation; accumulate アキューミュレイション, アキューミュレイト

ち

日	韓	英
ちくのうしょう **蓄膿症** chikunoushou	축농증* チュンノンッチュン	empyema エンピイーマ
ちくび **乳首** chikubi	유두(乳頭), 젖꼭지 ユドゥ, †チョッコクチ	nipple, teat ニプル, **ティ**ート
（哺乳瓶の）	젖꼭지 †チョッコクチ	nipple, teat ニプル, **ティ**ート
ちけい **地形** chikei	지형* †チヒョン	landform **ラ**ンドフォーム
ちけっと **チケット** chiketto	티켓, 표(票) ティケッ, ピョ	ticket **ティ**ケト
ちこく(する) **遅刻(する)** chikoku (suru)	지각*(하다) †チガク(ハダ)	(be) late for (ビ) **レ**イト フォ
ちじ **知事** chiji	지사* †チサ	governor **ガ**ヴァナ
ちしき **知識** chishiki	지식* †チシク	knowledge **ナ**リヂ
ちじょう **地上** chijou	지상* †チサン	ground グ**ラ**ウンド
ちじん **知人** chijin	지인*, 아는 사람 , アヌン サラム	acquaintance アク**ウェ**インタンス
ちず **地図** chizu	지도* †チド	map, atlas **マ**プ, **ア**トラス
ちせい **知性** chisei	지성* †チソン	intellect, intelli- gence **イ**ンテレクト, イン**テ**リヂェ ンス
ちそう **地層** chisou	지층* †チチュン	stratum, layer スト**レ**イタム, **レ**イア

日	韓	英
ちたい **地帯** chitai	**지대*** †チデ	zone, region ゾウン, リーヂョン
ちたん **チタン** chitan	**티탄** ティタン	titanium タイ**テ**イニアム
ちち **乳** chichi	**젖, 젖가슴** †チョッ, †チョッカスム	mother's milk **マ**ザズ **ミ**ルク
ちち(おや) **父**(親) chichi (oya)	**아버지, 부친**(父親) アボジ, †プチン	father **フ**ァーザ
～方	**친가**(親家) **쪽** チンガ ッチョク	father's side **フ**ァーザズ **サ**イド
ちぢまる **縮まる** chijimaru	**줄어들다, 짧아지다** †チュロドゥルダ, ッチャルバジダ	(be) shortened (ビ) **シ**ョートンド
ちぢむ **縮む** chijimu	**줄어들다** †チュロドゥルダ	shrink シュ**リ**ンク
ちぢめる **縮める** chijimeru	**줄이다, 움츠리다** †チュリダ, ウムチュリダ	shorten, abridge **シ**ョートン, ア**ブ**リヂ
ちぢれる **縮れる** chijireru	**주름이 지다** †チュルミ †チダ	(be) curled; wrinkle (ビ) **カ**ールド, **リ**ンクル
ちつ **膣** chitsu	**질*** †チル	vagina ヴァ**チ**ャイナ
ちつじょ **秩序** chitsujo	**질서*** †チルッソ	order **オ**ーダ
ちっそ **窒素** chisso	**질소*** †チルッソ	nitrogen **ナ**イトロヂェン
ちっそく(する) **窒息**(する) chissoku (suru)	**질식***(**하다**) †チルッシク(ハダ)	suffocation; (be) suffocated **サ**フォケイション, (ビ) **サ**フォケイテド

ち

日	韓	英
ちっぷ **チップ** chippu	**팁** ティプ	tip **ティ**プ
ちてき **知的** chiteki	**지적**∗ †チッチョク	intellectual インテ**レ**クチュアル
ちなみに **ちなみに** chinamini	**덧붙여서, 관련**(関聯)**하여** †トップチョソ , †クヮルリョンハヨ	by the way バイ ザ **ウェ**イ
ちのう **知能** chinou	**지능**∗ †チヌン	intellect, intelligence **イ**ンテレクト, インテ**リ**ジェンス
ちぶさ **乳房** chibusa	**유방**∗, **젖가슴** ユバン , †チョッカスム	breast ブ**レ**スト
ちへいせん **地平線** chiheisen	**지평선**∗ †チピョンソン	horizon ホ**ラ**イズン
ちべっと **チベット** chibetto	**티벳** ティベッ	Tibet **ティ**ベット
ちほう **地方** chihou	**지방**∗ †チバン	locality, country ロウ**キャ**リティ, **カ**ントリ
ちめい **地名** chimei	**지명**∗ †チミョン	place name プ**レ**イス **ネ**イム
ちめいど **知名度** chimeido	**지명도**∗ †チミョンド	celebrity スィ**レ**ブリティ
ちゃ **茶** cha	**차**∗ チャ	tea **ティ**ー
ちゃーたー(する) **チャーター(する)** chaataa (suru)	**차터(하다)** チャト(ハダ)	charter **チャ**ータ
ちゃあはん **炒飯** chaahan	**볶음밥** †ポックムパプ	fried rice フ**ラ**イド **ラ**イス

日	韓	英
ちゃーみんぐな **チャーミングな** chaaminguna	**차밍한** チャミンハン	charming **チャ**ーミング
ちゃいむ **チャイム** chaimu	**차임** チャイム	chime **チャ**イム
ちゃいろ **茶色** chairo	**갈색**(褐色) †カルッセク	light brown **ラ**イト ブ**ラ**ウン
ちゃくじつに **着実に** chakujitsuni	**착실**＊**하게** チャクシルハゲ	steadily ス**テ**ディリ
ちゃくしゅ(する) **着手(する)** chakushu (suru)	**착수**＊**(하다)** チャクス(ハダ)	start, commence- ment ス**タ**ート, コ**メ**ンスメント
ちゃくしょく(する) **着色(する)** chakushoku (suru)	**착색**＊**(하다)** チャクセク(ハダ)	coloring; color **カ**ラリング, **カ**ラ
ちゃくそう **着想** chakusou	**착상**＊ チャクサン	idea アイ**ディ**ーア
ちゃくち(する) **着地(する)** chakuchi (suru)	**착지**＊**(하다)** チャクチ(ハダ)	landing; land **ラ**ンディング, **ラ**ンド
ちゃくちゃく **着々** chakuchaku	**착착**(着着) チャクチャク	steadily, step by step ス**テ**ディリ, ス**テ**プ バイ ス**テ**プ
ちゃくばらい **着払い** chakubarai	**수신자**(受信者) **부담**(負担) スシンジャ †プダム	collect on delivery コ**レ**クト オン ディ**リ**ヴァリ
(品物代)	**대금 교환**(代金交換) **지불**(支払) †テグム †キョファン †チブル	collect on delivery コ**レ**クト オン ディ**リ**ヴァリ
ちゃくりく(する) **着陸(する)** chakuriku (suru)	**착륙**＊**(하다)** チャンニュク(ハダ)	landing; land **ラ**ンディング, **ラ**ンド
ちゃりてぃー **チャリティー** charitii	**자선**(慈善) †チャソン	charity **チャ**リティ

日	韓	英
ちゃわん **茶碗** chawan	밥공기(空器) †パプコンギ	rice bowl ライス ボウル
ちゃんす **チャンス** chansu	찬스, 기회(機会) チャンス, †キフェ	chance, opportuni-ty チャンス, アパ**テュー**ニティ
ちゃんと (きちんと) chanto	단정(端正)하게 †タンジョンハゲ	neatly **ニー**トリ
(正しく)	정확(正確)하게 †チョンファカゲ	properly プラパリ
ちゃんねる **チャンネル** channeru	채널 チェノル	channel **チャ**ネル
ちゃんぴおん **チャンピオン** chanpion	챔피언 チェムピオン	champion **チャ**ンピオン
ちゅう **中** chuu	가운데 †カウンデ	middle **ミ**ドル
ちゅう **注** chuu	주석(註[注]釈) †チュソク	notes **ノウ**ツ
ちゅうい(する) **注意(する)** chuui (suru)	주의*(하다) †チュイ(ハダ)	attention; pay at-tention to ア**テ**ンション, **ペイ** ア**テ**ンション トウ
(忠告)	충고(忠告)(하다) チュンゴ(ハダ)	advice アド**ヴァ**イス
ちゅうおう **中央** chuuou	중앙* †チュンアン	center **セ**ンタ
ちゅうかい(する) **仲介(する)** chuukai (suru)	중개*(하다) †チュンゲ(ハダ)	mediation; medi-ate ミーディ**エ**イション, **ミー**ディエイト
〜者	중개자(仲介者) †チュンゲジャ	mediator **ミー**ディエイタ

日	韓	英
ちゅうがく **中学** chuugaku	**중학교**(中学校) †チュンハクキョ	junior high school **ヂュー**ニア **ハイ スクー**ル
〜生	**중학생**(中学生) †チュンハクセン	junior high school student **ヂュー**ニア **ハイ スクー**ル ス**テュー**デント
ちゅうかりょうり **中華料理** chuukaryouri	**중국요리**(中国料理) †チュングクヨリ	Chinese food **チャ**イニーズ **フー**ド
ちゅうかん **中間** chuukan	**중간**＊ †チュンガン	middle **ミ**ドル
ちゅうきゅう **中級** chuukyuu	**중급**＊ †チュングプ	intermediate インタ**ミー**ディエト
ちゅうけい(する) **中継(する)** chuukei (suru)	**중계**＊**(하다)** †チュンゲ(ハダ)	relay **リー**レイ
ちゅうこ **中古** chuuko	**중고**＊ †チュンゴ	used, secondhand **ユー**ズド, **セ**カンド**ハ**ンド
〜車	**중고차**(中古車) †チュンゴチャ	used car **ユー**ズド **カー**
ちゅうこく(する) **忠告(する)** chuukoku (suru)	**충고**＊**(하다)** チュンゴ(ハダ)	advice; advise アド**ヴァ**イス, アド**ヴァ**イズ
ちゅうごく **中国** chuugoku	**중국**＊ †チュングク	China **チャ**イナ
〜語	**중국어**(中国語) †チュングゴ	Chinese チャイ**ニー**ズ
ちゅうさい(する) **仲裁(する)** chuusai (suru)	**중재**＊**(하다)** †チュンジェ(ハダ)	arbitration; arbitrate アービト**レ**イション, **アー**ビトレイト
ちゅうざい(する) **駐在(する)** chuuzai (suru)	**주재**＊**(하다)** †チュジェ(ハダ)	residence; reside **レ**ズィデンス, リ**ザ**イド

日	韓	英
ちゅうし(する) **中止(する)** chuushi (suru)	**중지**＊**(하다)** †チュンジ(ハダ)	suspension; stop, suspend サスペンション, スタプ, サスペンド
ちゅうじえん **中耳炎** chuujien	**중이염**＊ †チュンイヨム	tympanitis ティンパ**ナ**イティス
ちゅうじつな **忠実な** chuujitsuna	**충실**＊**한** チュンシルハン	faithful **フェ**イスフル
ちゅうしゃ(する) **注射(する)** chuusha (suru)	**주사**＊**(하다)** †チュサ(ハダ)	injection, shot イン**ヂェ**クション, **シャ**ト
ちゅうしゃ(する) **駐車(する)** chuusha (suru)	**주차**＊**(하다)** †チュチャ(ハダ)	parking; park パーキング, パーク
〜禁止	**주차**＊**금지**(禁止) †チュチャ †クムジ	No Parking ノウ パーキング
〜場	**주차장**(駐車場) †チュチャ ジャン	parking lot パーキング **ラ**ト
ちゅうしゃく **注釈** chuushaku	**주석**(註[注]釋) †チュソク	notes, annotation ノウツ, アノ**テ**イション
ちゅうじゅん **中旬** chuujun	**중순**＊ †チュンスン	middle of a month ミドル オヴ ア **マ**ンス
ちゅうしょう **抽象** chuushou	**추상**＊ チュサン	abstraction アプスト**ラ**クション
〜画	**추상화**(抽象画) チュサンファ	abstract **ア**プストラクト
〜的な	**추상적**(抽象的)**인** チュサンジョギン	abstract **ア**プストラクト
ちゅうしょう(する) **中傷(する)** chuushou (suru)	**중상**＊**(하다)** †チュンサン(ハダ)	slander; speak ill of スランダ, スピーク **イ**ル オ ヴ

日	韓	英
ちゅうしょうきぎょう **中小企業** chuushoukigyou	중소기업* †チュンソギオプ	smaller enterprises スモーラ エンタプライゼズ
ちゅうしょく **昼食** chuushoku	점심(点心) (식사(食事)) †チョムシム (シクサ)	lunch ランチ
ちゅうしん **中心** chuushin	중심* †チュンシム	center, core センタ, コー
〜地	중심지(中心地) †チュンシムジ	center センタ
ちゅうせい **中世** chuusei	중세* †チュンセ	Middle Ages ミドル エイヂズ
ちゅうせいし **中性子** chuuseishi	중성자* †チュンソンジャ	neutron ニュートラン
ちゅうぜつ(する) **中絶(する)** chuuzetsu (suru)	중절*(하다) †チュンジョル(ハダ)	abortion; abort アボーション, アボート
ちゅうせん(する) **抽選(する)** chuusen (suru)	추첨(抽籤) (하다) チュチョム(ハダ)	lottery; lot ラタリ, ラト
ちゅうたい(する) **中退(する)** chuutai (suru)	중퇴*(하다) †チュントェ(ハダ)	dropout; drop out ドラパウト, ドラプ アウト
ちゅうだん(する) **中断(する)** chuudan (suru)	중단*(하다) †チュンダン(ハダ)	interruption; inter-rupt インタラプション, インタラプト
ちゅうちょ(する) **躊躇(する)** chuucho (suru)	주저*(하다) †チュジョ(ハダ)	hesitation; hesitate ヘズィテイション, ヘズィテイト
ちゅうと(で) **中途(で)** chuuto (de)	중도*에서, 도중(途中)에서 †チュンド(エソ), †トジュン(エソ)	halfway ハフウェイ
ちゅうとうきょういく **中等教育** chuutoukyouiku	중등 교육* †チュンドゥン †キョユク	secondary education セカンデリ エデュケイション

日	韓	英
ちゅうどく **中毒** chuudoku	중독* †チュンドク	poisoning ポイズニング
ちゅーにんぐ **チューニング** chuuningu	튜닝 テュニン	tuning テューニング
ちゅうねん **中年** chuunen	중년* †チュンニョン	middle age ミドル エイヂ
ちゅーぶ **チューブ** chuubu	튜브 テュプ	tube テューブ
ちゅうもく(する) **注目(する)** chuumoku (suru)	주목*(하다) †チュモク(ハダ)	notice, pay attention ノウティス, ペイ アテンション
～の的	주목*의 대상(対象) †チュモゲ †テサン	center of attention センタ オヴ アテンション
ちゅうもん(する) **注文(する)** chuumon (suru)	주문*(하다) †チュムン(ハダ)	order, request オーダ, リクウェスト
(料理の)	주문*(하다) †チュムン(ハダ)	order オーダ
ちゅうりつ **中立** chuuritsu	중립* †チュンニプ	neutrality ニュートラリティ
ちゅうりゅう **中流** chuuryuu	중류* †チュンニュ	midstream ミドストリーム
(階級)	중류* 계급(階級) †チュンニュ †ケグプ	middle class ミドル クラス
ちゅうわ(する) **中和(する)** chuuwa (suru)	중화*(되다) †チュンファ(ドェダ)	neutralization; neutralize ニュートラリゼイション, ニュートラライズ
ちょう **腸** chou	장* †チャン	intestine インテスティン

日	韓	英
ちょう 蝶 chou	나비 ナビ	butterfly バタフライ
ちょういん(する) 調印(する) chouin (suru)	조인＊(하다) †チョイン(ハダ)	signing; sign サイニング, サイン
ちょうえき 懲役 choueki	징역＊ †チンヨク	imprisonment インプリザンメント
ちょうえつ(する) 超越(する) chouetsu (suru)	초월＊(하다) チョウォル(ハダ)	transcendence; transcend トランセンデンス, トランセンド
ちょうおんぱ 超音波 chouonpa	초음파＊ チョウムパ	ultrasound アルトラサウンド
ちょうか(する) 超過(する) chouka (suru)	초과＊(하다) チョグヮ(ハダ)	excess; exceed イクセス, イクスィード
ちょうかく 聴覚 choukaku	청각＊ チョンガク	hearing ヒアリング
ちょうかん 朝刊 choukan	조간＊ †チョガン	morning paper モーニング ペイパ
ちょうかんず 鳥瞰図 choukanzu	조감도＊ †チョガムド	bird's-eye view バーヅァイ ヴュー
ちょうき 長期 chouki	장기＊ †チャンギ	long period ローング ピアリオド
ちょうきょり 長距離 choukyori	장거리＊ †チャンゴリ	long distance ローング ディスタンス
ちょうこう(する) 聴講(する) choukou (suru)	청강＊(하다) チョンガン(ハダ)	auditing; audit オーディティング, オーディト
～生	청강생(聴講生) チョンガンセン	auditor オーディタ

日	韓	英
ちょうごう(する) **調合(する)** chougou (suru)	**조제**(調劑)**(하다)，조합***(**하다**) †チョジェ(ハダ)，†チョハプ(ハダ)	mixing, mix ミクスィング，ミクス
ちょうこうそうびる **超高層ビル** choukousoubiru	**초고층*** **빌딩** チョゴチュン †ピルディン	skyscraper スカイスクレイパ
ちょうこく **彫刻** choukoku	**조각*** †チョガク	sculpture スカルプチャ
〜家	**조각가**(彫刻家) †チョガクカ	sculptor, carver スカルプタ，**カ**ーヴァ
ちょうさ(する) **調査(する)** chousa (suru)	**조사***(**하다**) †チョサ(ハダ)	examination; examine イグザミ**ネ**イション，イグ**ザ**ミン
ちょうし **調子** choushi	**가락，장단**(長短) †カラク，†チャンダン	tune **テュ**ーン
(具合)	**상태**(状態)**，컨디션** サンテ，コンディション	condition コン**ディ**ション
ちょうしゅ(する) **聴取(する)** choushu (suru)	**청취***(**하다**) チョンチュィ(ハダ)	hearing, audition **ヒ**アリング，オー**ディ**ション
ちょうしゅう **聴衆** choushuu	**청중*** チョンジュン	audience, listener **オ**ーディエンス，**リ**スナ
ちょうしょ **長所** chousho	**장점**(長点) †チャンッチョム	strong point, merit スト**ロ**ーング **ポ**イント，**メ**リト
ちょうじょ **長女** choujo	**장녀*** †チャンニョ	oldest daughter オ**ウ**ルデスト **ド**ータ
ちょうしょう(する) **嘲笑(する)** choushou (suru)	**조소***(**하다**) †チョソ(ハダ)	ridicule リ**ディ**キュール
ちょうじょう **頂上** choujou	**정상*** †チョンサン	summit **サ**ミト

日	韓	英
ちょうしょく **朝食** choushoku	**아침 (식사(食事))** アチム (シクサ)	breakfast ブレクファスト
ちょうじん **超人** choujin	**초인*** チョイン	superman スーパマン
ちょうせい(する) **調整(する)** chousei (suru)	**조정*(하다)** †チョジョン(ハダ)	regulation; regu-late レギュレイション, レギュレイト
ちょうせつ(する) **調節(する)** chousetsu (suru)	**조절*(하다)** †チョジョル(ハダ)	regulation, control レギュレイション, コントロウル
ちょうせん(する) **挑戦(する)** chousen (suru)	**도전*(하다)** †トジョン(ハダ)	challenge チャレンヂ
～者	**도전자(挑戦者)** †トジョンジャ	challenger チャレンヂャ
ちょうぞう **彫像** chouzou	**조상*** †チョサン	statue スタチュー
ちょうだいする **頂戴する** choudaisuru	**받다** †パッタ	receive, get リスィーヴ, ゲト
ちょうたつ(する) **調達(する)** choutatsu (suru)	**조달*(하다)** †チョダル(ハダ)	get, provide ゲト, プロヴァイド
ちょうつがい **蝶番** choutsugai	**경첩*** †キョンチョプ	hinge ヒンヂ
ちょうてい(する) **調停(する)** choutei (suru)	**조정*(하다)** †チョジョン(ハダ)	arbitration; arbi-trate アービトレイション, アービトレイト
ちょうてん **頂点** chouten	**정점***, **정상(頂上)** †チョンッチョム, †チョンサン	peak ピーク
ちょうど **丁度** choudo	**꼭**, **정확(正確)히** ッコク, †チョンファキ	just, exactly チャスト, イグザクトリ

ち

日	韓	英
ちょうなん **長男** chounan	**장남**＊ †チャンナム	oldest son **オ**ウルデスト **サ**ン
ちょうねくたい **蝶ネクタイ** chounekutai	**나비넥타이** ナビネクタイ	bow tie **ボ**ウ **タ**イ
ちょうのうりょく **超能力** chounouryoku	**초능력**＊ チョヌンニョク	extrasensory per- ception エクストラ**セ**ンソリ パ**セ**プ ション
ちょうふく(する) **重複(する)** choufuku (suru)	**중복**＊(**되다**) †チュンボク(ドェダ)	repetition; repeat レペ**ティ**ション, リ**ピ**ート
ちょうへい **徴兵** chouhei	**징병**＊ †チンビョン	conscription, draft コンスク**リ**プション, ド**ラ**フ ト
ちょうへん **長編** chouhen	**장편**＊ †チャンピョン	long piece **ロ**ーング **ピ**ース
〜**小説**	**장편**＊ **소설**(小説) †チャンピョン ソソル	long piece novel **ロ**ーング **ピ**ース **ナ**ヴェル
ちょうぼ **帳簿** choubo	**장부**＊ †チャンブ	account book ア**カ**ウント **ブ**ク
ちょうぼう **眺望** choubou	**조망**＊ †チョマン	view **ヴュ**ー
ちょうほうけい **長方形** chouhoukei	**직사각형**(直四角形) †チクサガキョン	rectangle レク**タ**ングル
ちょうほうな **重宝な** chouhouna	**편리**(便利)**한** ピョルリハン	convenience コン**ヴィ**ーニェンス
ちょうみりょう **調味料** choumiryou	**조미료**＊ †チョミリョ	seasoning **ス**ィーズニング
ちょうやく(する) **跳躍(する)** chouyaku (suru)	**도약**＊(**하다**) †トヤク(ハダ)	jump **チャ**ンプ

日	韓	英
ちょうり(する) **調理(する)** chouri (suru)	**조리**＊**(하다)** †チョリ(ハダ)	cooking; cook **ク**キング，**ク**ク
ちょうりつ(する) **調律(する)** chouritsu (suru)	**조율**＊**(하다)** †チョユル(ハダ)	tuning; tune **テュ**ーニング，**テュ**ーン
ちょうりゅう **潮流** chouryuu	**조류**＊ †チョリュ	current, tide **カ**ーレント，**タ**イド
ちょうりょく **聴力** chouryoku	**청력**＊ チョンニョク	hearing **ヒ**アリング
ちょうれい **朝礼** chourei	**조례**＊ †チョレ	morning gathering **モ**ーニング **ギャ**ザリング
ちょうわ(する) **調和(する)** chouwa (suru)	**조화**＊**(되다)** †チョファ(ドェダ)	harmony; harmonize **ハ**ーモニ，**ハ**ーモナイズ
ちょきん(する) **貯金(する)** chokin (suru)	**저금**＊**(하다)** †チョグム(ハダ)	savings; save **セ**イヴィングズ，**セ**イヴ
ちょくしん(する) **直進(する)** chokushin (suru)	**직진**＊**(하다)** †チクチン(ハダ)	go straight **ゴ**ウ スト**レ**イト
ちょくせつ **直接** chokusetsu	**직접**＊ †チクチョプ	directly ディ**レ**クトリ
～税	**직접세**(直接税) †チクチョプセ	direct tax ディ**レ**クト **タ**クス
ちょくせん **直線** chokusen	**직선**＊ †チクソン	straight line スト**レ**イト **ラ**イン
ちょくちょう **直腸** chokuchou	**직장**＊ †チクチャン	rectum **レ**クタム
ちょくつう(の) **直通(の)** chokutsuu (no)	**직통**＊**(의)** †チクトン(エ)	direct, nonstop ディ**レ**クト，**ナ**ンスタプ
ちょくばい **直売** chokubai	**직매**＊ †チンメ	direct sales ディ**レ**クト **セ**イルズ

日	韓	英
ちょくめん(する) **直面(する)** chokumen (suru)	직면*(하다) †チンミョン(ハダ)	face, confront フェイス, コンフラント
ちょくやく **直訳** chokuyaku	직역* †チギョク	literal translation リタラル トランスレイション
ちょくりつ(の) **直立(の)** chokuritsu (no)	직립*(의) †チンニプ(エ)	vertical, erect ヴァーティカル, イレクト
ちょくりゅう **直流** chokuryuu	직류* †チンニュ	direct current, DC ディレクト カーレント, ディースィー
ちょこれーと **チョコレート** chokoreeto	초콜릿 チョコルリッ	chocolate チョークレト
ちょさく(する) **著作(する)** chosaku (suru)	저작*(하다) †チョジャク(ハダ)	writing; write ライティング, ライト
～権	저작권(著作権) †チョジャククォン	copyright カピライト
ちょしゃ **著者** chosha	저자* †チョジャ	author, writer オーサ, ライタ
ちょぞう(する) **貯蔵(する)** chozou (suru)	저장*(하다) †チョジャン(ハダ)	storage; store ストーリヂ, ストー
ちょちく(する) **貯蓄(する)** chochiku (suru)	저축*(하다) †チョチュク(ハダ)	savings; save セイヴィングズ, セイヴ
ちょっかく **直角** chokkaku	직각* †チクカク	right angle ライト アングル
ちょっかん **直感** chokkan	직감* †チクカム	intuition インテューイション
ちょっけい **直径** chokkei	직경*, 지름 †チクキョン, †チルム	diameter ダイアメタ
ちょっこう(する) **直行(する)** chokkou (suru)	직행*(하다) †チケン(ハダ)	go direct ゴウ ディレクト

日	韓	英
ちょっと **ちょっと** (時間) chotto	잠시(暫時), 잠깐 †チャムシ, †チャムッカン	for a moment フォ ア モウメント
(少し)	조금 †チョグム	a little ア リトル
ちょめいな **著名な** chomeina	저명*한 †チョミョンハン	famous フェイマス
ちらかる **散らかる** chirakaru	어질러지다 オジルロジダ	(be) scattered (ビ) スキャタド
ちり **塵** chiri	먼지, 티끌 モンジ, ティックル	dust, dirt ダスト, ダート
ちり **地理** chiri	지리* †チリ	geography ヂアグラフィ
ちりょう **治療(する)** chiryou (suru)	치료*(하다) チリョ(ハダ)	medical treatment; treat メディカル トリートメント, トリート
ちる **散る** chiru	지다, 떨어지다 †チダ, ットロジダ	scatter, disperse スキャタ, ディスパース
(花が)	지다 †チダ	fall フォール
ちんあげ **賃上げ** chin-age	임금(賃金) 인상(引上) イムグム インサン	wage increase ウェイヂ インクリース
ちんか **沈下(する)** chinka (suru)	침하*(하다) チムハ(ハダ)	sink スィンク
ちんがり **賃借り(する)** chingari (suru)	임차*(하다) イムチャ(ハダ)	rent, lease レント, リース
ちんぎん **賃金** chingin	임금* イムグム	wages, pay ウェイヂェズ, ペイ

日	韓	英
ちんじゅつ(する) **陳述(する)** chinjutsu (suru)	진술*(하다) †チンスル(ハダ)	statement; state ステイトメント, ステイト
ちんじょう(する) **陳情(する)** chinjou (suru)	진정*(하다) †チンジョン(ハダ)	petition ペティション
ちんせいざい **鎮静剤** chinseizai	진정제* †チンジョンジェ	sedative セダティヴ
ちんたい **賃貸** chintai	임대* イムデ	rent レント
ちんたい(する) **沈滞(する)** chintai (suru)	침체*(되다) チムチェ(ドェダ)	inactivity; stagnate イナクティヴィティ, スタグ ネイト
ちんちゃくな **沈着な** chinchakuna	침착*한 チムチャカン	calm, composed カーム, コンポウズド
ちんつうざい **鎮痛剤** chintsuuzai	진통제* †チントンジェ	analgesic アナルチーズィク
ちんぱんじー **チンパンジー** chinpanjii	침팬지 チムペンジ	chimpanzee チンパンズィー
ちんぼつ(する) **沈没(する)** chinbotsu (suru)	침몰*(하다) チムモル(ハダ)	sinking; sink スィンキング, スィンク
ちんもく(する) **沈黙(する)** chinmoku (suru)	침묵*(하다) チムムク(ハダ)	silence; (be) silent サイレンス, (ビ) サイレント
ちんれつ(する) **陳列(する)** chinretsu (suru)	진열*(하다) †チニョル(ハダ)	display ディスプレイ

つ, ツ

日	韓	英
つあー **ツアー** tsuaa	투어 トゥオ	tour トゥア
つい **対** tsui	쌍(双) ッサン	pair, couple ペア, カプル

日	韓	英
ついか(する) **追加(する)** tsuika (suru)	**추가**＊**(하다)** チュガ(ハダ)	addition; add to アディション, アドトゥ
ついきゅう(する) **追及(する)** tsuikyuu (suru)	**추궁**(追窮)**(하다)** チュグン(ハダ)	questioning; cross-examine クウェスチョニング, クロー スイグザミン
ついきゅう(する) **追求(する)** tsuikyuu (suru)	**추구**＊**(하다)** チュグ(ハダ)	pursuit; pursue パスート, パスー
ついきゅう(する) **追究(する)** tsuikyuu (suru)	**추구**＊**(하다)** チュグ(ハダ)	investigation; in- vestigate インヴェスティゲイション, インヴェスティゲイト
ついしん **追伸** tsuishin	**추신**＊ チュシン	postscript ポウストスクリプト
ついせき(する) **追跡(する)** tsuiseki (suru)	**추적**＊**(하다)** チュジョク(ハダ)	pursuit, chase パスート, チェイス
ついたち **一日** tsuitachi	**초**(初)**하루** チョハル	the first ザ ファースト
ついている **ついている** tsuiteiru	**운**(運)**이 좋다** ウニ ↑チョタ	(be) lucky (ビ) ラキ
ついとう(する) **追悼(する)** tsuitou (suru)	**추도**＊**(하다)** チュド(ハダ)	mourning; mourn モーニング, モーン
ついとつする **追突する** tsuitotsusuru	**추돌**＊**하다** チュドルハダ	crash into the rear of クラシュ イントゥ ザ リア オヴ
ついに **遂に** tsuini	**마침내, 결국**(結局) マチムネ, ↑キョルグク	at last アト ラスト
ついほう(する) **追放(する)** tsuihou (suru)	**추방**＊**(하다)** チュバン(ハダ)	banishment; ban- ish バニシュメント, バニシュ
ついやす **費やす** tsuiyasu	**쓰다, 소비**(消費)**하다** ッスダ, ソビハダ	spend スペンド

日	韓	英
ついらく(する) **墜落(する)** tsuiraku (suru)	**추락***(**하다**) チュラク(ハダ)	fall, drop; crash **フォ**ール, ド**ラ**プ, ク**ラ**シュ
ついんるーむ **ツインルーム** tsuinruumu	**트윈 룸** トゥウィン ルム	twin room ト**ウィ**ン **ル**ーム
つう **通** tsuu	**통*** トン	authority オ**サ**リティ
つうか(する) **通過(する)** tsuuka (suru)	**통과***(**하다**) トングヮ(ハダ)	passing by; pass by パ**シ**ング **バ**イ, パス **バ**イ
つうがく(する) **通学(する)** tsuugaku (suru)	**통학***(**하다**) トンハク(ハダ)	go to school **ゴ**ウ トゥ ス**ク**ール
つうかん **通関** tsuukan	**통관*** トングヮン	customs clearance **カ**スタムズ ク**リ**アランス
つうきん(する) **通勤(する)** tsuukin (suru)	**통근***(**하다**) トングン(ハダ)	go to the office **ゴ**ウ トゥ ズィ **オ**ーフィス
つうこう(する) **通行(する)** tsuukou (suru)	**통행***(**하다**) トンヘン(ハダ)	traffic; pass ト**ラ**フィク, **パ**ス
〜人	**통행인**(通行人) トンヘンイン	passer-by パサ**バ**イ
つうじょう **通常** tsuujou	**통상***, **보통**(普通) トンサン, †ボトン	usually **ユ**ージュアリ
つうしん **通信** tsuushin	**통신*** トンシン	communication コミューニ**ケ**イション
〜社	**통신사**(通信社) トンシンサ	news agency **ニ**ューズ **エ**イヂェンスィ
つうち(する) **通知(する)** tsuuchi (suru)	**통지***(**하다**) トンジ(ハダ)	notice, informa- tion; inform ノ**ウ**ティス, インフォ**メ**イ ション, イン**フォ**ーム

日	韓	英
つうちょう **通帳** tsuuchou	**통장*** トンジャン	passbook パスブク
つうふう **痛風** tsuufuu	**통풍*** トンプン	gout ガウト
つうやく (する) **通訳(する)** tsuuyaku (suru)	**통역*** **(하다)** トンヨク(ハダ)	interpreter; inter-pret インターブリタ, インターブリト
つうようする **通用する** tsuuyousuru	**통용*****되다** トンヨンドェダ	pass for, (be) in use パス フォ, (ビ) イン ユース
つうれつな **痛烈な** tsuuretsuna	**통렬*****한** トンニョルハン	severe, bitter スィヴィア, ビタ
つうろ **通路** tsuuro	**통로*** トンノ	passage, path パスィヂ, パス
～側の席	**통로측**(通路側) **좌석**(座席) トンロチュク †チュワソク	aisle seat アイル スィート
つえ **杖** tsue	**지팡이** †チパンイ	stick, cane スティク, ケイン
つかい **使い** tsukai	**심부름, 심부름꾼** シムブルム, シムブルムックン	errand, messenger エランド, メセンヂャ
つかいかた **使い方** tsukaikata	**사용법**(使用法) サヨンッポブ	how to use ハウ トゥ ユーズ
つかいこなす **使いこなす** tsukaikonasu	**능숙**(能熟)**하게 사용**(使用)**하다** ヌンスカゲ サヨンハダ	have a good com-mand ハヴ ア グド カマンド
つかう **使う** tsukau	**쓰다, 사용**(使用)**하다** ッスダ, サヨンハダ	use ユーズ
(費やす)	**소비**(消費)**하다** ソビハダ	spend スペンド

日	韓	英
つかえる **仕える** tsukaeru	시중들다, 섬기다 シジュンドゥルダ, ソムギダ	serve サーヴ
つかのま **束の間** tsukanoma	잠깐 동안 †チャムッカン †トンアン	for a moment フォア **モ**ウメント
つかまえる **捕まえる** tsukamaeru	잡다, 붙잡다 †チャプタ, †プッチャプタ	catch **キャ**チ
つかまる **捕まる** tsukamaru	붙잡히다 †プッチャピダ	(be) caught (ビ) **コ**ート
つかまる　　（すがる） **掴まる** tsukamaru	매달리다 メダルリダ	grasp, hold on to グ**ラ**スプ, **ホ**ウルド オン トゥ
つかむ **掴む** tsukamu	붙잡다, 움켜잡다 †プッチャプタ, ウムキョジャプタ	seize, catch ス**イ**ーズ, **キャ**チ
つかる **浸かる** tsukaru	잠기다 †チャムギダ	(be) soaked (ビ) **ソ**ウクト
つかれ **疲れ** tsukare	피로(疲困), 피곤 ピロ, ピゴン	fatigue ファ**ティ**ーグ
つかれる **疲れる** tsukareru	지치다, 피곤(疲困)하다 †チチダ, ピゴンハダ	(be) tired (ビ) **タ**イアド
つき **月** tsuki	달 †タル	moon **ム**ーン
（暦の） 	달, 월* †タル, ウォル	month **マ**ンス
つぎ **次** tsugi	다음 †タウム	next one **ネ**クスト **ワ**ン
つきあい **付き合い** tsukiai	교제(交際), 사귐 †キョジェ, サグィム	association アソウスィ**エ**イション
つきあう **付き合う** tsukiau	교제(交際)하다, 사귀다 †キョジェハダ, サグィダ	keep company with **キ**ープ **カ**ンパニ ウィズ

日	韓	英
（男女が）	교제(交際)하다, 사귀다 †キョジェハダ, サグィダ	go together ゴウトゲザ
つきあたる **突き当たる** tsukiataru	막다른 곳에 이르다 マクタルン †コセ イルダ	run against ラン アゲンスト
つきぎめの **月極めの** tsukigimeno	월(月) 얼마로 정(定)한 ウォル オルマロ †チョンハン	monthly マンスリ
つきさす **突き刺す** tsukisasu	폭 찌르다 プクッチルダ	thrust, pierce スラスト, ピアス
つきそい **付き添い** tsukisoi	시중 드는 사람 シジュン †トゥヌン サラム	attendant, escort アテンダント, エスコート
つきそう **付き添う** tsukisou	시중들다 シジュンドゥルダ	attend on, accompany アテンド オン, アカンパニ
つきだす **突き出す** tsukidasu	떠밀어 내다, 쑥 내밀다 ットミロ ネダ, ッスク ネミルダ	thrust out スラスト アウト
つぎたす **継ぎ足す** tsugitasu	보태다, 잇다 †ポテダ, イッタ	add to アドトゥ
つきづき **月々** tsukizuki	매(毎)달, 다달이 メダル, †タダリ	every month エヴリ マンス
つぎつぎ **次々** tsugitsugi	잇달아, 계속(継続)하여 イッタラ, †ケソカヨ	one after another ワン アフタ アナザ
つきでる **突き出る** tsukideru	돌출(突出)하다 †トルチュルハダ	stick out, project スティク アウト, プロチェクト
つきとめる **突き止める** tsukitomeru	밝혀 내다, 알아 내다 †パルキョ ネダ, アラ ネダ	find out, trace ファインド アウト, トレイス
つきなみな **月並みな** tsukinamina	평범(平凡)한, 진부(陳腐)한 ピョンボムハン, †チンプハン	common カモン
つぎに **次に** tsugini	다음에 †タウメ	next, secondly ネクスト, セカンドリ

日	韓	英
つきひ **月日** tsukihi	세월(歲月) セウォル	days, time デイズ, **タ**イム
つきまとう **付き纏う** tsukimatou	따라다니다, 붙어 다니다 ッタラダニダ, †プト †タニダ	follow about **ファ**ロウ アバウト
つぎめ **継ぎ目** tsugime	이음매 イウムメ	joint, juncture **チョ**イント, **チャ**ンクチャ
つきる **尽きる** tsukiru	다하다, 끝나다 †タハダ, ックンナダ	(be) exhausted (ビ) イグ**ゾー**ステド
つく **付く** tsuku	붙다, 묻다 †プッタ, ムッタ	stick to ス**ティ**ク トゥ
つく **突く** tsuku	찌르다, 떠밀다 ッチルダ, ットミルダ	thrust, pierce ス**ラ**スト, **ピ**アス
つく **着く** tsuku	도착(到着)하다 †トチャカダ	arrive at ア**ラ**イヴ アト
つく **就く** tsuku	들다, 취임(就任)하다 †トゥルダ, チュイイムハダ	get a job **ゲ**ト ア **チャ**ブ
つぐ **継ぐ** tsugu	잇다, 계승(繼承)하다 イッタ, †ケスンハダ	succeed, inherit サク**スィー**ド, イン**ヘ**リト
つくえ **机** tsukue	책상(冊床) チェクサン	desk, bureau **デ**スク, **ピュ**アロウ
つくす **尽くす** (尽力) tsukusu	진력(尽力)하다 †チルリョカダ	endeavor イン**デ**ヴァ
つぐなう **償う** tsugunau	갚다, 보상(報償)하다 †カプタ, †ポサンハダ	compensate for **カ**ンペンセイト フォ
つくりかた **作り方** tsukurikata	만드는 법(法) マンドゥヌン †ポプ	how to make **ハ**ウ トゥ **メ**イク
つくりだす **作り出す** tsukuridasu	만들어 내다, 생산(生産)하 다 マンドゥロ ネダ, センサンハダ	create クリ**エ**イト

日	韓	英
（生産）	생산(生産)하다 センサンハダ	produce プロデュース
つくりばなし **作り話** tsukuribanashi	지어낸 이야기 †チオネン イヤギ	made-up story メイダプ ストーリ
つくる **作る** tsukuru	만들다, 짓다 マンドゥルダ, †チッタ	make メイク
つくろう **繕う** tsukurou	고치다, 수선(修繕)하다 †コチダ, スソンハダ	repair, mend リペア, メンド
つけあわせ **付け合わせ** tsukeawase	곁들임, 고 †キョットゥリム, †コミェン	garnish ガーニシュ
つけくわえる **付け加える** tsukekuwaeru	덧붙이다, 부가(附加)하다 †トップチダ, †プガハダ	add アド
つけもの **漬物** tsukemono	야채(野菜) 절임 ヤチェ †チョリム	pickles ピクルズ
つける **付ける** tsukeru	붙이다, 달다 †プチダ, †タルダ	put, attach プト, アタチ
つける **着ける** tsukeru	대다, 걸치다, 입다 †テダ, †コルチダ, イプタ	put on, wear プト オン, ウェア
つける **点ける** tsukeru	켜다, 점화(点火)하다 キョダ, †チョムファハダ	light, set fire ライト, セト ファイア
つげる **告げる** tsugeru	고(告)하다, 알리다 †コハダ, アルリダ	tell, inform テル, インフォーム
つごう **都合** tsugou	사정(事情), 형편(形便) サジョン, ヒョンピョン	convenience コンヴィーニェンス
～のよい	형편(形便)이 좋은 ヒョンピョニ †チョウン	convenient コンヴィーニェント
つじつま **辻褄** tsujitsuma	조리(条理), 사리(事理) †チョリ, サリ	logic ラヂク

日	韓	英
～が合う	**앞뒤가 맞다** アプトゥィガ マッタ	(be) consistent with (ビ) コンス**ィ**ステント ウィズ
つたえる **伝える** tsutaeru	**전(伝)하다** †チョンハダ	tell, report **テ**ル, リ**ポ**ート
(伝承)	**전(伝)하다, 전파(伝播)하다** †チョンハダ, †チョンパハダ	hand down to ハンド **ダ**ウン トゥ
(伝授)	**전수(伝授)하다, 가르치다** †チョンスハダ, †カルチダ	teach, initiate **テ**ィーチ, イ**ニ**シエイト
(熱や光を)	**전(伝)하다** †チョンハダ	transmit トランス**ミ**ト
つたわる **伝わる** tsutawaru	**전(伝)해 내려오다, 전(伝)해 지다** †チョンヘ ネリョオダ, †チョンヘジダ	(be) conveyed (ビ) コン**ヴェ**イド
つち **土** tsuchi	**흙, 땅** フク, ッタン	earth, soil **ア**ース, **ソ**イル
つちかう **培う** tsuchikau	**기르다, 가꾸다** †キルダ, †カックダ	cultivate **カ**ルティヴェイト
つつ **筒** tsutsu	**통*** トン	pipe, tube **パ**イプ, **テュ**ーブ
つづき **続き** tsuzuki	**계속(継続)** †ケソク	sequel ス**ィ**ークウェル
つつく **突付く** tsutsuku	**쿡쿡 찌르다** ククク ッチルダ	poke at **ポ**ウク アト
つづく **続く** tsuzuku	**계속(継続)되다, 이어지다** †ケソクトェダ, イオジダ	continue, last コン**テ**ィニュー, **ラ**スト
(後に)	**뒤를 따르다, 계속(継続)되다** ティルル タルダ, †ケソクトェダ	follow, succeed to **ファ**ロウ, サク**スィ**ード トゥ
つづける **続ける** tsuzukeru	**계속(継続)하다** †ケソカダ	continue カン**テ**ィニュー

日	韓	英
つっこむ **突っ込む** tsukkomu	돌입(突入)하다, 처넣다 †トリパダ, チョノタ	thrust into スラスト イントゥ
つつじ **躑躅** tsutsuji	철쭉 チョルッチュク	azalea アゼイリャ
つつしむ **慎む** tsutsushimu	삼가다 サムガダ	refrain from リフレイン フラム
つつましい **慎ましい** tsutsumashii	조심성(操心性)이 있다 †チョシムッソンイ イッタ	modest, humble マデスト, ハンブル
つつみ **包み** tsutsumi	꾸러미, 보따리 ックロミ, †ポッタリ	package, parcel パキヂ, パースル
つつむ **包む** tsutsumu	싸다, 감추다 ッサダ, †カムチュダ	wrap, envelop in ラプ, インヴェロプ イン
つづり **綴り** tsuzuri	철자(綴字) チョルッチャ	spelling スペリング
(書類の)	철(綴), 파일 チョル, パイル	file ファイル
つづる **綴る** tsuzuru	철(綴)하다 チョルハダ	bind, file バインド, ファイル
つどい **集い** tsudoi	모임, 회합(会合) モイム, フェハプ	gathering ギャザリング
つとめ **勤め** tsutome	근무(勤務) †クンム	business, work ビズネス, ワーク
つとめ **務め** tsutome	임무(任務), 의무(義務) イムム, ウィム	duty, service デューティ, サーヴィス
つとめる **勤める** tsutomeru	근무(勤務)하다, 종사(従事) 하다 †クンムハダ, †チョンサハダ	work ワーク
つとめる **務める** tsutomeru	역할(役割)을 다하다, 맡다 ヨカルル †タハダ, マッタ	serve サーヴ

日	韓	英
つとめる **努める** tsutomeru	힘쓰다, 애쓰다 ヒムッスダ, エッスダ	try to トライ トゥ
つな **綱** tsuna	줄, 밧줄 †チュル, †パッチュル	rope ロウプ
つながる **繋がる** tsunagaru	이어지다, 관계(関係)가 있 다 イオジダ, †クヮンゲガ イッタ	(be) connected with (ビ) コネクテド ウィズ
つなぐ **繋ぐ** tsunagu	연결(連結)하다, 잇다 ヨンギョルハダ, イッタ	tie, connect タイ, コネクト
つなみ **津波** tsunami	쓰나미 ッツナミ	*tsunami* ツナーミ
つねに **常に** tsuneni	언제나, 늘 オンジェナ, ヌル	always, usually オールウェイズ, ユージュア リ
つねる **抓る** tsuneru	꼬집다 ッコジプタ	pinch, nip ピンチ, ニプ
つの **角** tsuno	뿔 ップル	horn ホーン
つのる **募る** tsunoru	심(甚)해지다, 격화(激化)되 다 シムヘジダ, †キョクヮドェダ	gather, collect ギャザ, コレクト
つば **唾** tsuba	침 チム	spittle, saliva スピトル, サライヴァ
つばき **椿** tsubaki	동백(冬柏), 동백(冬柏)나무 †トンベク, †トンベンナム	camellia カミーリア
つばさ **翼** tsubasa	날개 ナルゲ	wing ウィング
つばめ **燕** tsubame	제비 †チェビ	swallow スワロウ
つぶ **粒** tsubu	입자(粒子), 낱알 イプチャ, ナダル	grain, drop グレイン, ドラプ

日	韓	英
つぶす **潰す** tsubusu	부수다, 찌그러뜨리다 †プスダ, ッチグロットゥリダ	break, crush ブレイク, ク**ラ**シュ
(暇・時間を)	때우다 テ**ウ**ダ	waste, kill **ウェ**イスト, **キ**ル
つぶやく **呟く** tsubuyaku	중얼거리다, 투덜대다 †チュンオルゴリダ, トゥ**ド**ルデダ	murmur **マ**ーマ
つぶれる **潰れる** tsubureru	찌부러지다, 망(亡)하다 ッチプロジダ, **マ**ンハダ	break, (be) crushed ブレイク, (ビ) ク**ラ**シュト
(破産する)	망(亡)하다 **マ**ンハダ	go bankrupt **ゴ**ウ バン**ク**ラプト
つぼみ **蕾** tsubomi	꽃봉오리 ッコッ**ポ**ンオリ	bud **バ**ド
つま **妻** tsuma	처*, 아내 **チョ**, ア**ネ**	wife **ワ**イフ
つまさき **爪先** tsumasaki	발끝 †パル**ック**	tiptoe **ティ**プトウ
つまずく **躓く** tsumazuku	발이 걸려 넘어지다 †パリ †コルリョ ノ**モ**ジダ	stumble ス**タ**ンブル
(失敗)	실패(失敗)하다 シル**ペ**ハダ	fail **フェ**イル
つまみ **摘まみ** tsumami	손잡이 ソン**ジャ**ビ	knob **ナ**ブ
(一つまみ)	한 자밤 ハン †チャ**バ**ム	a pinch ア **ピ**ンチ
(酒の)	안주(按酒) ア**ン**ジュ	relish **レ**リシュ
つまむ **摘まむ** tsumamu	쥐다, 집다 †チュィダ, †チ**プ**タ	pick, pinch **ピ**ク, **ピ**ンチ

日	韓	英
つまらない **つまらない** tsumaranai	시시하다, 재미가 없다 シシハダ, †チェミガ オプタ	worthless, trivial ワースレス, トリヴィアル
つまり **つまり** tsumari	결국(結局) †キョルグク	after all, in short アフタ **オール**, イン **ショー** ト
つまる **詰まる** tsumaru	막히다, 궁(窮)해지다 マキダ, †クンヘジダ	(be) stuffed (ビ) ス**タ**フト
(充満)	가득 차다 †カドゥク チャダ	(be) packed (ビ) **パ**クト
つみ **罪** tsumi	죄*, 범죄(犯罪) †チュェ, †ポムジュェ	crime, sin ク**ラ**イム, ス**ィ**ン
つみかさねる **積み重ねる** tsumikasaneru	쌓아 올리다 ッサア オルリダ	pile up **パ**イル **ア**プ
つみき **積み木** tsumiki	집짓기 놀이 †チプチッキ ノリ	block, brick ブ**ラ**ク, ブ**リ**ク
つみこむ **積み込む** tsumikomu	싣다 シッタ	load **ロ**ウド
つみだす **積み出す** tsumidasu	실어 내다 シロ ネダ	send, forward **セ**ンド, **フォ**ーワド
つみたてる **積み立てる** tsumitateru	적립(積立)하다 †チョンニパダ	deposit ディ**パ**ズィト
つむ **積む** tsumu	쌓다, 싣다 ッサタ, シッタ	pile, lay **パ**イル, **レ**イ
(積載)	적재(積載)하다 †チョクチェハダ	load **ロ**ウド
つむ **摘む** tsumu	따다, 뜯다 ッタダ, ットゥッタ	pick, pluck **ピ**ク, ブ**ラ**ク
つめ **爪** tsume	손톱, 발톱 ソントプ, †パルトプ	nail, claw **ネ**イル, ク**ロ**ー

日	韓	英
～切り	**손톱깎이** ソントプカッキ	nail clipper ネイル クリパ
つめあわせ **詰め合わせ** tsumeawase	**종합**(綜合) **세트** †チョンハプ セットゥ	assortment アソートメント
つめこむ **詰め込む** tsumekomu	**밀어 넣다, 주입**(注入)**하다** ミロ ノタ, †チュイパダ	cram, pack with クラム, パク ウィズ
つめたい **冷たい** tsumetai	**차다, 냉담**(冷淡)**하다** チャダ, ネンダムハダ	cold, chilly コウルド, チリ
つめる **詰める** tsumeru	**채우다, 처넣다** チェウダ, チョノタ	stuff, fill スタフ, フィル
(席を)	**(자리를) 채우다** (†チャリルル) チェウダ	move over ムーヴ オウヴァ
つもり **積もり** tsumori	**작정**(作定)**, 의도**(意図) †チャクチョン, ウィド	intention インテンション
つもる **積もる** tsumoru	**쌓이다** ッサイダ	accumulate アキューミュレイト
つや **艶** tsuya	**윤기**(潤気)**, 광택**(光沢) ユンッキ, †クヮンテク	gloss, luster グロス, ラスタ
つゆ **梅雨** tsuyu	**장마** †チャンマ	rainy season レイニ スィーズン
つゆ **露** tsuyu	**이슬** イスル	dew, dewdrop デュー, デュードラプ
つよい **強い** tsuyoi	**강**(強)**하다, 세다, 튼튼하다** †カンハダ, セダ, トゥントゥンハダ	strong, powerful ストロング, パウアフル
つよき **強気** tsuyoki	**기승**(気勝) †キスン	strong, aggressive ストロング, アグレスィヴ
つよさ **強さ** tsuyosa	**세기, 강**(強)**함** セギ, †カンハム	strength ストレングス

日	韓	英
つよび **強火** tsuyobi	화력(火力)이 센 불 ファリョギ セン †プル	high flame ハイ フレイム
つよまる **強まる** tsuyomaru	강(強)해지다 †カンヘジダ	(become) strong (ビカム) ストローング
つよみ **強み** tsuyomi	강점 カンジョム	strong point ストローング ポイント
つらい **辛い** tsurai	고통(苦痛)스럽다, 괴롭다 †コトンスロプタ, †クェロプタ	hard, painful ハード, ペインフル
つらなる **連なる** tsuranaru	잇닿다, 연속(連続)해 있다 イッタタ, ヨンソケ イッタ	stretch, run ストレチ, ラン
つらぬく **貫く** tsuranuku	관철(貫徹)하다, 관통(貫通) 하다 †クヮンチョルハダ, †クヮントンハダ	pierce, penetrate ピアス, ペネトレイト
（初志を）	일관(一貫)하다 イルグヮンハダ	accomplish アカンプリシュ
つらら **氷柱** tsurara	고드름 †コドゥルム	icicle アイスィクル
つり **釣り** tsuri	낚시, 낚시질 ナクシ, ナクシジル	fishing フィシング
つりあい **釣り合い** tsuriai	조화(調和), 균형(均衡) †チョファ, †キュンヒョン	balance バランス
～を取る	균형(均衡)을 잡다 †キュンヒョンウル †チャプタ	balance, harmo- nize バランス, ハーモナイズ
つりあう **釣り合う** tsuriau	균형(均衡)을 이루다, 어울 리다 キュンヒョンウル イルダ, オウルリダ	balance, match バランス, マチ
つりせん **釣り銭** tsurisen	거스름돈, 잔(残)돈 †コスルムットン, †チャンドン	change チェインヂ
つりばし **吊り橋** tsuribashi	현수교(懸垂橋) ヒョンスギョ	suspension bridge サスペンション ブリヂ

日	韓	英
つる **釣る** （魚を） tsuru	**낚다** ナクタ	fish **フィ**シュ
（誘惑する）	**꾀다, 유혹**（誘惑）**하다** ックェダ, ユホカダ	entice インタイス
つる **鶴** tsuru	**학**＊ ハク	crane ク**レ**イン
つるす **吊るす** tsurusu	**매달다** メダルダ	hang, suspend ハング, サス**ペ**ンド
つれ **連れ** tsure	**동행**（同行）**, 동반자**（同伴者） †トンヘン, †トンバンジャ	companion コン**パ**ニョン
つれていく **連れていく** tsureteiku	**데리고 가다, 데려가다** †テリゴ †カダ, †テリョガダ	take **テ**イク

て, テ

日	韓	英
て **手** te	**손, 팔** ソン, パル	hand, arm **ハ**ンド, **ア**ーム
（手段・方法）	**수단**（手段）**, 방법**（方法） スダン, †パンボプ	way, means **ウェ**イ, **ミ**ーンズ
であう **出会う** deau	**우연**（偶然）**히 만나다, 마주 치다** ウヨンヒ マンナダ, マジュチダ	meet, come across **ミ**ート, **カ**ム アク**ロ**ス
てあつい **手厚い** teatsui	**융숭**（隆崇）**하다, 극진**（極尽） **하다** ユンスンハダ, †ククチンハダ	cordial, warm **コ**ーデャル, **ウォ**ーム
てあて **手当て** teate	**치료**（治療）**, 처치**（処置） チリョ, チョチ	medical treatment **メ**ディカル ト**リ**ートメント
（給与）	**수당**（手当） スダン	allowance ア**ラ**ウアンス
ていあん（する） **提案（する）** teian (suru)	**제안**＊**（하다）** †チェアン（ハダ）	proposal; propose プロ**ポ**ウザル, プロ**ポ**ウズ

日	韓	英
てぃーかっぷ **ティーカップ** tiikappu	**찻잔**(盞), **티컵** チャッチャン, ティコプ	teacup **ティーカプ**
Tしゃつ **Tシャツ** Tshatsu	**티셔츠** ティショチュ	T-shirt **ティーシャート**
てぃーばっぐ **ティーバッグ** tiibaggu	**티백** ティベク	teabag **ティーバグ**
でぃーぶいでぃー(DVD) **ディーブイディー (DVD)** diibuidii (DVD)	**디브이디** †ティブイデイ	digital versatile disk **ディヂトル ヴァーサタイル ディスク**
ていいん **定員** teiin	**정원*** †チョンウォン	capacity カ**パ**スィティ
てぃーんえーじゃー **ティーンエージャー** tiin-eejaa	**틴 에이저** ティン エイジョ	teenager **ティーネイヂャ**
ていえん **庭園** teien	**정원*** †チョンウォン	garden **ガ**ードン
ていか **定価** teika	**정가*** †チョンッカ	fixed price **フィ**クスト プ**ラ**イス
ていぎ(する) **定義(する)** teigi (suru)	**정의***(하다) †チョンイ (ハダ)	definition; define デフィ**ニ**ション, デ**ファ**イン
ていきあつ **低気圧** teikiatsu	**저기압*** †チョギアプ	low pressure, depression **ロ**ウ プ**レ**シャ, ディプ**レ**ショ ン
ていきけん **定期券** teikiken	**정기권*** †チョンギックォン	commuter pass コ**ミュ**ータ パス
ていきてきな **定期的な** teikitekina	**정기적**(定期的)**인** †チョンギジョギン	regular, periodic **レ**ギュラ, ピア**ラ**ディク
ていきゅうな **低級な** teikyuuna	**저급*****한** †チョグパン	inferior, low イン**フィ**アリア, **ロ**ウ

日	韓	英
ていきゅうび **定休日** teikyuubi	정기(定期) 휴일(休日) †チョンギ ヒュイル	regular holiday レギュラ ハリデイ
ていきょう(する) **提供(する)** teikyou (suru)	제공*(하다) †チェゴン(ハダ)	supply, offer サプライ, オファ
ていくあうと **テイクアウト** teikuauto	테이크아웃, 포장(包装) テイクアウッ, ポジャン	takeout テイカウト
ていけい(する) **提携(する)** teikei (suru)	제휴*(하다) †チェヒュ(ハダ)	cooperation, tie-up コウアペレイション, タイアプ
ていけつあつ **低血圧** teiketsuatsu	저혈압* †チョヒョラプ	low blood pressure ロウ ブラド プレシャ
ていこう(する) **抵抗(する)** teikou (suru)	저항*(하다) †チョハン(ハダ)	resistance; resist リズィスタンス, リズィスト
ていこく **定刻** teikoku	정각* †チョンガク	regular time レギュラ タイム
ていさい **体裁** teisai	체재*, 겉모양(模様) チェジェ, †コンモヤン	appearance アピアランス
ていさつ(する) **偵察(する)** teisatsu (suru)	정찰*(하다) †チョンチャル(ハダ)	reconnaissance; reconnoiter リカナザンス, リーコノイタ
ていし(する) **停止(する)** teishi (suru)	정지*(하다) †チョンジ(ハダ)	stop, suspension スタプ, サスペンション
ていじ **定時** teiji	정시* †チョンシ	fixed time フィクスト タイム
ていしゃ(する) **停車(する)** teisha (suru)	정차*(하다) †チョンチャ(ハダ)	stop スタプ
ていじゅう(する) **定住(する)** teijuu (suru)	정주*(하다) †チョンジュ(ハダ)	settlement; settle セトルメント, セトル

日	韓	英
ていしゅつ(する) **提出(する)** teishutsu (suru)	**제출***(**하다**) †チェチュル(ハダ)	presentation; present プリゼンテイション, プリゼント
ていしょう(する) **提唱(する)** teishou (suru)	**제창***(**하다**) †チェチャン(ハダ)	propose, advocate プロポウズ, アドヴォケイト
ていしょく **定食** teishoku	**정식*** †チョンシク	set meal セト ミール
ていすう **定数** teisuu	**정수*** †チョンス	fixed number フィクスト ナンバ
でぃすかうんと **ディスカウント** disukaunto	**디스카운트, 할인**(割引) †ティスカウントゥ, ハリン	discount ディスカウント
ていする **呈する** teisuru	**증정**(贈呈)**하다, 드러내다, 보여 주다** †チュンジョンハダ, †トゥロネダ, †ポヨ ジュダ	offer, show オファ, ショウ
ていせい(する) **訂正(する)** teisei (suru)	**정정***(**하다**) †チョンジョン(ハダ)	correction; correct コレクション, コレクト
ていせつ **定説** teisetsu	**정설*** †チョンソル	established theory イスタブリシュト スィオリ
ていぞくな **低俗な** teizokuna	**저속*****한** †チョソカン	vulgar, lowbrow ヴァルガ, ロウブラウ
ていそする **提訴する** teisosuru	**제소*****하다** †チェソハダ	file a suit ファイル ア スート
ていたい(する) **停滞(する)** teitai (suru)	**정체***(**되다**) †チョンチェ(ドェダ)	slump; stagnate スランプ, スタグネイト
ていたく **邸宅** teitaku	**저택*** †チョテク	residence レズィデンス
ていちゃく(する) **定着(する)** teichaku (suru)	**정착***(**하다**) †チョンチャク(ハダ)	fixing; fix フィクスィング, フィクス

日	韓	英
ていちょう(な) **丁重(な)** teichou (na)	**정중(鄭重)(한)** †チョンジュン(ハン)	polite, courteous ポライト, カーティアス
ていちょう(な) **低調(な)** teichou (na)	**저조***(한) †チョジョ(ハン)	inactive, dull イナクティヴ, ダル
ていっしゅ **ティッシュ** tisshu	**티슈** ティシュ	tissue ティシュー
ていでん **停電** teiden	**정전*** †チョンジョン	power failure パウア フェイリャ
ていど **程度** teido	**정도*** †チョンド	degree, grade ディグリー, グレイド
ていとう **抵当** teitou	**저당*** †チョダン	mortgage モーギヂ
〜に入れる	**저당*** **잡히다** †チョダン †チャピダ	mortgage モーギヂ
ていねい **丁寧** teinei		
〜な	**공손(恭遜)한, 정중(鄭重)한** †コンソンハン, †チョンジュンハン	polite, courteous ポライト, カーティアス
〜に	**정중(鄭重)하게, 공손(恭遜)하게** †チョンジュンハゲ, †コンソンハゲ	politely, courteously ポライトリ, カーティアスリ
ていねん **定年** teinen	**정년(停年)** †チョンニョン	retirement age リタイアメント エイヂ
ていはくする **停泊する** teihakusuru	**정박(碇[淳]泊)하다** †チョンパカダ	anchor アンカ
ていぼう **堤防** teibou	**제방*** †チェバン	bank, embankment バンク, インバンクメント
ていり **定理** teiri	**정리*** †チョンニ	theorem スィーオレム

日	韓	英
ていりゅうじょ **停留所** teiryuujo	**정류장**(停留場) †チョンニュジャン	stop スタプ
でぃれくたー **ディレクター** direkutaa	**디렉터** †ティレクト	director ディレクタ
ていれする **手入れする** teiresuru	**손질하다, 고치다** ソンジルハダ, †コチダ	maintain メインテイン
でーた **データ** deeta	**데이터** †テイト	data デイタ
〜ベース	**데이터베이스** †テイトベイス	data base デイタ ベイス
でーと(する) **デート(する)** deeto (suru)	**데이트**(하다) †テイトゥ(ハダ)	date; date with デイト, デイト ウィズ
てーぷ **テープ** teepu	**테이프** テイプ	tape テイプ
(磁気テープ)	**자기**(磁気) **테이프** †チャキ テイプ	tape テイプ
てーぶる **テーブル** teeburu	**테이블, 탁자**(卓子) テイブル, タクチャ	table テイブル
てーま **テーマ** teema	**테마, 주제**(主題) テマ, †チュジェ	theme, subject スィーム, サブチェクト
ておくれ **手遅れになる** teokure	**때를 놓치다** ッテルル ノチダ	(be) too late (ビ) トゥー レイト
てがかり **手掛かり** tegakari	**실마리, 단서**(端緒) シルマリ, †タンソ	clue, key クルー, キー
てがきの **手書きの** tegakino	**손으로 쓴** ソヌロ ッスン	handwritten ハンドリトン
でかける **出掛ける** dekakeru	**외출**(外出)**하다** ウェチュルハダ	go out ゴウ アウト

日	韓	英
てがた **手形** tegata	**어음** オウム	note, bill ノウト, ビル
（手の形）	**손도장**(図章) ソンドジャン	handprint ハンドプリント
てがみ **手紙** tegami	**편지**(便紙) ピョンジ	letter レタ
てがら **手柄** tegara	**공적**(功績), **공훈**(功勲) †コンジョク, †コンフン	exploit イクスプロイト
てがるな **手軽な** tegaruna	**손쉬운, 간편**(簡便)**한** ソンシュィウン, †カンピョンハン	easy, handy **イー**ズィ, **ハ**ンディ
てき **敵** teki	**적**＊ †チョク	enemy, opponent **エ**ネミ, オ**ポ**ウネント
できあがる **出来上がる** dekiagaru	**완성**(完成)**되다, 만들어지다** ワンソンドェダ, マンドゥロジダ	(be) completed (ビ) コンプ**リ**ーテド
てきい **敵意** tekii	**적의**＊ †チョギ	hostility ハス**ティ**リティ
てきおう（する） **適応（する）** tekiou (suru)	**적응**＊**（하다）** †チョグン(ハダ)	adjustment; adjust ア**ヂャ**ストメント, ア**ヂャ**スト
てきかくな **的確な** tekikakuna	**적확**＊**한** †チョクゥカン	precise, exact プリ**サ**イス, イグ**ザ**クト
てきごう（する） **適合（する）** tekigou (suru)	**적합**＊**（하다）** †チョカプ(ハダ)	fitness; conform to **フィ**トネス, コン**フォ**ーム トゥ
できごと **出来事** dekigoto	**사건**(事件), **일** サッコン, イル	event, incident イ**ヴェ**ント, **イ**ンスィデント
てきし（する） **敵視（する）** tekishi (suru)	**적대시**(敵対視)**（하다）** †チョクテシ(ハダ)	hostility; (be) hostile to ハス**ティ**リティ, (ビ) **ハ**ストル トゥ

日	韓	英
てきしゅつ(する) **摘出(する)** tekishutsu (suru)	**적출**＊(하다) †チョクチュル(ハダ)	removal; remove リムーヴァル, リムーヴ
てきすと **テキスト** tekisuto	**텍스트** テクストゥ	text **テ**クスト
てきする **適する** tekisuru	**적합(適合)하다, 알맞다** †チョカパダ, アルマッタ	fit, suit **フィ**ト, **ス**ート
てきせい **適性** tekisei　・	**적성**＊ †チョクソン	aptitude **ア**プティテュード
てきせつな **適切な** tekisetsuna	**적절**＊**한** †チョクチョルハン	proper, adequate プ**ラ**パ, **ア**ディクワト
できだか **出来高** dekidaka	**생산고(生産高), 산출량(産出量)** センサンゴ, サンチュルリャン	output, yield **ア**ウトプト, **イ**ールド
できたて **出来立て** dekitate	**갓 만들어진 것** †カッ マンドゥロジン †コッ	new **ニ**ュー
てきちゅう(する) **的中(する)** tekichuu (suru)	**적중**＊(하다) †チョクチュン(ハダ)	hit the mark **ヒ**ト ザ **マ**ーク
てきとうな **適当な** tekitouna	**적당**＊**한** †チョクタンハン	fit for, suitable to **フィ**ト フォ, **ス**ータブル トゥ
てきどな **適度な** tekidona	**적당(適當)한** †チョクタンハン	moderate, temperate **マ**ダレト, **テ**ンパレト
てきぱき **てきぱき** tekipaki	**척척, 능숙(能熟)하게** チョクチョク, ヌンスカゲ	promptly プ**ラ**ンプトリ
てきよう(する) **適用(する)** tekiyou (suru)	**적용**＊(하다) †チョギョン(ハダ)	application; apply アプリ**ケ**イション, アプ**ラ**イ
できる **出来る** dekiru	**할 수 있다** ハル スイッタ	can do, (be) possible キャン **ドゥ**, (ビ) **パ**スィブル
(可能) 	**가능(可能)하다** †カヌンハダ	(be) possible (ビ) **パ**スィブル

日	韓	英
（生産・産出）	생기다 センギダ	(be) produced (ピ) プロ**デュ**ースト
（生じる）	생기다, 일어나다 センギダ, イロナダ	(be) born, form (ピ) **ボ**ーン, **フォ**ーム
（能力がある）	잘하다 †チャルハダ	able, good **エ**イブル, **グ**ド
てぎわ **手際** tegiwa	솜씨, 수완(手腕) ソムッシ, スワン	skill ス**キ**ル
〜がよい	솜씨가 좋다 ソムッシガ †**チョ**タ	skillful ス**キ**ルフル
てぐち **手口** teguchi	수법(手法), 수단(手段) スッポプ, スダン	way, style **ウェ**イ, ス**タ**イル
でぐち **出口** deguchi	출구(出口) チュルグ	exit, way out **エ**グズィト, **ウェ**イ **ア**ウト
てくにっく **テクニック** tekunikku	테크닉 テクニク	technique テク**ニ**ーク
てくび **手首** tekubi	손목, 발목 ソンモク, †パルモク	wrist **リ**スト
てこずる **てこずる** tekozuru	쩔쩔매다, 애먹다 ッチョルッチョルメダ, エモクタ	have trouble doing ハヴ ト**ラ**ブル **ドゥ**イング
てごたえがある **手応えがある** tegotaegaaru	효과(効果)가 있다 ヒョックヮガ イッタ	have effect ハヴ イ**フェ**クト
てごろな **手頃な** tegorona	알맞은, 적당(適当)한 アルマジュン, †チョクタンハン	handy, reasonable **ハ**ンディ, **リ**ーズナブル
（適している）	적당(適当)한 †チョクタンハン	reasonable **リ**ーズナブル
てごわい **手強い** tegowai	만만치 않다, 벅차다 マンマンチ アンタ, †ポクチャダ	tough, formidable **タ**フ, **フォ**ーミダブル

日	韓	英
でざーと **デザート** dezaato	**디저트, 후식**(後食) †ティジョトゥ, フシク	dessert ディザート
でざいなー **デザイナー** dezainaa	**디자이너** †ティジャイノ	designer ディザイナ
(服飾の) **(服飾の)**	(**복식**(服飾)) **디자이너** (†ポクシク) †ティジャイノ	designer ディザイナ
でざいん(する) **デザイン(する)** dezain (suru)	**디자인**(**하다**) †ティジャイン(ハダ)	design ディザイン
てさぐりする **手探りする** tesagurisuru	**손으로 더듬다** ソヌロ †トドゥムッタ	grope グロウプ
てざわり **手触り** tezawari	**감촉**(感触) †カムチョク	touch, feel タチ, フィール
てしごと **手仕事** teshigoto	**손으로 하는 일** ソヌロ ハヌン イル	manual work マニュアル ワーク
でじたる **デジタル** dejitaru	**디지털** †ティジトル	digital ディヂタル
てじな **手品** tejina	**마술**(魔術) マスル	magic tricks マヂク トリクス
でしゃばる **出しゃばる** deshabaru	**주제넘게 나서다** †チュジェ ノムッケ ナソダ	thrust *one's* nose into スラスト ノウズ イントゥ
てじゅん **手順** tejun	**차례**(次例), **순서**(順序) チャレ, スンソ	order, process オーダ, プラセス
てすうりょう **手数料** tesuuryou	**수수료**＊ ススリョ	commission コミション
ですくとっぷ **デスクトップ** desukutoppu	**데스크 톱** †テスクトナ	desktop デスクタプ
てすと(する) **テスト(する)** tesuto (suru)	**테스트**(**하다**) テストゥ(ハダ)	test テスト

日	韓	英
てすり **手摺** tesuri	**난간**(欄干) ナンガン	handrail ハンドレイル
てせいの **手製の** teseino	**손으로 만든** ソヌロ マンドゥン	handmade ハンドメイド
てそう **手相** tesou	**손금** ソンックム	lines of the palm ラインズ オヴ ザ パーム
でたらめ **出鱈目** detarame	**엉터리, 무책임**(無責任) オントリ, ムチェギム	nonsense ナンセンス
てちがい **手違い** techigai	**차질**(蹉跌[躓]), **잘못** チャジル, †チャルジョッ	mistake ミステイク
てちょう **手帳** techou	**수첩**(手帖) スチョプ	notebook ノウトブク
てつ **鉄** tetsu	**철**∗ チョル	iron アイアン
てっかい(する) **撤回(する)** tekkai (suru)	**철회**∗**(하다)** チョルフェ(ハダ)	withdrawal; with- draw ウィズドローアル, ウィズドロー
てつがく **哲学** tetsugaku	**철학**∗ チョルハク	philosophy フィラソフィ
〜者	**철학자**(哲学者) チョルハクチャ	philosopher フィラソファ
てっきょう **鉄橋** tekkyou	**철교**∗ チョルギョ	iron bridge アイアン ブリヂ
てづくりの **手作りの** tezukurino	**손수 만든** ソンス マンドゥン	handmade ハンドメイド
てつけきん **手付け金** tetsukekin	**착수금**(着手金) チャクスグム	earnest money アーニスト マニ
てっこう **鉄鋼** tekkou	**철강**∗ チョルガン	iron and steel アイアン アンド スティール

日	韓	英
てっこつ **鉄骨** tekkotsu	철골* チョルゴル	iron frame **ア**イアン フレイム
でっさん **デッサン** dessan	데생 †テセン	sketch ス**ケ**チ
てったい(する) **撤退(する)** tettai (suru)	철퇴*(하다) チョルトェ(ハダ)	withdrawal; with- draw ウィズド**ロー**アル, ウィズド **ロー**
てつだい **手伝い** tetsudai	도와줌 †トワジュム	help **ヘ**ルプ
(人)	돕는 사람, 도우미 †トムヌン サラム, †トウミ	help, assistant **ヘ**ルプ, ア**シ**スタント
てつだう **手伝う** tetsudau	돕다, 도와주다 †トプタ, †トワジュダ	help, assist **ヘ**ルプ, ア**シ**スト
てつづき **手続き** tetsuzuki	수속(手続) スソク	procedure プロ**スィ**ーヂャ
てっていてきな **徹底的な** tetteitekina	철저(徹底)한 チョルッチョハン	thorough, com- plete **サ**ロ, コンプ**リ**ート
てつどう **鉄道** tetsudou	철도* チョルット	railroad **レ**イルロウド
てっぱん **鉄板** teppan	철판* チョルパン	sheet iron **シ**ート **ア**イアン
てっぽう **鉄棒** tetsubou	철봉* チョルボン	iron bar **ア**イアン **バ**ー
(体操の)	철봉* チョルボン	horizontal bar ホリ**ザ**ントル **バ**ー
てつや **徹夜** tetsuya	철야* チョリャ	staying up all night ステイング アプ **オ**ール **ナ** イト

日	韓	英
てなー **テナー** tenaa	**테너** テノ	tenor **テ**ナ
てなんと **テナント** tenanto	**임차인**(초賃借人) イムチャイン	tenant **テ**ナント
てにす **テニス** tenisu	**테니스** テニス	tennis **テ**ニス
てにもつ **手荷物** tenimotsu	**수하물*** スハムル	baggage **バ**ギヂ
てのーる **テノール** tenooru	**테너** テノ	tenor **テ**ナ
てのこう **手の甲** tenokou	**손등** ソンットゥン	back of *one's* hand **バ**ク オヴ **ハ**ンド
てのひら **掌・手の平** tenohira	**손바닥** ソンッパダク	palm **パ**ーム
でぱーと **デパート** depaato	**백화점**(百貨店) †ペクヮジョム	department store ディ**パ**ートメント ス**ト**ー
てはい(する) **手配(する)** tehai (suru)	**수배***(**하다**) スベ(ハダ)	arrangement; ar- range ア**レ**インヂメント, ア**レ**イン ヂ
てばなす **手放す** tebanasu	**내놓다, 떼어 놓다** ネノタ, ッテオ ノタ	dispose of ディス**ポ**ウズ オヴ
てびき **手引き** tebiki	**안내**(案内) アンネ	guidance **ガ**イダンス
～書	**입문서**(入門書) イムムンソ	guide, manual **ガ**イド, **マ**ニュアル
でびゅー(する) **デビュー(する)** debyuu (suru)	**데뷰**(**하다**) †テビュ(ハダ)	debut **デ**イビュー

日	韓	英
てぶくろ **手袋** tebukuro	장갑 (掌匣) †チャンガプ	gloves グラヴズ
てぶら **手ぶら** tebura	빈손, 맨손 †ピンソン, メンソン	empty-handed エンプティハンデド
でふれ **デフレ** defure	디플레이션 †ティプルレイション	deflation ディフレイション
てほん **手本** tehon	본(本)보기, 모범(模範) †ポンボギ, モボム	example, model イグザンプル, マドル
てま **手間** tema	수고, 시간(時間) スゴ, シガン	time and labor タイム アンド レイバ
でまえ **出前** demae	주문(注文) 요리(料理) †チュムン ヨリ	delivery ディリヴァリ
でむかえる **出迎える** demukaeru	마중 나가다 マジュン ナガダ	meet, receive ミート, リスィーヴ
でめりっと **デメリット** demeritto	단점(短点) †タンチョム	demerit ディーメリット
でも **デモ** demo	데모 †テモ	demonstration デモンストレイション
てもとに **手許[元]に** temotoni	바로 옆에, 수중(手中)에 †パロ ヨペ, スジュンエ	at hand アト ハンド
でゅえっと **デュエット** (重唱) dyuetto	듀엣 †テュエッ	duet デュエート
てら **寺** tera	절 †チョル	temple テンプル
てらす **照らす** terasu	비추다 †ピチュダ	light, illuminate ライト, イリューミネイト
でりけーとな **デリケートな** derikeetona	미묘(微妙)한 ミミョハン	delicate デリケト

日	韓	英
てる **照る** teru	**비치다** †ピチダ	shine シャイン
でる **出る** deru	**나가다, 나타나다** ナガダ , ナタナダ	go out ゴウ アウト
(出席・参加)	**출석**(出席)**하다, 참가**(参加) **하다** チュルッソカダ , チャムガハダ	attend, join アテンド, ヂョイン
(現れる)	**나오다, 나타나다** ナオダ , ナタナダ	come out, appear カム アウト, アピア
てれぱしー **テレパシー** terepashii	**텔레파시** テルレパシ	telepathy テレパスィ
てれび **テレビ** terebi	**텔레비전, 티비** テルレビジョン , ティビ	television テレヴィジョン
てれる **照れる** tereru	**쑥스러워하다** ッスクスロウォハダ	(be) shy (ビ) シャイ
てろ **テロ** tero	**테러** テロ	terrorism テラリズム
てろりすと **テロリスト** terorisuto	**테러리스트** テロリストゥ	terrorist テラリスト
てわたす **手渡す** tewatasu	**건네다** †コンネダ	hand ハンド
てん **天** ten	**하늘, 천국**(天国) ハヌル, チョングク	sky スカイ
てん **点** ten	**점*** †チョム	dot, point ダト, ポイント
(点数)	**점수**(点数)**, 득점**(得点) †チョムッス, †トゥクチョム	score, point スコー, ポイント
(品物の数)	**개수**(個[箇]数) †ケス	piece, item ピース, アイテム

日	韓	英
でんあつ **電圧** den-atsu	**전압*** †チョナプ	voltage **ヴォ**ウルティヂ
てんい(する) **転移(する)** ten-i (suru)	**전이***(**되다**) †チョニ(ドェダ)	metastasis; metastasize メ**タ**スタスィス, メ**タ**スタサイズ
てんいん **店員** ten-in	**점원*** †チョムォン	clerk ク**ラ**ーク
てんか **天下** tenka	**천하*** チョンハ	world **ワ**ールド
てんか(する) **点火(する)** tenka (suru)	**점화***(**하다**) †チョムファ(ハダ)	ignition; ignite イグ**ニ**ション, イグ**ナ**イト
てんかい(する) **展開(する)** tenkai (suru)	**전개***(**하다**) †チョンゲ(ハダ)	development; develop ディ**ヴェ**ロプメント, ディ**ヴェ**ロプ
てんかぶつ **添加物** tenkabutsu	**첨가물*** チョムガムル	additive **ア**ディティヴ
てんき **天気** tenki	**날씨, 기후**(気候) ナルッシ, †キフ	weather **ウェ**ザ
(晴天)	**쾌청**(快晴)**한 날씨** クェチョンハン ナルッシ	fine weather **ファ**イン **ウェ**ザ
～予報	**일기 예보**(日気予報) イルギ イェボ	weather forecast **ウェ**ザ **フォ**ーキャスト
でんき **伝記** denki	**전기*** †チョンギ	biography バイ**ア**グラフィ
でんき **電気** denki	**전기*** †チョンギ	electricity イレクト**リ**スィティ
(電灯)	**전등**(電燈)**, 전깃불** †チョンドゥン, †チョンギップル	electric light イレクトリク **ラ**イト

日	韓	英
でんきそうじき **電気掃除機** denkisoujiki	**전기**(電気) **청소기**(清掃機) †チョンギ チョンソギ	vacuum cleaner **ヴァ**キュアム ク**リ**ーナ
でんきゅう **電球** denkyuu	**전구**＊ †チョング	electric bulb イ**レ**クトリク **バ**ルブ
てんきょ(する) **転居(する)** tenkyo (suru)	**이사**(移徙)**(하다)**, **이전**(移転) **(하다)** イサ(ハダ), イジョン(ハダ)	move **ム**ーヴ
てんきん(する) **転勤(する)** tenkin (suru)	**전근**＊**(하다)** †チョングン(ハダ)	transference; transfer トランス**ファ**レンス, トラン ス**ファ**
てんけい **典型** tenkei	**전형**＊ †チョンヒョン	model, type **マ**ドル, **タ**イプ
～的な	**전형적**(典型的)**인** †チョンヒョンジョギン	typical, ideal **ティ**ピカル, アイ**ディ**ーアル
てんけん(する) **点検(する)** tenken (suru)	**점검**＊**(하다)** †チョムゴム(ハダ)	inspection, check インス**ペ**クション, **チェ**ク
でんげん **電源** dengen	**전원**＊ †チョヌォン	power supply **パ**ウア サプ**ラ**イ
てんこう **天候** tenkou	**기후**(気候), **날씨** †キフ, ナルッシ	weather **ウェ**ザ
てんこう(する) **転向(する)** tenkou (suru)	**전향**＊**(하다)** †チョンヒャン(ハダ)	conversion; con- vert コン**ヴァ**ージョン, コン **ヴァ**ート
てんこう(する) **転校(する)** tenkou (suru)	**전학**(転学)**(하다)** †チョンハク(ハダ)	change *one's* schools チェインヂ ス**クー**ルズ
でんこう **電光** denkou	**전광**＊ †チョングヮン	lightning **ラ**イトニング
てんごく **天国** tengoku	**천국**＊ チョングク	Heaven, paradise **ヘ**ヴン, **パ**ラダイス

日	韓	英
でんごん **伝言** dengon	**전언*** †チョノン	message メスィヂ
てんさい **天才** tensai	**천재*** チョンジェ	genius チーニアス
てんさい **天災** tensai	**천재*** チョンジェ	calamity, disaster カ**ラ**ミティ, ディ**ザ**スタ
てんさく(する) **添削(する)** tensaku (suru)	**첨삭***(**하다**) チョムサク(ハダ)	correction; correct コ**レ**クション, コ**レ**クト
てんし **天使** tenshi	**천사*** チョンサ	angel **エ**インジェル
てんじ **点字** tenji	**점자*** †チョムッチャ	Braille ブ**レ**イル
てんじ(する) **展示(する)** tenji (suru)	**전시***(**하다**) †チョンシ(ハダ)	exhibition; exhibit エクスィ**ビ**ション, イグ**ズ**ィビト
〜会	**전시회**(展示会) †チョンシフェ	exhibition, show エクスィ**ビ**ション, **ショ**ウ
でんし **電子** denshi	**전자*** †チョンジャ	electron イ**レ**クトラン
〜工学	**전자공학**(電子工学) †チョンジャゴンハク	electronics イレクト**ラ**ニクス
電子レンジ	**전자*** **레인지** †チョンジャ レインジ	microwave oven **マ**イクロウェイヴ **ア**ヴン
でんじ **電磁** denji	**전자*** †チョンジャ	electromagnetism イレクトロマグ**ネ**ティズム
〜波	**전자파**(電磁波) †チョンジャパ	electromagnetic wave イレクトロマグ**ネ**ティク **ウェ**イヴ

日	韓	英
でんしゃ **電車** densha	**전철**(電鉄) †チョンチョル	(electric) train (イレクトリク) トレイン
てんじょう **天井** tenjou	**천장**(天障) チョンジャン	ceiling スィーリング
でんしょう **伝承** denshou	**전승**＊ †チョンスン	tradition トラディション
てんじょういん **添乗員** tenjouin	**탑승원**(搭乗員) タプスンウォン	tour conductor トゥア コンダクタ
てんしょく(する) **転職(する)** tenshoku (suru)	**전직**＊**(하다)** †チョンジク(ハダ)	job change; change jobs チャプ チェインヂ, チェインヂ チャプズ
てんじる **転じる** tenjiru	**변**(変)**하다, 바뀌다** †ピョンハダ, †パッウィダ	change, turn チェインヂ, ターン
でんしん **電信** denshin	**전신**＊ †チョンシン	telegraph テレグラフ
てんすう **点数** tensuu	**점수**＊ †チョムッス	mark, score, point マーク, スコー, ポイント
(試合の)	**점수**＊ †チョムッス	score スコー
てんせいの **天性の** tenseino	**천성**＊**(의)** チョンソン(エ)	natural ナチュラル
でんせつ **伝説** densetsu	**전설**＊ †チョンソル	legend レヂェンド
てんせん **点線** tensen	**점선**＊ †チョムソン	dotted line ダテド ライン
でんせん **電線** densen	**전선**＊ †チョンソン	electric wire イレクトリク ワイア

て

日	韓	英
でんせん(する) **伝染(する)** densen (suru)	**전염**＊(**되다**) †チョニョム(ドェダ)	infection; infect インフェクション, インフェクト
～病	**전염병**(伝染病) †チョニョムッピョン	infectious disease インフェクシャス ディズィーズ
てんそう(する) **転送(する)** tensou (suru)	**전송**＊(**하다**) †チョンソン(ハダ)	forward フォーワド
てんたい **天体** tentai	**천체**＊ チョンチェ	heavenly body ヘヴンリ バディ
でんたく **電卓** dentaku	**전자계산기**(電子計算機) †チョンジャゲサンギ	calculator キャルキュレイタ
でんたつ(する) **伝達(する)** dentatsu (suru)	**전달**＊(**하다**) †チョンダル(ハダ)	communication; communicate コミューニケイション, コミューニケイト
てんち **天地** tenchi	**천지**＊ チョンジ	heaven and earth ヘヴン アンド アース
(上と下)	**위아래, 하늘과 땅** ウィアレ, ハヌルグヮ タン	top and bottom タプ アンド バトム
でんち **電池** denchi	**전지**＊ †チョンジ	electric cell イレクトリク セル
てんてき **点滴** tenteki	**정맥**(静脈) **주사**(注射) †チョンメク †チュサ	intravenous drip injection イントラヴィーナス ドリプ インチェクション
てんと **テント** tento	**텐트** テントゥ	tent テント
てんとう(する) **転倒(する)** tentou (suru)	**자빠지다, 넘어지다** †チャッパジタ, ノモジダ	fall; fall down フォール, フォール ダウン
でんとう **伝統** dentou	**전통**＊ †チョントン	tradition トラディション

日	韓	英
てんねんの **天然の** tennenno	**천연*의** チョニョネ	natural **ナ**チュラル
～ガス	**천연* 가스** チョニョン †カス	natural gas **ナ**チュラル **ギャ**ス
てんのう **天皇** tennou	**천황*, 천왕**(天王) チョンファン, チョヌワン	emperor **エ**ンペラ
てんのうせい **天王星** tennousei	**천왕성*** チョヌワンソン	Uranus **ユ**アラナス
でんぱ **電波** denpa	†**전파*** チョンパ	electric wave イ**レ**クトリク **ウェ**イヴ
てんびき(する) **天引**(する) tenbiki(suru)	**공제**(控除)(**하다**) †コンジェ(ハダ)	deduction; deduct ディ**ダ**クション, ディ**ダ**クト
でんぴょう **伝票** denpyou	†**전표*** チョンピョ	slip ス**リ**プ
てんびんざ **天秤座** tenbinza	**천칭**(天秤)**자리** チョンチンジャリ	Balance, Libra **バ**ランス, **リ**ーブラ
てんぷ(する) **添付**(する) tenpu(suru)	**첨부**(添附)(**하다**) チョムブ(ハダ)	attachment; attach ア**タ**チメント, ア**タ**チ
てんぷく(する) **転覆**(する) tenpuku(suru)	**전복**(顛覆)(**되다**) †チョンボク(ドェダ)	overturn; turn over オウヴァ**ター**ン, **ター**ン **オ**ウヴァ
でんぷん **澱粉** denpun	†**전분*** チョンブン	starch ス**ター**チ
てんぽ **テンポ** tenpo	**템포** テムポ	tempo **テ**ンポウ
てんぼう(する) **展望**(する) tenbou(suru)	†**전망***(**하다**) チョンマン(ハダ)	view **ヴュ**ー
でんぽう **電報** denpou	†**전보*** チョンボ	telegram **テ**レグラム

日	韓	英
てんまつ **顛末** tenmatsu	**전말*** †チョンマル	detail ディ**テ**イル
てんまど **天窓** tenmado	**천창*** チョンチャン	skylight ス**カ**イライト
てんめつ(する) **点滅(する)** tenmetsu (suru)	**점멸***(**하다**) †チョムミョル(ハダ)	flash, blink フ**ラ**シュ, ブ**リ**ンク
てんもんがく **天文学** tenmongaku	**천문학*** チョンムンハク	astronomy アスト**ラ**ノミ
てんもんだい **天文台** tenmondai	**천문대*** チョンムンデ	observatory オブ**ザ**ーヴァトリ
てんらく(する) **転落(する)** tenraku (suru)	**전락***(**하다**) †チョルラク(ハダ)	fall **フォ**ール
てんらんかい **展覧会** tenrankai	**전람회*** †チョルラムフェ	exhibition エクスィ**ビ**ション
でんりゅう **電流** denryuu	**전류*** †チョルリュ	electric current イレクトリク **カ**ーレント
でんりょく **電力** denryoku	**전력*** †チョルリョク	electric power イレクトリク **パ**ウア
でんわ(する) **電話(する)** denwa (suru)	**전화***(**하다**) †チョンファ(ハダ)	telephone; call **テ**レフォウン, **コ**ール
～**番号**	**전화번호*** †チョンファボンホ	telephone number **テ**レフォウン **ナ**ンバ

と, ト

日	韓	英
と **戸** to	**문**(門) ムン	door **ド**ー
ど **度** do	**횟수**(回数) フェッス	time **タ**イム

日	韓	英
（角度・温度）**度**	**도**＊ †ト	degree ディグリー
（程度）**程度**	**정도**(程度) †チョンド	degree, extent ディグリー, イクステント
どあ **ドア** doa	**문**(門) ムン	door ドー
とい **問い** toi	**물음** ムルム	question クウェスチョン
といあわせる **問い合わせる** toiawaseru	**문의**(問議)**하다** ムニハダ	inquire インクワイア
どいつ **ドイツ** doitsu	**독일**(独逸) †トギル	Germany ヂャーマニ
〜語	**독일어**(独逸語) †トギロ	German ヂャーマン
といれ **トイレ** toire	**화장실**(化粧室) ファジャンシル	bathroom バスルーム
といれっとぺーぱー **トイレットペーパー** toirettopeepaa	**화장지**(化粧紙) ファジャンジ	toilet paper トイレト ペイパ
とう **党** tou	**당**＊ †タン	party パーティ
どう **胴** dou	**몸통** モムトン	trunk トランク
どう **銅** dou	**동**＊ †トン	copper カパ
とうあん **答案** touan	**답안**＊ †タバン	(exam) paper (イグザム) ペイパ
どうい(する) **同意(する)** doui(suru)	**동의**＊(**하다**) †トンイ(ハダ)	agree with, consent アグリー ウィズ, コンセント

日	韓	英
どういたしまして **どういたしまして** douitashimashite	천만(千万)의 말씀입니다. チョンマネ マルッスミムニダ	You are welcome. ユー アー **ウェ**ルカム
とういつ(する) **統一(する)** touitsu (suru)	통일*(하다) トンイル(ハダ)	unite, unify ユー**ナ**イト, **ユ**ーニファイ
どういつ **同一** douitsu	동일* †トンイル	identity アイ**デ**ンティティ
どういん(する) **動員(する)** douin (suru)	동원*(하다) †トンウォン(ハダ)	mobilization; mobilize モウビリ**ゼ**イション, **モ**ウビライズ
とうおう **東欧** touou	동구* †トング	East Europe **イ**ースト **ユ**アロプ
どうか(する) **同化(する)** douka (suru)	동화*(되다) †トンファ(ドェダ)	assimilation; assimilate アスィミ**レ**イション, ア**スィ**ミレイト
どうかく **同格** doukaku	동격* †トンッキョク	same rank **セ**イム **ラ**ンク
とうがらし **唐辛子** tougarashi	고추 †コチュ	red pepper レド **ペ**パ
どうかん **同感** doukan	동감* †トンガム	agreement ア**グ**リーメント
とうき **冬期** touki	동기* †トンギ	winter **ウィ**ンタ
とうき **投機** touki	투기* トゥギ	speculation スペキュ**レ**イション
とうき **陶器** touki	도기*, 도자기(陶瓷器) †トギ, †トジャギ	earthenware **ア**ースンウェア
とうぎ(する) **討議(する)** tougi (suru)	토의*(하다) トイ(ハダ)	discussion; discuss ディス**カ**ション, ディス**カ**ス

日	韓	英
どうき **動機** douki	**동기*** †トンギ	motive **モ**ウティヴ
どうぎご **同義語** dougigo	**동의어*** †トニオ	synonym **ス**ィノニム
とうきゅう **等級** toukyuu	**등급*** †トゥングプ	class, rank ク**ラ**ス, **ラ**ンク
どうきゅうせい **同級生** doukyuusei	**동급생*** †トングプセン	classmate ク**ラ**スメイト
どうぎょう **同業** dougyou	**동업*** †トノプ	same profession **セ**イム プロ**フェ**ション
どうきょする **同居する** doukyosuru	**동거*****하다** †トンゴハダ	live with **リ**ヴ ウィズ
どうぐ **道具** dougu	**도구*** †トグ	tool **トゥ**ール
どうくつ **洞窟** doukutsu	**동굴*** †トングル	cave **ケ**イヴ
とうげ **峠** touge	**고개, 산**(山)**마루** †コゲ, サンマル	pass **パ**ス
とうけい **統計** toukei	**통계*** トンゲ	statistics スタ**ティ**スティクス
〜学	**통계학**(統計学) トンゲハク	statistics スタ**ティ**スティクス
とうげい **陶芸** tougei	**도예*** †トイェ	ceramics セ**ラ**ミクス
とうごう(する) **統合(する)** tougou (suru)	**통합***(**하다**) トンハプ(ハダ)	unity; unite **ユ**ーニティ, ユー**ナ**イト
どうこう **動向** doukou	**동향*** †トンヒャン	trend, tendency ト**レ**ンド, **テ**ンデンスィ

日	韓	英
どうこう(する) **同行(する)** doukou (suru)	**동행***(**하다**) †トンヘン(ハダ)	accompanying; go together アカンパニイング, ゴウ ゲザ
どうさ **動作** dousa	**동작*** †トンジャク	action アクション
とうざい **東西** touzai	**동서*** †トンソ	east and west イースト アンド ウェスト
どうさつりょく **洞察力** dousatsuryoku	**통찰력*** トンチャルリョク	insight インサイト
とうざよきん **当座預金** touzayokin	**당좌 예금*** †タンジュワ イェグム	current deposit カーレント ディパズィト
とうさんする **倒産する** tousansuru	**도산*****하다** †トサンハダ	go bankrupt ゴウ バンクラプト
とうし(する) **投資(する)** toushi (suru)	**투자***(**하다**) トゥジャ(ハダ)	investment;invest インヴェストメント, インヴェスト
～家	**투자가**(投資家) トゥジャガ	investor インヴェスタ
とうし(する) **凍死(する)** toushi (suru)	**동사***(**하다**) †トンサ(ハダ)	death by freezing; (be) frozen to death デス バイ フリーズィング, (ビ) フロウズン トゥ デス
とうじ **冬至** touji	**동지*** †トンジ	winter solstice ウィンタ サルスティス
とうじ **当時** touji	**당시*** †タンシ	at that time アト ザト タイム
どうし **動詞** doushi	**동사*** †トンサ	verb ヴァープ
どうし **同士** doushi	**같은 동아리** カトゥン †トンアリ	friend, comrade フレンド, カムラド

日	韓	英
とうじき **陶磁器** toujiki	**도자기**(陶瓷器) †トジャギ	pottery, ceramics パタリ, セラミクス
どうじだいの **同時代の** doujidaino	**동시대*의** †トンシデエ	contemporary コンテンポレリ
とうじつ **当日** toujitsu	**당일*** †タンイル	on that day オン ザト デイ
どうして　　(なぜ) **どうして** doushite	**어떻게, 왜** オットケ, ウェ	why (ホ)ワイ
どうしても **どうしても** doushitemo	**반드시, 꼭** †パンドゥシ, ッコク	by all means バイ オール ミーンズ
(否定)	**아무리 하여도** アムリ ハヨド	never ネヴァ
どうじに **同時に** doujini	**동시*에** †トンシエ	at the same time アト ザ セイム タイム
とうしょ(する) **投書(する)** tousho (suru)	**투서***(하다) トゥソ(ハダ)	contribution; con- tribute to カントリビューション, コン トリビュート トゥ
とうじょう(する) **登場(する)** toujou (suru)	**등장***(하다) †トゥンジャン(ハダ)	enter, appear エンタ, アピア
〜人物	**등장인물**(登場人物) †トゥンジャンインムル	character キャラクタ
とうじょう(する) **搭乗(する)** toujou (suru)	**탑승***(하다) タプスン(ハダ)	boarding; board ボーディング, ボード
〜ゲート	**탑승* 게이트** タプスン †ケイトゥ	boarding gate ボーディング ゲイト
〜券	**탑승권**(搭乗券) タプスンックォン	boarding pass ボーディング パス

日	韓	英
どうじょう（する） **同情（する）** doujou (suru)	**동정**＊（하다） †トンジョン（ハダ）	sympathy; sympathize スィンパスィ, スィンパサイズ
とうすいする **陶酔する** tousuisuru	**도취**＊되다 †トチュイドェダ	intoxicate インタクスィケイト
どうせ **どうせ** douse	**어차피, 어쨌든** オチャピ, オッチェットゥン	anyway エニウェイ
（結局）	**결국**（結局） †キョルグク	after all アフタ **オ**ール
とうせい（する） **統制（する）** tousei (suru)	**통제**＊（하다） トンジェ（ハダ）	control, regulation コント**ロ**ウル, レギュレイション
どうせい **同性** dousei	**동성**＊ †トンソン	same sex **セ**イム **セ**クス
どうせい **同棲** dousei	**동거**（同居） †トンゴ	cohabitation コウハビ**テ**イション
とうせん（する） **当選（する）** tousen (suru)	**당선**＊（되다） †タンソン（ドェダ）	election; (be) elected イレクション, (ビ) イレクテド
とうぜん **当然** touzen	**당연**＊히 †タンヨンヒ	naturally **ナ**チュラリ
どうぞ **どうぞ** douzo	**제발, 부디** †チェバル, †プディ	please プリーズ
どうそう **同窓** dousou	**동창**＊ †トンチャン	from the same school フラム ザ **セ**イム ス**ク**ール
〜会	**동창회**（同窓会） †トンチャンフェ	class reunion ク**ラ**ス リ**ユ**ーニャン
〜生	**동창생**（同窓生） †トンチャンセン	alumnus, alumna ア**ラ**ムナス, ア**ラ**ムナ

日	韓	英
どうぞう **銅像** douzou	동상* †トンサン	bronze statue ブランズ スタチュー
とうだい **灯台** toudai	등대* †トゥンデ	lighthouse ライトハウス
どうたい **胴体** doutai	몸통, 동체* モムトン, †トンチェ	body, trunk バディ, トランク
とうち(する) **統治(する)** touchi (suru)	통치*(하다) トンチ(ハダ)	government; govern ガヴァンメント, ガヴァン
とうちゃく(する) **到着(する)** touchaku (suru)	도착*(하다) †トチャク(ハダ)	arrival; arrive at アライヴァル, アライヴ アト
とうちょう(する) **盗聴(する)** touchou (suru)	도청*(하다) †トチョン(ハダ)	wiretap ワイアタプ
とうてい **到底** toutei	도저*히, 아무리 †トジョヒ, アムリ	not at all ナト アト オール
どうてん **同点** douten	동점* †トンッチョム	tie タイ
とうとい **尊い** toutoi	귀중(貴重)하다, 고귀(高貴) 하다 †クィジュンハダ, †コグィハダ	noble ノウブル
(貴重な)	귀중(貴重)하디 †クィジュンハダ	precious プレシャス
とうとう **とうとう** toutou	드디어, 결국(結局), 마침내 †トゥディオ, †キョルグク, マチムネ	at last アト ラスト
どうとうの **同等の** doutouno	동등*한 †トンドゥンハン	equal イークワル
どうとく **道徳** doutoku	도덕* †トドク	morality モラリティ
とうなん **東南** tounan	동남* †トンナム	southeast サウスイースト

日	韓	英
東南アジア	동남* 아시아 †トンナム アシア	Southeast Asia サウスイースト エイジャ
とうなん 盗難 tounan	도난* †トナン	robbery ラバリ
どうにか dounika	그럭저럭, 어떻게든 †クロクチョロク, オットケドゥン	somehow, barely サムハウ, ベアリ
(かろうじて)	간신(艱辛)히, 겨우 カンシンヒ, †キョウ	barely ベアリ
どうにゅう(する) 導入(する) dounyuu (suru)	도입*(하다) †トイプ(ハダ)	introduction; introduce イントロダクション, イントロデュース
とうにょうびょう 糖尿病 tounyoubyou	당뇨병* †タンニョピョン	diabetes ダイアビーティーズ
どうねんぱい 同年輩 dounenpai	동년배* †トンニョンベ	same age セイム エイヂ
どうはん(する) 同伴(する) douhan (suru)	동반*(하다) †トンバン(ハダ)	company; accompany カンパニ, アカンパニ
とうひ(する) 逃避(する) touhi (suru)	도피*(하다) †トピ(ハダ)	escape イスケイプ
とうひょうする 投票する touhyousuru	투표*하다 トゥピョハダ	vote for ヴォウト フォ
とうふ 豆腐 toufu	두부* †トゥブ	*tofu*, bean curd トウフー, ビーン カード
とうぶ 東部 toubu	동부* †トンブ	eastern part イースタン パート
どうふう(する) 同封(する) doufuu (suru)	동봉*(하다) †トンボン(ハダ)	enclose インクロウズ

日	韓	英
どうぶつ **動物** doubutsu	**동물**＊ †トンムル	animal **ア**ニマル
〜園	**동물원**(動物園) †トンムルォン	zoo **ズ**ー
とうぶん **当分** toubun	**당분간**(当分間) †タンブンガン	for the time being フォ ザ **タ**イム **ビ**ーイング
とうぶん **糖分** toubun	**당분**＊ †タンブン	sugar **シュ**ガ
とうぼう **逃亡** toubou	**도망**＊ †トマン	escape イス**ケ**イプ
〜する	**도망**＊**치다** †トマンチダ	escape from イス**ケ**イプ フラム
どうほう **同胞** douhou	**동포**＊ †トンポ	brethren ブ**レ**ズレン
とうほく **東北** touhoku	**동북**＊ †トンブク	northeast ノース**イ**ースト
どうみゃく **動脈** doumyaku	**동맥**＊ †トンメク	artery **ア**ータリ
〜硬化	**동맥경화**(動脈硬化) †トンメクキョンファ	arteriosclerosis アーティアリオウスクレ**ロ**ウスィス
とうみん(する) **冬眠(する)** toumin (suru)	**동면**＊**(하다)** †トンミョン(ハダ)	hibernation; hibernate ハイバ**ネ**イション，**ハ**イバネイト
とうめいな **透明な** toumeina	**투명**＊**한** トゥミョンハン	transparent トランス**ペ**アレント
とうめん **当面** toumen	**당면**＊ †タンミョン	for the present フォ ザ プ**レ**ズント

日	韓	英
とうもろこし **玉蜀黍** toumorokoshi	**옥수수** オクスス	corn **コーン**
とうゆ **灯油** touyu	**등유*** ↑トゥンユ	kerosene **ケ**ロスィーン
とうよう **東洋** touyou	**동양*** ↑トンヤン	East, Orient **イ**ースト, **オ**リエント
どうよう **同様** douyou	**같은 모양**(模[貌]様) カトゥン モヤン	similar **ス**ィミラ
どうよう（する） **動揺（する）** douyou (suru)	**동요***（**하다**） ↑トンヨ(ハダ)	agitation; (be) agi- tated アヂ**テ**イション, (ビ) **ア**ヂテ イテド
どうり **道理** douri	**도리*** ↑トリ	reason **リ**ーズン
どうりょう **同僚** douryou	**동료*** ↑トンニョ	colleague **カ**リーグ
どうりょく **動力** douryoku	**동력*** ↑トンニョク	power **パ**ウア
どうろ **道路** douro	**도로*** ↑トロ	road **ロ**ウド
とうろく（する） **登録（する）** touroku (suru)	**등록***（**하다**） ↑トゥンノク(ハダ)	registration; regis- ter レヂスト**レ**イション, **レ**ヂス タ
とうろん（する） **討論（する）** touron (suru)	**토론***（**하다**） トロン(ハダ)	discussion; discuss ディス**カ**ション, ディス**カ**ス
どうわ **童話** douwa	**동화*** ↑トンファ	fairy tale **フェ**アリ **テ**イル
とうわくする **当惑する** touwakusuru	**당혹*****하다** ↑タンホカダ	(be) embarrassed (ビ) イン**バ**ラスト

日	韓	英
とおい **遠い** tooi	멀다 モルダ	far, distant **ファー**, **ディスタント**
とおざかる **遠ざかる** toozakaru	멀어지다 モロジダ	go away **ゴウ アウェイ**
とおざける **遠ざける** toozakeru	멀리하다 モルリハダ	keep away **キープ アウェイ**
とおす **通す** toosu	통과(通過)시키다, 안내(案内) 하다 トングヮシキダ, アンネハダ	pass through **パス スルー**
とーすと **トースト** toosuto	토스트 トストゥ	toast **トウスト**
とーたる **トータル** tootaru	총녜(総計) チョンネ	total **トウトル**
どーなつ **ドーナツ** doonatsu	도넛 †トノッ	doughnut **ドウナト**
とーなめんと **トーナメント** toonamento	토너먼트 トノモントゥ	tournament **トゥ**アナメント
とおまわしに **遠回しに** toomawashini	에둘러 イェドゥルロ	indirectly インディ**レ**クトリ
とおまわり(する) **遠回り(する)** toomawari (suru)	우회(迂廻[回])(하다) ウフェ(ハダ)	detour **ディー**トゥア
どーむ **ドーム** doomu	돔 †トム	dome **ドウ**ム
とおり **通り** toori	길, 도로(道路) †キル, †トロ	road, street **ロウ**ド, スト**リー**ト
とおりかかる **通り掛る** toorikakaru	마침 지나가다 マチム †チナガダ	happen to pass **ハ**プン トゥ **パ**ス
とおりすぎる **通り過ぎる** toorisugiru	지나쳐가다 †チナチョガダ	pass by **パ**ス **バ**イ

日	韓	英
とおりみち **通り道** toorimichi	다니는 길, 지나는 길 †タニヌン †キル, †チナヌン †キル	way to **ウェ**イ トゥ
とおる **通る** tooru	통과(通過)하다 トングヮハダ	pass **パ**ス
とかい **都会** tokai	도시(都市) †トシ	city, town **ス**ィティ, **タ**ウン
とかげ **蜥蜴** tokage	도마뱀 †トマベム	lizard **リ**ザド
とかす **解かす** tokasu	녹이다, 풀다 ノギダ, プルダ	melt, dissolve **メ**ルト, ディ**ザ**ルヴ
とがめる **咎める** togameru	힐책(詰責)하다, 책망(責望)하 다 ヒルチェカダ, チェンマンハダ	blame プ**レ**イム
とき **時** toki	때, 시각(時刻) ッテ, シガク	time, hour **タ**イム, **ア**ウア
どき **土器** doki	토기* トギ	earthen vessel **ア**ースン **ヴェ**セル
どぎつい **どぎつい** dogitsui	몹시 강렬(強烈)하다, 칙칙하 다 モプシ †カンニョルハダ, チクチカダ	loud, heavy **ラ**ウド, **ヘ**ヴィ
どきっとする **どきっとする** dokittosuru	깜짝 놀라다 ッカムッチャク ノルラダ	(be) shocked (ビ) **シャ**クト
ときどき **時々** tokidoki	가끔, 때때로 †カックム, ッテッテロ	sometimes **サ**ムタイムズ
どきどきする **どきどきする** dokidokisuru	두근두근하다 †トゥグンドゥグンハダ	beat, throb **ビ**ート, ス**ラ**ブ
どきゅめんたりー **ドキュメンタリー** dokyumentarii	다큐멘터리 †タキュメントリ	documentary ダキュメン**タ**リ
どきょう **度胸** dokyou	배짱, 담력(胆力) †ペッチャン, †タムニョク	courage, bravery **カ**ーリヂ, プ**レ**イヴァリ

日	韓	英
とぎれる **途切れる** togireru	끊어지다, 끊기다 ックノジダ , ックンギダ	break, stop ブレイク, スタプ
とく **解く** toku	풀다 プルダ	untie, undo アンタイ, アンドゥ
（解除）	해제(解除)하다 ヘジェハダ	cancel, release キャンセル, リリース
（問題を）	풀다 プルダ	solve, answer サルヴ, アンサ
とく **得** toku	득*, 이득(利得) †トゥク, イドゥク	profit, gains プラフィト, ゲインズ
とく **説く** toku	말하다, 설득(説得)하다 マルハダ, ソルトゥカダ	explain イクスプレイン
（説教）	설교(説教)하다 ソルギョハダ	preach プリーチ
とぐ **研ぐ** togu	갈다, 씻다 †カルダ , ッシッタ	grind, whet グラインド, (ホ)ウェト
どく **退く** doku	물러나다, 비키다 ムルロナダ, †ピキダ	get out of the way ゲト アウト オヴ ザ ウェイ
どく **毒** doku	독* †トク	poison ポイズン
～ガス	독*가스 †トクカス	poison gas ポイズン ギャス
とくい **特異** tokui	특이* トゥギ	uniqueness ユーニークネス
～体質	특이(特異) 체질(体質) トゥギ チェジル	idiosyncrasy イディオスィンクラスィ
とくいさき **得意先** tokuisaki	단골손님 †タンゴルソンニム	customer, patron カスタマ, ペイトロン

日	韓	英
とくいな **得意な** tokuina	자신(自信) 있는, 잘하는 †チャシン インヌン, †チャルハン	good at グド アト
どくがく(する) **独学(する)** dokugaku (suru)	독학*(하다) †トカク(ハダ)	self-education; teach *oneself* セルフエデュケイション, ティーチ
とくぎ **特技** tokugi	특기* トゥクキ	specialty スペシャルティ
とくさんひん **特産品** tokusanhin	특산품* トゥクサンプム	specialty スペシャルティ
どくじ **独自** dokuji	독자적(独自的)인 †トクチャジョギン	original, unique オリヂナル, ユーニーク
どくしゃ **読者** dokusha	독자* †トクチャ	reader リーダ
とくしゅう **特集** tokushuu	특집(特輯) トゥクチプ	feature フィーチャ
とくしゅな **特殊な** tokushuna	특수*한 トゥクスハン	special, unique スペシャル, ユーニーク
どくしょ(する) **読書(する)** dokusho (suru)	독서*(하다) †トクソ(ハダ)	reading; read リーディング, リード
どくしょう **独唱** dokushou	독창* †トクチャン	vocal solo ヴォウカル ソウロウ
とくしょく **特色** tokushoku	특색* トゥクセク	characteristic キャラクタリスティク
どくしん **独身** dokushin	독신* †トクシン	unmarried person アンマリド パースン
どくぜつ **毒舌** dokuzetsu	독설* †トクソル	spiteful tongue スパイトフル タング

日	韓	英
どくせん(する) **独占(する)** dokusen (suru)	**독점**＊**(하다)** †トクチョム(ハダ)	monopoly; monopolize モナポリ, モナポライズ
どくそうてき **独創的** dokusouteki	**독창적**＊ †トクチャンジョク	original オリデナル
とくそく(する) **督促(する)** tokusoku (suru)	**독촉**＊**(하다)** †トクチョク(ハダ)	press, urge プレス, アーヂ
どくだん **独断** dokudan	**독단**＊ †トクタン	on *one's* own judgment オン オウン チャヂメント
とくちょう **特徴** tokuchou	**특징**＊ トゥクチン	characteristic キャラクタリスティク
とくちょう **特長** tokuchou	**특별**(特別)**한 장점**(長点) トゥクピョルハン †チャンッチョム	strong point ストローング ポイント
とくていの **特定の** tokuteino	**특정**＊**한** トゥクチョンハン	specific スペスィフィク
とくてん(する) **得点(する)** tokuten (suru)	**득점**＊**(하다)** †トゥクチョム(ハダ)	score スコー
どくとくの **独特の** dokutokuno	**독특**＊**한** †トクトゥカン	unique, peculiar ユーニーク, ピキューリャ
とくに **特に** tokuni	**특**(特)**히, 각별**(各[恪]別)**히** トゥキ, †カクピョルヒ	especially イスペシャリ
とくばい **特売** tokubai	**특매**＊ トゥンメ	sale セイル
とくはいん **特派員** tokuhain	**특파원**＊ トゥクパウォン	correspondent コレスパンデント
とくべつの **特別の** tokubetsuno	**특별**＊**한** トゥクピョルハン	special, exceptional スペシャル, イクセプショナル
どくへび **毒蛇** dokuhebi	**독사**＊ †トクサ	venomous snake ヴェノマス スネイク

と

日	韓	英
とくめい **匿名** tokumei	익명* インミョン	anonymity アノ**ニ**ミティ
とくゆうの **特有の** tokuyuuno	특유*의 トゥギュエ	peculiar to ピ**キュー**リャ トゥ
どくりつ(する) **独立(する)** dokuritsu (suru)	독립*(하다) †トンニプ(ハダ)	independence; (be-come) independent インディ**ペ**ンデンス, (ビカ ム) インディ**ペ**ンデント
どくりょく **独力** dokuryoku	자력(自力) †チャリョク	*one's* own efforts **オ**ウン **エ**フォツ
とげ **刺・棘** toge	가시 †カシ	thorn, prickle **ソ**ーン, **プ**リクル
とけい **時計** tokei	시계* シゲ	watch, clock **ワ**チ, ク**ラ**ク
とける **解ける** tokeru	풀리다, 해제(解除)되다 プルリダ, ヘジェドェダ	get loose **ゲ**ト ル**ー**ス
とける **溶ける** tokeru	녹다 ノクタ	melt, dissolve **メ**ルト, ディ**ザ**ルヴ
とげる **遂げる** togeru	이루다, 성취(成就)하다 イルダ, ソンチュィハダ	accomplish, complete ア**カ**ンプリシュ, コンプリー ト
どける **退ける** dokeru	치우다, 비키다 チウダ, †ピキダ	remove リ**ム**ーヴ
どこ **どこ** doko	어디 オディ	where (ホ)**ウェ**ア
どこか **どこか** dokoka	어딘가, 어딘지 オディンガ, オディンジ	somewhere **サ**ム(ホ)ウェア
とこや **床屋** tokoya	이발소(理髪所) イバルッソ	barbershop **バ**ーバシャプ

日	韓	英
ところ **所** tokoro	곳, 점(点), 부분(部分) †コッ, †チョム, †ププン	place, spot プレイス, スパト
ところが **ところが** tokoroga	그런데, 그러나 †クロンデ, †クロナ	but, however バト, ハウエヴァ
ところで **ところで** tokorode	그런데 †クロンデ	by the way バイ ザ ウェイ
ところどころ **所々** tokorodokoro	여기저기 ヨギジョギ	here and there ヒア アンド ゼア
とざす **閉ざす** tozasu	닫다, 잠그다 †タッタ, †チャムグダ	shut, close シャト, クロウズ
とざん(する) **登山(する)** tozan (suru)	등산*(하다) †トゥンサン(ハダ)	mountain climb- ing; climb マウンテン クライミング, クライム
とし **都市** toshi	도시* †トシ	city スィティ
とし **年・歳** toshi	해 ヘ	year イア
(年齢)	나이 ナイ	age, years エイヂ, イアズ
どじ **どじ** doji	얼빠진 짓, 실수(失手) オルッパジン †チッ, シルッス	goof, blunder グーフ, ブランダ
としうえの **年上の** toshiueno	연상*의 ヨンサンエ	older オウルダ
とじこめる **閉じ込める** tojikomeru	가두다 †カドゥダ	shut in, keep in シャト イン, キープ イン
とじこもる **閉じ籠もる** tojikomoru	틀어박히다 トゥロバキダ	shut *oneself* up シャト アプ

日	韓	英
としごろの **年頃の** toshigorono	알맞은 나이의 アルマジュン ナイエ	marriageable マリヂャブル
とししたの **年下の** toshishitano	연하＊의 ヨンハエ	younger ヤンガ
としつき **年月** toshitsuki	세월(歳月) セウォル	years イアズ
どしゃ **土砂** dosha	토사＊ トサ	earth and sand アース アンド サンド
〜崩れ	사태(沙汰) サテ	landslide ランドスライド
としょ **図書** tosho	도서＊ †トソ	books ブクス
〜館	도서관(図書館) †トソグヮン	library ライブレリ
どじょう **土壌** dojou	토양＊ トヤン	soil ソイル
とじる **綴じる** tojiru	철(綴)하다 チョルハダ	bind, file バインド, ファイル
とじる **閉じる** tojiru	닫다, 덮다 †タッタ, †トプタ	shut, close シャト, クロウズ
としん **都心** toshin	도심＊ †トシム	center of a city センタ オヴ ア スィティ
どせい **土星** dosei	토성＊ トソン	Saturn サタン
とそう **塗装** tosou	도장＊ †トジャン	painting, coating ペインティング, コウティング
どそく(で) **土足(で)** dosoku (de)	신발을 신은 채(로) シンバルル シヌン チェ(ロ)	with *one's* shoes on ウィズ シューズ オン

日	韓	英
どだい **土台** dodai	**토대***, **기초**(基礎) トデ, [†]キチョ	foundation ファウンデイション
とだえる **途絶える** todaeru	**두절**(杜絶)**되다**, **끊어지다** [†]トゥジョルドェダ, ックノジダ	stop, cease スタプ, スィース
とだな **戸棚** todana	**찬장** チャンッチャン	cabinet, locker キャビネト, ラカ
どたんば **土壇場** dotanba	**막바지**, **막판** マクパジ, マクパン	last moment ラスト モウメント
とち **土地** tochi	**토지*** トジ	land ランド
とちゅう **途中** tochuu	**도중***에 [†]トジュンエ	on the way オン ザ ウェイ
〜下車 (する)	**도중하차**(途中下車)(**하다**) [†]トジュンハチャ(ハダ)	stop over at スタプ オウヴァ アト
どちら **どちら** dochira	**어느 쪽**, **어디** オヌ ッチョク, オディ	which (ホ)ウィチ
(場所)	**어디** オディ	where (ホ)ウェア
どちらか **どちらか** dochiraka	**어느 쪽인가**, **어디인가** オヌ ッチョギンガ, オディインガ	either イーザ
とっか **特価** tokka	**특가*** トゥクカ	special price スペシャル プライス
どっかいりょく **読解力** dokkairyoku	**독해력*** [†]トケリョク	reading リーディング
とっきゅう **特急** tokkyuu	**특급*** トゥックプ	special express スペシャル イクスプレス
とっきょ **特許** tokkyo	**특허*** トゥコ	patent パテント

日	韓	英
どっきんぐ **ドッキング** dokkingu	도킹 †トキン	docking ダキング
とっくん **特訓** tokkun	특별훈련(特別訓練) トゥクピョルフルリョン	special training スペシャル トレイニング
とっけん **特権** tokken	특권* トゥククォン	privilege プリヴィリヂ
どっしりした **どっしりした** dosshirishita	묵직한 ムクチカン	heavy, dignified ヘヴィ, ディグニファイド
とつぜん **突然** totsuzen	돌연*히, 갑자기 †トリョンヒ, †カプチャギ	suddenly サドンリ
とって **取っ手** totte	손잡이 ソンジャビ	handle, knob ハンドル, ナブ
とつにゅう(する) **突入(する)** totsunyuu (suru)	돌입*(하다) †トリプ(ハダ)	rush; rush into ラシュ, ラシュ イントゥ
とっぱ(する) **突破(する)** toppa (suru)	돌파*(하다) †トルパ(ハダ)	breakthrough; break through ブレイクスルー, ブレイク スルー
とっぴんぐ **トッピング** toppingu	토핑 トピン	topping タピング
とっぷ **トップ** toppu	톱 トプ	top タプ
どて **土手** dote	둑, 제방(堤防) †トゥク, †チェバン	bank, embank- ment バンク, インバンクメント
とても **とても** totemo	대단히, 매우 †テダンヒ, メウ	very ヴェリ
とどく **届く** todoku	닿다, 도착(到着)하다 †タタ, †トチャカダ	reach リーチ

日	韓	英
（到着）	도착(到着)하다 †トチャカダ	arrive at アライヴ アト
とどけ **届け** todoke	신고(申告) シンゴ	report, notice リポート, **ノ**ウティス
とどける **届ける** todokeru	보내 주다, 신고(申告)하다 †ポネ †チュダ, シンゴハダ	report to, notify リポート トゥ, **ノ**ウティファ イ
（送る）	보내다, 배달(配達)하다 †ポネダ, †ペダルハダ	send, deliver **セ**ンド, ディ**リ**ヴァ
とどこおる **滞る** todokooru	막히다, 밀리다 マキダ, ミルリダ	(be) delayed (ビ) ディ**レ**イド
（支払いが）	연체(延滞)되다 ヨンチェドェダ	(be) overdue (ビ) **オ**ウヴァデュー
ととのう **整う** totonou	갖추어지다, 구비(具備)되다 †カチュオジダ, †クビドェダ	(be) in good order (ビ) イン**グ**ド **オ**ーダ
（準備が）	갖추어지다 †カチュオジダ	(be) ready (ビ) **レ**ディ
ととのえる **整える** totonoeru	조정(調整)하다, 조절(調節) 하다 †チョジョンハダ, †チョジョルハダ	put in order **プ**ト イン **オ**ーダ
（準備）	준비(準備)하다 †チュンビハダ	prepare プリ**ペ**ア
（調整）	조정(調整)하다 †チョジョンハダ	adjust, fix ア**ヂャ**スト, **フィ**クス
とどまる **止[留]まる** todomaru	머무르다, 묵다 モムルダ, ムクタ	stay, remain ス**テ**イ, リ**メ**イン
とどめる **止[留]める** todomeru	멈추다, 세우다 モムチュダ, セウダ	stop, suspend ス**タ**プ, サス**ペ**ンド
どなー **ドナー** donaa	제공자(提供者) †チェゴンジャ	donor **ド**ウナ

と

日	韓	英
となえる **唱える** tonaeru	외다, 주창(主唱)하다 ウェダ, †チュチャンハダ	recite, chant リ**サ**イト, **チャ**ント
どなた **どなた** donata	누구 ヌグ	who **フ**ー
となり **隣** tonari	이웃 イウッ	next door ネクスト **ド**ー
〜近所	이웃 イウッ	neighborhood **ネ**イバフド
どなる **怒鳴る** donaru	호통치다, 고함(高喊)치다 ホトンチダ, †コハムチダ	cry, yell ク**ラ**イ, **イェ**ル
とにかく **兎に角** tonikaku	어쨌든, 좌우간(左右間) オッチェットゥン, †チュウウガン	anyway **エ**ニウェイ
どの **どの** dono	어느, 어떤 オヌ, オットン	which (ホ)**ウィ**チ
どのくらい **どのくらい** donokurai	어느 정도(程度) オヌ †チョンド	how **ハ**ウ
とばす **飛ばす** tobasu	날리다, 건너뛰다 ナルリダ, †コンノットゥィダ	fly フ**ラ**イ
(省く)	건너뛰다 †コンノットゥィダ	skip ス**キ**プ
とびあがる **跳び上がる** tobiagaru	뛰어오르다 ットゥィオオルダ	jump up, leap **チャ**ンプ **ア**プ, **リ**ープ
とびおりる **飛び降りる** tobioriru	뛰어내리다 ットゥィオネリダ	jump down **チャ**ンプ **ダ**ウン
とびこえる **跳び越える** tobikoeru	뛰어넘다 ットゥィオノムッタ	jump over **チャ**ンプ **オ**ウヴァ
とびこむ **飛び込む** tobikomu	뛰어들다 ットゥィオドゥルダ	jump into, dive into **チャ**ンプ **イ**ントゥ, **ダ**イヴ イントゥ

日	韓	英
とびだす **飛び出す** tobidasu	뛰어나오다, 튀어나오다 ツトゥィオナオダ, トゥィオナオダ	fly out, jump out of フライ **アウ**ト, **チャ**ンプ ア ウト オヴ
とびたつ **飛び立つ** tobitatsu	날아가다 ナラガダ	fly away フライ ア**ウェ**イ
とびちる **飛び散る** tobichiru	산란(散乱)하다, 튀다 サルランハダ, トゥィダ	scatter ス**キャ**タ
とびつく **飛び付く** tobitsuku	달려들다, 덤벼들다 ↑タルリョドゥルダ, ↑トムビョドゥルダ	jump at, fly at **チャ**ンプ アト, フ**ラ**イ アト
とぴっく **トピック** topikku	토픽 トピク	topic **タ**ピク
とびら **扉** tobira	문(門)짝 ムンッチャク	door ド−
とぶ **跳ぶ** tobu	뛰다 ツトゥィダ	jump, leap **チャ**ンプ, リ−プ
とぶ **飛ぶ** tobu	날다 ナルダ	fly, soar フ**ラ**イ, ソ−
どぶ **溝** dobu	도랑, 하수구(下水溝) ↑トラン, ハスグ	ditch **ディ**チ
とほ **徒歩** toho	도보* ↑トボ	walk, on foot **ウォ**−ク, オン フト
とぼける **惚[恍]ける** tobokeru	얼빠지다, 정신(精神) 나가 다 オルッパジダ, ↑チョンシン ナガダ	pretend not to know プリ**テ**ンド **ナ**ト トゥ ノウ
とぼしい **乏しい** toboshii	모자라다, 부족(不足)하다 モジャラダ, ↑プジョカダ	scarce, scanty ス**ケ**アス, ス**キャ**ンティ
とまと **トマト** tomato	토마토 トマト	tomato ト**メ**イトウ
とまどう **戸惑う** tomadou	어쩔 줄 몰라하다 オッチョル ジュル モルラハダ	(be) at a loss (ビ) アト ア ロス

日	韓	英
とまる **止まる** tomaru	멈추다, 멎다 モムチュダ, モッタ	stop, halt ス**タ**プ, **ホ**ールト
とまる **泊まる** tomaru	묵다 ムクタ	stay ス**テ**イ
とみ **富** tomi	부*, 재산(財産) †プ, †チェサン	wealth **ウェ**ルス
どみの **ドミノ** domino	도미노 †トミノ	domino **ダ**ミノウ
とむ **富む** tomu	부유(富裕)하다, 풍부(豊富) 하다 †プユハダ, プンブハダ	(become) rich (ビカム) **リ**チ
とむらう **弔う** tomurau	애도(哀悼)하다, 명복(冥福) 을 빌다 エドハダ, ミョンボグル †ビルダ	hold a funeral **ホ**ウルド ア フ**ュ**ーネラル
とめがね **留め金** tomegane	걸쇠 †コルッスェ	clasp, hook ク**ラ**スプ, **フ**ク
とめる **止める** tomeru	멈추다, 막다 モムチュダ, マクタ	stop ス**タ**プ
(抑止する)	막다 マクタ	hold, check **ホ**ウルド, **チェ**ク
(禁止する)	금지(禁止)하다, 말리다 †クムジハダ, マルリダ	forbid, prohibit フォ**ビ**ド, プロ**ヒ**ビト
とめる **泊める** tomeru	묵게 하다, 재우다 ムクケ ハダ, †チェウダ	take in **テ**イク **イ**ン
とめる **留める** tomeru	고정(固定)시키다 †コジョンシキダ	fasten, fix **ファ**スン, **フィ**クス
ともかく **ともかく** tomokaku	어쨌든, 여하간(如何間) オッチェットゥン, ヨハガン	at any rate アト **エ**ニ **レ**イト
ともす **灯[点]す** tomosu	켜다 キョダ	burn, light **バ**ーン, **ラ**イト

日	韓	英
ともだち **友達** tomodachi	**친구**(親旧) チング	friend フレンド
ともなう **伴う** tomonau	**동반**(同伴)**하다, 수반**(随伴)**하다** †トンバンハダ, スバンハダ	accompany, (be) followed アカンパニ, (ビ) ファロウド
ともに **共に** tomoni	**함께, 같이** ハムッケ, †カチ	both, together ボウス, トゲザ
(一緒に)	**함께, 같이** ハムッケ, †カチ	with ウィズ
ともばたらき **共働き** tomobataraki	**맞벌이** マッポリ	double-income ダブルインカム
どようび **土曜日** doyoubi	**토요일*** トヨイル	Saturday サタディ
とら **虎** tora	**호랑이, 범** ホランイ, †ポム	tiger タイガ
どらいくりーにんぐ **ドライクリーニング** doraikuriiningu	**드라이클리닝** †トゥライクルリニン	dry cleaning ドライ クリーニング
どらいばー **ドライバー** doraibaa	**운전자**(運転者) ウンジョンジャ	driver ドライヴァ
(ねじ回し)	**드라이버** †トゥライボ	screwdriver スクルードライヴァ
(パソコンの)	**드라이버** †トゥライボ	driver ドライヴァ
どらいぶ **ドライブ** doraibu	**드라이브** †トゥライブ	drive ドライヴ
(コンピュータ)	**디스크 드라이브** †ティスク †トゥライブ	drive ドライヴ
どらいやー **ドライヤー** doraiyaa	**드라이기**(器) †トゥライギ	drier ドライア

日	韓	英
とらえる **捕える** toraeru	**붙잡다, 붙들다** †プッチャプタ, †プットゥルダ	catch, capture **キャ**チ, **キャ**プチャ
とらくたー **トラクター** torakutaa	**트랙터** トゥレクト	tractor ト**ラ**クタ
とらっく **トラック** torakku	**트럭** トゥロク	truck ト**ラ**ク
(競走路)	**경주로**(競走路), **트랙** †キョンジュロ, トゥレク	track ト**ラ**ク
どらっぐ **ドラッグ** (麻薬類) doraggu	**마약**(麻薬) マヤク	drug ド**ラ**グ
とらぶる **トラブル** toraburu	**트러블** トゥロブル	trouble ト**ラ**ブル
どらま **ドラマ** dorama	**드라마** †トゥラマ	drama ド**ラ**ーマ
どらまてぃっくな **ドラマティックな** doramatikkuna	**드라마틱한** †トゥラマティカン	dramatic ドラ**マ**ティク
どらむ **ドラム** doramu	**드럼** †トゥロム	drum ド**ラ**ム
とらんく **トランク** toranku	**트렁크** トゥロンク	trunk, suitcase ト**ラ**ンク, **ス**ートケイス
(車の)	**트렁크** トゥロンク	trunk ト**ラ**ンク
とらんぷ **トランプ** toranpu	**트럼프** トゥロムプ	cards **カ**ーヅ
とらんぺっと **トランペット** toranpetto	**트럼펫** トゥロムペッ	trumpet ト**ラ**ンペト
とり **鳥** tori	**새** セ	bird, fowl, chicken **バ**ード, **ファ**ウル, **チ**キン

日	韓	英
とりあえず **取り敢えず** toriaezu	**우선**(于先) ウソン	for now フォ **ナ**ウ
（第一に）	**먼저** モンジョ	first of all **ファースト** オヴ **オール**
とりあげる **取り上げる** toriageru	**집어 들다** †チボ †トゥルダ	take up **テイク ア**プ
（奪う）	**몰수**(沒収)**하다，빼앗다** モルッスハダ, ッペアッタ	take away **テイク ア**ウェイ
（採用）	**받아들이다** †パダドゥリダ	adopt ア**ダ**プト
とりあつかい **取り扱い** toriatsukai	**취급**(取扱) チュィグプ	handling，treatment **ハ**ンドリング，**ト**リートメント
とりあつかう **取り扱う** toriatsukau	**다루다，취급**(取扱)**하다** †タルダ, チュィグパダ	handle, treat **ハ**ンドル，**ト**リート
（人を）	**대우**(待遇)**하다，접대**(接待)**하다** †テウハダ, †チョプテハダ	treat **ト**リート
（事を）	**다루다** †タルダ	handle **ハ**ンドル
とりいれる **取り入れる** toriireru	**수확**(収穫)**하다** スファカダ	harvest **ハ**ーヴェスト
（受け入れる）	**거두어들이다，받아들이다** †コドゥオドゥリダ, †パダドゥリダ	adopt ア**ダ**プト
とりえ **取り柄** torie	**쓸모，장점**(長点) ッスルモ, †チャンッチョム	merit **メ**リト
とりお **トリオ** torio	**트리오** トゥリオ	trio **ト**リーオウ
とりかえす **取り返す** torikaesu	**되찾다，만회**(挽回)**하다** †トェチャッタ, マンフェハダ	take back, recover **テイク バ**ク, リ**カ**ヴァ

日	韓	英
とりかえる **取り替える** torikaeru	바꾸다, 교환(交換)하다 †パックダ, †キョファンハダ	exchange, replace イクスチェインヂ, リプレイス
とりくむ **取り組む** torikumu	맞붙다, 싸우다 マップッタ, ッサウダ	tackle タクル
とりけす **取り消す** torikesu	취소(取消)하다 チュイソハダ	cancel キャンセル
とりしまりやく **取締役** torishimariyaku	중역(重役), 이사(理事) †チュンヨク, イサ	director ディレクタ
とりしまる **取り締まる** torishimaru	단속(団束)하다, 관리(管理)하다 †タンソカダ, †クワルリハダ	control, regulate コントロウル, レギュレイト
とりしらべ **取り調べ** torishirabe	조사(調査), 취조(取調) †チョサ, チュイジョ	examination イグザミネイション
とりしらべる **取り調べる** torishiraberu	조사(調査)하다, 취조(取調)하다, 신문(訊問)하다 †チョサハダ, チュイジョハダ, シンムンハダ	investigate, inquire インヴェスティゲイト, インクワイア
とりだす **取り出す** toridasu	꺼내다, 끄집어내다 ッコネダ, ックジボネダ	take out テイク アウト
とりたてる **取り立てる** toritateru	거두다, 징수(徴収)하다 †コドゥダ, †チンスハダ	collect コレクト
とりっく **トリック** torikku	트릭 トゥリク	trick トリク
とりつける **取り付ける** toritsukeru	달다, 설치(設置)하다 †タルダ, ソルチハダ	install インストール
とりにく **鶏肉** toriniku	닭고기 †タクコギ	chicken チキン
とりのぞく **取り除く** torinozoku	없애다, 제거(除去)하다 オプセダ, †チェゴハダ	remove リムーヴ

日	韓	英
とりひき(する) **取引(する)** torihiki (suru)	**거래**(去来)**(하다)** †コレ(ハダ)	deal; deal with **ディ**ール, **ディ**ール ウィズ
どりぶる **ドリブル** doriburu	**드리블** †トゥリブル	dribble ド**リ**ブル
とりぶん **取り分** toribun	**몫** モク	share **シェ**ア
とりまく **取り巻く** torimaku	**둘러싸다, 에워싸다** †トゥルロッサダ, エウォッサダ	surround サ**ラ**ウンド
とりみだす **取り乱す** torimidasu	**어지르다, 흩뜨리다** オジルダ, フットゥリダ	(be) confused (ビ) コン**フュー**ズド
とりもどす **取り戻す** torimodosu	**되찾다, 회복**(回復)**하다** †トェチャッタ, フェボカダ	take back, recover **テ**イク **バ**ク, リ**カ**ヴァ
とりやめる **取り止める** toriyameru	**중지**(中止)**하다, 그만두다** †チュンジハダ, †クマンドゥダ	cancel, call off **キャ**ンセル, **コ**ール **オ**ーフ
どりょく **努力** doryoku	**노력**∗**(하다)** ノリョク(ハダ)	effort; make an effort **エ**フォト, **メ**イク アン **エ**フォト
とりよせる **取り寄せる** toriyoseru	**끌어당기다, 주문**(注文)**하다** ックロダンギダ, †チュムンハダ	order **オ**ーダ
どりる **ドリル** doriru	**드릴** †トゥリル	drill ド**リ**ル
(練習問題)	**드릴** †トゥリル	drill ド**リ**ル
とりわける **取り分ける** toriwakeru	**나누다, 갈라놓다** ナヌダ, †カルラノタ	distribute, serve ディスト**リ**ビュート, **サ**ーヴ
とる **捕[獲]る** toru	**잡다, 체포**(逮捕)**하다** †チャプタ, チェポハダ	catch, capture **キャ**チ, **キャ**プチャ
とる **採る** toru	**뽑다, 채용**(採用)**하다** ッポプタ, チェヨンハダ	adopt, take ア**ダ**プト, **テ**イク

日	韓	英
（採集）	채집(採集)하다 チェジパダ	gather, pick **ギャ**ザ, ピク
とる **取る** toru	잡다, 들다 †チャプタ, †トゥルダ	take, hold テイク, **ホ**ウルド
（受け取る）	받다 †パッタ	get, receive **ゲ**ト, リ**スィ**ーヴ
（除去）	벗다 †ポッタ	take off, remove テイク **オ**ーフ, リ**ムー**ヴ
（盗む）	훔치다 フムチダ	steal, rob ス**ティ**ール, **ラ**プ
どれ **どれ** dore	어느 것 オヌ †コッ	which (ホ)**ウィ**チ
とれーど **トレード** toreedo	트레이드 トゥレイドゥ	trading ト**レ**イディング
とれーなー **トレーナー** （コーチ） toreenaa	트레이너 トゥレイノ	trainer ト**レ**イナ
（衣服）	운동복(運動服) ウンドンボク	sweat shirt ス**ウェ**ト **シャ**ート
どれす **ドレス** doresu	드레스 †トゥレス	dress **ド**レス
どれっしんぐ **ドレッシング** doresshingu	드레싱 †トゥレシン	dressing **ド**レスィング
どれほど **どれ程** dorehodo	어느 정도(程度), 얼마나 オヌ †チョンド, オルマナ	how **ハ**ウ
とれる **取れる** toreru	받다, 나오다 †パッタ, ナオダ	(be) got (ビ) **ガ**ト
（脱落）	빠지다, 떨어지다 ッパジダ, ットロジダ	come off **カ**ム **オ**フ

日	韓	英
(得られる)	산출(産出)**되다**, 수확(収穫)**되다** サンチュルドェダ, スファクドェダ	(be) produced (ビ) プロ**デュ**ースト
どろ **泥** doro	진흙, 흙 †チヌク, フク	mud, dirt **マ**ド, **ダ**ート
とろう **徒労** torou	헛수고 ホッスゴ	vain effort **ヴェ**イン **エ**フォト
どろどろの **どろどろの** dorodorono	흐물흐물한 フムルフムルハン	muddy **マ**ディ
どろぼう **泥棒** dorobou	도둑 †トドゥク	thief, burglar ス**ィ**ーフ, **バ**ーグラ
どわすれする **度忘れする** dowasuresuru	깜빡 잊다 ッカムッパク イッタ	slip from *one's* memory ス**リ**プ フラム **メ**モリ
とんかつ **豚カツ** tonkatsu	돈가스, 포크커틀릿 †トンッカス, ポクコトゥルリッ	pork cutlet **ポ**ーク **カ**トレト
どんかんな **鈍感な** donkanna	둔감＊한 †トゥンガムハン	stupid, dull ス**テュ**ーピド, **ダ**ル
とんでもない **とんでもない** (思いもかけない) tondemonai	터무니 없다, 당(当)치도 않다 トムニ オプタ, †タンチド アンタ	surprising, shocking サプ**ラ**イズィング, **シャ**キング
(大変な)	터무니없다, 당(当)치 않다 トムニオプタ, †タンチ アンタ	awful, terrible **オ**ーフル, **テ**リブル
どんな **どんな** donna	어떤, 어떠한 オットン, オットハン	what (ホ)**ワ**ト
とんねる **トンネル** tonneru	터널 トノル	tunnel **タ**ネル
とんぼ **蜻蛉** tonbo	잠자리 †チャムジャリ	dragonfly ド**ラ**ゴンフライ
どんよく **貪欲** don-yoku	탐욕(貪欲) タミョク	greed グ**リ**ード

日	韓	英

な, ナ

な **名** na	**이름** イルム	name ネイム
(名称)	**명칭**(名称) ミョンチン	name ネイム
(姓名)	**성명**(姓名) ソンミョン	full name フル ネイム
なーばすな **ナーバスな** naabasuna	**신경질적**(神経質的)**인** シンギョンジルジョギン	nervous ナーヴァス
ない **無い** nai	**없다** オプタ	there is no ゼア イズ ノウ
ないーぶな **ナイーブな** naiibuna	**나이브한** ナイブハン	naive ナーイーヴ
ないか **内科** naika	**내과**＊ ネックヮ	internal medicine インターナル メディスィン
～医	**내과**＊ **의사**(医師) ネックヮ ウィサ	physician フィズィシャン
ないかく **内閣** naikaku	**내각**＊ ネガク	Cabinet, Ministry キャビネト, ミニストリ
ないこうてきな **内向的な** naikoutekina	**내향적**＊**인**, **내성적**(内省的)**인** ネヒャンジョギン, ネソンジョギン	introverted イントロヴァーテド
ないしょ **内緒** naisho	**비밀**(秘密) †ピミル	secret スィークレト
ないしん **内心** naishin	**내심**＊ ネシム	*one's* mind, *one's* heart マインド, ハート
ないせい **内政** naisei	**내정**＊ ネジョン	domestic affairs ドメスティク アフェアズ

日	韓	英
ないせん **内戦** naisen	**내전**＊ ネジョン	civil war スィヴィル ウォー
ないぞう **内臓** naizou	**내장**＊ ネジャン	internal organs インターナル オーガンズ
ないたー **ナイター** naitaa	**야간**（夜間）**경기**（競技） ヤガン †キョンギ	night game ナイト ゲイム
ないてい(する) **内定(する)** naitei (suru)	**내정**＊**(되다)** ネジョン(ドェダ)	unofficial decision アナフィシャル ディスィ ジョン
ないふ **ナイフ** naifu	**나이프** ナイプ	knife ナイフ
ないぶ **内部** naibu	**내부**＊ ネブ	inside インサイド
ないふくやく **内服薬** naifukuyaku	**내복약**＊ ネボンニャク	internal medicine インターナル メディスィン
ないめん **内面** naimen	**내면**＊ ネミョン	inside インサイド
ないよう **内容** naiyou	**내용**＊ ネヨン	contents カンテンツ
ないらん **内乱** nairan	**내란**＊ ネラン	civil war スィヴィル ウォー
ないろん **ナイロン** nairon	**나일론** ナイルロン	nylon ナイラン
なえ **苗** nae	**모종**（種） モジョン	seedling スィードリング
なおさら **尚更** naosara	**더욱 더** †トウク †ト	still more スティル モー
なおす **直す**　（正しくする） naosu	**고치다** †コチダ	correct, reform コレクト, リフォーム

日	韓	英
（修理）	수선(修繕)하다, 수리(修理)하다 スソンハダ, スリハダ	mend, repair メンド, リペア
なおす 治す naosu	고치다 †コチダ	cure キュア
なおる 直る naoru	바로잡히다 †パロジャピダ	(be) corrected (ビ) コレクテド
（修理して）	고쳐지다 †コチョジダ	(be) repaired (ビ) リペアド
なおる 治る naoru	낫다 ナッタ	get well ゲト ウェル
なか 中 naka	안, 속 アン, ソク	inside インサイド
なか 仲 naka	사이 サイ	relations リレイションズ
ながい 長い nagai	길다 †キルダ	long ローング
ながいき（する） 長生き（する） nagaiki (suru)	장수(長壽)(하다) †チャンス(ハダ)	long life; live long ローング ライフ, リヴ ローング
ながぐつ 長靴 nagagutsu	장화* †チャンファ	boots ブーツ
ながさ 長さ nagasa	길이 †キリ	length レングス
ながす 流す （水などを） nagasu	흘리다 フルリダ	pour, drain ポー, ドレイン
（物を）	떠돌다, 떠내려가다 ットドルダ, ットネリョガダ	float フロウト
ながそで 長袖 nagasode	긴소매 †キンソメ	long sleeve ローング スリーヴ

日	韓	英
なかなおり（する） **仲直り（する）** nakanaori (suru)	화해(和解)(하다) ファヘ(ハダ)	reconciliation; reconcile with レコンスィリエイション, レコンサイル ウィズ
なかなか **中々** nakanaka	좀처럼 †チョムチョロム	very, quite ヴェリ, クワイト
（かなり）	상당(相当)히, 꽤 サンダンヒ, ックェ	rather, pretty ラザ, プリティ
ながねん **長年** naganen	오랜 세월(歳月), 오랫동안 オレン セウォル, オレットンアン	for years フォ イアズ
なかば **半ば** nakaba	절반(折半), 반(半)쯤, 중간 (中間) †チョルバン, †パンッチュム, †チュンガン	half ハフ
（いくぶん）	부분적(部分的)으로, 어느 정 도(程度) †ププンチョグロ, オヌ †チョンド	partly パートリ
（途中）	도중(途中)에 †トジュンエ	half ハフ
（中旬）	중순(中旬)에 †チュンスネ	middle ミドル
ながびく **長引く** nagabiku	오래 끌다, 지연(遅延)되다 オレ ックルダ, †チヨンドェダ	(be) prolonged (ビ) プロロングド
なかま **仲間** nakama	친구(親旧), 동료(同僚) チング, †トンニョ	friend, comrade フレンド, カムラド
（同類）	동류(同類), 같은 종류(種類) †トンニュ, †カットゥン †チョンリュ	same kind セイム カインド
なかみ **中身** nakami	내용(内容), 알맹이 ネヨン, アルメンイ	contents, substance カンテンツ, サブスタンス
ながめ **眺め** nagame	경치(景致), 전망(展望) †キョンチ, †チョンマン	view ヴュー

日	韓	英
ながめる **眺める** （見渡す） nagameru	전망(展望)하다, 바라보다 †チョンマンハダ, †パラボダ	see, look at スィー, ルク アト
ながもちする **長持ちする** nagamochisuru	오래 가다 オレ †カダ	(be) durable (ビ) デュアラブル
なかゆび **中指** nakayubi	중지*, 가운뎃손가락 †チュンジ, †カウンデッソンッカラク	middle finger ミドル フィンガ
なかよし **仲良し** nakayoshi	친(親)한 친구(親旧), 단짝 チンハン チング, †タンッチャク	close friend, chum クロウス フレンド, チャム
ながれ **流れ** nagare	흐름 フルム	stream, current ストリーム, カーレント
（時の）	흐름 フルム	passage パスィヂ
ながればし **流れ星** nagareboshi	유성(流星) ユソン	shooting star シューティング スター
ながれる **流れる** nagareru	흐르다, 흘러가다 フルダ, フルロガダ	flow, run フロウ, ラン
（時が）	지나다, 경과(経過)하다 †チナダ, †キョングヮハダ	pass パス
なきごえ **泣き声** nakigoe	울음소리, 우는 소리 ウルムッソリ, ウヌン ソリ	cry クライ
なきごえ **鳴き声** nakigoe	울음소리, 짖는 소리 ウルムッソリ, †チンヌン ソリ	twitter, bark トゥィタ, バーク
なきむし **泣き虫** nakimushi	울보 ウルボ	crybaby クライベイビ
なく **泣く** naku	울다 ウルダ	cry, weep クライ, ウィープ
なく **鳴く** naku	울다 ウルダ	cry クライ

日	韓	英
（犬が）	울다, 짖다 ウルダ, †チッタ	bark バーク
（小鳥が）	울다 ウルダ	sing スィング
（猫が）	울다 ウルダ	mew ミュー
なぐさめる **慰める** nagusameru	위로(慰労)하다, 달래다 ウィロハダ, †タルレダ	console, comfort コンソウル, カンファト
なくす **無[失]くす** nakusu	잃다 イルタ	lose ルーズ
なくなる **亡くなる** nakunaru	돌아가시다, 죽다 †トラガシダ, †チュクタ	die; pass away ダイ, パス アウェイ
なくなる **無[失]くなる** nakunaru	없어지다, 떨어지다 オプソジダ, ットロジダ	get lost ゲト ロースト
（消滅）	소멸(消滅)되다 ソミョルドェダ	disappear ディサピア
（尽きる）	다하다, 떨어지다 †タハダ, ットロジダ	run short ラン ショート
なぐる **殴る** naguru	때리다, 치다 ッテリダ, チダ	strike, beat ストライク, ビート
なげき **嘆き** nageki	탄식(歎息), 한탄(恨歎) タンシク, ハンタン	sorrow, grief サロウ, グリーフ
なげく **嘆く** nageku	탄식(歎息)하다, 한탄(恨歎) 하다 タンシカダ, ハンタンハダ	lament, grieve ラメント, グリーヴ
なげすてる **投げ捨てる** nagesuteru	내버리다 ネボリダ	throw away スロウ アウェイ
なげる **投げる** nageru	던지다 †トンジダ	throw, cast スロウ, キャスト

日	韓	英
（放棄）	단념(断念)하다 †タンニョムハダ	give up ギヴ アプ
なごやかな **和やかな** nagoyakana	부드러운, 화목(和睦)한 †プドゥロウン, ファモカン	peaceful, friendly ピースフル, フレンドリ
なごり **名残** nagori	흔적(痕跡), 자취 フンジョク, †チャチュイ	trace, vestige トレイス, ヴェスティヂ
なさけ **情け** nasake	정(情), 인정(人情) †チョン, インジョン	sympathy スィンパスィ
（哀れみ）	연민(憐憫) ヨンミン	pity ピティ
（慈悲）	자비(慈悲) †チャビ	mercy マースィ
（親切）	친절(親切) チンジョル	kindness カインドネス
なさけない **情け無い** nasakenai	한심(寒心)하다, 비참(悲惨) 하다 ハンシムハダ, †ピチャムハダ	miserable, lamen- table ミゼラブル, ラメンタブル
なし **梨** nashi	배 †ペ	pear ペア
なしとげる **成し遂げる** nashitogeru	완수(完遂)하다, 해내다 ワンスハダ, ヘネダ	accomplish アカンプリシュ
なじむ **馴染む** najimu	익숙해지다, 친숙(親熟)해지 다 イクスケジタ, チンスケジタ	(become) attached to (ビカム) アタチト トゥ
なじる **詰る** najiru	따지다, 힐책(詰責)하다 ッタジダ, ヒルチェカダ	rebuke, blame リビューク, ブレイム
なす **茄子** nasu	가지 †カジ	eggplant, auber- gine エグプラント, オウバジーン
なぜ **何故** naze	왜 ウェ	why (ホ)ワイ

日	韓	英
なぜなら **何故なら** nazenara	**왜냐하면** ウェニャハミョン	because, for ビコーズ, **フォー**
なぞ **謎** nazo	**수수께끼** ススッケッキ	riddle, mystery **リ**ドル, **ミ**スタリ
なだかい **名高い** nadakai	**유명**(有名)**하다** ユミョンハダ	famous, well-known **フェ**イマス, **ウェ**ルノウン
なだめる **なだめる** nadameru	**달래다** †タルレダ	calm, soothe **カー**ム, **スー**ズ
なだらかな **なだらかな** nadarakana	**완만**(緩慢)**한** ワンマンハン	gentle **ヂェ**ントル
なだれ **雪崩** nadare	**눈사태**(沙汰) ヌンサテ	avalanche **ア**ヴァランチ
なつ **夏** natsu	**여름** ヨルム	summer **サ**マ
なついん(する) **捺印(する)** natsuin (suru)	**날인**＊(**하다**) ナリン(ハダ)	seal **スィー**ル
なつかしい **懐かしい** natsukashii	**그립다** †クリプタ	good old, dear **グ**ド **オ**ウルド, **ディ**ア
なつかしむ **懐かしむ** natsukashimu	**그리워하다** †クリウォハダ	long for **ロー**ング フォ
なづける **名付ける** nazukeru	**이름을 짓다, 명명**(命名)**하 다** イルムル †チッタ, ミョンミョンハダ	name, call **ネ**イム, **コー**ル
なっとく(する) **納得(する)** nattoku (suru)	**납득**＊(**하다**) ナプトゥク(ハダ)	consent コン**セ**ント
なつめ **棗** natsume	**대추**(**나무**) †テチュ(ナム)	jujube **ヂュー**ヂューブ
なでしこ **撫子** nadeshiko	**패랭이꽃** ペレンイッコッ	pink **ピ**ンク

日	韓	英
なでる **撫でる** naderu	어루만지다, 쓰다듬다 オルマンジタ, ッスダドゥムッタ	stroke, pat ストロウク, パト
など **等** nado	등* †トゥン	and so on アンド ソウ オン
なとりうむ **ナトリウム** natoriumu	나트륨 ナトゥリュム	sodium ソウディアム
ななめの **斜めの** nanameno	경사(傾斜)진, 비스듬한 †キョンサジン, †ビスドゥムハン	slant, oblique スラント, オブリーク
なに **何** nani	무엇 ムオッ	what (ホ)ワト
(聞き返し)	뭐라고 ? ムォラゴ?	What? (ホ)ワト
なにか **何か** nanika	뭔가, 무엇인가 ムォンガ, ムオシンガ	something サムスィング
なにも **何も** nanimo	아무것도 アムゴット	nothing, no ナスィング, ノウ
なにより **何より** naniyori	무엇보다, 제일(第一) ムオッポダ, †チェイル	above all アバヴ オール
なびげーたー **ナビゲーター** nabigeetaa	내비게이터 ネビゲイト	navigator ナヴィゲイタ
なぷきん **ナプキン** napukin	냅킨 ネプキン	napkin ナプキン
(生理用)	생리대(生理帯) センニデ	sanitary napkin サニテリ ナプキン
なべ **鍋** nabe	냄비 ネムビ	pan パン
なま(の) **生(の)** nama (no)	생* セン	raw ロー

日	韓	英
なまあたたかい **生暖かい** namaatatakai	미적지근하다 ミジョクチグンハダ	uncomfortably warm アンカムフォタブリ ウォーム
なまいきな **生意気な** namaikina	건방진, 주제넘는 コンバンジン, †チュジェノムムヌン	insolent, saucy インソレント, ソースィ
なまえ **名前** namae	이름 イルム	name ネイム
なまぐさい **生臭い** namagusai	비린내 나다 †ピリンネ ナダ	fishy フィシ
なまけもの **怠け者** namakemono	게으름뱅이 †ケウルムペンイ	lazy person レイズィ パースン
なまける **怠ける** namakeru	게으름 피우다 †ケウルム ピウダ	(be) idle (ビ) アイドル
なまこ **海鼠** namako	해삼(海参) ヘサム	sea cucumber スィー キューカンバ
なまなましい **生々しい** namanamashii	생생하다 センセンハダ	fresh, vivid フレシュ, ヴィヴィド
なまぬるい **生ぬるい**（温度が） namanurui	미적지근하다 ミジョクチグンハダ	lukewarm ルークウォーム
なまびーる **生ビール** namabiiru	생맥주(生麦酒) センメクチュ	draft beer ドラフト ビア
なまほうそう **生放送** namahousou	생방송＊ センバンソン	live broadcast ライヴ ブロードキャスト
なまもの **生物** namamono	날것, 생(生)것 ナルゴッ, センゴッ	uncooked food アンククト フード
なまり **鉛** namari	납 ナプ	lead リード
なみ **波** nami	파도(波涛) パド	wave ウェイヴ

日	韓	英
なみ(の) **並(の)** nami (no)	보통(普通)(의), 중간(中間)(의) †ポトン(エ), †チュンガン(エ)	ordinary, common **オ**ーディネリ, **カ**モン
なみだ **涙** namida	눈물 ヌンムル	tears **ティ**アズ
～を流す	눈물을 흘리다 ヌンムルル フルリダ	shed tears **シェ**ド **ティ**アズ
なみはずれた **並外れた** namihazureta	보통(普通)이 아닌, 뛰어난 †ポトンイ アニン, ットゥィオナン	extraordinary イクスト**ロー**ディネリ
なめらかな **滑らかな** namerakana	매끈매끈한 メックンメックンハン	smooth ス**ムー**ズ
(文章や会話が)	유창(流暢)한 ユチャンハン	smooth ス**ムー**ズ
なめる **舐める** nameru	핥다, 빨다 ハルッタ, ッパルダ	lick, lap **リ**ク, **ラ**プ
(侮る)	깔보다, 얕보다 ッカルボダ, ヤッポダ	despise ディス**パ**イズ
なやます **悩ます** nayamasu	괴롭히다 †クェロピダ	torment, worry **トー**メント, **ワー**リ
(頭を)	골치를 앓다, 머리를 썩이다, 고민(苦悶)하다 †コルチルル アルタ, モリルル ッソギダ, †コミンハダ	torment, worry **トー**メント, **ワー**リ
(心を)	괴롭히다 †クェロピダ	torment, worry **トー**メント, **ワー**リ
なやみ **悩み** nayami	고민(苦悶), 괴로움 †コミン, †クェロウム	anxiety, worry アング**ザ**イエティ, **ワー**リ
なやむ **悩む** nayamu	고민(苦悶)하다, 괴로워하다 †コミンハダ, †クェロウォハダ	suffer from **サ**ファ フラム

日	韓	英
ならう **習う** narau	배우다, 익히다 †ペウダ, イキダ	learn **ラーン**
ならす **慣らす** narasu	길들이다 †キルドゥリダ	accustom アカスタム
ならす **鳴らす** narasu	울리다, 소리를 내다 ウルリダ, ソリルル ネダ	sound, ring **サ**ウンド, **リ**ング
ならぶ **並ぶ** narabu	늘어서다, 줄 서다 ヌロソダ, †チュル ソダ	line up **ラ**イン ア**プ**
ならべる **並べる** naraberu	늘어놓다, 나란히 하다 ヌロノタ, ナランヒ ハダ	arrange アレインヂ
(列挙)	열거(列挙)하다 ヨルゴハダ	enumerate イ**ニュー**メイト
ならわし **習わし** narawashi	풍습(風習), 습관(習慣) プンスプ, スプクヮン	custom **カ**スタム
(慣例)	관례(慣例) †クヮルレ	custom **カ**スタム
なりきん **成り金** narikin	벼락부자(富者), 졸부(猝富) †ピョラクプジャ, †チョルプ	upstart **ア**プスタート
なりたち **成り立ち** naritachi	구성 요소(構成要素) †クソン ヨソ	formation フォー**メ**イション
(起源)	기원(起源), 근원(根源) †キウォン, †クヌォン	origin **オ**ーリヂン
なりたつ **成り立つ** naritatsu	이루어지다, 성립(成立)되다 イルオジダ, ソンニプテェダ	consist of コン**スィ**スト オヴ
(実現)	실현(実現)되다 シルヒョンドェダ	(be) realized (ビ) リー**ア**ライズド
なりゆき **成り行き** nariyuki	경과(経過), 과정(過程) †キョングヮ, †クヮジョン	course of **コ**ース オヴ

な

日	韓	英
なる **成る** naru	되다, 이루어지다 †トェダ, イルオジダ	become ビカム
なる **生る** naru	열리다, 맺히다 ヨルリダ, メチダ	grow, bear グロウ, ベア
なる **鳴る** naru	울리다, 소리가 나다 ウルリダ, ソリガ ナダ	sound, ring サウンド, リング
なるべく **なるべく** narubeku	되도록 이면, 가능(可能)한 한 †トェドロギミョン, †カヌンハン ハン	if possible イフ パスィブル
なるほど **なるほど** naruhodo	과연(果然), 정(正)말 †クヮヨン, †チョンマル	indeed インディード
なれーしょん **ナレーション** nareeshon	내레이션 ネレイション	narration ナレイション
なれーたー **ナレーター** nareetaa	내레이터 ナレイト	narrator ナレイタ
なれなれしい **馴れ馴れしい** narenareshii	친숙(親熟)하다, 허물없다 チンスカダ, ホムロプタ	too familiar トゥー ファミリャ
なれる **慣れる** nareru	익숙해지다, 길들다 イクスケジダ, †キルドゥルダ	get used to ゲト ユースト トゥ
なわ **縄** nawa	새끼, 줄 セッキ, †チュル	rope ロウプ
〜跳び	줄넘기 †チュルロムッキ	jump rope チャンプ ロウプ
なわばり **縄張り** nawabari	세력권(勢力圏) セリョククォン	territory テリトーリ
なんかい(な) **難解(な)** nankai (na)	난해*(한) ナンヘ(ハン)	very difficult ヴェリ ディフィカルト
なんきょく **南極** nankyoku	남극* ナムグク	South Pole サウス ポウル

日	韓	英
なんこう **軟膏** nankou	**연고**＊ ヨンゴ	ointment **オ**イントメント
なんせい **南西** nansei	**남서**＊(쪽) ナムソ(ッチョク)	southwest サウス**ウェ**スト
ナンセンス nansensu	**넌센스** ノンセンス	nonsense **ナ**ンセンス
なんとう **南東** nantou	**남동**＊(쪽) ナムドン(ッチョク)	southeast サウス**イー**スト
ナンバー nanbaa	**넘버** ノムボ	number **ナ**ンバ
～**プレート**	**번호판**(番号板) †ポノパン	license plate **ラ**イセンス プ**レ**イト
なんばーわん **ナンバーワン** nanbaawan	**넘버원** ノムボウォン	number one **ナ**ンバ **ワ**ン
なんびょう **難病** nanbyou	**난치병**(難治病) ナンチピョン	incurable disease イン**キュ**アラブル ディ **ズィー**ズ
なんぴょうよう **南氷洋**　(南極海) nanpyouyou	**남극해**(南極海) ナムグケ	Antarctic Ocean アン**ター**クティク **オ**ウシャ ン
なんぶ **南部** nanbu	**남부**＊ ナムブ	southern part **サ**ザン **パ**ート
なんぼく **南北** nanboku	**남북**＊ ナムブク	north and south **ノ**ース アンド **サ**ウス
なんみん **難民** nanmin	**난민**＊ ナンミン	refugee レフュ**ヂー**

に, ニ

に **荷** ni	**짐** †チム	load **ロ**ウド

日	韓	英
にあう **似合う** niau	어울리다 オウルリダ	become, suit ビカム, スート
にえきらない **煮え切らない** niekiranai	애매(曖昧)하다, 분명(分明) 하지 않다 エメハダ, †ブンミョンハジ アンタ	vague, irresolute ヴェイグ, イレゾルート
にえる **煮える** nieru	삶아지다, 익다 サルマジダ, イクタ	boil ボイル
におい **匂い** nioi	냄새 ネムセ	smell, odor スメル, **オ**ウダ
におう **臭う** niou	냄새가 나다, 악취(悪臭)가 나다 ネムセガ ナダ, アクチュィガ ナダ	stink スティンク
におう **匂う** niou	향내가 나다 ヒャンネガ ナダ	smell スメル
にかい **二階** nikai	이층(二層) イチュン	second floor セコンド フロー
にがい **苦い** nigai	쓰다, 씁쓸하다 ッスダ, ッスプスルハダ	bitter ビタ
にがす **逃がす** nigasu	놓아주다 ノアジュダ	let go, set free レト ゴウ, セト フリー
(取り逃がす)	놓치다 ノチダ	let escape, miss レト イスケイプ, ミス
にがつ **二月** nigatsu	이월* イウォル	February フェブルエリ
にがてである **苦手である** nigatedearu	질색(窒塞)이다, 서투르다 †チルッセギダ, ソトゥルダ	(be) weak in (ビ) **ウ**ィーク イン
にかよう **似通う** nikayou	서로 닮다, 비슷하다 ソロ †タムッタ, †ビスタダ	resemble リゼンブル
にがわらい **苦笑い** nigawarai	쓴웃음 ッスヌスム	bitter smile ビタ スマイル

日	韓	英
～する	쓴웃음을 짓다 ッスヌスムル チッタ	smile bitterly スマイル ビタリ
にきび **にきび** nikibi	여드름 ヨドゥルム	pimple ピンプル
にぎやかな **賑やかな** nigiyakana	북적거리는, 떠들썩한 プクチョクコリヌン, ットゥルッソカン	crowded, busy クラウデド, ビズィ
(活気のある)	활기(活気)찬 ファルギチャン	lively ライヴリ
(騒がしい)	떠들썩한, 요란(擾乱)한 ットゥルッソカン, ヨランハン	noisy ノイズィ
にぎる **握る** nigiru	잡다, 쥐다 チャプタ, チュイダ	grasp グラスプ
にぎわう **賑わう** nigiwau	활기(活気)차다, 떠들썩하다 ファルギチャダ, ットゥルッソカダ	(be) crowded (ビ) クラウデド
にく **肉** niku	고기 コギ	flesh, meat フレシュ, ミート
にくい **憎い** nikui	밉다, 싫다 ミプタ, シルタ	hateful, detestable ヘイトフル, ディテスタブル
にくがん **肉眼** nikugan	육안* ユガン	naked eye ネイキド アイ
にくしみ **憎しみ** nikushimi	미움, 증오(憎悪) ミウム, チュンオ	hatred ヘイトレド
にくしん **肉親** nikushin	육친* ユクチン	near relatives ニア レラティヴズ
にくたい **肉体** nikutai	육체* ユクチェ	body, flesh バディ, フレシュ
～労働	육체노동(肉体労働) ユクチェノドン	physical labor フィズィカル レイバ

日	韓	英
にくむ **憎む** nikumu	미워하다, 증오(憎悪)하다 ミウォハダ, †チュンオハダ	hate ヘイト
にくや **肉屋** nikuya	정육점(精肉店) †チョンユクチョム	meat shop ミート シャプ
にくらしい **憎らしい** nikurashii	얄밉다, 밉살스럽다 ヤルミプタ, ミプサルスロプタ	hateful, detestable ヘイトフル, ディテスタブル
にげる **逃げる** nigeru	도망(逃亡)가다, 달아나다 †トマンガダ, †タラナダ	run away, escape ラン アウェイ, イスケイプ
(回避する)	회피(回避)하다 フェピハダ	escape イスケイプ
にごす **濁す** nigosu	탁(濁)하게 하다, 흐리게 하다 タカゲ ハダ, フリゲ ハダ	make muddy メイク マディ
にこにこする **にこにこする** nikonikosuru	싱글벙글하다 シングルボングルハダ	smile, beam スマイル, ビーム
にごる **濁る** nigoru	탁(濁)해지다, 흐려지다 タケジダ, フリョジダ	(become) muddy (ビカム) マディ
にさんかたんそ **二酸化炭素** nisankatanso	이산화탄소* イサンファタンソ	carbon dioxide カーボン ダイアクサイド
にし **西** nishi	서*쪽 ソッチョク	west ウェスト
にじ **虹** niji	무지개 ムジゲ	rainbow レインボウ
にじほうていしき **二次方程式** nijihouteishiki	이차 방정식* イチャ †パンジョンシク	quadratic equation クワドラティク イクウェイジョン
にじむ **滲む** nijimu	번지다, 배다, 스미다 †ポンジダ, †ペダ, スミダ	blot ブラト
にじゅう **二重** nijuu	이중* イジュン	double, dual ダブル, デュアル

日	韓	英
にしん **鰊** nishin	**청어**(青魚) チョンオ	herring ヘリング
にせ **偽** nise	**가짜, 모조**(模造) †カッチャ, モジョ	imitation イミテイション
にせい **二世** nisei	**이세*** イセ	second generation セカンド ヂェネレイション
(王室)	**이세*** イセ	second セカンド
にせもの **偽物** nisemono	**가짜, 모조품**(模造品) †カッチャ, モジョプム	imitation, counter-feit イミテイション, カウンタフィト
にちじ **日時** nichiji	**일시***, **시일**(時日) イルッシ, シイル	time, date タイム, デイト
にちじょう(の) **日常(の)** nichijou (no)	**일상***(의) イルッサン(エ)	daily デイリ
にちぼつ **日没** nichibotsu	**일몰*** イルモル	sunset サンセト
にちや **日夜** nichiya	**밤낮** †パムナッ	night and day ナイト アンド デイ
にちようび **日曜日** nichiyoubi	**일요일*** イリョイル	Sunday サンデイ
にちようひん **日用品** nichiyouhin	**일용품*** イリョンプム	daily necessaries デイリ ネセセリズ
にっか **日課** nikka	**일과*** イルグヮ	daily work デイリ ワーク
にっき **日記** nikki	**일기*** イルギ	diary ダイアリ

日	韓	英
にっきゅう **日給** nikkyuu	**일급**＊ イルグナ	day's wage デイズ ウェイヂ
にづくり **荷造り** nizukuri	**짐을 꾸림** †チムル ックリム	packing パキング
〜する	**짐을 꾸리다** †チムル ックリダ	pack パク
にっける **ニッケル** nikkeru	**니켈** ニケル	nickel ニクル
にっこう **日光** nikkou	**일광**＊ イルグァン	sunlight, sunshine サンライト，サンシャイン
にっし **日誌** nisshi	**일지**＊ イルッチ	diary, journal ダイアリ，**チ**ャーナル
にっしゃびょう **日射病** nisshabyou	**일사병**＊ イルッサッピョン	sunstroke サンストロウク
にっしょく **日食** nisshoku	**일식**＊ イルッシク	solar eclipse ソウラ イクリプス
にっすう **日数** nissuu	**일수**＊ イルッス	number of days ナンバ オヴ デイズ
にってい **日程** nittei	**일정**＊ イルッチョン	schedule スケヂュール
にっと **ニット** nitto	**니트** ニトゥ	knit ニト
にっとう **日当** nittou	**일당**＊ イルッタン	daily allowance デイリ アラウアンス
にっぽん **日本** nippon	**일본**＊ イルボン	Japan **チ**ャパン
につめる **煮詰める** nitsumeru	**바짝 졸이다** †パッチャク †チョリダ	boil down ボイル ダウン

日	韓	英
にとうぶん（する） **二等分（する）** nitoubun (suru)	**이등분*(하다)** イドゥンブン(ハダ)	halve ハヴ
になう **担う** ninau	**짊어지다, 메다** †チルモジダ, メダ	carry, bear, take **キャリ**, **ベア**, **テイク**
にぶい **鈍い** nibui	**둔(鈍)하다, 무디다** †トゥンハダ, ムディダ	dull, blunt **ダ**ル, **ブ**ラント
にふだ **荷札** nifuda	**꼬리표(票)** ッコリピョ	tag **タ**グ
にほん **日本** nihon	**일본*** イルボン	Japan ヂャ**パ**ン
～海	**일본해(日本海), 동해(東海)** イルボンへ, †トンへ	Sea of Japan **ス**ィー オヴ ヂャ**パ**ン
～語	**일본어(日本語)** イルボノ	Japanese ヂャパ**ニ**ーズ
～酒	**정종(正宗)** †チョンジョン	*sake* **サ**ーキ
～人	**일본* 사람** イルボン サラム	Japanese ヂャパ**ニ**ーズ
～料理	**일식(日食)** イルッシク	Japanese cooking ヂャパ**ニ**ーズ **ク**キング
にもつ **荷物** nimotsu	**짐** †チム	baggage **バ**ギヂ
にやにやする **にやにやする** niyaniyasuru	**히죽거리다** ヒジュクコリダ	grin **グ**リン
にゅあんす **ニュアンス** nyuansu	**뉘앙스** ニュィアンス	nuance **ニ**ューアーンス

に

日	韓	英
にゅういん（する） **入院（する）** nyuuin (suru)	**入院***（**하다**） イブォン（ハダ）	hospitalization; go to the hospital ハスピタリ**ゼ**イション，**ゴ**ウ トゥ ザ **ハ**スピトル
にゅうか（する） **入荷（する）** nyuuka (suru)	**入荷***（**하다**） イパ（ハダ）	arrival of goods ア**ラ**イヴァル オヴ **グ**ヅ
にゅうかい（する） **入会（する）** nyuukai (suru)	**入会***（**하다**） イプェ（ハダ）	admission; join アド**ミ**ション，**ヂ**ョイン
にゅうがく（する） **入学（する）** nyuugaku (suru)	**入学***（**하다**） イパク（ハダ）	entrance, enter a school **エ**ントランス，**エ**ンタ ア ス**ク**ール
〜金	**입학금**（入学金） イパククム	entrance fee **エ**ントランス **フ**ィー
にゅうがん **乳癌** nyuugan	**유방암**（乳房癌） ユバンアム	breast cancer ブ**レ**スト **キャ**ンサ
にゅうきん（する） **入金（する）** nyuukin (suru)	**入金***（**하다**） イプクム（ハダ）	receipt of money; pay deposit レ**ス**ィート オヴ **マ**ニ，**ペ**イ ディ**パ**ズィト
にゅうこく（する） **入国（する）** nyuukoku (suru)	**入国***（**하다**） イプクク（ハダ）	entry; enter a country **エ**ントリ，**エ**ンタ ア **カ**ントリ
〜管理	**입국 관리**（入国管理） イプクク †クワルリ	immigration イミグ**レ**イション
にゅうさつ（する） **入札（する）** nyuusatsu (suru)	**入札***（**하다**） イプチャル（ハダ）	bid, tender **ビ**ド，**テ**ンダ
にゅうさんきん **乳酸菌** nyuusankin	**유산균*** ユサンギュン	lactobacillus ラクトウパ**ス**ィルス
にゅうし **入試** nyuushi	**입시*** イプシ	entrance examination **エ**ントランス イグザミ**ネ**イション
にゅうしゃ（する） **入社（する）** nyuusha (suru)	**入社***（**하다**） イプサ（ハダ）	join a company **ヂ**ョイン ア **カ**ンパニ

日	韓	英
にゅうしゅ（する） **入手（する）** nyuushu (suru)	**입수**＊**（하다）** イプス（ハダ）	acquisition; get アクウィ**ズィ**ション，**ゲ**ト
にゅうじょう（する） **入場（する）** nyuujou (suru)	**입장**＊**（하다）** イプチャン（ハダ）	entrance; enter, get in **エ**ントランス，**エ**ンタ，**ゲ**ト イン
〜券	**입장권**（入場券） イプチャンックォン	admission ticket アド**ミ**ション **ティ**ケト
〜料	**입장료**（入場料） イプチャンニョ	admission fee アド**ミ**ション **フィ**ー
にゅーす **ニュース** nyuusu	**뉴스** ニュス	news **ニュ**ーズ
〜キャスター	**뉴스캐스터** ニュスケスト	newscaster **ニュ**ーズキャスタ
にゅうせいひん **乳製品** nyuuseihin	**유제품**＊ ユジェプム	dairy products **デ**アリ プ**ラ**ダクツ
にゅうもん（する） **入門（する）** nyuumon (suru)	**입문**＊**（하다）** イムムン（ハダ）	(become) a pupil of （ビカム）ア **ピュ**ーピル オヴ
にゅうよく（する） **入浴（する）** nyuuyoku (suru)	**입욕**＊**（하다）** イビョク（ハダ）	bathing; take a bath **ベ**イズィング，**テ**イク ア **バ**ス
にゅうりょく（する） **入力（する）** nyuuryoku (suru)	**입력**＊**（하다）** イムニョク（ハダ）	input **イ**ンプト
にょう **尿** nyou	**소변**（小便），**오줌** ソビョン，オジュム	urine **ユ**アリン
にら **韮** nira	**부추** †プチュ	leek **リ**ーク
にらむ **睨む** niramu	**노려보다**，**쏘아보다** ノリョボダ，ッソアボダ	glare at グ**レ**ア アト

日	韓	英
にりゅう **二流** niryuu	**이류*** イリュ	second-rate **セカンド**レイト
にる **似る** niru	**닮다, 비슷하다** †タムッタ, †ピスタダ	resemble リ**ゼ**ンブル
にる **煮る** niru	**익히다, 삶다** イキダ, サムッタ	boil, cook **ボ**イル, **ク**ク
にわ **庭** niwa	**뜰, 정원**(庭園) ットゥル, †チョンウォン	garden, yard **ガ**ードン, **ヤ**ード
にわかあめ **俄雨** niwakaame	**소나기** ソナギ	shower **シャ**ウア
にわかに **俄に** niwakani	**별안간**(瞥眼間)**, 갑자기** †ピョランガン, †カプチャギ	suddenly **サ**ドンリ
にわとり **鶏** niwatori	**닭** †タク	fowl, chicken **ファ**ウル, **チ**キン
にんか(する) **認可(する)** ninka (suru)	**인가***(**하다**) インガ(ハダ)	authorization; authorize オーソリ**ゼ**イション, **オ**ーソ ライズ
にんき **人気** ninki	**인기*** インッキ	popularity パピュ**ラ**リティ
にんぎょう **人形** ningyou	**인형*** イニョン	doll **ダ**ル
にんげん **人間** ningen	**인간*** インガン	human being **ヒュ**ーマン ビーイング
にんしき(する) **認識(する)** ninshiki (suru)	**인식***(**하다**) インシク(ハダ)	recognition; recognize レコグ**ニ**ション, **レ**コグナイ ズ
にんじょう **人情** ninjou	**인정*** インジョン	human nature **ヒュ**ーマン **ネ**イチャ

日	韓	英
にんしん(する) **妊娠(する)** ninshin (suru)	**임신**＊(**하다**) イムシン(ハダ)	pregnancy; get pregnant プレグナンスィ, **ゲ**ト プレ**グ**ナント
にんじん **人参** ninjin	**당근** †タングン	carrot **キャ**ロト
にんずう **人数** ninzuu	**인원수**(人員数) イヌォンス	number **ナ**ンバ
にんそう **人相** ninsou	**인상**＊ インサン	physiognomy フィズィ**ア**グノミ
にんたい(する) **忍耐(する)** nintai (suru)	**인내**＊(**하다**) インネ(ハダ)	patience; (be) patient with **ペ**イシェンス, (ビ) **ペ**イシェント ウィズ
にんちしょう **認知症** ninchishou	**치매증** チメジュン	dementia ディ**メ**ンシャ
にんてい(する) **認定(する)** nintei (suru)	**인정**＊(**하다**) インジョン(ハダ)	authorization; authorize オーソリ**ゼ**イション, **オ**ーソライズ
にんにく **にんにく** ninniku	**마늘** マヌル	garlic **ガ**ーリク
にんぷ **妊婦** ninpu	**임산부**(妊産婦) イムサンブ	pregnant woman プレグナント **ウ**マン
にんむ **任務** ninmu	**임무**＊ イムム	duty, office **デ**ューティ, **オ**ーフィス
にんめい(する) **任命(する)** ninmei (suru)	**임명**＊(**하다**) イムミョン(ハダ)	appointment; appoint ア**ポ**イントメント, ア**ポ**イント

ぬ, ヌ

日	韓	英
ぬいぐるみ **縫いぐるみ** nuigurumi	**봉제 인형**(縫製人形) †ポンジェ イニョン	stuffed toy ス**タ**フト **ト**イ

日	韓	英
ぬいめ **縫い目** nuime	솔기 ソルギ	seam スィーム
ぬう **縫う** nuu	꿰매다, 바느질하다 ックェメダ, †パヌジルハダ	sew, stitch ソウ, スティチ
ぬーど **ヌード** nuudo	누드 ヌドゥ	nude ヌード
ぬかす **抜かす** nukasu	빠뜨리다, 빼다, 거르다 ッパットゥリダ, ッペダ, †コルダ	omit, skip オウミト, スキプ
ぬく **抜く** nuku	빼다, 뽑다 ッペダ, ッポプタ	pull out プル アウト
(省く)	거르다, 생략(省略)하다 †コルダ, センニャカダ	omit, skip オウミト, スキプ
(除く)	없애다, 제거(除去)하다 オプセダ, †チェゴハダ	remove リムーヴ
ぬぐ **脱ぐ** nugu	벗다 †ポッタ	put off プト オーフ
ぬぐう **拭う** nuguu	닦다, 씻다 †タクタ, ッシッタ	wipe ワイプ
ぬける **抜ける** nukeru	빠지다 ッパジダ	come off カム オーフ
(脱退)	탈퇴(脱退)하다 タルトェハダ	leave, withdraw リーヴ, ウィズドロー
ぬすむ **盗む** nusumu	훔치다, 속이다 フムチダ, ソギダ	steal, rob スティール, ラブ
ぬの **布** nuno	포목(布木)천 ポモクチョン	cloth クロース
ぬま **沼** numa	늪 ヌプ	marsh, bog マーシュ, バグ

日	韓	英
濡らす ぬらす nurasu	**적시다** †チョクシダ	wet, moisten **ウェ**ト, **モ**イスン
塗る ぬる nuru	**칠(漆)하다** チルハダ	paint **ペ**イント
(薬などを)	**바르다** †パルダ	apply アプ**ラ**イ
(ジャムなどを)	**바르다** †パルダ	spread スプ**レ**ド
温い ぬるい nurui	**미지근하다, 미온적(微温的)이다** ミジグンハダ, ミオンジョギダ	tepid, lukewarm **テ**ピド, **ルー**ク**ウォー**ム
濡れる ぬれる nureru	**젖다** †チョッタ	get wet **ゲ**ト **ウェ**ト

ね, ネ

日	韓	英
根 ね ne	**뿌리** ップリ	root **ルー**ト
値上がり ねあがり neagari	**값이 오름** †カプシ オルム	rise in price **ラ**イズ イン プ**ラ**イス
値上げ(する) ねあげ(する) neage (suru)	**가격 인상(価格引上)(하다)** †カギョク インサン(ハダ)	raise the price **レ**イズ ザ プ**ラ**イス
値打ち ねうち neuchi	**값어치, 가치(価値)** †カボチ, †カチ	value, merit **ヴァ**リュ, **メ**リト
願い ねがい negai	**소원(所願), 바라는 것** ソウォン, †パラヌン †コッ	wish, desire **ウィ**シュ, ディ**ザ**イア
願う ねがう negau	**원(願)하다, 바라다** ウォンハダ, †パラダ	wish **ウィ**シュ
寝かす ねかす nekasu	**재우다** †チェウダ	put to bed プ**ト** ト**ゥ ベ**ド

日	韓	英
（体を）	눕히다 ヌピダ	lay down レイ **ダ**ウン
（物を）	묵히다 ムキダ	lay down レイ **ダ**ウン
（熟成・発酵）	숙성(熟成)하다, 발효(発酵) 하다 スクソンハダ, †パルヒョハダ	mature, age マ**チュ**ア, **エ**イヂ
ねがてぃぶな **ネガティブな** negatibuna	부정적(否定的)인 †プジョンジョギン	negative **ネ**ガティヴ
ねぎ **葱** negi	파 パ	leek **リ**ーク
ねぎる **値切る** negiru	값을 깎다 †カプスル ッカクタ	bargain **バ**ーゲン
ねくたい **ネクタイ** nekutai	넥타이 ネクタイ	necktie, tie **ネ**クタイ, **タ**イ
ねぐりじぇ **ネグリジェ** negurije	네글리제 ネグルリジェ	night gown **ナ**イト **ガ**ウン
ねこ **猫** neko	고양이 †コヤンイ	cat **キャ**ト
ねごと **寝言** negoto	잠꼬대 †チャムッコデ	talk in *one's* sleep **ト**ーク イン ス**リ**ープ
～を言う	잠꼬대를 하다 †チャムッコデルル ハダ	talk in *one's* sleep **ト**ーク イン ス**リ**ープ
ねこむ **寝込む** nekomu	잠들다 †チャムドゥルダ	nod off **ナ**ド **オ**ーフ
（病気で）	몸져 눕다 モムジョ ヌプタ	(be) ill in bed (ビ) **イ**ル イン **ベ**ド
ねころぶ **寝転ぶ** nekorobu	뒹굴다, 드러눕다 †トゥィングルダ, †トゥロヌプタ	lie down **ラ**イ **ダ**ウン

日	韓	英
ねさがり **値下がり** nesagari	**값이 내림** カプシ ネリム	fall in price **フォール** イン **プライス**
ねさげ(する) **値下げ(する)** nesage (suru)	**가격 인하**(価格引下)**(하다)** †カギョク インハ(ハダ)	reduction; reduce the price リ**ダ**クション, リ**デュ**ース ザ **プライス**
ねじ **ねじ** neji	**나사**(螺絲) ナサ	screw ス**クル**ー
ねじまわし **ねじ回し** nejimawashi	**드라이버** †トゥライボ	screwdriver ス**クル**ードライヴァ
ねじる **捻る** nejiru	**비틀다, 틀다** †ピトゥルダ, トゥルダ	twist, turn ト**ウィ**スト, **タ**ーン
ねずみ **鼠** nezumi	**쥐** †チュイ	rat, mouse **ラ**ト, **マ**ウス
ねたむ **妬む** netamu	**질투**(嫉妬)**하다, 시샘하다** †チルトゥハダ, シセムハダ	(be) jealous of, en- vy (ビ) **ヂェ**ラス オヴ, **エ**ン **ヴィ**
ねだる **ねだる** nedaru	**조르다** †チョルダ	tease **ティ**ーズ
ねだん **値段** nedan	**가격**(価格)**, 값** †カギョク, †カプ	price **プライス**
ねつ **熱** netsu	**열**＊ ヨル	heat, fever **ヒ**ート, **フィ**ーヴァ
ねつい **熱意** netsui	**열의**＊ ヨリ	zeal, eagerness **ズィ**ール, **イ**ーガネス
ねっきょう(する) **熱狂(する)** nekkyou (suru)	**열광**＊**(하다)** ヨルグヮン(ハダ)	enthusiasm イン**スュ**ーズィアズム
〜的な	**열광적**(熱狂的)**인** ヨルグヮンチョギン	enthusiastic インスューズィ**ア**スティク

日	韓	英
ねっくれす **ネックレス** nekkuresu	**목걸이** モッコリ	necklace ネクリス
ねっしん **熱心** nesshin	**열심**＊ ヨルッシム	zeal, eagerness ズィール, **イ**ーガネス
～な	**열심**＊**인** ヨルッシミン	eager, ardent **イ**ーガ, **ア**ーデント
ねっする **熱する** nessuru	**뜨겁게 하다, 가열**（加熱）**하 다** ットゥゴプケ ハダ, †カヨルハダ	heat ヒート
ねったい **熱帯** nettai	**열대** ヨルテ	Torrid Zone **ト**ーリド **ゾ**ウン
ねっちゅう(する) **熱中(する)** necchuu (suru)	**열중**＊(**하다**) ヨルッチュン(ハダ)	absorption; (be) absorbed in アブ**ソ**ープション, (ビ) アブ**ソ**ープド イン
ねっちゅうしょう **熱中症** necchuushou	**열사병** ヨルサッピョン	heat stroke **ヒ**ート スト**ロ**ウク
ねっと **ネット**(テニスなどの) netto	**네트** ネトゥ	net ネト
(インターネット)	**인터넷, 네트** イントネッ, ネトゥ	Internet; Net **イ**ンタネット, **ネ**ト
ねっとう **熱湯** nettou	**열탕**＊**, 끓는 물** ヨルタン, ックヌン ムル	boiling water **ボ**イリング **ウォ**ータ
ねっとわーく **ネットワーク** nettowaaku	**네트워크** ネトゥウォク	network **ネ**トワーク
ねづよい **根強い** nezuyoi	**뿌리 깊다** ップリ †キプタ	deep-rooted **デ**ィープ**ル**ーテド
ねつれつ(な) **熱烈(な)** netsuretsu (na)	**열렬**＊(**한**) ヨルリョル(ハン)	passionate, fervent, passionate, ardent パ**ショ**ネト, **ファ**ーヴェント, パ**ショ**ネト, **ア**ーデント

日	韓	英
ねぱーる **ネパール** nepaaru	네팔 ネパル	Nepal ネポール
ねばねばの **ねばねばの** nebanebano	끈적끈적한 ックンジョックンジョカン	sticky ス**ティ**キ
ねばり **粘り** nebari	찰기(気), 끈기(気) チャルギ, ックンギ	stickiness ス**ティ**キネス
ねばりづよい **粘り強い** nebarizuyoi	끈덕지다, 끈질기다 ックンドクチダ, ックンジルギダ	tenacious, per- sistent テ**ネ**イシャス, パ**ス**ィステント
〜する	값을 깎다 †カプスル ッカクタ	discount **ディ**スカウント
ねびき **値引き** nebiki	싸게 함, 값을 깎음 ッサゲ ハム, †カプスル ッカックム	discount **ディ**スカウント
ねぶくろ **寝袋** nebukuro	침낭(寝嚢) チムナン	sleeping bag ス**リー**ピング バグ
ねぶそく **寝不足** nebusoku	수면 부족(睡眠不足) スミョン †プジョク	want of sleep **ワ**ント オヴ ス**リー**プ
ねふだ **値札** nefuda	가격표(価格票) †カギョクピョ	price tag プ**ラ**イス **タ**グ
ねぼう **寝坊** nebou	늦잠을 잠 ヌッチャムル †チャム	late riser **レ**イト **ラ**イザ
〜する	늦잠을 자다 ヌッチャムル †チャダ	get up late **ゲ**ト アプ レイト
ねぼける **寝惚ける** nebokeru	잠이 덜 깨어 멍하다 †チャミ †トル ッケオ モンハダ	(be) half asleep (ビ) **ハ**フ アス**リー**プ
ねまわし **根回し** nemawashi	사전(事前) 교섭(交渉) サジョン †キョソプ	groundwork グ**ラ**ウンドワーク

日	韓	英
ねむい **眠い** nemui	졸리다, 졸음이 오다 †チョルリダ, †チョルミ オダ	(be) sleepy (ビ) スリーピ
ねむけ **眠気** nemuke	졸음 †チョルム	drowsiness ドラウズィネス
ねむり **眠り** nemuri	잠, 수면(睡眠) †チャム, スミョン	sleep スリープ
ねむる **眠る** nemuru	자다, 잠자다 †チャダ, †チャムジャダ	sleep スリープ
ねらい **狙い** nerai	겨냥 †キョニャン	aim エイム
(意図)	목표(目標), 표적(標的) モクピョ, ピョジョク	aim エイム
ねらう **狙う** nerau	겨누다, 겨냥하다 †キョヌダ, †キョニャンハダ	aim at エイム アト
(機会などを)	노리다 ノリダ	aim at エイム アト
ねる **寝る** neru	자다 †チャダ	sleep スリープ
(寝床に入る)	잠자리에 들다 †チャムッチャリエ †トゥルダ	go to bed ゴウ トゥ ベド
(横になる)	눕다 ヌプタ	lie down ライ ダウン
ねん **年** nen	연*, 해 ヨン, ヘ	year イア
ねんいりな **念入りな** nen-irina	정성(精誠)을 들인, 공(功)을 들인 †チョンソンウル †トゥリン, †コンウル † トゥリン	careful, deliberate ケアフル, ディリバレト

ね

日	韓	英
ねんがじょう **年賀状** nengajou	**연하장**＊ ヨンハッチャン	New Year's card **ニュー イアズ カード**
ねんかん **年間** nenkan	**연간**＊ ヨンガン	annual, yearly **ア**ニュアル，**イ**アリ
ねんきん **年金** nenkin	**연금**＊ ヨングム	pension, annuity **ペ**ンション，ア**ニュ**ーイティ
ねんげつ **年月** nengetsu	**세월**(歲月) セウォル	time, years **タ**イム，**イ**アズ
ねんざする **捻挫する** nenzasuru	**관절**(関節)**을 삐다，접질리다** †クヮンジョルル ッピダ，†チョプジルリダ	sprain ス**プ**レイン
ねんしゅう **年収** nenshuu	**연수입**(年収入) ヨンスイプ	annual income **ア**ニュアル **イ**ンカム
ねんしょう **年商** nenshou	**연간 매상**(年間売上) ヨンガン メサン	yearly turnover **イ**アリ **タ**ーノウヴァ
ねんしょう(する) **燃焼(する)** nenshou (suru)	**연소**＊(**하다**) ヨンソ(ハダ)	combustion; burn コン**バ**スチョン，**バ**ーン
ねんしょう(の) **年少(の)** nenshou (no)	**연소**＊(**의**) ヨンソ(エ)	young **ヤ**ング
ねんすう **年数** nensuu	**햇수，연수**＊ ヘッス，ヨンス	years **イ**アズ
ねんだい **年代** nendai	**연대**＊ ヨンデ	age, era **エ**イヂ，**イ**アラ
(世代) 	**세대**(世代) セデ	age **エ**イヂ
ねんちゅうぎょうじ **年中行事** nenchuugyouji	**연중행사**＊ ヨンジュンヘンサ	annual event **ア**ニュアル イ**ヴェ**ント
ねんちょう(の) **年長(の)** nenchou (no)	**연장**＊(**의**) ヨンジャン(エ)	senior ス**ィ**ーニャ

ね

日	韓	英
ねんど **粘土** nendo	**점토***, **찰흙** †チョムト , チャルフク	clay クレイ
ねんぱい(の) **年配(の)** nenpai (no)	**중년**(中年)(**의**) †チュンニョン(エ)	elderly, aged エルダリ , エイヂェド
ねんぴょう **年表** nenpyou	**연표*** ヨンピョ	chronological table クラノ**ラ**ヂカル **テ**イプル
ねんぽう **年俸** nenpou	**연봉*** ヨンボン	annual salary **ア**ニュアル **サ**ラリ
ねんまつ **年末** nenmatsu	**연말*** ヨンマル	end of the year エンド オヴ ザ **イ**ア
ねんりょう **燃料** nenryou	**연료*** ヨルリョ	fuel **フュ**ーエル
ねんりん **年輪** nenrin	**연륜*** ヨルリュン	annual ring **ア**ニュアル **リ**ング
ねんれい **年齢** nenrei	**나이**, **연령*** ナイ , ヨルリョン	age **エ**イヂ
～層	**연령층**(年齢層) ヨルリョンチュン	age bracket **エ**イヂ **ブ**ラケット

の, ノ

のいろーぜ **ノイローゼ** noirooze	**노이로제** ノイロジェ	neurosis ニュア**ロ**ウスィス
のう **脳** nou	**뇌*** ヌェ	brain **ブ**レイン
のういっけつ **脳溢血** nouikketsu	**뇌내출혈**(脳内出血) ヌェネチュルヒョル	cerebral hemorrhage セレブラル **ヘ**モリヂ
のうえん **農園** nouen	**농원*** ノンウォン	farm, plantation **ファ**ーム, プラン**テ**イション

日	韓	英
のうか **農家** nouka	**농가*** ノンガ	farmhouse **ファ**ームハウス
のうがく **農学** nougaku	**농학*** ノンハク	agriculture **ア**グリカルチャ
のうぎょう **農業** nougyou	**농업*** ノンオブ	agriculture **ア**グリカルチャ
のうぐ **農具** nougu	**농구*** ノング	farming tool **ファ**ーミング **トゥ**ール
のうこうな **濃厚な** noukouna	**농후***(한) ノンフ(ハン)	thick, dense **ス**イク, **デ**ンス
のうさんぶつ **農産物** nousanbutsu	**농산물*** ノンサンムル	farm produce **ファ**ーム プラ**デュ**ース
のうしゅく(する) **濃縮(する)** noushuku (suru)	**농축***(하다) ノンチュク(ハダ)	concentration; concentrate カンセント**レ**イション, **カ**ンセントレイト
のうじょう **農場** noujou	**농장*** ノンジャン	farm **ファ**ーム
のうしんとう **脳震盪** noushintou	**뇌진탕*** ヌェジンタン	concussion コン**カ**ション
のうぜい **納税** nouzei	**납세*** ナプセ	payment of taxes **ペ**イメント オヴ **タ**クセズ
のうそっちゅう **脳卒中** nousocchuu	**뇌졸중*** ヌェジョルッチュン	apoplexy **ア**ポプレクスィ
のうそん **農村** nouson	**농촌*** ノンチョン	farm village **ファ**ーム **ヴィ**リヂ
のうたん **濃淡** noutan	**농담*** ノンダム	shading **シェ**イディング

日	韓	英
のうち **農地** nouchi	**농지**＊ ノンジ	farmland **ファ**ームランド
のうど **濃度** noudo	**농도**＊ ノンド	density **デ**ンスィティ
のうどう **能動** noudou	**능동**＊ ヌンドン	activity アク**ティ**ヴィティ
〜態	**능동태**（能動態） ヌンドンテ	active voice **ア**クティヴ **ヴォ**イス
〜的な	**능동적**（能動的）**인** ヌンドンジョギン	active **ア**クティヴ
のうにゅう（する） **納入（する）** nounyuu (suru)	**납입**＊（**하다**） ナビプ（ハダ）	delivery; deliver ディ**リ**ヴァリ, ディ**リ**ヴァ
のうはう **ノウハウ** nouhau	**노하우** ノハウ	know-how ノウハウ
のうひん（する） **納品（する）** nouhin (suru)	**납품**＊（**하다**） ナププム（ハダ）	delivery of goods; deliver goods ディ**リ**ヴァリ オヴ **グ**ッ, ディ**リ**ヴァ **グ**ッ
のうみん **農民** noumin	**농민**＊ ノンミン	peasant, farmer **ペ**ザント, **ファ**ーマ
のうやく **農薬** nouyaku	**농약**＊ ノンヤク	agricultural chem- icals アグリ**カ**ルチュラル **ケ**ミカ ルズ
のうりつ **能率** nouritsu	**능률**＊ ヌンニュル	efficiency イ**フィ**シェンスィ
〜的な	**능률적**（能率的）**인** ヌンニュルッチョギン	efficient イ**フィ**シェント
のうりょく **能力** nouryoku	**능력**＊ ヌンニョク	ability, capacity ア**ビ**リティ, カ**パ**スィティ

日	韓	英
のーと **ノート** nooto	**노트, 공책**(空冊) ノトゥ, †コンチェク	notebook ノウトブク
のがす **逃す** nogasu	**놓치다** ノチダ	let go, set free レト ゴウ, セト フリー
(取り損なう)	**놓치다** ノチダ	fail to catch フェイル トゥ キャチ
のがれる **逃れる** nogareru	**도망**(逃亡)**가다, 달아나다** †トマンガダ, †タラナダ	escape, get off イスケイプ, ゲト オフ
(避ける)	**피**(避)**하다** ピハダ	avoid アヴォイド
のこぎり **鋸** nokogiri	**톱** トプ	saw ソー
のこす **遺す** nokosu	**남기다** ナムギダ	bequeath ビクウィーズ
のこす **残す** nokosu	**남기다, 남겨 두다** ナムギダ, ナムギョ †トゥダ	leave behind, save リーヴ ビハインド, セイヴ
(余らせる)	**남게 하다** ナムッケ ハダ	save セイヴ
のこらず **残らず** nokorazu	**남김없이, 전부**(全部) ナムギムオプシ, †チョンブ	all, wholly オール, ホウリ
のこり **残り** nokori	**나머지** ナモジ	rest レスト
のこる **残る** nokoru	**남다, 그대로 있다** ナムッタ, †クデロ イッタ	stay ステイ
(余る)	**남다** ナムッタ	remain リメイン
(残存する)	**남다** ナムッタ	remain リメイン

日	韓	英
載せる のせる noseru	**싣다** シッタ	put, set プト, セト
（積む）	**짐을 싣다** †チムル シッタ	load ロウド
（記載）	**게재**(掲載)**하다** †ケジェハダ	record, write down リコード, ライト ダウン
乗せる のせる noseru	**태우다** テウダ	give a lift, pick up ギヴァ リフト, ピク アプ
除く のぞく nozoku	**제거**(除去)**하다, 없애다** †チェゴハダ, オブセダ	remove リムーヴ
（除外）	**제외**(除外)**하다, 빼다** †チェウェハダ, ッペダ	exclude, omit イクスクルード, オウミト
覗く のぞく nozoku	**들여다보다, 엿보다** †トゥリョダボダ, ヨッポダ	peep ピープ
望み のぞみ nozomi	**희망**(希望)**, 소망**(所望) ヒマン, ソマン	wish, desire ウィシュ, ディザイア
（期待）	**가망**(可望)**, 전망**(展望) †カマン, †チョンマン	hope, expectation ホウプ, エクスペクテイション
（見込み）	**전망**(展望) †チョンマン	prospect, chance プラスペクト, チャンス
望む のぞむ nozomu	**바라다** †パラダ	want, wish ワント, ウィシュ
（期待）	**기대**(期待)**하다, 희망**(希望)**하다** †キデハダ, ヒマンハダ	hope, expect ホウプ, イクスペクト
後 のち nochi	**후*, 뒤** フ, †トゥィ	after, afterward アフタ, アフタワド
〜に	**후*에, 뒤에** フエ, †トゥィエ	afterward, later アフタワド, レイタ

日	韓	英
のちほど **後ほど** nochihodo	나중에 ナジュンエ	later レイタ
のっく（する） **ノック(する)** nokku (suru)	노크（하다） ノク（ハダ）	knock ナク
のっくあうと **ノックアウト** nokkuauto	녹아웃 ノガウッ	knockout ナクアウト
のっとる **則る** nottoru	따르다, 준（準）하다 ッタルダ , †チュンハダ	conform to コン**フォーム** トゥ
のっとる **乗っ取る** nottoru	납치（拉致）하다, 빼앗다 ナプチハダ , ッペアッタ	take over **テイク** **オ**ウヴァ
（飛行機を）	납치（拉致）하다 ナプチハダ	hijack **ハ**イヂャク
のど **喉** nodo	목 モク	throat ス**ロ**ウト
ののしる **罵る** nonoshiru	욕（辱）을 퍼붓다, 매도（罵倒） 하다 ヨグル ポブッタ , メドハダ	abuse アビューズ
のばす **延ばす** nobasu	길게 하다, 펴다 †キルゲ ハダ , ピョダ	lengthen, extend **レ**ングスン, イクス**テ**ンド
（延期）	연기（延期）하다, 연장（延長） 하다 ヨンギハダ , ヨンジャンハダ	put off, delay プト **オ**ーフ, ディ**レ**イ
のばす **伸ばす** nobasu	펴다 ピョダ	lengthen, stretch **レ**ングスン, スト**レ**チ
（まっすぐにする）	똑바르게 하다 ットクパルゲ ハダ	straighten スト**レ**イトン
（才能を）	향상（向上）시키다 ヒャンサンシキダ	develop ディ**ヴェ**ロプ
のはら **野原** nohara	들판, 들 †トゥルパン , †トゥル	field **フィ**ールド

日	韓	英
のびる **延びる** nobiru	길어지다, 늦어지다 キロジダ, ヌジョジダ	(be) put off (ビ) プト オフ
(距離が)	**연장**(延長)**하다** ヨンジャンハダ	(be) prolonged (ビ) プロロングド
のびる **伸びる** nobiru	펴지다 ピョジダ	extend, stretch イクステンド, ストレチ
(発展・成長)	자라다, 발전(発展)**하다** †チャラダ, †パルッチョンハダ	develop, grow ディヴェロプ, グロウ
のべる **述べる** noberu	진술(陳述)**하다**, 기술(記述) **하다** †チンスルハダ, †キスルハダ	tell, state テル, ステイト
のぼせる **のぼせる** noboseru	흥분(興奮)**하다**, 울컥하다 フンブンハダ, ウルコカダ	(be) flushed (ビ) フラシュト
(夢中)	빠지다 ッパジダ	(be) crazy about (ビ) クレイズィ アバウト
のぼり **上[昇]り** nobori	올라감, 오름 オルラガム, オルム	rise, ascent ライズ, アセント
のぼる **昇る** noboru	오르다 オルダ	rise ライズ
(昇進)	승진(昇進)**하다** スンジンハダ	(be) promoted (ビ) プロモウテド
のぼる **上る** noboru	오르다, 올라가다 オルダ, オルラガダ	go up ゴウ アプ
(ある数量に)	달(達)**하다** †タルハダ	amount to, reach アマウント トゥ, リーチ
のぼる **登る** noboru	올라가다 オルラガダ	climb クライム
のみ **蚤** nomi	벼룩 †ピョルク	flea フリー

日	韓	英
のみぐすり **飲み薬** nomigusuri	내복약(内服薬) ネボンニャク	internal medicine インターナル メディスィン
のみこむ **飲み込む** nomikomu	삼키다 サムキダ	swallow スワロウ
（理解）	이해(理解)하다, 납득(納得) 하다 イヘハダ, ナプトゥカダ	understand アンダス**タ**ンド
のみほす **飲み干す** nomihosu	다 마시다, 전부(全部) 마시 다 †タ マシダ, †チョンブ マシダ	gulp down ガルプ **ダ**ウン
のみみず **飲み水** nomimizu	음료수(飲料水) ウムニョス	drinking water ドリンキング **ウォ**ータ
のみや **飲み屋** nomiya	술집 スルッチプ	tavern, bar **タ**ヴァン, バー
のむ **飲む** nomu	마시다 マシダ	drink, take ドリンク, **テ**イク
（受諾）	받아들이다 †パダドゥリダ	accept アク**セ**プト
のり **海苔** nori	김 †キム	laver レイ**ヴァ**
のり **糊** nori	풀 プル	paste, starch, glue ペイスト, ス**タ**ーチ, グルー
のりおくれる **乗り遅れる** noriokureru	타지 못하다, 놓치다 タジ モタダ, ノッチダ	miss ミス
（時代に）	뒤떨어지다 †トゥィットロジダ	(be) left behind （ビ）レフト ビ**ハ**インド
のりかえ **乗り換え** norikae	갈아탐, 환승 †カラタム, ファンスン	change, transfer **チェ**インヂ, ト**ラ**ンスファ
のりくみいん **乗組員** norikumiin	승무원(乗務員) スンムウォン	crew クルー

日	韓	英
のりこす **乗り越す** norikosu	(목적지(目的地)를) 지나치다 (モクジョクジルル) チナチダ	pass パス
のりば **乗り場** noriba	타는 곳 タヌン コッ	stop, platform スタプ, プラトフォーム
のりもの **乗り物** norimono	탈것 タルッコッ	vehicle ヴィークル
のる **載る** noru	실리다 シルリダ	(be) mentioned (ビ) メンションド
のる **乗る** noru	타다 タダ	get on ゲト オン
（自転車などに）	타다 タダ	ride, take ライド, テイク
（車・飛行機などに）	타다 タダ	ride, take ライド, テイク
のろのろ(と) **のろのろ(と)** noronoro (to)	느릿느릿, 꾸물꾸물 ヌリンヌリッ, ックムルックムル	slowly, idly スロウリ, アイドリ
のんきな **暢気な** nonkina	태평(太平)스러운 テピョンスロウン	easy, carefree イーズィ, ケアフリー
のんびりする **のんびりする** nonbirisuru	느긋하게 쉬다 ヌグタゲ シュィダ	feel at ease フィール アト イーズ
のんふぃくしょん **ノンフィクション** nonfikushon	논픽션 ノンピクション	nonfiction ナンフィクション

日	韓	英

は，ハ

日	韓	英
は **歯** ha	이, 이빨 イ, イッパル	tooth トゥース
は **刃** ha	날 ナル	edge, blade エヂ, ブレイド
は **葉** ha	잎 イプ	leaf, blade リーフ, ブレイド
ばー **バー** baa	바, 술집 †パ, スルッチプ	bar バー
（高跳びなどの）	바 †パ	bar バー
ばあい **場合** baai	경우(境遇), 사정(事情) †キョンウ, サジョン	case, occasion ケイス, オケイジョン
ぱーきんぐ **パーキング** paakingu	파킹, 주차(駐車) パキン, †チュチャ	parking パーキング
はあくする **把握する** haakusuru	파악*하다 パアカダ	grasp グラスプ
ばーげん **バーゲン** baagen	바겐세일 †パゲンセイル	bargain sale バーゲン セイル
ばーこーど **バーコード** baakoodo	바코드 †パコドゥ	bar code バー コウド
ばーじょん **バージョン** baajon	버전 †ポジョン	version ヴァージョン
ぱーせんてーじ **パーセンテージ** paasenteeji	퍼센티지, 백분율(百分率) ポセンティヂ, †ペクプンニュル	percentage パセンティヂ
ぱーせんと **パーセント** paasento	퍼센트 ポセントゥ	percent パセント

は

582

日	韓	英
ぱーそなりてぃー **パーソナリティー** （ディスクジョッキー） paasonaritii	**디스크 자키, 디제이** †ティスクジャキ, †ティジェイ	personality パーソナリティ
はーどうぇあ **ハードウェア** haadowea	**하드웨어** ハドゥウェオ	hardware ハードウェア
ぱーとたいまー **パートタイマー** paatotaimaa	**파트타임 직원**（職員）**, 시간 제 근무 직원**（時間制勤務職員） パトゥタイム †チグォン, シガンジェ †クン ム †チグォン	part-timer パートタイマ
ぱーとたいむ **パートタイム** paatotaimu	**파트타임** パトゥタイム	part-time パートタイム
ぱーとなー **パートナー** paatonaa	**파트너** パトゥノ	partner パートナ
はーどる **ハードル** haadoru	**허들** ホドゥル	hurdle ハードル
〜競走	**장애물**（障碍物）**경주**（競走） †チャンエムル †キョンジュ	hurdle race ハードル レイス
ばーなー **バーナー** baanaa	**버너** †ポノ	burner バーナ
はーふ **ハーフ** haafu	**하프** ハプ	half ハフ
（混血児）	**하프, 혼혈아**（混血児） ハプ, ホンヒョラ	hybrid ハイブリド
（試合の）	**전반**（前半）**, 후반**（後半） †チョンバン, フバン	half ハフ
はーぶ **ハーブ** haabu	**허브** ホブ	herb アーブ
ばーべきゅー **バーベキュー** baabekyuu	**바비큐** †パビキュ	barbecue バービキュー

は

日	韓	英
ぱーま **パーマ** paama	**파마** パマ	permanent wave **パーマネント ウェイヴ**
はーもにー **ハーモニー** (和声) haamonii	**하모니** ハモニ	harmony **ハーモニ**
(調和)	**하모니, 조화**(調和) ハモニ, †チョファ	harmony **ハーモニ**
はーもにか **ハーモニカ** haamonika	**하모니카** ハモニカ	harmonica **ハーマニカ**
はい **はい** hai	**네, 예** ネ, イェ	yes **イェス**
はい **灰** hai	**재** †チェ	ash **ア**シュ
～皿	**재떨이** †チェットリ	ashtray **ア**シュトレイ
はい **肺** hai	**폐**＊ ペ	lung **ラング**
ばい **倍** bai	**배**＊ †ペ	twice, double **トワイス, ダ**プル
ぱい **パイ** (料理) pai	**파이** パイ	pie, tart **パイ, タ**ート
はいいろ **灰色** haiiro	**회색**＊ フェセク	gray **グレイ**
はいえい **背泳** haiei	**배영**＊ †ペヨン	backstroke **バ**クストロウク
はいえな **ハイエナ** haiena	**하이에나** ハイエナ	hyena ハイ**イ**ーナ
はいえん **肺炎** haien	**폐렴**＊ ペリョム	pneumonia ニュモ**ウ**ニア

は

日	韓	英
ばいえん **煤煙** baien	매연* メヨン	smoke, soot スモウク, **ス**ト
ばいお **バイオ** baio	바이오 †パイオ	bio- **バ**イオウ
ばいおにあ **パイオニア** (先駆者) paionia	개척자, 선구자(先駆者) †ケチョクチャ, ソングジャ	pioneer パイオ**ニ**ア
ばいおりん **バイオリン** baiorin	바이올린 †パイオルリン	violin ヴァイオ**リ**ン
ばいかい(する) **媒介(する)** baikai (suru)	매개*(하다) メゲ(ハダ)	agency; mediate **エ**イヂェンスィ, **ミ**ーディエ イト
はいかつりょう **肺活量** haikatsuryou	폐활량* ペファルリャン	breathing capacity ブ**リ**ーズィング カ**パ**スィ ティ
はいがん **肺癌** haigan	폐암* ペアム	lung cancer **ラ**ング **キャ**ンサ
はいきがす **排気ガス** haikigasu	배기(排気)가스 †ペギガス	exhaust gas イグ**ゾ**ースト **ギャ**ス
はいきぶつ **廃棄物** haikibutsu	폐기물* ペギムル	waste **ウェ**イスト
ばいきん **黴菌** baikin	세균(細菌) セギュン	bacteria, germs バク**ティ**アリア, **ヂャ**ームズ
ばいく **バイク** baiku	오토바이 オトバイ	motorbike **モ**ウタバイク
はいぐうしゃ **配偶者** haiguusha	배우자* †ペウジャ	spouse ス**パ**ウズ
はいけい **背景** haikei	배경* †ペギョン	background **バ**クグラウンド
はいけっかく **肺結核** haikekkaku	폐결핵* ペギョルヘク	tuberculosis テュバーキュ**ロ**ウスィス

日	韓	英
はいご **背後** haigo	**배후*** †ペフ	back, rear バク, リア
はいし(する) **廃止(する)** haishi (suru)	**폐지***(하다) ペジ(ハダ)	abolition; abolish アバリション, アバリシュ
はいしゃ **歯医者** haisha	**치과**(歯科) **의사**(医師) チックヮ ウィサ	dentist デンティスト
はいじゃっく(する) **ハイジャック(する)** haijakku (suru)	**하이잭**(하다) ハイジェク(ハダ)	hijack ハイヂャク
ばいしゅう(する) **買収(する)** baishuu (suru)	**매수***(하다) メス(ハダ)	purchase; buy out パーチェス, バイ アウト
ばいしょう(する) **賠償(する)** baishou (suru)	**배상***(하다) †ペサン(ハダ)	reparation; compensate レパレイション, カンペンセイト
はいしょく **配色** haishoku	**배색*** †ペセク	color scheme カラ スキーム
はいすい **排水** haisui	**배수*** †ペス	drainage ドレイニヂ
はいせき(する) **排斥(する)** haiseki (suru)	**배척***(하다) †ペチョク(ハダ)	exclusion; exclude イクスクルージョン, イクスクルード
はいせつ(する) **排泄(する)** haisetsu (suru)	**배설***(하다) †ペソル(ハダ)	excretion; excrete イクスクリーション, イクスクリート
ばいたい **媒体** baitai	**매체*** メチェ	medium ミーディアム
はいたつ(する) **配達(する)** haitatsu (suru)	**배달***(하다) †ペダル(ハダ)	delivery; deliver ディリヴァリ, ディリヴァ
はいたてき **排他的** haitateki	**배타적*** †ペタジョク	exclusive イクスクルースィヴ

日	韓	英
はいち(する) **配置(する)** haichi (suru)	**배치*(하다)** †ペチ(ハダ)	arrangement; arrange アレインヂメント, アレインヂ
はいてく **ハイテク** haiteku	**하이테크** ハイテク	high tech ハイ テク
ばいてん **売店** baiten	**매점*** メジョム	stall, stand ストール, スタンド
ばいと **バイト** baito	**아르바이트, 알바** アルバイトゥ, アルバ	part-time job, part-time worker パートタイム **チ**ャブ, パートタイム **ワ**ーカ
はいとう **配当** haitou	**배당*** †ペダン	dividend ディヴィデンド
ぱいなっぷる **パイナップル** painappuru	**파인애플** パイネプル	pineapple パイナプル
ばいばい(する) **売買(する)** baibai (suru)	**매매*(하다)** メメ(ハダ)	dealing; deal in ディーリング, ディール イン
はいひーる **ハイヒール** haihiiru	**하이힐** ハイヒル	high-heeled shoes ハイ ヒールド シューズ
はいふ(する) **配布(する)** haifu (suru)	**배포*(하다)** †ペポ(ハダ)	distribution; distribute ディストリ**ビュ**ーション, ディストリビュト
ぱいぷ **パイプ** paipu	**파이프** パイプ	pipe パイプ
(管)	**파이프, 관(管)** パイプ, †クワン	pipe パイプ
～ライン	**파이프라인** パイプライン	pipeline パイプライン
ぱいぷおるがん **パイプオルガン** paipuorugan	**파이프 오르간** パイプ オルガン	pipe organ パイプ **オ**ーガン

日	韓	英
はいぶつ **廃物** haibutsu	**폐물**＊ ペムル	waste materials **ウェイスト** マ**ティ**アリアルズ
はいぼく（する） **敗北(する)** haiboku (suru)	**패배**＊(하다) ペベ(ハダ)	defeat; (be) defeated ディ**フィート**, (ビ) ディ**フィー**テド
ばいやー **バイヤー** baiyaa	**바이어** †パイオ	buyer **バ**イア
はいゆう **俳優** haiyuu	**배우**＊ †ペウ	actor, actress **ア**クタ, **ア**クトレス
はいりょ（する） **配慮(する)** hairyo (suru)	**배려**＊(하다) †ペリョ(ハダ)	consideration; consider コンスィダ**レ**イション, コン**スィ**ダー
はいる　　（場所に） **入る** hairu	**들어가다** †トゥロガダ	enter, go in **エ**ンタ, **ゴ**ウ イン
（加入）	**들어가다, 가입**(加入)**하다** †トゥロガダ, †カイパダ	join **ヂョ**イン
はいれつ **配列** hairetsu	**배열**＊ †ペヨル	arrangement ア**レ**インヂメント
ぱいろっと **パイロット** pairotto	**파일럿** パイロッ	pilot **パ**イロト
はう **這う** hau	**기다** †キダ	crawl, creep ク**ロ**ール, ク**リ**ープ
ぱうだー **パウダー** paudaa	**파우더** パウド	powder **パ**ウダ
はえ **蝿** hae	**파리** パリ	fly フ**ラ**イ
はえる **生える** haeru	**나다, 피다** ナダ, ピダ	grow, come out グ**ロ**ウ, **カ**ム **ア**ウト

日	韓	英
はか **墓** haka	묘*, 무덤 ミョ, ムドム	grave, tomb グレイヴ, **トゥ**ーム
ばか **馬鹿** baka	바보 †パボ	fool **フ**ール
～な	바보같은 †パボガットゥン	foolish **フ**ーリシュ
はかい(する) **破壊(する)** hakai (suru)	파괴*(하다) パグェ(ハダ)	destruction; de-stroy ディス**トラ**クション, ディス**トロ**イ
はがき **葉書** hagaki	엽서* ヨプソ	post card **ポ**ウスト **カ**ード
はがす **剥がす** hagasu	벗기다, 떼다 †ポッキダ, ッテダ	tear off, peel **テ**ア **オ**フ, **ピ**ール
はかせ **博士** hakase	박사* †パクサ	doctor **ダ**クタ
～課程	박사* 과정(課程) †パクサ †クヮジョン	doctoral course **ダ**クトラル **コ**ース
～号	박사* 학위(学位) †パクサ ハグィ	doctorate **ダ**クトレト
はかどる **捗る** hakadoru	진척(進捗)되다 †チンチョクトェダ	make progress **メ**イク プラ**グ**レス
はかない **儚い** hakanai	허무(虚無)하다, 덧없다 ホムハダ, †トドプタ	transient, vain **ト**ランシェント, **ヴェ**イン
はかば **墓場** hakaba	묘지(基地), 산소(山所) ミョジ, サンソ	graveyard グ**レ**イヴァード
ばかばかしい **馬鹿馬鹿しい** bakabakashii	매우 어리석다 メウ オリソクタ	ridiculous, absurd リ**ディ**キュラス, アプ**サ**ード

日	韓	英
はからう **計らう** hakarau	주선(周旋)하다，조처(措処) 하다 †チュソンハダ，†チョチョハダ	manage, arrange マ二ヂ，アレインヂ
はからずも **図らずも** hakarazumo	우연(偶然)히도，뜻밖에도 ウヨンヒド，ットゥッパッケド	unexpectedly ア二クスペクテドリ
はかり **秤** hakari	저울 †チョウル	balance, scales バランス，スケイルズ
はかる **計る** hakaru	헤아리다，세다 ヘアリダ，セダ	measure, weigh メジャ，ウェイ
はかる **図る** hakaru	계획(計画)하다，도모(図謀) 하다 †ケフェカダ，†トモハダ	plan, attempt プラン，アテンプト
（悪事を）	꾀하다 ックェハダ	attempt アテンプト
はき(する) **破棄(する)** haki (suru)	파기*(하다) パギ(ハダ)	cancellation; cancel キャンセレイション，**キャン** セル
はきけ **吐き気** hakike	구역(嘔逆)질 †クヨクチル	nausea ノーズィア
はきゅう(する) **波及(する)** hakyuu (suru)	파급*(되다) パグプ(ドェダ)	influence インフルエンス
はきょく **破局** hakyoku	파국* パグク	catastrophe カ**タ**ストロフィ
はく **掃く** haku	쓸다 ッスルダ	sweep, clean スウィープ，クリーン
はく **吐く** haku	토(吐)하다，뱉다 トハダ，†ペッタ	vomit ヴァミト
はく **履く** haku	신다 シンッタ	put on, wear プト オン，**ウェ**ア

日	韓	英
はぐ **剥ぐ** hagu	**벗기다** †ポッキダ	tear off, peel off テア オフ, ピール オーフ
ばくが **麦芽** bakuga	**맥아*** メガ	malt モルト
はくがい(する) **迫害(する)** hakugai (suru)	**박해***(**하다**) †パケ(ハダ)	persecution; perse-cute パースィキューション, パースィキュート
はぐき **歯茎** haguki	**잇몸** インモム	gums ガムズ
ばくげき **爆撃** bakugeki	**폭격*** ポクキョク	bombing バミング
はくさい **白菜** hakusai	**배추** †ペチュ	Chinese cabbage チャイニーズ キャビヂ
はくし **白紙** hakushi	**백지*** †ペクチ	blank paper ブランク ペイパ
はくしゅ(する) **拍手(する)** hakushu (suru)	**박수***(**하다**) †パクス(ハダ)	handclap; clap *one's* hands ハンドクラブ, クラブ ハンヅ
はくしょ **白書** hakusho	**백서*** †ペクソ	white book (ホ)ワイト ブク
はくじょう(する) **白状(する)** hakujou (suru)	**자백**(自白)(**하다**) †チャペク(ハダ)	confession; con-fess コンフェション, コンフェス
はくじょうな **薄情な** hakujouna	**박정*****한** †パクチョンハン	coldhearted コウルドハーテド
ばくぜんと **漠然と** bakuzento	**막연*****하게** マギョンハゲ	vaguely ヴェイグリ
ばくだいな **莫大な** bakudaina	**막대*****한** マクテハン	vast, immense ヴァスト, イメンス

日	韓	英
ばくだん **爆弾** bakudan	**폭탄**＊ ポクタン	bomb バム
はくちょう **白鳥** hakuchou	**백조**＊ †ペクチョ	swan スワン
ばくてりあ **バクテリア** bakuteria	**박테리아** †パクテリア	bacteria バクティアリア
ばくはする **爆破する** bakuhasuru	**폭파**＊**하다** ポクパハダ	blast ブラスト
ばくはつ(する) **爆発(する)** bakuhatsu (suru)	**폭발**＊**(하다)** ポクパル(ハダ)	explosion; explode イクスプロウジョン，イクス プロウド
はくぶつかん **博物館** hakubutsukan	**박물관**＊ †パンムルグヮン	museum ミューズィアム
はくらんかい **博覧会** hakurankai	**박람회**＊ †パンナムフェ	exposition エクスポズィション
はぐるま **歯車** haguruma	**톱니바퀴** トムニパクィ	cogwheel, gear カグ(ホ)ウィール，ギア
はけ **刷毛** hake	**솔** ソル	brush ブラシュ
はげ **禿** hage	**대머리** †テモリ	baldness ボールドネス
はげしい **激しい** hageshii	**격렬**(激烈)**하다，격심**(激甚) **하다** †キョンニョルハダ，†キョクシムハダ	violent, intense ヴァイオレント，インテンス
ばけつ **バケツ** baketsu	**양**(洋)**동이** ヤンドンイ	pail, bucket ペイル，バケト
はげます **励ます** hagemasu	**격려**(激励)**하다** †キョンニョハダ	encourage インカーリヂ
はげむ **励む** hagemu	**전념**(専念)**하다，힘쓰다** †チョンニョムハダ，ヒムッスダ	work hard ワーク ハード

日	韓	英
はげる **禿げる** hageru	머리가 벗겨지다 モリガ †ポッキョジダ	(become) bald (ビカム) **ボ**ールド
はげる **剥げる** hageru	벗겨지다 †ポッキョジダ	come off **カ**ム オフ
はけん(する) **派遣(する)** haken (suru)	파견*(하다) パギョン(ハダ)	dispatch ディス**パ**チ
はこ **箱** hako	상자(箱子), 궤짝 サンジャ, †クェッチャク	box, case **バ**クス, **ケ**イス
はこぶ **運ぶ** hakobu	운반(運搬)하다, 옮기다 ウンバンハダ, オムギダ	carry **キャ**リ
ばざー **バザー** bazaa	바자 †パジャ	charity bazaar **チャ**リティ バ**ザ**ー
はさまる **挟まる** hasamaru	끼이다 ッキイダ	get in between **ゲ**ト イン ビト**ウィ**ーン
はさみ **鋏** hasami	가위 †カウィ	scissors ス**ィ**ザズ
はさむ **挟む** hasamu	끼우다 ッキウダ	put in between **プ**ト イン ビト**ウィ**ーン
はさん(する) **破産(する)** hasan (suru)	파산*(하다) パサン(ハダ)	bankruptcy; go bankrupt **バ**ンクラプトスィ, **ゴ**ウ バ**ン**クラプト
はし **橋** hashi	다리 †タリ	bridge ブ**リ**ヂ
はし **端** hashi	선단(先端), 가장자리 ソンダン, †カジャンジャリ	end, tip **エ**ンド, **テ**ィプ
はし **箸** hashi	젓가락 †チョッカラク	chopsticks **チャ**プスティクス

日	韓	英
はじ **恥** haji	**수치**(羞恥) スチ	shame, humilia-tion **シェ**イム, ヒューミリ**エ**イション
はしか **麻疹** hashika	**홍역**(紅疫) ホンヨク	measles **ミ**ーズルズ
はしご **梯子** hashigo	**사다리** サダリ	ladder **ラ**ダ
〜車	**사다리차**(車) サダリチャ	ladder truck **ラ**ダ ト**ラ**ク
はじまり **始まり** hajimari	**시작**(始作) シジャク	beginning ビ**ギ**ニング
(起源)	**기원**(起源) †キウォン	origin **オ**ーリヂン
はじまる **始まる** hajimaru	**시작**(始作)**되다** シジャクトェダ	begin, start ビ**ギ**ン, ス**タ**ート
はじめ **初め** hajime	**처음, 최초**(最初) チョウム, チュェチョ	beginning ビ**ギ**ニング
はじめて **初めて** hajimete	**처음으로, 비로소** チョウムロ, †ビロソ	for the first time フォ ザ **ファ**ースト **タ**イム
はじめまして **初めまして** hajimemashite	**처음 뵙겠습니다 .** チョウム †プェプケッスムニダ	Nice to meet you. **ナ**イス トゥ **ミ**ート **ユ**ー
はじめる **始める** hajimeru	**시작**(始作)**하다** シジャカダ	begin, start ビ**ギ**ン, ス**タ**ート
ぱじゃま **パジャマ** pajama	**파자마, 잠옷** パジャマ, †チャモッ	pajamas パ**チャ**ーマズ
はしゅつじょ **派出所** hashutsujo	**파출소*** パチュルッソ	police box ポ**リ**ース **バ**クス

は

日	韓	英
ばしょ **場所** basho	장소* †チャンソ	place, site プレイス, **サイト**
(余地)	여지 ヨジ	room, space ルーム, スペイス
はしら **柱** hashira	기둥 †キドゥン	pillar, post ピラ, **ポウスト**
はしらどけい **柱時計** hashiradokei	벽시계(壁時計) †ピョクシゲ	(wall) clock (**ウォール**) クラク
はしりたかとび **走り高跳び** hashiritakatobi	높이뛰기 ノピットゥィギ	high jump ハイ **チャンプ**
はしりはばとび **走り幅跳び** hashirihabatobi	넓이뛰기 ノルビットゥィギ	broad jump プロード **チャンプ**
はしる **走る** hashiru	달리다, 뛰다 †タルリダ, ットゥィダ	run, dash ラン, **ダシュ**
はじる **恥じる** hajiru	부끄러이 여기다, 부끄러워 하다 †プックロイ ヨギダ, †プックロウォハダ	(be) ashamed (ビ) アシェイムド
はす **蓮** hasu	연*꽃 ヨンッコッ	lotus ロウタス
ばす **バス** basu	버스 †ポス	bus バス
～停	버스 정류장(停留場) †ポス †チョンニュジャン	bus stop バス ス**タ**プ
ばす **バス** (風呂) basu	욕실(浴室) ヨクシル	bath バス
ばす **バス** (音楽) basu	베이스 †ペイス	bass バス
ぱす **パス** (定期券) pasu	정기권(定期券) †チョンギクォン	commuter's ticket コミュータズ **ティ**ケト

日	韓	英
（スポーツで）	패스 ペス	pass パス
はずかしい **恥ずかしい** hazukashii	부끄럽다, 창피(猖披)하다 †プックロプタ, チャンピハダ	shameful シェイムフル
（きまりが悪い）	면목(面目) 없다 ミョンモク オプタ	(be) ashamed (ビ) アシェイムド
はすきーな **ハスキーな** hasukiina	허스키한 ホスキハン	husky ハスキ
ばすけっとぼーる **バスケットボール** basukettobooru	농구(籠球) ノング	basketball バスケトボール
はずす **外す** hazusu	떼다, 빼다 ッテダ, ッペダ	take off, remove テイク オーフ, リムーヴ
ぱすぽーと **パスポート** pasupooto	여권(旅券) ヨックォン	passport パスポート
はずむ **弾む** hazumu	튀다 トゥィダ	bounce, bound バウンス, バウンド
はずれ **外れ** hazure	어긋남, 빗나감 オグンナム, †ピンナガム	blank ブランク
（町の）	변두리 †ピョンドゥリ	outskirts アウトスカーツ
はずれる **外れる** hazureru	벗겨지다, 빠지다 †ポッキョジダ, ッパジダ	come off カム オフ
（当たらない）	떨어지다 ットロジダ	miss, fail ミス, フェイル
ぱすわーど **パスワード** pasuwaado	패스워드, 비밀번호(秘密番号) ペスウォドゥ, †ピミルボンホ	password パスワード

日	韓	英
はせい(する) **派生(する)** hasei (suru)	파생*(하다) パセン(ハダ)	derivation; derive from デリ**ヴェ**イション, ディ**ラ**イヴ フ**ラ**ム
ぱせり **パセリ** paseri	파슬리 パスルリ	parsley **パ**ースリ
ぱそこん **パソコン** pasokon	피시 ピシ	personal computer パーソナル コン**ピュ**ータ
はそん(する) **破損(する)** hason (suru)	파손*(되다) パソン(ドェダ)	damage; (be) damaged **ダ**ミヂ, (ビ) **ダ**ミヂド
はた **旗** hata	기*, 깃발 †キ, †キッパル	flag, banner フ**ラ**グ, **バ**ナ
はだ **肌** hada	피부(皮膚), 살결 ピブ, サルッキョル	skin ス**キ**ン
~寒い	쌀쌀하다 ッサルッサルハダ	chilly **チ**リ
ぱたー **バター** bataa	버터 †ポト	butter **バ**タ
ぱたーん **パターン** pataan	패턴 ペトン	pattern **パ**タン
はだか **裸** hadaka	알몸, 벌거숭이 アルモム, †ポルゴスンイ	nakedness **ネ**イキドネス
はだぎ **肌着** hadagi	내의(内衣), 속옷 ネイ, ソゴッ	underwear **ア**ンダウェア
はたけ **畑** hatake	밭 †パッ	field, farm **フィ**ールド, **ファ**ーム
はだし **裸足** hadashi	맨발 メンバル	bare feet ベア **フィ**ート

日	韓	英
はたす **果たす** hatasu	**완수**(完遂)**하다, 달성**(達成) **하다** ワンスハダ, †タルッソンハダ	realize, carry out リーアライズ, **キャリ アウ**ト
(成就)	**성취**(成就)**하다** ソンチュィハダ	achieve ア**チー**ヴ
はたらき **働き** hataraki	**활동**(活動)**, 작용**(作用) ファルトゥン, †チャギョン	work, labor ワーク, **レ**イバ
(活動)	**활동**(活動) ファルトゥン	action, activity **ア**クション, アク**ティ**ヴィティ
(機能)	**기능**(機能) †キヌン	function **ファ**ンクション
(功績)	**성과**(成果)**, 공적**(功績) ソンックヮ, †コンジョク	achievement ア**チー**ヴメント
はたらく **働く** hataraku	**일하다, 작용**(作用)**하다** イルハダ, †チャギョンハダ	work ワーク
(作用)	**작용**(作用)**하다** †チャギョンハダ	act on **ア**クト オン
はち **鉢** hachi	**사발**(沙鉢)**, 대접** サバル, †テジョプ	bowl, pot ボウル, パト
はち **蜂** hachi	**벌** †ポル	bee ビー
〜の巣	**벌집** †ポルッチプ	beehive, honey-comb ビーハイヴ, ハニコウム
〜蜜	**벌꿀** †ポルックル	honey ハニ
ばち **罰** bachi	**벌***, **천벌**(天罰) †ポル, チョンボル	divine punishment ディ**ヴァ**イン パニシュメント
はちがつ **八月** hachigatsu	**팔월*** パルォル	August **オー**ガスト

は

日	韓	英
はちょう **波長** hachou	**파장**∗ パジャン	wavelength **ウェ**イヴレングス
ばつ **罰** batsu	**벌**∗ †ポル	punishment, pen- alty **パ**ニシュメント, **ペ**ナルティ
はついく（する） **発育（する）** hatsuiku (suru)	**발육**∗**（하다）** †パリュク（ハダ）	growth; grow グ**ロ**ウス, グ**ロ**ウ
はつおん（する） **発音（する）** hatsuon (suru)	**발음**∗**（하다）** †パルム（ハダ）	pronunciation; pronounce プロナンスィ**エ**イション, プ ロ**ナ**ウンス
はっきする **発揮する** hakkisuru	**발휘**∗**하다** †パルフィハダ	display, show ディス**プレ**イ, **ショ**ウ
はっきり **はっきり** hakkiri	**똑똑히, 확실（確実）히** ットクトキ, ファクシルヒ	clearly ク**リ**アリ
～する	**확실（確実）하다** ファクシルハダ	become clear ビ**カ**ム ク**リ**ア
ばっきん **罰金** bakkin	**벌금**∗ †ポルグム	fine **ファ**イン
ばっく **バック** bakku	**백** †ペク	back, rear **バ**ク, **リ**ア
（背景）	**배경（背景）** †ペギョン	background **バ**クグラウンド
（後援）	**후원자（後援者）** フウォンジャ	backing, support **バ**キング, サ**ポ**ート
ばっぐ **バッグ** baggu	**백, 가방** †ペク, †カバン	bag **バ**グ
ばっく（する） **パック（する）** （美容の） pakku (suru)	**팩（하다）** ペク（ハダ）	pack **パ**ク

日	韓	英
はっくつ（する） **発掘（する）** hakkutsu (suru)	**발굴***（**하다**） †パルグル（ハダ）	excavation; excavate エクスカ**ヴェ**イション，**エ**クスカヴェイト
ばつぐんの **抜群の** batsugunno	**발군***의 †パルグネ	outstanding アウトス**タ**ンディング
ばっけーじ **パッケージ** pakkeeji	**패키지** ペキジ	package パケヂ
はっけっきゅう **白血球** hakkekkyuu	**백혈구*** †ペキョルグ	white blood cell ㊟ワイト ブ**ラ**ド **セ**ル
はっけつびょう **白血病** hakketsubyou	**백혈병*** †ペキョルッピョン	leukemia ルー**キ**ーミア
はっけん（する） **発見（する）** hakken (suru)	**발견***（**하다**） †パルギョン（ハダ）	discovery; discover ディス**カ**ヴァリ，ディス**カ**ヴァ
はつげん（する） **発言（する）** hatsugen (suru)	**발언***（**하다**） †パロン（ハダ）	statement; speak ス**テ**イトメント，ス**ピ**ーク
はつこい **初恋** hatsukoi	**첫사랑** チョッサラン	first love **ファ**ースト ラヴ
はっこう（する） **発行（する）** hakkou (suru)	**발행***（**하다**） †パルヘン（ハダ）	publication; publish パブリ**ケ**イション，**パ**ブリシュ
はっさん（する） **発散（する）** hassan (suru)	**발산***（**하다**） †パルッサン（ハダ）	emission; emit イ**ミ**ション，イ**ミ**ト
ばっじ **バッジ** bajji	**배지** †ペジ	badge バヂ
はっしゃする **発射する** hasshasuru	**발사*****하다** †パルッサハダ	fire, shoot **ファ**イア，**シュ**ート
はっしゃする **発車する** hasshasuru	**발차*****하다** †パルチャハダ	depart ディ**パ**ート

日	韓	英
はっしん(する) **発信(する)** hasshin (suru)	**발신***(**하다**) †パルッシン(ハダ)	transmission; transmit トランスミション, トランスミト
ばっすい(する) **抜粋(する)** bassui (suru)	**발췌**(抜萃)(**하다**) †パルチェ(ハダ)	extraction; extract イクストラクション, イクストラクト
はっする **発する** hassuru	**발**(発)**하다** †パルハダ	give off, emit ギヴ オフ, イミト
(声を)	**소리를 내다, 말하다** ソリルル ネダ, マルハダ	utter アタ
ばっする **罰する** bassuru	**벌**(罰)**하다** †ポルハダ	punish パニシュ
はっせいする **発生する** hasseisuru	**발생*****하다** †パルッセンハダ	occur オカー
はっそう(する) **発送(する)** hassou (suru)	**발송***(**하다**) †パルッソン(ハダ)	sending out; send out センディング アウト, センド アウト
ばった **飛蝗** batta	**메뚜기** メットゥギ	grasshopper グラスハパ
はったつ(する) **発達(する)** hattatsu (suru)	**발달***(**하다**) †パルッタル(ハダ)	development; develop ディヴェロプメント, ディヴェロプ
はっちゅう(する) **発注(する)** hacchuu (suru)	**발주***(**하다**) †パルッチュ(ハダ)	ordering; order オーダリング, オーダ
ぱっちわーく **パッチワーク** pacchiwaaku	**패치워크** ペチウォク	patchwork パチワーク
ばってりー **バッテリー** batterii	**배터리** †ペトリ	battery バタリ
はってん(する) **発展(する)** hatten (suru)	**발전***(**하다**) †パルッチョン(ハダ)	development; develop ディヴェロプメント, ディヴェロプ

日	韓	英
〜途上国	**開発**(開発) **道上国**(途上国) †ケバル †トサングク	developing country ディ**ヴェ**ロピング **カ**ントリ
はつでん(する) **発電(する)** hatsuden (suru)	**発전**＊**(하다)** †パルッチョン(ハダ)	generation of electricity; generate electricity チェネ**レ**イション オヴ イレクト**リ**スィティ, **チェ**ネレイト イレクト**リ**スィティ
はっぱ **発破** happa	**발파**＊ †パルパ	blast ブ**ラ**スト
はっぱい(する) **発売(する)** hatsubai (suru)	**발매**＊**(하다)** †パルメ(ハダ)	sale; put on sale **セ**イル, **プ**ト オン **セ**イル
はっぴーえんど **ハッピーエンド** happiiendo	**해피엔드** ヘピエンドゥ	happy ending **ハ**ピ **エ**ンディング
はっぴょう(する) **発表(する)** happyou (suru)	**발표**＊**(하다)** †パルピョ(ハダ)	announcement; announce ア**ナ**ウンスメント, ア**ナ**ウンス
はつびょう(する) **発病(する)** hatsubyou (suru)	**발병**＊**(하다)** †パルビョン(ハダ)	attack; get sick ア**タ**ク, **ゲ**ト ス**イ**ク
はつめい(する) **発明(する)** hatsumei (suru)	**발명**＊**(하다)** †パルミョン(ハダ)	invention; invent イン**ヴェ**ンション, イン**ヴェ**ント
はて **果て** hate	**끝** ックッ	end **エ**ンド
はてしない **果てしない** hateshinai	**끝없다** ックドプタ	endless **エ**ンドレス
はでな **派手な** hadena	**화려**(華麗)**한, 야**(野)**한** ファリョハン, ヤハン	gay, showy **ゲ**イ, **ショ**ウイ
はと **鳩** hato	**비둘기** †ピドゥルギ	pigeon, dove **ピ**ヂョン, **ダ**ヴ
ばとうする **罵倒する** batousuru	**매도**＊**하다** メドハダ	denounce ディ**ナ**ウンス

は

日	韓	英
ぱとかー **パトカー** patokaa	**순찰차**(巡察車), **백차**(白車) スンチャルチャ , ペクチャ	squad car スクワド カー
ばどみんとん **バドミントン** badominton	**배드민턴** †ペドゥミントン	badminton バドミントン
ぱとろーる **パトロール** patorooru	**순찰**(巡察) スンチャル	patrol パトロウル
はな **花** hana	**꽃** ッコッ	flower フラウア
はな **鼻** hana	**코** コ	nose ノウズ
はなし **話** hanashi	**이야기, 말** イヤギ , マル	talk, conversation トーク, カンヴァセイション
(物語)	**이야기** イヤギ	story ストーリ
はなしあい **話し合い** hanashiai	**논의**(論議), **교섭**(交渉) ノニ , †キョソプ	talk, discussion トーク, ディスカション
はなしあう **話し合う** hanashiau	**서로 이야기하다** ソロ イヤギハダ	talk with, discuss with トーク ウィズ, ディスカス ウィズ
はなす **放す** hanasu	**놓다, 놓아 주다** ノタ , ノア †チュダ	free, release フリー, リリース
はなす **話す** hanasu	**이야기하다, 말하다** イヤギハダ , マルハダ	speak, talk スピーク, トーク
はなす **離す** hanasu	**떼다, 풀다** ッテダ , プルダ	separate, detach セパレイト, ディタチ
はなたば **花束** hanataba	**꽃다발** ッコッタバル	bouquet ブーケイ

日	韓	英
はなぢ **鼻血** hanaji	**코피** コピ	nosebleed ノウズブリード
ばなな **バナナ** banana	**바나나** †パナナ	banana バナナ
はなはだしい **甚だしい** hanahadashii	**대단하다, 심(甚)하다** †テダンハダ, シムハダ	extreme イクストリーム
はなび **花火** hanabi	**불꽃, 불꽃놀이** †プルッコッ, †プルッコンノリ	fireworks ファイアワークス
はなびら **花びら** hanabira	**꽃잎** ッコンニプ	petal ペタル
はなみ **花見** hanami	**꽃구경, 꽃놀이** ッコックギョン, ッコンノリ	cherry blossom viewing チェリ ブラソム ヴューイング
はなみず **鼻水** hanamizu	**콧물** コンムル	snivel スニヴル
はなやかな **華やかな** hanayakana	**화려(華麗)한** ファリョハン	gorgeous, bright ゴーヂャス, ブライト
はなれる **離れる** hanareru	**떨어지다, 멀어지다** ットロジダ, モロジダ	leave, go away from リーヴ, ゴウ アウェイ フラム
はにかむ **はにかむ** hanikamu	**수줍어하다** スジュボハダ	(be) shy (ビ) シャイ
ぱにっく **パニック** panikku	**패닉** ペニク	panic パニク
ばにら **バニラ** banira	**바닐라** †パニルラ	vanilla ヴァニラ
はね **羽** hane	**날개, 새털** ナルゲ, セトル	feather, plume フェザ, プルーム

は

日	韓	英
（翼）	날개 ナルゲ	wing **ウ**ィング
ばね **ばね** bane	용수철（龍鬚鉄） ヨンスチョル	spring スプリング
はねむーん **ハネムーン** hanemuun	허니문, 신혼여행（新婚旅行） ホニムン, シンフンヨヘン	honeymoon ハニムーン
はねる **跳ねる** haneru	뛰다, 뛰어오르다 ットゥイダ, ットゥイオオルダ	leap, jump **リ**ープ, **ジャ**ンプ
はは（おや） **母（親）** haha (oya)	어머니, 모친（母親） オモニ, モチン	mother **マ**ザ
～方	외가（外家）쪽 ウェガ ッチョク	mother's side **マ**ザズ **サ**イド
はば **幅・巾** haba	폭（幅） ポク	width, breadth **ウ**ィドス, ブ**レ**ドス
はばたく **羽ばたく** habataku	날개 치다 ナルゲ チダ	flutter, flap フ**ラ**タ, フ**ラ**プ
はばつ **派閥** habatsu	파벌* パボル	faction **ファ**クション
はばとび **幅跳び** habatobi	넓이뛰기 ノルビットゥイギ	broad jump ブ**ロ**ード **ジャ**ンプ
はばひろい **幅広い** habahiroi	폭넓다 ポンノルッタ	wide, broad **ワ**イド, ブ**ロ**ード
はばむ **阻む** habamu	막다 マクタ	prevent from, block プリ**ヴェ**ント フラム, ブ**ラ**ク
ぱふぇ **パフェ** pafe	파르페 パルペ	parfait パー**フェ**イ

日	韓	英
はぶく **省く** habuku	**생략(省略)하다, 줄이다** センニャカダ, †チュリダ	omit, exclude オウミト, イクスクルード
（削減） 	**줄이다** †チュリダ	save, reduce セイヴ, リデュース
はぷにんぐ **ハプニング** hapuningu	**해프닝** ヘプニン	happening ハプニング
はぶらし **歯ブラシ** haburashi	**칫솔** チッソル	toothbrush トゥースブラシュ
はまき **葉巻** hamaki	**시가** シガ	cigar スィガー
はまぐり **蛤** hamaguri	**대합(大蛤)** †テハプ	clam クラム
はまべ **浜辺** hamabe	**바닷가, 해변(海辺)** †パダッカ, ヘビョン	beach, seashore ビーチ, スィーショー
はまる **嵌まる** hamaru	**꼭 맞다, 적합(適合)하다** ッコク マッタ, †チョカパダ	fit into フィト イントゥ
はみがき **歯磨き** hamigaki	**치약(歯薬)** チヤク	toothpaste トゥースペイスト
はむ **ハム** hamu	**햄** ヘム	ham ハム
はめつ（する） **破滅（する）** hametsu (suru)	**파멸*（되다）** パミョル(ドェダ)	ruin; (be) ruined ルーイン, (ビ) ルーインド
はめる **嵌める** hameru	**끼우다, 박다** ッキウダ, †パクタ	put in, set プト イン, セト
（騙す） 	**속이다** ソギダ	entrap, cheat イントラプ, チート
ばめん **場面** bamen	**장면*** †チャンミョン	scene スィーン

日	韓	英
はやい **早い** hayai	이르다 イルダ	early アーリ
はやい **速い** hayai	빠르다 ッパルダ	quick, fast クウィク, ファスト
はやおきする **早起きする** hayaokisuru	일찍 일어나다 イルッチク イロナダ	get up early ゲト アプ アーリ
はやく **早く** hayaku	빨리, 일찍 ッパルリ, イルッチク	early, soon アーリ, スーン
はやく **速く** hayaku	빨리 ッパルリ	quickly, fast クウィクリ, ファスト
はやさ **速さ** hayasa	속도(速度) ソクト	speed, velocity スピード, ヴェラスィティ
はやし **林** hayashi	숲 スプ	grove, woods グロウヴ, ウヅ
はやす **生やす** hayasu	기르다 キルダ	grow, cultivate グロウ, カルティヴェイト
はやねする **早寝する** hayanesuru	일찍 자다 イルッチク †チャダ	go to bed early ゴウ トゥ ベド アーリ
はやめに **早めに** hayameni	빨리, 일찍 ッパルリ, イルッチク	early, in advance アーリ, イン アドヴァンス
はやめる **速[早]める** hayameru	서두르다, 앞당기다 ソドゥルダ, アプタンギダ	quicken, hasten クウィクン, ヘイスン
はやり **流行り** hayari	유행(流行) ユヘン	fashion, mode ファション, モウド
はやる **流行る** hayaru	유행＊하다 ユヘンハダ	(be) popular (ビ) パピュラ
（病気などが）	퍼지다 ポジダ	(be) prevalent (ビ) プレヴァレント

日	韓	英
（繁盛）	번성(繁盛)하다 †ポンソンハダ	(be) prosperous (ビ) プラスペラス
はら **腹** hara	배 †ペ	belly ベリ
ばら **薔薇** bara	장미* †チャンミ	rose ロウズ
ばらーど **バラード** baraado	발라드 †パルラドゥ	ballade バラド
はらいもどし **払い戻し** haraimodoshi	환불(還拂) ファンブル	repayment, refund リペイメント, リファンド
はらいもどす **払い戻す** haraimodosu	환불(還拂)하다, 되돌려 주 다 ファンブルハダ, †トェドルリョ †チュダ	refund, repay リファンド, リペイ
はらう **払う** harau	지불(支拂)하다 †チブルハダ	pay ペイ
ばらす　（ばらばらに） **ばらす** barasu	분해(分解)하다 †プンヘハダ	take to pieces テイク トゥ ピースィズ
（暴露）	폭로(暴露)하다 ポンノハダ	disclose, expose ディスクロウズ, イクスポウ ズ
ばらどっくす **パラドックス** paradokkusu	패러독스, 역설(逆說) ペロドクス, ヨクソル	paradox パラダクス
ばらばら **ばらばら** barabara	뿔뿔이 ップルップリ	separate, scattered セパレイト, スキャタド
ばらまく **ばら撒く** baramaku	뿌리다, 퍼뜨리다 ップリダ, ポットゥリダ	scatter スキャタ
ぱらりんぴっく **パラリンピック** pararinpikku	패럴림픽 ペロルリムピク	Paralympics パラリンピクス
はらわた **腸** harawata	창자 チャンジャ	bowels, intestines バウエルズ, インテスティン ズ

日	韓	英
(動物の)	속 ソク	entrails エントレイルズ
ばらんす **バランス** baransu	밸런스, 균형 †ペルロンス, †キュニョン	balance バランス
はり **針** hari	바늘 †パヌル	needle ニードル
(釣り針)	낚싯바늘 ナクッシッパヌル	hook フク
(時計の)	침* チム	hand ハンド
ばりうむ **バリウム** bariumu	바륨 †パリュム	barium ベアリアム
はりがね **針金** harigane	철사(鉄絲) チョルッサ	wire ワイア
はりがみ **張り紙** harigami	벽보(壁報) †ピョクポ	bill, poster ビル, ポウスタ
はりきる **張り切る** harikiru	의욕(意欲)에 넘치다 ウィヨゲ ノムチダ	(be) vigorous (ビ) ヴィゴラス
ばりけーど **バリケード** barikeedo	바리케이드 †パリケイドゥ	barricade バリケイド
ばりとん **バリトン** bariton	바리톤 †パリトン	baritone バリトウン
はる **春** haru	봄 †ポム	spring スプリング
はる **張る** haru	뻗다, 덮이다, 깔리다 ッポッタ, †トピダ, ッカルリダ	stretch, extend ストレチ, イクステンド
はる **貼る** haru	붙이다 †プッチダ	stick, put on スティク, プト オン

日	韓	英
ばるこにー **バルコニー** barukonii	**발코니** †パルコニ	balcony バルコニ
ばるぶ **バルブ** barubu	**밸브** †ペルブ	valve **ヴァ**ルヴ
はれ **晴れ** hare	**맑음** マルグム	fine weather **ファイン ウェ**ザ
ばれえ **バレエ** baree	**발레** †パルレ	ballet バレイ
ばれーぼーる **バレーボール** bareebooru	**배구**(排球) †ペグ	volleyball **ヴァ**リボール
はれつ（する） **破裂（する）** haretsu (suru)	**파열**＊（하다） パヨル（ハダ）	explosion; explode イクスプ**ロ**ウジョン，イクス プ**ロ**ウド
ぱれっと **パレット** paretto	**팔레트** パルレトゥ	palette **パ**レト
はれもの **腫物** haremono	**종기**(腫気)，**부스럼** †チョンギ，†プスロム	swelling, boil ス**ウェ**リング，**ボ**イル
ばれりーな **バレリーナ** bareriina	**발레리나** †パルレリナ	ballerina バレ**リ**ーナ
はれる **腫れる** hareru	**붓다** †プッタ	(become) swollen (ビカム) ス**ウォ**ウルン
はれる **晴れる** hareru	**개다，풀리다** †ケダ，プルリダ	clear up クリア **ア**プ
ばれる **ばれる** bareru	**발각**(発覚)**되다，들키다** †パルガクテダ，†トゥルキダ	(be) exposed (ビ) イクス**ポ**ウズド
ばろっく **バロック** barokku	**바로크** †パロク	Baroque バ**ロ**ウク
はん **半** han	**반**＊，**절반**(折半) †パン，†チョルパン	half **ハ**フ

は

日	韓	英
はん(こ) **判・判子** han (ko)	**도장**(図章) †トジャン	seal, stamp **ス**ィール, ス**タ**ンプ
ばん **晩** ban	**저녁, 밤** †チョニョク, †パム	evening, night **イ**ーヴニング, **ナ**イト
ぱん **パン** pan	**빵** ッパン	bread ブ**レ**ド
～屋	**빵집** ッパンッチプ	bakery **ベ**イカリ
はんい **範囲** han-i	**범위**＊ †ポムィ	limit, sphere **リ**ミト, ス**フィ**ア
はんいご **反意語** han-igo	**반의어**＊ †パニオ	antonym **ア**ントニム
はんえい(する) **繁栄(する)** han-ei (suru)	**번영**＊(**하다**) †ポニョン(ハダ)	prosperity; (be) prosperous プラス**ペ**リティ, (ビ) プ**ラ**スペラス
はんが **版画** hanga	**판화**＊ パンファ	print, woodcut プ**リ**ント, **ウ**ドカト
はんがー **ハンガー** hangaa	**옷걸이** オッコリ	hanger **ハ**ンガ
はんがく **半額** hangaku	**반액**＊ †パネク	half the price **ハ**フ ザ プ**ラ**イス
はんかち **ハンカチ** hankachi	**손수건**(手巾) ソンスゴン	handkerchief **ハ**ンカチフ
はんかん **反感** hankan	**반감**＊ †パンガム	antipathy アン**ティ**パスィ
はんぎゃく(する) **反逆(する)** hangyaku (suru)	**반역**＊(**하다**) †パニョク(ハダ)	rebellion; rebel リ**ベ**リオン, リ**ベ**ル

日	韓	英
はんきょう **反響** hankyou	**반향**＊, 메아리 †パンヒャン, メアリ	echo エコウ
（反応）	**반향**＊ †パンヒャン	response リスパンス
ぱんく **パンク** panku	**펑크** ポンク	puncture パンクチャ
ばんぐみ **番組** bangumi	**프로그램, 프로** プログレム, プロ	program プロウグラム
ばんぐらでしゅ **バングラデシュ** banguradeshu	**방글라데시** †パングルラデシ	Bangladesh バングラ**デ**シュ
はんけい **半径** hankei	**반경**＊ †パンギョン	radius **レ**イディアス
はんげき（する） **反撃（する）** hangeki (suru)	**반격**＊**（하다）** †パンギョク(ハダ)	counterattack; strike back **カ**ウンタラタク, スト**ラ**イク バク
はんけつ **判決** hanketsu	**판결**＊ パンギョル	judgment **チャ**ヂメント
ばんけん **番犬** banken	**집 지키는 개** †チプ †チキヌン †ケ	watchdog **ワ**チドーグ
はんご **反語**　　（皮肉） hango	**반어**＊ †パノ	irony **ア**イアロニ
はんこう（する） **反抗（する）** hankou (suru)	**반항**＊**（하다）** †パンハン(ハダ)	resistance; resist レ**ズィ**スタンス, リ**ズィ**スト
ばんごう **番号** bangou	**번호**＊ †ポンホ	number **ナ**ンバ
はんざい **犯罪** hanzai	**범죄**＊ †ポムジュェ	crime ク**ラ**イム

日	韓	英
〜者	범죄자(犯罪者) †ポムジュェジャ	criminal クリミナル
ばんざい 万歳 banzai	만세* マンセ	cheers チアズ
はんさよう 反作用 hansayou	반작용* †パンジャギョン	reaction リアクション
ばんさん 晩餐 bansan	만찬* マンチャン	dinner ディナ
はんじ 判事 hanji	판사* パンサ	judge チャヂ
はんしゃ(する) 反射(する) hansha (suru)	반사*(하다) †パンサ(ハダ)	reflection; reflect リフレクション, リフレクト
はんじゅくたまご 半熟卵 hanjukutamago	반숙(半熟) 달걀 †パンスク †タルギャル	soft-boiled egg ソフトボイルド エグ
はんじょうする 繁盛する hanjousuru	번성*하다 †ポンソンハダ	prosperity プラスペリティ
はんしょく(する) 繁殖(する) hanshoku (suru)	번식*(하다) †ポンシク(ハダ)	propagation; prop- agate プラパゲイション, プラパゲイト
はんずぼん 半ズボン hanzubon	반(半)바지 †パンバジ	shorts, knee pants ショーツ, ニー パンツ
はんする 反する hansuru	반(反)하다, 위반(違反)하다 †パンハダ, ウィバンハダ	(be) contrary to (ビ) カントレリ トゥ
はんせい(する) 反省(する) hansei (suru)	반성*(하다) †パンソン(ハダ)	reflection; reflect on リフレクション, リフレクト オン
ばんそう(する) 伴奏(する) bansou (suru)	반주*(하다) †パンジュ(ハダ)	accompaniment; accompany アカンパニメント, アカンパニ

日	韓	英
ばんそうこう **絆創膏** bansoukou	**반창고**＊ †パンチャンゴ	adhesive plaster アドヒースィヴ プラスタ
はんそく **反則** hansoku	**반칙**＊ †パンチク	foul ファウル
はんそで **半袖** hansode	**반(半)소매** †パンソメ	short sleeves ショート スリーヴズ
ぱんだ **パンダ** panda	**판다** パンダ	panda パンダ
はんたい(の) **反対(の)** hantai (no)	**반대**＊**(의)** †パンデ(エ)	opposite アポズィト
〜側	**반대편**(反対便) †パンデピョン	opposite side アポズィト サイド
〜(する)	**반대**＊**(하다)** †パンデ(ハダ)	opposition; oppose アポズィション, アポウズ
はんだん(する) **判断(する)** handan (suru)	**판단**＊**(하다)** パンダン(ハダ)	judgment; judge チャヂメント, チャヂ
ばんち **番地** banchi	**번지**＊ †ポンジ	street number ストリート ナンバ
ぱんち **パンチ** panchi	**펀치** ポンチ	punch パンチ
ぱんつ **パンツ** pantsu	**팬츠, 팬티** ペンチュ, ペンティ	briefs, shorts ブリーフス, ショーツ
(ズボン)	**바지** †パジ	pants パンツ
はんでぃきゃっぷ **ハンディキャップ** handikyappu	**핸디캡** ヘディケプ	handicap ハンディキャプ
(障害)	**신체 장애**(身体障碍) シンチェ †チャンエ	handicap ハンディキャプ

日	韓	英
はんてい（する） **判定（する）** hantei (suru)	판정＊（하다） パンジョン（ハダ）	judgment; judge チャヂメント，チャヂ
ぱんてぃー **パンティー** pantii	팬티 ペンティ	panties パンティズ
〜ストッキング	팬티스타킹 ペンティスタキン	pantyhose パンティホウズ
ばんど **バンド** （楽隊） bando	밴드，악단（楽団） †ペンドゥ，アクタン	band バンド
はんとう **半島** hantou	반도＊ †パンド	peninsula ペニンシュラ
はんどうたい **半導体** handoutai	반도체＊ †パンドチェ	semiconductor セミコンダクタ
はんどばっぐ **ハンドバッグ** handobaggu	핸드백 ヘンドゥベク	handbag, purse ハンドバグ，パース
はんどぶっく **ハンドブック** handobukku	핸드북 ヘンドゥブク	handbook ハンドブク
はんどる **ハンドル** handoru	핸들，손잡이 ヘンドゥル，ソンジャビ	handle ハンドル
（自動車などの）	핸들 ヘンドゥル	wheel (ホ)ウィール
（自転車などの）	핸들 ヘンドゥル	handlebars ハンドルバーズ
はんにち **半日** hannichi	한나절 ハンナジョル	half a day ハフ ア デイ
はんにん **犯人** hannin	범인＊ †ポミン	offender, criminal オフェンダ，クリミナル
ばんねん **晩年** bannen	만년＊ マンニョン	last years ラスト イアズ

日	韓	英
はんのう（する） **反応（する）** hannou (suru)	**반응**＊**(하다)** †パヌン(ハダ)	reaction, response; react to, respond to リアクション, リスパンス, リアクト トゥ, リスパンド トゥ
ばんのうの **万能の** bannouno	**만능**＊**의** マンヌンエ	almighty オールマイティ
ばんぱー **バンパー** banpaa	**범퍼** †ポムポ	bumper バンパ
はんばーがー **ハンバーガー** hanbaagaa	**햄버거** ヘムボゴ	hamburger ハンバーガ
はんばーぐ **ハンバーグ** hanbaagu	**햄버그스테이크** ヘムボグステイク	hamburg steak ハンバーグ ステイク
はんばい（する） **販売（する）** hanbai (suru)	**판매**＊**(하다)** パンメ(ハダ)	sale; sell セイル, セル
ばんぱく **万博** banpaku	**만국**（万国）**박람회**（博覧会） マングクパンナムフェ	Expo エクスポウ
はんぱつ（する） **反発（する）** hanpatsu (suru)	**반발**＊**(하다)** †パンバル(ハダ)	repulsion; repulse, repel リパルション, リパルス, リ ペル
はんぷく（する） **反復（する）** hanpuku (suru)	**반복**＊**(하다)** †パンボク(ハダ)	repetition; repeat レペティション, リピート
ぱんふれっと **パンフレット** panfuretto	**팸플릿** ペムプルリッ	pamphlet, bro- chure パンフレト, ブロウシュア
はんぶん **半分** hanbun	**반**（半）, **절반**（折半） †パン, †チョルバン	half ハフ
はんまー **ハンマー** hanmaa	**망치** マンチ	hammer ハマ
はんもくする **反目する** hanmokusuru	**반목**＊**하다** †パンモカダ	(be) at enmity with (ビ) アト エンミティ ウィズ

日	韓	英
はんらん **反乱** hanran	**반란**＊ †パルラン	revolt リヴォウルト
〜を起こす	**반란**＊**을 일으키다** †パルラヌル イルキダ	rebel against リベル アゲンスト
はんらん(する) **氾濫(する)** hanran (suru)	**범람**＊**(하다)** †ポムナム(ハダ)	flood; overflow フラド, オウヴァフロウ
はんれい **凡例** hanrei	**범례**＊ †ポムネ	explanatory notes イクスプラナトーリ ノウツ
はんろん(する) **反論(する)** hanron (suru)	**반론**＊**(하다)** †パルロン(ハダ)	refutation; argue against レフュテイション, アーギュー アゲンスト

ひ, ヒ

日	韓	英
ひ **火** hi	**불** †プル	fire ファイア
ひ **日** hi	**해, 태양**(太陽)**, 햇빛** ヘ, テヤン, ヘッピッ	sun, sunlight サン, サンライト
(日付)	**날짜** ナルッチャ	day, date デイ, デイト
び **美** bi	**미**＊ ミ	beauty ビューティ
ひあい **悲哀** hiai	**비애**＊ †ピエ	sadness サドネス
ぴあす **ピアス** piasu	**귀걸이** †クィゴリ	pierced earrings ピアスト イアリングズ
ひあたり **日当たり** hiatari	**볕이 듦, 양지**(陽地) †ピョチ †トゥム, ヤンジ	sunshine サンシャイン

日	韓	英
ぴあにすと **ピアニスト** pianisuto	**피아니스트** ピアニストゥ	pianist ピアニスト
ぴあの **ピアノ** piano	**피아노** ピアノ	piano ピアーノウ
ぴーあーる(する) **ピーアール(する)** piiaaru (suru)	**피아르(하다)** ピアル(ハダ)	PR; give publicity to **ピーアー**, **ギヴ** パブリスィティ トゥ
ひいき **贔屓** hiiki	**역성, 편애**(偏愛) ヨクソン, ピョネ	favoritism **フェ**イヴァリティズム
〜する	**역성 들다, 편애**(偏愛)**하다** ヨクソン †トゥルダ, ピョネハダ	favor, patronage **フェ**イヴァ, **パ**トラニヂ
ひいでる **秀でる** hiideru	**빼어나다, 뛰어나다** ッペオナダ, ットゥィオナダ	excel イク**セ**ル
ぴーなっつ **ピーナッツ** piinattsu	**땅콩** ッタンコン	peanut **ピ**ーナト
ぴーふ **ビーフ** biifu	**비프, 쇠고기** †ピプ, ソェゴギ	beef **ビ**ーフ
〜シチュー	**비프 스튜** †ピプ ステュ	beef stew **ビ**ーフ ス**テュ**ー
〜ステーキ	**비프스테이크** †ピプステイク	beefsteak **ビ**ーフステイク
ぴーまん **ピーマン** piiman	**피망** ピマン	green pepper グリーン **ペ**パ
ぴーる **ビール** biiru	**맥주**(麦酒) メクチュ	beer **ビ**ア
ひえしょう **冷え性** hieshou	**냉**(冷)**한 체질**(体質)**, 냉증**(冷症) ネンハン チェジル, ネンッチュン	poor circulation **プ**ア サーキュレイション

日	韓	英
ひえる **冷える** hieru	**차가워지다, 식다** チャガウォジダ, シクタ	get cold ゲト コウルド
（気温が）	**추워지다, 쌀쌀해지다** チュウォジダ, ッサルッサルヘジダ	get cold ゲト コウルド
（関係が）	**냉담（冷淡）해지다** ネンダムヘジダ	get cold ゲト コウルド
びえん **鼻炎** bien	**비염*** †ピヨム	nasal inflamma-tion ネイザル インフラメイション
びおら **ビオラ** biora	**비올라** †ピオルラ	viola ヴァイオラ
ひがい **被害** higai	**피해*** ピヘ	damage ダミヂ
〜者	**피해자**（被害者） ピヘジャ	sufferer, victim サファラ, ヴィクティム
ひかえ **控え** hikae	**부본**（副本）**, 사본**（写本） †プボン, サボン	copy, duplicate カピ, デュープリケト
ひかえめな **控え目な** hikaemena	**조신**（操身）**한, 겸손**（謙遜）**한** †チョシンハン, †キョムソンハン	moderate, unas-suming マダレト, アナスューミング
ひかえる **控える** （制限する）	**삼가다** サムガダ	refrain from リフレイン フラム
（書き留める）	**메모해 두다** メモヘ †トゥダ	write down ライト ダウン
（待機する）	**기다리다, 대기**（待機）**하다** †キダリダ, †テギハダ	wait ウェイト
ひかく（する） **比較（する）** hikaku (suru)	**비교***（**하다**） †ピギョ（ハダ）	comparison; com-pare コンパリスン, コンペア

日	韓	英
びがく **美学** bigaku	**미학** * ミハク	aesthetics エス**セ**ティクス
ひかくせいひん **皮革製品** hikakuseihin	**피혁 제품** * ピヒョク チェプム	leather goods **レ**ザ **グ**ヅ
ひかげ **日陰** hikage	**그늘, 음지**(陰地)**, 응달** †クヌル, ウムジ, ウンダル	shade **シェ**イド
ひがさ **日傘** higasa	**양산**(陽傘)**, 파라솔** ヤンサン, パラソル	sunshade, parasol **サ**ンシェイド, **パ**ラソル
ひがし **東** higashi	**동** *(**쪽**) †トン(ッチョク)	east **イ**ースト
～側	**동** *쪽 †トンッチョク	east side **イ**ースト **サ**イド
ぴかぴか(の) **ぴかぴか(の)** pikapika (no)	**반짝반짝** †パンッチャクパンッチャク	shining **シャ**イニング
～する	**반쩍거리다** †パンッチョクコリダ	glitter, twinkle グ**リ**タ, ト**ウィ**ンクル
ひかり **光** hikari	**빛** †ピッ	light, ray **ラ**イト, **レ**イ
ひかる **光る** hikaru	**빛나다** †ピンナダ	shine, flash **シャ**イン, フ**ラ**シュ
ひかれる **引かれる** hikareru	**끌리다** ックルリダ	(be) charmed with (ビ) **チャ**ームド ウィズ
ひかん(する) **悲観(する)** hikan (suru)	**비관** *(**하다**) †ピグヮン(ハダ)	pessimism; take a pessimistic view of ペ**シ**ミズム, **テ**イク ア ペ ス**ィ**ミスティク **ヴュ**ー オヴ
～的な	**비관적**(悲観的)**인** †ピグヮンジョギン	pessimistic ペス**ィ**ミスティク

日	韓	英
ひきあげる **引き上[揚]げる** hikiageru	끌어올리다 ックロオルリダ	pull up, raise プル アプ, レイズ
（値段を）	인상(引上)하다 インサンハダ	raise レイズ
（戻る）	되돌아오다, 철수(撤収)하다 ↑トェドラオダ, チョルッスハダ	withdraw ウィズドロー
ひきいる **率いる** hikiiru	인솔(引率)하다, 거느리다 インソルハダ, ↑コヌリダ	lead, conduct リード, カンダクト
ひきうける **引き受ける** hikiukeru	맡다, 인수(引受)하다 マッタ, インスハダ	undertake アンダテイク
ひきおこす **引き起こす** （倒れたものを） hikiokosu	일으키다 イルキダ	raise レイズ
（惹起）	야기(惹起)하다 ヤギハダ	cause コーズ
ひきかえす **引き返す** hikikaesu	되돌아가다, 되돌아오다 ↑トェドラガダ, ↑トェドラオダ	return リターン
ひきかえる **引き換える** hikikaeru	바꾸다, 교환(交換)하다 ↑パックダ, ↑キョファンハダ	exchange イクスチェインヂ
ひきがね **引き金** hikigane	방아쇠 ↑パンアスェ	trigger トリガ
（誘因）	유인(誘引) ユイン	trigger トリガ
ひきさく **引き裂く** hikisaku	찢다, 가르다 ッチッタ, ↑カルダ	tear up テア アプ
ひきさげる **引き下げる** hikisageru	낮추다, 내리다 ナッチュダ, ネリダ	pull down プル ダウン
（値段を）	인하(引下)하다 インハハダ	reduce リデュース

日	韓	英
ひきざん **引き算** hikizan	**뺄셈** ッペルッセム	subtraction サブトラクション
ひきしめる **引き締める** hikishimeru	**죄다, 조르다** †チュエダ, †チョルダ	tighten タイトン
ひきずる **引き摺る** hikizuru	**질질 끌다, 지연(遲延)시키다** †チルジル ックルダ, †チヨンシキダ	trail, drag トレイル, ドラグ
ひきだし **引き出し** hikidashi	**서랍** ソラプ	drawer ドローア
(預金の)	**인출**(引出) インチュル	withdrawal ウィズドローアル
ひきだす **引き出す** hikidasu	**꺼내다, 끌어내다** ッコネダ, ックロネダ	draw out ドロー アウト
(預金を)	**찾다, 인출**(引出)**하다** チャッタ, インチュルハダ	withdraw ウィズドロー
ひきたてる **引き立てる** hikitateru	**후원**(後援)**하다, 북돋우다** フウォンハダ, †プクトドゥダ	favor フェイヴァ
ひきつぐ (人から) **引き継ぐ** hikitsugu	**이어받다** イオパッタ	succeed to サクスィード トゥ
(人に)	**계승**(継承)**하다** †ケスンハダ	hand over ハンド オウヴァ
ひきつける **引き付ける** hikitsukeru	**끌어당기다** ックロダンギダ	attract アトラクト
ひきつづき **引き続き** hikitsuzuki	**계속**(継続)**해서, 이어서** †ケソケソ, イオソ	continuously コンティニュアスリ
ひきとめる **引き留[止]める** hikitomeru	**말리다, 만류**(挽留)**하다** マルリダ, マルリュハダ	keep, stop キープ, スタプ
ひきとる **引き取る** hikitoru	**인수**(引受)**하다, 떠맡다** インスハダ, ットマッタ	receive リスィーヴ

日	韓	英
ひきにく **挽き肉** hikiniku	다진 고기 †タジン †コギ	minced meat ミンスト ミート
ひきにげ **轢き逃げ** hikinige	뺑소니 ッペンソニ	hit and run ヒト アンド ラン
ひきぬく **引き抜く** hikinuku	뽑다, 뽑아내다 ッポプタ , ッポパネダ	pull out プル アウト
ひきのばす **引き延[伸]ばす** hikinobasu	늘이다, 확대(拡大)하다 ヌリダ , ファクテハダ	stretch ストレチ
（写真を）	확대(拡大)하다 ファクテハダ	enlarge インラーヂ
ひきはらう **引き払う** hikiharau	퇴거(退去)하다, 걷어치우다 トェゴハダ , †コドチウダ	move out ムーヴ アウト
ひきょうな **卑怯な** hikyouna	비겁*한 †ピゴパン	mean, foul ミーン, ファウル
ひきわける **引き分ける** hikiwakeru	비기다 †ピギダ	draw ドロー
ひきわたす **引き渡す** hikiwatasu	넘겨주다, 인도(引渡)하다 ノムギョジュダ , インドハダ	hand over ハンド オウヴァ
ひく **引く** hiku	끌어당기다, 끌다 ックロダンギダ , ックルダ	pull, draw プル, ドロー
（注意などを）	끌다 ックルダ	attract アトラクト
（辞書を）	찾아보다 チャジャボダ	consult コンサルト
（引き算する）	빼다 ッペダ	subtract サブトラクト
ひく **弾く** hiku	연주(演奏)하다, 켜다, 치다 ヨンジュハダ , キョダ , チダ	play プレイ

日	韓	英
ひく **轢く** hiku	**치다** チダ	run over, hit **ラン オウヴァ, ヒト**
ひくい **低い** hikui	**낮다** ナッタ	low **ロウ**
(背が)	**(키가) 작다** (キガ) †チャクタ	short **ショート**
ひくつな **卑屈な** hikutsuna	**비굴*한** †ピグルハン	servile **サーヴァル**
びくびくする **びくびくする** bikubikusuru	**흠칫흠칫하다** フムチッフムチタダ	(be) scared of (ビ) スケアド オヴ
ひぐれ **日暮れ** higure	**해질 녘** ヘジル リョク	evening, dusk **イーヴニング, ダスク**
ひげ **髭** hige	**수염**(鬚髯) スヨム	mustache **マスタシュ**
～を剃る	**수염**(鬚髯)**을 깎다** スヨムル ッカクタ	shave *one's* beard **シェイヴ ビアド**
(あごの)	**턱수염** トクスヨム	beard **ビアド**
(頬の)	**구레나룻** †クレナルッ	whiskers (ホ)**ウィスカズ**
ひげき **悲劇** higeki	**비극*** †ピグク	tragedy **トラヂェディ**
ひげする **卑下する** higesuru	**비하*하다** †ピハハダ	humble *oneself* **ハンブル**
ひけつ **秘訣** hiketsu	**비결*** †ピギョル	secret **スィークレト**
ひけつ(する) **否決(する)** hiketsu (suru)	**부결*(하다)** †プギョル(ハダ)	rejection; reject リヂェクション, リヂェクト

日	韓	英
ひこうき **飛行機** hikouki	**비행기*** †ピヘンギ	airplane, plane エアプレイン, プレイン
ひこうしきの **非公式の** hikoushikino	**비공식적**(非公式的)**인** †ピゴンシクチョギン	unofficial, infor-mal アナ**フィ**シャル, イン**フォー**マル
ひごうほうの **非合法の** higouhouno	**비합법적**(非合法的)**인** †ピハプポプチョギン	illegal イ**リー**ガル
ひこく **被告** hikoku	**피고*** ピゴ	accused ア**キュー**ズド
ひごろ **日頃** higoro	**평소**(平素)**에, 평상시**(平常時)**, 늘** ピョンソエ, ピョンサンシ, ヌル	usually, always **ユー**ジュアリ, **オー**ルウェイズ
ひざ **膝** hiza	**무릎** ムルプ	knee, lap **ニー**, **ラ**プ
びざ **ビザ** biza	**비자** †ピジャ	visa **ヴィー**ザ
ひさい(する) **被災(する)** 　　(地震[台風]で) hisai (suru)	**피재**(하다) ピジェ(ハダ)	suffer from an earthquake [a ty-phoon] **サ**ファー フラム アン **アー**スクウェイク[ア タイ**フー**ン]
～者	**이재민**(罹災民) イジェミン	sufferer **サ**ファラ
～地	**피해 지역** ピヘ †チョク	disaster-stricken area ディ**ザ**スターストリクン **エ**アリア
ひざし **日差し** hizashi	**햇살, 볕** ヘッサル, †ピョッ	sunlight **サ**ンライト
ひざまずく **跪く** hizamazuku	**무릎을 꿇다** ムルプル ックルタ	kneel down **ニー**ル **ダ**ウン
ひさんな **悲惨な** hisanna	**비참*****한** †ピチャムハン	miserable **ミ**ザラブル

日	韓	英
ひじ **肘** hiji	**팔꿈치** パルックムチ	elbow エルボウ
ひしがた **菱形** hishigata	**마름모꼴** マルムモッコル	rhombus, lozenge ランバス, ラズィンヂ
びじねす **ビジネス** bijinesu	**비즈니스** †ビジュニス	business ビズネス
～マン	**비즈니스맨** †ビジュニスメン	businessman ビズネスマン
ひじゅう **比重** hijuu	**비중**＊ †ビジュン	specific gravity スピスィフィク グラヴィ ティ
びじゅつ **美術** bijutsu	**미술**＊ ミスル	art, fine arts アート, ファイン アーツ
～館	**미술관**(美術館) ミスルグヮン	art museum アート ミューズィアム
ひじゅん(する) **批准(する)** hijun (suru)	**비준**＊(**하다**) †ビジュン(ハダ)	ratification; ratify ラティフィケイション, ラ ティファイ
ひしょ **秘書** hisho	**비서**＊ †ビソ	secretary セクレテリ
ひじょう **非常** hijou	**비상**＊ †ビサン	emergency イマーヂェンスィ
～階段	**비상계단**(非常階段) †ビサンゲダン	emergency stair- case イマーヂェンスィ ステアケ イス
～口	**비상구**(非常口) †ビサング	emergency exit イマーヂェンスィ エグズィ ト
～に	**매우, 몹시** メウ, モプシ	very ヴェリ

日	韓	英
非常勤 **非常勤** hijoukin	**비상근*** †ピサングン	part-time パートタイム
ひじょうしき **非常識な** hijoushiki	**비상식적**(非常識的)**인, 몰상** **식**(没常識)**한** †ピサンシクチョギン, モルッサンシカン	absurd, unreason- able アブ**サード**, アンリーズナブ ル
ひじょうな **非情な** hijouna	**비정***한 †ピジョンハン	heartless **ハー**トレス
ひしょち **避暑地** hishochi	**피서지*** ピソジ	summer resort **サ**マ リ**ゾー**ト
びしょぬれ **びしょ濡れ** bishonure	**흠뻑 젖음** フムッポク †チョジュム	soaked **ソー**クト
びじょん **ビジョン** bijon	**비전** †ピジョン	vision **ヴィ**ジョン
びじん **美人** bijin	**미인*** ミイン	beauty **ビュー**ティ
ひすい **翡翠** hisui	**비취*** †ピチュイ	jade **チェ**イド
ぴすとる **ピストル** pisutoru	**피스톨, 권총**(拳銃) ピストル, †クォンチョン	pistol **ピ**ストル
ぴすとん **ピストン** pisuton	**피스톤** ピストン	piston **ピ**ストン
ひずむ **歪む** hizumu	**비뚤어지다, 뒤틀리다** †ピットゥロジダ, †トゥィトゥルリダ	(be) warped (ビ) **ウォー**プト
びせいぶつ **微生物** biseibutsu	**미생물*** ミセンムル	microorganism マイクロウ**オー**ガニズム
ひぞう **脾臓** hizou	**비장*** †ピジャン	spleen スプ**リー**ン

日	韓	英
ひそうな **悲壮な** hisouna	**비장*한** †ピジャンハン	pathetic, grievous パ**セ**ティク, グリーヴァス
ひだ **襞** hida	**주름** †チュルム	fold **フォ**ウルド
ひたい **額** hitai	**이마** イマ	forehead **フォ**ーレド
ひたす **浸す** hitasu	**담그다, 적시다** タムグダ, †チョクシダ	soak in, dip in **ソ**ウク イン, **ディ**プ イン
びたみん **ビタミン** bitamin	**비타민** †ビタミン	vitamin **ヴァ**イタミン
ひだり **左** hidari	**왼쪽** ウェンッチョク	left **レ**フト
～側	**좌*측, 우측** †チュワチュク, ウチュク	left side **レ**フト **サ**イド
ひつうな **悲痛な** hitsuuna	**비통*한** †ピトンハン	grievous, painful グリーヴァス, **ペ**インフル
ひっかかる **引っ掛かる** hikkakaru	**걸리다, 걸려들다** †コルリダ, †コルリョドゥルダ	get caught on **ゲ**ト **コ**ート オン
ひっかく **引っ掻く** hikkaku	**긁다, 할퀴다** †ククタ, ハルクィダ	scratch スク**ラ**チ
ひっかける **引っ掛ける** hikkakeru	**걸다** †コルダ	hang **ハ**ング
ひっき(する) **筆記(する)** hikki(suru)	**필기*(하다)** ピルギ(ハダ)	note; write down **ノ**ウト, **ラ**イト **ダ**ウン
～試験	**필기시험**(筆記試験) ピルギシホム	written examina- tion **リ**トン イグザ**ミ**ネイション
ひつぎ **棺** hitsugi	**관*** †クヮン	coffin **コ**フィン

ひ

日	韓	英
ひっくりかえす **引っ繰り返す** hikkurikaesu	뒤집다, 뒤엎다 †トゥィジプタ, †トゥィオプタ	overturn オウヴァ**ターン**
（上下に）	뒤엎다 †トゥィオプタ	turn upside down **ターン ア**プサイド ダウン
（裏返しに）	뒤집다 †トゥィジプタ	turn inside out **ターン イ**ンサイド アウト
ひっくりかえる **引っ繰り返る** hikkurikaeru	뒤집히다, 역전(逆転)되다 †トゥィジピダ, ヨクチョンドェダ	overturn オウヴァ**ターン**
（倒れる）	넘어지다, 쓰러지다 ノモジダ, ッスロジダ	fall over **フォール オ**ウヴァ
びっくりする **びっくりする** bikkurisuru	놀라다 ノルラダ	(be) surprised (ビ) サプ**ラ**イズド
ひづけ **日付** hizuke	날짜 ナルッチャ	date **デ**イト
ひっこし **引っ越し** hikkoshi	이사(移徙) イサ	moving **ムー**ヴィング
ひっこす **引っ越す** hikkosu	이사(移徙)**하다** イサハダ	move, remove **ムー**ヴ, リ**ムー**ヴ
ひっこむ **引っ込む** hikkomu	틀어박히다 トゥロパキダ	retire リ**タ**イア
ひっこめる **引っ込める** hikkomeru	당기다, 철회(撤回)**하다** †タンギダ, チョルフェハダ	take back **テ**イク **バ**ク
ひっし **必死** hisshi	필사* ピルッサ	desperate **デ**スパレト
ひつじ **羊** hitsuji	양* ヤン	sheep **シー**プ
ひっしゃ **筆者** hissha	필자* ピルッチャ	author, writer **オー**サ, **ラ**イタ

日	韓	英
ひっしゅう **必修** hisshuu	필수* ピルッス	compulsory コンパルソリ
ひつじゅひん **必需品** hitsujuhin	필수품* ピルッスプム	necessaries ネセセリズ
ひっす **必須** hissu	필수* ピルッス	indispensable インディスペンサブル
ひっせき **筆跡** hisseki	필적* ピルッチョク	handwriting ハンドライティング
ひっそり(と) **ひっそり(と)** hissori (to)	조용히, 죽은 듯이 †チョヨンヒ, †チュグン †トゥシ	quietly クワイエトリ
ぴっちゃー **ピッチャー** picchaa	투수(投手) トゥス	pitcher ピチャ
(水差し)	주전자(酒煎子) †チュジョンジャ	pitcher ピチャ
ひってきする **匹敵する** hittekisuru	필적*하다 ピルッチョカダ	(be) equal to (ピ) イークワル トゥ
ひっと **ヒット** hitto	히트 ヒトゥ	hit ヒト
(成功)	히트, 대(大)박 ヒトゥ, †テバク	hit, success ヒト, サクセス
ぴっと **ビット** bitto	비트 †ピトゥ	bit ビト
ひっぱる **引っ張る** hipparu	잡아당기다, 잡아끌다 †チャパダンギダ, †チャパックルダ	stretch, pull ストレチ, プル
ひづめ **蹄** hizume	발굽 †パルグプ	hoof フーフ

日	韓	英
ひつよう(な) **必要(な)** hitsuyou (na)	**필요**＊**(한)** ピリョ(ハン)	necessity, need; necessary ニセスィティ, ニード, ネセ セリ
ひてい(する) **否定(する)** hitei (suru)	**부정**＊**(하다)** †プジョン(ハダ)	denial; deny ディナイアル, ディナイ
びでお **ビデオ** bideo	**비디오** †ピディオ	video **ヴィ**ディオウ
～テープ	**비디오테이프** †ピディオテイプ	videotape **ヴィ**ディオウテイプ
びてき **美的** biteki	**미적**＊ ミッチョク	aesthetic エス**セ**ティク
ひでん **秘伝** hiden	**비전**＊ †ピジョン	secret **スィ**ークレト
ひと **人** hito	**사람, 인간**(人間) サラム, インガン	person, one **パ**ースン, **ワ**ン
(他人)	**남, 타인**(他人) ナム, タイン	others, other peo- ple **ア**ザズ, **ア**ザ ピープル
(人類)	**인류**(人類) イルリュ	humankind **ヒュ**ーマンカインド
ひどい **酷い** hidoi	**심**(甚)**하다, 지독**(至毒)**하다** シムハダ, †チドカダ	cruel, terrible ク**ル**エル, **テ**リブル
ひといき **一息** hitoiki	**단숨** †タンスム	breath ブ**レ**ス
ひとがら **人柄** hitogara	**인품**(人品), **사람됨** インプム, サラムドェム	character **キャ**ラクタ
ひときれ **一切れ** hitokire	**한 조각, 한 덩어리** ハン †チョガク, ハン †トンオリ	a piece of ア ピース オヴ

日	韓	英
ひときわ 一際 hitokiwa	한층(層) 더, 유(類)달리 ハンチュン †ト, ユダルリ	particularly パ**ティ**キュラリ
ひとくち 一口 hitokuchi	한 입 ハンニプ	a mouthful ア **マ**ウスフル
（飲み物）	한 모금 ハン モグム	a gulp ア **ガ**ルプ
（出資など）	한 몫 ハン モク	a share ア **シェ**ア
ひとこと 一言 hitokoto	한마디 ハンマディ	a word ア **ワ**ード
ひとごみ 人込み hitogomi	사람이 붐빔, 붐비는 곳 サラミ †プムビム, †プムビヌン †コッ	crowd クラ**ウ**ド
ひところ 一頃 hitokoro	한때 ハンッテ	once **ワ**ンス
ひとさしゆび 人差し指 hitosashiyubi	집게손가락 †チプケソンッカラク	forefinger **フォ**ーフィンガ
ひとしい 等しい hitoshii	같다, 다름없다 †カッタ, †タルムオプタ	(be) equal to (ビ) **イ**ークワル トゥ
ひとじち 人質 hitojichi	인질*, 볼모 インジル, †ポルモ	hostage **ハ**スティヂ
ひとそろい 一揃い hitosoroi	한 벌, 한 세트 ハン †ポル, ハン セトゥ	a set of ア **セ**ト オヴ
ひとだかり 人だかり hitodakari	사람이 많이 모임, 군중(群衆) サラミ マニ モイム, †クンジュン	crowd クラ**ウ**ド
ひとつ 一つ hitotsu	하나 ハナ	one **ワ**ン
ひとで 人手 （他人の力） hitode	도움, 남의 도움 †トウム, ナメ †トウム	help, hand **ヘ**ルプ, **ハ**ンド

日	韓	英
（働き手）一	일손 イルッソン	hand ハンド
ひとどおり **人通り** hitodoori	왕래(往来) ワンネ	traffic ト**ラ**フィク
ひととき **一時** hitotoki	일시(一時)，한때 イルッシ，ハンッテ	a moment ア **モ**ウメント
ひとなつっこい **人懐っこい** hitonatsukkoi	붙임성이 있다 †プチムッソンイ イッタ	amiable **エ**イミアブル
ひとなみ **人並み** hitonami	보통(普通) 정도(程度) †ポトン †チョンド	ordinary, average **オ**ーディネリ，**ア**ヴェリヂ
ひとびと **人々** hitobito	사람들 サラムドゥル	people **ピ**ープル
ひとみ **瞳** hitomi	눈동자 ヌントンジャ	pupil **ピュ**ーピル
ひとみしりする **人見知りする** hitomishirisuru	낯가림하다 ナッカリムハダ	(be) shy (ビ) **シャ**イ
ひとやすみする **一休みする** hitoyasumisuru	잠깐 쉬다 †チャムッカン シュィダ	take a rest **テ**イク ア **レ**スト
ひとり **一人** hitori	한 사람，혼자 ハン サラム，ホンジャ	one, a man **ワ**ン，ア **マ**ン
ひとりごと **独り言** hitorigoto	혼잣말 ホンジャンマル	monologue **マ**ノローグ
～を言う	혼잣말하다 ホンジャンマルハダ	talk to *oneself* **ト**ーク トゥ
ひとりっこ **一人っ子** hitorikko	독자(独子)，외동딸 †トクチャ，ウェドンッタル	only child **オ**ウンリ **チャ**イルド
ひとりぼっち **一人ぼっち** hitoribocchi	외톨이 ウェトリ	alone ア**ロ**ウン

日	韓	英
独り善がり ひとりよがり hitoriyogari	**독선적**(独善的) †トクソンジョク	self-satisfaction **セ**ルフサティス**ファ**クション
雛 ひな hina	**병아리** †ピョンアリ	chick **チ**ク
日向 ひなた hinata	**양지**(陽地)，**양달** ヤンジ，ヤンダル	sunny place **サ**ニ プ**レ**イス
避難(する) ひなん(する) hinan (suru)	**피난*(하다)** ピナン(ハダ)	refuge, shelter; take refuge in **レ**フ**ュ**ーヂ，**シェ**ルタ，**テ**イ ク**レ**フ**ュ**ーヂ イン
～経路	**피난* 경로**(経路) ピナン †キョンノ	evacuation route イ**ヴァ**キュ**エ**イション **ル**ー ト
～所	**대피소** †テピソ	shelter **シェ**ルタ
非難(する) ひなん(する) hinan (suru)	**비난*(하다)** †ピナン(ハダ)	blame ブ**レ**イム
ビニール びにーる biniiru	**비닐** †ピニル	vinyl **ヴァ**イニル
～ハウス	**비닐하우스** †ピニルハウス	greenhouse グ**リ**ーンハウス
ビニール袋	**비닐 봉투** †ピニル ボントゥ	plastic bag プ**ラ**スティク **バ**グ
皮肉 ひにく hiniku	**비꼼，빈정거림，야유**(揶揄) †ピッコム，†ピンジョンゴリム，ヤユ	sarcasm, irony **サ**ーキャズム，**ア**イアロニ
避妊 ひにん hinin	**피임*** ピイム	contraception カントラ**セ**プション
否認(する) ひにん(する) hinin (suru)	**부인*(하다)** †プイン(ハダ)	denial; deny ディ**ナ**イアル，ディ**ナ**イ

日	韓	英
びねつ **微熱** binetsu	**미열**＊ ミヨル	slight fever スライト フィーヴァ
ひねる **捻る** hineru	**틀다, 비틀다** トゥルダ, †ピトゥルダ	twist, twirl トゥイスト, トワール
ひのいり **日の入り** hinoiri	**일몰**(日没) イルモル	sunset サンセト
ひので **日の出** hinode	**일출**(日出), **해돋이** イルチュル, ヘドジ	sunrise サンライズ
ひばな **火花** hibana	**불똥, 불꽃** †プルットン, †プルッコッ	spark スパーク
ひばり **雲雀** hibari	**종달새** †チョンダルセ	lark ラーク
ひはん(する) **批判(する)** hihan (suru)	**비판**＊(**하다**) †ピパン(ハダ)	criticism; criticize クリティスィズム, クリティ サイズ
ひび **罅** hibi	**금** †クム	crack クラク
ひび **皹** hibi	**살갗이 틈** サルッカチ トゥム	chap チャプ
ひびき **響き** hibiki	**울림, 반향**(反響) ウルリム, †パンヒャン	sound サウンド
ひびく **響く** hibiku	**울리다, 울려 퍼지다** ウルリダ, ウルリョ ポジダ	sound, resound サウンド, リザウンド
ひひょう(する) **批評(する)** hihyou (suru)	**비평**＊(**하다**) †ピピョン(ハダ)	criticism, criticize クリティスィズム, クリティ サイズ
ひふ **皮膚** hifu	**피부**＊ ピブ	skin スキン
～科	**피부과**(皮膚科) ピブックヮ	dermatology デーマタロヂィ

日	韓	英
びぶん **微分** bibun	**미분*** ミブン	differential (calcu-lus) ディファ**レ**ンシャル（**キャ**ルキュラス）
びぼう **美貌** bibou	**미모*** ミモ	beauty **ビュ**ーティ
ひぼうする **誹謗する** hibousuru	**비방*****하다** †ピバンハダ	slander ス**ラ**ンダ
ひぼんな **非凡な** hibonna	**비범*****한** †ピボムハン	exceptional イク**セ**プショナル
ひま **暇** hima	**여가**(余暇)**, 틈** ヨガ, トゥム	time, leisure **タ**イム, **リ**ージャ
ひまご **曾孫** himago	**증손*** †チュンソン	great-grandchild グレイト**グ**ランドチャイルド
（男の）	**증손자**(曾孫子) †チュンソンジャ	great-grandson グレイト**グ**ランドサン
（女の）	**증손녀**(曾孫女) †チュンソンニョ	great-granddaugh-ter グレイト**グ**ランドドータ
ひまわり **向日葵** himawari	**해바라기** ヘバラギ	sunflower **サ**ンフラウア
ひまん **肥満** himan	**비만*** †ピマン	obesity オウ**ビ**ースィティ
ひみつ **秘密** himitsu	**비밀*** †ピミル	secret ス**ィ**ークレット
びみょうな **微妙な** bimyouna	**미묘*****한** ミミョハン	subtle, delicate **サ**トル, **デ**リケト
ひめい **悲鳴** himei	**비명*** †ピミョン	scream, cry スク**リ**ーム, ク**ラ**イ

日	韓	英
〜を上げる	비명*을 지르다 †ピミョンウル †チルダ	scream, cry スクリーム, クライ
ひも **紐** himo	끈, 줄 ックン, †チュル	string, cord ストリング, コード
ひもと **火元** himoto	발화(発火)한 곳 †パルファハン †コッ	origin of a fire オーリヂン オヴ ア ファイア
ひやかす **冷やかす** hiyakasu	놀리다, 희롱(戯弄)하다 ノルリダ, ヒロンハダ	banter, tease バンタ, ティーズ
ひゃく **百** hyaku	백* †ペク	hundred ハンドレド
ひゃく(する) **飛躍(する)** hiyaku (suru)	비약*(하다) †ピヤク(ハダ)	leap, jump リープ, ヂャンプ
ひゃくにちぜき **百日咳** hyakunichizeki	백일해* †ペギルヘ	whooping cough フーピング コーフ
ひゃくまん **百万** hyakuman	백만* †ペンマン	million ミリオン
ひやけ(する) **日焼け(する)** hiyake (suru)	일광욕(日光浴)(하다) イルグヮンニョク(ハダ)	sunburn, suntan; (get) suntanned サンバーン, サンタン, (ゲト) サンタンド
ひやす **冷やす** hiyasu	식히다, 차게 하다 シキダ, チャゲ ハダ	cool, ice クール, アイス
ひゃっかじてん **百科事典** hyakkajiten	백과사전* †ペクヮサジョン	encyclopedia エンサイクロウ**ピ**ーディア
ひゃっかてん **百貨店** hyakkaten	백화점* †ペクヮジョム	department store ディ**パ**ートメント ストー
びやほーる **ビヤホール** biyahooru	비어홀 †ピオホル	beer hall ビア ホール

日	韓	英
ひややかな **冷ややかな** hiyayakana	차가운, 싸늘한, 냉담(冷淡)한 チャガウン, ッサヌルハン, ネンダムハン	cold, indifferent コウルド, インディファレント
ひゆ **比喩** hiyu	비유* †ピユ	figure of speech フィギャ オヴ スピーチ
ひゅーず **ヒューズ** hyuuzu	퓨즈 ピュジュ	fuse フューズ
ひゅーまにずむ **ヒューマニズム** hyuumanizumu	휴머니즘 ヒュモニジュム	humanitarianism ヒューマニテアリアニズム
びゅっふぇ **ビュッフェ** byuffe	뷔페 †ピィペ	buffet ブフェイ
ひょう **票** hyou	표* ピョ	vote ヴォウト
ひょう **表** hyou	표*, 도표(図表) ピョ, †トピョ	table, diagram テイブル, ダイアグラム
ひょう **豹** hyou	표범 ピョボム	leopard, panther レパド, パンサ
ひょう **雹** hyou	우박(雨雹) ウバク	hail ヘイル
ひよう **費用** hiyou	비용* †ピヨン	cost コスト
びょう **秒** byou	초* チョ	second セコンド
びよう **美容** biyou	미용* ミヨン	beauty treatment ビューティ トリートメント
〜院	미장원(美粧院) ミジャンウォン	beauty salon ビューティ サラン
〜師	미용사(美容師) ミヨンサ	beautician ビューティシャン

日	韓	英
びょういん **病院** byouin	**병원**(病院) †ピョンウォン	hospital ハスピタル
ひょうか(する) **評価(する)** hyouka (suru)	**평가***(**하다**) ピョンッカ(ハダ)	estimation; esti-mate エスティメイション, エスティメイト
ひょうが **氷河** hyouga	**빙하*** †ピンハ	glacier グレイシャ
びょうき **病気** byouki	**병**(病), **질병**(疾病) †ピョン, †チルビョン	sickness, disease スィクネス, ディズィーズ
ひょうきんな **ひょうきんな** hyoukinna	**익살스러운** イクサルッスロウン	humorous, funny ヒューマラス, ファニ
ひょうげん(する) **表現(する)** hyougen (suru)	**표현***(**하다**) ピョヒョン(ハダ)	expression; ex-press イクスプレション, イクスプレス
びょうげんきん **病原菌** byougenkin	**병원균*** †ピョンウォンギュン	disease germ ディズィーズ チャーム
ひょうさつ **表札** hyousatsu	**문패**(門牌) ムンペ	doorplate ドープレイト
ひょうざん **氷山** hyouzan	**빙산*** †ピンサン	iceberg アイスバーグ
ひょうし **表紙** hyoushi	**표지*** ピョジ	cover カヴァ
ひょうじ(する) **表示(する)** hyouji (suru)	**표시***(**하다**) ピョシ(ハダ)	indication; indi-cate インディケイション, インディケイト
ひょうしき **標識** hyoushiki	**표식*** ピョシク	sign, mark サイン, マーク
びょうしつ **病室** byoushitsu	**병실*** †ピョンシル	sickroom, ward スィクルーム, ウォード

日	韓	英
びょうしゃ（する） **描写（する）** byousha (suru)	**묘사**＊**（하다）** ミョサ（ハダ）	description; describe ディスクリプション，ディスクライブ
びょうじゃくな **病弱な** byoujakuna	**병약**＊**한** †ピョンヤカン	sickly スィクリ
ひょうじゅん **標準** hyoujun	**표준**＊ ピョジュン	standard スタンダド
～語	**표준어**（標準語） ピョジュノ	standard language スタンダド ラングウィヂ
ひょうしょう（する） **表彰（する）** hyoushou (suru)	**표창**＊**（하다）** ピョチャン（ハダ）	commendation; commend, honor カメンデイション，コメンド，アナ
ひょうじょう **表情** hyoujou	**표정**＊ ピョジョン	expression イクスプレション
びょうしょう **病床** byoushou	**병상**＊ †ピョンサン	sickbed スィクベド
びょうじょう **病状** byoujou	**병세**（病勢） †ピョンセ	condition コンディション
びょうしん **秒針** byoushin	**초침**＊ チョチム	second hand セカンド ハンド
ひょうてき **標的** hyouteki	**표적**＊ ピョジョク	target ターゲト
びょうてきな **病的な** byoutekina	**병적**＊**인** †ピョンッチョギン	morbid モービド
びょうどう **平等** byoudou	**평등**＊ ピョンドゥン	equality; equal イクワリティ，イークワル
びょうにん **病人** byounin	**병자**（病者） †ピョンジャ	sick person スィク パースン

日	韓	英
ひょうはく(する) **漂白(する)** hyouhaku (suru)	**표백***(**하다**) ピョベク(ハダ)	bleaching; bleach ブリーチング，ブリーチ
〜剤	**표백제**(漂白劑) ピョベクチェ	bleach ブリーチ
ひょうばん **評判** hyouban	**평판*** ピョンパン	reputation レピュ**テ**イション
ひょうほん **標本** hyouhon	**표본*** ピョボン	specimen, sample ス**ペ**スィメン，**サ**ンプル
ひょうめい(する) **表明(する)** hyoumei (suru)	**표명***(**하다**) ピョミョン(ハダ)	manifestation; manifest マニフェス**テ**イション，**マ**ニ フェスト
ひょうめん **表面** hyoumen	**표면*** ピョミョン	surface **サ**ーフェス
〜張力	**표면장력**(表面張力) ピョミョンジャンニョク	surface tension **サ**ーフィス **テ**ンション
ひょうりゅう(する) **漂流(する)** hyouryuu (suru)	**표류***(**하다**) ピョリュ(ハダ)	drift **ド**リフト
ひょうろん **評論** hyouron	**평론*** ピョンノン	critique, review クリ**ティ**ーク，リ**ヴュ**ー
〜家	**평론가**(評論家) ピョンノンガ	critic, reviewer クリ**ティ**ク，リ**ヴュ**ーア
ひよくな **肥沃な** hiyokuna	**비옥*****한** †ピオカン	fertile **ファ**ートル
ひよけ **日除け** hiyoke	**차양**(遮陽)，**차일**(遮日) チャヤン，チャイル	sunshade **サ**ンシェイド
ひよこ **雛** hiyoko	**병아리** †ピョンアリ	chick **チ**ク

日	韓	英
ひらおよぎ **平泳ぎ** hiraoyogi	**평영**(平泳) ピョンヨン	breaststroke ブレストストロウク
ひらがな **平仮名** hiragana	**히라가나** ヒラガナ	*hiragana* ヒラガーナ
ひらく **開く** hiraku	**열다** ヨルダ	open **オ**ウプン
(開始)	**시작**(始作)**하다** シジャカダ	open, start **オ**ウプン, ス**タ**ート
ひらたい **平たい** hiratai	**편편**(平平)**하다, 넓적하다** ポンポンハダ, ノプチョカダ	flat, level フ**ラ**ト, **レ**ヴェル
ぴらふ **ピラフ** pirafu	**필래프** ピルレプ	pilaf ピ**ラ**ーフ
ひらめ **平目** hirame	**넙치** ノプチ	flatfish フ**ラ**トフィシュ
ひらめく **閃く** hirameku	**번뜩이다** †ポントゥギダ	flash, gleam フ**ラ**シュ, グ**リ**ーム
(考えが)	**번쩍 떠오르다** †ポッチョク ットオルダ	flash フ**ラ**シュ
ぴりおど **ピリオド** piriodo	**종지부**(終止符) †チョンジブ	period **ピ**アリオド
ひりつ **比率** hiritsu	**비율*** †ピユル	ratio **レ**イショウ
ひりょう **肥料** hiryou	**비료*** †ピリョ	fertilizer, manure **ファ**ーティライザ, マ**ニュ**ア
ひる **昼** hiru	**낮, 정오**(正午) ナッ, †チョンオ	daytime, noon **デ**イタイム, **ヌ**ーン
びる **ビル** biru	**빌딩** †ビルディン	building **ビ**ルディング

日	韓	英
ひるがえる **翻る** hirugaeru	뒤집히다, 휘날리다 †トゥイジピダ, フィナルリダ	flutter フ**ラ**タ
ひるごはん **昼御飯** hirugohan	점심(点心) †チョムッシム	lunch **ラ**ンチ
ひるね **昼寝** hirune	낮잠 ナッチャム	afternoon nap アフタ**ヌ**ーン **ナ**プ
ひるま **昼間** hiruma	낮, 주간* ナッ, †チュガン	daytime **デ**イタイム
ひるやすみ **昼休み** hiruyasumi	점심 시간(点心時間) †チョムッシム シガン	lunch break, noon recess **ラ**ンチ ブレイク, **ヌ**ーン リ**セ**ス
ひれ **鰭** hire	지느러미 †チヌロミ	fin **フィ**ン
ひれい **比例** hirei	비례* †ピレ	proportion プロ**ポ**ーション
~**する**	비례*하다 †ピレハダ	(be) in proportion to (ビ) イン プロ**ポ**ーショントゥ
ひれつな **卑劣な** hiretsuna	비열*한 †ピヨルハン	mean **ミ**ーン
ひれにく **ヒレ肉** hireniku	등심(살) †トゥンシム(サル)	fillet **フィ**レト
ひろい **広い** hiroi	넓다 ノルッタ	wide, broad **ワ**イド, ブ**ロ**ード
ひろう **拾う** hirou	줍다, 골라내다 †チュプタ, †コルラネダ	pick up ピク **ア**プ
ひろうえん **披露宴** hirouen	피로연* ピロヨン	wedding banquet **ウェ**ディング **バ**ンクウェト

日	韓	英
ひろがる **広がる** hirogaru	**커지다, 펼쳐지다** コジダ, ピョルチョジダ	extend, expand イクス**テ**ンド, イクス**パ**ンド
ひろげる **広げる** hirogeru	**펼치다, 펴다** ピョルチダ, ピョダ	extend, expand イクス**テ**ンド, イクス**パ**ンド
ひろさ **広さ** hirosa	**넓이** ノルビ	width **ウィ**ドス
ひろば **広場** hiroba	**광장**＊ †クヮンジャン	square スク**ウェ**ア
ひろまる **広まる** hiromaru	**넓어지다** ノルボジダ	spread スプ**レ**ド
（普及する）	**퍼지다** ポジダ	spread スプ**レ**ド
ひろめる **広める** hiromeru	**넓히다, 퍼뜨리다** ノルピダ, ポットゥリダ	spread スプ**レ**ド
びわ **枇杷** biwa	**비파**＊**, 비파**＊**나무** †ピパ, †ピパナム	loquat **ロ**ウクワト
ひん **品** hin	**품위**（品位）**, 기품**（気品） プムィ, †キプム	dignity **ディ**グニティ
びん **瓶** bin	**병**＊ †ピョン	bottle **バ**トル
びん **便** （飛行機の） bin	**편**＊ ピョン	flight フ**ラ**イト
ぴん **ピン** pin	**핀** ピン	pin **ピ**ン
びんかんな **敏感な** binkanna	**민감**＊**한** ミンガムハン	sensitive **セ**ンスィティヴ
ぴんく **ピンク** pinku	**분홍색**（粉紅色） †プンホンセク	pink **ピ**ンク

日	韓	英
ひんけつ **貧血** hinketsu	빈혈* †ピンヒョル	anemia アニーミア
ひんこん **貧困** hinkon	빈곤* †ピンゴン	poverty パヴァティ
ひんし **品詞** hinshi	품사* プムサ	part of speech パート オヴ スピーチ
ひんしつ **品質** hinshitsu	품질* プムジル	quality クワリティ
ひんじゃくな **貧弱な** hinjakuna	빈약*한 †ピニャカン	poor, meager プア, ミーガ
ひんしゅ **品種** hinshu	품종* プムジョン	kind, variety カインド, ヴァライエティ
ひんしゅくをかう **顰蹙を買う** hinshukuwokau	빈축(嚬蹙)을 사다 †ピンチュグル サダ	incur disgust インカー ディスガスト
びんせん **便箋** binsen	편지지(便紙紙) ピョンジジ	letter paper レタ ペイパ
ぴんち **ピンチ** pinchi	위기(危機) ウィギ	pinch ピンチ
～ヒッター	핀치 히터 ピンチ ヒト	pinch hitter ピンチ ヒタ
ひんと **ヒント** hinto	힌트 ヒントゥ	hint ヒント
ひんど **頻度** hindo	빈도* †ピンド	frequency フリークウェンスィ
ぴんと **ピント** pinto	핀트, 초점(焦点) ピントゥ, チョチョム	focus フォウカス
ぴんはね **ピン撥ね** pinhane	삥땅 ッピンッタン	kickback, rake-off キクバク, レイコフ

日	韓	英
ひんぱんに **頻繁に** hinpanni	**빈번*하게** †ピンボンハゲ	frequently フリークウェントリ
びんぼう **貧乏** binbou	**빈곤**(貧困) †ピンゴン	poverty パヴァティ

ふ, フ

日	韓	英
ふ **府** fu	**부*** †プ	prefecture プリーフェクチャ
ぶ **部** bu	**부*** †プ	section セクション
(本の)	**부*** †プ	copy カピ
ふぁすとふーど **ファストフード** fasutofuudo	**패스트푸드** ペストゥプドゥ	fast food ファスト フード
ぶあい **歩合** buai	**보합*** †ポハプ	rate, percentage レイト, パセンティヂ
ぶあいそうな **無愛想な** buaisouna	**무뚝뚝한** ムトゥクトゥカン	unsociable アンソウシャブル
ふぁいる **ファイル**(書類とじ) fairu	**파일** パイル	file ファイル
(資料)	**파일** パイル	file ファイル
ふぁうる **ファウル**　(反則) fauru	**파울** パウル	foul ファウル
ふぁしずむ **ファシズム** fashizumu	**파시즘** パシジュム	fascism ファシズム
ぶあつい **分厚い** buatsui	**두껍다** †トゥッコプタ	thick スィク

日	韓	英
ふぁっくす **ファックス** fakkusu	**팩스** ペクス	fax **ファ**クス
ふぁっしょん **ファッション** fasshon	**패션** ペション	fashion **ファ**ション
ふぁん **ファン** fan	**팬** ペン	fan **ファ**ン
ふあん **不安** fuan	**불안*** ↑プラン	uneasiness ア**ニ**ーズィネス
ふあんてい **不安定** fuantei	**불안정*** ↑プランジョン	instability インスタ**ビ**リティ
～な	**불안정***한 ↑プランジョンハン	unstable アン**ス**テイブル
ふぁんでーしょん **ファンデーション** fandeeshon	**파운데이션** パウンデイション	foundation ファウン**デ**イション
ふぃあんせ **フィアンセ** fianse	**약혼자**(約婚者) ヤコンジャ	fiancé(e) フィー**アー**ンセイ
(男)	**약혼자**(約婚者) ヤコンジャ	fiancé フィー**アー**ンセイ
(女)	**약혼녀**(約婚女) ヤコンニョ	fiancée フィー**アー**ンセイ
ふぃーるど **フィールド** fiirudo	**필드** ピルドゥ	field **フィ**ールド
ふぃぎゅあすけーと **フィギュアスケート** figyuasukeeto	**피겨 스케이팅** ピギョ スケイティン	figure skating **フィギャ** ス**ケ**イティング
ふぃくしょん **フィクション** fikushon	**픽션** ピクション	fiction **フィ**クション
ふいっち **不一致** fuicchi	**불일치*** ↑プリルチ	disagreement ディサグ**リ**ーメント

日	韓	英
ふぃりぴん **フィリピン** firipin	**필리핀** ピルリピン	Philippines **フィ**リピーンズ
ふぃるたー **フィルター** （写真の） firutaa	**필터** ピルト	filter **フィ**ルタ
（タバコの）	**필터** ピルト	filter tip **フィ**ルタ **ティ**プ
ふぃるむ **フィルム** firumu	**필름** ピルルム	film **フィ**ルム
ふうか（する） **風化（する）** fuuka (suru)	**풍화**＊（**되다**） プンファ（ドェダ）	weathering; weather **ウェ**ザリング，**ウェ**ザ
ふうがわりな **風変わりな** fuugawarina	**색**(色)**다른，별**(別)**난** セクタルン，†ピョルラン	curious **キュ**アリアス
ふうき **風紀** fuuki	**풍기**＊ プンギ	discipline, public morals **ディ**スィプリン，**パ**ブリク **モー**ラルズ
ふうきり **封切** fuukiri	**개봉**(開封) †ケボン	release リ**リー**ス
ぶーけ **ブーケ** buuke	**부케** †プケ	bouquet ブー**ケイ**
ふうけい **風景** fuukei	**풍경**＊ プンギョン	scenery **スィー**ナリ
ふうさ（する） **封鎖（する）** fuusa (suru)	**봉쇄**＊（**하다**） †ポンスェ（ハダ）	blockade ブラ**ケイ**ド
ふうさい **風采** fuusai	**풍채**＊ プンチェ	appearance ア**ピ**アランス
ふうし（する） **風刺（する）** fuushi (suru)	**풍자**＊（**하다**） プンジャ（ハダ）	satire; satirize **サ**タイア，**サ**タライズ

日	韓	英
ふうしゃ **風車** fuusha	**풍차*** プンチャ	windmill **ウィンド**ミル
ふうしゅう **風習** fuushuu	**풍습*** プンスプ	custom **カ**スタム
ふうしん **風疹** fuushin	**풍진*** プンジン	rubella ルー**ベ**ラ
ふうせん **風船** fuusen	**풍선*** プンソン	balloon バ**ルー**ン
ふうそく **風速** fuusoku	**풍속*** プンソク	wind velocity **ウィンド** ヴェ**ラ**スィティ
ふうぞく **風俗** fuuzoku	**풍속*** プンソク	custom, manners **カ**スタム, **マ**ナズ
ふうちょう **風潮** fuuchou	**풍조*** プンジョ	trend ト**レ**ンド
ぶーつ **ブーツ** buutsu	**부츠** †プチュ	boots **ブー**ツ
ふうど **風土** fuudo	**풍토*** プント	climate ク**ラ**イメト
ふーど **フード** fuudo	**후드** フドゥ	hood **フ**ド
ふうとう **封筒** fuutou	**봉투**(封套) †ポントゥ	envelope **エ**ンヴェロウプ
ふうひょう **風評** fuuhyou	**풍문**(風聞) プンムン	rumor **ルー**マ
ふうふ **夫婦** fuufu	**부부*** †ププ	(married) couple (**マ**リド) **カ**プル
ふうみ **風味** fuumi	**풍미*** プンミ	flavor, taste フ**レ**イヴァ, **テ**イスト

日	韓	英
ぶーむ **ブーム** buumu	붐 †プム	boom **ブ**ーム
ふうりょく **風力** fuuryoku	풍력* プンニョク	force of the wind **フォ**ース オヴ ザ **ウィ**ンド
ぷーる **プール** puuru	풀장(場), 수영장(水泳場) プルジャン, スヨンジャン	swimming pool ス**ウィ**ミング **プ**ール
ふうん **不運** fuun	불운* †プルン	bad luck **バ**ド **ラ**ク
ふえ **笛** fue	피리 ピリ	whistle (ホ)**ウィ**スル
(横笛)	플루트 プルルトゥ	flute フ**ル**ート
ふぇいんと **フェイント** feinto	페인트 ペイントゥ	feint **フェ**イント
ふぇーんげんしょう **フェーン現象** feengenshou	푄 현상(現象) プェン ヒョンサン	foehn phenome- non **フェ**イン フィ**ナ**メノン
ふぇみにすと **フェミニスト** feminisuto	페미니스트 ペミニストゥ	feminist **フェ**ミニスト
ふぇみにずむ **フェミニズム** feminizumu	페미니즘 ペミニジュム	feminism **フェ**ミニズム
ふえる **増える** fueru	늘다, 증가(増加)하다 ヌルダ, †チュンガハダ	increase イン**ク**リース
ふぇんしんぐ **フェンシング** fenshingu	펜싱 ペンシン	fencing **フェ**ンスィング
ぶえんりょな **無遠慮な** buenryona	염치(廉恥) 없는 ヨムチオムヌン	rude **ル**ード
ふぉーく **フォーク** (食器) fooku	포크 ポク	fork **フォ**ーク

日	韓	英
ふぉーまっと **フォーマット** foomatto	**포맷** ポメッ	format フォーマト
ふぉーまるな **フォーマルな** foomaruna	**공식적**(公式的)**인, 격식**(格式)**을 갖춘** †コンシクチョク(イン), †キョクシグル †カッチュン	formal フォーマル
ふぉーむ **フォーム** foomu	**폼** ポム	form フォーム
ふぉーらむ **フォーラム** fooramu	**포럼** ポロム	forum フォーラム
ふおんな **不穏な** fuonna	**불온*****한** †プロンハン	threatening スレトニング
ぶか **部下** buka	**부하*** †プハ	subordinate サブ**オー**ディネト
ふかい **深い** fukai	**깊다** †キプタ	deep, profound **ディ**ープ, プロ**ファ**ウンド
ふかいな **不快な** fukaina	**불쾌*****한** †プルクェハン	unpleasant アンプ**レ**ザント
ふかかいな **不可解な** fukakaina	**불가해*****한, 이해**(理解)**할 수 없는** †プルガヘハン, イヘハル ス オムヌン	incomprehensible インカンプリ**ヘ**ンスィブル
ふかけつな **不可欠な** fukaketsuna	**불가결*****한** †プルガギョルハン	indispensable インディス**ペ**ンサブル
ふかさ **深さ** fukasa	**깊이** †キピ	depth **デ**プス
ふかのうな **不可能な** fukanouna	**불가능*****한** †プルガヌンハン	impossible イン**パ**スィブル
ふかんぜん **不完全** fukanzen	**불완전*** †プルワンジョン	imperfection インパー**フェ**クション

日	韓	英
ぶき **武器** buki	**무기**＊ ムギ	arms, weapon **アームズ**, **ウェ**ポン
ふきかえ **吹き替え** fukikae	**더빙** †トビン	dubbing **ダ**ビング
ふきげんな **不機嫌な** fukigenna	**기분**(気分)**이 조종지 않은** †キブニ †チョチ アヌン	bad-tempered **バ**ドテンパド
ふきそ **不起訴** fukiso	**불기소**＊ †プルギソ	non-prosecution ノンプラスィ**キュー**ション
ふきそくな **不規則な** fukisokuna	**불규칙**＊**한** †プルギュチカン	irregular イ**レ**ギュラ
ふきだす (水などが) **吹き出す** fukidasu	**분출**(噴出)**하다** †プンチュルハダ	spout ス**パ**ウト
(笑い出す)	**웃음을 터뜨리다** ウスムル トットゥリダ	burst out laughing **バ**ースト **ア**ウト **ラ**フィング
ふきつな **不吉な** fukitsuna	**불길**＊**한** †プルギルハン	ominous **ア**ミナス
ふきでもの **吹き出物** fukidemono	**부스럼** †プスロム	pimple **ピ**ンプル
ぶきみな **不気味な** bukimina	**왠지 기분**(気分)**이 나쁜** ウェンジ †キブニ ナップン	weird, uncanny **ウィ**アド, アン**キャ**ニ
ふきゅうする **普及する** fukyuusuru	**보급**＊**하다** †ポグパダ	spread, diffuse ス**プ**レド, ディ**フュー**ズ
ふきょう **不況** fukyou	**불황**＊ †プルファン	depression, slump ディプ**レ**ション, ス**ラ**ンプ
ぶきような **不器用な** bukiyouna	**서투른, 손재주가 없는** ソトゥルン, ソンチェジュガ オムヌン	clumsy, awkward ク**ラ**ムズィ, **オー**クワド
ふきん **付近** fukin	**부근**＊ †プグン	neighborhood **ネ**イバフド

日	韓	英
ふきんこう **不均衡** fukinkou	불균형* †プルギュンヒョン	imbalance インバランス
ふく **拭く** fuku	닦다 †タクタ	wipe ワイプ
ふく **吹く** (風などが) fuku	불다 †プルダ	blow ブロウ
ふく **服** fuku	옷 オッ	clothes クロウズ
ふくげん(する) **復元(する)** fukugen (suru)	복원*(하다) †ポグォン(ハダ)	restoration; restore レストレイション, リストー
ふくごう **複合** fukugou	복합* †ポカプ	composition カンポズィション
ふくざつな **複雑な** fukuzatsuna	복잡*한 †ポクチャパン	complicated カンプリケイテド
ふくさよう **副作用** fukusayou	부작용* †プジャギョン	side effect サイド イフェクト
ふくさんぶつ **副産物** fukusanbutsu	부산물* †プサンムル	by-product バイプロダクト
ふくし **副詞** fukushi	부사* †プサ	adverb アドヴァーブ
ふくし **福祉** fukushi	복지* †ポクチ	welfare ウェルフェア
ふくしゅう(する) **復習(する)** fukushuu (suru)	복습*(하다) †ポクスプ(ハダ)	review リヴュー
ふくしゅう(する) **復讐(する)** fukushuu (suru)	복수*(하다) †ポクス(ハダ)	revenge; revenge on リヴェンヂ, リヴェンヂ オン

日	韓	英
ふくじゅう(する) **服従(する)** fukujuu (suru)	**복종***(**하다**) †ポクチョン(ハダ)	obedience; obey オウビーディエンス, オベイ
ふくすう **複数** fukusuu	**복수*** †ポクス	plural プルアラル
ふくせい **複製** fukusei	**복제*** †ポクチェ	reproduction リープロダクション
ふくそう **服装** fukusou	**복장*** †ポクチャン	dress, clothing ドレス, クロウズィング
ふくだい **副題** fukudai	**부제*** †プジェ	sub-title サブタイトル
ふくつう **腹痛** fukutsuu	**복통*** †ポクトン	stomachache スタマケイク
ふくまくえん **腹膜炎** fukumakuen	**복막염*** †ポンマンニョム	peritonitis ペリトナイティス
ふくむ **含む** fukumu	**포함**(包含)**하다**, **함유**(含有)**하다** ポハムハダ, ハミュハダ	contain, include コンテイン, インクルード
ふくようする **服用する** fukuyousuru	**복용*****하다** †ポギョンハダ	take medicine テイク メディスィン
ふくらはぎ **脹脛** fukurahagi	**장딴지** †チャンッタンジ	calf キャフ
ふくらます **脹[膨]らます** fukuramasu	**부풀게 하다**, **부풀리다** †ププルゲ ハダ, †ププルリダ	swell スウェル
ふくらむ **脹[膨]らむ** fukuramu	**부풀다**, **불룩해지다** †ププルダ, †プルルケジダ	swell スウェル
ふくり **複利** fukuri	**복리*** †ポンニ	compound interest コンパウンド インタレスト
ふくれる **膨れる** fukureru	**부풀다**, **불룩해지다** †ププルダ, †プルルケジダ	swell スウェル

日	韓	英
ふくろ **袋** fukuro	**봉투**(封套), **봉지**(封紙) †ポントゥ, †ポンジ	bag, sac バグ, **サ**ク
ふくろう **梟** fukurou	**올빼미** オルッペミ	owl **ア**ウル
ふけいき **不景気** fukeiki	**불경기**＊ †プルギョンギ	depression ディプ**レ**ション
ふけいざいな **不経済な** fukeizaina	**비경제적**(非経済的)**인** †ビギョンジェジョギン	uneconomical アニーコ**ナ**ミカル
ふけつな **不潔な** fuketsuna	**불결**＊**한** †プルギョルハン	unclean, dirty アンク**リ**ーン, **ダ**ーティ
ふける **老ける** fukeru	**나이를 먹다**, **늙다** ナイルル モクタ, ヌクタ	grow old グロウ **オ**ウルド
ふこう(な) **不幸(な)** fukou (na)	**불행**＊**(한)** †プルヘン(ハン)	unhappiness; un- happy アン**ピ**ネス, アン**ハ**ピ
ふごう **符号** fugou	**부호**＊ †プホ	sign **サ**イン
ふごうかく **不合格** fugoukaku	**불합격**＊ †プルハプキョク	failure **フェ**イリャ
ふこうへいな **不公平な** fukouheina	**불공평**＊**한** †プルゴンピョンハン	unfair, partial アン**フェ**ア, **パ**ーシャル
ふごうりな **不合理な** fugourina	**불합리**＊**한** †プルハムニハン	unreasonable アン**リ**ーズナブル
ふさ **房** fusa	**술** スル	tuft, tassel **タ**フト, **タ**セル
(果実の)	**송이** ソンイ	bunch **バ**ンチ
ぶざー **ブザー** buzaa	**버저** †ポジョ	buzzer **バ**ザ

日	韓	英
ふさい **夫妻** fusai	**부처***, **부부**(夫婦) †プチョ, †ププ	man and wife, Mr. and Mrs. **マ**ン アンド **ワ**イフ, **ミ**スタ アンド **ミ**スィズ
ふざい **不在** fuzai	**부재*** †プジェ	absence **ア**プセンス
ふさがる **塞がる** fusagaru	**막히다**, **닫히다** マキダ, †タチダ	(be) occupied (ヒ) **ア**キュパイド
ふさぐ **塞ぐ** fusagu	**막다**, **메우다** マクタ, メウダ	close, block ク**ロ**ウス, プ**ラ**ク
(占める)	**차지하다** チャジハダ	occupy **ア**キュパイ
ふざける **ふざける** fuzakeru	**장난치다**, **까불다** †チャンナンチダ, ッカブルダ	joke, jest **ヂョ**ウク, **ヂェ**スト
ぶさほうな **無作法な** busahouna	**무례**(無礼)**한** ムレハン	rude **ル**ード
ふさわしい **相応しい** fusawashii	**어울리다**, **상응**(相応)**하다** オウルリダ, サンウンハダ	suitable, becoming **ス**ータブル, ビ**カ**ミング
ふし **節** fushi	**마디** マディ	joint, knuckle **ヂョ**イント, **ナ**クル
ぶじ(に) **無事(に)** buji (ni)	**무사***(**히**) ムサ(ヒ)	safety; safely **セ**イフティ, **セ**イフリ
ふしぎ **不思議** fushigi	**불가사의**(不可思議) †プルガサイ	wonder, mystery **ワ**ンダ, **ミ**スタリ
〜な	**불가사의**(不可思議)**한** †プルガサイハン	mysterious, strange ミス**ティ**アリアス, スト**レ**インヂ
ふしぜんな **不自然な** fushizenna	**부자연*****스러운** †プジャヨンスロウン	unnatural アン**ナ**チュラル

日	韓	英
ふじゆう(な) **不自由(な)** fujiyuu (na)	부자유*(한), 불편(不便) (한) †プジャユ(ハン), †プルピョン(ハン)	inconvenience; in-convenient インコンヴィーニェンス, インコンヴィーニェント
ふじゅうぶんな **不十分な** fujuubunna	불충분(不充分)한 †プルチュンブンハン	insufficient インサフィシェント
ぶしょ **部署** busho	부서* †プソ	post ポウスト
ふしょう(する) **負傷(する)** fushou (suru)	부상*(하다) †プサン(ハダ)	wound; (be) in-jured ウーンド, (ビ) インヂャド
~者	부상자(負傷者) †プサンジャ	injured person インヂャド パースン
ぶしょうな **不[無]精な** bushouna	게으름 피우는, 귀찮아하는 †ケウルム ピウヌン, †クィチャナハヌン	lazy レイズィ
ふしょく(する) **腐食(する)** fushoku (suru)	부식*(하다) †プシク(ハダ)	corrosion; corrode コロウジョン, コロウド
ぶじょく(する) **侮辱(する)** bujoku (suru)	모욕*(하다) モヨク(ハダ)	insult インサルト
ふしん **不信** fushin	불신* †プルッシン	distrust ディストラスト
ふじん **夫人** fujin	부인* †プイン	wife ワイフ
ふじん **婦人** fujin	부인* †プイン	woman, lady ウマン, レイディ
ふしんせつ(な) **不親切(な)** fushinsetsu (na)	불친절*(한) †プルチンジョル(ハン)	unkindness; un-kind アンカインドネス, アンカインド
ふしんにん **不信任** fushinnin	불신임* †プルッシニム	nonconfidence ナンカンフィデンス

日	韓	英
ぶすいな **無粋な** busuina	**세련**(洗練)**되지 못한** セリョンドェジ モタン	inelegant イネリガント
ふすう **負数** fusuu	**음수**(陰数) ウムス	negative number ネガティヴ ナンバ
ふせい **不正** fusei	**부정**＊ ↑プジョン	injustice インチャスティス
ふせいかくな **不正確な** fuseikakuna	**부정확**＊**한** ↑プジョンファカン	inaccurate イナキュレト
ふせぐ　　(防御) **防ぐ** fusegu	**막다，예방**(予防)**하다** マクタ，イェバンハダ	defend, protect ディフェンド，プロテクト
(防止)	**방지**(防止)**하다** ↑パンジハダ	prevent プリヴェント
ふせる **伏せる** fuseru	**엎드리다** オプトゥリダ	turn down ターン ダウン
(隠す)	**숨기다** スムギダ	conceal コンスィール
ぶそう(する) **武装(する)** busou (suru)	**무장**＊**(하다)** ムジャン(ハダ)	armaments; arm アーマメンツ，アーム
ふそく(する) **不足(する)** fusoku (suru)	**부족**＊**(하다)** ↑プジョク(ハダ)	want, lack ワント，ラク
ふそくの **不測の** fusokuno	**예측**(予測)**할 수 없는** イェチュカル ス オムヌン	unforeseen アンフォースィーン
ふぞくの **付属の** fuzokuno	**부속**＊**(의)** ↑プソク(エ)	attached アタチト
ふた **蓋** futa	**뚜껑，덮개** ットゥッコン，↑トプケ	lid リド
ふだ **札** fuda	**표**(票)**，팻말** ピョ，ペンマル	label, tag レイベル，タグ

日	韓	英
ぶた **豚** buta	**돼지** †トェジ	pig **ピ**グ
〜肉	**돼지고기** †トェジゴギ	pork **ポー**ク
ぶたい **舞台** butai	**무대**＊ ムデ	stage ス**テイ**ヂ
ふたご **双子** futago	**쌍둥이** ッサンドゥンイ	twins ト**ウィ**ンズ
〜座	**쌍둥이자리** ッサンドゥンイジャリ	Twins; Gemini ト**ウィ**ンズ, **ヂェ**ミナイ
ふたたび **再び** futatabi	**다시 한번**(番)**, 재차**(再次) †タシ ハンボン, †チェチャ	again, once more ア**ゲ**イン, **ワ**ンス **モ**ー
ふたり **二人** futari	**두 사람** †トゥ サラム	two persons **トゥ**ー **パ**ースンズ
ふたん(する) **負担(する)** futan (suru)	**부담**＊**(하다)** †プダム(ハダ)	burden; bear, share **バ**ードン, **ベ**ア, **シェ**ア
ふだん **普段** fudan	**평상시**(平常時)**에, 평소**(平素) **에** ピョンサンシエ, ピョンソエ	usual **ユ**ージュアル
〜着	**평상복**(平常服) ピョンサンボク	casual wear **キャ**ジュアル **ウェ**ア
ふち **縁** fuchi	**가장자리, 테두리** †カジャンジャリ, テドゥリ	edge, brink **エ**ヂ, ブ**リ**ンク
ふちゅうい **不注意** fuchuui	**부주의**＊ †プジュイ	carelessness **ケ**アレスネス
ふつう **普通** futsuu	**보통**＊ †ポトン	usually, generally **ユ**ージュアリ, **ヂェ**ナラリ
〜預金	**보통**＊ **예금**(預金) †ポトン イェグム	ordinary deposit **オ**ーディネリ ディ**パ**ズィト

日	韓	英
ぶっか **物価** bukka	물가＊ ムルッカ	prices プライセズ
ふっかつ(する) **復活(する)** fukkatsu (suru)	부활＊(하다) †プファル(ハダ)	revival; revive リ**ヴァ**イヴァル, リ**ヴァ**イヴ
ぶつかる **ぶつかる** butsukaru	부딪치다, 충돌(衝突)하다 †プディッチダ, チュンドルハダ	hit, strike **ヒ**ト, スト**ラ**イク
ふっきゅう(する) **復旧(する)** fukkyuu (suru)	복구＊(하다) †ポック(ハダ)	restoration; (be) restored レスト**レ**イション, (ビ) リス**ト**ード
ぶっきょう **仏教** bukkyou	불교＊ †プルギョ	Buddhism **ブ**ディズム
～徒	불교 신자(仏教信者) †プルギョ シンジャ	Buddhist **ブ**ディスト
ぶつける **ぶつける** butsukeru	부딪다, 던지다 †プディッタ, †トンジダ	throw at ス**ロ**ウ アト
(衝突) 	부딪치다 †プディッチダ	bump against **バ**ンプ アゲンスト
ふっこう(する) **復興(する)** fukkou (suru)	부흥＊(하다) †プフン(ハダ)	reconstruction; reconstruct リーコンスト**ラ**クション, リーコンスト**ラ**クト
ふつごう **不都合** futsugou	형편(形便)이 좋지 못함 ヒョンピョニ †チョチ モタム	inconvenience インコン**ヴィ**ーニェンス
ふっこく(する) **復刻(する)** fukkoku (suru)	복각＊(하다) †ポクカク(ハダ)	reproduction; reproduce リープロ**ダ**クション, リープロ**デュ**ース
ぶっしつ **物質** busshitsu	물질＊ ムルッチル	matter, substance **マ**タ, **サ**ブスタンス
ぶっしょくする **物色する** busshokusuru	물색＊(하다) ムルッセク(ハダ)	look for **ル**ク フォ

ふ

日	韓	英
ぶつぞう **仏像** butsuzou	**불상*** †プルッサン	Buddhist image ブディスト イミヂ
ぶっそうな **物騒な** bussouna	**위험**(危険)**한, 뒤숭숭한** ウィホムハン, †テュィスンスンハン	dangerous デインヂャラス
ぶっだ **仏陀** budda	**부처** †プチョ	Buddha ブダ
ぶったい **物体** buttai	**물체*** ムルチェ	matter, object, thing マタ, アブヂェクト, スィン グ
ふっとうする **沸騰する** futtousuru	**비등**(沸騰)**하다** †ピドゥンハダ	boil ボイル
ぶつり **物理** butsuri	**물리*** ムルリ	physics フィズィクス
～学者	**물리학자**(物理学者) ムルリハクチャ	physicist フィズィスィスト
ふで **筆** fude	**붓** †プッ	writing brush ライティング ブラシュ
ふてい **不定** futei	**부정*** †プジョン	indefinite インデフィニト
～詞	**부정사**(不定詞) †プジョンサ	infinitive インフィニティヴ
ふてきとうな **不適当な** futekitouna	**부적당*****한** †プジョクタンハン	unsuitable アンスータブル
ふと **ふと** futo	**우연**(偶然)**히, 문득, 갑자기** ウヨンヒ, ムンドゥク, †カプチャギ	suddenly, by chance サドンリ, バイ チャンス
ふとい **太い** futoi	**굵다** †ククタ	big, thick ビグ, スィク

日	韓	英
ぶどう **葡萄** budou	**포도**＊ ポド	grapes グレイプス
ふどうさん **不動産** fudousan	**부동산**＊ †プドンサン	immovables イ**ム**ーヴァブルズ
ふとうな **不当な** futouna	**부당**＊**한** †プダンハン	unjust アン**チャ**スト
ふところ **懐** futokoro	**품** プム	bosom, breast **ブ**ザム, ブレスト
（懐中・財布）	**(호)주머니** (ホ)ジュモニ	pocket, purse パケト, パース
ふとさ **太さ** futosa	**굵기** †クルッキ	thickness **ス**イクネス
ふとじ **太字** futoji	**굵은 글씨** †クルグン †クルッシ	bold type ボウルド **タ**イプ
ふともも **太股** futomomo	**넓적다리** ノブチョクタリ	thigh **サ**イ
ふとる **太[肥]る** futoru	**살이 찌다** サリ ッチダ	grow fat グロウ **ファ**ト
ふとん **布団** futon	**이불** イブル	*futon* **フ**ータン
ふなびん（で） **船便（で）** funabin (de)	**배편(으로)** †ペピョン	by surface mail バイ **サ**ーフィス メイル
ふなよい **船酔い** funayoi	**뱃멀미** †ペッモルミ	seasickness **ス**ィースィクネス
ぶなんな **無難な** bunanna	**무난**＊**한** ムナンハン	safe, acceptable **セ**イフ, アク**セ**プタブル
ふね **船・舟** fune	**배** †ペ	boat, ship ボウト, シプ

ふ

日	韓	英
ふねんせい **不燃性** funensei	불연성* †プリョンソン	nonflammable ナンフ**ラ**マブル
ふはい(する) **腐敗(する)** fuhai (suru)	부패*(하다) †プペ(ハダ)	putrefaction; rot ピュートレ**ファ**クション, **ラ**ト
ぶひん **部品** buhin	부품* †ププム	parts パーツ
ふぶき **吹雪** fubuki	눈보라 ヌンボラ	snowstorm ス**ノ**ウストーム
ぶぶん **部分** bubun	부분* †ププン	part パート
ふへい **不平** fuhei	불평* †プルピョン	dissatisfaction ディスサティス**ファ**クション
ふへん **普遍** fuhen	보편* †ポピョン	universality ユーニヴァー**サ**リティ
〜的な	보편적(普遍的)인 †ポピョンジョギン	universal ユー二**ヴァ**ーサル
ふべん(な) **不便(な)** fuben (na)	불편*한 †プルピョンハン	inconvenience; in-convenient インコン**ヴィ**ーニェンス, インコン**ヴィ**ーニェント
ふぼ **父母** fubo	부모* †プモ	parents **ペ**アレンツ
ふほう **不法** fuhou	불법* †プルボプ	unlawfulness アン**ロ**ーフルネス
〜な	불법적(不法的)인 †プルボプチョギン	unlawful アン**ロ**ーフル
ふまん **不満** fuman	불만* †プルマン	discontent ディスコン**テ**ント

日	韓	英
ふみきり **踏切** fumikiri	건널목 †コンノルモク	(railroad) crossing (**レ**イルロウド) ク**ロー**スィング
ふみだい **踏み台** fumidai	발판 †パルパン	footstool **フ**トストゥール
ふみんしょう **不眠症** fuminshou	불면증* †プルミョンッチュン	insomnia イン**サ**ムニア
ふむ **踏む** fumu	밟다, 디디다 †パプタ, †ティディダ	step, tread ス**テ**プ, ト**レ**ド
ふめいな **不明な** fumeina	불명*한 †プルミョンハン	unknown アン**ノ**ウン
ふめいよ **不名誉** fumeiyo	불명예* †プルミョンエ	dishonor ディス**ア**ナ
〜な	불명예*스러운 †プルミョンエスロウン	dishonorable ディ**サ**ナラブル
ふめいりょうな **不明瞭な** fumeiryouna	불명료*한, 명료(明瞭)하지 못한 †プルミョンニョハン, ミョンニョハジ モタン	not clear **ナ**ト クリア
ふもと **麓** fumoto	산록(山麓), 산(山)기슭 サルロク, サンッキスク	foot **フ**ト
ぶもん **部門** bumon	부문* †プムン	section **セ**クション
ふやす **増やす** fuyasu	늘리다 ヌルリダ	increase インク**リ**ース
ふゆ **冬** fuyu	겨울 †キョウル	winter **ウィ**ンタ
ふゆかいな **不愉快な** fuyukaina	불쾌(不快)한 †プルクェハン	disagreeable ディサグ**リ**ーアブル

日	韓	英
ふよう **不用** fuyou	불용*, 무용(無用) †プリョン, ムヨン	disuse ディスューズ
ふよう（する） **扶養（する）** fuyou (suru)	부양*（하다） †プヤン（ハダ）	support サポート
ぶよう **舞踊** buyou	무용* ムヨン	dance ダンス
ふらい　　（揚げ物） **フライ** furai	프라이, 튀김 プライ, トゥィギム	fry フライ
ふらい　　（野球） **フライ** furai	플라이 プルライ	fly フライ
ぷらいど **プライド** puraido	프라이드 プライドゥ	pride プライド
ぷらいばしー **プライバシー** puraibashii	프라이버시 プライボシ	privacy プライヴァスィ
ふらいぱん **フライパン** furaipan	프라이팬 プライペン	frying pan フライイング パン
ぷらいべーと **プライベート** puraibeeto	개인적(個人的), 사적(私的) †ケインジョク, サチョク	private プライヴェト
ぶらうす **ブラウス** burausu	블라우스 †プルラウス	blouse ブラウス
ぷらかーど **プラカード** purakaado	플래카드, 현수막(懸垂幕) プルレカドゥ, ヒョンスマク	placard プラカード
ぷらぐ **プラグ** puragu	플러그 プルログ	plug プラグ
ぶらさがる **ぶら下がる** burasagaru	늘어지다, 매달리다 ヌロジダ, メダルリダ	hang, dangle ハング, ダングル
ぶらし **ブラシ** burashi	브러시 †プロシ	brush ブラシュ

日	韓	英
ぶらじゃー **ブラジャー** burajaa	브래지어 †プレジオ	brassiere ブラズィア
ぷらす **プラス** purasu	플러스 プルロス	plus プラス
ぷらすちっく **プラスチック** purasuchikku	플라스틱 プルラスティク	plastic プラスティク
ぷらすばんど **ブラスバンド** burasubando	브라스밴드, 관악대(管楽隊) †プラスペンドゥ, †クヮナクテ	brass band ブラス バンド
ぷらちな **プラチナ** purachina	플래티나, 백금(白金) プルレティナ, †ペックム	platinum プラティナム
ぷらつく **ぶらつく** buratsuku	휘청거리다 フィチョンゴリダ	walk about ウォーク アバウト
ぷらっくりすと **ブラックリスト** burakkurisuto	블랙리스트 †プルレンニストゥ	blacklist ブラクリスト
ふらっしゅ **フラッシュ** furasshu	플래시 プルレシ	flash フラシュ
ぷらっとほーむ **プラットホーム** purattohoomu	플랫폼 プルレッポム	platform プラトフォーム
ぶらぶらする **ぶらぶらする** (揺れ動く) buraburasuru	흔들거리다 フンドゥルゴリダ	swing, dangle スウィング, ダングル
(さまよう)	어슬렁거리다 オスルロンゴリダ	wander ワンダ
(怠ける)	빈둥거리다 †ピンドゥンゴリダ	(be) lazy (ビ) レイズィ
ぷらむ **プラム** puramu	자두 †チャドゥ	plum プラム
ぷらもでる **プラモデル** puramoderu	플라스틱 조립(組立) 모형(模型) プルラスティク †チョリプ モヒョン	plastic model プラスティク マドル

日	韓	英
ぶらんこ **ぶらんこ** buranko	**그네** †クネ	swing スウィング
ふらんす **フランス** furansu	**프랑스** プランス	France フランス
〜語	**프랑스어**(語)**, 불어**(仏語) プランスオ	French フレンチ
〜料理	**프랑스 요리**(料理) プランス ヨリ	French food フレンチ フード
ふらんちゃいず **フランチャイズ** furanchaizu	**프랜차이즈** プレンチャイジュ	franchise フランチャイズ
ぶらんでー **ブランデー** burandee	**브랜디** †プレンディ	brandy ブランディ
ぶらんど **ブランド** burando	**브랜드** †プレンドゥ	brand ブランド
ぶりーふ **ブリーフ** buriifu	**브리프** †プリプ	briefs ブリーフス
ぶりーふけーす **ブリーフケース** buriifukeesu	**브리프케이스** †プリプケイス	briefcase ブリーフケイス
ふりえき **不利益** furieki	**불이익*** †プリイク	disadvantage ディサドヴァンティヂ
ふりかえ **振替** furikae	**대체**(対替) †テチェ	transfer トランスファ
ふりかえる **振り返る** furikaeru	**뒤돌아보다** †トゥィドラボダ	look back at ルク バク アト
（過去を）	**회고**(回顧)**하다** フェゴハダ	look back on ルク バク オン
ふりこむ **振り込む** furikomu	**불입**(払入)**하다** †プリパダ	transfer into トランスファー イントゥ

日	韓	英
ふりな **不利な** furina	불리*한 †プルリハン	disadvantage ディサド**ヴァ**ンティヂ
ぷりぺいど **プリペイド** puripeido	프리페이드, 선불(先払) プリペイドゥ, ソンブル	prepaid プリー**ペ**イド
ふりむく **振り向く** furimuku	뒤돌아보다 †トゥイドラボダ	turn to, look back **ター**ン トゥ, **ル**ク **バ**ク
ふりょうの **不良の** furyouno	불량*한 †プルリャンハン	bad **バ**ド
ふりょく **武力** buryoku	무력* ムリョク	military power **ミ**リテリ **パ**ウア
ふりる **フリル** furiru	프릴 プリル	frill **フ**リル
ふりん **不倫** furin	불륜* †プルリュン	adultery ア**ダ**ルタリ
ぷりん **プリン** purin	푸딩 プディン	custard pudding **カ**スタド **プ**ディング
ぷりんたー **プリンター** purintaa	프린터 プリント	printer **プ**リンタ
ぷりんと **プリント** purinto	프린트 プリントゥ	copy, print **カ**ピ, **プ**リント
〜アウト	프린트 아웃 プリントゥ アウッ	printout **プ**リンタウト
ふる **降る** furu	내리다 ネリダ	fall **フォ**ール
ふる **振る** furu	흔들다 フンドゥルダ	shake, wave **シェ**イク, **ウェ**イヴ
ふるい **古い** furui	오래되다, 헐다 オレドェダ, ホルダ	old, ancient **オ**ウルド, **エ**インシェント

日	韓	英
ぶるーからー **ブルーカラー** buruukaraa	블루칼라 †プルルカルラ	blue-collar worker ブルーカラ ワーカ
ぶるーす **ブルース** buruusu	블루스 †プルルス	blues ブルーズ
ふるーと **フルート** furuuto	플루트 プルルトゥ	flute フルート
ぶるーべりー **ブルーベリー** buruuberii	블루베리 †プルルベリ	blueberry ブルーベリ
ふるえる **震える** furueru	떨리다, 흔들리다 ットゥルリダ , フンドゥルリダ	tremble, shiver トレンブル, **シ**ヴァ
ふるくさい **古臭い** furukusai	케케묵다, 낡다 ケケムクタ , ナゥタ	old-fashioned **オ**ウルド**ファ**ションド
ふるさと **故郷** furusato	고향＊ †コヒャン	home, hometown **ホ**ウム, **ホ**ウムタウン
ぶるどーざー **ブルドーザー** burudoozaa	불도저 †プルドジョ	bulldozer **ブ**ルドウザ
ふるほん **古本** furuhon	헌책 ホンチェク	used book **ユ**ーズド **ブ**ク
ふるまう **振る舞う** furumau	행동(行動)하다, 처신(処身) 하다 ヘンドンハダ , チョシンハダ	behave ビ**ヘ**イヴ
ふるめかしい **古めかしい** furumekashii	고풍(古風)스럽다 †コプンスロプタ	old-fashioned **オ**ウルド**ファ**ションド
ふるわせる **震わせる** furuwaseru	떨다, 진동(振動)시키다 ットゥルダ , †チンドンシキダ	shake, tremble **シェ**イク, **ト**レンブル
ぶれいな **無礼な** bureina	무례＊한 ムレハン	impolite, rude インポ**ラ**イト, **ル**ード
ぷれーおふ **プレーオフ** pureeofu	플레이오프 プルレイオプ	play-off **プ**レイオフ

日	韓	英
ぶれーかー **ブレーカー** bureekaa	브레이커 †プレイコ	breaker ブレイカ
ぶれーき **ブレーキ** bureeki	브레이크, 제동(制動) †プレイク, †チェドン	brake ブレイク
〜をかける	제동(制動) 걸다 †チェドン †コルダ	brake ブレイク
ぶれーと **プレート** pureeto	플레이트 プルレイトゥ	plate プレイト
ぶれーぼーい **プレーボーイ** pureebooi	플레이보이 プルレイボイ	playboy プレイボイ
ぶれーん **ブレーン** bureen	브레인 †プレイン	brains ブレインズ
ぶれすれっと **ブレスレット** buresuretto	팔찌 パルッチ	bracelet ブレイスレト
ぶれぜんと **プレゼント** purezento	선물(膳物) ソンムル	present プレズント
ぶれっしゃー **プレッシャー** puresshaa	압력(圧力), 압박감(圧迫感) アムニョク, アプパクカム	pressure プレシャ
ふれっしゅな **フレッシュな** furesshuna	신선(新鮮)한 シンソンハン	fresh フレシュ
ぶれはぶじゅうたく **プレハブ住宅** purehabujuutaku	조립식(組立式) 주택(住宅) †チョリプシク †チュテク	prefabricated house プリー**ファ**ブリケイテド **ハ**ウス
ぶれみあむ **プレミアム** puremiamu	프레미엄 プレミオム	premium プリーミアム
ふれる **触れる** fureru	닿다 †タタ	touch **タ**チ

日	韓	英
(言及)	언급(言及)하다 オングパダ	mention メンション
ふれんぞく **不連続** furenzoku	불연속* †プリョンソク	discontinuity ディスコンティニューイティ
ふろ **風呂** furo	목욕탕(沐浴湯) モギョクタン	bath バス
〜に入る	목욕(沐浴)하다 モギョカダ	take a bath テイク ア バス
ぷろ **プロ** puro	프로 プロ	pro プロウ
ふろあ **フロア** (階) furoa	플로어 プルロオ	story ストーリー
ぶろーかー **ブローカー** burookaa	브로커 †プロコ	broker ブロウカ
ぶろーち **ブローチ** buroochi	브로치 †プロチ	brooch ブロウチ
ふろく **付録** furoku	부록* †プロク	supplement サプリメント
ぷろぐらまー **プログラマー** puroguramaa	프로그래머 プログレモ	programmer プロウグラマ
ぷろぐらみんぐ **プログラミング** puroguramingu	프로그래밍 プログレミン	programming プロウグラミング
ぷろぐらむ **プログラム** puroguramu	프로그램 プログレム	program プロウグラム
(コンピュータの)	프로그램 プログレム	program プロウグラム
ぷろじぇくと **プロジェクト** purojekuto	프로젝트 プロジェクトゥ	project プラヂェクト

日	韓	英
ふろしき **風呂敷** furoshiki	보(褓)자기 †ポジャギ	cloth wrapper クロース ラパ
ぷろだくしょん **プロダクション** purodakushon	프로덕션 プロドクション	production プロ**ダ**クション
ぶろっこりー **ブロッコリー** burokkorii	브로콜리 †プロコルリ	broccoli ブ**ラ**コリ
ぷろっと **プロット** purotto	플롯 プルロッ	plot プ**ラ**ト
ぷろでゅーさー **プロデューサー** purodyuusaa	프로듀서 プロデュソ	producer プロ**デュー**サ
ぷろばいだー **プロバイダー** purobaidaa	프로바이더 プロバイド	provider プロ**ヴァイ**ダ
ぷろぱん **プロパン** puropan	프로판 プロパン	propane プ**ロ**ウペイン
ぷろふぃーる **プロフィール** purofiiru	프로필 プロピル	profile プ**ロ**ウファイル
ぷろぺら **プロペラ** puropera	프로펠러 プロペルロ	propeller プロ**ペ**ラ
ぷろぽーず(する) **プロポーズ(する)** puropoozu (suru)	프로포즈(하다) プロポジュ(ハダ)	proposal; propose プロ**ポ**ウザル, プロ**ポ**ウズ
ぷろもーしょん **プロモーション** puromooshon	프로모션 プロモション	promotion プロ**モ**ウション
ふろんと **フロント** furonto	프런트 プロントゥ	front desk フ**ラ**ント **デ**スク
〜ガラス	전면(前面) 유리부도(瑠璃) †チョンミョン ユリプド	windshield **ウィ**ンドシールド
ふわ **不和** fuwa	불화* †プルファ	discord **ディ**スコード

672

日	韓	英
ふわたり **不渡り** fuwatari	**부도**(不渡) †プド	dishonor ディス**ア**ナ
ふん **分** fun	**분**＊ †プン	minute **ミ**ヌト
ぶん **文** bun	**글**，**문**＊ †クル，ムン	sentence **セ**ンテンス
ふんいき **雰囲気** fun-iki	**분위기**＊ †プヌィギ	atmosphere **ア**トモスフィア
ふんか(する) **噴火(する)** funka (suru)	**분화**＊(**하다**) †プンファ(ハダ)	eruption; erupt イ**ラ**プション，イ**ラ**プト
ぶんか **文化** bunka	**문화**＊ ムンファ	culture **カ**ルチャ
～的な	**문화적**(文化的)**인** ムンファジョギン	cultural **カ**ルチャラル
ふんがい(する) **憤慨(する)** fungai (suru)	**분개**＊(**하다**) †プンゲ(ハダ)	indignation;　(be) indignant インディグ**ネ**イション，(ビ) イン**ディ**グナント
ぶんかい(する) **分解(する)** bunkai (suru)	**분해**＊(**하다**) †プンヘ(ハダ)	decomposition; decompose ディーカンポ**ズィ**ション， ディーコン**ポ**ウズ
ぶんがく **文学** bungaku	**문학**＊ ムンハク	literature **リ**テラチャ
ぶんかつ **分割** bunkatsu	**분할**＊(**하다**) †プンハル(ハダ)	division; divide ディ**ヴィ**ジョン，ディ**ヴァ**イ ド
～払い	**할부**(割賦) ハルブ	installment plan インス**ト**ールメント プ**ラ**ン
ふんきゅう(する) **紛糾(する)** funkyuu (suru)	**분규**＊(**하다**) †プンギュ(ハダ)	complication; complicate カンプリ**ケ**イション，**カ**ンプ リケイト

日	韓	英
ぶんぎょう **分業** bungyou	**분업*** †プノプ	division of labor ディ**ヴィ**ジョン オヴ **レ**イバ
ぶんげい **文芸** bungei	**문예*** ムネ	arts and literature **アー**ツ アンド **リ**テラチャ
ぶんけん **文献** bunken	**문헌*** ムンホン	literature, docu- ments **リ**テラチャ, **ダ**キュメンツ
ぶんこ **文庫** bunko	**문고*** ムンゴ	library **ラ**イブレリ
～本	**문고판**(文庫版) ムンゴパン	pocket book **パ**ケト **ブ**ク
ぶんご **文語** bungo	**문어*** ムノ	literary language **リ**タレアリ **ラ**ングウィヂ
ふんさいする **粉砕する** funsaisuru	**분쇄*****하다** †プンスェハダ	smash, crush ス**マ**シュ, ク**ラ**シュ
ぶんし **分子** (物質の) bunshi	**분자*** †プンジャ	molecule **マ**レキュール
(数学) 	**분자*** †プンジャ	numerator ニュー**マ**レイタ
ふんしつ(する) **紛失(する)** funshitsu (suru)	**분실***(**하다**) †プンシル(ハダ)	loss; lose **ロ**ース, **ルー**ズ
ぶんしょ **文書** bunsho	**문서*** ムンソ	document **ダ**キュメント
ぶんしょう **文章** bunshou	**문장*** ムンジャン	sentence **セ**ンテンス
ふんすい **噴水** funsui	**분수*** †プンス	fountain **ファ**ウンテン
ぶんすう **分数** bunsuu	**분수*** †プンス	fraction フ**ラ**クション

日	韓	英
ぶんせき(する) **分析(する)** bunseki (suru)	**분석***(**하다**) †プンソク(ハダ)	analysis; analyze ア**ナ**リスィス, **ア**ナライズ
ふんそう **紛争** funsou	**분쟁*** †プンジェン	conflict **カ**ンフリクト
ぶんたい **文体** buntai	**문체*** ムンチェ	style ス**タ**イル
ぶんたん(する) **分担(する)** buntan (suru)	**분담***(**하다**) †プンダム(ハダ)	share **シェ**ア
ぶんちん **文鎮** bunchin	**문진*** ムンジン	paperweight **ペ**イパウェイト
ぶんつう(する) **文通(する)** buntsuu (suru)	**편지**(便紙) **교환**(交換)(**하다**) ピョンジギョファン(ハダ)	correspondence; correspond コーレス**パ**ンデンス, コーレ ス**パ**ンド
ぶんどき **分度器** bundoki	**분도기*** †プンドギ	protractor プロト**ラ**クタ
ぶんぱい(する) **分配(する)** bunpai (suru)	**분배***(**하다**) †プンベ(ハダ)	distribution; dis- tribute ディストリ**ビュ**ーション, ディスト**リ**ビュト
ぶんぴ(する) **分泌(する)** bunpi (suru)	**분비***(**하다**) †プンビ(ハダ)	secretion スィク**リ**ーション
ぶんぷ(する) **分布(する)** bunpu (suru)	**분포***(**하다**) †プンポ(ハダ)	distribution; (be) distributed ディストリ**ビュ**ーション, (ビ) ディスト**リ**ビューテド
ふんべつ **分別** funbetsu	**분별*** †プンビョル	discretion ディスク**レ**ション
ぶんべつ(する) **分別(する)** bunbetsu (suru)	**분별***(**하다**) †プンビョル(ハダ)	separate **セ**パレイト
ぶんべん(する) **分娩(する)** bunben (suru)	**분만***(**하다**) †プンマン(ハダ)	childbirth; deliver **チャ**イルドバース, ディ**リ** ヴァ

日	韓	英
ぶんぼ **分母** bunbo	분모* †プンモ	denominator ディナミネイタ
ぶんぽう **文法** bunpou	문법* ムンッポナ	grammar グラマ
ぶんぼうぐ **文房具** bunbougu	문방구* ムンバング	stationery ステイショネリ
〜店	문방구점(文房具店) ムンバングジョム	stationery store ステイショネリ スト―
ふんまつ **粉末** funmatsu	분말* †プンマル	powder パウダ
ぶんめい **文明** bunmei	문명* ムンミョン	civilization スィヴィリゼイション
ぶんや **分野** bun-ya	분야* †プニャ	field, line フィールド, ライン
ぶんらく **文楽** bunraku	인형극(人形劇) インヒョングク	*Bunraku* ブンラーク
ぶんり(する) **分離(する)** bunri (suru)	분리*(하다) †プルリ(ハダ)	separation; sepa- rate セパレイション, セパレイト
ぶんりょう **分量** bunryou	분량* †プルリャン	quantity クワンティティ
ぶんるい(する) **分類(する)** bunrui (suru)	분류*(하다) †プルリュ(ハダ)	classification; clas- sify into クラスィフィケイション, ク ラスィファイ イントゥ
ぶんれつ(する) **分裂(する)** bunretsu (suru)	분열*(되다) †プニョル(ドェダ)	split, division; split into スプリト, ディヴィジョン, スプリト イントゥ

日	韓	英
ヘ, へ		

ヘア hea	헤어 ヘオ	hair ヘア
~スタイル	헤어스타일 ヘオスタイル	hairstyle ヘアスタイル
ペア pea	쌍(双) ッサン	pair ペア
ベアリング bearingu	베어링 †ペオリン	bearing ベアリング
塀 hei	담, 울타리 †タム, ウルタリ	wall, fence ウォール, フェンス
平安 heian	평안* ピョンアン	peace ピース
平易な heiina	평이*한 ピョンイハン	easy, simple イーズィ, スィンプル
平穏な heionna	평온*한 ピョンオンハン	calm カーム
閉会(する) heikai (suru)	폐회*(하다) ペフェ(ハダ)	closing; close クロウズィング, クロウズ
弊害 heigai	폐해* ペヘ	evil, abuse イーヴィル, アビュース
兵器 heiki	병기* †ピョンギ	arms, weapon アームズ, ウェポン
平気な heikina	태연(泰然)한, 침착(沈着)한 テヨンハン, チムチャカン	calm カーム
平均(する) heikin (suru)	평균*(하다) ピョンギュン(ハダ)	average アヴェリヂ

日	韓	英
へいきんだい **平均台** heikindai	평균대* ピョンギュンデ	balance beam バランス ビーム
へいげん **平原** heigen	평원* ピョンウォン	plain プレイン
へいこう **平衡** heikou	평형* ピョンヒョン	equilibrium イークウィリブリアム
へいこう(する) **平行(する)** heikou (suru)	평행*(하다) ピョンヘン(ハダ)	parallel パラレル
へいごう(する) **併合(する)** heigou (suru)	병합*(하다) †ピョンハプ(ハダ)	absorption; absorb アブソープション, アブソーブ
へいこうしへんけい **平行四辺形** heikoushihenkei	평행사변형* ピョンヘンサビョンヒョン	parallelogram パラレログラム
へいこうする **閉口する** heikousuru	질리다, 손들다 †チルリダ, ソンドゥルダ	(be) embarrassed at, by (ビ) インバラスト アト
へいこうせん **平行線** heikousen	평행선* ピョンヘンソン	parallel lines パラレル ラインズ
へいこうぼう **平行棒** heikoubou	평행봉* ピョンヘンボン	parallel bars パラレル バーズ
へいさ(する) **閉鎖(する)** heisa (suru)	폐쇄*(하다) ペスェ(ハダ)	closing; close クロウズィング, クロウズ
へいし **兵士** heishi	병사* †ピョンサ	soldier ソウルヂャ
へいじつ **平日** heijitsu	평일* ピョンイル	weekday ウィークデイ
へいじょう(の) **平常(の)** heijou (no)	평상*(의) ピョンサン(エ)	normal ノーマル
へいぜんと **平然と** heizento	태연(泰然)하게 テヨンハゲ	calmly カームリ

日	韓	英
へいち **平地** heichi	**평지*** ピョンジ	flat (ground) フラト (グラウンド)
へいてん(する) **閉店(する)** heiten (suru)	**폐점***(**하다**) ペジョム(ハダ)	closing; close クロウズィング, クロウズ
へいねん **平年** heinen	**평년*** ピョンニョン	ordinary year **オ**ーディネリ **イ**ア
へいほう **平方** heihou	**평방***, **제곱** ピョンバン, †チェグプ	square スク**ウェ**ア
～キロメートル	**평방***킬로미터 ピョンバンキルロミト	square kilometer ジェグプ キ**ロ**ミタ
～メートル	**평방***미터 ピョンバンミト	square meter ジェグプ **ミ**ータ
へいぼんな **平凡な** heibonna	**평범***한 ピョンボムハン	common, ordinary **カ**モン, **オ**ーディネリ
へいめん **平面** heimen	**평면*** ピョンミョン	plane プレイン
へいや **平野** heiya	**평야*** ピョンヤ	plain プレイン
へいわ **平和** heiwa	**평화*** ピョンファ	peace **ピ**ース
～な	**평화***로운 ピョンファロウン	peaceful **ピ**ースフル
べーこん **ベーコン** beekon	**베이컨** †ペイコン	bacon **ベ**イコン
ペーじ **ページ** peeji	**페이지** ペイジ	page **ペ**イヂ
べーじゅ **ベージュ** beeju	**베이지** †ペイジ	beige **ベ**イジ

日	韓	英
^{べーす}**ベース** beesu	**베이스** †ペイス	base ベイス
(野球の)	**베이스** †ペイス	base ベイス
(音楽)	**베이스** †ペイス	bass ベイス
^{ぺーすめーかー}**ペースメーカー** peesumeekaa	**페이스메이커** ペイスメイコ	pacemaker ペイスメイカ
^{べーる}**ベール** beeru	**베일** †ペイル	veil ヴェイル
^{へきが}**壁画** hekiga	**벽화**＊ †ピョクヮ	mural ミュアラル
^{へきち}**僻地** hekichi	**벽지**＊ †ピョクチ	remote place リモウト プレイス
^{へくたーる}**ヘクタール** hekutaaru	**헥타르** ヘクタル	hectare ヘクテア
^{へこむ}**凹む** hekomu	**움푹 패다, 꺼지다** ウムプク ペダ , ッコジダ	(be) dented, sink (ビ) デンテド, スィンク
^{べすと}**ベスト** besuto	**베스트** †ペストゥ	best ベスト
～セラー	**베스트셀러** †ペストゥセルロ	best seller ベスト セラ
^{べすと}**ベスト** (衣服の) besuto	**베스트, 조끼** †ペストゥ , †チョッキ	vest ヴェスト
^{へそ}**臍** heso	**배꼽** †ペッコプ	navel ネイヴェル
^{へだたり}**隔たり** hedatari	**거리**(距離)**, 격차**(格差) †コリ , †キョクチャ	distance ディスタンス

日	韓	英
(差異)	차이 (差異) チャイ	difference ディファレンス
へだたる **隔たる** hedataru	떨어지다 ットロジダ	(be) away from (ビ) アウェイ フラム
へだてる **隔てる** hedateru	사이에 두다, 가로막다 サイエ †トゥダ, †カロマクタ	partition パーティション
へたな **下手な** hetana	서투른 ソトゥルン	bad at, unskilled バド アト, アンスキルド
ぺだる **ペダル** pedaru	페달 ペダル	pedal ペドル
べっかん **別館** bekkan	별관* †ピョルグヮン	annex アネクス
べっきょする **別居する** bekkyosuru	별거*하다 †ピョルゴハダ	live separately リヴ セパレトリ
べっそう **別荘** bessou	별장* †ピョルッチャン	villa ヴィラ
べっど **ベッド** beddo	베드, 침대 (寝台) †ペドゥ, チムデ	bed ベド
〜カバー	침대보 (寝台褓) チムデポ	bedspread ベドスプレド
ぺっと **ペット** petto	애완동물 (愛玩動物) エワンドンムル	pet ペト
ぺっとぼとる **ペットボトル** pettobotoru	페트병 (瓶) ペトゥビョン	PET bottle ペト バトル
へっどほん **ヘッドホン** heddohon	헤드폰 ヘドゥポン	headphone ヘドフォウン
へっどらいと **ヘッドライト** heddoraito	헤드라이트 ヘドゥライトゥ	headlight ヘドライト

日	韓	英
べつに **別に** betsuni	**별**(別)**로** †ピョルロ	apart アパート
（取り立てて）	**특별**(特別)**히** トゥクピョルヒ	in particular イン パ**ティ**キュラ
べつべつ **別々** betsubetsu	**따로따로** ッタロッタロ	separate, respective **セ**パレイト, リス**ペ**クティヴ
べつめい **別名** betsumei	**별명**＊ †ピョルミョン	another name ア**ナザ ネ**イム
へつらう **諂う** hetsurau	**아첨**(阿諂)**하다，알랑거리다** アチョムハダ, アルランゴリダ	flatter フ**ラ**タ
へでぃんぐ **ヘディング** hedingu	**헤딩** ヘディン	heading **ヘ**ディング
べてらん **ベテラン** beteran	**베테랑** †ペテラン	veteran, expert **ヴェ**テラン, **エ**クスパート
べとなむ **ベトナム** betonamu	**베트남** †ペトゥナム	Vietnam ヴィエト**ナ**ーム
へとへと(の) **へとへと(の)** hetoheto (no)	**기진맥진**(気尽脈尽)**(한)** †キジンメクチン(ハン)	exhausted イグ**ゾ**ーステド
べとべとの **べとべとの** betobetono	**끈적끈적한** ックンジョクックンジョカン	sticky ス**ティ**キ
ぺなるてぃー **ペナルティー** penarutii	**페널티** ペノルティ	penalty **ペ**ナルティ
〜キック	**페널티킥** ペノルティキク	penalty kick **ペ**ナルティ **キ**ク
ぺにしりん **ペニシリン** penishirin	**페니실린** ペニシルリン	penicillin ペニ**スィ**リン
ぺにす **ペニス** penisu	**페니스** ペニス	penis **ピ**ーニス

日	韓	英
べにやいた **ベニヤ板** beniyaita	베니어판(板) †ペニオパン	plywood プライウド
へび **蛇** hebi	뱀 †ペム	snake, serpent スネイク, **サ**ーペント
へま **へま** hema	멍청하고 눈치가 없음 モンチョンハゴ ヌンチガ オプスム	blunder, goof ブ**ラ**ンダ, **グ**ーフ
～をする	실수(失手)하다, 실패(失敗) 하다 シルッスハダ, シルペハダ	commit a blunder コミト ア ブ**ラ**ンダ
へもぐろびん **ヘモグロビン** hemogurobin	헤모글로빈 ヘモグルロビン	hemoglobin ヒーモグ**ロ**ウビン
へや **部屋** heya	방(房) †パン	room ルーム
へらす **減らす** herasu	줄이다 †チュリダ	decrease, reduce ディク**リ**ース, リ**デュ**ース
べらんだ **ベランダ** beranda	베란다 †ペランダ	veranda ヴェ**ラ**ンダ
へり **縁** heri	가장자리, 언저리 †カジャンジャリ, オンジョリ	edge, border **エ**デ, **ボ**ーダ
へりくだる **謙[遜]る** herikudaru	겸손(謙遜)하다 †キョムソンハダ	(be) humble (ビ) **ハ**ンブル
へりこぷたー **ヘリコプター** herikoputaa	헬리콥터 ヘルリコプト	helicopter **ヘ**リカプタ
へる **経る** heru	지나가다, 경과(經過)하다 †チナガダ, †キョングヮハダ	pass, go by パス, **ゴ**ウ バイ
へる **減る** heru	줄다, 적어지다 †チュルダ, †チョゴジダ	decrease, diminish ディク**リ**ース, ディ**ミ**ニシュ
べる **ベル** beru	벨 †ペル	bell **ベ**ル

日	韓	英
ベルト べると beruto	**벨트** †ペルトゥ	belt ベルト
〜コンベアー	**벨트 컨베이어** †ペルトゥ コンベイオ	belt conveyor ベルト カン**ヴェ**イア
ヘルニア へるにあ herunia	**헤르니아** ヘルニア	hernia **ハ**ーニア
ヘルメット へるめっと herumetto	**헬멧** ヘルメッ	helmet **ヘ**ルメト
辺 へん hen	**주변**(周辺) †チュビョン	neighborhood **ネ**イバフド
（図形の）	**변**＊ †ピョン	side **サ**イド
便（利便） べん ben	**편리**(便利)**함** ピョルリハム	convenience コン**ヴィ**ーニェンス
（大便）	**대변**(大便) †テビョン	feces **フィ**ースィーズ
ペン ぺん pen	**펜** ペン	pen **ペ**ン
変圧器 へんあつき hen-atsuki	**변압기**＊ †ピョナプキ	transformer トランス**フォ**ーマ
変化(する) へんか(する) henka (suru)	**변화**＊**(하다)** †ピョンファ(ハダ)	change **チェ**インヂ
弁解(する) べんかい(する) benkai (suru)	**변명**(弁明)**(하다)** †ピョンミョン(ハダ)	excuse; explain イクス**キュ**ース, イクスプレ イン
変革(する) へんかく(する) henkaku (suru)	**변혁**＊**(하다)** †ピョンヒョク(ハダ)	change, reform **チェ**インヂ, リ**フォ**ーム
返還(する) へんかん(する) henkan (suru)	**반환**＊**(하다)** †パンファン(ハダ)	return リ**タ**ーン

日	韓	英
べんぎ **便宜** bengi	편의* ピョニ	convenience コンヴィーニェンス
ぺんキ **ペンキ** penki	페인트 ペイントゥ	paint ペイント
へんきゃく(する) **返却(する)** henkyaku (suru)	반환 (返還) (하다) †パンファン(ハダ)	return リターン
べんきょう(する) **勉強(する)** benkyou (suru)	공부 (工夫) (하다) †コンブ(ハダ)	study, work スタディ, ワーク
へんきょく(する) **編曲(する)** henkyoku (suru)	편곡* (하다) ピョンゴク(ハダ)	arrangement; arrange アレインヂメント, アレインヂ
ぺんギン **ペンギン** pengin	펭귄 ペングィン	penguin ペングウィン
へんけん **偏見** henken	편견* ピョンギョン	prejudice, bias プレヂュディス, バイアス
べんご(する) **弁護(する)** bengo (suru)	변호* (하다) †ピョノ(ハダ)	defense; defend ディフェンス, ディフェンド
～士	변호사 (弁護士) †ピョノサ	lawyer, barrister ローヤ, バリスタ
へんこう(する) **変更(する)** henkou (suru)	변경* (하다) †ピョンギョン(ハダ)	change, alteration; alter チェインヂ, オールタレイション, オルタ
へんさい(する) **返済(する)** hensai (suru)	변제* (하다) †ピョンジェ(ハダ)	repayment; repay リペイメント, リペイ
へんさん(する) **編纂(する)** hensan (suru)	편찬* (하다) ピョンチャン(ハダ)	compile; compilation; edit コンパイル, カンピレイション, エディト
へんじ(する) **返事(する)** henji (suru)	대답 (対答) (하다), 응답 (応答) (하다) †テダプ(ハダ), ウンダプ(ハダ)	answer, reply アンサ, リプライ

日	韓	英
へんしゅう(する) **編集(する)** henshuu (suru)	**편집**＊(**하다**) ピョンジプ(ハダ)	editing; edit エディティング，エディト
〜者	**편집자**(編集者) ピョンジプチャ	editor エディタ
べんじょ **便所** benjo	**변소**＊ †ピョンソ	lavatory, toilet ラヴァトーリ，トイレト
べんしょう(する) **弁償(する)** benshou (suru)	**변상**＊(**하다**) †ピョンサン(ハダ)	reparation; repair レパレイション，リペア
へんしょく(する) **変色(する)** henshoku (suru)	**변색**＊(**하다**) †ピョンセク(ハダ)	discoloration; dis- color ディスカラレイション，ディ スカラ
へんしん **返信** henshin	**회신**＊ フェシン	answer, reply アンサ，リプライ
へんじん **変人** henjin	**괴짜** クェッチャ	eccentric person イクセントリク パースン
べんじん **ベンジン** benjin	**벤진** †ペンジン	benzine ベンズィーン
へんずつう **偏頭痛** henzutsuu	**편두통**＊ ピョンドゥトン	migraine マイグレイン
へんせい(する) **編成(する)** hensei (suru)	**편성**＊(**하다**) ピョンソン(ハダ)	formation; form フォーメイション，フォーム
べんぜつ **弁舌** benzetsu	**변설**＊，**구변**(口弁) †ピョンソル，†クビョン	eloquence エロクウェンス
へんそう(する) **変装(する)** hensou (suru)	**변장**＊(**하다**) †ピョンジャン(ハダ)	disguise ディスガイズ
べんだんと **ペンダント** pendanto	**펜던트** ペンドントゥ	pendant ペンダント

日	韓	英
<ruby>ベンチ<rt>べんち</rt></ruby> benchi	벤치 †ペンチ	bench ベンチ
<ruby>ペンチ<rt>ぺんち</rt></ruby> penchi	펜치 ペンチ	pincers ピンサズ
<ruby>変動<rt>へんどう</rt></ruby>(する) hendou (suru)	변동*(하다) †ピョンドン(ハダ)	change チェインヂ
(物価などの)	변동*(하다) †ピョンドン(ハダ)	fluctuations フラクチュエイションズ
<ruby>弁当<rt>べんとう</rt></ruby> bentou	도시락 †トシラク	lunch ランチ
<ruby>扁桃腺<rt>へんとうせん</rt></ruby> hentousen	편도선* ピョンドソン	tonsil タンスィル
〜炎	편도선염(扁桃腺炎) ピョンドソンニョム	tonsillitis タンスィライティス
<ruby>変<rt>へん</rt></ruby>な henna	이상(異常)한 イサンハン	strange, peculiar ストレインヂ, ピキューリア
<ruby>ペンネーム<rt>ぺんねーむ</rt></ruby> penneemu	펜네임, 필명(筆名) ペンネイム, ピルミョン	pen name ペン ネイム
<ruby>便秘<rt>べんぴ</rt></ruby> benpi	변비* †ピョンビ	constipation カンスティペイション
<ruby>返品<rt>へんぴん</rt></ruby>(する) henpin (suru)	반품*(하다) †パンプム(ハダ)	returned goods; return リターンド グヅ, リターン
<ruby>変貌<rt>へんぼう</rt></ruby>(する) henbou (suru)	변모*(하다) †ピョンモ(ハダ)	transfiguration; transfigure トランスフィギュレイション, トランスフィギャ
<ruby>便利<rt>べんり</rt></ruby>(な) benri (na)	편리*(한) ピョルリ(ハン)	convenience; convenient コンヴィーニェンス, コンヴィーニェント

日	韓	英

ほ, ホ

ほ 穂 ho	이삭 イサク	ear イア
ほあん 保安 hoan	보안* †ポアン	security スィキュアリティ
ほいく 保育 hoiku	보육* †ポユク	childcare チャイルドケア
～士	보육* 교사(教師) †ポユク †キョサ	childcare worker チャイルドケア ワーカ
～所	탁아소(託児所) タガソ	day nursery デイ ナーサリ
ぼいこっと(する) ボイコット(する) boikotto (suru)	보이콧(하다) †ポイコッ(ハダ)	boycott ボイカト
ぼいらー ボイラー boiraa	보일러 †ポイルロ	boiler ボイラ
ぼいん 拇印 boin	지장(指章) †チジャン	thumb imprint サム インプリント
ぽいんと ポイント pointo	포인트 ポイントゥ	point ポイント
ほう 法 hou	법* †ポプ	law, rule ロー, ルール
(方法)	방법(方法) †パンボプ	method, way メソド, ウェイ
ぼう 棒 bou	봉* †ポン	stick, rod スティク, ラド
ほうあん 法案 houan	법안* †ポバン	bill ビル

ほ

日	韓	英
ほうい **方位** houi	**방위**∗ †パンウィ	direction ディレクション
ほうえい(する) **放映(する)** houei (suru)	**방영**∗(**하다**) †パンヨン(ハダ)	telecast テレキャスト
ぼうえい(する) **防衛(する)** bouei (suru)	**방위**∗(**하다**) †パンウィ(ハダ)	defense; defend ディフェンス, ディフェンド
ぼうえき **貿易** boueki	**무역**∗(**하다**) ムヨク(ハダ)	trade, commerce トレイド, カマス
ぼうえんきょう **望遠鏡** bouenkyou	**망원경**∗ マンウォンギョン	telescope テレスコウプ
ぼうえんれんず **望遠レンズ** bouenrenzu	**망원**(望遠) **렌즈** マンウォン レンジュ	telephoto lens テレフォウトウ レンズ
ほうおう **法王** houou	**교황**(教皇) †キョファン	Pope ポウプ
ぼうおんの **防音の** bouonno	**방음**∗**의** †パンウメ	soundproof サウンドプルーフ
ほうか **放火** houka	**방화**∗ †パンファ	arson アーソン
ぼうか **防火** bouka	**방화**∗ †パンファ	fire prevention ファイア プリヴェンション
ほうかい(する) **崩壊(する)** houkai (suru)	**붕괴**∗(**하다**) †プングェ(ハダ)	collapse コラプス
ぼうがい(する) **妨害(する)** bougai (suru)	**방해**∗(**하다**) †パンヘ(ハダ)	obstruction; disturb オプストラクション, ディスターブ
ほうがく **方角** hougaku	**방위**(方位), **방향**(方向) †パンウィ, †パンヒャン	direction ディレクション

日	韓	英
ほうかご **放課後** houkago	**방과 후**＊ †パングヮ フ	after school アフタ スクール
ぼうかん(する) **傍観(する)** boukan(suru)	**방관**＊(**하다**) †パングヮン(ハダ)	onlooking; look on アンルキング, ルク オン
～者	**방관자**(傍観者) †パングヮンジャ	onlooker アンルカ
ほうがんなげ **砲丸投げ** hougannage	**포환**(砲丸)**던지기** ポファンドンジギ	shot put シャト プト
ほうき **箒** houki	**비, 빗자루** †ピ, †ピッチャル	broom ブルム
ぼうぎょ(する) **防御(する)** bougyo(suru)	**방어**＊(**하다**) †パンオ(ハダ)	defense; defend ディフェンス, ディフェンド
ほうげん **方言** hougen	**방언**＊, **사투리** †パンオン, サトゥリ	dialect ダイアレクト
ぼうけん **冒険** bouken	**모험**＊ モホム	adventure アドヴェンチャ
ぼうげん **暴言** bougen	**폭언**＊ ポゴン	abusive words アビュースィヴ ワーヅ
ほうけんてきな **封建的な** houkentekina	**봉건적**(封建的)**인** †ポンゴンジョギン	feudal フューダル
ほうこう **方向** houkou	**방향**＊ †パンヒャン	direction ディレクション
ぼうこう **暴行** boukou	**폭행**＊ ポケン	violence, outrage ヴァイオレンス, アウトレイヂ
ほうさく **豊作** housaku	**풍작**＊ プンジャク	good harvest グド ハーヴェスト
ほうし(する) **奉仕(する)** houshi(suru)	**봉사**＊(**하다**) †ポンサ(ハダ)	service; serve サーヴィス, サーヴ

日	韓	英
ほうじ **法事** houji	재(斉) †チェ	Buddhist ceremony ブディスト セレモウニ
ぼうし **帽子** boushi	모자* モジャ	hat, cap ハト, キャプ
ほうしき **方式** houshiki	방식* †パンシク	form, method フォーム, メソド
ほうしゃ(する) **放射(する)** housha (suru)	방사*(하다) †パンサ(ハダ)	radiation; radiate レイディエイション, レイディエイト
ほうしゃせん **放射線** houshasen	방사선* †パンサソン	radioactive rays レイディオウアクティヴ レイズ
ほうしゅう **報酬** houshuu	보수* †ポス	remuneration リミューナレイション
ほうしん **方針** houshin	방침* †パンチム	course, policy コース, パリスィ
ぼうすいの **防水の** bousuino	방수*의 †パンスエ	waterproof ウォータプルーフ
ほうせき **宝石** houseki	보석* †ポソク	jewel チューエル
ぼうぜん(と) **茫然(と)** bouzen (to)	망연*(히) マンヨン(ヒ)	blankly ブランクリ
ほうそう(する) **包装(する)** housou (suru)	포장*(하다) ポジャン(ハダ)	wrapping; wrap ラピング, ラプ
ほうそう(する) **放送(する)** housou (suru)	방송*(하다) †パンソン(ハダ)	broadcast ブロードキャスト
ぼうそう(する) **暴走(する)** bousou (suru)	폭주*(하다) ポクチュ(ハダ)	reckless driving; drive recklessly レクレス ドライヴィング, ドライヴ レクレスリ

日	韓	英
ほうそうきょく **放送局** housoukyoku	**방송국*** †パンソングク	broadcasting station ブロードキャスティング ステイション
ぼうそうぞく **暴走族** bousouzoku	**폭주족*** ポクチュジョク	motorcycle gang モウタサイクル **ギャ**ング
ほうそく **法則** housoku	**법칙*** †ポプチク	law, rule ロー, **ルー**ル
ほうたい **包帯** houtai	**붕대**(繃帯) †プンデ	bandage バンディヂ
ぼうだいな **膨大な** boudaina	**방대***한 †パンデハン	enormous, huge イ**ノー**マス, **ヒュー**ヂ
ぼうたかとび **棒高跳び** boutakatobi	**장대높이뛰기** †チャンッテノピットゥィギ	pole vault **ポ**ウル **ヴォー**ルト
ほうちする **放置する** houchisuru	**방치***하다 †パンチハダ	leave alone, neglect **リー**ヴ ア**ロ**ウン, ニグ**レ**クト
ぼうちゅうざい **防虫剤** bouchuuzai	**방충제*** †パンチュンジェ	insecticide, mothball イン**セ**クティサイド, **モー**スボール
ほうちょう **包丁** houchou	**식**(食)**칼, 부엌칼** シクカル, †プオクカル	kitchen knife **キ**チン **ナ**イフ
ぼうちょう[脹](する) **膨張[脹](する)** bouchou (suru)	**팽창***(하다) ペンチャン(ハダ)	expansion; expand イクス**パ**ンション, イクス**パ**ンド
ぼうちょうてい **防潮堤** bouchoutei	**방조제** †パンジョジェ	seawall **スィー**ウォール
ほうてい **法廷** houtei	**법정*** †ポプチョン	court **コー**ト
ほうていしき **方程式** houteishiki	**방정식*** †パンジョンシク	equation イク**ウェ**イション

日	韓	英
ほうてき **法的** houteki	**법적**∗ †ポプチョク	legal リーガル
ほうどう(する) **報道(する)** houdou (suru)	**보도**∗**(하다)** †ポド(ハダ)	news, report ニューズ, リポート
ぼうどう **暴動** boudou	**폭동**∗ ポクトン	riot ライオト
ほうにん(する) **放任(する)** hounin (suru)	**방임**∗**(하다)** †パンイム(ハダ)	noninterference; leave to *oneself* ノンインタフィアレンス, リーヴ トゥ
ぼうはてい **防波堤** bouhatei	**방파제**∗ †パンパジェ	breakwater ブレイクウォータ
ぼうはん **防犯** bouhan	**방범**∗ †パンボム	crime prevention クライム プリヴェンション
ほうび **褒美** houbi	**포상**(褒賞) ポサン	reward リウォード
ほうふ **抱負** houfu	**포부**∗ ポブ	ambition アンビション
ぼうふう **暴風** boufuu	**폭풍**∗ ポクプン	storm, gale ストーム, ゲイル
～雨	**폭풍우**(暴風雨) ポクプンウ	storm, rainstorm ストーム, レインストーム
ほうふく(する) **報復(する)** houfuku (suru)	**보복**∗**(하다)** †ポボク(ハダ)	retaliation; retali- ate リタリエイション, リタリエ イト
ぼうふざい **防腐剤** boufuzai	**방부제**∗ †パンブジェ	preservative プリザーヴァティヴ
ほうふな **豊富な** houfuna	**풍부**∗**한** プンブハン	rich in, abundant in リチ イン, アバンダント イ ン

日	韓	英
ほうべん **方便** houben	**방편**＊ †パンピョン	expedient イクスピーディエント
ほうほう **方法** houhou	**방법**＊ †パンボプ	way, method ウェイ，メソド
ほうまんな **豊満な** houmanna	**풍만**＊**한** プンマンハン	plump プランプ
ほうむだいじん **法務大臣** houmudaijin	**법무부**（法務部）**장관**（長官） †ポムムブ †チャングヮン	Minister of Justice ミニスタ オヴ ヂャスティス
ほうむる **葬る** houmuru	**묻다，매장**（埋葬）**하다** ムッタ，メジャンハダ	bury ベリ
ぼうめい（する） **亡命（する）** boumei (suru)	**망명**＊**（하다）** マンミョン（ハダ）	political asylum; seek refuge in ポリティカル アサイラム， スィーク レフューヂ イン
ほうめん **方面** houmen	**방면**＊ †パンミョン	district ディストリクト
（方向） houmen	**방향**（方向） †パンヒャン	direction ディレクション
ほうもん（する） **訪問（する）** houmon (suru)	**방문**＊**（하다）** †パンムン（ハダ）	visit, call ヴィズィト，コール
〜販売	**방문**＊**판매**（販売） †パンムン パンメ	door-to-door sell- ing ドータドー セリング
ほうよう（する） **抱擁（する）** houyou (suru)	**포옹**＊**（하다）** ポオン（ハダ）	embrace インブレイス
ぼうらく（する） **暴落（する）** bouraku (suru)	**폭락**＊**（하다）** ポンナク（ハダ）	heavy fall; slump ヘヴィ フォール，スランプ
ぼうり **暴利** bouri	**폭리**＊ ポンニ	excessive profits イクセスィヴ プラフィツ

ほ

日	韓	英
ほうりだす **放り出す** houridasu	집어던지다 †チボドンジダ	throw out スロウ アウト
(放棄)	단념(断念)**하다** †タンニョムハダ	abandon アバンドン
ほうりつ **法律** houritsu	법률* †ポムニュル	law ロー
ほうりなげる **放り投げる** hourinageru	집어던지다 †チボドンジダ	throw, toss スロウ, トス
ほうりゅう(する) **放流(する)** houryuu (suru)	방류*(**하다**) †パンニュ(ハダ)	discharge ディス**チャ**ーヂ
(魚を)	방류*(**하다**) †パンニュ(ハダ)	stock スタク
ぼうりょく **暴力** bouryoku	폭력* ポンニョク	violence **ヴァ**イオレンス
～団	폭력단(暴力団) ポンニョクタン	gang **ギャ**ング
ほうる **放る** houru	던지다, 집어치우다 トンジダ, †チボチウダ	throw, toss スロウ, トス
ほうれい **法令** hourei	법령* †ポムニョン	law, ordinance ロー, **オ**ーディナンス
ほうれんそう **ほうれん草** hourensou	시금치 シグムチ	spinach ス**ピ**ニチ
ほうろう(する) **放浪(する)** hourou (suru)	방랑*(**하다**) †パンナン(ハダ)	wandering; wan- der **ワ**ンダリング, ワンダ
ほえる **吠える** hoeru	짖다, 으르렁거리다 †チッタ, ウルロンゴリダ	bark, howl, roar バーク, ハウル, ロー
ほお **頬** hoo	볼, 뺨 †ポル, ッピャム	cheek チーク

日	韓	英
ぼーい **ボーイ** booi	**보이** †ポイ	waiter, bellboy **ウェイタ, ベルボイ**
ぼーいふれんど **ボーイフレンド** booifurendo	**남자친구**(男子親旧) ナムジャチング	boyfriend **ボイフレンド**
ぽーかー **ポーカー** pookaa	**포커** ポコ	poker **ポウカ**
ほーす **ホース** hoosu	**호스** ホス	hose **ホウズ**
ぽーず **ポーズ** poozu	**포즈** ポジュ	pose **ポウズ**
〜をとる	**포즈를 취**(取)**하다** ポジュルル チュィハダ	pose **ポウズ**
ぼーだー **ボーダー** boodaa	**경계**(境界)**, 가장자리** †キョンゲ, †カジャンジャリ	border **ボーダ**
ぼーと **ボート** booto	**보트** †ポトゥ	boat **ボウト**
ぼーなす **ボーナス** boonasu	**보너스** †ポノス	bonus **ボウナス**
ほおべに **頬紅** hoobeni	**볼 연지**(臙脂) †ポル ヨンジ	rouge **ルージュ**
ほおぼね **頬骨** hoobone	**광대뼈** †クヮンデッピョ	cheekbone **チークボウン**
ほーむ **ホーム** (家) hoomu	**홈** ホム	home **ホウム**
(駅の)	**플랫폼** プルレッポム	platform **プラトフォーム**
ほーむしっく **ホームシック** hoomushikku	**향수병**(郷愁病) ヒャンスッピョン	homesickness **ホウムスィクネス**

ほ

日	韓	英
〜になる	향수병(郷愁病)에 걸리다 ヒャンスピョンエ †コルリダ	get homesick **ゲ**ト ホ**ウ**ムスィック
ほーむすてい **ホームステイ** hoomusutei	홈스테이 ホムステイ	homestay **ホ**ウムステイ
ほーむぺーじ **ホームページ** hoomupeeji	홈페이지 ホムペイジ	homepage **ホ**ウムペイヂ
ほーむらん **ホームラン** hoomuran	홈런 ホムロン	home run **ホ**ウム **ラ**ン
ほーむれす **ホームレス** hoomuresu	노숙자(露宿者) ノスクチャ	homeless **ホ**ウムレス
ほーる **ホール** hooru	홀 ホル	hall **ホ**ール
ぼーる **ボール** booru	볼 †ポル	ball **ボ**ール
ほーるいんわん **ホールインワン** (ゴルフの) hooruinwan	홀인원 ホルヌオン	hole in one **ホ**ウル イン **ワ**ン
ぼーるぺん **ボールペン** boorupen	볼펜 †ポルペン	ball-point pen **ボ**ールポイント **ペ**ン
ほか **他** hoka		
〜に	그 밖에 †ク †パケ	besides, else ビ**サ**イヅ, **エ**ルス
〜の	다른 †タルン	another, other ア**ナ**ザ, **ア**ザ
ほかく(する) **捕獲(する)** hokaku (suru)	포획*(하다) ポフェク(ハダ)	capture **キャ**プチャ
ぼかす **暈す** bokasu	흐리게 하다, 얼버무리다 フリゲ ハダ, オルボムリダ	shade off **シェ**イド **オ**ーフ

日	韓	英
ほがらかな **朗らかな** hogarakana	**명랑(明朗)한, 쾌활(快活)한** ミョンナンハン, †クェファルハン	cheerful **チ**アフル
ほかん(する) **保管(する)** hokan (suru)	**보관*(하다)** †ポグァン(ハダ)	storage; keep, store スト**ー**リヂ, **キ**ープ, スト**ー**
ぼき **簿記** boki	**부기*** †プギ	bookkeeping **ブ**クキーピング
ほきゅう(する) **補給(する)** hokyuu (suru)	**보급*(하다)** †ポグプ(ハダ)	supply サプ**ラ**イ
ぼきん **募金** bokin	**모금*** モグム	fund raising **ファ**ンド **レ**イズィング
ぼく **僕** boku	**나** ナ	I, me **ア**イ, **ミ**ー
ほくい **北緯** hokui	**북위*** †プグィ	north latitude **ノ**ース **ラ**ティテュード
ぼくさー **ボクサー** bokusaa	**복서** †ポクソ	boxer **バ**クサ
ぼくし **牧師** bokushi	**목사*** モクサ	pastor **パ**スタ
ぼくじょう **牧場** bokujou	**목장*** モクチャン	pasture, ranch **パ**スチャ, **ラ**ンチ
ぼくしんぐ **ボクシング** bokushingu	**복싱** †ポクシン	boxing **バ**クスィング
ほくせい **北西** hokusei	**북서*** †プクソ	northwest **ノ**ース**ウェ**スト
ぼくそう **牧草** bokusou	**목초*** モクチョ	grass グ**ラ**ス
〜地	**목초지(牧草地)** モクチョジ	pasture, meadow **パ**スチャ, **メ**ドウ

ほ

日	韓	英
ぼくちく **牧畜** bokuchiku	**목축*** モクチュク	stock farming スタク ファーミング
ほくとう **北東** hokutou	**북동*** †プクトン	northeast ノースイースト
ほくとしちせい **北斗七星** hokutoshichisei	**북두칠성*** †プクトゥチルッソン	Big Dipper ビグ ディパ
ほくぶ **北部** hokubu	**북부*** .†プクプ	northern part ノーザン パート
ぼくめつ(する) **撲滅(する)** bokumetsu (suru)	**박멸***(**하다**) †パンミョル(ハダ)	extermination; exterminate イクスターミネイション, イクスターミネイト
ほくろ **黒子** hokuro	**점**(点) †チョム	mole モウル
ほけつ **補欠** hoketsu	**보결*** †ポギョル	substitute サブスティテュート
ぽけっと **ポケット** poketto	**포켓** ポケッ	pocket パケト
ぼける **惚ける** bokeru	**흐려지다, 멍청해지다** フリョジダ, モンチョンヘジダ	grow senile グロウ スィーナイル
ほけん **保健** hoken	**보건*** †ポゴン	health, hygiene ヘルス, ハイヂーン
ほけん **保険** hoken	**보험*** †ポホム	insurance インシュアランス
〜会社	**보험*** **회사**(会社) †ポホム フェサ	insurance company インシュアランス カンパニ
〜金	**보험금**(保険金) †ポホムグム	insurance money インシュアランス マニ

日	韓	英
ほご(する) **保護(する)** hogo (suru)	**보호**＊(하다) †ポホ(ハダ)	protection; protect プロテクション, プロテクト
ぼご **母語** bogo	**모어**＊, **모국어**(母国語) モオ, モグゴ	mother tongue マザ タング
ぼこう **母校** bokou	**모교**＊ モギョ	alma mater, one's old school アルマ マータ, オウルド ス クール
ぼこく **母国** bokoku	**모국**＊ モグク	mother country マザ カントリ
ほごしょく **保護色** hogoshoku	**보호색**＊ †ポホセク	protective color- ation プロテクティヴ カラレイ ション
ほごぼうえきしゅぎ **保護貿易主義** hogobouekishugi	**보호무역주의**＊ †ポホムヨクチュイ	protectionism プロテクショニズム
ほこり **誇り** hokori	**자랑, 긍지**(矜持) †チャラン, †クンジ	pride プライド
ほこる **誇る** hokoru	**자랑하다, 뽐내다** †チャランハダ, ッポムネダ	(be) proud of (ヒ) プラウド オヴ
ほころびる **綻びる** hokorobiru	**풀리다, 터지다** プルリダ, トジダ	(be) rent (ヒ) レント
ほし **星** hoshi	**별** †ピョル	star スター
ほしい **欲しい** hoshii	**탐**(貪)**나다, 갖고 싶다** タムナダ, †カッコ シプタ	want, wish for ワント, ウィシュ フォ
ほしうらない **星占い** hoshiuranai	**별점, 점성술**(占星術) †ピョルジョム, †チョムソンスル	horoscope, astrol- ogy ホロスコウプ, アストラロ ディ
ほしがる **欲しがる** hoshigaru	**갖고 싶어하다, 탐**(貪)**내다** †カッコ シポハダ, タムネダ	want, wish for ワント

日	韓	英
ほじくる **穿る** hojikuru	**후비다, 쑤시다** フビダ, ッスシダ	pick ピク
ほしぶどう **干し葡萄** hoshibudou	**건포도**(乾葡萄) †コンポド	raisin レイズン
ほしゃく **保釈** hoshaku	**보석**＊ †ポソク	bail ベイル
ほしゅ **保守** hoshu	**보수**＊ †ポス	conservatism コンサーヴァティズム
～的な	**보수적**(保守的)**인** †ポスジョギン	conservative コンサーヴァティヴ
ほじゅう(する) **補充(する)** hojuu (suru)	**보충**＊**(하다)** †ポチュン(ハダ)	supplement; sup-ply サプリメント, サプライ
ぼしゅう(する) **募集(する)** boshuu (suru)	**모집**＊**(하다)** モジプ(ハダ)	recruitment; re-cruit リクルートメント, リクルート
ほじょ(する) **補助(する)** hojo (suru)	**보조**＊**(하다)** †ポジョ(ハダ)	assistance; assist アスィスタンス, アスィスト
ほしょう(する) **保証(する)** hoshou (suru)	**보증**＊**(하다)** †ポジュン(ハダ)	guarantee ギャランティー
～書	**보증서**(保証書) †ポジュンソ	guarantee ギャランティー
～人	**보증인**(保証人) †ポジュンイン	guarantor, surety ギャラントー, シュアティ
ほす **乾[干]す** hosu	**말리다** マルリダ	dry ドライ
ぼす **ボス** bosu	**보스** †ポス	boss バス

日	韓	英
ぽすたー **ポスター** posutaa	**포스터** ポスト	poster **ポ**ウスタ
ほすてす **ホステス** hosutesu	**호스티스** ホスティス	hostess **ホ**ウステス
ほすと **ホスト** hosuto	**호스트** ホストゥ	host **ホ**ウスト
ぽすと **ポスト** posuto	**우편함**(郵便函) ウピョンハム	mailbox メ**イ**ルバクス
ぼせい **母性** bosei	**모성**＊ モソン	motherhood **マ**ザフド
ほそい **細い** hosoi	**가늘다, 좁다** †カヌルダ, †チョプタ	thin, narrow **ス**ィン, **ナ**ロウ
ほそう(する) **舗装(する)** hosou (suru)	**포장**＊(**하다**) ポジャン(ハダ)	pavement; pave ペ**イ**ヴメント, ペ**イ**ヴ
ほそく(する) **補足(する)** hosoku (suru)	**보충**＊(**하다**) †ポチュン(ハダ)	supplement **サ**プリメント
ほそながい **細長い** hosonagai	**가늘고 길다** †カヌルゴ †キルダ	slender ス**レ**ンダ
ほぞん(する) **保存(する)** hozon (suru)	**보존**＊(**하다**) †ポジョン(ハダ)	preservation; pre- serve, keep プレザ**ヴェ**イション, プリ **ザ**ーヴ, **キ**ープ
ぽたーじゅ **ポタージュ** potaaju	**포타주** ポタジュ	potage ポウ**タ**ージュ
ほたてがい **帆立貝** hotategai	**가리비** †カリビ	scallop ス**カ**ロプ
ほたる **蛍** hotaru	**반디, 개똥벌레** †パンディ, †ケットンボルレ	firefly **ファ**イアフライ

日	韓	英
ぼたん **ボタン** botan	단추 †タンチュ	button バトン
ぼち **墓地** bochi	묘지* ミョジ	graveyard グレイヴァード
ほちょう **歩調** hochou	보조* †ポジョ	pace, step ペイス, ステプ
ほっきにん **発起人** hokkinin	발기인* †パルギイン	promoter, origina- tor プロモウタ, オリヂネイタ
ほっきょく **北極** hokkyoku	북극* †プックク	North Pole ノース ポウル
〜星	북극성 (北極星) †プッククソン	polestar ポウルスター
ほっけー **ホッケー** hokkee	하키 ハキ	hockey ハキ
ほっさ **発作** hossa	발작* †パルッチャク	fit, attack フィト, アタク
ぼっしゅう(する) **没収(する)** bosshuu (suru)	몰수* (하다) モルッス (ハダ)	confiscation; con- fiscate カンフィスケイション, カン フィスケイト
ほっそく(する) **発足(する)** hossoku (suru)	발족* (하다) †パルッチョク (ハダ)	inauguration; start イノーギュレイション, ス タート
ほっそりした **ほっそりした** hossorishita	호리호리한 ホリホリハン	slender スレンダ
ほっちきす **ホッチキス** hocchikisu	호치키스 ホチキス	stapler ステイプラ
ぽっと **ポット** potto	포트 ポトゥ	pot パト

日	韓	英
（保温びん）	보온병（保温瓶） †ポオンビョン	thermos サーモス
ぼっとうする **没頭する** bottousuru	몰두*하다 モルットゥハダ	(be) absorbed in （ビ）アブソーブド イン
ほっとする **ほっとする** hottosuru	안심（安心）하다 アンシムハダ	feel relieved フィール リリーヴド
ほっとどっぐ **ホットドッグ** hottodoggu	핫도그 ハットグ	hot dog ハト ドグ
ほっとらいん **ホットライン** hottorain	핫라인 ハンナイン	hot line ハト ライン
ぽっぷこーん **ポップコーン** poppukoon	팝콘 パプコン	popcorn パプコン
ぽっぷす **ポップス** poppusu	팝송 パプソン	pop music パプ ミューズィク
ぼつらくする **没落する** botsurakusuru	몰락*하다 モルラカダ	(be) ruined （ビ）ルーインド
ぼでぃーがーど **ボディーガード** bodiigaado	보디가드 †ポディガドゥ	bodyguard バディガード
ほてる **ホテル** hoteru	호텔 ホテル	hotel ホウテル
ほど **程** hodo	정도（程度） †チョンド	degree ディグリー
（限度）	한도（限度） ハンド	bounds, limit バウンヅ，リミト
ほどう **舗道** hodou	포장도로（舗装道路） ポジャンドロ	paved road ペイヴド ロウド
ほどう **歩道** hodou	보도* †ポド	sidewalk サイドウォーク

日	韓	英
～橋	육교(陸橋) ユクキョ	footbridge フトブリヂ
ほどく 解く hodoku	풀다, 뜯다 プルダ, ットウッタ	untie, unfasten アンタイ, アンファスン
ほとけ 仏 hotoke	부처 †プチョ	Buddha ブダ
ほどこす 施す hodokosu	베풀다 †ペプルダ	give ギヴ
(行う)	행(行)하다 ヘンハダ	do ドゥ
ほとんど 殆ど hotondo	대개(大概), 대부분(大部分), 거의 †テゲ, †テブブン, †コイ	almost, nearly オールモウスト, ニアリ
ぼにゅう 母乳 bonyuu	모유* モユ	mother's milk マザズ ミルク
ほにゅうどうぶつ 哺乳動物 honyuudoubutsu	포유동물* ポユドンムル	mammal ママル
ほね 骨 hone	뼈 ッピョ	bone ボウン
ほねおり 骨折り honeori	노력(努力), 수고 ノリョク, スゴ	pains ペインズ
ほねぐみ 骨組み honegumi	뼈대, 얼개 ッピョデ, オルゲ	frame, structure フレイム, ストラクチャ
ほねやすめ 骨休め honeyasume	휴식(休息) ヒュシク	rest, break レスト, ブレイク
ほのお 炎 honoo	불길, 불꽃 †プルッキル, †プルッコッ	flame フレイム
ほのかな 仄かな honokana	어렴풋한, 아련한 オリョムプタン, アリョンハン	faint フェイント

日	韓	英
ほのめかす **仄めかす** honomekasu	넌지시 비추다, 암시(暗示) 하다 ノンジシ †ピチュダ, アムシハダ	hint, suggest ヒント, サグチェスト
ほほえましい **微笑ましい** hohoemashii	흐뭇하다 フムタダ	pleasing プリーズィング
ほほえみ **微笑み** hohoemi	미소(微笑) ミソ	smile スマイル
ほほえむ **微笑む** hohoemu	미소(微笑) 짓다, 방긋 웃다 ミソ †チッタ, †パングッ ウッタ	smile at スマイル アト
ほめる **褒める** homeru	칭찬(称賛)하다 チンチャンハダ	praise プレイズ
ぼやく **ぼやく** boyaku	투덜거리다, 불평(不平)하다 トゥドルゴリダ, †プルピョンハダ	complain コンプレイン
ぼやける **ぼやける** boyakeru	희미(稀微)해지다, 멍해지다 ヒミヘジダ, モンヘジダ	grow dim グロウ ディム
ほゆう(する) **保有(する)** hoyuu (suru)	보유*(하다) †ポユ(ハダ)	possession; possess ポゼション, ポセス
ほよう **保養** hoyou	보양* †ポヤン	rest レスト
～地	휴양지(休養地) ヒュヤンジ	health resort ヘルス リゾート
ほら **ほら** (大言) hora	허풍(虚風) ホプン	brag, boast ブラグ, ボウスト
ほらあな **洞穴** horaana	동굴* †トングル	cave ケイヴ
ぼらんてぃあ **ボランティア** borantia	자원봉사자(自願奉仕者) †チャウォンボンサジャ	volunteer ヴァランティア
ほり **堀** hori	해자(垓字), 호(濠) ヘジャ, ホ	moat, ditch モウト, ディチ

日	韓	英
ぽりえすてる **ポリエステル** poriesuteru	**폴리에스테르** ポルリエステル	polyester パリエスタ
ぽりえちれん **ポリエチレン** poriechiren	**폴리에틸렌** ポルリエティルレン	polyethylene パリ**エ**スィリーン
ぽりお **ポリオ** porio	**폴리오** ポルリオ	polio **ポ**ウリオウ
ほりだしもの **掘り出し物** horidashimono	**싸고 좋은 물건**(物件) ッサゴ †チョウン ムルゴン	find **ファ**インド
ほりだす **掘り出す** horidasu	**파내다** パネダ	dig out ディグ **ア**ウト
ぽりぶくろ **ポリ袋** poribukuro	**비닐봉지**(封紙) †ピニルボンジ	poly bag パリ バグ
ほりゅう(する) **保留(する)** horyuu (suru)	**보류**＊**(하다)** †ポリュ(ハダ)	putting on hold; reserve プ**ティ**ング オン **ホ**ウルド, リ**ザ**ーヴ
ぼりゅーむ **ボリューム** boryuumu	**볼륨** †ポルリュム	volume **ヴァ**リュム
ほりょ **捕虜** horyo	**포로**＊ ポロ	prisoner of war プ**リ**ズナ オヴ **ウォ**ー
ほる **掘る** horu	**파다, 구멍을 뚫다** パダ, †クモンウル ットウルタ	dig, excavate **ディ**グ, **エ**クスカヴェイト
ほる **彫る** horu	**조각**(彫刻)**하다, 새기다** †チョガカダ, セギダ	carve, engrave **カ**ーヴ, イング**レ**イヴ
ぼる **ぼる** boru	**바가지 씌우다** †パガジ ッシウダ	overcharge オウヴァ**チャ**ーヂ
ぼると **ボルト** (ねじ) boruto	**볼트** †ポルトゥ	bolt **ボ**ウルト

日	韓	英
（電圧）	볼트 †ポルトゥ	volt **ヴォ**ウルト
ぽるとがる **ポルトガル** porutogaru	포르투갈 ポルトゥガル	Portugal **ポー**チュガル
〜語	포르투갈어（語） ポルトゥガロ	Portuguese ポーチュ**ギー**ズ
ぽるの **ポルノ** poruno	포르노 ポルノ	pornography ポー**ナ**グラフィ
ほるもん **ホルモン** horumon	호르몬 ホルモン	hormone **ホ**ーモウン
ほれる **惚れる** horeru	반하다 †パンハダ	fall in love with **フォ**ール イン **ラ**ヴ ウィズ
ぽろしゃつ **ポロシャツ** poroshatsu	폴로셔츠 ポルロショチュ	polo shirt **ポ**ウロウ **シャ**ート
ほろにがい **ほろ苦い** horonigai	씁쓰레하다 ッスプスレハダ	slightly bitter ス**ラ**イトリ **ビ**タ
ほろびる **亡[滅]びる** horobiru	멸망（滅亡）하다，망（亡）하다 ミョルマンハダ, マンハダ	(be) destroyed, perish （ビ）ディス**トロ**イド, **ペ**リシュ
ほろぼす **亡[滅]ぼす** horobosu	멸망（滅亡）시키다，망（亡）치다 ミョルマンシキダ, マンチダ	ruin, destroy **ルー**イン, ディス**トロ**イ
ぼろぼろの **ぼろぼろの** boroborono	너덜너덜한 ノドルノドルハン	ragged **ラ**ギド
ほん **本** hon	책（冊） チェク	book **ブ**ク
ぼん **盆** bon	쟁반（錚盤） †チェンバン	tray ト**レ**イ

707

ほ

日	韓	英
ほんかくてきな **本格的な** honkakutekina	**본격적**∗(인) †ポンッキョクチョギン	real, genuine リーアル, **チェ**ニュイン
ほんかん **本館** honkan	**본관**∗ †ポングヮン	main building **メイン** ビルディング
ほんき **本気** honki	**진실**(真実)**, 진지**(真摯)**함** †チンシル, †チンジハム	seriousness **スィ**アリアスネス
〜で	**진지**(真摯)**하게, 진심**(真心) **으로** †チンジハゲ, †チンシムロ	seriously **スィ**アリアスリ
ほんきょち **本拠地** honkyochi	**본거지**∗ †ポンゴジ	base ベイス
ほんしつ **本質** honshitsu	**본질**∗ †ポンジル	essence **エ**センス
ほんじつ **本日** honjitsu	**오늘** オヌル	today トゥ**デ**イ
ほんしゃ **本社** honsha	**본사**∗ †ポンサ	head office ヘド **オ**ーフィス
ほんしょう **本性** honshou	**본성**∗ †ポンソン	nature, true character **ネ**イチャ, トルー **キャ**ラクタ
ほんしん **本心** honshin	**본심**∗ †ポンシム	real intention リーアル インテンション
ぼんじん **凡人** bonjin	**범인**∗, **보통**(普通) **사람** †ポミン, †ポトン サラム	mediocre person ミーディ**オ**ウカ **パ**ースン
ほんそうする **奔走する** honsousuru	**분주**∗**하다** †プンジュハダ	make efforts **メ**イク **エ**ファツ
ほんたい **本体** hontai	**본체**∗ †ポンチェ	(main) body (メイン) **バ**ディ

日	韓	英
ほんだな **本棚** hondana	책(冊)장 チェクチャン	bookshelf ブクシェルフ
ぼんち **盆地** bonchi	분지* †プンジ	basin ベイスン
ほんてん **本店** honten	본점* †ポンジョム	head office ヘド オーフィス
ほんど **本土** hondo	본토* †ポント	mainland メインランド
ほんとう **本当** hontou	진실*, 정(正)말 †チンシル, †チョンマル	truth トルース
〜に	정(正)말(로) †チョンマル(ロ)	truly, really トルーリ, リーアリ
〜の	진짜, 참된 †チンッチャ, チャムドェン	true, real トルー, リーアル
ほんにん **本人** honnin	본인* †ポニン	person in question, person oneself パースン イン クウェスチョ ン, パースン ワンセルフ
ほんね **本音** honne	본심(本心) †ポンシム	true mind トルー マインド
ほんの **ほんの** honno	단지(但只), 그저 †タンジ, †クジョ	just, only ヂャスト, オウンリ
ほんのう **本能** honnou	본능* †ポンヌン	instinct インスティンクト
ほんば **本場** honba	본(本)고장, 본산지(本産地) †ポンゴジャン, †ポンサンジ	home of ホウム オヴ
ほんぶ **本部** honbu	본부* †ポンブ	head office ヘド オーフィス

日	韓	英
ぽんぷ **ポンプ** ponpu	**펌프** ポムプ	pump **パンプ**
ぼんべ **ボンベ** bonbe	**봄베** †ポムベ	gas cylinder **ギャス スィ**リンダ
ほんみょう **本名** honmyou	**본명**＊ †ポンミョン	real name **リー**アル **ネイ**ム
ほんめい **本命** honmei	**우승**（優勝）**후보**（候補） ウスン フボ	favorite **フェイ**ヴァリト
ほんもの **本物** honmono	**진짜** †チンッチャ	genuine article **ヂェ**ニュイン **アー**ティクル
ほんや **本屋** hon-ya	**서점**（書店） ソジョム	bookstore **ブ**クストー
ほんやく（する） **翻訳（する）** hon-yaku（suru）	**번역**＊（**하다**） †ポニョク（ハダ）	translation; translate トランス**レイ**ション，トランス**レイ**ト
～家	**번역가**（翻訳家） †ポニョクカ	translator トランス**レイ**タ
ぼんやり **ぼんやり** （輪郭などが） bon-yari	**흐릿한** フリタン	dim, vague **ディ**ム，**ヴェイ**グ
（心などが）	**멍한** モンハン	absent-minded **ア**プセント**マイ**ンデド

日	韓	英

ま，マ

日	韓	英
^ま**間** ma	사이, 간격_(間隔) サイ, †カンギョク	space, room スペイス, **ルー**ム
（時間的）	동안, 사이 †トンアン, サイ	time, interval **タ**イム, **イ**ンタヴァル
^{まーがりん}**マーガリン** maagarin	마가린 マガリン	margarine **マー**ヂャリン
^{まーく}**マーク** （記号） maaku	마크, 표시_(表示) マク, ピョシ	mark **マー**ク
〜する	마크하다 マクハダ	mark **マー**ク
^{まーけっと}**マーケット** maaketto	마켓 マケッ	market **マー**ケト
^{まーけてぃんぐ}**マーケティング** maaketingu	마케팅 マケティン	marketing **マー**ケティング
^{まーじゃん}**麻雀** maajan	마작* マジャク	mah-jong マー**ヂャ**ング
^{まーじん}**マージン** maajin	마진 マジン	margin **マー**ヂン
^{まーまれーど}**マーマレード** maamareedo	마멀레이드 マモルレイドゥ	marmalade **マー**マレイド
^{まい}**舞** mai	춤 チュム	dance **ダ**ンス
^{まい}**枚** mai	애*, 장_(張) メ, †チャン	sheet, piece **シー**ト, **ピー**ス
^{まい}**毎** mai	매*, 마다 メ, マダ	every, each **エ**ヴリ, **イー**チ

日	韓	英
まいあさ **毎朝** maiasa	**매일**(毎日) **아침, 아침마다** メイル アチム, アチムマダ	every morning エヴリ **モー**ニング
まいく **マイク** maiku	**마이크** マイク	microphone **マ**イクロフォウン
まいくろばす **マイクロバス** maikurobasu	**마이크로버스** マイクロボス	minibus **ミ**ニバス
まいご **迷子** maigo	**미아**(迷児) ミア	stray child ストレイ **チャ**イルド
まいしゅう **毎週** maishuu	**매주**＊ メジュ	every week エヴリ **ウィー**ク
まいそう(する) **埋葬(する)** maisou (suru)	**매장**＊(**하다**) メジャン(ハダ)	burial; bury **ベ**リアル, **ベ**リ
まいつき **毎月** maitsuki	**매월**＊ メウォル	every month エヴリ **マ**ンス
まいど **毎度** maido	**매번**(毎番) メボン	every time エヴリ **タ**イム
まいとし **毎年** maitoshi	**매년**＊ メニョン	every year エヴリ **イ**ア
まいなー **マイナー** mainaa	**마이너** マイノ	minor **マ**イナ
(規模などが)	**소규모**(小規模) ソギュモ	minor **マ**イナ
まいなす **マイナス** mainasu	**마이너스** マイノス	minus **マ**イナス
(不足)	**부족**(不足), **마이너스** †プジョク, マイノス	minus **マ**イナス
まいにち **毎日** mainichi	**매일**＊ メイル	every day, every- day エヴリ **デ**イ, **エ**ヴリデイ

日	韓	英
まいばん **毎晩** maiban	**매일**(毎日) **밤, 밤마다** メイル †パム, †パムマダ	every evening エヴリ イーヴニング
まいぺーす **マイペース** maipeesu	**마이페이스** マイペイス	at *one's* own pace アト オウン ペイス
まいほーむ **マイホーム** maihoomu	**마이 홈** マイ ホム	own house オウン ハウス
まう **舞う** mau	**춤추다, 흩날리다** チュムチュダ, フンナルリダ	dance ダンス
まうえ(に) **真上(に)** maue (ni)	**바로 위**(에) †パロ ウィ(エ)	right above ライト アバヴ
まうす **マウス** mausu	**마우스** マウス	mouse マウス
(パソコンの)	**마우스** マウス	mouse マウス
まうんてんばいく **マウンテンバイク** mauntenbaiku	**마운틴 바이크** マウンティン †パイク	mountain bike マウンテン バイク
まうんど **マウンド** maundo	**마운드** マウンドゥ	mound マウンド
まえ **前** (空間的) mae	**앞** アプ	front フラント
(時間的)	**예전에, 이전**(以前)**에** イェジョネ, イジョネ	before, ago ビフォー, アゴウ
まえうり(する) **前売り(する)** maeuri (suru)	**예매**(予売)(**하다**) イェメ(ハダ)	sell in advance セル イン アドヴァンス
～券	**예매권**(予売券) イェメックォン	advance ticket アドヴァンス ティケト
まえがき **前書き** maegaki	**머리말** モリマル	preface プレフェス

ま

日	韓	英
まえがみ **前髪** maegami	앞머리 アムモリ	forelock, bangs **フォ**ーラク, **バ**ングズ
まえきん **前金** maekin	선금(先金) ソングム	advance アド**ヴァ**ンス
まえば **前歯** maeba	앞니 アムニ	front tooth フ**ラ**ント **トゥ**ース
まえばらい **前払い** maebarai	선불(先払) ソンブル	advance payment アド**ヴァ**ンス **ペ**イメント
まえもって **前もって** maemotte	미리, 사전(事前)에 ミリ, サジョネ	beforehand ビ**フォ**ーハンド
まかす **負かす** makasu	이기다 イギダ	beat, defeat **ビ**ート, ディ**フィ**ート
まかせる **任せる** makaseru	맡기다, 일임(一任)하다 マッキダ, イリムハダ	leave, entrust **リ**ーヴ, イント**ラ**スト
まがりかど **曲がり角** magarikado	길모퉁이 †キルモトゥンイ	corner **コ**ーナ
まがる **曲がる** magaru	구부러지다, 굽다 †クブロジダ, †クプタ	bend, curve **ベ**ンド, **カ**ーヴ
(道を)	방향(方向)을 바꾸다, 돌다 †パンヒャンウル †パックダ, †トルダ	turn to **タ**ーント トゥ
まかろに **マカロニ** makaroni	마카로니 マカロニ	macaroni マカ**ロ**ウニ
まき **薪** maki	장작(長斫), 땔감 †チャンジャク, ツテルッカム	firewood **ファ**イアウド
まぎらわしい **紛らわしい** magirawashii	혼동(混同)하기 쉽다 ホンドンハギ シュィプタ	confusing コン**フュ**ーズィング
まぎれる **紛れる** magireru	헷갈리다, 구별(区別)이 안 되다 ヘッカルリダ, †クビョリ アン †テェダ	(be) confused with (ビ) コン**フュ**ーズド ウィズ

日	韓	英
（気が）	정신(精神)이 팔리다 †チョンシニ パルリダ	divert *oneself* ディ**ヴァー**ト
まく **巻く** maku	감다, 말다 †カムッタ, マルダ	roll **ロ**ウル
まく **撒く** maku	뿌리다, 살포(撒布)하다 ップリダ, サルポハダ	sprinkle, scatter ス**プ**リンクル, ス**キャ**タ
まく **蒔く** maku	뿌리다, 파종(播種)하다 ップリダ, パジョンハダ	sow **ソ**ウ
まく **幕** maku	막* マク	curtain **カー**トン
（芝居の）	막* マク	act **ア**クト
まぐにちゅーど **マグニチュード** magunichuudo	매그니튜드 メグニテュドゥ	magnitude **マ**グニテュード
まぐねしうむ **マグネシウム** maguneshiumu	마그네슘 マグネシュム	magnesium マグ**ニー**ズィアム
まくら **枕** makura	베개 †ベゲ	pillow **ピ**ロウ
まくる **捲る** makuru	걷어 올리다 †コド オルリダ	turn up **ター**ン **ア**プ
まぐれ **まぐれ** magure	요행(僥倖), 우연(偶然) ヨヘン, ウヨン	fluke フ**ルー**ク
まぐろ **鮪** maguro	다랑어, 참치 †タランオ, チャムチ	tuna **テュー**ナ
まけ **負け** make	패배(敗北) ペベ	defeat ディ**フィー**ト
まける **負ける** makeru	지다, 패(敗)하다 †チダ, ペハダ	(be) defeated, lose (ビ) ディ**フィー**テド, **ルー**ズ

日	韓	英
（値段を）	깎아 주다 ッカッカ †チュダ	reduce リデュース
まげる **曲げる** mageru	굽히다, 구부리다 †クピダ, †クブリダ	bend ベンド
まご **孫** mago	손자(孫子) ソンジャ	grandchild グランドチャイルド
（男児）	손자(孫子) ソンジャ	grandson グランドサン
（女児）	손녀(孫女) ソンニョ	granddaughter グランドドータ
まごころ **真心** magokoro	참마음, 진심(真心) チャムマウム, †チンシム	sincerity スィンセリティ
まごつく **まごつく** magotsuku	당황(唐慌[惶])하다, 망설이 다 †タンファンハダ, マンソリダ	(be) embarrassed (ビ) インバラスト
まこと **誠・真** makoto	진실(真実) †チンシル	truth トルース
（真心）	성의(誠意), 성실(誠実) ソンイ, ソンシル	sincerity スィンセリティ
まざこん **マザコン** mazakon	마마보이 ママボイ	mother complex マザ カンプレクス
まさしく **正しく** masashiku	확실(確実)히, 틀림없이 ファクシルヒ, トゥルリムオプシ	surely, certainly シュアリ, サートンリ
まさつ(する) **摩擦(する)** masatsu (suru)	마찰*(하다) マチャル(ハダ)	friction; rub against フリクション, ラブ アゲン スト
まさに **正に** masani	바로, 틀림없이 †パロ, トゥルリムオプシ	just, exactly チャスト, イグザクトリ

日	韓	英
まさる **勝[優]る** masaru	뛰어나다, 우수(優秀)하다 ットウィオナダ, ウスハダ	(be) superior to (ビ) ス**ピ**アリア トゥ
まじっく **マジック** majikku	매직 メジク	magic マ**ヂ**ク
まじめな **真面目な** majimena	착실(着実)한, 성실(誠実)한 チャクシルハン, ソンシルハン	serious ス**ィ**アリアス
まじる **混[交]じる** majiru	섞이다 ソッキダ	mix ミクス
まじわる **交わる** majiwaru	교차(交叉)하다 †キョチャハダ	cross ク**ロ**ース
ます **鱒** masu	송어(松魚) ソンオ	trout ト**ラ**ウト
ます **増す** masu	불어나다, 커지다 †プロナダ, コジダ	increase インク**リ**ース
ますい **麻酔** masui	마취* マチュィ	anesthesia アニス**ス**ィージャ
まずい **不味い** mazui	맛이 없다 マシ オプタ	not good **ナ**ト グド
ますく **マスク** masuku	마스크 マスク	mask **マ**スク
ますこみ **マスコミ** masukomi	매스컴 メスコム	mass media **マ**ス ミーディア
まずしい **貧しい** mazushii	가난하다, 빈약(貧弱)하다 †カナンハダ, †ピニャカダ	poor **プ**ア
ますたー **マスター** masutaa	마스터 マスト	master **マ**スタ
(修士)	석사(碩士) ソクサ	master **マ**スタ

ま

日	韓	英
ますたーど **マスタード** masutaado	머스터드 モストゥ	mustard マスタド
ますます **益々** masumasu	점점(漸漸) †チョムジョム	more and more モー アンド モー
まぜる **混[交]ぜる** mazeru	섞다, 혼합(混合)하다 ソクタ , ホンハパダ	mix, blend ミクス, ブレンド
また **股** mata	다리, 가랑이 †タリ , †カランイ	crotch クラチ
また **又** mata	또, 다시 ット , †タシ	again アゲイン
まだ **未だ** mada	아직, 여태까지 アジク , ヨテッカジ	yet, still イェト, スティル
またがる **跨る** matagaru	걸터앉다 †コルトアンッタ	mount マウント
またぐ **跨ぐ** matagu	다리를 벌리고 넘다 †タリルル †ポルリゴ ノムッタ	step over, cross ステプ オウヴァ, クロース
またせる **待たせる** mataseru	기다리게 하다 †キダリゲ ハダ	keep waiting キープ ウェイティング
またたく **瞬く** matataku	깜박이다, 반짝이다 ッカムバギダ , †パンッチャギダ	wink, blink ウィンク, ブリンク
または **又は** matawa	또는, 혹(或)은 ットヌン , ホグン	or オー
(その上)	또한, 게다가 ットハン , †ケダガ	moreover, besides モーロウヴァ, ビサイヅ
まち **町・街** machi	거리, 번화가(繁華街) †コリ , †ポンッファガ	town, city タウン, スィティ
まちあいしつ **待合室** machiaishitsu	대합실* †テハプシル	waiting room ウェイティング ルーム

日	韓	英
まちあわせる **待ち合わせる** machiawaseru	만나기로 하다 マンナギロ ハダ	wait for ウェイト フォ
まぢか **間近** majika	아주 가까움 アジュ †カッカウム	nearby ニアバイ
まちがい **間違い** machigai	잘못, 실수(失手) †チャルモッ, シルッス	mistake, error ミステイク, エラ
(過失)	실수(失手), 과실(過失) シルッス, †クヮッシル	fault, slip フォルト, スリプ
まちがえる **間違える** machigaeru	잘못하다, 틀리다 †チャルモタダ, トゥルリダ	make a mistake メイク ア ミステイク
(取り違える)	착각(錯覚)하다, 잘못 알다 チャクカダ, †チャルモッ アルダ	take for ウェイト フォ
まちかど **街角** machikado	길모퉁이, 길목 †キルモトゥンイ, †キルモク	street corner ストリート コーナ
まちどおしい **待ち遠しい** machidooshii	몹시 기다려지다 モプシ †キダリョジダ	(be) looking for- ward to (ビ) ルキング フォーワド トゥ
まちなみ **町並み** machinami	거리(距離) 모양(模様) †コリ モヤン	houses on the street ハウゼズ オン ザ ストリート
まつ **松** matsu	솔, 소나무 ソル, ソナム	pine パイン
まつ **待つ** matsu	기다리다 †キダリダ	wait ウェイト
まっかな **真っ赤な** makkana	새빨간 セッパルガン	bright red ブライト レド
まっき **末期** makki	말기* マルギ	end, last stage エンド, ラスト ステイヂ

日	韓	英
まっくら **真っ暗** makkura	**암흑**(暗黑) アムフク	pitch-dark ピチダーク
まっくろな **真っ黒な** makkurona	**새까만** セッカマン	pitch-black ピチブラク
まつげ **睫毛** matsuge	**속눈썹** ソンヌンッソプ	eyelashes アイラシズ
まっさーじ(する) **マッサージ(する)** massaaji (suru)	**마사지**(하다) マサジ(ハダ)	massage マサージ
まっさおな **真っ青な** massaona	**새파란** セパラン	deep blue ディープ ブルー
(顔の色が)	**파리한, 혈색**(血色)**이 안 좋 은** パリハン, ヒョルッセギ アン †チョウン	pale ペイル
まっさきに **真っ先に** massakini	**제일**(第一) **먼저** †チェイル モンジョ	first of all ファースト オヴ オール
まっしろな **真っ白な** masshirona	**새하얀** セハヤン	snow-white スノウ(ホ)ワイト
まっすぐな **真っ直ぐな** massuguna	**직선적**(直線的)**인** †チクソンジョギン	straight ストレイト
(正直な)	**똑바른** ットクパルン	straight ストレイト
まったく **全く** mattaku	**완전**(完全)**히** ワンジョンヒ	quite, entirely クワイト, インタイアリ
(本当に)	**정**(正)**말로, 참으로** †チョンマルロ, チャムロ	really, truly リーアリ, トルーリ
(否定で)	**전**(全)**혀** †チョニョ	not at all ナト アト オール
まったん **末端** mattan	**말단*** マルッタン	end エンド

日	韓	英
まっち **マッチ** macchi	성냥 ソンニャン	match **マ**チ
（試合）	매치 メチ	match **マ**チ
まっと **マット** matto	매트 メトゥ	mat **マ**ト
まつばづえ **松葉杖** matsubazue	목(木)발 モクパル	crutches **ク**ラチズ
まつり **祭り** matsuri	축제(祝祭) チュクチェ	festival **フェ**スティヴァル
まと **的** mato	표적(標的), 과녁 ピョジョク, †クヮニョク	mark, target **マ**ーク, **タ**ーゲト
（対象）	대상(対象) †テサン	target **タ**ーゲト
まど **窓** mado	창문(窓門) チャンムン	window **ウィ**ンドウ
まどぐち **窓口** madoguchi	창구* チャング	window **ウィ**ンドウ
まとまる **纏まる** matomaru	한군데로 모아지다 ハングンデロ モアジダ	gather **ギャ**ザ
まとめ **纏め** matome	요약(要約), 정리(整理) ヨヤク, †チョンニ	summary **サ**マリ
まとめる **纏める** matomeru	한데 모으다, 종합(綜合)하다 ハンデ モウダ, †チョンハパダ	gather, get togeth-er **ギャ**ザ, **ゲ**トトゲザ
（整える）	정리(整理)하다, 가다듬다 †チョンニハダ, †カダドゥムッタ	adjust, arrange ア**ヂャ**スト, アレインヂ
（解決する）	매듭짓다, 끝맺다 メドゥプチッタ, ックッメッタ	settle **セ**トル

日	韓	英
まなー **マナー** manaa	매너 メノ	manners マナズ
まないた **俎** manaita	도마 †トマ	cutting board カティング ボード
まなざし **眼差し** manazashi	시선(視線), 눈길, 눈빛 シソン, ヌンッキル, ヌンッピッ	look ルク
まなつ **真夏** manatsu	한여름 ハンニョルム	midsummer ミドサマ
まなぶ **学ぶ** manabu	배우다, 익히다 †ペウダ, イキダ	learn, study ラーン, スタディ
まにあ **マニア** mania	마니아 マニア	maniac メイニアク
まにあう **間に合う** maniau	시간(時間)에 대다 シガネ †テダ	(be) in time for (ビ) イン タイム フォ
(満たす)	충분(充分)하다, 부족(不足) 하지 않다 チュンブンハダ, †プジョカジ アンタ	answer, (be) enough アンサ, (ビ) イナフ
まにあわせる **間に合わせる** maniawaseru	임시변통(臨時変通)하다 イムシビョントンハダ	make do メイク ドゥ
まにきゅあ **マニキュア** manikyua	매니큐어 メニキュオ	manicure マニキュア
まにゅある **マニュアル** manyuaru	매뉴얼 メニュオル	manual マニュアル
まぬがれる **免れる** manugareru	면(免)하다, 피(避)하다 ミョンハダ, ピハダ	escape イスケイプ
(回避)	피(避)하다 ピハダ	avoid, evade アヴォイド, イヴェイド
まぬけな **間抜けな** manukena	얼빠진, 바보 같은 オルッパジン, †パボ †カトゥン	stupid, silly ステューピド, スィリ

日	韓	英
まね(する) **真似(する)** mane (suru)	흉내(내다), 모방(模倣)(하다) ヒュンネ(ネダ), モバン(ハダ)	imitation; imitate イミ**テ**イション, **イ**ミテイト
まねーじゃー **マネージャー** maneejaa	매니저 メニジョ	manager **マ**ニヂャ
まねく **招く** maneku	부르다, 초대(招待)하다 †プルダ, チョデハダ	invite イン**ヴァ**イト
(もたらす)	야기(惹起)하다 ヤギハダ	cause, incur **コ**ーズ, イン**カ**ー
まばらな **疎らな** mabarana	드문드문한 †トゥムンドゥンハナン	scattered ス**キャ**タド
まひ(する) **麻痺(する)** mahi (suru)	마비*(되다) マビ(ドェダ)	paralysis; be para-lyzed パ**ラ**リスィス, (ビ) **パ**ラライズド
まひる **真昼** mahiru	한낮, 대낮 ハンナッ, †テナッ	midday, noon **ミ**ドデイ, **ヌ**ーン
まぶしい **眩しい** mabushii	눈부시다 ヌンブシダ	glaring, dazzling グ**レ**アリング, **ダ**ズリング
まぶた **瞼** mabuta	눈꺼풀 ヌンッコプル	eyelid **ア**イリド
まふゆ **真冬** mafuyu	한겨울 ハンギョウル	midwinter **ミ**ドウィンタ
まふらー **マフラー** mafuraa	머플러, 목도리 モプルロ, モクトリ	muffler **マ**フラ
まほう **魔法** mahou	마법* マボプ	magic **マ**ヂク
まぼろし **幻** maboroshi	환상(幻想), 환영(幻影) ファンサン, ファニョン	phantom **ファ**ントム

ま

日	韓	英
ままごと **ままごと** mamagoto	**소꿉놀이** ソックムノリ	playing house プレイング **ハ**ウス
まみず **真水** mamizu	**담수**(淡水), **민물** †タムス, ミンムル	fresh water フレシュ **ウォ**ータ
まめ **豆** mame	**콩** コン	bean **ビー**ン
まめつ(する) **摩滅(する)** mametsu (suru)	**마멸**＊(**되다**) マミョル(ドェダ)	wear; (be) defaced **ウェ**ア, (ビ) ディ**フェ**イスト
まもなく **間も無く** mamonaku	**곧, 머지않아** †コッ, モジアナ	soon **スー**ン
まもり **守り** mamori	**수비**(守備) スビ	defense ディ**フェ**ンス
まもる **守る** mamoru	**지키다** †チキダ	defend, protect ディ**フェ**ンド, プロ**テ**クト
まやく **麻薬** mayaku	**마약**＊ マヤク	narcotic, drug ナー**カ**ティク, **ドラ**グ
～中毒	**마약**＊ **중독**(中毒) マヤク †チュンドク	drug addiction **ドラ**グ ア**ディ**クション
まゆ **眉** mayu	**눈썹** ヌンッソプ	eyebrow **ア**イブラウ
まよう **迷う** mayou	**망설이다, 헤매다** マンソリダ, ヘメダ	hesitate **ヘ**ズィテイト
まよなか **真夜中** mayonaka	**한밤중** ハンバムッチュン	midnight **ミ**ドナイト
まよねーず **マヨネーズ** mayoneezu	**마요네즈** マヨネジュ	mayonnaise メイア**ネ**イズ
まらそん **マラソン** marason	**마라톤** マラトン	marathon **マ**ラソン

日	韓	英
まらりあ **マラリア** mararia	**말라리아** マルラリア	malaria マレアリア
まりふぁな **マリファナ** marifana	**마리화나** マリファナ	marijuana マリ**ワ**ーナ
まる **丸** maru	**동그라미, 둥근 것** トングラミ, †トゥングン †コッ	circle, ring **サ**ークル, **リ**ング
まるい **円[丸]い** marui	**둥글다, 원만**(円満)**하다** †トゥングルダ, ウォンマンハダ	round, circular **ラ**ウンド, **サ**ーキュラ
まるた **丸太** maruta	**통나무** トンナム	log **ロ**グ
まるで **まるで** marude	**전**(全)**혀, 전연**(全然) †チョニョ, †チョニョン	completely, quite コンプ**リ**ートリ, ク**ワ**イト
(あたかも)	**마치, 꼭** マチ, ッコク	like **ラ**イク
まるまる **丸々** (全部) marumaru	**전부**(全部)**, 온통, 모조리** †チョンブ, オントン, モジョリ	completely コンプ**リ**ートリ
〜とした	**포동포동한, 통통한** ポドンポドンハン, トントンハン	plump プ**ラ**ンプ
まるみ **丸み** marumi	**둥그스름함, 원만**(円満)**함** †トゥングスルムハム, ウォンマンハム	roundness **ラ**ウンドネス
まれ **稀** mare		
〜な	**드문** †トゥムン	rare **レ**ア
〜に	**드물게** †トゥムルゲ	rarely, seldom **レ**アリ, **セ**ルダム
まれーしあ **マレーシア** mareeshia	**말레이시아** マルレイシア	Malaysia マレイジャ

日	韓	英
まわす **回す** mawasu	돌리다 †トルリダ	turn, spin **ターン**, スピン
(順に渡す)	차례(次例)로 돌리다 チャレロ †トルリダ	pass パス
(転送)	(필요(必要)한 장소(場所)로) 보내다, 옮기다 (ピリョハン †チャンソロ) †ポネダ, オムギダ	forward フォーワド
まわり **回[周]り** mawari	주위(周囲), 둘레 †チュウィ, †トゥルレ	circumference サーカムフェレンス
(付近)	근처(近処) †クンチョ	neighborhood ネイバフド
まわりみち **回り道** mawarimichi	길을 돌아서 감 †キルル †トラソ †カム	detour ディートゥア
まわる **回る** mawaru	돌다, 회전(回転)하다 †トルダ, フェジョンハダ	turn around, spin **ターン** アラウンド, スピン
まん **万** man	만* マン	ten thousand **テン** サウザンド
まんいち **万一** man-ichi	만일*, 만(万)에 하나 マニル, マネ ハナ	by any chance バイ **エニ** チャンス
まんいん **満員** man-in	만원* マヌォン	full house フル **ハウス**
まんえん(する) **蔓延(する)** man-en (suru)	만연*(하다) マニョン(ハダ)	spread スプレド
まんが **漫画** manga	만화* マンファ	cartoon, comics カー**トゥ**ーン, **カ**ミクス
まんかい(だ) **満開(だ)** mankai (da)	만개*(하다) マンゲ(ハダ)	(be) in full bloom (ビ) イン **フル** ブルーム

日	韓	英
まんき **満期** manki	**만기**∗ マンギ	expiration エクスピレイション
〜になる	**만기**∗**가 되다** マンギガ †トェダ	expire イクスパイア
まんきつ(する) **満喫(する)** mankitsu (suru)	**만끽**∗**하다** マンッキカダ	enjoy fully インヂョイ フリ
まんげきょう **万華鏡** mangekyou	**만화경**∗ マンファギョン	kaleidoscope カライドスコウプ
まんげつ **満月** mangetsu	**보름달** †ポルムッタル	full moon フル ムーン
まんごー **マンゴー** mangoo	**망고** マンゴ	mango マンゴウ
まんじゅう **饅頭** manjuu	**찐빵, 만두**∗ ッチンッパン, マンドゥ	bun パン
まんじょういっち **満場一致(で)** manjouicchi	**만장일치**∗**(로)** マンジャンイルチ(ロ)	unanimously ユーナニマスリ
まんしょん **マンション** manshon	**아파트, 맨션** アパトゥ, メンション	condominium カンドミニアム
まんせい **慢性** mansei	**만성**∗ マンソン	chronic クラニク
まんぞく(する) **満足(する)** manzoku (suru)	**만족**∗**(하다)** マンジョク(ハダ)	satisfaction; satis-fy サティスファクション, サティスファイ
まんちょう **満潮** manchou	**만조**∗ マンジョ	high tide ハイ タイド
まんてん **満点** manten	**만점**∗ マンッチョム	full mark フル マーク

ま

日	韓	英
まんどりん **マンドリン** mandorin	**만돌린** マンドルリン	mandolin マンドリン
まんなか **真ん中** mannaka	**한복판, 한가운데** ハンボクパン, ハンガウンデ	center of センタ オヴ
まんねり **マンネリ** manneri	**매너리즘, 타성(惰性)** メノリジュム, タソン	mannerism マナリズム
まんねんひつ **万年筆** mannenhitsu	**만년필*** マンニョンピル	fountain pen ファウンティン ペン
まんびき **万引き** manbiki	**물건(物件)을 슬쩍 훔침** ムルゴヌル スルッチョク フムチム	shoplifting シャプリフティング
まんぷく **満腹** manpuku	**배가 부름** †ペガ †プルム	(be) full (ビ) フル
まんべんなく **万遍なく** manbennaku	**구석구석까지, 고르게** †クソククソクカジ, †コルゲ	evenly イーヴンリ
まんぽけい **万歩計** manpokei	**만보계*** マンボゲ	pedometer ピダメタ
まんもす **マンモス** manmosu	**매머드** メモドゥ	mammoth マモス

み, ミ

み **実** mi	**열매, 씨** ヨルメ, ッシ	fruit フルート
み **身** mi	**몸, 신체(身体)** モム, シンチェ	body バディ
みあきる **見飽きる** miakiru	**보기에 싫증이 나다** †ポギエ シルッチュンイ ナダ	(be) sick of seeing (ビ) スィク オヴ スィーイング
みあげる **見上げる** miageru	**우러러보다, 올려다보다** ウロロボダ, オルリョダボダ	look up at ルク アプ アト

み

日	韓	英
みあわせる **見合わせる** （互いに） miawaseru	마주 보다 マジュ †ポダ	look at each other ルク アト イーチ アザ
（延期）	보류(保留)하다, 미루다 †ポリュハダ, ミルダ	put off プト オーフ
みいだす **見出す** miidasu	찾아내다, 발견(発見)하다 チャジャネダ, †パルギョンハダ	find ファインド
みうしなう **見失う** miushinau	보고 있던 것을 놓치다, 잃 다 †ポゴ イットン †コスル ノッチダ, イルタ	lose sight of ルーズ サイト オヴ
みうち **身内** miuchi	가족(家族), 집안 †カジョク, †チバン	relatives レラティヴズ
みえ **見栄** mie	겉치레, 허세(虚勢) コッチレ, ホセ	show, vanity ショウ, ヴァニティ
みえる **見える** mieru	보이다 †ポイダ	see, (be) seen スィー, (ビ) スィーン
みおくる **見送る** miokuru	배웅하다, 전송(餞送)하다 †ペウンハダ, †チョンソンハダ	see off, see スィー オーフ, スィー
みおとす **見落とす** miotosu	간과(看過)하다, 빠뜨리고 보다 †カングヮハダ, ッパットゥリゴ †ポダ	overlook, miss オウヴァルク, ミス
みおろす **見下ろす** miorosu	내려다보다 ネリョダボダ	look down ルク ダウン
みかいけつの **未解決の** mikaiketsuno	미해결*의, 풀리지 않은 ミヘギョレ, プルリジ アヌン	unsolved アンサルヴド
みかえり **見返り** mikaeri	보수(報酬) †ポス	rewards リウォーヅ
みかく **味覚** mikaku	미각* ミガク	taste, palate テイスト, パレト
みがく **磨く** migaku	윤(潤)을 내다 ユヌル ネダ	polish, brush パリシュ, ブラシュ

日	韓	英
(拭いて)	닦다 †タクタ	polish パリシュ
(刷毛で)	닦다 †タクタ	brush ブラシュ
(技能を)	연마(錬磨)하다, 갈고 닦다 ヨンマハダ, †カルゴ †タクタ	improve, train インプルーヴ, トレイン
みかけ **見掛け** mikake	외관(外観), 겉보기 ウェグヮン, †コッポギ	appearance アピアランス
みかた **味方** mikata	자기편(自己便), 아군(我軍) †チャギピョン, アグン	friend, ally フレンド, アライ
みかづき **三日月** mikazuki	초(初)승달 チョスンッタル	crescent クレセント
みかん **蜜柑** mikan	귤(橘), 밀감(蜜柑) †キュル, ミルガム	*satsuma* サツーマ
みかんせい(の) **未完成(の)** mikansei (no)	미완성*(의) ミワンソン(エ)	unfinished アンフィニシュト
みき **幹** miki	줄기 †チュルギ	trunk トランク
みぎ **右** migi	오른쪽 オルンッチョク	right ライト
みぎうで **右腕** migiude	오른팔 オルンパル	right arm ライト アーム
みぎがわ **右側** migigawa	우측*, 오른쪽 ウチュク, オルンッチョク	right side ライト サイド
～通行	우측통행(右側通行) ウチュクトンヘン	keep to the right キープ トゥ ザ ライト
みぐるしい **見苦しい** migurushii	꼴사납다, 보기 흉(凶)하다 ッコルッサナプタ, †ボギ ヒュンハダ	unsightly アンサイトリ

日	韓	英
みごとな **見事な** migotona	훌륭한, 멋진 フルリュンハン, モッチン	beautiful, admirable ビューティフル, アドミラブル
みこみ **見込み** mikomi	예상(予想) イェサン	prospect プラスペクト
(有望)	장래(将来)에 대(対)한 전망(展望) †チャンネエ †テハン †チョンマン	promise, hope プラミス, ホウプ
(可能性)	가망(可望) †カマン	possibility パスィビリティ
みこん(の) **未婚(の)** mikon (no)	미혼*(의) ミホン(エ)	unmarried, single アンマリド, スィングル
みさいる **ミサイル** misairu	미사일 ミサイル	missile ミスィル
みさき **岬** misaki	곶 †コッ	cape ケイプ
みじかい **短い** mijikai	짧다 ッチャルッタ	short, brief ショート, ブリーフ
(時間が)	짧다 ッチャルッタ	short, brief ショート, ブリーフ
みじめな **惨めな** mijimena	비참(悲惨)한, 참혹(惨酷)한 †ピチャムハン, チャムホカン	miserable ミゼラブル
みじゅくな **未熟な** mijukuna	미숙*한 ミスカン	unripe アンライプ
(技能が)	서툰, 미숙*한 ソトゥン, ミスカン	immature イマテュア
みしらぬ **見知らぬ** mishiranu	낯선, 알지 못하는 ナッソン, アルジ モタヌン	strange, unfamiliar ストレインヂ, アンファミリャ

日	韓	英
<ruby>ミシン<rt>みしん</rt></ruby> mishin	미싱 ミシン	sewing machine ソウイング マシーン
<ruby>ミス<rt>みす</rt></ruby> (誤り) misu	미스, 실수(失手) ミス, シルッス	mistake ミステイク
<ruby>水<rt>みず</rt></ruby> mizu	물 ムル	water ウォータ
<ruby>水浴び<rt>みずあび</rt></ruby> mizuabi	미역 감음, 물을 끼얹음 ミヨク †カムム, ムルル ッキオンジュム	bathe ベイズ
<ruby>未遂<rt>みすい</rt></ruby> misui	미수 * ミス	attempted アテンプテド
<ruby>水色<rt>みずいろ</rt></ruby> mizuiro	물빛 ムルッピッ	light blue ライト ブルー
<ruby>湖<rt>みずうみ</rt></ruby> mizuumi	호수(湖水) ホス	lake レイク
<ruby>水瓶座<rt>みずがめざ</rt></ruby> mizugameza	물병(瓶)자리 ムルッピョンジャリ	Aquarius アクウェアリアス
<ruby>自ら<rt>みずから</rt></ruby> mizukara	몸소, 스스로 モムソ, ススロ	personally, in person パーソナリ, イン パースン
<ruby>水着<rt>みずぎ</rt></ruby> (女性の) mizugi	수영복(水泳服) スヨンボク	swimming suit スウィミング スート
(男性の)	수영복(水泳服) スヨンボク	swimming trunks スウィミング トランクス
<ruby>水臭い<rt>みずくさい</rt></ruby> mizukusai	서먹서먹하게 굴다, 남 대(対)하듯 하다 ソモクソモカゲ †クルダ, ナム †テハドゥッ ハダ	reserved, unfriendly リザーヴド, アンフレンドリ
<ruby>水差し<rt>みずさし</rt></ruby> mizusashi	물병(瓶) ムルッピョン	pitcher ピチャ

日	韓	英
みずしょうばい **水商売** mizushoubai	물장사, 접객업(接客業) ムルジャンサ, †チョプケゴプ	entertaining trade エンタ**テ**イニング トレイド
みずしらずの **見ず知らずの** mizushirazuno	전(全)혀 모르는 †チョニョ モルヌン	strange ストレインヂ
みずたまり **水溜まり** mizutamari	웅덩이 ウンドンイ	pool, puddle **プ**ール, **パ**ドル
みすてりー **ミステリー** misuterii	미스테리 ミステリ	mystery **ミ**スタリ
みすてる **見捨てる** misuteru	버리다 †ポリダ	abandon アバンドン
みずとり **水鳥** mizutori	물새 ムルッセ	waterfowl **ウ**ォータファウル
みずぶくれ **水脹れ** mizubukure	물집 ムルッチプ	blister ブリスタ
みずべ **水辺** mizube	물가 ムルッカ	waterside **ウ**ォータサイド
みずぼうそう **水疱瘡** mizubousou	수두(水痘) スドゥ	chicken pox **チ**キン **パ**クス
みすぼらしい **見窄らしい** misuborashii	초라하다, 볼품이 없다 チョラハダ, †ポルプミ オプタ	shabby **シャ**ビ
みずみずしい **瑞々しい** mizumizushii	싱싱하다 シンシンハダ	fresh フレシュ
みずむし **水虫** mizumushi	무좀 ムジョム	athlete's foot **ア**スリーツ **フ**ト
みせ **店** mise	가게, 상점(商店) †カゲ, サンジョム	store, shop ス**ト**ー, **シャ**プ
みせいねん **未成年** miseinen	미성년* ミソンニョン	minority ミ**ノ**ーリティ

日	韓	英
みせかけ **見せ掛け** misekake	외관(外觀), 겉보기 ウェグヮン, †コッポギ	pretense プリテンス
みせかける **見せ掛ける** misekakeru	그럴싸하게 보이게 하다 †クロルッサハゲ †ポイゲ ハダ	pretend, feign プリテンド, **フェイン**
みせびらかす **見せびらかす** misebirakasu	과시(誇示)하다 †クヮシハダ	show off **ショウ オー**フ
みせもの **見世物** misemono	구경거리 †クギョンッコリ	show **ショウ**
みせる **見せる** miseru	보이다 †ポイダ	show, display **ショウ**, ディスプレイ
みそ **味噌** miso	된장(醬) †トェンジャン	*miso*, soybean paste ミーソウ, **ソ**イビーン **ペ**イスト
みぞ **溝** mizo	도랑, 개천(開川) †トラン, †ケチョン	ditch, gutter **ディ**チ, **ガ**タ
(隔たり)	간격(間隔), 차이(差異) †カンギョク, チャイ	gap **ギャ**プ
みぞおち **鳩尾** mizoochi	명치 ミョンチ	pit ピト
みそこなう **見損なう** (見落とす) misokonau	간과(看過)하다, 제대로 못 보다 †カングヮハダ, †チェデロ モッポダ	fail to see フェイル トゥ **ス**イー
(評価を誤る)	오인(誤認)하다, 잘못 보다 オインハダ, †チャルモッポダ	misjudge ミス**チャ**ヂ
みそしる **味噌汁** misoshiru	된장(醬)국 †トェンジャンックク	*miso* soup ミーソウ **ス**ープ
みぞれ **霙** mizore	진눈깨비 †チンヌンッケビ	sleet スリート

日	韓	英
見出し みだし midashi	표제 (標題) ピョジェ	heading ヘディング
～語	표제어 (標題語) ピョジェオ	entry, headword エントリ, ヘドワード
満たす みたす mitasu	채우다 チェウダ	fill フィル
（満足させる）	만족 (滿足) 시키다, 충족 (充足) 시키다 マンジョクシキダ, チュンジョクシキダ	satisfy サティスファイ
乱す みだす midasu	어지럽히다, 혼란 (混亂) 스럽게 하다 オジロピダ, ホルランスロプケ ハダ	throw into disorder スロウ イントゥ ディスオーダ
乱れる みだれる midareru	어지러워지다, 흐트러지다 オジロウォジダ, フトゥロジダ	(be) out of order (ビ) アウト オヴ オーダ
道 みち michi	길, 도로 (道路) †キル, †トロ	way, road ウェイ, ロウド
見違える みちがえる michigaeru	잘못 보다, 몰라보다 †チャルモッポダ, モルラボダ	take for テイク フォ
道順 みちじゅん michijun	코스 コス	route, course ルート, コース
未知数 みちすう michisuu	미지수* ミジス	unknown quantity アンノウン クワンティティ
導く みちびく michibiku	이끌다, 인도 (引導) 하다 イックルダ, インドハダ	lead, guide リード, ガイド
満ちる みちる michiru	가득 차다 †カドゥク チャダ	(be) filled with (ビ) フィルド ウィズ
（潮が）	만조 (滿潮) 가 되다, 조수 (潮水) 가 차다 マンジョガ †トェダ, †チョスガ チャダ	rise, flow ライズ, フロウ

日	韓	英
みつ **蜜** mitsu	꿀 ックル	honey ハニ
みっかい **密会** mikkai	밀회* ミルフェ	secret meeting スィークレト ミーティング
みつかる **見つかる** mitsukaru	발견(發見)되다, 들키다 †パルギョンドェダ, †トゥルキダ	(be) found (ビ) ファウンド
みつける **見つける** mitsukeru	찾아내다, 발견(發見)하다 チャジャネダ, †パルギョンハダ	find, discover ファインド, ディスカヴァ
みっこく(する) **密告(する)** mikkoku (suru)	밀고*(하다) ミルゴ(ハダ)	tip-off; tip ティポーフ, **ティ**プ
みっしつ **密室** misshitsu	밀실* ミルッシル	closed room クロウズド ルーム
みっしゅう(する) **密集(する)** misshuu (suru)	밀집*(하다) ミルッチプ(ハダ)	congestion; crowd コン**チェ**スチョン, ク**ラ**ウド
みっせつな **密接な** missetsuna	밀접*한 ミルッチョパン	close, intimate クロウス, **イ**ンティメト
みつど **密度** mitsudo	밀도* ミルット	density **デ**ンスィティ
みっともない **みっともない** mittomonai	보기 흉(凶)하다, 꼴불견(不見)이다 †ポギ ヒュンハダ, ッコルブルギョニダ	disgraceful ディスグ**レ**イスフル
みつにゅうこく **密入国** mitsunyuukoku	밀입국* ミリプクク	illegal entry イリーガル エントリ
みつばい **密売** mitsubai	밀매* ミルメ	illicit sale イ**リ**スィト セイル
みつばち **蜜蜂** mitsubachi	꿀벌 ックルポル	honeybee **ハ**ニビー
みっぺいする **密閉する** mippeisuru	밀폐*하다 ミルペハダ	close up クロウズ **ア**プ

日	韓	英
みつめる **見詰める** mitsumeru	응시(凝視)하다, 주시(注視)하다 ウンシハダ, †チュシハダ	gaze at ゲイズ アト
みつもり **見積もり** mitsumori	견적(見積) †キョンジョク	estimate エスティメト
みつもる **見積もる** mitsumoru	어림하다, 대중 잡다 オリムハダ, †テジュン †チャプタ	estimate エスティメイト
みつやく **密約** mitsuyaku	밀약* ミリャク	secret understanding スィークレト アンダスタンディング
みつゆ(する) **密輸(する)** mitsuyu (suru)	밀수*(하다) ミルッス(ハダ)	smuggling; smuggle スマグリング, スマグル
みてい **未定** mitei	미정* ミジョン	undecided アンディサイデド
みとうの **未到の** mitouno	아직 아무도 이르지 못한 アジク アムド イルジ モタン	unreached アンリーチト
みとおし **見通し** mitooshi	전망(展望), 예측(予測) †チョンマン, イェチュク	prospect プラスペクト
みとめる **認める** mitomeru	인정(認定)하다, 시인(是認)하다 インジョンハダ, シインハダ	recognize レコグナイズ
(承認)	승인(承認)하다 スンインハダ	accept アクセプト
(許可)	허가(許可)하다 ホガハダ	admit アドミト
みどり **緑** midori	녹색(緑色) ノクセク	green グリーン
みとりず **見取り図** mitorizu	겨냥도(図) †キョニャンド	sketch スケチ

み

日	韓	英
みとれる **見とれる** mitoreru	넋을 잃고 바라보다 ノクスル イルコ †パラボダ	look admiringly at ルク アド**マ**イアリングリ ア ト
みな **皆** mina	모두, 다 モドゥ, †タ	all **オ**ール
みなおす **見直す** minaosu	다시 보다 †タシ †ボダ	look at again ルク アト ア**ゲ**イン
(再検討)	재고(再考)하다 †チェゴハダ	review リ**ヴュ**ー
(再認識)	재인식(再認識)하다 †チェインシカダ	think better of ス**ィ**ンク ベタ オヴ
みなす **見なす** minasu	간주(看做)하다, 여기다 †カンジュハダ, ヨギダ	think of as ス**ィ**ンク オヴ アズ
みなと **港** minato	항구(港口) ハング	harbor, port **ハ**ーバ, **ポ**ート
みなみ **南** minami	남*(쪽) ナム(ッチョク)	south **サ**ウス
～側	남*쪽 ナムッチョク	south side **サ**ウス **サ**イド
～半球	남반구(南半球) ナムバング	southern hemi- sphere **サ**ザン ヘミスフィア
みなもと **源** minamoto	근원(根源) †クヌォン	source **ソ**ース
(起源)	기원(起源) †キウォン	origin **オ**ーリヂン
みならい **見習い** minarai	견습(見習), 수습(修習) †キョンスプ, ススプ	apprenticeship アプ**レ**ンティスシプ
(人)	견습생(見習生), 수습생(修習 生) †キョンスプセン, ススプセン	apprentice アプ**レ**ンティス

日	韓	英
〜期間	수습(修習) 기간(期間) ススプキガン	probationary period プロウベイショナリ ピアリオド
みならう **見習う** minarau	본(本)받다, 보고 배우다 †ポンパッタ, †ポゴ †ペウダ	learn, imitate **ラ**ーン, **イ**ミテイト
みなり **身形** minari	옷차림 オッチャリム	dress, appearance ド**レ**ス, アピ**ア**ランス
みなれる **見慣[馴]れる** minareru	낯익다, 눈에 익다 ナンニクタ, ヌネ イクタ	get used to **ゲ**ト ユーストゥ トゥ
みに **ミニ** mini	미니 ミニ	mini- **ミ**ニ
〜スカート	미니스커트 ミニスコトゥ	mini **ミ**ニ
みにくい **見難い** minikui	보기 힘들다, 알아보기 어렵다 †ポギ ヒムドゥルダ, アラボギ オリョプタ	hard to see **ハ**ードトゥ ス**ィ**ー
みにくい **醜い** minikui	보기 흉(凶)하다, 못생기다 †ポギ ヒュンハダ, モッセンギダ	ugly **ア**グリ
みぬく **見抜く** minuku	알아차리다, 간파(看破)하다 アラチャリダ, †カンパハダ	see through ス**ィ**ー スルー
みね **峰** mine	봉우리 †ポンウリ	peak, top **ピ**ーク, **タ**プ
みねらる **ミネラル** mineraru	미네랄 ミネラル	mineral **ミ**ネラル
〜ウォーター	미네랄워터 ミネラルウォト	mineral water **ミ**ネラル **ウォ**ータ
みのう **未納** minou	미납* ミナプ	unpaid アン**ペ**イド

日	韓	英
みのうえ **身の上** minoue	신상(身上) シンサン	circumstances **サーカムスタン**セズ
みのがす **見逃す** minogasu	놓치다, 빠뜨리고 보다 ノチダ, ッパットゥリゴ †ポダ	overlook オウヴァ**ルク**
(黙認)	눈감아 주다 ヌンガマ †チュダ	overlook オウヴァ**ルク**
みのしろきん **身代金** minoshirokin	몸값 モムッカプ	ransom **ラン**ソム
みのまわりひん **身の回り品** minomawarihin	소지품(所持品) ソジプム	belongings ビ**ローン**ギングズ
みのる **実る** minoru	열매를 맺다, 여물다 ヨルメルル メッタ, ヨムルダ	ripen **ライ**プン
(実を結ぶ)	성과(成果)를 거두다 ソンックヮルル †コドゥダ	bear fruit **ベア** フ**ルー**ト
みはらし **見晴らし** miharashi	전망(展望) †チョンマン	view **ヴュー**
みはり **見張り** mihari	파수(把守)꾼 パスックン	watch, lookout **ワ**チ, **ル**カウト
みはる **見張る** miharu	망(望)보다 マンボダ	watch **ワ**チ
みぶり **身振り** miburi	몸짓 モムジッ	gesture **チェ**スチャ
みぶん **身分** mibun	신분* シンブン	social status **ソウ**シャル ス**テイ**タス
～証明書	신분증명서(身分証明書) シンブンジュンミョンソ	identity card アイ**デ**ンティティ **カー**ド
みぼうじん **未亡人** miboujin	미망인* ミマンイン	widow **ウィ**ドウ

日	韓	英
みほん **見本** mihon	견본* †キョンボン	sample **サンプル**
みまい **見舞い** mimai	문병(問病), 문안(問安) ムンビョン, ムナン	visit **ヴィズィト**
みまう **見舞う** mimau	문병(問病)하다 ムンビョンハダ	visit, inquire after **ヴィズィト**, インク**ワ**イア アフタ
みまもる **見守る** mimamoru	지켜보다 †チキョボダ	watch **ワ**チ
みまわす **見回す** mimawasu	둘러보다 †トゥルロボダ	look about **ル**ク アバウト
みまん **未満** miman	미만* ミマン	under, less than **ア**ンダ, レス **ザ**ン
みみ **耳** mimi	귀 †クィ	ear **イ**ア
～掻き	귀이개 †クィイゲ	earpick **イ**アピク
みみず **蚯蚓** mimizu	지렁이 †チロンイ	earthworm **ア**ースワーム
みめい **未明** mimei	미명* ミミョン	before daybreak ビフォ **デ**イブレイク
みもと **身元** mimoto	신원* シヌォン	identity アイ**デ**ンティティ
みゃく **脈** myaku	맥*, 맥박(脈搏) メク, メクパク	pulse **パ**ルス
みやげ **土産** miyage	토산물(土産物), 선물(膳物) トサンムル, ソンムル	souvenir スーヴェ**ニ**ア
みやこ **都** miyako	수도(首都) スド	capital **キャ**ピタル

み

741

日	韓	英
みゅーじかる **ミュージカル** myuujikaru	**뮤지컬** ミュジコル	musical **ミュー**ズィカル
みゅーじしゃん **ミュージシャン** myuujishan	**뮤지션** ミュジション	musician ミュー**ズィ**シャン
みょうあん **妙案** myouan	**묘안**＊ ミョアン	good idea **グ**ド アイ**ディー**ア
みょうじ **苗[名]字** myouji	**성**(姓) ソン	family name, sur- name **ファ**ミリ **ネ**イム, **サー**ネイ ム
みょうな **妙な** myouna	**묘**＊**한** ミョハン	strange スト**レ**インヂ
みょうにち **明日** myounichi	**내일**(来日) ネイル	tomorrow ト**モー**ロウ
みょうみ **妙味** myoumi	**묘미**＊ ミョミ	charm **チャー**ム
みらい **未来** mirai	**미래**＊ ミレ	future **フュー**チャ
みりぐらむ **ミリグラム** miriguramu	**밀리그램** ミルリグレム	milligram **ミ**リグラム
みりめーとる **ミリメートル** mirimeetoru	**밀리미터** ミルリミト	millimeter **ミ**リミータ
みりょうする **魅了する** miryousuru	**매료**＊**하다** メリョハダ	fascinate **ファ**スィネイト
みりょく **魅力** miryoku	**매력**＊ メリョク	charm **チャー**ム
〜的な	**매력적**(魅力的)**인** メリョクチョギン	charming **チャー**ミング

日	韓	英
みる **見る** miru	보다 †ポダ	see, look at スィー, ルクアト
みるく **ミルク** miruku	우유(牛乳) ウユ	milk ミルク
みれにあむ **ミレニアム** mireniamu	새 천년(千年) セ チョンニョン	millennium ミレニアム
みれん **未練** miren	미련* ミリョン	attachment, regret アタチメント, リグレト
みわける **見分ける** miwakeru	분간(分揀)하다, 분별(分別) 하다 †プンガンハダ, †プンビョルハダ	distinguish from ディスティングウィシュ フ ラム
みわたす **見渡す** miwatasu	멀리 바라보다 モルリ †パラボダ	look out over ルクアウト オウヴァ
みんい **民意** min-i	민의* ミニ	public opinion パブリク オピニョン
みんえい **民営** min-ei	민영* ミニョン	private manage- ment プライヴェト マニヂメント
みんかん **民間** minkan	민간* ミンガン	private, civil プライヴェト, スィヴィル
みんく **ミンク** minku	밍크 ミンク	mink ミンク
みんげいひん **民芸品** mingeihin	민예품* ミネプム	folk-art article フォウクアート アーティク ル
みんじそしょう **民事訴訟** minjisoshou	민사 소송* ミンサ ソソン	civil action スィヴィル アクション
みんしゅう **民衆** minshuu	민중* ミンジュン	people, public ピープル, パブリク
みんしゅしゅぎ **民主主義** minshushugi	민주주의* ミンジュジュイ	democracy ディマクラスィ

み

日	韓	英
みんぞく **民俗** minzoku	**민속**＊ ミンソク	folk customs **フォウク カ**スタムズ
みんぞく **民族** minzoku	**민족**＊ ミンジョク	race, nation **レ**イス, **ネ**イション
みんと **ミント** minto	**민트** ミントゥ	mint **ミ**ント
みんぽう **民法** minpou	**민법**＊ ミンッポプ	civil law **スィ**ヴィル **ロ**ー
みんよう **民謡** min-you	**민요**＊ ミニョ	folk song **フォウク ソ**ーング
みんわ **民話** minwa	**민화**＊ ミンファ	folk tale **フォウク テ**イル

む, ム

む **無** mu	**무**＊, **없음** ム, オプスム	nothing **ナ**スィング
むいしき **無意識** muishiki	**무의식**＊ ムイシク	unconsciousness アン**カ**ンシャスネス
～に	**무의식적**(無意識的)**으로** ムイシクチョグロ	unconsciously アン**カ**ンシャスリ
むいちもん **無一文** muichimon	**무**(無)**일푼** ムイルプン	penniless **ペ**ニレス
むいみ **無意味** muimi	**무의미**＊ ムイミ	meaningless **ミ**ーニングレス
むーど **ムード** muudo	**무드**, **분위기**(雰囲気) ムドゥ	mood **ム**ード
むえきな **無益な** muekina	**무익**＊**한** ムイカン	futile **フュ**ートル

日	韓	英
むがいな **無害な** mugaina	무해*한 ムヘハン	harmless ハームレス
むかいあう **向かい合う** mukaiau	마주 보다 マジュ †ボダ	face フェイス
むかいがわ **向かい側** mukaigawa	맞은 편(便) マジュン ピョン	opposite side アポズィット サイド
むかう **向かう** mukau	향(向)하다, 면(面)하다 ヒャンハダ, ミョンハダ	face, look on フェイス, ルク オン
(進む)	향(向)해 가다, 떠나다 ヒャンヘ †カダ, ットナダ	go to, leave for ゴウ トゥ, リーヴ フォ
むかえる **迎える** mukaeru	맞이하다 マジハダ	meet, welcome ミート, ウェルカム
むかし **昔** mukashi	옛날 イェンナル	old times オウルド タイムズ
(かつて)	예전, 일찍이 イェジョン, イルッチギ	long ago ローング アゴウ
むかつく **むかつく** mukatsuku	메슥거리다 メスクコリダ	feel sick フィール スィク
(腹が立つ)	화(火)가 나다 ファガ ナダ	get disgusted ゲト ディスガステド
むかで **百足** mukade	지네 †チネ	centipede センティピード
むかんけい **無関係** mukankei	무관계*, 무관(無関) ムグヮンゲ, ムグヮン	irrelevant イレレヴァント
むかんしん **無関心** mukanshin	무관심* ムグヮンシム	indifference インディファレンス
むき **向き** muki	방향(方向) †パンヒャン	direction ディレクション

日	韓	英
むき **無機** muki	무기* ムギ	inorganic イノーギャニク
むぎ **麦** mugi	보리 †ポリ	barley バーリ
むきげん **無期限** mukigen	무기한* ムギハン	indefinite インデフィニト
むきだし **剥き出し** mukidashi	드러냄, 노출(露出)함 †トゥロネム, ノチュルハム	bare, naked ベア, ネイキド
むきりょくな **無気力な** mukiryokuna	무기력*한 ムギリョカン	inactive, lazy イナクティヴ, レイズィ
むきん **無菌** mukin	무균* ムギュン	germ-free チャームフリー
むく **向く** muku	향(向)하다 ヒャンハダ	turn to ターントゥ
(適する)	적합(適合)하다 †チョカパダ	suit スート
むく **剥く** muku	껍질을 벗기다, 까다 ッコプチルル †ポッキダ, ッカダ	peel, pare ピール, ペア
むくいる **報いる** mukuiru	보답(報答)하다, 갚다 †ポダパダ, †カプタ	reward for リウォード フォ
(恩に)	보답(報答)하다, 갚다 †ポダパダ, †カプタ	reward for リウォード フォ
むくちな **無口な** mukuchina	말이 없는, 과묵(寡黙)한 マリ オムヌン, †クワムカン	taciturn, silent タスィターン, サイレント
むくむ **むくむ** mukumu	몸이 붓다 モミ †プッタ	swell スウェル
むけい(の) **無形(の)** mukei (no)	무형*(의) ムヒョン(エ)	intangible インタンヂブル

日	韓	英
むける **向ける** mukeru	향(向)하다, 돌리다 ヒャンハダ, †トルリダ	turn to, direct to **ターン** トゥ, ディ**レク**ト トゥ
むげん **無限** mugen	무한* ムハン	infinite **イン**フィニト
むこ **婿** muko	사위, 신랑(新郎) サウィ, シルラン	bridegroom ブ**ライド**グルーム
むこう **向こう** mukou	건너편(便), 맞은편(便) †コンノピョン, マジュンピョン	opposite side ア**ポジ**ト **サ**イド
(先方)	상대방(相対方) サンデバン	other party **ア**ザ **パ**ーティ
むこう(の) **無効(の)** mukou (no)	무효*한 ムヒョハン	invalidity; invalid インヴァ**リ**ディティ, **イン** ヴァリド
むこうずね **向こう脛** mukouzune	정강이 †チョンガンイ	shin **シ**ン
むごん **無言** mugon	무언* ムオン	silence **サ**イレンス
むざい **無罪** muzai	무죄* ムジュェ	innocence **イ**ノセンス
むざんな **無惨な** muzanna	무참*한 ムチャムハン	miserable, cruel **ミ**ゼラブル, ク**ルー**エル
むし **虫** mushi	곤충(昆虫) †コンチュン	insect **イン**セクト
(みみずなど)	벌레 †ポルレ	worm **ワ**ーム
むし(する) **無視(する)** mushi (suru)	무시*(하다) ムシ(ハダ)	ignore イグ**ノ**ー
むじ **無地** muji	무지* ムジ	plain プ**レ**イン

む

日	韓	英
むしあつい **蒸し暑い** mushiatsui	**무덥다** ムドァタ	sultry サルトリ
むしくだし **虫下し** mushikudashi	**구충제**(驅蟲劑) ↑クチュンジェ	vermifuge ヴァーミフューヂ
むじつ **無実** mujitsu	**무실***, **결백**(潔白) ムシル, ↑キョルペク	innocence イノセンス
〜の	**무고**(無辜)**한**, **결백**(潔白)**한** ムゴハン, ↑キョルペカン	innocent イノセント
むしば **虫歯** mushiba	**충치*** チュンチ	decayed tooth ディ**ケ**イド **トゥ**ース
むしばむ **蝕む** mushibamu	**좀먹다**, **침식**(侵蝕)**하다** ↑チョムモクタ, チムシカダ	spoil, affect ス**ポ**イル, ア**フェ**クト
むしめがね **虫眼鏡** mushimegane	**돋보기** ↑トッポギ	magnifying glass **マ**グニファイイング **グ**ラス
むじゃきな **無邪気な** mujakina	**순진**(純真)**한**, **천진난만**(天真 爛漫)**한** スンジンハン, チョンジンナンマンハン	innocent, naive **イ**ノセント, ナー**イ**ーヴ
むじゅん **矛盾** mujun	**모순*** モスン	contradiction カントラ**ディ**クション
むしょう **無償** mushou	**무상*** ムサン	gratis, voluntary グ**ラ**ティス, **ヴァ**ランテリ
むじょう **無常** mujou	**무상*** ムサン	mutability ミュータ**ビ**リティ
むじょう(な) **無情(な)** mujou (na)	**무정***(**한**), **비정**(非情)(**한**) ムジョン(ハン), ↑ピジョン(ハン)	hardness;　heart- less, cold **ハ**ードネス, **ハ**ートレス, **コ** ウルド
むじょうけん **無条件** mujouken	**무조건*** ムジョッコン	unconditional アンコン**ディ**ショナル

日	韓	英
むしょく **無色** mushoku	무색* ムセク	colorless カラレス
むしょく **無職** mushoku	무직* ムジク	jobless, unemployed チャブレス, アニンプロイド
むしる **毟る** mushiru	쥐어뜯다, 떼어 내다 †チュイオットゥッタ, ッテオ ネダ	pluck, pick プラク, ピク
むしろ **寧ろ** mushiro	차라리, 오히려 チャラリ, オヒリョ	rather than ラザ ザン
むしんけいな **無神経な** mushinkeina	무신경*한 ムシンギョンハン	insensitive イン**セン**スィティヴ
むじんぞう **無尽蔵** mujinzou	무진장* ムジンジャン	inexhaustible イニグ**ゾー**スティブル
むじんとう **無人島** mujintou	무인도* ムインド	desert island **デ**ザト **ア**イランド
むしんに **無心に** mushinni	무심*하게 ムシムハゲ	innocently **イ**ノセントリ
むす **蒸す** musu	찌다, 삶다 ッチダ, サムッタ	steam ス**ティ**ーム
むすうの **無数の** musuuno	무수*한 ムスハン	innumerable イ**ニュ**ーマラブル
むずかしい **難しい** muzukashii	어렵다, 까다롭다 オリョプタ, ッカダロプタ	difficult, hard **ディ**フィカルト, **ハ**ード
むすこ **息子** musuko	아들 アドゥル	son, boy **サ**ン, **ボ**イ
むすびつく **結び付く** musubitsuku	결부(結付)되다 †キョルブドェダ	(be) tied up with (ビ) **タ**イド アプウィズ
むすびつける **結び付ける** musubitsukeru	잡아매다, 묶다 チャバメダ, ムクタ	tie together, fasten **タ**イトゲザ, **ファ**スン

日	韓	英
（関係）	연결(連結) 시키다, 결부(結付)시키다 ヨンギョルシキダ, †キョルプシキダ	connect with コネクト ウィズ
むすびめ 結び目 musubime	매듭 メドゥプ	knot ナト
むすぶ 結ぶ musubu	묶다 ムクタ	tie, bind タイ, バインド
（繋ぐ）	잇다 イッタ	link with リンク ウィズ
むすめ 娘 musume	딸 ッタル	daughter, girl ドータ, ガール
むせいげん 無制限 museigen	무제한* ムジェハン	free, unrestricted フリー, アンリストリクテド
むせきにん 無責任 musekinin	무책임* ムチェギム	irresponsibility イレスポンスィビリティ
むせる 噎せる museru	목이 메다 モギ メダ	(be) choked with (ビ) チョウクト ウィズ
むせん 無線 musen	무선* ムソン	wireless ワイアレス
むだ(な) 無駄(な) muda (na)	쓸데없는 ッスルッテオムヌン	useless, futile ユースレス, フューティル
むだぼね 無駄骨 mudabone	헛수고 ホッスゴ	vain efforts ヴェイン エフォツ
むだんで 無断で mudande	무단*으로 ムダヌロ	without permission ウィザウト パミション
むたんぽ 無担保 mutanpo	무담보* ムダムボ	without security ウィザウト スィキュアリティ
むち 無知 muchi	무지* ムジ	ignorance; ignorant イグノランス, イグノラント

日	韓	英
むちゃな **無茶な** muchana	터무니없는 トムニオムヌン	unreasonable アンリーズナブル
むちゅう(である) **夢中(である)** muchuu (dearu)	몰두(没頭)(하다), 열중(熱中) (하다) モルットゥ(ハダ), ヨルッチュン(ハダ)	absorption; (be) absorbed in アブソープション, (ビ) アブ ソープド イン
むちんじょうしゃ **無賃乗車** muchinjousha	무임승차＊ ムイムスンチャ	free ride フリー ライド
むてんか(の) **無添加(の)** mutenka (no)	무첨가＊(의) ムチョムガ (エ)	additive-free アディティヴフリー
むとんちゃくな **無頓着な** mutonchakuna	무관심(無関心)한 ムグヮンシムハン	indifferent インディファレント
むなしい **虚[空]しい** munashii	허무(虚無)하다, 덧없다 ホムハダ, ↑トドナタ	empty, vain エンプティ, ヴェイン
むね **胸** mune	가슴 ↑カスム	breast, chest ブレスト, チェスト
むねやけ **胸焼け** muneyake	속이 쓰림 ソギッスリム	heartburn ハートバーン
むのうな **無能な** munouna	무능＊한 ムヌンハン	incompetent インカンピテント
むのうやく **無農薬** munouyaku	무농약＊ ムノンヤク	organic オーギャニク
むふんべつ **無分別** mufunbetsu	무분별＊ ムブンビョル	indiscretion インディスクリーション
むぼうな **無謀な** mubouna	무모＊한 ムモハン	reckless レクレス
むほん **謀叛** muhon	모반＊ モバン	rebellion リベリオン

む

日	韓	英
むめい **無名** mumei	무명* ムミョン	nameless, unknown ネイムレス, アンノウン
むら **村** mura	마을, 촌락(村落) マウル, チョルラク	village ヴィリヂ
むらがる **群がる** muragaru	떼지어 모이다, 몰려들다 ッテジオ モイダ, モルリョドゥルダ	crowd, flock クラウド, フラク
むらさき **紫** murasaki	보라색(色) †ポラセク	purple, violet パープル, ヴァイオレト
むりな **無理な** murina	무리*한 ムリハン	unreasonable アンリーズナブル
むりょう **無料** muryou	무료* ムリョ	free フリー
むりょく **無力** muryoku	무력* ムリョク	incapacity インカパスィティ
むれ **群** mure	떼, 무리 ッテ, ムリ	group, crowd グループ, クラウド
むろん **無論** muron	물론(勿論) ムルロン	of course オフ コース

め, メ

日	韓	英
め **芽** me	싹, 움 ッサク, ウム	bud バド
め **目** me	눈 ヌン	eye アイ
めあたらしい **目新しい** meatarashii	새롭다, 신기(神奇)하다 セロプタ, シンギハダ	novel, new ナヴェル, ニュー
めあて **目当て** meate	목표(目標), 목적(目的) モクピョ, モクチョク	aim エイム

日	韓	英
（目標）	목표（目標） モクピョ	guide ガイド
めい 姪 mei	질녀（姪女），조카딸 †チルリョ，†チョカッタル	niece ニース
めいあん 名案 meian	명안＊ ミョンアン	good idea グド アイディーア
めいおうせい 冥王星 meiousei	명왕성＊ ミョンワンソン	Pluto プルートウ
めいが 名画 meiga	명화＊ ミョンファ	famous picture フェイマス ピクチャ
（映画の）	명화＊ ミョンファ	good film グド フィルム
めいかいな 明快な meikaina	명쾌＊한 ミョンクェハン	clear, lucid クリア，ルースィド
めいかくな 明確な meikakuna	명확＊한 ミョンファカン	clear, accurate クリア，アキュレト
めいがら 銘柄 meigara	상표（商標） サンピョ	brand, description ブランド，ディスクリプション
めいぎ 名義 meigi	명의＊ ミョンイ	name ネイム
めいさい 明細 meisai	명세＊ ミョンセ	detail ディテイル
めいさく 名作 meisaku	명작＊ ミョンジャク	masterpiece マスタピース
めいし 名刺 meishi	명함（名銜） ミョンハム	card カード
めいし 名詞 meishi	명사＊ ミョンサ	noun ナウン

め

日	韓	英
めいしょ **名所** meisho	**명소*** ミョンソ	noted place ノウテド プレイス
めいしょう **名称** meishou	**명칭*** ミョンチン	name, appellation ネイム, アペレイション
めいじる **命じる** meijiru	**명(命)하다** ミョンハダ	order オーダ
めいしん **迷信** meishin	**미신*** ミシン	superstition スーパスティション
めいじん **名人** meijin	**명인***, **명수**(名手) ミョンイン, ミョンス	master, expert マスタ, エクスパート
めいせい **名声** meisei	**명성*** ミョンソン	fame, reputation フェイム, レピュテイション
めいそう **瞑想** meisou	**명상*** ミョンサン	meditation メディテイション
めいちゅう(する) **命中(する)** meichuu (suru)	**명중***(**하다**) ミョンジュン(ハダ)	hit ヒト
めいにち **命日** meinichi	**기일**(忌日) †キイル	anniversary of *a person's death* アニヴァーサリ オヴ デス
めいはくな **明白な** meihakuna	**명백*****한** ミョンペカン	clear, evident クリア, エヴィデント
めいぶつ **名物** meibutsu	**명물*** ミョンムル	special product スペシャル プラダクト
めいぼ **名簿** meibo	**명부*** ミョンブ	list of names リスト オヴ ネイムズ
めいよ **名誉** meiyo	**명예*** ミョンエ	honor アナ
〜毀損	**명예훼손**(名誉毀損) ミョンエフェソン	libel, slander ライベル, スランダ

日	韓	英
めいりょうな **明瞭な** meiryouna	명료*한 ミョンニョハン	clear, plain **ク**リア, プ**レ**イン
めいる **滅入る** meiru	우울(憂鬱)해지다, 기가 죽다 ウウルヘジダ, †キガ †チュクタ	feel depressed **フィ**ール ディプ**レ**スト
めいれい(する) **命令(する)** meirei(suru)	명령*(하다) ミョンニョン(ハダ)	order, command **オ**ーダ, コ**マ**ンド
めいろ **迷路** meiro	미로* ミロ	maze **メ**イズ
めいろうな **明朗な** meirouna	명랑*한 ミョンナンハン	cheerful, bright **チ**アフル, ブ**ラ**イト
めいわく **迷惑** meiwaku	폐(弊), 귀찮음 ペ, †クィチャヌム	trouble, nuisance ト**ラ**ブル, **ニュ**ーサンス
〜をかける	폐(弊)를 끼치다 ペルル ッキチダ	trouble, bother ト**ラ**ブル, **バ**ザ
めうえ **目上** meue	윗사람 ウィッサラム	superiors スピ**ア**リアズ
(年長の)	윗사람, 연장자(年長者) ウィッサラム, ヨンジャンジャ	seniors ス**ィ**ーニャズ
めーかー **メーカー** meekaa	메이커 メイコ	maker **メ**イカ
めーきゃっぷ **メーキャップ** meekyappu	메이크업 メイクオプ	makeup **メ**イカプ
めーたー **メーター** meetaa	미터 ミト	meter **ミ**ータ
めーでー **メーデー** meedee	메이데이, 노동절(労働節) メイデイ, ノドンジョル	May Day **メ**イ **デ**イ
めーとる **メートル** meetoru	미터 ミト	meter **ミ**ータ

日	韓	英
めかくし **目隠し** mekakushi	눈가리개 ヌンガリゲ	blindfold ブラインドフォウルド
めかた **目方** mekata	무게, 중량(重量) ムゲ, †チュンニャン	weight ウェイト
めかにずむ **メカニズム** mekanizumu	메카니즘 メカニジュム	mechanism メカニズム
めがね **眼鏡** megane	안경* アンギョン	glasses グラスィズ
めがほん **メガホン** megahon	메가폰 メガポン	megaphone メガフォウン
めがみ **女神** megami	여신* ヨシン	goddess ガデス
めきめき(と) **めきめき(と)** mekimeki (to)	눈에 띄게, 두드러지게 ヌネ ッティゲ, †トゥドゥロジゲ	remarkably リマーカブリ
めぐすり **目薬** megusuri	안약(眼薬) アニャク	eyewash アイウォシュ
めぐまれる **恵まれる** megumareru	혜택(惠沢) 받다, 풍부(豊富) 하다 ヘテク †パッタ, プンブハダ	(be) blessed with (ビ) ブレスト ウィズ
めぐみ **恵み** megumi	은총(恩寵), 은혜(恩恵) ウンチョン, ウンヘ	blessing, benefit ブレスィング, ベネフィト
めぐらす **巡らす** megurasu	두르다 †トゥルダ	surround サラウンド
めくる **捲る** mekuru	넘기다, 젖히다 ノムギダ, †チョチダ	turn over ターン オウヴァ
めぐる **巡る** meguru	돌다, 돌아다니다 †トルダ, †トラダニダ	travel around トラヴェル アラウンド
めざす **目指す** mezasu	지향(志向)하다, 목표(目標) 로 하다 †チヒャンハダ, モクピョロ ハダ	aim at エイム アト

日	韓	英
めざましい **目覚ましい** mezamashii	눈부시다, 놀랍다 ヌンプシダ, ノルラプタ	remarkable リマーカブル
めざましどけい **目覚まし時計** mezamashidokei	자명종(自鳴鐘) †チャミョンジョン	alarm clock アラーム クラク
めざめる **目覚める** mezameru	눈뜨다, 잠을 깨다 ヌントゥダ, †チャムル ッケダ	awake アウェイク
めし **飯** meshi	식사(食事), 밥 シクサ, †パプ	meal ミール
(米飯)	밥, 쌀밥 †パプ, ッサルパプ	rice ライス
めした **目下** meshita	아랫사람 アレッサラム	inferiors インフィアリアズ
(年少の)	연소(年少), 연하(年下) ヨンソ, ヨナ	younger people ヤンガ ピープル
めしべ **雌蘂** meshibe	암술 アムスル	pistil ピスティル
めじるし **目印** mejirushi	표지(標識) ピョジ	sign, mark サイン, マーク
めす **雌** mesu	암컷 アムコッ	female フィーメイル
めずらしい **珍しい** mezurashii	드물다, 새롭다 †トゥムルダ, セロプタ	rare, novel レア, ナヴェル
めずらしがる **珍しがる** mezurashigaru	신기(神奇)해하다 シンギヘハダ	(be) curious about (ビ) キュアリアス アバウト
めだつ **目立つ** medatsu	눈에 띄다, 두드러지다 ヌネ ッティダ, †トゥドゥロジダ	(be9 conspicuous (ビ) コンスピキュアス
めだま **目玉** medama	눈알 ヌナル	eyeball アイボール

め

日	韓	英
〜商品	특매품(特売品), 특가 상품(特価商品) トゥンメプム, トゥッカ サンプム	loss leader ロス リーダ
〜焼き	계란(鶏卵) 프라이 †ケラン プライ	eggs sunny-side up エグズ サニサイド アプ
めだる **メダル** medaru	메달 メダル	medal メドル
めっき(する) **鍍金(する)** mekki (suru)	도금*(하다) †トグム(ハダ)	plating; plate, gild プレイティング, プレイト, ギルド
めつき **目付き** metsuki	눈매 ヌンメ	eyes, look アイズ, ルク
めっきり **めっきり** mekkiri	현저(顕著)히, 매우 ヒョンジョヒ, メウ	remarkably リマーカブリ
めっせーじ **メッセージ** messeeji	메시지 メシジ	message メスィヂ
めったに **滅多に** mettani	좀처럼, 거의 †チョムチョロム, †コイ	seldom, rarely セルドム, レアリ
めつぼう(する) **滅亡(する)** metsubou (suru)	멸망*(하다) ミョルマン(ハダ)	ruin, destruction ルーイン, ディストラクション
めでぃあ **メディア** media	미디어 ミディオ	media ミーディア
めでたい **目出度い** medetai	경사(慶事)스럽다 †キョンサスロプタ	good, happy グド, ハピ
めど **目処** medo	목적(目的), 목표(目標) モクチョク, モクピョ	prospect プラスペクト
めどれー **メドレー** medoree	메들리 メドゥルリ	medley メドリ
めにゅー **メニュー** menyuu	메뉴 メニュ	menu メニュー

日	韓	英
めばえる **芽生える** mebaeru	싹트다, 발아(発芽)하다 ッサクトゥダ, †パラハダ	sprout スプラウト
めまい **目眩い** memai	현기증(眩気症) ヒョンギッチュン	dizziness ディズィネス
～がする	현기증(眩気症)이 나다 ヒョンギッチュンイ ナダ	(be) dizzy (ビ) ディズィ
めまぐるしい **目紛しい** memagurushii	어지럽다, 아찔하다 オジロプタ, アッチルハダ	bewildering, rapid ビ**ウィ**ルダリング, **ラ**ピド
めも **メモ** memo	메모 メモ	memo **メ**モウ
めもり **目盛り** memori	눈금 ヌンックム	graduation グラデュ**エ**イション
めもりー **メモリー** memorii	메모리 メモリ	memory **メ**モリ
めやす **目安** meyasu	목표(目標), 기준(基準) モクピョ, †キジュン	standard, norm ス**タ**ンダド, **ノ**ーム
めやに **目脂** meyani	눈곱 ヌンッコプ	eye mucus **ア**イ ミューカス
めりっと **メリット** meritto	메리트, 이익(利益) メリトゥ, イイク	merit **メ**リト
めろでぃー **メロディー** merodii	멜로디 メルロディ	melody **メ**ロディ
めろどらま **メロドラマ** merodorama	멜로드라마 メルロドゥラマ	melodrama **メ**ロドラーマ
めろん **メロン** meron	멜론 メルロン	melon **メ**ロン
めん **綿** men	면* ミョン	cotton **カ**トン

日	韓	英
めん **面** men	**가면**(仮面), **탈** †カミョン, タル	mask マスク
（表面）	**얼굴** オルグル	face フェイス
（側面）	**측면**(側面) チュンミョン	aspect, side ア**スペ**クト, **サ**イド
めんえき **免疫** men-eki	**면역**＊ ミョ二ョク	immunity イ**ミュー**ニティ
めんかい(する) **面会(する)** menkai (suru)	**면회**＊**(하다)** ミョンフェ(ハダ)	interview; meet, see **イ**ンタヴュー, **ミー**ト, **スィー**
めんきょしょう **免許(証)** menkyoshou	**면허**＊(**증**(証)) ミョンホ(ッチュン)	license **ラ**イセンス
めんくらう **面食らう** menkurau	**당황**(唐慌)**하다, 허둥대다** †タンファンハダ, ホドゥンデダ	(be) bewildered (ビ) ビ**ウィ**ルダド
めんしき **面識** menshiki	**면식**＊ ミョンシク	acquaintance アク**ウェ**インタンス
めんじょ(する) **免除(する)** menjo (suru)	**면제**＊**(하다)** ミョンジェ(ハダ)	exemption; ex- empt イグ**ゼ**ンプション, イグ**ゼ** ンプト
めんじょう **免状** menjou	**면허장**(免許状) ミョンホッチャン	diploma, license ディプ**ロ**ウマ, **ラ**イセンス
めんしょく(する) **免職(する)** menshoku (suru)	**면직**＊**(되다)** ミョンジク(ドェダ)	dismissal; dismiss ディス**ミ**サル, ディス**ミ**ス
めんする **面する** mensuru	**면**(面)**하다, 향**(向)**하다** ミョンハダ, ヒャンハダ	face, look **フェ**イス, **ル**ク
めんぜい **免税** menzei	**면세**＊ ミョンセ	tax exemption **タ**クス イグ**ゼ**ンプション

日	韓	英
〜店	면세점(免税店) ミョンセジョム	duty-free shop **デューティフリー シャ**プ
めんせき **面積** menseki	면적* ミョンジョク	area **エ**アリア
めんせつ **面接** mensetsu	면접* ミョンジョプ	interview **イ**ンタヴュー
〜試験	면접시험(面接試験) ミョンジョプシホム	interview **イ**ンタヴュー
めんだん **面談** mendan	면담* ミョンダム	talk, interview **ト**ーク, **イ**ンタヴュー
めんてなんす **メンテナンス** mentenansu	유지(維持), 관리(管理) ユジ, †クヮルリ	maintenance **メ**インテナンス
めんどうな **面倒な** mendouna	귀찮은, 성가신 †クィチャヌン, ソンガシン	troublesome, difficult ト**ラ**ブルサム, **ディ**フィカルト
めんどり **雌鳥** mendori	암탉 アムタク	hen **ヘ**ン
めんばー **メンバー** menbaa	멤버 メムボ	member **メ**ンバ
めんぼく **面目** menboku	면목* ミョンモク	honor, credit **ア**ナ, ク**レ**ディト
めんみつな **綿密な** menmitsuna	면밀*한 ミョンミルハン	close, minute ク**ロ**ウス, マイ**ニ**ュート
めんるい **麺類** menrui	면류(麺類) ミョンニュ	noodles **ヌ**ードルズ

め

日	韓	英

も, モ

日	韓	英
もう mou	이제 イジェ	now ナウ
(既に)	벌써, 이미 †ポルッソ, イミ	already オールレディ
(まもなく)	곧 †コッ	soon スーン
もうかる 儲かる moukaru	벌이가 되다 †ポリガ †トェダ	(be) profitable (ビ) プラフィタブル
もうけ 儲け mouke	벌이, 이익(利益) †ポリ, イイク	profit, gains プラフィト, ゲインズ
もうける 儲ける moukeru	벌다, 이익(利益)을 보다 †ポルダ, イイグル †ポダ	make a profit, gain メイク ア プラフィト, ゲイン
もうしいれ 申し入れ moushiire	신청(申請), 제의(提議) シンチョン, †チェイ	proposition プラポズィション
もうしこみ 申し込み moushikomi	신청(申請) シンチョン	application アプリケイション
(予約などの)	예약(予約) イェヤク	subscription サブスクリプション
もうしこむ 申し込む moushikomu	신청(申請)하다 シンチョンハダ	apply for アプライ フォ
もうしたてる 申し立てる moushitateru	주장(主張)하다, 진술(陳述)하다 †チュジャンハダ, †チンスルハダ	state, allege ステイト, アレヂ
もうしでる 申し出る moushideru	신청(申請)하다, 신고(申告)하다 シンチョンハダ, シンゴハダ	offer, propose オファ, プロポウズ

日	韓	英
もうしぶんない **申し分ない** moushibunnai	나무랄 데가 없다, 더할 나 위가 없다 ナムラル †テガ オプタ, †トハル ナウィガ オプタ	perfect, ideal パーフェクト, アイディーア ル
もうじゅう **猛獣** moujuu	맹수* メンス	fierce animal フィアス アニマル
もうすぐ **もうすぐ** mousugu	곧, 금방(今方) †コッ, †クムバン	soon スーン
もうすこし **もう少し** mousukoshi	좀 더 †チョム †ト	some more サム モー
もうそう **妄想** mousou	망상* マンサン	delusion ディルージョン
もうちょう **盲腸** mouchou	맹장* メンジャン	appendix アペンディクス
～炎	맹장염(盲腸炎) メンジャンニョム	appendicitis アペンディサイティス
もうどうけん **盲導犬** moudouken	맹도견* メンドギョン	guide dog ガイド ドーグ
もうはつ **毛髪** mouhatsu	모발* モバル	hair ヘア
もうふ **毛布** moufu	모포*, 담요 モポ, †タムニョ	blanket ブランケット
もうまく **網膜** moumaku	망막* マンマク	retina レティナ
もうもく(の) **盲目(の)** moumoku (no)	맹목*(적(的)인) メンモク(チョギン)	blindness; blind ブラインドネス, ブラインド
もうれつな **猛烈な** mouretsuna	맹렬*한 メンニョルハン	violent, furious ヴァイオレント, フュアリア ス

日	韓	英
もうろう(とした) **朦朧(とした)** mourou (toshita)	분명(分明)하지 않은, 흐릿한, 몽롱*한 †プンミョンハジ アヌン, フリタン, モンノンハン	dim, indistinct **ディ**ム, インディス**ティ**ンクト
もえつきる **燃え尽きる** moetsukiru	다 타다, 전부(全部) 타다 †タ タダ, †チョンブ タダ	burn out **バ**ーン **ア**ウト
もえる **燃える** moeru	(불)타다, 피어오르다 (プル)タダ, ピオオルダ	burn, blaze **バ**ーン, ブ**レ**イズ
もーたー **モーター** mootaa	모터 モト	motor **モ**ウタ
〜ボート	모터보트 モトボトゥ	motorboat **モ**ウタボウト
もーど **モード** (様式) moodo	모드 モドゥ	mode **モ**ウド
もがく **もがく** mogaku	발버둥(이) 치다, 초조(焦燥)해하다 †パルボドゥン(イ) チダ, チョジョヘハダ	struggle, writhe スト**ラ**グル, **ラ**イズ
もくげき(する) **目撃(する)** mokugeki (suru)	목격*(하다) モクキョク(ハダ)	see, witness ス**ィ**ー, **ウィ**トネス
もくげきしゃ **目撃者** mokugekisha	목격자* モクキョクチャ	eyewitness **ア**イウィトネス
もくざい **木材** mokuzai	목재*, 재목(材木) モクチェ, †チェモク	wood, lumber **ウ**ド, **ラ**ンバ
もくじ **目次** mokuji	목차* モクチャ	contents **カ**ンテンツ
もくせい **木星** mokusei	목성* モクソン	Jupiter **チュ**ピタ
もくぞう **木造** mokuzou	목조* モクチョ	wooden **ウ**ドン

日	韓	英
もくたん **木炭** mokutan	**목탄*** モクタン	charcoal **チャ**ーコウル
もくてき **目的** mokuteki	**목적*** モクチョク	purpose **パ**ーパス
〜地	**목적지**(目的地) モクチョクチ	destination デスティ**ネ**イション
もくにん(する) **黙認(する)** mokunin (suru)	**묵인***(하다) ムギン(ハダ)	tacit consent; con- sent tacitly **タ**スィト コン**セ**ント, コン **セ**ント **タ**スィトリ
もくはんが **木版画** mokuhanga	**목판화*** モクパンファ	woodcut **ウ**ドカト
もくひけん **黙秘権** mokuhiken	**묵비권*** ムクピックォン	right to remain si- lent **ラ**イト トゥ リ**メ**イン **サ**イレ ント
もくひょう **目標** mokuhyou	**목표*** モクピョ	mark, target **マ**ーク, **タ**ーゲト
もくもくと **黙々と** mokumokuto	**묵묵***히 ムンムキ	silently **サ**イレントリ
もくようび **木曜日** mokuyoubi	**목요일*** モギョイル	Thursday **サ**ーズデイ
もぐる **潜る** moguru	**잠수**(潜水)**하다** †チャムスハダ	dive into **ダ**イヴ **イ**ントゥ
もくろく **目録** mokuroku	**목록*** モンロク	list, catalog **リ**スト, **キャ**タローグ
もけい **模型** mokei	**모형*** モヒョン	model **マ**ドル
もざいく **モザイク** mozaiku	**모자이크** モジャイク	mosaic モウ**ゼ**イク

日	韓	英
もし **もし** moshi	만약(万若), 혹시(或是) マニャク, ホクシ	if イフ
もじ **文字** moji	문자* ムンッチャ	letter レタ
もしくは **もしくは** moshikuwa	또는, 혹(或)은 ットヌン, ホグン	or オー
もしゃ(する) **模写(する)** mosha (suru)	모사*(하다) モサ(ハダ)	copy カピ
もしゅ **喪主** moshu	상주* サンジュ	chief mourner **チ**ーフ **モ**ーナ
もぞう **模造** mozou	모조* モジョ	imitation イミ**テ**イション
もたれる **凭れる** motareru	기대다, 의지(依支)하다 †キデダ, ウィジハダ	lean on, rest **リ**ーン オン, **レ**スト
もだんな **モダンな** modanna	현대(依支)의 ヒョンデエ	modern **マ**ダン
もち **餅** mochi	떡 ットク	rice cake **ラ**イス **ケ**イク
もちあがる **持ち上がる** mochiagaru	위로 올라가다, 들려 올라 가다 ウィロ オルラガダ, †トゥルリョ オルラガダ	lift **リ**フト
(隆起する)	솟아오르다 ソサオルダ	(be) raised (ビ) **レ**イズド
もちあげる **持ち上げる** mochiageru	들어올리다, 쳐들다 †トゥロオルリダ, チョドゥルダ	lift, raise **リ**フト, **レ**イズ
もちあじ **持ち味** mochiaji	독특(独特)한 맛, 본디 지닌 맛 †トクトゥカン マッ, †ポンディ †チニン マッ	peculiar flavor ピ**キュ**ーリア フ**レ**イヴァ

日	韓	英
（特色）	특색(特色) トゥクセク	characteristic キャラクタリスティク
もちあるく **持ち歩く** mochiaruku	가지고 다니다 †カジゴ †タニダ	carry **キャ**リ
もちいる **用いる** mochiiru	쓰다, 이용(利用)하다 ッスダ, イヨンハダ	use **ユー**ズ
もちかえる **持ち帰る** mochikaeru	가지고 가다 †カジゴ †カダ	bring home ブリング **ホ**ウム
もちこたえる **持ち堪える** mochikotaeru	지탱(支撑)하다, 버티다 †チテンハダ, †ポティダ	hold on, endure **ホ**ウルド **オ**ン, インデュア
もちこむ **持ち込む** mochikomu	가지고 오다 †カジゴ オダ	bring in ブリング イン
もちにげする **持ち逃げする** mochinigesuru	가지고 달아나다 †カジゴ †タラナダ	go away with **ゴ**ウ ア**ウェ**イ ウィズ
もちぬし **持ち主** mochinushi	임자, 소유자(所有者) イムジャ, ソユジャ	owner **オ**ウナ
もちはこぶ **持ち運ぶ** mochihakobu	운반(運搬)하다 ウンバンハダ	carry **キャ**リ
もちもの **持ち物** mochimono	소지품(所持品), 소유물(所有物) ソジプム, ソユムル	belongings ビ**ロー**ンギングズ
もちろん **勿論** mochiron	물론* ムルロン	of course オフ **コー**ス
もつ **持つ** motsu	들다, 쥐다 †トゥルダ, †チュィダ	hold **ホ**ウルド
（携帯）	지니다 †チニダ	have ハヴ
（所有）	가지다, 소유(所有)하다 †カジダ, ソユハダ	have, possess ハヴ, ポ**ゼ**ス

日	韓	英
もっかんがっき **木管楽器** mokkangakki	목관 악기* モククワナクキ	woodwind **ウ**ドウインド
もっきん **木琴** mokkin	실로폰 シルロポン	xylophone **ザ**イロフォウン
もったいぶる **勿体ぶる** mottaiburu	뽐내다, 재다 ッポムネダ, †チェダ	give *oneself* airs **ギ**ヴ **エ**アズ
もっと **もっと** motto	더, 한층(層) †ト, ハンチュン	more **モ**ー
もっとー **モットー** mottoo	모토 モト	motto **マ**トウ
もっとも **最も** mottomo	가장 †カジャン	most **モ**ウスト
もっともな **尤もな** mottomona	지당(至当)한, 당연(当然)한 †チダンハン, †タンヨンハン	reasonable, natural **リ**ーズナブル, **ナ**チュラル
もっぱら **専ら** moppara	오로지, 한결같이 オロジ, ハンギョルガチ	chiefly, mainly **チ**ーフリ, **メ**インリ
もつれる **縺れる** motsureru	엉클어지다, 얽히다 オンクロジダ, オルキダ	(be) tangled (ビ) **タ**ングルド
もてあそぶ **弄ぶ** moteasobu	가지고 놀다, 장난하다 †カジゴ ノルダ, †チャンナンハダ	play with **プレ**イ ウィズ
もてなす **持てなす** motenasu	대접(待接)하다 †テジョパダ	entertain エンタ**テ**イン
もてはやす **持て囃す** motehayasu	찬양(讃揚)하다, 입을 모아 칭찬(称讃)하다 チャニャンハダ, イプル モア チンチャンハ ダ	make much of **メ**イク **マ**チ オヴ
もでむ **モデム** modemu	모뎀 モデム	modem **モ**ウデム

日	韓	英
もてる **持てる** moteru	**인기**(人気)**가 있다** インッキガ イッタ	(be) popular with (ビ) パピュラ ウィズ
もでる **モデル** moderu	**모델** モデル	model マドル
もと **元** moto	**기원**(起源) †キウォン	origin オーリヂン
（基礎）	**기초**(基礎) †キチョ	foundation ファウンデイション
もどかしい **もどかしい** modokashii	**안타깝다, 애가 타다** アンタッカプタ , エガ タダ	impatient インペイシェント
もどす **戻す** modosu	**되돌리다** †トェドルリダ	return リターン
（吐く）	**토**(吐)**하다** トハダ	throw up, vomit スロウ アプ, ヴァミト
もとせん **元栓** motosen	**메인 밸브** メイン †ベルブ	main cock メイン カク
もとづく **基づく** motozuku	**기초**(基礎)**하다** †キチョハダ	come from カム フラム
（根拠）	**의거**(依拠)**하다, 기인**(起因)**하다** ウィゴハダ , †キインハダ	(be) based on (ビ) ベイスド オン
もとで **元手** motode	**밑천, 자본**(資本) ミッチョン , †チャボン	capital, fund キャピタル, ファンド
もとめる **求める** motomeru	**구**(求)**하다** †クハダ	want ワント
（要求）	**요구**(要求)**하다, 요청**(要請)**하다** ヨグハダ , ヨチョンハダ	ask, demand アスク, ディマンド
（捜す）	**찾다** チャッタ	look for ルク フォ

も

日	韓	英
もともと **元々** motomoto	**원래**(元来)**, 본**(本)**디부터** ウォルレ, †ポンディプト	originally オ**リ**ヂナリ
(生来) 	**본래**(本来) †ポルレ	by nature バイ **ネ**イチャ
もどる **戻る** modoru	**되돌아오다** †トェドラオダ	return, come back リ**タ**ーン, **カ**ム **バ**ク
(引き返す) 	**되돌아가다** †トェドラガダ	turn back **タ**ーン バク
もにたー **モニター** monitaa	**모니터** モニト	monitor **マ**ニタ
もの **者** mono	**사람, 자**＊ サラム, †チャ	person **パ**ースン
もの **物** mono	**물건**(物件)**, 사물**(事物) ムルゴン, サムル	thing, object **ス**ィング, **ア**ブヂェクト
ものおき **物置** monooki	**창고**(倉庫) チャンゴ	storeroom ス**ト**ールーム
ものおと **物音** monooto	**소리** ソリ	noise, sound **ノ**イズ, **サ**ウンド
ものおぼえ **物覚え** monooboe	**기억력**(記憶力) †キオンニョク	memory **メ**モリ
ものがたり **物語** monogatari	**이야기** イヤギ	story ス**ト**ーリ
ものごと **物事** monogoto	**사물**(事物)**, 일** サムル, イル	things **ス**ィングズ
ものさし **物差し** monosashi	**자, 척도**(尺度) †チャ, チョクト	rule, measure **ル**ール, **メ**ジャ
ものしり **物知り** monoshiri	**박식**(博識)**한 사람** †パクシカン サラム	learned person **ラ**ーネド **パ**ースン

日	韓	英
ものずきな **物好きな** monozukina	유별 (有別) 난 ユビョルラン	curious **キュ**アリアス
ものすごい **物凄い** monosugoi	무섭다, 끔찍하다 ムソプタ, ックムッチカダ	terrible, horrible **テ**リブル, **ホ**リブル
(素晴らしい)	굉장 (宏壮) 하다, 대단하다 †クェンジャンハダ, †テダンハダ	wonderful, great **ワ**ンダフル, グレイト
ものたりない **物足りない** monotarinai	어딘가 부족 (不足) 하다, 미흡 (未洽) 하다 オディンガ †プジョカダ, ミフパダ	unsatisfying アン**サ**ティスファイング
ものまね **物真似** monomane	흉내 ヒュンネ	mimicry **ミ**ミクリ
〜をする	흉내를 내다 ヒュンネルル ネダ	mimic **ミ**ミク
ものわかり (のよい) **物分かり(のよい)** monowakari (noyoi)	재치 (才致) 있는, 이해 (理解) 가 빠른 †チェチ インヌン, イヘガッパルン	sense; sensible **セ**ンス, **セ**ンスィブル
もばいる **モバイル** mobairu	모바일 モバイル	mobile **モ**ウビル
もはや **最早** mohaya	벌써, 이미 †ポルッソ, イミ	already, now オール**レ**ディ, **ナ**ウ
もはん **模範** mohan	모범* モボム	example, model イグ**ザ**ンプル, **マ**ドル
もふく **喪服** mofuku	상복* サンボク	mourning **モ**ーニング
もほう (する) **模倣(する)** mohou (suru)	모방* (하다) モバン(ハダ)	imitation; imitate イミ**テ**イション, **イ**ミテイト
もみじ **紅葉** momiji	단풍 (丹楓) †タンプン	maple **メ**イプル
(葉)	단풍잎 タンプンニプ	red leaves **レ**ド **リ**ーブズ

も

日	韓	英
もめごと **揉め事** momegoto	다툼, 분쟁(紛争) †タトゥム, †プンジェン	trouble トラブル
もめる **揉める** momeru	다투다, 옥신각신하다 †タトゥダ, オクシンガクシンハダ	get into trouble ゲト イントゥ トラブル
もめん **木綿** momen	목면*, 솜 モンミョン, ソム	cotton カトン
もも **股** momo	넓적다리 ノプチョタリ	thigh サイ
もも **桃** momo	복숭아 †ポクスンア	peach ピーチ
もや **靄** moya	안개 アンゲ	haze, mist ヘイズ, ミスト
もやし **萌やし** moyashi	숙주나물 スクチュナムル	bean sprout ビーン スプラウト
もやす **燃やす** moyasu	태우다 テウダ	burn バーン
もよう **模様** moyou	모양* モヤン	pattern, design パタン, デザイン
もよおす **催す** moyoosu	개최(開催)하다, 열다 †ケチュエハダ, ヨルダ	hold, give ホウルド, ギヴ
(感じる)	느끼다, 자아내다 ヌッキダ, †チャアネダ	feel フィール
もよりの **最寄りの** moyorino	가장 가까운, 근처(近処) †カジャン †カッカウン, †クンチョ	nearby ニアバイ
もらう **貰う** morau	받다, 얻다 †パッタ, オッタ	get, receive ゲト, リスィーヴ
もらす **洩[漏]らす** morasu	새게 하다 セゲ ハダ	leak リーク

日	韓	英
（秘密を）	누설(漏泄)하다 ヌソルハダ	let out, leak レト アウト, リーク
もり **森** mori	수풀, 숲 スプル, スプ	woods, forest ウヅ, **フォ**レスト
もる **盛る** moru	쌓아 올리다 ッサア オルリダ	pile up パイル **ア**プ
（食物を）	담다 †ダムッタ	dish up **ディ**シュ **ア**プ
もれる **洩[漏]れる** moreru	새다, 빠지다 セダ, ッパジダ	leak, come through リーク, **カ**ム スルー
（秘密が）	누설(漏泄)되다 ヌソルドェダ	leak out リーク アウト
もろい **脆い** moroi	깨지기 쉽다, 무르다 ッケジギ シュィプタ, ムルダ	fragile フラヂル
もん **門** mon	문* ムン	gate **ゲ**イト
もんく **文句** monku	문구*, 글귀 ムンック, †クルックィ	words, phrase **ワー**ヅ, フレイズ
（不平）	불평(不平), 트집 †プルピョン, トゥジプ	complaint コンプ**レ**イント
～を言う	불평(不平)하다, 트집을 잡다 †プルピョンハダ, トゥジブル †チャプタ	complain コンプ**レ**イン
もんげん **門限** mongen	통금(通禁) トングム	curfew **カ**ーフュー
もんごる **モンゴル** mongoru	몽골 モンゴル	Mongolia マン**ゴ**ウリア
もんたーじゅ **モンタージュ** montaaju	몽타주 モンタジュ	montage マン**ター**ジ

も

日	韓	英
もんだい **問題** mondai	**문제*** ムンジェ	question, problem ク**ウェ**スチョン, プ**ラ**ブレム

や，ヤ

日	韓	英
や **矢** ya	**화살** ファサル	arrow **ア**ロウ
やおちょう **八百長** yaochou	**미리 짜고 하는 엉터리 시합** (試合) ミリ ッチャゴ ハヌン オントリ シハプ	fixed game **フィ**クスト **ゲ**イム
やおや **八百屋** yaoya	**야채**(野菜) **가게** ヤチェ †カゲ	vegetable store **ヴェ**ヂタブル スト—
やがい **野外** yagai	**야외*** ヤウェ	outdoor, open-air **ア**ウトドー, **オ**ウプンエア
やがて **やがて** yagate	**곧，이윽고** †コッ, イウクコ	soon **スー**ン
やかましい **喧しい** yakamashii	**시끄럽다，떠들썩하다** シックロプタ, ットゥルッソカダ	noisy, clamorous **ノ**イズィ, ク**ラ**モラス
やかん **夜間** yakan	**야간*** ヤガン	night, nighttime **ナ**イト, **ナ**イトタイム
やかん **薬缶** yakan	**주전자**(酒煎子) †チュジョンジャ	kettle **ケ**トル
やぎ **山羊** yagi	**염소，산양*** ヨムソ, サニャン	goat **ゴ**ウト
〜座	**염소자리** ヨムソジャリ	Capricorn **キャ**プリコーン
やきざかな **焼き魚** yakizakana	**생선**(生鮮) **구이** センソン †クイ	grilled fish グ**リ**ルド **フィ**シュ
やきにく **焼き肉** yakiniku	**고기** †コギ	roast meat **ロ**ウスト **ミー**ト

日	韓	英
やきもち **焼き餅** yakimochi	**구운 떡** †クウン ットク	baked rice cake ベイクド ライス **ケ**イク
〜を焼く	**질투**(嫉妬)**하다** †チルトゥハダ	(be) jealous of (ビ) **チェ**ラス オヴ
やきゅう **野球** yakyuu	**야구**＊ ヤグ	baseball **ベ**イスボール
やきん **夜勤** yakin	**야근**＊ ヤグン	night shift **ナ**イト **シ**フト
やく **焼く** yaku	**태우다, 굽다** テウダ, †クプタ	burn, bake **バ**ーン, **ベ**イク
やく **役** yaku	**직책**(職責) †チクチェク	post, position **ポ**ウスト, ポ**ズィ**ション
(劇の)	**역**(役) ヨク	part, role **パ**ート, **ロ**ウル
〜(に)立つ	**도움이 되다** †トウミ †トェダ	(be) useful (ビ) **ユ**ースフル
やく **約** yaku	**약**＊, **대략**(大略) ヤク, †テリャク	about ア**バ**ウト
やく **訳** yaku	**번역**(翻訳) †ポニョク	translation トランス**レ**イション
〜語	**역어**(訳語) ヨゴ	translation トランス**レ**イション
やくいん **役員** yakuin	**임원**(任員) イムォン	officer, official **オ**ーフィサ, オ**フィ**シャル
やくがく **薬学** yakugaku	**약학**＊ ヤカク	pharmacy **ファ**ーマスィ
やくざ **やくざ** yakuza	**불량배**(不良輩), **깡패**(牌) †プルリャンベ, ッカンペ	gangster, hoodlum **ギャ**ングスタ, **フ**ードラム

日	韓	英
やくざい **薬剤** yakuzai	**약제** * ヤクチェ	medicine メディスィン
〜師	**약사**(薬師) ヤクサ	pharmacist, drug- gist **ファ**ーマスィスト, ド**ラ**ギスト
やくしゃ **役者** yakusha	**배우**(俳優) †ペウ	actor, actress **ア**クタ, **ア**クトレス
やくしょ **役所** yakusho	**관청**(官庁), **관공서**(官公署) †クヮンチョン, †クヮンゴンソ	public office パブリク **オ**ーフィス
やくしんする **躍進する** yakushinsuru	**약진** *하다 ヤクチンハダ	make progress メイク プラグレス
やくす **訳す** yakusu	**번역**(翻訳)하다 †ポニョカダ	translate into トランスレイト イントゥ
やくそう **薬草** yakusou	**약초** * ヤクチョ	herb **ア**ーブ
やくそく(する) **約束(する)** yakusoku (suru)	**약속** *(하다) ヤクソク(ハダ)	promise プ**ラ**ミス
やくにん **役人** yakunin	**관리**(官吏), **공무원**(公務員) †クヮルリ, †コンムウォン	government offi- cial **ガ**ヴァンメント オ**フィ**シャル
やくひん **薬品** yakuhin	**약품** * ヤクプム	medicine メディスィン
やくめ **役目** yakume	**임무**(任務), **역할** イムム, ヨカル	duty **デュ**ーティ
やくわり **役割** yakuwari	**역할** * ヨカル	part, role **パ**ート, **ロ**ウル
やけい **夜景** yakei	**야경** * ヤギョン	night view ナイト **ヴュ**ー

日	韓	英
やけど **火傷** yakedo	화상* ファサン	burn, get burned **バ**ーン, ゲト **バ**ーンド
～する	데다 †テダ	(be) burned (ビ) **バ**ーンド
やける **焼ける** yakeru	타다 タダ	(be) burned (ビ) **バ**ーンド
（肉・魚などが）	구워지다 †クウォジダ	(be) roasted, (be) broiled (ビ) **ロ**ウステド, (ビ) プ**ロ**イ ルド
やこうせい **夜行性** yakousei	야행성* ヤヘンソン	nocturnal ナク**タ**ーナル
やこうれっしゃ **夜行列車** yakouressha	야간(夜間) 열차(列車) ヤガン ヨルチャ	night train **ナ**イト ト**レ**イン
やさい **野菜** yasai	야채(野菜) ヤチェ	vegetables **ヴェ**ヂタブルズ
やさしい **易しい** yasashii	쉽다 シュィプタ	easy, plain **イ**ーズィ, プ**レ**イン
やさしい **優しい** yasashii	친절(親切)하다, 상냥하다 チンジョルハダ, サンニャンハダ	gentle, kind **ヂェ**ントル, **カ**インド
やじ **野次** yaji	야유(揶揄) ヤユ	catcall **キャ**トコール
～を飛ばす	야유(揶揄)하다, 놀리다 ヤユハダ, ノルリダ	hoot, catcall **フ**ート, **キャ**トコール
やしなう **養う** yashinau	양육(養育)하다, 기르다 ヤンユカダ, †キルダ	bring up ブ**リ**ング **ア**プ
（扶養）	부양(扶養)하다 †プヤンハダ	support, keep サ**ポ**ート, **キ**ープ

日	韓	英
やじるし **矢印** yajirushi	화살표(標) ファサルピョ	arrow アロウ
やしん **野心** yashin	야심* ヤシム	ambition アンビション
〜的な	야심적(野心的)인 ヤシムジョギン	ambitious アンビシャス
やすい **安い** yasui	싸다 ッサダ	cheap, inexpensive **チー**プ, イニクスペンスィヴ
やすうり **安売り** yasuuri	세염일 セヨムイル	bargain sale バーゲン **セイ**ル
やすっぽい **安っぽい** yasuppoi	값싸다, 싸구려 같다 †カプッサダ, ッサグリョ †カッタ	cheap, flashy **チー**プ, フラシ
やすね **安値** yasune	저가 †チョガ	low price **ロ**ウ プライス
やすみ **休み** yasumi	휴식(休息), 쉼 ヒュシク, シュイム	rest レスト
(休日)	휴일(休日), 휴가(休暇) ヒュイル, ヒュガ	holiday, vacation ハリデイ, ヴェイ**ケイ**ション
やすむ **休む** yasumu	쉬다 シュイダ	rest レスト
(欠席)	결석(欠席), 결근(欠勤) †キョルッソク, †キョルグン	(be) absent from (ビ) **ア**プセント フラム
やすらかな **安らかな** yasurakana	편안(平安)한 ピョナンハン	peaceful, quiet **ピー**スフル, ク**ワ**イエト
やすらぎ **安らぎ** yasuragi	편안(平安)함, 평온(平穏)함 ピョナンハム, ピョンオンハム	peace **ピー**ス
やすり **鑢** yasuri	줄 †チュル	file **ファ**イル

日	韓	英
やせい **野生** yasei	야생* ヤセン	wild ワイルド
やせた **痩せた** yaseta	마른, 살이 빠진 マルン, サリ ッパジン	thin, slim スィン, スリム
やせる **痩せる** yaseru	여위다, 살이 빠지다 ヨウィダ, サリ ッパジダ	(become) thin (ビカム) スィン
やそう **野草** yasou	야초* ヤチョ	wild grass ワイルド グラス
やたい **屋台** yatai	포장마차(布帳馬車) ポジャンマチャ	stall, stand ストール, スタンド
やたらに **矢鱈に** yatarani	함부로, 마구 ハムブロ, マグ	at random アト ランダム
(過度に)	몹시 モプシ	excessively イクセスィヴリ
やちょう **野鳥** yachou	들새 †トゥルッセ	wild bird ワイルド バード
やちん **家賃** yachin	집세(貰) †チプセ	rent レント
やっかいな **厄介な** yakkaina	귀찮은, 성가신 †クィチャヌン, ソンガシン	troublesome トラブルサム
やっきょく **薬局** yakkyoku	약국* ヤックク	drugstore, pharmacy ドラグストー, ファーマスィ
やっつける **遣っ付ける** yattsukeru	이기다 イギダ	beat, defeat ビート, ディフィート
(処理)	해치우다 ヘチウダ	finish, fix フィニシュ, フィクス
やっと **やっと** (ついに) yatto	마침내, 가까스로 マチムネ, †カッカスロ	at last アト ラスト

日	韓	英
（かろうじて）	겨우, 간신(艱辛)히 †キョウ, †カンシンヒ	barely ベアリ
やつれる **やつれる** yatsureru	여위어지다, 수척(瘦瘠)해지다 ヨウィオジダ, スチョケジダ	(be) worn out (ビ) **ウォーン** アウト
やど **宿** yado	숙소(宿所) スクソ	hotel, inn ホウ**テ**ル, **イ**ン
やといぬし **雇い主** yatoinushi	고용주(雇用主) †コヨンジュ	employer インプ**ロ**イア
やとう **雇う** yatou	고용(雇用)하다 †コヨンハダ	employ インプ**ロ**イ
やとう **野党** yatou	야당* ヤダン	opposition party アポ**ズ**ィション パーティ
やなぎ **柳** yanagi	버드나무 †ポドゥナム	willow **ウ**ィロウ
やぬし **家主** yanushi	집주인(主人) †チプチュイン	landlord **ラ**ンドロード
やね **屋根** yane	지붕 †チブン	roof **ル**ーフ
～裏	다락 †タラク	garret, attic **ギャ**レト, **ア**ティク
やはり **やはり** yahari	역시(亦是) ヨクシ	also **オ**ールソウ
（依然として）	여전(如前)히 ヨジョンヒ	still, all the same ス**ティ**ル, **オ**ール ザ **セ**イム
（結局）	결국(結局) †キョルグク	after all アフタ **オ**ール
やばんな **野蛮な** yabanna	야만적(野蛮的)인 ヤマンジョギン	barbarous, savage **バ**ーバラス, **サ**ヴィヂ

日	韓	英
<ruby>藪<rt>やぶ</rt></ruby> yabu	덤불 †トムブル	bush ブシュ
<ruby>破<rt>やぶ</rt></ruby>る yaburu	찢다 ッチッタ	tear テア
(壊す)	부수다, 깨뜨리다 †プスダ, ッケットゥリダ	break ブレイク
(負かす)	무찌르다 ムッチルダ	beat, defeat ビート, ディフィート
<ruby>破<rt>やぶ</rt></ruby>れる yabureru	찢어지다 ッチジョジダ	tear テア
(壊れる)	부숴지다, 깨지다 †プスォジダ, ッケジダ	break ブレイク
<ruby>敗<rt>やぶ</rt></ruby>れる yabureru	패(敗)하다 ペハダ	(be) beaten (ビ) ビートン
<ruby>野望<rt>やぼう</rt></ruby> yabou	야망* ヤマン	ambition アンビション
<ruby>山<rt>やま</rt></ruby> yama	산* サン	mountain マウンテン
<ruby>山火事<rt>やまかじ</rt></ruby> yamakaji	산(山)불 サンップル	forest fire フォレスト ファイア
<ruby>疾<rt>やま</rt></ruby>しい yamashii	꺼림칙하다, 뒤가 켕기다 ッコリムチカダ, †トゥィガ ケンギダ	feel guilty フィール ギルティ
<ruby>山登<rt>やまのぼ</rt></ruby>り yamanobori	등산(登山) †トゥンサン	mountaineering マウンテニアリング
<ruby>闇<rt>やみ</rt></ruby> yami	어둠 オドゥム	darkness ダークネス
<ruby>止<rt>や</rt></ruby>む yamu	멈추다, 그치다 モムチュダ, †クチタ	stop, (be) over スタプ, (ビ) オウヴァ

日	韓	英
<ruby>止む<rt>やむ</rt></ruby>を<ruby>得<rt>え</rt></ruby>ない **やむを得ない** yamuwoenai	어쩔 수 없다, 부득이(不得已)하다 オッチョル ス オプタ, †プドゥギハダ	inevitable イネヴィタブル
<ruby>止<rt>や</rt></ruby>める **止める** yameru	멈추다, 중지(中止)하다 モムチュダ, †チュンジハダ	stop, end スタプ, エンド
<ruby>辞<rt>や</rt></ruby>める **辞める** yameru	그만두다, 사직(辞職)하다 †クマンドゥダ, サジカダ	resign, leave リザイン, リーヴ
(退職)	사직(辞職)하다 サジカダ	retire リタイア
やや yaya	약간(若干), 조금 ヤッカン, †チョグム	a little, somewhat ア リトル, サム(ホ)ワト
ややこしい yayakoshii	까다롭다, 복잡(複雑)하다 ッカダロプタ, †ポクチャパダ	complicated カンプリケイテド
<ruby>遣<rt>や</rt></ruby>り<ruby>方<rt>かた</rt></ruby> **遣り方** yarikata	방식(方式), 처사(処事) †パンシク, チョサ	way, method ウェイ, メソド
<ruby>遣<rt>や</rt></ruby>り<ruby>遂<rt>と</rt></ruby>げる **遣り遂げる** yaritogeru	완수(完遂)하다, 달성(達成)하다 ワンスハダ, †タルッソンハダ	accomplish アカンプリシュ
<ruby>遣<rt>や</rt></ruby>り<ruby>直<rt>なお</rt></ruby>す **遣り直す** yarinaosu	다시 하다 †タシ ハダ	try again トライ アゲイン
<ruby>槍投<rt>やりな</rt></ruby>げ **槍投げ** yarinage	창(槍)던지기 チャンドンジギ	javelin throw チャヴェリン スロウ
<ruby>遣<rt>や</rt></ruby>る (する) **遣る** yaru	하다 ハダ	do ドゥ
(与える)	주다 †チュダ	give ギヴ
<ruby>遣<rt>や</rt></ruby>る<ruby>気<rt>き</rt></ruby> **遣る気** yaruki	의욕(意欲) ウィヨク	will, drive ウィル, ドライヴ
<ruby>柔<rt>やわ</rt></ruby>[<ruby>軟<rt>やわ</rt></ruby>]らかい **柔[軟]らかい** yawarakai	부드럽다, 유연(柔軟)하다 †プドゥロプタ, ユヨンハダ	soft, tender ソーフト, テンダ

日	韓	英
（態度などが）	온화(温和)하다 オンファハダ	soft, tender ソーフト, テンダ
やわらぐ **和らぐ** yawaragu	부드러워지다 †プドゥロウォジダ	soften ソーフン
（苦痛などが）	가라앉다 †カラアンッタ	lessen レスン
（心が）	풀리다, 온화(温和)해지다 プルリダ, オンファヘジダ	calm down カーム ダウン
やわらげる **和らげる** yawarageru	부드럽게 하다 †プドゥロプケ ハダ	soften ソーフン
（苦痛などを）	완화(緩和)시키다 ワンファシキダ	allay, ease アレイ, イーズ
（心を）	진정(鎮静)시키다 †チンジョンシキダ	soothe, calm スーズ, カーム
やんちゃな **やんちゃな** yanchana	응석 부리는, 떼쓰는 ウンソク プリヌン, ッテッスヌン	naughty ノーティ
やんわりと **やんわりと** yanwarito	부드럽게, 완곡(婉曲)하게 †プドゥロプケ, ワンゴカゲ	softly ソーフトリ

ゆ, ユ

日	韓	英
ゆ **湯** yu	뜨거운 물 ットゥゴウン ムル	hot water ハト ウォータ
ゆいいつの **唯一の** yuiitsuno	유일*한 ユイルハン	only, unique オウンリ, ユーニーク
ゆいごん **遺言** yuigon	유언* ユオン	will ウィル
ゆうい **優位** yuui	우위* ウウィ	advantage アドヴァンティヂ

ゆ

日	韓	英
ゆういぎな **有意義な** yuuigina	의의(意義) 있는 ウィイ インヌン	significant スィグ**ニ**フィカント
ゆううつ **憂鬱** yuuutsu	우울＊ ウウル	melancholy, gloomy **メ**ランカリ, グ**ルー**ミ
ゆうえきな **有益な** yuuekina	유익＊한 ユイカン	useful, beneficial **ユー**スフル, ベネ**フィ**シャル
ゆうえつかん **優越感** yuuetsukan	우월감＊ ウウォルガム	sense of superiori- ty **セ**ンス オヴ スピアリ**オ**リ ティ
ゆうえんち **遊園地** yuuenchi	유원지＊ ユウォンジ	amusement park ア**ミュー**ズメント **パー**ク
ゆうかい(する) **誘拐(する)** yuukai (suru)	유괴＊(하다) ユグェ(ハダ)	abduction; kidnap アブ**ダ**クション, **キ**ドナプ
ゆうがいな **有害な** yuugaina	유해＊한 ユヘハン	bad, harmful **バ**ド, **ハー**ムフル
ゆうかしょうけん **有価証券** yuukashouken	유가 증권＊ ユッカ †チュンックォン	securities スィ**キュ**アリティズ
ゆうがた **夕方** yuugata	저녁, 해질 무렵 †チョニョク, ヘジル ムリョプ	late afternoon, evening **レ**イト アフタ**ヌー**ン, **イー** ヴニング
ゆうがな **優雅な** yuugana	우아＊한 ウアハン	graceful, elegant グ**レ**イスフル, **エ**リガント
ゆうかん **夕刊** yuukan	석간＊ ソクカン	evening paper **イー**ヴニング **ペ**イパ
ゆうかんな **勇敢な** yuukanna	용감＊한 ヨンガムハン	brave, courageous ブ**レ**イヴ, カ**レ**イヂャス
ゆうき **勇気** yuuki	용기＊ ヨンギ	courage, bravery **カー**リヂ, ブ**レ**イヴァリ

日	韓	英
〜のある	용감(勇敢)한, 용기* 있는 ヨンガムハン, ヨンギ インヌン	courageous カレイヂャス
ゆうき(の) **有機(の)** yuuki (no)	유기의 ユギエ	organic **オ**ーガニク
ゆうきゅうきゅうか **有給休暇** yuukyuukyuuka	유급 휴가* ユグプ ヒュガ	paid holiday **ペ**イド **ハ**リデイ
ゆうぐう(する) **優遇(する)** yuuguu (suru)	우대(優待)(하다) ウデ(ハダ)	favor **フェ**イヴァ
ゆうぐれ **夕暮れ** yuugure	황혼(黄昏), 해질 녘 ファンホン, ヘジルリョク	evening **イ**ーヴニング
ゆうけんしゃ **有権者** yuukensha	유권자* ユックォンジャ	electorate イ**レ**クトレト
ゆうこう **友好** yuukou	우호* ウホ	friendship **フレ**ンドシプ
〜関係	우호* 관계(関係) ウホ †クヮンゲ	friendship **フレ**ンドシプ
ゆうごう(する) **融合(する)** yuugou (suru)	융합*(하다) ユンハプ(ハダ)	fusion; fuse **フュ**ージョン, **フュ**ーズ
ゆうこうな **有効な** yuukouna	유효한 ユヒョハン	valid, effective **ヴァ**リド, イ**フェ**クティヴ
ゆうごはん **夕御飯** yuugohan	저녁(밥) †チョニョク(パプ)	supper, dinner **サ**パ, **ディ**ナ
ゆーざー **ユーザー** yuuzaa	사용자(使用者) サヨンジャ	user **ユ**ーザ
ゆうざい **有罪** yuuzai	유죄* ユジュェ	guilty **ギ**ルティ
ゆうし(する) **融資(する)** yuushi (suru)	융자*(하다) ユンジャ(ハダ)	financing; finance フィ**ナ**ンスィング, フィ**ナ**ンス

ゆ

日	韓	英
ゆうしゅうな **優秀な** yuushuuna	**우수*한** ウスハン	excellent エクセレント
ゆうしょう **優勝** yuushou	**우승*** ウスン	championship チャンピオンシプ
～する	**우승*하다** ウスンハダ	win a champion-ship ウィン ア チャンピオンシプ
ゆうじょう **友情** yuujou	**우정*** ウジョン	friendship フレンドシプ
ゆうしょく **夕食** yuushoku	**저녁 식사**(食事) †チョニョク シクサ	supper, dinner サパ, ディナ
ゆうじん **友人** yuujin	**친구**(親旧) チング	friend フレンド
ゆうせい **優勢** yuusei	**우세*** ウセ	superior, predomi-nant スピアリア, プリダミナント
ゆうせん(する) **優先(する)** yuusen (suru)	**우선***(**하다**) ウソン(ハダ)	priority; precede プライオリティ, プリスィード
ゆうぜんと **悠然と** yuuzento	**유연*하게, 침착**(沈着)**하게** ユヨンハゲ, チムチャカゲ	composedly コンポウズドリ
ゆうそう(する) **郵送(する)** yuusou (suru)	**우송***(**하다**) ウソン(ハダ)	send by mail センド バイ メイル
～料	**우송료**(郵送料) ウソンニョ	postage ポウステヂ
ゆーたーん(する) **ユーターン(する)** yuutaan (suru)	**유턴**(**하다**) ユトン(ハダ)	U-turn; make a U-turn ユーターン, メイク ア ユーターン
ゆうたいけん **優待券** yuutaiken	**우대권*** ウデックォン	complimentary ticket カンプリメンタリ ティケト

日	韓	英
ゆうだいな **雄大な** yuudaina	**웅대**＊**한** ウンデハン	grand, magnificent グランド, マグニフィセント
ゆうだち **夕立** yuudachi	**소나기** ソナギ	shower シャウア
ゆうどう(する) **誘導(する)** yuudou (suru)	**유도**＊**(하다)** ユド(ハダ)	lead リード
ゆうどくな **有毒な** yuudokuna	**유독**＊**한** ユドカン	poisonous ポイズナス
ゆーとぴあ **ユートピア** yuutopia	**유토피아** ユトピア	Utopia ユートウピア
ゆうのうな **有能な** yuunouna	**유능**＊**(한)** ユヌンハン	able, capable エイブル, ケイパブル
ゆうはつする **誘発する** yuuhatsusuru	**유발**＊**하다** ユバルハダ	induce インデュース
ゆうはん **夕飯** yuuhan	**저녁밥** †チョニョク パプ	supper, dinner サパ, ディナ
ゆうひ **夕日** yuuhi	**석양**(夕陽) ソギャン	setting sun セティング サン
ゆうびな **優美な** yuubina	**우아**(優雅)**(한)** ウア(ハン)	graceful, elegant グレイスフル, エリガント
ゆうびん **郵便** yuubin	**우편**＊ ウピョン	mail, post メイル, ポウスト
～受け	**우편함**(郵便函) ウピョンハム	mailbox メイルバクス
～局	**우체국**(郵便局) ウチェグク	post office ポウスト オーフィス
～番号	**우편**＊ **번호**(番号) ウピョン †ポンホ	zip code ズィプ コウド

ゆ

日	韓	英
ゆーふぉー **ユーフォー** yuufoo	유에프오 ユエプオ	UFO **ユー**エフ**オ**ウ
ゆうふくな **裕福な** yuufukuna	유복*한 ユボカン	rich, wealthy **リ**チ, **ウェ**ルスィ
ゆうべ **夕べ** yuube	어젯밤 オジェッパム	last night **ラ**スト **ナ**イト
ゆうべんな **雄弁な** yuubenna	달변(達弁)인 ダルベニン	eloquent **エ**ロクウェント
ゆうぼうな **有望な** yuubouna	유망*한 ユマンハン	promising, hopeful プ**ラ**ミスィング, **ホ**ウプフル
ゆうぼくみん **遊牧民** yuubokumin	유목민* ユモンミン	nomad **ノ**ウマド
ゆうめいな **有名な** yuumeina	유명*한 ユミョンハン	famous, well- known **フェ**イマス, **ウェ**ルノウン
ゆーもあ **ユーモア** yuumoa	유머 ユモ	humor **ヒュ**ーマ
ゆうやけ **夕焼け** yuuyake	저녁놀 †チョニョンノル	evening glow **イ**ーヴニング グ**ロ**ウ
ゆうやみ **夕闇** yuuyami	땅거미 ッタンッコミ	dusk, twilight **ダ**スク, ト**ワ**イライト
ゆうよ **猶予** yuuyo	유예* ユエ	delay, grace ディ**レ**イ, グ**レ**イス
～期間	유예* 기간(期間) ユエ †キガン	grace period グ**レ**イス **ピ**アリアド
ゆうらんせん **遊覧船** yuuransen	유람선* ユラムソン	pleasure boat プ**レ**ジャ **ボ**ウト
ゆうりな **有利な** yuurina	유리*한 ユリハン	advantageous アドヴァン**テ**イヂャス

日	韓	英
ゆうりょ(する) **憂慮(する)** yuuryo (suru)	**우려**＊(**하다**) ウリョ(ハダ)	anxiety; worry about アング**ザ**イエティ，**ワ**ーリ アバウト
ゆうりょう **有料** yuuryou	**유료**＊ ユリョ	pay **ペ**イ
ゆうりょうな **優良な** yuuryouna	**우량**＊**한** ウリャンハン	superior, excellent スピ**ア**リア，**エ**クセレント
ゆうりょくな **有力な** yuuryokuna	**유력**＊**한** ユリョカン	strong, powerful スト**ロ**ーング，**パ**ウアフル
ゆうれい **幽霊** yuurei	**유령**＊ ユリョン	ghost **ゴ**ウスト
ゆうわく(する) **誘惑(する)** yuuwaku (suru)	**유혹**＊(**하다**) ユホク(ハダ)	temptation; tempt テンプ**テ**イション，**テ**ンプト
ゆか **床** yuka	**마루** マル	floor フ**ロ**ー
ゆかいな **愉快な** yukaina	**유쾌**＊**한** ユクェハン	pleasant, cheerful プ**レ**ザント，**チ**アフル
ゆがむ **歪む** yugamu	**비뚤어지다, 일그러지다** †ピットゥロジダ，イルグロジダ	(be) distorted (ビ) ディスト**ー**テド
ゆがめる **歪める** yugameru	**비뚤어지게 하다, 왜곡(歪曲) 하다** †ピットゥロジゲ ハダ，ウェゴカダ	distort, bend ディスト**ー**ト，**ベ**ンド
ゆき **雪** yuki	**눈** ヌン	snow ス**ノ**ウ
ゆくえ **行方** yukue	**행방**＊ ヘンバン	whereabouts (ホ)**ウェ**アラバウツ
〜**不明**	**행방불명**(行方不明) ヘンバンブルミョン	missing **ミ**スィング

日	韓	英
ゆげ **湯気** yuge	**김, 수증기**(水蒸気) †キム, スジュンギ	steam, vapor ス**ティ**ーム, **ヴェ**イパ
ゆけつ(する) **輸血(する)** yuketsu (suru)	**수혈**＊(하다) スヒョル(ハダ)	blood transfusion; transfuse blood ブラド トランス**フュー**ジョ ン, トランス**フュー**ズ ブラ ド
ゆさぶる **揺さぶる** yusaburu	**(뒤)흔들다** (ドゥイ)フンドゥルダ	shake, move **シェ**イク, **ムー**ヴ
ゆしゅつ(する) **輸出(する)** yushutsu (suru)	**수출**＊(하다) スチュル(ハダ)	export; export **エ**クスポート, エクス**ポー**ト
ゆすぐ **濯ぐ** yusugu	**헹구다** ヘングダ	rinse **リ**ンス
ゆすり **強請** yusuri	**공갈**(恐喝)**, 갈취**(喝取) †コンガル, †カルチュイ	blackmail **ブラ**クメイル
ゆずりうける **譲り受ける** yuzuriukeru	**물려받다, 양도**(譲渡)**받다** ムルリョバッタ, ヤンドバッタ	take over **テ**イク **オ**ウヴァ
ゆする **強請る** yusuru	**억지로 빼앗다, 강탈**(強奪) **하다** オクチロ ッペアッタ, †カンタルハダ	extort, blackmail イクス**トー**ト, **ブラ**クメイル
ゆずる **譲る** yuzuru	**물려주다, 양보**(譲歩)**하다** ムルリョジュダ, ヤンボハダ	hand over, give **ハ**ンド **オ**ウヴァ, **ギ**ヴ
(売る)	**팔다** パルダ	sell **セ**ル
(譲歩)	**양도**(譲渡)**하다** ヤンドハダ	concede to コン**スィー**ド トゥ
(引き渡す)	**넘겨주다** ノムギョジュダ	hand over, give **ハ**ンド **オ**ウヴァ, **ギ**ヴ
ゆせい **油性** yusei	**유성**＊ ユソン	oil-based **オ**イルペイスト

日	韓	英
ゆそう(する) **輸送(する)** yusou (suru)	**수송** * **(하다)** スソン(ハダ)	transport, carry トランスポート, **キャ**リ
ゆたかな **豊かな** yutakana	**풍부**(豊富)**한, 풍요**(豊饒)**로 운** プンブハン, プンヨロウン	abundant, rich ア**バ**ンダント, **リ**チ
ゆだねる **委ねる** yudaneru	**맡기다, 위임**(委任)**하다** マッキダ, ウィイムハダ	entrust with イント**ラ**スト ウィズ
ゆだんする **油断する** yudansuru	**방심**(放心)**(하다)** †パンシム(ハダ)	(be) off *one's* guard (ビ) オフ **ガ**ード
ゆちゃく(する) **癒着(する)** yuchaku (suru)	**유착** * **(하다)** ユチャク(ハダ)	adhesion; adhere アド**ヒ**ージョン, アド**ヒ**ア
ゆっくり **ゆっくり** yukkuri	**천천히** チョンチョンヒ	slowly ス**ロ**ウリ
ゆでたまご **茹で卵** yudetamago	**삶은 계란**(鶏卵) サルムン †ケラン	boiled egg **ボ**イルド **エ**グ
ゆでる **茹でる** yuderu	**삶다, 데치다** サムッタ, †テチダ	boil **ボ**イル
ゆでん **油田** yuden	**유전** * ユジョン	oil field **オ**イル **フィ**ールド
ゆとり **ゆとり** yutori	**여유**(余裕) ヨユ	room **ル**ーム
(気持ちの)	**여유**(余裕) ヨユ	peace of mind **ピ**ース オヴ **マ**インド
ゆにーくな **ユニークな** yuniikuna	**독특**(独特)**한** †トクトゥカン	unique ユー**ニ**ーク
ゆにせふ **ユニセフ** yunisefu	**유니세프** ユニセプ	UNICEF **ユ**ーニセフ
ゆにふぉーむ **ユニフォーム** yunifoomu	**유니폼** ユニポム	uniform **ユ**ーニフォーム

日	韓	英
ゆにゅう(する) **輸入(する)** yunyuu (suru)	**수입***(**하다**) スイプ(ハダ)	import; import **インポート**, **インポート**
ゆねすこ **ユネスコ** yunesuko	**유네스코** ユネスコ	UNESCO **ユーネスコウ**
ゆび **指** yubi	**손가락** ソンッカラク	finger **フィンガ**
(足の)	**발가락** †パルッカラク	toe **トウ**
ゆびわ **指輪** yubiwa	**반지**(半指) †パンジ	ring **リング**
ゆみ **弓** yumi	**활** ファル	bow **バウ**
ゆめ **夢** yume	**꿈** ックム	dream **ドリーム**
(理想)	**이상**(理想) イサン	dream **ドリーム**
ゆらい **由来** yurai	**유래*** ユレ	history **ヒストリ**
～する	**유래*****하다** ユレハダ	originate in **オリヂネイト イン**
ゆり **百合** yuri	**백합*** †ペカプ	lily **リリ**
ゆりかご **揺り籠** yurikago	**요람**(揺籃) ヨラム	cradle **クレイドル**
ゆるい **緩い** yurui	**느슨하다, 헐겁다** ヌスンハダ, ホルゴプタ	loose **ルース**
ゆるがす **揺るがす** yurugasu	†**뒤흔들다** †トゥィフンドゥルダ	shake, swing **シェイク, スウィング**

日	韓	英
許し ゆるし yurushi	허락(許諾), 용서(容恕) ホラク, ヨンソ	permission, allow パミション, アラウ
許す ゆるす yurusu	허락(許諾)하다, 허용(許容)하다 ホラカダ, ホヨンハダ	allow, permit アラウ, パミト
(容赦する)	용서(容恕)하다 ヨンソハダ	forgive, pardon フォギヴ, パードン
緩む ゆるむ yurumu	풀어지다, 느슨해지다 プロジダ, ヌスンヘジダ	loosen ルースン
(緊張が)	해이(解弛)해지다 ヘイヘジダ	relax リラクス
緩める ゆるめる yurumeru	느슨하게 하다, 풀다 ヌスンハゲ ハダ, プルダ	loosen, unfasten ルースン, アンファスン
(速度を)	늦추다 ヌッチュダ	slow down スロウ ダウン
緩やかな ゆるやかな yuruyakana	완만(緩慢)한, 느슨한 ワンマンハン, ヌスンハン	loose, gentle ルース, チェントル
(傾斜が)	완만(緩慢)한 ワンマンハン	gentle チェントル
(規制などが)	느슨한 ヌスンハン	lenient リーニエント
揺れ ゆれ yure	요동(搖動), 흔들림 ヨドン, フンドゥルリム	shake シェイク
揺れる ゆれる yureru	흔들리다 フンドゥルリダ	shake, sway シェイク, スウェイ

よ, ヨ

日	韓	英
世 よ yo	세상(世上), 사회(社会) セサン, サフェ	world, life ワールド, ライフ

日	韓	英
(時代)	시대(時代) シデ	age エイヂ
よあけ 夜明け yoake	새벽 セビョク	dawn, daybreak ドーン, ディブレイク
～前	해 뜨기 전(前)에 ヘットゥギ †チョネ	before dawn ビフォ ドーン
よい 酔い yoi	취기(醉気) チュィギ	drunkenness ドランクンネス
よい 良[善]い yoi	좋다, 훌륭하다 †チョタ, フルリュンハダ	good グド
よいん 余韻 yoin	여운* ヨウン	reverberations リヴァーバレイションズ
よう 酔う you	취(醉)하다 チュィハダ	get drunk ゲト ドランク
よう 用 you	볼일, 용건(用件) †ポルリル, ヨンッコン	business ビズネス
ようい(する) 用意(する) youi (suru)	준비(準備)(하다) †チュンビ(ハダ)	preparations; prepare プレパレイションズ, プリペア
よういな 容易な youina	용이*한 ヨンイハン	easy, simple イーズィ, スィンプル
よういん 要因 youin	요인* ヨイン	factor ファクタ
ようえき 溶液 youeki	용액* ヨンエク	solution ソルーション
ようかい(する) 溶解(する) youkai (suru)	용해*(되다) ヨンヘ(ドェダ)	melting; melt, dissolution; dissolve メルティング, メルト, ディソルーション, ディザルヴ

日	韓	英
ようがん **溶岩** yougan	**용암**＊ ヨンアム	lava ラーヴァ
ようき **容器** youki	**용기**＊ ヨンギ	receptacle リ**セ**プタクル
ようぎ **容疑** yougi	**용의**＊ ヨンイ	suspicion サス**ピ**ション
～者	**용의자**(容疑者) ヨンイジャ	suspect **サ**スペクト
ようきな **陽気な** youkina	**밝고 쾌활**(快活)**한** ↑パルッコ クェファルハン	cheerful, lively **チ**アフル, **ラ**イヴリ
ようきゅう **要求** youkyuu	**요구**＊ ヨグ	demand, request ディ**マ**ンド, リク**ウェ**スト
～する	**요구**＊**하다** ヨグハダ	demand, require ディ**マ**ンド, リク**ワ**イア
ようぐ **用具** yougu	**용구**＊ ヨング	tool **トゥ**ール
ようけん **用件** youken	**용건**＊ ヨンッコン	business **ビ**ズネス
ようさい **要塞** yousai	**요새**＊ ヨセ	fortress **フォ**ートレス
ようさん **養蚕** yousan	**양잠**＊ ヤンジャム	sericulture **セ**リカルチャ
ようし **用紙** youshi	**용지**＊ ヨンジ	form **フォ**ーム
ようし **養子** youshi	**양자**＊ ヤンジャ	adopted child ア**ダ**プテド **チャ**イルド
ようじ **幼児** youji	**유아**＊ ユア	baby, child **ベ**イビ, **チャ**イルド

日	韓	英
用事 ようじ youji	용무(用務), 볼일 ヨンム, ↑ポルリル	business ビズネス
楊枝 ようじ youji	이쑤시개 イッスシゲ	toothpick トゥースピク
様式 ようしき youshiki	양식 * ヤンシク	mode, style モウド, スタイル
容赦(する) ようしゃ(する) yousha (suru)	용서(容恕)(하다) ヨンソ(ハダ)	pardon, forgive パードン, フォギヴ
養女 ようじょ youjo	양녀 * ヤンニョ	adopted daughter アダプテド ドータ
養殖(する) ようしょく(する) youshoku (suru)	양식 *(하다) ヤンシク(ハダ)	cultivation; culti-vate カルティヴェイション, カルティヴェイト
要人 ようじん youjin	요인 * ヨイン	important person インポータント パースン
用心(する) ようじん(する) youjin (suru)	주의(注意)(하다), 조심(操心)(하다) ↑チュイ(ハダ), ↑チョシム(ハダ)	attention; pay at-tention to アテンション, ペイ アテンション トゥ
様子 (状態) ようす yousu	상태(状態), 상황(状況) サンテ, サンファン	state of affairs ステイト オヴ アフェアズ
(外見)	모습, 외관(外観) モスプ, ウェグヮン	appearance アピアランス
(態度)	태도(態度) テド	attitude アティテュード
要するに ようするに yousuruni	요컨대(要), 결국(結局) ヨコンデ, ↑キョルグク	in short イン ショート
要請(する) ようせい(する) yousei (suru)	요청 *(하다) ヨチョン(ハダ)	demand, request ディマンド, リクウェスト

日	韓	英
ようせき **容積** youseki	**용적**＊ ヨンジョク	capacity, volume カパスィティ, **ヴァ**リュム
ようそ **要素** youso	**요소**＊ ヨソ	element, factor **エ**レメント, **ファ**クタ
ようだい **容体**(容態) youdai	**용태**(容態) ヨンテ	condition コン**ディ**ション
ようちえん **幼稚園** youchien	**유치원**＊ ユチウォン	kindergarten **キ**ンダガートン
ようちな **幼稚な** youchina	**유치**＊**한** ユチハン	childish **チャ**イルディシュ
ようちゅう **幼虫** youchuu	**유충**＊, **애벌레** ユチュン, エボルレ	larva **ラ**ーヴァ
ようつう **腰痛** youtsuu	**요통**＊ ヨトン	lumbago ラン**ベ**イゴウ
ようてん **要点** youten	**요점**＊ ヨッチョム	point, gist **ポ**イント, **ギ**スト
ようと **用途** youto	**용도**＊ ヨンド	use, purpose **ユ**ース, **パ**ーパス
ようとん **養豚** youton	**양돈**＊ ヤンドン	pig-farming **ピ**グ**ファ**ーミング
ようにん(する) **容認(する)** younin (suru)	**용인**＊(**하다**) ヨンイン(ハダ)	admit, approve of アド**ミ**ト, アプ**ルー**ヴ オヴ
ようび **曜日** youbi	**요일**＊ ヨイル	day **デ**イ
ようふく **洋服** youfuku	**양복**＊ ヤンボク	clothes, dress ク**ロ**ウズ, ド**レ**ス
ようぶん **養分** youbun	**양분**＊ ヤンブン	nourishment **ナ**ーリシュメント

よ

日	韓	英
ようぼう **容貌** youbou	용모* ヨンモ	looks ルクス
ようもう **羊毛** youmou	양모* ヤンモ	wool ウル
ようやく **漸く** youyaku	겨우, 간신(艱辛)히 †キョウ, †カンシンヒ	at last アト ラスト
ようやく(する) **要約(する)** youyaku (suru)	요약*(하다) ヨヤク(ハダ)	summary; summa-rize サマリ, サマライズ
ようりょう **要領** youryou	요령* ヨリョン	point, knack ポイント, ナク
ようりょくそ **葉緑素** youryokuso	엽록소* ヨムノクソ	chlorophyll クローラフィル
よーぐると **ヨーグルト** yooguruto	요구르트 ヨグルトゥ	yoghurt ヨウガト
よーろっぱ **ヨーロッパ** yooroppa	유럽 ユロプ	Europe ユアロプ
よか **余暇** yoka	여가* ヨガ	leisure リージャ
よが **ヨガ** yoga	요가 ヨガ	yoga ヨウガ
よかれあしかれ **善かれ悪しかれ** yokareashikare	좋든 나쁘든, 어찌 되었든 †チョトゥン ナップドゥン, オッチ †テェ オットゥン	good or bad グド オー バド
よかん **予感** yokan	예감* イェガム	premonition プリーマニシャン
よき(する) **予期(する)** yoki (suru)	예기*(하다) イェギ(ハダ)	anticipation; antic-ipate アンティスィペイション, ア ンティスィペイト

日	韓	英
よきん(する) **預金(する)** yokin (suru)	**예금***(**하다**) イェグム(ハダ)	savings, deposit **セ**イヴィングズ, ディ**パ**ズィ ト
よく **欲** yoku	**욕심**(欲心) ヨクシム	desire ディ**ザ**イア
よく **良く** yoku	**잘, 좋게** †チャル, †チョケ	well **ウェ**ル
(十分に)	**충분**(充分)**히** チュンブンヒ	fully, well **フ**リ, **ウェ**ル
(しばしば)	**자주, 흔히** †チャジュ, フンヒ	often, frequently **オ**ーフン, フ**リ**ークウェント リ
よくあさ **翌朝** yokuasa	**다음날 아침, 이튿날 아침** †タウムナル アチム, イトゥンナル アチム	next morning **ネ**クスト **モ**ーニング
よくあつ(する) **抑圧(する)** yokuatsu (suru)	**억압***(**하다**) オガプ(ハダ)	suppression; sup- press サプ**レ**ション, サプ**レ**ス
よくしつ **浴室** yokushitsu	**욕실*** ヨクシル	bathroom **バ**スルーム
よくじつ **翌日** yokujitsu	**다음날** †タウムナル	next day **ネ**クスト **デ**イ
よくせい(する) **抑制(する)** yokusei (suru)	**억제***(**하다**) オクチェ(ハダ)	control コント**ロ**ウル
よくそう **浴槽** yokusou	**욕조***, **목욕통**(沐浴桶) ヨクチョ, モギョクトン	bathtub **バ**スタブ
よくばり(な) **欲張り(な)** yokubari (na)	**욕심**(欲心)**쟁이**(인) ヨクシムジェンイ(イン)	greed; greedy グ**リ**ード, グ**リ**ーディ
よくぼう **欲望** yokubou	**욕망*** ヨンマン	desire, ambition ディ**ザ**イア, アン**ビ**ション
よくよう **抑揚** yokuyou	**억양*** オギャン	intonation イント**ネ**イション

よ

日	韓	英
よけいな **余計な** yokeina	**쓸데없는** ッスルッテオムヌン	excessive, surplus イクセスィヴ, サープラス
(不必要な)	**불필요**(不必要)**한** †プルピリョハン	unnecessary アンネセセリ
よける **避[除]ける** yokeru	**피**(避)**하다, 비키다** ピハダ, †ピキダ	avoid アヴォイド
よげんする **予言する** yogensuru	**예언*****하다** イェオンハダ	predict, foretell; prediction プリディクト, フォーテル, プリディクション
よこ **横** yoko	**옆** ヨプ	side サイド
(幅)	**가로** †カロ	width ウィドス
よこう **予行** yokou	**예행*** イェヘン	rehearsal リハーサル
よこぎる **横切る** yokogiru	**가로지르다, 횡단**(横断)**하다** †カロジルダ, フェンダンハダ	cross クロース
よこく(する) **予告(する)** yokoku (suru)	**예고***(**하다**) イェゴ(ハダ)	previous notice; notice previously プリーヴィアス ノウティス, ノウティス プリーヴィアス リ
よごす **汚す** yogosu	**더럽히다** †トロピダ	soil, stain ソイル, ステイン
よこたえる **横たえる** yokotaeru	**가로놓다** †カロノタ	lay down レイ ダウン
(身を)	**몸을 눕히다** モムル ヌピダ	lay *oneself* down レイ ダウン
よこたわる **横たわる** yokotawaru	**눕다** ヌプタ	lie down ライ ダウン

日	韓	英
よごれ **汚れ** yogore	더러움 †トロウム	dirt, stain **ダート**, **ステイン**
よごれる **汚れる** yogoreru	더러워지다 †トロウォジダ	(become) dirty (ビカム) **ダーティ**
よさん **予算** yosan	예산* イェサン	budget **バ**デェト
〜を立てる	예산*을 세우다 イェサヌル セウダ	make a budget **メイク** ア **バ**デェト
よしゅう(する) **予習(する)** yoshuu (suru)	예습*(하다) イェスプ(ハダ)	preparation; pre- pare プレパ**レ**イション, プリ**ペ**ア
よしん **余震** yoshin	여진* ヨジン	aftershock **ア**フタショク
よす **止す** yosu	그만두다, 중지(中止)하다 †クマンドゥダ, †チュンジハダ	stop ス**タ**プ
よせる **寄せる** yoseru	다가오다, 밀려오다 †タガオダ, ミルリョオダ	draw up ドロー **ア**プ
よせん **予選** yosen	예선* イェソン	preliminary con- test プリ**リ**ミネリ **カ**ンテスト
よそ **余所** yoso	딴곳, 딴 데 ッタンゴッ, ッタン デ	another place ア**ナ**ザ プ**レ**イス
よそう(する) **予想(する)** yosou (suru)	예상*(하다) イェサン(ハダ)	expectation; ex- pect エクスペク**テ**イション, イク ス**ペ**クト
よそおう **装う** yosoou	치장(治粧)하다, 단장(丹粧) 하다 チジャンハダ, †タンジャンハダ	wear **ウェ**ア
(ふりをする)	가장(假裝)하다 †カジャンハダ	pretend プリ**テ**ンド

日	韓	英
よそく(する) **予測(する)** yosoku (suru)	**예측***(하다) イェチュク(ハダ)	prediction; fore-cast プリ**ディク**ション, **フォ**ーキャスト
よそみする **余所見する** yosomisuru	**한눈팔다** ハンヌンパルダ	look away ル**ク** ア**ウェ**イ
よそよそしい **よそよそしい** yosoyososhii	**서먹서먹하다, 쌀쌀하다** ソモクソモカダ, ッサルッサルハダ	cold コウルド
(無関心な)	**무관심**(無関心)**한** ムグヮンシムハン	indifferent イン**ディ**ファレント
よだれ **涎** yodare	**침, 군침** チム, †クンチム	slaver ス**ラ**ヴァ
よち **余地** yochi	**여지*** ヨジ	room, space ルーム, ス**ペ**イス
よっきゅう **欲求** yokkyuu	**욕구*** ヨック	desire ディ**ザ**イア
よっと **ヨット** yotto	**요트** ヨトゥ	yacht ヤト
よっぱらい **酔っ払い** yopparai	**술 취**(酔)**한 사람, 주정**(酒酊)**꾼** スル チュィハン サラム, †チュジョンックン	drunk ド**ラ**ンク
よっぱらう **酔っ払う** yopparau	**몹시 취**(酔)**하다, 만취**(満酔)**하다** モプシ チュィハダ, マンチュィハダ	get drunk ゲト ド**ラ**ンク
よてい **予定** yotei	**예정*** イェジョン	plan, program プ**ラ**ン, プ**ロ**ウグラム
よとう **与党** yotou	**여당*** ヨダン	government party **ガ**ヴァンメント **パ**ーティ
よどおし **夜通し** yodooshi	**밤새도록** †パムッセドロク	all night オール **ナ**イト

日	韓	英
よなか **夜中** yonaka	**밤중**(中) †パムッチュン	midnight ミドナイト
よのなか **世の中** yononaka	**세상**(世上), **세간**(世間) セサン, セガン	world, life ワールド, ライフ
よはく **余白** yohaku	**여백*** ヨベク	blank, space ブランク, スペイス
よび **予備** yobi	**예비*** イェビ	reserve, spare リザーヴ, スペア
よびかける **呼び掛ける** yobikakeru	**부르다, 호소**(呼訴)**하다** †プルダ, ホソハダ	call コール
よびごえ **呼び声** yobigoe	**부르는 소리, 외치는 소리** †プルヌン ソリ, ウェチヌン ソリ	cry, call クライ, コール
よぶ **呼ぶ** yobu	**부르다** †プルダ	call コール
(招く)	**초대**(招待)**하다** チョデハダ	invite to インヴァイト トゥ
(称する)	**이름을 붙이다** イルムル †プチダ	call, name コール, ネイム
よぶんな **余分な** yobunna	**여분*****의** ヨブネ	excess イクセス
よほう(する) **予報(する)** yohou (suru)	**예보***(**하다**) イェボ(ハダ)	forecast フォーキャスト
よぼう(する) **予防(する)** yobou (suru)	**예방***(**하다**) イェバン(ハダ)	prevention; pre- vent プリヴェンション, プリヴェ ント
〜注射	**예방*** **주사**(注射) イェバン †チュサ	preventive injec- tion プリヴェンティヴ インチェ クション

日	韓	英
よみがえる **蘇る** yomigaeru	소생(蘇生)하다, 되살아나다 ソセンハダ, †トェサラナダ	revive リヴァイヴ
よみもの **読み物** yomimono	읽을 거리 イルグル †コリ	reading リーディング
よむ **読む** yomu	읽다 イクタ	read リード
よめ **嫁** yome	신부(新婦) シンプ	bride ブライド
(妻)	아내 アネ	wife ワイフ
(息子の妻)	며느리 ミョヌリ	daughter-in-law ドータリンロー
よやく(する) **予約(する)** yoyaku (suru)	예약＊(하다) イェヤク(ハダ)	reservation; reserve レザヴェイション, リザーヴ
よゆう **余裕** yoyuu	여유＊ ヨユ	room ルーム
(時間)	여유＊ ヨユ	time to spare タイム トゥ スペア
(金銭)	여유＊ ヨユ	money to spare マニ トゥ スペア
よりかかる **寄り掛かる** yorikakaru	기대다 †キデダ	lean against リーン アゲンスト
(頼る)	의지(依支)하다, 의존(依存)하다 ウィジハダ, ウィジョンハダ	depend on ディペンド オン
よりそう **寄り添う** yorisou	다가가다 †タガガダ	draw close ドロー クロウス
よりみちする **寄り道する** yorimichisuru	가는 길에 들르다 †カヌン †キレ †トゥルルダ	stop on *one's* way ステプ オン ウェイ

日	韓	英
より良い yoriyoi <small>よりよい</small>	더 낫다, 더 좋다 <small>†ト ナッタ, †ト †チョタ</small>	better <small>ベタ</small>
因る yoru <small>よる</small>	기인(起因)하다, 말미암다 <small>†キインハダ, マルミアムッタ</small>	(be) due to <small>(ビ) デュートゥ</small>
依る yoru <small>よる</small>	근거(根據)하다, 의(依)하다 <small>†クンゴハダ, ウィハダ</small>	(be) based on <small>(ビ) ベイスト オン</small>
寄る yoru <small>よる</small>	다가가다 <small>†タガガダ</small>	approach <small>アプロウチ</small>
(脇へ)	비키다 <small>†ピキダ</small>	step aside <small>ステプ アサイド</small>
(立ち寄る)	들르다 <small>†トゥルルダ</small>	call at <small>コール アト</small>
夜 yoru <small>よる</small>	밤 <small>†パム</small>	night <small>ナイト</small>
喜ばす yorokobasu <small>よろこばす</small>	기쁘게 하다, 즐겁게 하다 <small>†キップゲ ハダ, †チュルゴプケ ハダ</small>	please, delight <small>プリーズ, ディライト</small>
喜び yorokobi <small>よろこび</small>	기쁨 <small>†キップム</small>	joy, delight <small>ヂョイ, ディライト</small>
喜ぶ yorokobu <small>よろこぶ</small>	기뻐하다, 즐거워하다 <small>キッポハダ, †チュルゴウォハダ</small>	(be) glad, (be) pleased <small>(ビ) グラド, (ビ) プリーズド</small>
喜んで yorokonde <small>よろこんで</small>	기꺼이 <small>†キッコイ</small>	with pleasure <small>ウィズ プレジャ</small>
よろめく yoromeku <small>よろめく</small>	비틀거리다 <small>†ピトゥルゴリダ</small>	stagger <small>スタガ</small>
世論 yoron <small>よろん</small>	여론(輿論) <small>ヨロン</small>	public opinion <small>パブリク オピニョン</small>
弱い yowai <small>よわい</small>	약(弱)하다 <small>ヤカダ</small>	weak <small>ウィーク</small>

日	韓	英
(身体が)	**허약**(虚弱)**하다** ホヤカダ	poor in, delicate **プ**ア イン, **デ**リケト
(気が)	**약**(弱)**하다** ヤカダ	timid **テ**ィミド
(光などが)	**희미**(稀微)**하다** ヒミハダ	feeble, faint **フ**ィープル, **フ**ェイント
よわさ **弱さ** yowasa	**약**(弱)**함** ヤカム	weakness **ウ**ィークネス
よわまる **弱まる** yowamaru	**약**(弱)**해지다, 수그러들다** ヤケジダ, スグロドゥルダ	weaken, abate **ウ**ィークン, ア**ベ**イト
(風などが)	**약**(弱)**해지다** ヤケジダ	abate ア**ベ**イト
よわみ **弱み** yowami	**약점**(弱点) ヤクチョム	weak point **ウ**ィーク **ポ**イント
よわむし **弱虫** yowamushi	**겁**(怯)**쟁이** †コプチェンイ	coward **カ**ウアド
よわめる **弱める** yowameru	**약**(弱)**하게 하다, 약화**(弱化) **시키다** ヤカゲ ハダ, ヤクワシキダ	weaken, enfeeble **ウ**ィークン, イン**フ**ィーブル
よわる **弱る** yowaru	**약**(弱)**해지다, 쇠약**(衰弱)**해 지다** ヤケジダ, スェヤケジダ	get weak **ゲ**ト **ウ**ィーク
(困る)	**곤란**(困難)**해지다, 난처**(難 処)**해지다** †コルランヘジダ, ナンチョヘジダ	(be) worried (ビ) **ワ**ーリド

ら, ラ

日	韓	英
らーど **ラード** raado	**라드** ラドゥ	lard **ラ**ード
らーめん **ラーメン** raamen	**라면** ラミョン	Chinese noodles チャ**イ**ニーズ **ヌ**ードルズ

807

日	韓	英
らいおん **ライオン** raion	**사자**(獅子) サジャ	lion **ラ**イオン
らいげつ **来月** raigetsu	**다음 달** †タウム ッタル	next month **ネ**クスト **マ**ンス
らいしゅう **来週** raishuu	**다음 주** †タウム ッチュ	next week **ネ**クスト **ウィ**ーク
らいせ **来世** raise	**내세*** ネセ	afterlife, next world **ア**フタライフ, **ネ**クスト **ワ**ールド
らいせんす **ライセンス** raisensu	**라이선스** ライソンス	license **ラ**イセンス
らいたー **ライター** raitaa	**라이터** ライト	lighter **ラ**イタ
らいと **ライト** raito	**라이트** ライトゥ	light **ラ**イト
らいにちする **来日する** rainichisuru	**일본**(日本)**에 오다** イルボネ オダ	come to Japan **カ**ム トゥ ヂャパン
らいねん **来年** rainen	**내년*** ネニョン	next year **ネ**クスト **イ**ア
らいばる **ライバル** raibaru	**라이벌** ライボル	rival **ラ**イヴァル
らいひん **来賓** raihin	**내빈*** ネビン	guest **ゲ**スト
らいぶ **ライブ** raibu	**라이브** ライブ	live **ラ**イヴ
らいふすたいる **ライフスタイル** raifusutairu	**라이프스타일** ライプスタイル	lifestyle **ラ**イフスタイル

ら

日	韓	英
らいふわーく **ライフワーク** raifuwaaku	**필생**(畢生)**의 사업**(事業) ピッセンエ サオプ	lifework **ライフワーク**
らいむぎ **ライ麦** raimugi	**호**(胡)**밀** ホミル	rye **ライ**
らいれき **来歴** raireki	**내력**＊ ネリョク	history **ヒ**ストリ
(起源)	**유래**(由来) ユレ	origin **オ**ーリヂン
(経歴)	**경력**(経歴) †キョンニョク	career カリア
らくえん **楽園** rakuen	**낙원**＊ ナグォン	paradise **パ**ラダイス
らくがき(する) **落書き(する)** rakugaki(suru)	**낙서**(落書)**(하다)** ナクソ(ハダ)	scribble, graffiti スク**リ**ブル, グラ**フィ**ーティ
らくごする **落伍する** rakugosuru	**낙오**＊**하다** ナゴハダ	drop out of ド**ラ**プ アウト オヴ
らくさ **落差** rakusa	**낙차**＊ ナクチャ	gap **ギャ**プ
らくさつする **落札する** rakusatsusuru	**낙찰**＊**하다** ナクチャルハダ	make a successful bid メイク ア サク**セ**スフル **ビ**ド
らくせんする **落選する** rakusensuru	**낙선**＊**(하다)** ナクソンハダ	lose in a election ルーズ イン ア イ**レ**クション
らくだ **駱駝** rakuda	**낙타**＊ ナクタ	camel **キャ**メル
らくだいする **落第する** rakudaisuru	**낙제**＊**하다** ナクチェハダ	fail **フェ**イル
らくたんする **落胆する** rakutansuru	**낙담**＊**하다** ナクタムハダ	(be) discouraged (ビ) ディス**カ**ーリヂド

日	韓	英
らくちゃくする **落着する** rakuchakusuru	**낙착**＊**하다** ナクチャカダ	(be) settled (ビ) **セ**トルド
らくてんてきな **楽天的な** rakutentekina	**낙천적**＊**인** ナクチョンジョギン	optimistic アプティ**ミ**スティク
らくな **楽な** rakuna	**쉬운, 수월한** スィウン, スウォルハン	easy **イ**ーズィ
(安楽な)	**편**(便)**한, 안락**(安楽)**한** ピョンハン, アルラカン	comfortable **カ**ンフォタブル
らくのう **酪農** rakunou	**낙농**＊ ナンノン	dairy **デ**アリ
〜家	**낙농가**(酪農家) ナンノンガ	dairy farmer **デ**アリ **ファ**ーマ
らぐびー **ラグビー** ragubii	**럭비** ロクピ	rugby **ラ**グビ
らくよう **落葉** rakuyou	**낙엽**＊ ナギョプ	fallen leaves **フォ**ールン **リ**ーヴズ
〜樹	**낙엽수**(落葉樹) ナギョプス	deciduous tree ディ**ス**ィデュアス ト**リ**ー
らくらく **楽々** rakuraku	**편**(便)**하게, 쉽게** ピョンハゲ, シュィプケ	easily **イ**ーズィリ
らけっと **ラケット** raketto	**라켓** ラケッ	racket **ラ**ケト
らじえーたー **ラジエーター** rajieetaa	**라디에이터** ラディエイト	radiator **レ**イディエイタ
らじお **ラジオ** rajio	**라디오** ラディオ	radio **レ**イディオウ
らずべりー **ラズベリー** razuberii	**라즈베리** ラスベリ	raspberry **ラ**ズベリ

ら

日	韓	英
らせん **螺旋** rasen	**나선**＊ ナソン	spiral スパイアラル
らち(する) **拉致(する)** rachi (suru)	**납치**＊**(하다)** ナプチ(ハダ)	abduction; abduct アブ**ダ**クション, アブ**ダ**クト
らっかする **落下する** rakkasuru	**낙하**＊**하다** ナカハダ	drop, fall ド**ラ**プ, **フォ**ール
らっかん(する) **楽観(する)** rakkan (suru)	**낙관**＊**(하다)** ナククヮン(ハダ)	optimism, (be) op- timistic about **ア**プティミズム, (ビ) アプ ティ**ミ**スティク アバウト
〜的な	**낙관적**(楽観的)**인** ナククヮンジョギン	optimistic アプティ**ミ**スティク
らっしゅあわー **ラッシュアワー** rasshuawaa	**러시아워** ロシアウォ	rush hour **ラ**シュ **ア**ウア
らっぱ **喇叭** rappa	**나팔**＊ ナパル	trumpet, bugle ト**ラ**ンペト, **ビュ**ーグル
らっぷ **ラップ** (包装用の) rappu	**랩** レプ	wrap **ラ**プ
(音楽) 	**랩** レプ	rap music **ラ**プ **ミュ**ーズィク
らてんご **ラテン語** ratengo	**라틴어**(語) ラティノ	Latin **ラ**ティン
らふな **ラフな** rafuna	**거친** †コチン	rough, casual **ラ**フ, **キャ**ジュアル
らぶれたー **ラブレター** raburetaa	**러브 레터, 연애편지**(恋愛便 紙) ロブレト, ヨネピョンジ	love letter **ラ**ヴ **レ**タ
らべる **ラベル** raberu	**라벨** ラベル	label **レ**イベル

日	韓	英
らべんだー **ラベンダー** rabendaa	**라벤더** ラベンド	lavender ラヴェンダ
らむ **ラム** (羊肉)	**램, 양(羊)고기** レム, ヤンゴギ	lamb ラム
ramu		
(ラム酒)	**럼주(酒)** ロムジュ	rum ラム
らん **欄** ran	**난*, 칼럼** ナン, カルロム	column カラム
らん **蘭** ran	**난*, 난초(蘭草)** ナン, ナンチョ	orchid オーキド
らんおう **卵黄** ran-ou	**난황*, 노른자위** ナンファン, ノルンジャウィ	yolk ヨウク
らんく **ランク** ranku	**순위(順位)** スヌィ	rank ランク
らんざつな **乱雑な** ranzatsuna	**난잡*한** ナンジャパン	disorderly ディスオーダリ
らんし **乱視** ranshi	**난시*** ナンシ	astigmatism アスティグマティズム
らんそう **卵巣** ransou	**난소*** ナンソ	ovary オウヴァリ
らんち **ランチ** ranchi	**점심(順点心)** †チョ**ム**シ**ム**	lunch ランチ
らんとう **乱闘** rantou	**난투*** ナントゥ	free fight フリー ファイト
らんどせる **ランドセル** randoseru	**초등학생용(初等学生用) 가방** チョドゥンハクセンヨン †カバン	satchel サチェル
らんにんぐ **ランニング** ranningu	**러닝** ロニン	running ラニング

日	韓	英
らんぱく **卵白** ranpaku	**난백***, **흰자위** ナンペク, ヒンジャウィ	albumen アルビューメン
らんぷ **ランプ** ranpu	**램프** レムプ	lamp **ラ**ンプ
らんぼうな **乱暴な** ranbouna	**난폭*한** ナンポカン	violent, rough **ヴァ**イオレント, **ラ**フ
らんよう(する) **濫用(する)** ran-you (suru)	**남용*(하다)** ナミョン(ハダ)	abuse; abuse ア**ビュ**ース, ア**ビュ**ーズ

り, リ

日	韓	英
り **理** ri	**이유**(理由) イユ	reason **リ**ーズン
(真理)	**진리**(真理), **법칙**(法則) †チルリ, †ポプチク	truth ト**ルー**ス
りありずむ **リアリズム** riarizumu	**리얼리즘** リオルリジュム	realism **リ**ーアリズム
りありてぃ **リアリティ** riariti	**리얼리티** リオルリティ	reality リ**ア**リティ
りあるたいむ **リアルタイム** riarutaimu	**실시간**() シル シガン	real time **リ**ーアル **タ**イム
りあるな **リアルな** riaruna	**리얼한** リオルハン	real **リ**ーアル
りーぐ **リーグ** riigu	**리그** リグ	league **リ**ーグ
〜戦	**리그전**(戦) リグジョン	league series **リ**ーグ ス**ィ**アリーズ
りーす **リース** riisu	**리스** リス	lease **リ**ース

日	韓	英
リーダー riidaa	**리더** リド	leader **リーダ**
〜シップ	**리더십** リドシプ	leadership **リーダ**シプ
リードする riidosuru	**리드하다** リドゥハダ	(be) ahead (ビ) アヘド
利益 rieki	**이익**＊ イイク	profit, return プ**ラ**フィト, リ**ター**ン
理科 rika	**이과**＊ イックヮ	science **サ**イエンス
理解(する) rikai (suru)	**이해**＊**(하다)** イヘ(ハダ)	comprehension; comprehend カンプリ**ヘ**ンション, カンプ リ**ヘ**ンド
利害 rigai	**이해**＊ イヘ	interests **イ**ンタレツ
力学 rikigaku	**역학**＊ ヨカク	dynamics, mechanics ダイ**ナ**ミクス, メ**キャ**ニクス
力説(する) rikisetsu (suru)	**역설**＊**(하다)** ヨクソル(ハダ)	emphasis; empha- size **エ**ンファスィス, **エ**ンファサ イズ
力量 rikiryou	**역량**＊ ヨンニャン	ability ア**ビ**リティ
陸 riku	**뭍, 육지**(陸地) ムッ, ユクチ	land **ラ**ンド
リクエスト rikuesuto	**요구**(要求)**, 요망**(要望) ヨグ, ヨマン	request リク**ウェ**スト
陸軍 rikugun	**육군**＊ ユックン	army **アー**ミ

日	韓	英
りくじょうきょうぎ **陸上競技** rikujoukyougi	육상 경기* ユクサン †キョンギ	track and field トラク アンド フィールド
りくつ **理屈** rikutsu	이치(理致), 구실(口実) イチ, †クシル	reason, logic リーズン, ラヂク
りけん **利権** riken	이권* イックォン	rights, concessions ライツ, コンセションズ
りこ **利己** riko	이기* イギ	self セルフ
～主義	이기주의(利己主義) イギジュイ	self-interest セルフインタレスト
～的な	이기적(利己的)인 イギジョギン	egoistic イーゴウイスティク
りこうな **利口な** rikouna	영리(怜悧)한, 똑똑한 ヨンニハン, ットクトカン	clever, bright クレヴァ, ブライト
りこーるする **リコールする** （欠陥車の） rikoorusuru	리콜하다 リコルハダ	recall リコール
りこん(する) **離婚(する)** rikon (suru)	이혼*(하다) イホン(ハダ)	divorce ディヴォース
りさいくる **リサイクル** risaikuru	재활용(再活用) †チェファリョン	recycling リーサイクリング
りさいたる **リサイタル** risaitaru	리사이틀 リサイトゥル	recital リサイトル
りさんする **離散する** risansuru	흩어지다 フトジダ	(be) scattered (ビ) スキャタド
りし **利子** rishi	이자* イジャ	interest インタレスト
りじ **理事** riji	이사* イサ	director, manager ディレクタ, マニヂャ

日	韓	英
りじゅん **利潤** rijun	**이윤**＊ イユン	profit, gain プ**ラ**フィト, **ゲ**イン
りす **栗鼠** risu	**다람쥐** †タラムジュィ	squirrel スク**ワ**ーレル
りすく **リスク** risuku	**리스크** リスク	risk **リ**スク
りすと **リスト** risuto	**리스트** リスト	list **リ**スト
りすとら **リストラ** risutora	**구조조정**（構造調整） クジョジョジョン	restructuring リース**ト**ラクチャリング
りずみかる(な) **リズミカル(な)** rizumikaru (na)	**리드미컬**（한） リドゥミコル（ハン）	rhythmical **リ**ズミカル
りずむ **リズム** rizumu	**리듬** リドゥム	rhythm **リ**ズム
りせい **理性** risei	**이성**＊ イソン	reason **リ**ーズン
〜的な	**이성적**（理性的）**인** イソンジョギン	rational **ラ**ショナル
りそう **理想** risou	**이상**＊ イサン	ideal アイ**ディ**ーアル
〜主義	**이상주의**（理想主義） イサンジュイ	ideal アイ**ディ**ーアル
〜的な	**이상적**（理想的）**인** イサンジョギン	ideal アイ**ディ**ーアル
りぞーと **リゾート** rizooto	**리조트** リジョトゥ	resort リ**ゾ**ート
りそく **利息** risoku	**이자**（利子） イジャ	interest **イ**ンタレスト

日	韓	英
りちぎな **律義な** richigina	의리(義理) 있는, 성실(誠實) 한 ウィリ インヌン, ソンシルハン	honest **ア**ネスト
りちてきな **理知的な** richitekina	**이지적**∗**인** イジジョギン	intellectual インテ**レ**クチュアル
りつ **率** ritsu	**비율**(比率) †ピユル	rate **レ**イト
(百分率)	**백분율**(百分率) †ペクプンニュル	percentage パ**セ**ンティヂ
りっきょう **陸橋** rikkyou	**육교**∗ ユックキョ	viaduct **ヴァ**イアダクト
りっこうほする **立候補する** rikkouhosuru	**입후보하다** イプボハダ	run for **ラ**ン フォ
～者	**입후보자**(立候補者) イプボジャ	candidate **キャ**ンディデイト
りっしょうする **立証する** risshousuru	**입증**∗**하다** イプチュンハダ	prove プ**ルー**ヴ
りったい **立体** rittai	**입체**∗ イプチェ	solid **サ**リド
～的な	**입체적**(立体的)**인** イプチェジョギン	three-dimensional スリーディ**メ**ンショナル
りっち **立地** ricchi	**입지**∗ イプチ	location ロウ**ケ**イション
りっとる **リットル** rittoru	**리터** リト	liter **リー**タ
りっぱな **立派な** rippana	**훌륭한** フルリュンハン	excellent, splendid **エ**クセレント, スプ**レ**ンディ ド
りっぽう **立法** rippou	**입법**∗ イプポプ	legislation レヂス**レ**イション

日	韓	英
～権	입법권(立法権) イブポプクォン	power of legisla-tion パウア オヴ レヂスレイション
りっぽう **立方** rippou	입방*, 세제곱 イブパン, セジェゴプ	cube **キューブ**
～体	정육면체(正六面体) †チョンユクミョンチェ	cube **キューブ**
りてん **利点** riten	이점* イッチョム	advantage アド**ヴァ**ンティヂ
りとう **離島** ritou	낙도(落島) ナクト	isolated island **ア**イソレイテド **ア**イランド
りにゅうしょく **離乳食** rinyuushoku	이유식* イユシク	baby food **ベ**イビ **フ**ード
りねん **理念** rinen	이념* イニョム	idea アイ**ディ**ーア
りはーさる **リハーサル** rihaasaru	리허설 リホソル	rehearsal リ**ハ**ーサル
りはつてん **理髪店** rihatsuten	이발소(理髪所) イバルッソ	barbershop **バ**ーバシャプ
りはびり **リハビリ** rihabiri	재활(再活), 리허빌리테이션 †チェファル, リホビルリテイシェン	rehabilitation リハビリ**テ**イション
りびんぐるーむ **リビングルーム** ribinguruumu	거실(居室) †コシル	living room **リ**ヴィング **ル**ーム
りふぉーむ(する) **リフォーム(する)** rifoomu (suru)	개조(改造)(하다) †ケジョ(ハダ)	remodel リー**マ**ドル
りふじんな **理不尽な** rifujinna	불합리(不合理)한 †プルハムニハン	unreasonable アン**リ**ーズナブル

817

り

日	韓	英
りふと **リフト** rifuto	리프트 リプトゥ	(chair) lift (**チェ**ア) **リ**フト
りべつ(する) **離別(する)** ribetsu (suru)	이별*(하다) イビョル(ハダ)	separation; sepa-rate セパ**レ**イション, **セ**パレイト
りべらるな **リベラルな** riberaruna	리버럴한 リボロルハン	liberal **リ**ベラル
りぽーと **リポート** ripooto	리포트 リポトゥ	report リ**ポ**ート
りぼん **リボン** ribon	리본 リボン	ribbon **リ**ボン
りまわり **利回り** rimawari	이율(利率) イユル	yield **イ**ールド
りめん **裏面** rimen	이면* イミョン	reverse リ**ヴァ**ース
りもこん **リモコン** rimokon	리모컨 リモコン	remote control リ**モ**ウト コント**ロ**ウル
りやかー **リヤカー** riyakaa	리어카 リオカ	cart **カ**ート
りゃくご **略語** ryakugo	약어* ヤゴ	abbreviation アブリーヴィ**エ**イション
りゃくしき **略式** ryakushiki	약식* ヤクシク	informal イン**フォ**ーマル
りゃくす **略す** ryakusu	간단(簡単)히 하다 †カンダンヒ ハダ	abridge, abbreviate ア**ブリ**ヂ, アブリーヴィ**エ**イト
(省く)	생략(省略)하다 センニャカダ	omit オ**ウミ**ット

日	韓	英
りゃくだつする **略奪する** ryakudatsusuru	**약탈**(掠奪)**하다** ヤクタルハダ	plunder, pillage プランダ, ピリヂ
りゅう **竜** ryuu	**용**(龍) ヨン	dragon ドラゴン
りゅう **理由** riyuu	**이유**＊ イユ	reason, cause リーズン, コーズ
りゅういき **流域** ryuuiki	**유역**＊ ユヨク	valley, basin ヴァリ, ベイスン
りゅういする **留意する** ryuuisuru	**유의**＊**하다** ユイハダ	pay attention to ペイ アテンション トゥ
りゅうがく(する) **留学(する)** ryuugaku (suru)	**유학**＊**(하다)** ユハク(ハダ)	study abroad スタディ アブロード
～生	**유학생**(留学生) ユハクセン	foreign student フォリン ステューデント
りゅうこう(する) **流行(する)** ryuukou (suru)	**유행**＊**(하다)** ユヘン(ハダ)	fashion, vogue ファション, ヴォウグ
(病気・思想)	**유행**＊**(하다)** ユヘン(ハダ)	prevalence プレヴァレンス
りゅうざんする **流産する** ryuuzansuru	**유산**＊**하다** ユサンハダ	have a miscarriage ハヴ ア ミスキャリヂ
りゅうし **粒子** ryuushi	**입자**＊ イプチャ	particle パーティクル
りゅうしゅつ(する) **流出(する)** ryuushutsu (suru)	**유출**＊**(하다)** ユチュル(ハダ)	outflow; flow out アウトフロウ, フロウ アウト
りゅうせんけい(の) **流線型(の)** ryuusenkei (no)	**유선형**＊**(이)** ユソンヒョン(イ)	streamlined ストリームラインド
りゅうちょうに **流暢に** ryuuchouni	**유창**＊**하게** ユチャンハゲ	fluently フルーエントリ

日	韓	英
りゅうつう(する) **流通(する)** ryuutsuu (suru)	**유통**＊**(하다)** ユトン(ハダ)	circulation; circulate サーキュレイション, **サー**キュレイト
りゅうどうてきな **流動的** ryuudoutekina	**유동적**＊**인** ユドンジョギン	fluid フルーイド
りゅうにゅう(する) **流入(する)** ryuunyuu (suru)	**유입**＊**(하다)** ユイプ(ハダ)	inflow; flow in **イ**ンフロウ, フロウ **イ**ン
りゅうねん(する) **留年(する)** ryuunen (suru)	**유급(留級)(하다)** ユグプ(ハダ)	remain in the same class リ**メ**イン イン ザ **セ**イム ク**ラ**ス
りゅうは **流派** ryuuha	**유파**＊ ユパ	school スクール
りューマチ **リューマチ** ryuumachi	**류머티즘** リュモティジュム	rheumatism **ルー**マティズム
りゅっくさっく **リュックサック** ryukkusakku	**배낭(背囊)** †ペナン	rucksack **ラ**クサク
りょう **漁** ryou	**고기잡이** †コギジャビ	fishing **フィ**シング
りょう **寮** ryou	**기숙사(寄宿舎)** †キスクサ	dormitory ド−ミトーリ
りょう **猟** ryou	**사냥** サニャン	hunting, shooting **ハ**ンティング, **シュー**ティング
りょう **量** ryou	**양**＊ ヤン	quantity ク**ワ**ンティティ
りょう **理容** riyou	**이용**＊ イヨン	haircut ヘアカト
～師 	**이발사(理髪師)** イバルサ	hairdresser ヘアドレサ

日	韓	英
りよう(する) **利用(する)** riyou (suru)	**이용**＊(**하다**) イヨン(ハダ)	usage; use, utilize **ユ**ースィヂ, **ユ**ーズ, **ユ**ーティライズ
りょういき **領域** ryouiki	**영역**＊ ヨンヨク	domain ド**ウメ**イン
りょうが(する) **凌駕(する)** ryouga (suru)	**능가**＊(**하다**) ヌンガ(ハダ)	excellence; surpass **エ**クセレンス, サー**パ**ス
りょうかい(する) **了解(する)** ryoukai (suru)	**양해**(諒解)(**하다**) ヤンヘ(ハダ)	understanding; understand アンダス**タ**ンディング, アンダス**タ**ンド
りょうがえする **両替する** ryougaesuru	**환전**(換錢)**하다** ファンジョンハダ	exchange イクス**チェ**インヂ
りょうがわ **両側** ryougawa	**양**(両)**쪽** ヤンッチョク	both sides **ボ**ウス **サ**イヅ
りょうきん **料金** ryoukin	**요금**＊ ヨグム	charge, fee **チャ**ーヂ, **フィ**ー
りょうくう **領空** ryoukuu	**영공**＊ ヨンゴン	airspace **エ**アスペイス
りょうこうな **良好な** ryoukouna	**양호**＊**한** ヤンホハン	good **グ**ド
りょうし **漁師** ryoushi	**어부**(漁夫) オブ	fisher **フィ**シャ
りょうし **猟師** ryoushi	**사냥꾼** サニャンックン	hunter **ハ**ンタ
りょうじ **領事** ryouji	**영사**＊ ヨンサ	consul **カ**ンスル
〜館	**영사관**(領事館) ヨンサグヮン	consulate **カ**ンスレト

り

日	韓	英
りょうしき **良識** ryoushiki	양식* ヤンシク	good sense グド センス
りょうしゅうしょう **領収証** ryoushuushou	영수증* ヨンスジュン	receipt リスィート
りょうしょう(する) **了承(する)** ryoushou (suru)	승낙(承諾)(하다) スンナク(ハダ)	understanding; consent アンダスタンディング，コンセント
りょうしん **両親** ryoushin	양친*，부모(父母)(님) ヤンチン，†プモ(ニム)	parents ペアレンツ
りょうしん **良心** ryoushin	양심* ヤンシム	conscience カンシェンス
りょうせい **良性** ryousei	양성* ヤンソン	benign ビナイン
りょうせいるい **両生類** ryouseirui	양서류(両棲類) ヤンソリュ	Amphibia アンフィビア
りょうて **両手** ryoute	두 손，양(両)손 †トゥ ソン，ヤンソン	both hands ボウス ハンヅ
りょうど **領土** ryoudo	영토* ヨント	territory テリトーリ
りょうほう **両方** ryouhou	양(両)쪽，쌍방(双方) ヤンッチョク，ッサンバン	both ボウス
りょうめん **両面** ryoumen	양면* ヤンミョン	both sides ボウス サイヅ
りょうよう(する) **療養(する)** ryouyou (suru)	요양*(하다) ヨヤン(ハダ)	recuperation; recuperate リキューペレイション，リキューペレイト
りょうり(する) **料理(する)** ryouri (suru)	요리*(하다) ヨリ(ハダ)	cooking; cook クキング，クク

日	韓	英
りょうりつ(する) **両立(する)** ryouritsu (suru)	**양립**＊**(하다)** ヤンニプ(ハダ)	compatibility; (be) compatible コンパティビリティ, (ビ) コンパティブル
りょかくき **旅客機** ryokakuki	**여객기**＊ ヨゲクキ	passenger plane パセンヂャ プレイン
りょかん **旅館** ryokan	**여관**＊ ヨグヮン	hotel, inn ホウテル, イン
りょくちゃ **緑茶** ryokucha	**녹차**＊ ノクチャ	green tea グリーン ティー
りょけん **旅券** ryoken	**여권**＊ ヨックォン	passport パスポート
りょこう(する) **旅行(する)** ryokou (suru)	**여행**＊**(하다)** ヨヘン(ハダ)	travel, trip トラヴェル, トリプ
〜社	**여행사** (旅行社) ヨヘンサ	travel agency トラヴェル エイヂェンスィ
りょひ **旅費** ryohi	**여비**＊ ヨビ	traveling expenses トラヴリング イクスペンセズ
りらっくすする **リラックスする** rirakkususuru	**긴장**(緊張)**을 풀다** †キンジャンウル プルダ	relax リラクス
りりく(する) **離陸(する)** ririku (suru)	**이륙**＊**(하다)** イリュク(ハダ)	takeoff; take off テイコーフ, テイク オーフ
りりつ **利率** riritsu	**이율**＊ イユル	rate of interest レイト オヴ インタレスト
りれー **リレー** riree	**릴레이** リルレイ	relay リーレイ
りれき **履歴** rireki	**이력**＊ イリョク	career カリア

日	韓	英
～書	이력서(履歴書) イリョクソ	curriculum vitae カリキュラム ヴィータイ
りろん 理論 riron	이론* イロン	theory スィオリ
～的な	이론적(理論的)인 イロンジョギン	logical ラヂカル
りんか 隣家 rinka	이웃집 イウッチプ	next door ネクスト ドー
りんかく 輪郭 rinkaku	윤곽(輪廓) ユングヮク	outline アウトライン
(あらまし)	개요(概要), 줄거리 †ケヨ, †チュルゴリ	outline アウトライン
りんぎょう 林業 ringyou	임업* イモプ	forestry フォレストリ
りんく リンク rinku	링크 リンク	rink リンク
りんご 林檎 ringo	사과(沙果) サグヮ	apple アプル
りんごく 隣国 ringoku	이웃나라 イウンナラ	neighboring country ネイバリング カントリ
りんじ 臨時 rinji	임시* イムシ	temporary, special テンポレリ, スペシャル
りんじゅう 臨終 rinjuu	임종* イムジョン	death, deathbed デス, デスベド
りんしょう 臨床 rinshou	임상* イムサン	clinical クリニカル
りんじん 隣人 rinjin	이웃사람 イウッサラム	neighbor ネイバ

日	韓	英
りんす(する) **リンス(する)** rinsu (suru)	**린스(하다)** リンス(ハダ)	rinse **リ**ンス
りんせつ(する) **隣接(する)** rinsetsu (suru)	**인접*(하다)** インジョプ(ハダ)	neighboring, adjacent **ネ**イバリング, ア**ヂェ**イセント
りんち **リンチ** rinchi	**린치** リンチ	lynch law **リ**ンチ **ロ**ー
りんね **輪廻** rinne	**윤회*** ユンフェ	metempsychosis メテンプスィ**コ**ウスィス
りんぱ **リンパ** rinpa	**림프** リムプ	lymph **リ**ンフ
〜腺	**림프샘** リムプセム	lymph gland **リ**ンフ **グ**ランド
りんり **倫理** rinri	**윤리*** ユルリ	ethics **エ**スィクス
〜的な	**윤리적**(倫理的)**인** ユルリジョギン	ethical, moral **エ**スィカル, **モ**ーラル

る, ル

日	韓	英
るい **類** rui	**종류**(種類), **부류**(部類) ジョンニュ, †プリュ	kind, sort **カ**インド, **ソ**ート
るいけい **類型** ruikei	**유형*** ユヒョン	type, pattern **タ**イプ, **パ**タン
るいご **類語** ruigo	**유의어**(類義語) ユイオ	synonym **スィ**ノニム
るいじ(する) **類似(する)** ruiji (suru)	**유사*(하다)** ユサ(ハダ)	resemblance; resemble リ**ゼ**ンブランス, リ**ゼ**ンブル

日	韓	英
るいすい(する) **類推(する)** ruisui (suru)	**유추*(하다)** ユチュ(ハダ)	analogy; analogize アナロヂ, アナロヂャイズ
るいせき(する) **累積(する)** ruiseki (suru)	**누적*(되다)** ヌジョク(ドェダ)	accumulation; accumulate アキューミュレイション, アキューミュレイト
るーと **ルート** ruuto	**루트** ルトゥ	route, channel ルート, チャネル
(平方根)	**근(根)** †クン	root ルート
るーむ **ルーム** ruumu	**룸** ルム	room ルーム
～メイト	**룸메이트** ルムメイトゥ	roommate ルームメイト
るーる **ルール** ruuru	**룰** ルル	rule ルール
るす **留守** rusu	**부재(不在)** †プジェ	absence アブセンス
～番電話	**자동(自動) 응답(応答) 전화** **(電話)** †チャドン ウンダプ †チョンファ	answerphone アンサフォウン
るびー **ルビー** rubii	**루비** ルビ	ruby ルービ
るふする **流布する** rufusuru	**유포*(하다)** ユポ(ハダ)	circulate サーキュレイト

れ, レ

日	韓	英
れい **例** rei	**예*** イェ	example イグザンプル

日	韓	英
れい 礼 (おじぎ) rei	인사(人事), 경례(敬礼) インサ, †キョンネ	bow, salutation バウ, サリュテイション
(礼儀)	예의(礼儀) イェイ	etiquette, manners エティケト, マナズ
(感謝)	사례(謝礼) サレ	thanks サンクス
れいあうと レイアウト reiauto	레이아웃 レイアウッ	layout レイアウト
れいえん 霊園 reien	공원묘지(公園基地) †コンウォンミョジ	cemetery セメテリ
れいか 零下 reika	영하* ヨンハ	below zero ビロウ ズィアロウ
れいがい 例外 reigai	예외* イェウェ	exception イクセプション
れいがい 冷害 reigai	냉해* ネンヘ	damage from cold weather ダミヂ フラム コウルド ウェザ
れいかん 霊感 reikan	영감* ヨンガム	inspiration インスピレイション
れいき 冷気 reiki	냉기* ネンギ	chill, cold チル, コウルド
れいぎ 礼儀 reigi	예의* イェイ	etiquette, manners エティケト, マナズ
れいきゃく(する) 冷却(する) reikyaku (suru)	냉각*(하다) ネンガク(ハダ)	refrigeration; cool リフリヂャレイション, クール
れいきゅうしゃ 霊柩車 reikyuusha	영구차* ヨングチャ	hearse ハース

日	韓	英
れいぐう(する) **冷遇(する)** reiguu (suru)	**냉대**(冷待)**(하다)** ネンデ(ハダ)	cold treatment; treat coldly コウルド トリートメント, ト リート コウルドリ
れいこくな **冷酷な** reikokuna	**냉혹**＊**한** ネンホカン	cruelty; cruel クルーエルティ, クルーエル
れいこん **霊魂** reikon	**영혼**＊ ヨンホン	soul ソウル
れいじょう **礼状** reijou	**사례**(謝礼) **편지**(便紙) サレ ピョンジ	letter of thanks レタ オヴ サンクス
れいせいな **冷静な** reiseina	**냉정**＊**한** ネンジョンハン	cool, calm クール, カーム
れいせん **冷戦** reisen	**냉전**＊ ネンジョン	cold war コウルド ウォー
れいぞうこ **冷蔵庫** reizouko	**냉장고**＊ ネンジャンゴ	refrigerator リフリヂャレイタ
れいたんな **冷淡な** reitanna	**냉담**＊**한** ネンダムハン	cold, indifferent コウルド, インディファレン ト
れいだんぼう **冷暖房** reidanbou	**냉난방**＊ ネンナンバン	air conditioning エア コンディショニング
れいとう(する) **冷凍(する)** reitou (suru)	**냉동**＊**(하다)** ネンドン(ハダ)	freezing; freeze フリーズィング, フリーズ
～庫	**냉동고**(冷凍庫) ネンドンゴ	freezer フリーザ
～食品	**냉동식품**(冷凍食品) ネンドンシクプム	frozen food フローズン フード
れいはい(する) **礼拝(する)** reihai (suru)	**예배**＊**(하다)** イェベ(ハダ)	worship, service ワーシプ, サーヴィス

日	韓	英
〜堂	예배당(礼拝堂), 교회(教会) イェベダン, †キョフェ	chapel チャペル
れいふく **礼服** reifuku	예복* イェボク	full dress フル ドレス
れいぼう **冷房** reibou	냉방* ネンバン	air conditioning エア コンディショニング
れいんこーと **レインコート** reinkooto	레인코트, 비옷 レインコトゥ, †ピオッ	raincoat レインコウト
れーざー **レーザー** reezaa	레이저 レイジョ	laser レイザ
れーす **レース** (飾りの) reesu	레이스 レイス	lace レイス
(競走)	레이스 レイス	race レイス
れーだー **レーダー** reedaa	레이더 レイド	radar レイダー
れきし **歴史** rekishi	역사* ヨクサ	history ヒストリ
れきだいの **歴代の** rekidaino	역대*의 ヨクテエ	successive サクセスィヴ
れぎゅらー **レギュラー** regyuraa	규칙적(規則的)인 †キュチクチョギン	regular レギュラ
れくりえーしょん **レクリエーション** rekurieeshon	레크리에이션 レクリエイション	recreation レクリエイション
れこーど **レコード** (記録) rekoodo	레코드 レコドゥ	record レコード
(音盤)	레코드 レコドゥ	record, disk レコード, ディスク

れ

日	韓	英
れじ **レジ** reji	**카운터, 계산대**(計算台) カウント, †ケサンッテ	cash register **キャ**シュ **レ**ヂスタ
れしーと **レシート** reshiito	**영수증**(領収証) ヨンスジュン	receipt リ**スィー**ト
れしーばー **レシーバー** reshiibaa	**리시버** リシボ	receiver リ**スィー**ヴァ
れしぴ **レシピ** reshipi	**조리법**(調理法) †チョリッポプ	recipe **レ**スィピ
れじゃー **レジャー** rejaa	**레저** レジョ	leisure **リー**ジャ
れすとらん **レストラン** resutoran	**레스토랑** レストラン	restaurant **レ**ストラント
れすりんぐ **レスリング** resuringu	**레슬링** レスルリン	wrestling **レ**スリング
れせぷしょん **レセプション** resepushon	**리셉션** リセプション	reception リ**セ**プション
れたす **レタス** retasu	**양**(洋)**상치** ヤンサンチ	lettuce **レ**タス
れつ **列** retsu	**열**∗, **줄** ヨル, †チュル	line, row, queue **ラ**イン, **ロ**ウ, **キュー**
れつあくな **劣悪な** retsuakuna	**열악**∗**한** ヨラカン	inferior, poor イン**フィ**アリア, **プ**ア
れっかーしゃ **レッカー車** rekkaasha	**견인차**(牽引車) †キョニンチャ	wrecker **レ**カ
れっきょ(する) **列挙(する)** rekkyo (suru)	**열거**∗**(하다)** ヨルゴ(ハダ)	enumeration; enumerate イニュー**メ**レイション, イ**ニュー**メレイト

れ

日	韓	英
れっしゃ **列車** ressha	**열차**＊ ヨルチャ	train トレイン
れっすん **レッスン** ressun	**레슨** レスン	lesson レスン
れっせき(する) **列席(する)** resseki (suru)	**참석**(参席)(**하다**) チャムソク(ハダ)	attendance; attend アテンダンス, アテンド
れってる **レッテル** retteru	**레테르** レテル	label レイベル
れっとう **列島** rettou	**열도**＊ ヨルット	islands アイランヅ
れっとうかん **劣等感** rettoukan	**열등감**＊ ヨルットゥンガム	sense of inferiority センス オヴ インフィアリ オーリティ
れとりっく **レトリック** retorikku	**수사학**(修辞学) スサハク	rhetoric レトリク
れとると **レトルト** retoruto	**레토르트** レトルトゥ	retort リトート
～食品	**레토르트 식품** レトルトゥ シクプム	retort-packed food リトートパクト フード
ればー **レバー** rebaa	**간**(肝) †カン	liver リヴァ
(取っ手)	**레버** レボ	lever レヴァ
れぱーとりー **レパートリー** repaatorii	**레퍼토리** レポトリ	repertory レパートリ
れふと **レフト** (野球の)	**좌익수**(左翼手) †チョアイクス	left field レフト フィールド
れべる **レベル** reberu	**레벨** レベル	level レヴェル

れ

日	韓	英
れぽーと **レポート** repooto	**리포트** リポトゥ	report リポート
れもん **レモン** remon	**레몬** レモン	lemon レモン
れんあい(する) **恋愛(する)** ren-ai (suru)	**연애*(하다)** ヨネ(ハダ)	love; fall in love with ラヴ, フォール イン ラヴ ウィズ
～結婚	**연애결혼**(恋愛結婚) ヨネギョロホン	love match ラヴ マチ
れんが **煉瓦** renga	**벽**(甓)**돌** †ピョクトル	brick ブリク
れんきゅう **連休** renkyuu	**연휴*** ヨンヒュ	consecutive holidays コンセキュティヴ ハリデイズ
れんけい(する) **連携(する)** renkei (suru)	**연계**(連繫)**(하다)** ヨンゲ(ハダ)	cooperation, tie-up コウアペレイション, タイアプ
れんけつ(する) **連結(する)** renketsu (suru)	**연결*(하다)** ヨンギョル(ハダ)	connection; connect コネクション, コネクト
れんこうする **連行する** renkousuru	**연행*하다** ヨンヘンハダ	take to テイク トゥ
れんごう(する) **連合(する)** rengou (suru)	**연합*(하다)** ヨンハプ(ハダ)	union; (be) united ユーニョン, (ビ) ユーナイテド
れんこん **蓮根** renkon	**연근*** ヨングン	lotus root ロウタス ルート
れんさ **連鎖** rensa	**연쇄*** ヨンスェ	chain, link チェイン, リンク
～反応	**연쇄* 반응**(反応) ヨンスェ †パヌン	chain reaction チェイン リアクション

日	韓	英
れんさい(する) **連載(する)** rensai (suru)	**연재***(**하다**) ヨンジェ(ハダ)	serial ス**ィ**アリアル
れんじ **レンジ** renji	**레인지** レインジ	range レイン**ヂ**
れんじつ **連日** renjitsu	**연일*** ヨニル	every day **エ**ヴリ **デ**イ
れんしゅう(する) **練習(する)** renshuu (suru)	**연습***(**하다**) ヨンスプ(ハダ)	practice, exercise プ**ラ**クティス, **エ**クササイズ
れんず **レンズ** renzu	**렌즈** レンジュ	lens レンズ
れんそう(する) **連想(する)** rensou (suru)	**연상***(**하다**) ヨンサン(ハダ)	association; associate アソウスィ**エ**イション, ア**ソ**ウスィエイト
れんぞく(する) **連続(する)** renzoku (suru)	**연속***(**하다**) ヨンソク(ハダ)	continuation; continue コンティニュ**エ**イション, コ ン**ティ**ニュー
れんたい **連帯** rentai	**연대*** ヨンデ	solidarity サリ**ダ**リティ
〜感	**연대감**(連帯感) ヨンデガム	sense of solidarity **セ**ンス オヴ サリ**ダ**リティ
〜保証人	**연대* 보증인**(保証人) ヨンデ†ボジュンイン	joint surety **チョ**イント **シュ**アティ
れんたかー **レンタカー** rentakaa	**렌터카** レントカ	rent-a-car **レ**ンタカー
れんたる **レンタル** rentaru	**렌털** レントル	rental **レ**ンタル
れんとげん **レントゲン** rentogen	**뢴트겐** ルェントゥゲン	X rays **エ**クス **レ**イズ

れ

日	韓	英
れんめい **連盟** renmei	**연맹**(聯盟) ヨンメン	league **リ**ーグ
れんらく(する) **連絡(する)** renraku (suru)	**연락**＊(**하다**) ヨルラク(ハダ)	contact **カ**ンタクト
れんりつ(する) **連立(する)** renritsu (suru)	**연립**(聯立)(**하다**) ヨルリプ(ハダ)	coalition コウア**リ**ション

ろ, ロ

ろ **炉** ro	**화로**(火炉) ファロ	fireplace **ファ**イアプレイス
ろいやりてぃー **ロイヤリティー** roiyaritii	**로열티** ロヨルティ	royalty **ロ**イアルティ
ろう **蝋** rou	**납**＊ ナプ	wax **ワ**クス
ろうか **廊下** rouka	**복도**(複道) †ポクト	corridor, hallway **コ**ーリダ, **ホ**ールウェイ
ろうか(する) **老化(する)** rouka (suru)	**노화**＊(**하다**) ノファ(ハダ)	senility; age スィ**ニ**リティ, **エ**イヂ
ろうがん **老眼** rougan	**노안**＊ ノアン	presbyopia プレズビ**オ**ウピア
ろうきゅうかした **老朽化した** roukyuukashita	**노후화**＊**된** ノフファドェン	old, decrepit **オ**ウルド, ディク**レ**ピト
ろうご **老後** rougo	**노후**＊ ノフ	old age **オ**ウルド **エ**イヂ
ろうさいほけん **労災保険** rousaihoken	**노동자 재해보상 보험**(労働 者災害補償保険)**, 산업 재해보 상 보험**(産業災害補償保険) ノドンジャ †チェヘボサン †ボホム, サノプ †チェヘボサン †ボホム	workmen's com- pensation insur- ance **ワ**ークメンズ カンペン**セ**イ ション イン**シュ**アランス

日	韓	英
ろうし **労使** roushi	**노사*** ノサ	labor and manage-ment レイバ アンド マニヂメント
ろうじん **老人** roujin	**노인*** ノイン	old man オウルド マン
ろうすい **老衰** rousui	**노쇠*** ノスェ	senility スィニリティ
ろうそく **蝋燭** rousoku	**초, 양(洋)초** チョ, ヤンチョ	candle キャンドル
ろうどう(する) **労働(する)** roudou (suru)	**노동(労動)(하다)** ノドン(ハダ)	labor, work レイバ, ワーク
~組合	**노동 조합(労働組合)** ノドン ジョハプ	labor union レイバ ユーニョン
~時間	**노동 시간(労働時間)** ノドン シガン	working hours ワーキング アウアズ
~者	**노동자(労働者)** ノドンジャ	laborer, worker レイバラ, ワーカ
ろうどく(する) **朗読(する)** roudoku (suru)	**낭독*(하다)** ナンドク(ハダ)	reading; read, re-cite リーディング, リード, リサイト
ろうねん **老年** rounen	**노년*** ノニョン	old age オウルド エイヂ
ろうばい(する) **狼狽(する)** roubai (suru)	**당황(唐慌)(하다)** †タンファン(ハダ)	confusion; (be) upset コンフュージョン, (ビ) アプセト
ろうひ(する) **浪費(する)** rouhi (suru)	**낭비*(하다)** ナンビ(ハダ)	waste ウェイスト
ろうりょく **労力** rouryoku	**수고** スゴ	pains, trouble ペインズ, トラブル

日	韓	英
ろうれい **老齢** rourei	노령* ノリョン	old age **オ**ウルド **エ**イヂ
ろーかる **ローカル** rookaru	기방(地方)의 †チバンエ	local **ロ**ウカル
ろーしょん **ローション** rooshon	로션 ロション	lotion **ロ**ウション
ろーす **ロース** roosu	등심(살) †トゥンシム(サル)	sirloin **サ**ーロイン
ろーすと **ロースト** roosuto	로스트 ロストゥ	roast **ロ**ウスト
〜ビーフ	로스트비프 ロストゥビプ	roast beef **ロ**ウスト **ビ**ーフ
ろーたりー **ロータリー** rootarii	로터리 ロトリ	rotary, roundabout **ロ**ウタリ, **ラ**ウンダバウト
ろーてーしょん **ローテーション** rooteeshon	로테이션 ロテイション	rotation ロウ**テ**イション
ろーぷ **ロープ** roopu	로프 ロプ	rope **ロ**ウプ
〜ウエイ	로프웨이, 공중(空中)케이블 카 ロプウェイ, †コンジュン ケイブルカ	ropeway **ロ**ウプウェイ
ろーまじ **ローマ字** roomaji	로마자(字) ロマッチャ	Roman alphabet **ロ**ウマン **ア**ルファベト
ろーらーすけーと **ローラースケート** rooraasukeeto	롤러스케이트 ロルロスケイトゥ	roller-skating **ロ**ウラ ス**ケ**イティング
ろーん **ローン** roon	대부(貸付), 대부금(貸付金) †テブ, †テブグム	loan **ロ**ウン
ろか(する) **濾過(する)** roka (suru)	여과*(하다) ヨグヮ(ハダ)	filtration; filter フィルト**レ**イション, **フィ**ル タ

日	韓	英
ろくおん（する） **録音(する)** rokuon (suru)	**녹음**＊(하다) ノグム(ハダ)	recording; record, tape リコーディング，リコード，**テ**イプ
ろくが（する） **録画(する)** rokuga (suru)	**녹화**＊(하다) ノクヮ(ハダ)	video recording **ヴ**ィディオウ リコーディング
ろくがつ **六月** rokugatsu	**유월**＊ ユウォル	June **ヂ**ューン
ろくまく **肋膜** rokumaku	**늑막**＊ ヌンマク	pleura プル**ア**ラ
～炎	**늑막염**(肋膜炎) ヌンマンニョム	pleurisy プル**ア**リスィ
ろけーしょん **ロケーション** rokeeshon	**로케이션** ロケイション	location ロウ**ケ**イション
ろけっと **ロケット** roketto	**로켓** ロケッ	rocket **ラ**ケト
ろこつな **露骨な** rokotsuna	**노골적**(露骨的)**인** ノゴルチョギン	plain, blunt プ**レ**イン，ブ**ラ**ント
ろじ **路地** roji	**골목길** ↑コルモクキル	alley, lane **ア**リ，**レ**イン
ろしあ **ロシア** roshia	**러시아** ロシア	Russia **ラ**シャ
～語	**러시아어**(語)，**노어**(露語) ロシアオ，ノオ	Russian **ラ**シャン
ろしゅつ（する） **露出(する)** roshutsu (suru)	**노출**＊(하다) ノチュル(ハダ)	exposure; expose イクス**ポ**ウジャ，イクス**ポ**ウズ
ろす **ロス** rosu	**손실**(損失)，**낭비**(浪費) ソンシル，ナンビ	loss **ロ**ース

ろ

日	韓	英
ろせん **路線** rosen	**노선**＊ ノソン	route, line **ルート**, **ライン**
～図	**노선도**（路線図） ノソンド	route map **ルート マ**プ
ろっかー **ロッカー** rokkaa	**로커** ロコ	locker **ラ**カ
ろっくんろーる **ロックンロール** rokkunrooru	**로큰롤** ロクンロル	rock'n'roll **ラ**クン**ロ**ウル
ろっこつ **肋骨** rokkotsu	**늑골**＊ ヌクコル	rib **リ**プ
ろっじ **ロッジ** rojji	**로지, 산장**（山荘） ロジ, サンジャン	lodge **ラ**ヂ
ろてん **露店** roten	**노점**＊ ノジョム	stall, booth ス**トー**ル, **ブー**ス
ろびー **ロビー** robii	**로비** ロビ	lobby **ラ**ビ
ろぼっと **ロボット** robotto	**로봇** ロボッ	robot **ロ**ウボト
ろまんす **ロマンス** romansu	**로맨스** ロメンス	romance ロウ**マ**ンス
ろまんちすと **ロマンチスト** romanchisuto	**로맨티스트** ロメンティストゥ	romanticist ロウ**マ**ンティスィスト
ろまんちっく（な） **ロマンチック（な）** romanchikku (na)	**로맨틱**（한） ロメンティク（ハン）	romantic ロウ**マ**ンティク
ろんぎ（する） **論議（する）** rongi (suru)	**논의**＊（**하다**） ノニ（ハダ）	discussion; discuss ディス**カ**ション, ディス**カ**ス

ろ

日	韓	英
ろんきょ **論拠** ronkyo	**논거**＊ ノンゴ	basis of an argument ベイスィス オヴ アン **アー**ギュメント
ろんぐらん **ロングラン** ronguran	**롱런** ロンロン	long run **ロー**ング **ラ**ン
ろんじる **論じる** ronjiru	**논(論)하다** ノンハダ	discuss, argue ディス**カ**ス, **アー**ギュー
ろんそう(する) **論争(する)** ronsou (suru)	**논쟁**＊**(하다)** ノンジェン(ハダ)	argument; argue, dispute **アー**ギュメント, **アー**ギュー, ディス**ピュ**ート
ろんてん **論点** ronten	**논점**＊ ノンチョム	point at issue **ポ**イント アト **イ**シュー
ろんぶん **論文** ronbun	**논문**＊ ノンムン	essay, thesis **エ**セイ, **ス**ィースィス
ろんり **論理** ronri	**논리**＊ ノルリ	logic **ラ**ヂク
〜学	**논리학(論理学)** ノルリハク	logic **ラ**ヂク
〜的な	**논리적(論理的)인** ノルリジョギン	logical **ラ**ヂカル

わ, ワ

日	韓	英
わ **和** (合計) wa	**합(合)** ハプ	sum **サ**ム
(調和)	**조화(調和)** †チョファ	harmony **ハー**モニ
(平和)	**평화(平和)** ピョンファ	peace **ピ**ース

わ

日	韓	英
わ **輪** wa	**고리, 원형**(円形) †コリ, ウォンヒョン	circle, ring **サークル, リング**
わーるどかっぷ **ワールドカップ** waarudokappu	**월드컵** ウォルドゥコプ	World Cup **ワールド カプ**
わいしゃつ **ワイシャツ** waishatsu	**와이셔츠** ワイショチュ	shirt **シャート**
わいせつな **猥褻な** waisetsuna	**외설*스러운** ウェソルスロウン	obscene **オブスィーン**
わいぱー **ワイパー** waipaa	**와이퍼** ワイポ	wiper **ワイパ**
わいやー **ワイヤー** waiyaa	**와이어** ワイオ	wire **ワイア**
わいろ **賄賂** wairo	**뇌물**(賂物) ヌェムル	bribe **ブライブ**
わいん **ワイン** wain	**와인** ワイン	wine **ワイン**
わおん **和音** waon	**화음*** ファウム	chord **コード**
わかい **若い** wakai	**젊다** †チョムッタ	young **ヤング**
わかい(する) **和解(する)** wakai (suru)	**화해*(하다)** ファヘ(ハダ)	reconciliation; (be) reconciled with レコンスィリ**エ**イション, (ビ) レコンサイルド ウィズ
わかがえる **若返る** wakagaeru	**젊어지다, 회춘**(回春)**하다** †チョルモジダ, フェチュンハダ	grow younger **グロウ ヤンガ**
わかさ **若さ** wakasa	**젊음** †チョルムム	youth **ユース**

日	韓	英
わかす **沸かす** wakasu	끓이다, 데우다 ックリダ, †テウダ	boil ボイル
わかつ **分かつ** wakatsu	나누다, 가르다 ナヌダ, †カルダ	share with シェア ウィズ
わかば **若葉** wakaba	새잎, 어린 잎 セイプ, オリン ニプ	young leaves ヤング リーヴズ
わがまま **我が儘** wagamama	버릇없음, 제멋대로 굶 †ポルドプスム, †チェモッテロ †クム	selfishness セルフィシュネス
~な	버릇없는, 제멋대로 구는 †ポルドムヌン, †チェモッテロ グヌン	selfish, willful セルフィシュ, ウィルフル
わかもの **若者** wakamono	젊은이, 젊은 사람 †チョルムニ, †チョルムン サラム	young person ヤング パースン
わかりにくい **分かり難い** wakarinikui	알기 어렵다, 이해(理解)하기 어렵다 アルギ オリョプタ, イヘハギ オリョプタ	difficult ディフィカルト
わかりやすい **分かり易い** wakariyasui	알기 쉽다, 이해(理解)하기 쉽다 アルギ シュィプタ, イヘハギ シュィプタ	easy, simple イーズィ, スィンプル
わかる **分かる** wakaru	알다, 이해(理解)하다 アルダ, イヘハダ	understand, realize アンダスタンド, リーアライズ
わかれ **別れ** wakare	헤어짐, 이별(離別) ヘオジム, イビョル	parting, farewell パーティング, フェアウェル
わかれる **分かれる** wakareru	나누어지다, 갈라지다 ナヌオジダ, †カルラジダ	part パート
(区分)	나누어지다 ナヌオジダ	(be) divided into (ビ) ディヴァイデド イントゥ
わかれる **別れる** wakareru	헤어지다, 이별(離別)하다 ヘオジダ, イビョルハダ	part from パート フラム
わかわかしい **若々しい** wakawakashii	아주 젊다, 생기발랄(生気溌剌)하다 アジュ †チョムッタ, センギパルラルハダ	young and fresh ヤング アンド フレシュ

日	韓	英
わき **脇** waki	겨드랑이 †キョドゥランイ	side **サ**イド
わきのした **脇の下** wakinoshita	겨드랑이 †キョドゥランイ	armpit **アー**ムピト
わきばら **脇腹** wakibara	옆구리 ヨプクリ	side **サ**イド
わきみち **脇道** wakimichi	샛길, 옆길 セッキル, ヨプキル	bypath バ**イ**パス
わきやく **脇役** wakiyaku	조연(助演), 보좌역(補佐役) †チョヨン, †ポジュワヨク	supporting role サ**ポー**ティング **ロ**ウル
わく **沸く** waku	끓다 ックルタ	boil **ボ**イル
わく **湧く** waku	솟다 ソッタ	spring, flow ス**プ**リング, フ**ロ**ウ
わく **枠** waku	틀, 테두리 トゥル, テドゥリ	frame, rim フ**レ**イム, **リ**ム
(範囲)	제한(制限) 범위(範囲), 한계 (限界) †チェハン †ポミゥ, ハンゲ	framework, limit フ**レ**イムワーク, **リ**ミト
わくせい **惑星** wakusei	혹성*, 행성(行星) ホクソン, ヘンソン	planet プ**ラ**ネト
わくちん **ワクチン** wakuchin	백신 †ペクシン	vaccine ヴァク**スィー**ン
わけ **訳** wake	이유(理由), 까닭 イユ, ッカダク	reason, cause **リー**ズン, **コー**ズ
わけまえ **分け前** wakemae	몫, 배당(配当) モク, †ペダン	share **シェ**ア
わける **分ける** wakeru	나누다, 구분(区分)하다 ナヌダ, †クブンハダ	divide, part ディ**ヴァ**イド, **パー**ト

日	韓	英
(分離)	나누다, 분리(分離)하다 ナヌダ, †プルリハダ	separate, part セパレイト, パート
(区別)	나누다, 구별(区別)하다 ナヌダ, †クビョルハダ	classify クラスィファイ
(分配)	나누다, 분배(分配)하다 ナヌダ, †プンベハダ	distribute, share ディストリビュート, シェア
わごむ **輪ゴム** wagomu	고무 밴드 †コム †ベンドゥ	rubber band ラバ バンド
わごん **ワゴン** wagon	왜건 ウェゴン	wagon ワゴン
(自動車)	왜건 ウェゴン	station wagon ステイション ワゴン
わざ **技・業** waza	기술(技術) †キスル	technique テクニーク
わざと **わざと** wazato	일부러, 고의(故意)로 イルプロ, †コイロ	on purpose オン パーパス
わさび **山葵** wasabi	고추냉이 †コチュネンイ	horseradish ホースラディシュ
わざわい **災い** wazawai	재앙(災殃), 재난(災難) †チェアン, †チェナン	misfortune ミスフォーチュン
わざわざ **わざわざ** wazawaza	특별(特別)히, 일부러 トゥクピョルヒ, イルプロ	deliberately ディリバレトリ
わし **鷲** washi	독(禿)수리 †トクスリ	eagle イーグル
わしょく **和食** washoku	일식(日式) イルッシク	Japanese food ヂャパニーズ フード
わずかな **僅かな** wazukana	불과(不過), 약간(若干) †プルグヮ, ヤクカン	a few, a little ア フュー, ア リトル

日	韓	英
わずらわしい **煩わしい** wazurawashii	번거롭다, 성가시다 †ポンゴロプタ, ソンガシダ	troublesome トラブルサム
わずらわす **煩わす** wazurawasu	번거롭게 하다, 성가시게 하다 †ポンゴロプケ ハダ, ソンガシゲ ハダ	trouble トラブル
わすれっぽい **忘れっぽい** wasureppoi	잘 잊어버리다 †チャル イジョボリダ	have a poor memory ハヴ ア プア メモリ
わすれもの **忘れ物** wasuremono	분실물(紛失物), 잊은 물건(物件) †プンシルムル, イジュン ムルゴン	thing left behind スィング レフト ビハインド
～をする	물건(物件)을 두고 오다 ムルゴヌル †トゥゴ イッタ	forget, leave フォゲト, リーヴ
わすれる **忘れる** wasureru	잊다 イッタ	forget フォゲト
わせりん **ワセリン** waserin	바셀린 †パセルリン	vaseline ヴァセリーン
わた **綿** wata	솜, 목화(木花) ソム, モクファ	cotton カトン
わだい **話題** wadai	화제* ファジェ	topic タピク
わだかまり **蟠り** wadakamari	응어리 ウンオリ	bad feelings バド フィーリングズ
わたし **私** watashi	저, 나 †チョ, ナ	I, myself アイ, マイセルフ
～の	저의, 나의, 제, 내 †チョエ, ナエ, †チェ, ネ	my マイ
わたしたち **私たち** watashitachi	우리(들) ウリドゥル	we ウィー
～の	우리(들)의 ウリ(ドゥル)レ	our アウア

日	韓	英
わたす **渡す** watasu	**건네주다** †コンネジュダ	hand ハンド
（引き渡す）	**넘겨주다** ノムギョジュダ	hand over, surrender ハンド オウヴァ, サレンダ
わたる **渡る** wataru	**건너다** †コンノダ	cross, go over クロース, ゴウ オウヴァ
わっくす **ワックス** wakkusu	**왁스** ワクス	wax ワクス
わっと **ワット** watto	**와트** ワトゥ	watt ワト
わな **罠** wana	**덫, 함정**（陥穽） †トッ, ハムジョン	trap トラプ
〜を掛ける	**덫을 놓다** †トチュル ノタ	set a trap セト ア トラプ
わに **鰐** wani	**악어**（鰐魚） アゴ	crocodile, alligator クラカダイル, アリゲイタ
わび **詫び** wabi	**사과**（謝過）**, 사죄**（謝罪） サグヮ, サジュェ	apology アパロディ
わびしい **侘しい** wabishii	**외롭다, 쓸쓸하다** ウェロプタ, ッスルッスルハダ	lonely ロウンリ
（みすぼらしい）	**초라하다** チョラハダ	poor, miserable プア, ミゼラブル
わびる **詫びる** wabiru	**사과**（謝過）**하다, 사죄**（謝罪）**하다** サグヮハダ, サジュェハダ	apologize to アパロヂャイズ トゥ
わふうの **和風の** wafuuno	**일본풍**（日本風）**의, 일본식**（日本式）**의** イルボンプンエ, イルボンシゲ	Japanese style ヂャパニーズ スタイル
わへいこうしょう **和平交渉** waheikoushou	**평화교섭**（平和交渉） ピョンファギョソプ	peace negotiation ピース ニゴウシエイション

わ

日	韓	英
わめく **喚く** wameku	**아우성**(声)**치다** アウソンチダ	give a cry **ギ**ヴ ア ク**ライ**
わやく(する) **和訳(する)** wayaku (suru)	**일역**(日訳)**(하다)** イリョク(ハダ)	Japanese transla-tion ヂャパ**ニ**ーズ トランスレ**イ** ション
わらい **笑い** warai	**웃음** ウスム	laugh, laughter **ラ**フ, **ラ**フタ
〜話	**우스운 이야기**, **우스개** ウスウン イヤギ, ウスゲ	funny story **ファ**ニ ス**ト**ーリ
わらう **笑う** warau	**웃다** ウッタ	laugh **ラ**フ
わらわせる **笑わせる** warawaseru	**웃기다** ウッキダ	make laugh **メ**イク **ラ**フ
(滑稽な)	**익살스럽다** イクサルッスロプタ	ridiculous, absurd リ**ディ**キュラス, アブ**サ**ード
わりあい **割合** wariai	**비율**(比率) †ピユル	rate, ratio **レ**イト, **レ**イシオウ
わりあて **割り当て** wariate	**할당**(割当) ハルッタン	assignment ア**サ**インメント
〜る	**할당**(割当)**하다**, **분배**(分配) **하다** ハルッタンハダ, †プンベハダ	assign ア**サ**イン
わりかん **割り勘** warikan	**각자**(各自) **부담**(負担) †カクチャ †プダム	split the bill スプ**リ**ト ザ **ビ**ル
わりこむ **割り込む** warikomu	**새치기하다** セチギハダ	cut in **カ**ト **イ**ン
(列に)	**끼어들다** ッキオドゥルダ	jump a queue **ヂャ**ンプ ア **キュ**ー

847

日	韓	英
わりざん **割り算** warizan	나눗셈 ナヌッセム	division ディ**ヴィ**ジョン
わりだか **割高** waridaka	상대적(相対的)으로 값이 비 쌈 サンデジョグロ ↑カプシ ↑ピサム	expensiveness イクス**ペ**ンスィヴネス
〜な	상대적(相対的)으로 값이 비 싼 サンデジョグロ ↑カプシ ↑ピサン	expensive イクス**ペ**ンスィヴ
わりびき **割引** waribiki	할인* ハリン	discount **ディ**スカウント
わりまし **割り増し** warimashi	할증(割増) ハルッチュン	premium **プ**リーミアム
〜料金	할증(割増) 요금(料金) ハルッチュン ヨグム	extra charge **エ**クストラ **チャ**ーヂ
わる **割る** waru	깨다, 깨뜨리다 ッケダ, ッケットゥリダ	break, crack ブレイク, ク**ラ**ク
(分割)	나누다 ナヌダ	divide into ディ**ヴァ**イド イントゥ
わるい **悪い** warui	나쁘다, 못되다 ナップダ, モットェダ	bad, wrong **バ**ド, **ロ**ーング
わるがしこい **悪賢い** warugashikoi	교활(狡猾)하다, 약다 ↑キョファルハダ, ヤクタ	cunning, sly **カ**ニング, ス**ラ**イ
わるくち **悪口** warukuchi	욕(辱), 험담(険談) ヨク, ホムダム	abuse ア**ビュ**ース
〜を言う	욕(辱)을 하다 ヨグル ハダ	speak ill of ス**ピ**ーク **イ**ル オヴ
わるつ **ワルツ** warutsu	왈츠 ワルチュ	waltz **ウォ**ールツ
わるもの **悪者** warumono	나쁜 놈, 악인(悪人) ナップン ノム, アギン	rascal, villain **ラ**スカル, **ヴィ**レン

わ

日	韓	英
われめ **割れ目** wareme	금, 틈 †クム, トゥム	crack, split クラク, スプリト
われる **割れる** wareru	깨지다 ッケジダ	break ブレイク
（裂ける）	갈라지다 †カルラジダ	crack, split クラク, スプリト
われわれ **我々** wareware	우리(들) ウリ(ドゥル)	we, ourselves ウィー, アウアセルヴズ
わん **湾** wan	만* マン	bay, gulf ベイ, ガルフ
わんがん **湾岸** wangan	연안(沿岸) ヨナン	coast コウスト
わんきょくする **湾曲する** wankyokusuru	만곡*하다 マンゴカダ	curve, bend カーヴ, ベンド
わんぱく **腕白** wanpaku	개구쟁이, 장난꾸러기 †ケグジェンイ, †チャンナンックロギ	naughty ノーティ
わんぴーす **ワンピース** wanpiisu	원피스 ウォンピス	dress ドレス
わんまん **ワンマン** wanman	독재자(独裁者) †トクチェジャ	dictator ディクテイタ
わんりょく **腕力** wanryoku	완력* ワルリョク	physical force フィズィカル フォース

付　録

●日常会話

あいさつ ……………………………………… 850
日々のあいさつ／近況・暮らしぶりをたずねる・答える／初対面・再会のときのあいさつ／旅のあいさつ／招待・訪問のあいさつ／別れのあいさつ

食事 ……………………………………………… 856
食事に誘う／レストランに入るときの表現／注文する／食事の途中で／レストランでの苦情／お酒を飲む／デザートを注文する／支払いのときの表現／ファーストフードを注文するときの表現／食事の途中の会話

買い物 …………………………………………… 868
売り場を探す／品物を見せてもらう・品物について聞く／試着する／品物を買う

トラブル・緊急事態 …………………………… 876
困ったときの表現／紛失・盗難のときの表現／子供が迷子になったときの表現／助けを求める／事件に巻き込まれて

●分野別単語集

味 ……………… 881	人体 ……………… 892
家 ……………… 881	数字 ……………… 892
衣服 …………… 882	スポーツ ………… 894
色 ……………… 883	台所用品 ………… 895
家具 …………… 883	電気製品 ………… 896
家族 …………… 884	動物 ……………… 896
体 ……………… 885	鳥 ………………… 897
木 ……………… 886	度量衡 …………… 898
気象 …………… 886	肉 ………………… 898
自然災害 ……… 887	飲み物 …………… 899
季節・月 ……… 887	花 ………………… 900
果物 …………… 888	病院 ……………… 901
化粧品 ………… 888	病気 ……………… 901
魚介 …………… 889	文房具 …………… 902
時間 …………… 889	店 ………………… 903
職業 …………… 890	野菜 ……………… 903
食器 …………… 891	曜日 ……………… 904

日常会話

あいさつ

日々のあいさつ —こんにちは！—

● **おはようございます.**
안녕하세요？ / 안녕하십니까？
アンニョンハセヨ / アンニョンハシムニッカ
Good morning.

● **こんにちは.**
안녕하세요？ / 안녕하십니까？
アンニョンハセヨ / アンニョンハシムニッカ
Good morning.

● **こんばんは.**
안녕하세요？ / 안녕하십니까？
アンニョンハセヨ / アンニョンハシムニッカ
Good morning.

● (同年代や年下の人に)**やあ！**
안녕！
アンニョン
Hello. / Hi!

● **おやすみなさい.**
안녕히 주무세요 . / 안녕히 주무십시오 .
アンニョンヒ ↑チュムセヨ / アンニョンヒ ↑チュムシプシオ
Good night.

近況・暮らしぶりをたずねる・答える —お元気ですか？—

● **お元気ですか.**
안녕하세요？ / 어떻게 지내세요？
アンニョンハセヨ / オットケ ↑チネセヨ
How are you?

● **調子はどうですか.**
어떻게 지내세요？
オットケ ↑チネセヨ
How are you doing?

851

●はい, 元気です. あなたは?
네 , 잘 지냅니다 . 어떠세요 ?
ネ, †チャル †チネムニダ オットセヨ
I'm fine. And you?

●まあまあです.
그저 그렇습니다 .
†クジョ †クロッスムニダ
So-so.

●お元気そうですね.
건강해 보이시네요 .
†コンガンヘ †ポイシネヨ
You look well.

●仕事はどうですか.
하시는 일은 어떠세요 ?
ハシヌン イルン オットセヨ
How are you getting along with your business?

●忙しいです.
바빠요 .
†パッパヨ
I'm busy.

●ご両親はお元気ですか.
부모님께서는 건강하세요 ?
†プモニムッケソヌン †コンガンハセヨ
How are your parents getting along?

●ご主人はお元気ですか.
남편께서는 잘 지내세요 ?
ナムピョンッケソヌン †チャル †チネセヨ
How is your husband getting along?

●奥さんはお元気ですか.
부인께서는 잘 지내세요 ?
†プインッケソヌン †チャル †チネセヨ
How is your wife getting along?

●チョン・ジヘさんはお元気でしょうか.
정지혜 씨는 잘 지내십니까 ?
†チョンジヘ ッシヌン †チャル †チネシムニッカ
How is Jeong Jihye?

日常会話

●**みんな元気です.**
모두 잘 지냅니다 .
モドゥ [↑]チャル [↑]チネムニダ
Thank you. They are all well.

●**それは何よりです.**
그게 최고죠 .
[↑]クゲ チェゴジョ
I'm glad to hear that.

初対面・再会のときのあいさつ —はじめまして—

●**はじめまして.**
처음 뵙겠습니다 .
チョウム [↑]プェプケッスムニダ
How do you do? / Nice to meet you.

●**よろしくお願いいたします.**
잘 부탁 드립니다 .
[↑]チャル [↑]プタク トゥリムニダ
Nice to meet you!

●**お目にかかれてうれしいです.**
만나 뵙게 되어서 반갑습니다 .
マンナ [↑]プェプケ [↑]トェオソ [↑]パンガプスムニダ
Nice to see you.

●**キム・ジフンさんではありませんか.**
김지훈 씨 아니세요 ?
[↑]キムジフン ッシ アニセヨ
Aren't you Kim Jihun?

●**私を覚えていらっしゃいますか.**
저를 기억하시겠습니까 ?
[↑]チョルル [↑]キオカシゲッスムニッカ
Do you remember me?

●**お久しぶりです.**
오랜만입니다 . / 오래간만입니다 .
オレンマニムニダ / オレガンマニムニダ
I haven't seen you for a long time.

旅のあいさつ —ようこそ！—

● **ようこそ韓国へ.**
한국에 오신 것을 환영합니다 .
ハングゲ オシン ↑コスル ファンヨンハムニダ
Welcome to Korea.

● **ようこそソウルへ.**
서울에 오신 것을 환영합니다 .
ソウレ オシン ↑コスル ファンヨンハムニダ
Welcome to Seoul.

● **疲れていませんか.**
피곤하지 않으세요 ?
ピゴンハジ アヌセヨ
Aren't you tired?

● **ええ, 大丈夫です.**
아 , 괜찮습니다 .
ア ↑クェンチャンスムニダ
No, I'm fine. / Yes, I'm fine.

● **ちょっと疲れました.**
조금 피곤합니다 .
↑チョグム ピゴンハムニダ
I'm a little tired.

● **時差ぼけかもしれません.**
시차 적응이 안 돼서 그런지도 모릅니다 .
シチャ ↑チョグンイ アン ↑トェソ ↑クロンジド モルムニダ
It's probably jet lag.

● **お出迎えありがとうございます.**
마중 나와 주셔서 감사합니다 .
マジュン ナワ ↑チュショソ ↑カムサハムニダ
Thank you for coming to pick me up.

招待・訪問のあいさつ —すてきなお家ですね—

● **ぜひうちにいらしてください.**
우리 집에 꼭 놀러 오세요 .
ウリ ↑チベ ッコク ノルロ オセヨ
Please come visit me.

● **ぜひうかがいます.**
꼭 찾아뵙겠습니다 .
ッコク　チャジャプェプケッスムニダ
I'm definitely going.

● **お招きいただきありがとうございます.**
초대해 주셔서 감사합니다 .
チョデヘ　⌐チュショソ　⌐カムサハムニダ
Thanks very much for inviting me.

● **すてきなお家ですね.**
집이 멋있네요 .
⌐チビ　モシンネヨ
What a wonderful house!

● **お粗末ですが.**
이거 약소합니다만 .
イゴ　ヤクソハムニダマン
Please accept this gift.

● **日本のおみやげです.**
일본에서 가져온 선물입니다 .
イルボネソ　⌐カジョオン　ソンムリムニダ
Here's a Japanese gift.

別れのあいさつ　—さようなら—

● **(留まる人に)さようなら.**
안녕히 계세요 . / 안녕히 계십시오 .
アンニョンヒ　⌐ケセヨ / アンニョンヒ　⌐ケシプシオ
Good-bye. / See you.

● **(去る人に)さようなら.**
안녕히 가세요 . / 안녕히 가십시오 .
アンニョンヒ　⌐カセヨ / アンニョンヒ　⌐カシプシオ
Good-bye. / See you.

● **バイバイ.**
안녕 . / 잘 가 .
アンニョン / ⌐チャル　⌐カ
Bye. / Bye-bye.

●もう行かなくては.
가 봐야겠습니다 .
カ ポワヤゲッスムニダ
I should be going now.

●また近いうちに.
다음에 또 만나요 .
タウメ ット マンナヨ
See you soon.

●じゃあまたあとで.
나중에 또 봐 .
ナジュンエ ット ポワ
See you later.

●また明日.
내일 또 만납시다 .
ネイル ット マンナプシダ
See you tomorrow.

●どうぞ, 楽しい旅を！
여행 잘 다녀오세요 .
ヨヘン チャル タニョオセヨ
Have a nice trip!

●お気をつけて！
조심해서 가세요 .
チョシムヘソ カセヨ
Take care!

●あなたもね！
네 , 조심해서 가세요 .
ネ チョシムヘソ カセヨ
You too! / The same to you!

●今度は日本で会いましょう.
다음에는 일본에서 만납시다 .
タウメヌン イルボネソ マンナプシダ
Next time let's meet in Japan.

●ご主人によろしくお伝えください.
남편분께 안부 전해 주세요 .
ナムピョンブンッケ アンブ チョンヘ チュセヨ
My regards to your husband.

856

● **奥さんによろしくお伝えください.**
부인께 안부 전해 주세요 .
[↑]プインッケ アンブ [↑]チョンヘ [↑]チュセヨ
My regards to your wife.

● **ご家族によろしくお伝えください.**
가족분들께 안부 전해 주세요 .
[↑]カジョクブンドゥルッケ アンブ [↑]チョンヘ [↑]チュセヨ
My regards to your family.

食事

食事に誘う —食事に行きませんか？—

● **お腹がすきました.**
배가 고픕니다 .
[↑]ペガ [↑]コプムニダ
I'm hungry.

● **のどが乾きました.**
목이 마릅니다 .
モギ マルムニダ
I'm thirsty.

● **喫茶店で休みましょう.**
커피숍에서 쉽시다 .
コピジョペソ シュィプシダ
Let's rest at a coffee shop.

● **お昼は何を食べようか.**
점심은 뭘 먹을까 ?
[↑]チョムシムン ムオル モグルッカ
What shall we eat for lunch?

● **食事に行きませんか.**
식사하러 가지 않을래요 ?
シクサハロ [↑]カジ アヌルレヨ
Shall we go and eat together?

● **中華料理はどうですか.**
중화요리는 어때요 ?
[↑]チュンファヨリヌン オッテヨ
How about Chinese food?

●何か食べたいものはありますか.
뭔가 먹고 싶은 것이 있습니까？
ムォンガ モクコ シプン ↑コシ イッスムニッカ
Is there anything you'd like to eat?

●嫌いなものはありますか.
싫어하는 것이 있습니까？
シロハヌン ↑コシ イッスムニッカ
Is there anything you don't like?

●なんでも大丈夫です.
아무거나 괜찮습니다.
アムゴナ ↑クェンチャンスムニダ
Anything's ok.

●あまり辛いものは苦手です.
너무 매운 것은 잘 못 먹습니다.
ノム メウン ↑コスン ↑チャル モッ モクスムニダ
I can't eat anything too spicy.

●いいレストランを教えてくれませんか.
괜찮은 레스토랑이 있으면 소개해 주실래요？
↑クェンチャンヌン レストランイ イッスミョン ソゲヘ ↑チュシルレヨ
Could you recommend a good restaurant?

●この店は食べ物はおいしくて値段も手ごろです.
이 식당은 음식도 맛있고 가격도 적당합니다.
イ シクタンウン ウムシクト マシッコ ↑カギョクト ↑チョクタンハムニダ
The food in this restaurant is good and the prices aren't bad.

●ごちそうしますよ.
제가 사겠습니다.
↑チェガ サゲッスムニダ
I'll treat you.

レストランに入るときの表現　―何分ぐらい待ちますか？―

●６時から３名で予約をお願いします.
여섯 시부터 세 명 예약을 부탁합니다.
ヨソッ シプト セ ミョン イェヤグル ↑プタカムニダ
I'd like to make a reservation for three persons at six o'clock.

● 何分ぐらい待ちますか.
여기에 분 정도 기다려요？
ミョッ プン チョンド キダリョヨ
How long will we have to wait?

● ここにお名前を書いてください.
여기에 성함을 적어 주세요 .
ヨギエ ソンハムル チョゴ チュセヨ
Please put your name down here.

● テラス席がいいのですが.
테라스 쪽으로 주세요 .
テラス ッチョグロ チュセヨ
Can we take the terrace seats?

● 7 時に予約をしました.
일곱 시에 예약을 했습니다 .
イルゴブ ッシエ イェヤグル ヘッスムニダ
I have a reservation for seven o'clock.

● 2 人です.
두 명입니다 .
トゥ ミョンイムニダ
Do you have a table for two?

● 3 人です.
세 명입니다 .
セ ミョンイムニダ
Do you have a table for three?

● 禁煙席・喫煙席どちらがよろしいですか.
금연석과 흡연석 중 어느 쪽으로 하시겠습니까 ？
クミョンソックヮ フビョンソク チュン オヌ ッチョグロ ハシゲッスムニッカ
Would you prefer smoking or nonsmoking?

● たばこをお吸いになりますか.
담배는 피우십니까 ？
タムベヌン ピウシムニッカ
Would you like to smoke?

● 禁煙席をお願いします.
금연석으로 부탁합니다 .
クミョンソグロ プタカムニダ
Nonsmoking please.

● こちらへどうぞ.
이쪽으로 오세요 .
イッチョグロ オセヨ
Right this way please.

● この席はあいていますか.
이 자리는 비어 있습니까 ?
イ ˼チャリヌン ˼ピオ イッスムニッカ
Is this seat taken?

注文する —本日のスープは何ですか?—

● ご注文をどうぞ.
주문하시겠습니까 ?
˼チュムンハシゲッスムニッカ
May I take your order?

● メニューを見せてください.
메뉴를 보여 주세요 .
メニュルル ˼ポヨ ˼チュセヨ
Could I have a menu, please?

● お勧めはなんですか.
오늘은 뭐가 맛있어요 ?
オヌルン ムォガ マシッソヨ
What do you recommend?

● この店の自慢料理は何ですか.
이 가게는 뭐가 맛있어요 ?
イ ˼カゲヌン ムォガ マシッソヨ
What's your specialty?

● 本日のスープは何ですか.
오늘의 수프는 뭐예요 ?
オヌレ スプヌン ムォイェヨ
What's the soup of the day?

● ハム・ソーセージの盛り合わせをください.
햄·소시지 모듬을 주세요 .
ヘム ソシジ モドゥムル ˼チュセヨ
I'd like a sausage plate, please.

860

● **魚にします.**
생선으로 하겠습니다 .
センソヌロ ハゲッスムニダ
I'd like the fish.

● **肉にします.**
고기로 하겠습니다 .
コギロ ハゲッスムニダ
I'd like the meat.

● **ステーキの焼き具合はどのようにしましょうか.**
스테이크는 어느 정도로 익힐까요 ?
ステイクヌン オヌ チョンドロ イキルッカヨ
How would you like your steak?

● **ミディアムにしてください.**
미디엄으로 해 주세요 .
ミディオムロ ヘ チュセヨ
Medium, please.

● **レアにしてください.**
레어로 해 주세요 .
レオロ ヘ チュセヨ
Rare, please.

● **ウエルダンにしてください.**
웰던으로 해 주세요 .
ウェルドンウロ ヘ チュセヨ
Well-done, please.

● **ミックスサラダもください.**
믹스 샐러드도 주세요 .
ミクス セルロドゥド チュセヨ
I'd like a mixed salad too, please.

● **ごはんを少なめにしていただけますか.**
밥은 조금만 주시겠어요 ?
パブン チョグムマン チュシゲッソヨ
Please give me a small order of rice.

食事の途中で —小皿を持ってきてください—

● **小皿を持ってきてください.**
작은 접시를 가져다 주세요 .

†チャグン †チョプシルル †カジョダ †チュセヨ
Please bring a small plate.

●お水をいただけますか.
물 좀 주시겠어요 ?
ムル †チョム †チュシゲッソヨ
I'd like a glass of water.

●箸を1膳いただけますか.
젓가락 하나 주시겠어요 ?
†チョッカラク ハナ †チュシゲッソヨ
Give me a pair of chopsticks.

●(レストランで食べ残したもの)これを包んでいただけますか.
포장해 주시겠어요 ?
ポジャンヘ †チュシゲッソヨ
Will you wrap this up?

レストランでの苦情 —頼んだものがまだ来ません—

●これは火が通っていません.
이거 좀 덜 익었습니다 .
イゴ †チョム †トル イゴッスムニダ
This isn't done cooking.

●スープが冷めています.
수프가 식었습니다 .
スプガ シゴッスムニダ
The soup is cold.

●私が頼んだのはビビンバです.
제가 주문한 것은 비빔밥입니다 .
†チェガ †チュムンハン †コスン †ピビンパビムニダ
I ordered pibimpap.

●これは注文していません.
이건 주문하지 않았습니다 .
イゴン †チュムンハジ アナッスムニダ
I didn't order this.

●頼んだものがまだ来ません.
주문한 것이 아직 안 왔습니다 .
†チュムンハン †コシ アジク アン ワッスムニダ
Our order hasn't arrived yet.

● 確認してまいります.
  확인해 보겠습니다.
  ファギンヘ ↑ポゲッスムニダ
  I'll go check.

● 申し訳ありません.
  죄송합니다.
  ↑チョェソンハムニダ
  I'm very sorry.

● もうしばらくお待ちください.
  조금만 기다려 주세요.
  ↑チョグムマン ↑キダリョ ↑チュセヨ
  Please wait a moment.

お酒を飲む ―ワインをグラスでください―

● 飲み物は何がいいですか.
  음료수는 뭘로 하시겠습니까?
  ウムリョスヌン ムォルロ ハシゲッスムニッカ
  What would you like to drink?

● ワインリストはありますか.
  와인 리스트 있어요?
  ワイン リストゥ イッソヨ
  Do you have a wine list?

● ワインをグラスでください.
  와인을 글라스로 주세요.
  ワイヌル ↑クルラスロ ↑チュセヨ
  A glass of wine please.

● アルコールはだめなんです.
  술은 못합니다.
  スルン モタムニダ
  I don't drink.

● 一口ならいただきます.
  한 모금 정도라면 마시겠습니다.
  ハン モグム ↑チョンドラミョン マシゲッスムニダ
  I'll have a sip.

●乾杯！
건배！
「コンベ
Cheers!

デザートを注文する　—私はアイスクリームにします—

●デザートには何がありますか.
디저트로는 뭐가 있습니까？
「ティジョトゥロヌン　ムォガ　イッスムニッカ
What do you have for dessert?

●私はアイスクリームにします.
저는 아이스크림으로 하겠습니다.
「チョヌン　アイスクリムロ　ハゲッスムニダ
I'd like some ice-cream.

●お腹が一杯でデザートは入りません.
배가 불러서 디저트는 못 먹겠습니다.
「ペガ　「プルロソ　「ティジョトゥヌン　モッ　モクケッスムニダ
I'm so full I don't need dessert.

支払いのときの表現　—お勘定をお願いします—

●割り勘にしましょう.
더치 페이 하지요.
「トチ　ペイ　ハジヨ
Let's split the bill.

●お勘定をお願いします.
계산해 주세요.
「ケサンヘ　「チュセヨ
Check, please.

●クレジットカードでお願いします.
카드로 계산해 주세요.
カドゥロ　「ケサンヘ　「チュセヨ
By credit card, please.

●カードはご使用になれません.
카드는 안 됩니다.
カドゥヌン　アン　「トェムニダ
You can't use a card.

●**現金でお願いします.**
현금으로 부탁 드립니다 .
ヒョングムロ ᵀプタク ᵀトゥリムニダ
Cash please.

●**計算が間違っています.**
계산이 안 맞습니다 .
ᵀケサニ アン マッスムニダ
This was added up wrong.

●**おつりが足りません.**
거스름돈이 모자랍니다 .
ᵀコスルムトニ モジャラムニダ
This is not the correct change.

●**1万円札を渡しました.**
만 엔짜리 지폐를 드렸습니다 .
マン エンッチャリ ᵀチペルル ᵀトゥリョッスムニダ
I gave you a 10,000 yen bill.

ファーストフードを注文するときの表現 —ここで食べます—

●**テイクアウトでハンバーガー2個をお願いします.**
햄버거 두 개 주세요 . 가져갈 건데요 .
ヘムボゴ ᵀトゥ ᵀケ チュセヨ ᵀカジョガル ᵀコンデヨ
Two hamburgers to go, please.

●**マスタード抜きにしてください.**
머스터드는 빼 주세요 .
モストドゥヌン ッペ ᵀチュセヨ
Hold the mustard, please.

●**ホットドッグとオレンジジュースをください.**
핫도그하고 오렌지 주스 주세요 .
ハットグハゴ オレンジ ᵀチュス ᵀチュセヨ
A hot dog and an orange juice, please.

●**スモールをお願いします.**
스몰로 주세요 .
ソモルロ ᵀチュセヨ
A small, please.

●**ミディアムをお願いします.**
미디엄으로 주세요 .

ミディオムロ [†]チュセヨ
A medium, please.

● **ラージをお願いします.**
라지로 주세요 .
ラジロ [†]チュセヨ
A large, please.

● **氷は入れないでください.**
얼음은 넣지 마세요 .
オルムン ノチ マセヨ
No ice, please.

● **ここで食べます.**
여기서 먹을 겁니다 .
ヨギソ モグル [†]コムニダ
I'll eat it here.

● **持ち帰ります.**
가져갈 겁니다 .
[†]カジョガル [†]コムニダ
I'd like this to go.

食事の途中の会話 —どうやって食べるんですか?—

● **冷めないうちに召し上がれ.**
식기 전에 드세요 .
シクキ [†]チョネ [†]トゥセヨ
Eat it before it gets cold.

● **たくさん召し上がってください.**
많이 드세요 .
マニ [†]トゥセヨ
Please have as much as you'd like.

● **お口に合えばいいのですが.**
입에 맞을지 모르겠습니다 .
イペ マズルチ モルゲッスムニダ
I don't know whether you'll like it, but...

● **いただきます.**
잘 먹겠습니다 .
[†]チャル モクケッスムニダ
May I begin to eat?

●**すごいごちそうですね.**
정말 많이 차리셨네요 .
チョンマル　マニ　チャリションネヨ
Wow, what a treat!

●**わあ. いい香り.**
음 , 냄새 좋다 .
ウム　ネムセ　チョタ
Wow. Nice smell.

●**おいしい!**
맛있어요 .
マシッソヨ
Delicious!

●**これ, 大好物なんです.**
이거 , 제가 제일 좋아하는 것입니다 .
イゴ　チェガ　チェイル　チョアハヌン　コシムニダ
This is my favorite.

●**サラダはセルフサービスです.**
샐러드는 셀프 서비스입니다 .
セルロドゥヌン　セルプ　ソビスイムニダ
Help yourself to the salad.

●**スープの味はいかがですか.**
수프 맛이 어떻습니까 ?
スプ　マシ　オットッスムニッカ
What do you think of the soup?

●**石鍋が熱いですよ.**
돌솥이 뜨겁습니다 .
トルソシ　ットゥゴプスムニダ
The stone bowl is hot.

●**鉄板が熱いですよ.**
철판이 뜨겁습니다 .
チョルパニ　ットゥゴプスムニダ
The "teppan" is hot. / The iron plate is hot.

●**やけどしないようにね.**
데지 않게 조심하세요 .
テジ　アンケ　チョシムハセヨ
Try not to get burned.

● **これは何ですか.**
이것이 무엇입니까 ?
イゴシ　ムオシムニッカ
What is this?

● **どうやって食べるんですか.**
어떻게 먹어요 ?
オットケ　モゴヨ
How do you eat this?

● **手で持ってもいいんですか.**
손으로 집어도 돼요 ?
ソヌロ　[†]チボド　[†]トェヨ
Can I hold it in my hand?

● **こうやって食べるんです.**
이렇게 먹어요 .
イロケ　モゴヨ
You eat it like this.

● **これも食べられますか.**
이것도 먹을 수 있습니까 ?
イゴット　モグル　ス　イッスムニッカ
Can you eat this too?

● **それは飾りです.**
그건 장식입니다 .
[†]クゴン　[†]チャンシギムニダ
That's a decoration.

● **それは食べられません.**
그건 먹을 수 없어요 .
[†]クゴン　モグル　ス　オプソヨ
We don't eat that.

● **食べるのは初めてです.**
처음 먹어 봅니다 .
チョウム　モゴ　[†]ポムニダ
This is the first time I've eaten this .

● **ごめんなさい, これはちょっと食べられません.**
미안하지만 , 이건 못 먹겠습니다 .
ミアンハジマン　イゴン　モン　モクケッスムニダ
I'm sorry, but I can't eat this.

●アレルギーが出るんです.
알레르기가 있습니다.
アルレルギガ イッスムニダ
I'll have an allergic reaction.

●おかわりはいかがですか.
좀 더 드시지요.
チョム ト トゥシジヨ
How about another helping? / How about another drink?

●もう十分いただきました.
많이 먹었습니다.
マニ モゴッスムニダ
I've already had enough.

●お腹が一杯です.
배가 부릅니다.
ペガ プルムニダ
I'm full.

●たいへんおいしかったです, ごちそうさま.
아주 맛있었습니다. 잘 먹었습니다.
アジュ マシッソッスムニダ. チャル モゴッスムニダ
The meal was delicious, thank you.

買い物

売り場を探す —安い靴を探しています—

●いらっしゃいませ.
어서 오세요. / 뭘 찾으세요?
オソ オセヨ / ムォル チャズセヨ
May I help you?

●パスポートケースはありますか.
여권 케이스는 있습니까?
ヨクォン ケイスヌン イッスムニッカ
Do you have passport cases?

●文房具はどこで売っていますか.
문구류는 어디서 팝니까?
ムングリュヌン オディソ パムニッカ
Where do you sell stationery?

869

●ジーンズを探しています．
청바지를 찾고 있어요．
チョンバジルル　チャッコ　イッソヨ
I'm looking for jeans.

●ソウルの地図を探しています．
서울 지도를 찾고 있어요．
ソウル　†チドルル　チャッコ　イッソヨ
I'm looking for maps of Seoul.

●安い靴を探しています．
싼 구두를 찾고 있어요．
ッサン　†クドゥルル　チャッコ　イッソヨ
I'm looking for some cheap shoes.

●婦人服売り場はどこですか．
숙녀복 매장은 어디예요？
スンニョボク　メジャンウン　オディイェヨ
Where can I find women's clothes?

●紳士服売場は何階ですか．
신사복 매장은 몇 층입니까？
シンサボク　メジャンウン　ミョッ　チュンイムニッカ
What floor is men's clothes on?

●こちらにございます．
이쪽에 있습니다．
イッチョゲ　イッスムニダ
It's over here.

●子供服売場の奥にございます．
아동복 매장 안쪽에 있습니다．
アドンボク　メジャン　アンッチョゲ　イッスムニダ
It's in the back of the Children's section.

● 3 階にあります．
3 층에 있습니다．
サムチュンエ　イッスムニダ
That's on the 3rd floor.

●地下 2 階にあります．
지하 2 층에 있습니다．
†チハ　イチュンエ　イッスムニダ
That's on the 2nd floor below.

日常会話

● **エレベーターで 5 階に行ってください.**
엘리베이터로 5 층으로 가세요 .

エルリベイトロ　オチュンウロ　↑カセヨ

Please take the elevator to the 5th floor.

● **あちらの階段で上がってください.**
저쪽 계단으로 올라가세요 .

↑チョッチョク　↑ケダヌロ　オルラガセヨ

Please take the stairway over there up.

● **あちらの階段で下りてください.**
저쪽 계단으로 내려가세요 .

↑チョッチョク　↑ケダヌロ　ネリョガセヨ

Please take the stairway over there down.

● **申し訳ございません, こちらでは扱っておりません.**
죄송합니다 . 여기서는 취급하지 않습니다 .

↑チョエソンハムニダ　ヨギソヌン　チュィグパジ　アンスムニダ

I'm sorry, we don't have those here.

品物を見せてもらう・品物について聞く
—色違いのものはありますか？—

● **あれを見せてくださいますか.**
저걸 보여 주시겠습니까 ？

↑チョゴル　↑ポヨ　チュシゲッスムニッカ

Could you show me that one, please?

● **このイヤリングを見せてください.**
이 귀걸이 좀 보여 주세요 .

イ　↑クィゴリ　↑チョム　↑ポヨ　チュセヨ

Please show me these earrings.

● **右端のものを見せてください.**
오른쪽 끝에 있는 물건을 보여 주세요 .

オルンッチョク　ックッテ　インヌン　ムルゴヌル　↑ポヨ　↑チュセヨ

Please show me the one at the right end.

● **左端のものを見せてください.**
왼쪽 끝에 있는 물건을 보여 주세요 .

ウェンッチョク　ックッテ　インヌン　ムルゴヌル　↑ポヨ　↑チュセヨ

Please show me the one at the left end.

● **左から３つ目のものを見せてください.**
왼쪽에서 세 번째 것을 보여 주세요 .
ウェンッチョゲソ セ †ポンッチェ †コスル †ポヨ †チュセヨ
. Please show me the third one from the left .

● **ほかのを見せてくださいますか.**
다른 걸 보여 주시겠습니까 ?
†タルン †コル †ポヨ †チュシゲッスムニッカ
Could you show me another one, please?

● **サイズはいくつですか.**
사이즈가 어떻게 되세요 ?
サイズガ オットケ †トェセヨ
What size do you take? / What size do you want?

● **サイズは S です.**
사이즈는 에스예요 .
サイジュヌン エスイェヨ
I wear a small.

● **サイズは M です.**
사이즈는 엠이에요 .
サイジュヌン エミイェヨ
I wear a medium.

● **サイズは L です.**
사이즈는 엘이에요 .
サイジュヌン エリイェヨ
I wear a large.

● **サイズがわかりません.**
사이즈를 모릅니다 .
サイジュルル モルムニダ
I don't know my size.

● **大きすぎます**
너무 커요 .
ノム コヨ
This is too large.

● **小さすぎます**
너무 작아요 .
ノム †チャガヨ
This is too small.

●長すぎます.
너무 길어요 .
ノム †キロヨ
This is too long.

●短かすぎます.
너무 짧아요 .
ノム ッチャルパヨ
This is too short.

●ちょうどいいです.
딱 맞아요 .
ッタク マザヨ
This is my size.

●違うデザインはありますか.
다른 디자인도 있습니까 ?
†タルン †ティジャインド イッスムニッカ
Do you have any other style?

●これより大きいサイズはありますか.
이것보다 큰 사이즈는 없어요 ?
イゴッポダ クン サイジュヌン オプソヨ
Do you have this in a larger size?

●これより小さいサイズはありますか.
이것보다 작은 사이즈는 없어요 ?
イゴッポダ †チャグン サイジュヌン オプソヨ
Do you have this in a smaller size?

●色違いのものはありますか.
다른 색깔도 있습니까 ?
†タルン セクカルド イッスムニッカ
Do you have another color?

●これで黒のものはありますか.
이걸로 검정색 있어요 ?
イゴルロ †コムジョンセク イッソヨ
Do you have one like this in black?

試着する —試着してもいいですか?—

●試着してもいいですか.
입어 봐도 돼요 ?

イボ ↑ポワド ↑トェヨ
Can I try this on?

●鏡はありますか.
거울 있어요 ?
↑コウル イッソヨ
Is there a mirror?

●ぴったりです.
딱 맞습니다 .
ッタク マッスムニダ
It fits me perfectly!

●ちょっときついです.
좀 타이트합니다 .
↑チョム タイトゥハムニダ
It's a bit tight.

●ちょっとゆるいです.
좀 헐렁합니다 .
↑チョム ホルロンハムニダ
It's a bit loose.

●似合うかなぁ.
어울릴까 ?
オウルリルッカ
I wonder if this will look good.

●(私には)似合わないみたい.
안 어울리는 것 같아요 .
アン オウルリヌン ↑コッ ↑カタヨ
I don't think this looks good on me.

●お似合いですよ.
잘 어울립니다 .
↑チャル オウルリムニダ
It suits you. / It looks good on you.

●こちらのほうがお似合いです.
이쪽이 더 잘 어울립니다 .
イッチョギ ↑ト ↑チャル オウルリムニダ
This one looks better on you.

品物を買う —全部でいくらですか？—

● **これをください.**
이거 주세요.
イゴ ↑チュセヨ
I'll take this, please.

● **これを 3 つください.**
이걸 3 개 주세요.
イゴル セゲ ↑チュセヨ
I'll take three of these.

● **いくらですか.**
얼마입니까 ? / 얼마예요 ?
オルマイムニッカ / オルマイェヨ
How much? / How much is it?

● **全部でいくらですか.**
전부 얼마예요 ?
↑チョンブ オルマイェヨ
How much is it all together?

● **いくらまで免税になりますか.**
얼마까지 면세가 됩니까 ?
オルマッカジ ミョンセガ ↑トェムニッカ
How much is the limit for duty free?

● **気に入りましたが値段がちょっと高すぎます.**
마음에 듭니다만 , 값이 좀 비쌉니다 .
マウメ ↑トゥムニダマン , ↑カプシ ↑チョム ↑ピッサムニダ
I like it, but the price is a bit too high.

● **まけてもらえますか.**
좀 깎아 주세요 .
↑チョム ッカクカ ↑チュセヨ
Can you give me a discount?

● **クレジットカードは使えますか.**
신용 카드는 쓸 수 있어요 ?
シニョン カドゥヌン ッスル ス イッソヨ
Can I use a credit card?

● **トラベラーズチェックは使えますか.**
여행자 수표는 쓸 수 있어요 ?

ヨヘンジャ スピョヌン ッスル ス イッソヨ
Can I use a traveler's check?

● **現金でお支払いします.**
현금으로 계산할게요 .
ヒョングムロ †ケサンハルッケヨ
I'll pay in cash.

● **カードでお支払いします.**
카드로 계산할게요 .
カドゥロ †ケサンハルッケヨ
I'll pay by card.

● **別々に包んでいただけますか.**
따로따로 포장해 주시겠어요 ?
ッタロッタロ ポジャンヘ †チュシゲッソヨ
Will you wrap it individually?

● **日本に送ってもらえますか.**
일본으로 보내 줄 수 있습니까 ?
イルボヌロ †ポネ †チュル ス イッスムニッカ
Will you send this to Japan?

● **どのくらい日数がかかりますか.**
며칠 정도 걸립니까 ?
ミョチル †チョンド †コルリムニッカ
How many days will it take?

● **計算が間違っています.**
계산이 틀렸습니다 .
†ケサニ トゥルリョッスムニダ
This was added up wrong.

● **おつりが足りません.**
거스름돈이 모자랍니다 .
†コスルムトニ モジャラムニダ
This is not the correct change.

● **１万円札を渡しました.**
만 엔짜리 지폐를 드렸습니다 .
マン エンッチャリ †チペルル †トゥリョッスムニダ
I gave you a 10,000 yen bill.

● 話が違います.
얘기가 틀립니다.
イェギガ　トゥルリムニダ
That's not what you said.

● これを別のと取り替えてほしいのですが.
이걸 다른 걸로 바꾸고 싶은데요.
イゴル　タルン　コルロ　パックゴ　シプンデヨ
I'd like to exchange this for another one.

● これがレシートです.
이게 영수증입니다.
イゲ　ヨンスジュンイムニダ
Here's the receipt.

トラブル・緊急事態

困ったときの表現 　―警察はどこですか？―

● ちょっと困っています.
조금 문제가 생겼습니다.
チョグム　ムンジェガ　センギョッスムニダ
I've got a problem.

● 警察はどこですか.
경찰서는 어디입니까？
キョンチャルソヌン　オディイムニッカ
Where is the police station?

● 道に迷いました.
길을 잃었습니다.
キルル　イロッスムニダ
I think I got lost.

● コンタクトレンズを落としました.
콘텍트렌즈가 빠져 버렸습니다.
コンテクトゥレンズガ　ッパジョ　ポリョッスムニダ
I've dropped a contact lens.

紛失・盗難のときの表現 　―パスポートをなくしました―

● パスポートをなくしました.
여권을 잃어 버렸습니다.
ヨックォヌル　イロ　ポリョッスムニダ

I've lost my passport.

● 電車の中にかばんを忘れました.
전철에 가방을 두고 내렸습니다.
†チョンチョレ †カバンウル †トゥゴ ネリョッスムニダ
I left my bag in the train.

● ここに上着を忘れたようです.
여기서 윗도리를 잃어 버린 것 같습니다.
ヨギソ ウィッドリルル イロ †ポリン †コッ †カッスムニダ
I might have left my jacket here.

● ここにはありませんでした.
여기에는 없었습니다.
ヨギエヌン オプソッスムニダ
It's not here.

● 見つかったらホテルに電話をください.
찾으면 호텔로 전화 주세요.
チャズミョン ホテルロ †チョンファ †チュセヨ
Please call the hotel when you find it.

● 何を盗まれましたか.
뭐가 없어졌습니까?
ムォガ オプソジョッスムニッカ
What was stolen?

● 財布をすられました.
지갑을 소매치기 당했습니다.
†チガブル ソメチギ †タンヘッスムニダ
My wallet has been stolen.

● かばんを盗まれました.
가방을 도둑 맞았습니다.
†カバンウル †トドゥク マジャッスムニダ
Someone has stolen my bag.

● かばんの特徴を教えてください.
가방의 특징을 가르쳐 주세요.
†カバンエ トゥクチンウル †カルチョ †チュセヨ
What does your bag look like?

●このくらいの大きさの黒い肩掛けかばんです．
이 정도 크기의 까만 숄더백입니다．
イ †チョンド クギエ ッカマン ショルドベギムニダ
It's a black shoulder bag about this size.

●目撃者はいますか．
목격자는 있습니까？
モクキョクチャヌン イッスムニッカ
Were there any witnesses?

●あの人が見ていました．
저 사람이 보고 있었습니다．
†チョ サラミ †ポゴ イッソッスムニダ
That person saw it happen.

子供が迷子になったときの表現 —息子がいなくなりました—

●息子がいなくなりました．
우리 아들이 없어졌습니다．
ウリ アドゥリ オプソジョッスムニダ
I can't find my son.

●彼を探してください．
그 애를 찾아 주세요．
†ク エルル チャジャ †チュセヨ
Please look for him.

●息子は5歳です．
아들은 다섯 살입니다．
アドゥルン †タソッ サリムニダ
My son is five years old.

●名前は太郎です．
이름은 다로입니다．
イルムン †タロイムニダ
His name is Taro.

●白いTシャツとジーンズを着ています．
흰색 티셔츠와 청바지를 입고 있습니다．
ヒンセク ティショチュワ チョンバジルル イプコ イッスムニダ
He's wearing a white T-shirt and jeans.

●Tシャツには飛行機の絵がついています．
티셔츠에는 비행기 그림이 있습니다．

ティショチュエヌン †ピヘンギ †クリミ イッスムニダ
There's a picture of an airplane on his T-shirt.

● これが彼の写真です.
이것이 그 사람 사진입니다 .
イゴシ †クサラム サジニムニダ
This is his picture.

助けを求める —助けて！—

● 助けて！
살려 주세요 !
サルリョ †チュセヨ
Help!

● 火事だ！
불이야 !
†プリヤ
Fire!

● どろぼう！
도둑이야 !
†トドゥギヤ
Thief!

● おまわりさん！
경찰관 아저씨 !
†キョンチャルグァン アジョッシ
Police!

● お医者さんを呼んで！
의사를 불러 주세요 !
ウィサルル †プルロ †チュセヨ
Call a doctor!

● 救急車を！
구급차 !
†クグプチャ !
Get an ambulance!

● 交通事故です！
교통사고입니다 !
†キョトンサゴイムニダ
There's been an accident!

●こっちに来てください.
이쪽으로 오세요 .
イッチョグロ　オセヨ
Please come here.

●けが人がいます.
다친 사람이 있습니다 .
†タチン　サラミ　イッスムニダ
We have an injured person.

●病人がいます.
아픈 사람이 있습니다 .
アプン　サラミ　イッスムニダ
We have a sick person.

事件に巻き込まれて　―大使館の人に話をしたいのです―

●私は被害者です.
나는 피해자입니다 .
ナヌン　ピヘジャイムニダ
I'm the victim.

●何も知りません.
아무것도 모릅니다 .
アムゴット　モルムニダ
I don't know anything.

●日本大使館の人に話をしたいのです.
일본대사관 직원과 이야기를 하고 싶습니다 .
イルボンデサグヮン　†チグォングヮ　イヤギルル　ハゴ　シプスムニダ
I'd like to talk to someone at the Japanese embassy.

●日本語の通訳をお願いします.
일본어 통역을 부탁합니다 .
イルボノ　トンヨグル　†プタカムニダ
Please translate from Japanese.

●日本語のできる弁護士をお願いします.
일본어를 할 수 있는 변호사를 부탁합니다 .
イルボノルル　ハル　ス　インヌン　†ピョンホサルル　†プタカムニダ
I'd like to talk to a lawyer who can speak Japanese.

分野別単語集

味 맛 /マッ/

旨い 맛있다 /マシッタ/ 英 nice
美味しい 맛있다 /マシッタ/ 英 nice, delicious
まずい 맛이 없다 /マシ オプタ/ 英 not good
甘い 달다 /ˈタルダ/ 英 sweet
辛い 맵다 /メプタ/ 英 hot, pungent
苦い 쓰다 /ッスダ/ 英 bitter
渋い 떫다 /ットルッタ/ 英 astringent
酸っぱい 시큼하다 /シクムハダ/ 英 sour, acid
塩辛い 짜다 /ッチャダ/ 英 salty
甘辛い 매콤하다 /メコムハダ/ 英 salty-sweet
甘酸っぱい 달콤새콤하다 /ˈタルコムセコムハダ/ 英 sweet and sour
濃い 진하다 /ˈチンハダ/ 英 thick, strong
薄い 연하다 /ヨンハダ/ 英 weak
あっさりした 담백한 /ˈタムベカン/ 英 simple
しつこい 짙다 /ˈチッタ/ 英 heavy
軽い 부담이 없다 /ˈプダミ オプタ/ 英 light, slight
重い 부담스럽다 /ˈプダムスロプタ/ 英 heavy

家 집 /ˈチナ/

門 문 /ムン/ 英 gate
玄関 현관 /ヒョングヮン/ 英 entrance
ドア 문 /ムン/ 英 door
縁側 툇마루 /トェンマル/ 英 veranda
庭 뜰 /ットゥル/ 英 garden, yard
部屋 방 /ˈパン/ 英 room
和室 일본식 방 /イルボンシク パン/ 英 Japanese-style room
洋室 양실 /ヤンシル/ 英 European-style room
リビングルーム 거실 /ˈコシル/ 英 living room
ダイニング 다이닝룸 /ˈタイニンルム/ 英 dining room
書斎 서재 /ソジェ/ 英 study
寝室 침실 /チムシル/ 英 bedroom

浴室 욕실 /ヨクシル/ 英 bathroom
トイレ 화장실 /ファジャンシル/ 英 bahtroom
キッチン 부엌 /プオク/ 英 kitchen
物置 창고 /チャンゴ/ 英 storeroom
屋根 지붕 /チブン/ 英 roof
窓 창문 /チャンムン/ 英 window
車庫 차고 /チャゴ/ 英 garage
塀 담, 울타리 /タム, ウルタリ/ 英 wall, fence
インターホン 인터폰 /イントポン/ 英 interphone

衣服 옷, 의복 /オッ, ウィボク/

スーツ 양복 /ヤンボク/ 英 suit
ズボン 바지 /パジ/ 英 trousers
スラックス 슬랙스 /スルレクス/ 英 slacks
スカート 스커트 /スコトゥ/ 英 skirt
ミニスカート 미니스커트 /ミニスコトゥ/ 英 mini
ワンピース 원피스 /ウォンピス/ 英 dress, one-piece
シャツ 셔츠 /ショチュ/ 英 shirt
ポロシャツ 폴로셔츠 /ポルロショチュ/ 英 polo shirt
Tシャツ T셔츠 /ティショチュ/ 英 T-shirt
セーター 스웨터 /スウェト/ 英 sweater, pullover
タートルネック 터틀넥 /トトゥルネク/ 英 turtleneck
ベスト 베스트 /ペストゥ/ 英 vest
ブラウス 블라우스 /プルラウス/ 英 blouse
着物 기모노 /キモノ/ 英 kimono
コート 코트 /コトゥ/ 英 coat
ジャケット 자켓 /チャケッ/ 英 jacket
ダウンジャケット 다운 자켓 /タウン チャケッ/ 英 down jacket
レインコート 레인코트 /レインコトゥ/ 英 raincoat
長袖 긴소매 /キンソメ/ 英 long sleeves
半袖 반소매 /パンソメ/ 英 short sleeves
ノースリーブの 노슬립 /ノスルリプ/ 英 sleeveless
ベルト 벨트 /ペルトゥ/ 英 belt
ネクタイ 넥타이 /ネクタイ/ 英 necktie, tie
マフラー 머플러 /モプルロ/ 英 muffler
スカーフ 스카프 /スカプ/ 英 scarf
手袋 장갑 /チャンガプ/ 英 gloves
靴 신, 구두 /シン, グドゥ/ 英 shoes, boots

883

靴下　양말 / ヤンマル / 英 socks, stockings
チマ　치마 / チマ / 英 chi'ma chogori
チョゴリ　저고리 / ⁺チョゴリ / 英 chogori

色　색, 색깔, 빛깔 / セク, セカル, ピカル /

黒　검정 / ⁺コムジョン / 英 black
グレー　회색 / フェセク / 英 gray
白　흰색 / ヒンセク / 英 white
青　파랑 / パラン / 英 blue, green
赤　빨강 / ッパルガン / 英 red
緑　녹색 / ノクセク / 英 green
茶　갈색 / ⁺カルセク / 英 light brown
紫　보라색 / ⁺ポラセク / 英 purple, violet
黄　노랑 / ノラン / 英 yellow
黄緑　황록색 / ファンノクセク / 英 yellowish green
透明　투명 / トゥミョン / 英 transparency
オレンジ　오렌지 / オレンジ / 英 orange
水色　하늘색 / ハヌルセク / 英 sky-blue
ピンク　분홍색 / ⁺プンホンセク / 英 pink
紺　곤색 / ⁺コンセク / 英 dark blue
ベージュ　베이지 / ⁺ペイジ / 英 beige
金色　금색 / ⁺クムセク / 英 gold
銀色　은색 / ウンセク / 英 silver

家具　가구 / ⁺カグ /

箪笥　옷장, 장롱 / オッチャン, ⁺チャンノン / 英 chest of drawers
椅子　의자 / ウィジャ / 英 chair, stool
ソファー　소파 / ソパ / 英 sofa, couch
机　책상 / チェクサン / 英 desk, bureau
テーブル　테이블 / テイブル / 英 table
本棚　책장 / チェクチャン / 英 bookshelf
食器棚　찬장 / チャンチャン / 英 cupboard
カーテン　커튼 / コトゥン / 英 curtain
絨毯　융단 / ユンダン / 英 carpet, rug
ベッド　침대 / チムデ / 英 bed

家族　가족 /ˈカジョク /

父　아버지 /アボジ / 英 father

母　어머니 /オモニ / 英 mother

兄　형, 오빠 /ヒョン, オッパ / 英 elder brother

姉　누나, 언니 /ヌナ, オンニ / 英 elder sister

弟　남동생 /ナムドンセン / 英 (younger) brother

妹　여동생 /ヨドンセン / 英 (younger) sister

夫　남편 /ナムピョン / 英 husband

妻　아내, 처 /アネ, チョ / 英 wife

息子　아들 /アドゥル / 英 son

娘　딸 /ッタル / 英 daughter

祖父　할아버지 /ハラボジ / 英 grandfather

祖母　할머니 /ハルモニ / 英 grandmother

叔[伯]父　숙부, 백부 /スクプ, ˈペクプ / 英 uncle

叔[伯]母　숙모, 백모 /スンモ, ˈペンモ / 英 aunt

いとこ　사촌 /サチョン / 英 cousin

甥　조카 /ˈチョカ / 英 nephew

姪　질녀, 조카딸 /ˈチルリョ, ˈチョカッタル / 英 niece

曾祖父　증조부 /ˈチュンジョブ / 英 great-grandfather

曾祖母　증조모 /ˈチュンジョモ / 英 great-grandmother

孫　손자 /ソンジャ / 英 grandchild

曾孫　증손 /ˈチュンソン / 英 great-grandchild

はとこ　팔촌 /パルチョン / 英 second cousin

継母　계모 /ˈケモ / 英 stepmother

養父　양부 /ヤンブ / 英 foster father

養母　양모 /ヤンモ / 英 foster mother

舅　시아버지 /シアボジ / 英 father-in-law

姑　시어머니 /シオモニ / 英 mother-in-law

義兄　매형, 형부 /メヒョン, ヒョンブ / 英 brother-in-law

義姉　형수, 올케 /ヒョンス, オルケ / 英 sister-in-law

義弟　시동생, 처남 /シドンセン, チョナム / 英 brother-in-law

義妹　처제, 시누이 /チョジェ, シヌイ / 英 sister-in-law

親　부모 /ˈプモ / 英 parent

両親　양친, 부모 /ヤンチン, ˈプモ / 英 parents

兄弟　형제 /ヒョンジェ / 英 brothers

姉妹　자매 /ˈチャメ / 英 sisters

夫婦　부부 /ˈプブ / 英 couple

子供　자식, 아이 /ˈチャシク, アイ / 英 child

885

養子 <ruby>養子<rt>ようし</rt></ruby> 양자 / ヤンジャ / 英 adopted child
養女 <ruby>ようじょ</ruby> 양녀 / ヤンニョ / 英 adopted daughter
末っ子 <ruby>すえっこ</ruby> 막내 / マンネ / 英 youngest child
長男 <ruby>ちょうなん</ruby> 장남 / ˈチャンナム / oldest son
長女 <ruby>ちょうじょ</ruby> 장녀 / ˈチャンニョ / oldest daughter
親戚 <ruby>しんせき</ruby> 친척 / チンチョク / relative
先祖 <ruby>せんぞ</ruby> 선조 / ソンジョ / 英 ancestor
母方 <ruby>ははかた</ruby> 외가 쪽 / ウェガ ッチョク / 英 mother's side

体 몸, 신체, 육체 / モム, シンチェ, ユクチェ /

頭 <ruby>あたま</ruby> 머리 / モリ / 英 head
肩 <ruby>かた</ruby> 어깨 / オッケ / 英 shoulder
首 <ruby>くび</ruby> 목 / モク / 英 neck
胸 <ruby>むね</ruby> 가슴 / ˈカスム / 英 breast, chest
腹 <ruby>はら</ruby> 배 / ˈペ / 英 belly
背 <ruby>せ</ruby> 등 / ˈトゥン / 英 back
手 <ruby>て</ruby> 손 / ソン / 英 hand
手首 <ruby>てくび</ruby> 손목 / ソンモク / 英 wrist
掌 <ruby>てのひら</ruby> 손바닥 / ソンッパダク / 英 palm of the hand
肘 <ruby>ひじ</ruby> 팔꿈치 / パルックムチ / 英 elbow
腰 <ruby>こし</ruby> 허리 / ホリ / 英 waist
足 <ruby>あし</ruby> 다리 / ˈタリ / 英 foot
膝 <ruby>ひざ</ruby> 무릎 / ムルプ / 英 knee, lap
股 <ruby>もも</ruby> 넓적다리 / ノプチョクタリ / 英 thigh
脹脛 <ruby>ふくらはぎ</ruby> 장딴지 / ˈチャンッタンジ / 英 calf
足首 <ruby>あしくび</ruby> 발목 / パルモク / 英 ankle
髪 <ruby>かみ</ruby> 머리카락 / モリカラク / 英 hair
顔 <ruby>かお</ruby> 얼굴 / オルグル / 英 face
眉 <ruby>まゆ</ruby> 눈썹 / ヌンッソプ / 英 eyebrow
睫毛 <ruby>まつげ</ruby> 속눈썹 / ソンヌンッソプ / 英 eyelashes
目 <ruby>め</ruby> 눈 / ヌン / 英 eye
耳 <ruby>みみ</ruby> 귀 / ˈクィ / 英 ear
鼻 <ruby>はな</ruby> 코 / コ / 英 nose
口 <ruby>くち</ruby> 입 / イプ / 英 mouth
歯 <ruby>は</ruby> 이, 이빨 / イ, イッパル / 英 tooth

分野別単語集

木 나무 /ナム/

根 (ね)	뿌리	/ップリ/	英 root
幹 (みき)	줄기	/チュルギ/	英 trunk
枝 (えだ)	가지	/カジ/	英 branch, bough
芽 (め)	싹, 움	/ッサク, ウム/	英 bud
葉 (は)	잎	/イプ/	英 leaf, blade
実 (み)	열매, 씨	/ヨルメ, ッシ/	英 fruit, nut
種子 (しゅし)	종자	/チョンジャ/	英 seed
松 (まつ)	솔, 소나무	/ソル, ソナム/	英 pine
杉 (すぎ)	삼나무	/サムナム/	英 Japanese cedar
柳 (やなぎ)	버드나무	/ポドゥナム/	英 willow
竹 (たけ)	대, 대나무	/テ, デナム/	英 bamboo
白樺 (しらかば)	자작나무	/チャジャンナム/	英 white birch
銀杏 (いちょう)	은행나무	/ウンヘンナム/	英 ginkgo
欅 (けやき)	느티나무	/ヌティナム/	英 zelkova tree
栗の木 (くりのき)	밤나무	/パムナム/	英 chestnut tree
桜 (さくら)	벚나무	/ポンナム/	英 cherry tree
アカシヤ	아카시아	/アカシア/	英 acacia
椿 (つばき)	동백나무	/トンベンナム/	英 camellia
梅 (うめ)	매화나무	/メファナム/	英 plum tree
椰子 (やし)	야자나무	/ヤジャナム/	英 palm

気象 기상 /キサン/

晴れ (はれ)	맑음	/マルグム/	英 fine weather
快晴 (かいせい)	쾌청	/クェチョン/	英 fine weather
曇り (くもり)	흐림	/フリム/	英 cloudy weather
雨 (あめ)	비	/ピ/	英 rain
小雨 (こさめ)	가랑비	/カランビ/	英 light rain
雪 (ゆき)	눈	/ヌン/	英 snow
霰 (みぞれ)	진눈깨비	/チンヌンッケビ/	英 sleet
霧 (きり)	안개	/アンゲ/	英 fog, mist
雷 (かみなり)	천둥, 우레	/チョンドゥン, ウレ/	英 thunder
雷雨 (らいう)	뇌우	/ヌェウ/	英 thunderstorm
台風 (たいふう)	태풍	/テプン/	英 typhoon
気温 (きおん)	기온	/キオン/	英 temperature
湿度 (しつど)	습도	/スプト/	英 humidity
風力 (ふうりょく)	풍력	/プンニョク/	英 force of the wind

887

気圧　기압 /ᵀキアプ/ 嫌 atmospheric pressure
高気圧　고기압 /ᵀコギアプ/ 嫌 high atmospheric pressure
低気圧　저기압 /ᵀチョギアプ/ 嫌 low pressure, depression

自然災害　자연 재해 /ジャヨン ジヘ/

豪雨　호우 /ホウ/ 嫌 heavy rain
雪崩　눈사태 /ヌンサテ/ 嫌 avalanche
土砂崩れ　산사태 /サンサテ/ 嫌 landslide
(河川の)氾濫　범람 /ᵀポムナム/ 嫌 flood
陥没　함몰 /ハムモル/ 嫌 dipression
地盤沈下　지반 침하 /ᵀチバン チムハ/ 嫌 subsidence (of the ground)
山火事　산불 /サンプル/ 嫌 forest fire
竜巻　회오리바람 /フェオリパラム/ 嫌 tornado
地震　지진 /ᵀチジン/ 嫌 earthquake
津波　쓰나미 /ッツナミ/ 嫌 *tsunami*

季節・月　계절 /ᵀケジョル/

春　봄 /ᵀポム/ 嫌 spring
夏　여름 /ヨルム/ 嫌 summer
秋　가을 /ᵀカウル/ 嫌 autumn, fall
冬　겨울 /ᵀキョウル/ 嫌 winter
月　달 /ᵀタル/ 嫌 month
1月　일월 /イルォル/ 嫌 January
2月　이월 /イウォル/ 嫌 February
3月　삼월 /サムォル/ 嫌 March
4月　사월 /サウォル/ 嫌 April
5月　오월 /オウォル/ 嫌 May
6月　유월 /ユウォル/ 嫌 June
7月　칠월 /チルォル/ 嫌 July
8月　팔월 /パルォル/ 嫌 August
9月　구월 /ᵀクウォル/ 嫌 September
10月　시월 /シウォル/ 嫌 October
11月　십일월 /シビルォル/ 嫌 November
12月　십이월 /シビウォル/ 嫌 December

分野別単語集

果物　과일 /ˈクワイル/

杏（あんず）　살구 /サルグ/ ⊛ apricot
苺（いちご）　딸기 /ッタルギ/ ⊛ strawberry
オレンジ（おれんじ）　오렌지 /オレンジ/ ⊛ orange
キウイ（きうい）　키위 /キウィ/ ⊛ kiwi
グレープフルーツ（ぐれーぷふるーつ）　자몽 /ˈチャモン/ ⊛ grapefruit
サクランボ（さくらんぼ）　체리, 버찌 /チェリ, ˈポッチ/ ⊛ cherry
西瓜（すいか）　수박 /スバク/ ⊛ watermelon
梨（なし）　배 /ˈペ/ ⊛ pear
柿（かき）　감 /ˈカム/ ⊛ persimmon
枇杷（びわ）　비파 /ˈピパ/ ⊛ loquat
パイナップル（ぱいなっぷる）　파인애플 /パイネプル/ ⊛ pineapple
バナナ（ばなな）　바나나 /ˈパナナ/ ⊛ banana
パパイヤ（ぱぱいや）　파파이야 /パパイヤ/ ⊛ papaya
葡萄（ぶどう）　포도 /ポド/ ⊛ grape
プラム（ぷらむ）　자두 /ˈチャドゥ/ ⊛ plum
マンゴー（まんごー）　망고 /マンゴ/ ⊛ mango
蜜柑（みかん）　귤 /ˈキュル/ ⊛ mandarin
メロン（めろん）　멜론 /メルロン/ ⊛ melon
桃（もも）　복숭아 /ˈポクスンア/ ⊛ peach
林檎（りんご）　사과 /サグァ/ ⊛ apple
レモン（れもん）　레몬 /レモン/ ⊛ lemon
棗（なつめ）　대추 /ˈテチュ/ ⊛ date
無花果（いちじく）　무화과 /ムファグヮ/ ⊛ fig

化粧品　화장품 /ファジャンプム/

口紅（くちべに）　루즈, 립스틱 /ルジュ, リプスティク/ ⊛ rouge, lipstick
アイシャドー（あいしゃどー）　아이셰도 /アイシェド/ ⊛ eye shadow
マスカラ（ますから）　마스카라 /マスカラ/ ⊛ mascara
リップクリーム（りっぷくりーむ）　립크림 /リプクリム/ ⊛ lip cream
リップグロス（りっぷぐろす）　립글로스 /リプグルロス/ ⊛ lip gloss
化粧水（けしょうすい）　스킨 /スキン/ ⊛ skin lotion
乳液（にゅうえき）　로션 /ロション/ ⊛ milky lotion
クレンジングクリーム（くれんじんぐくりーむ）　클렌징크림 /クルレンジンクリム/ ⊛ cleansing cream
コールドクリーム（こーるどくりーむ）　콜드크림 /コルドゥクリム/ ⊛ cold cream
ファンデーション（ふぁんでーしょん）　파운데이션 /パウンデイション/ ⊛ foundation
パック（ぱっく）　팩 /ペク/ ⊛ pack

889

洗顔料 ポミン クレンジョ / ポミン クルレンジョ / 英 cleansing cream [foam]
日焼け止めクリーム 선크림 / ソンクリム / 英 sunscreen
シャンプー 샴푸 / シャンプ / 英 shampoo
リンス 린스 / リンス / 英 rinse
トリートメント 트리트먼트 / トゥリトゥモントゥ / 英 treatment
石鹸 비누 / ˈピヌ / 英 soap

魚介　물고기, 생선 / ムルッコギ, センソン /

鯛 도미 / ˈトミ / 英 sea bream
鰯 정어리 / ˈチョンオリ / 英 sardine
石持 조기 / チョギ / 英 croaker
鯵 전갱이 / ˈチョンゲンイ / 英 sorrel
鮭 연어 / ヨノ / 英 salmon
鯖 고등어 / ˈコドゥンオ / 英 mackerel
太刀魚 갈치 / ˈカルチ / 英 cutlassfish
鮪 다랑어 / ˈタランオ / 英 tuna
秋刀魚 꽁치 / ッコンチ / 英 saury
鰹 가다랭이 / ˈカダレンイ / 英 bonito
鰻 뱀장어 / ˈペムジャンオ / 英 eel
鱸 농어 / ノンオ / 英 perch
蛸 문어, 낙지 / ムノ, ナクチ / 英 octopus
烏賊 오징어 / オジンオ / 英 cuttlefish, squid
海老 새우 / セウ / 英 shrimp, prawn, lobster
伊勢海老 대하 / ˈテハ / 英 lobster
蟹 게 / ˈケ / 英 crab
サザエ 소라 / ソラ / 英 turban shell
鮑 전복 / ˈチョンボク / 英 abalone
蛤 대합 / ˈテハプ / 英 clam
浅蜊 모시조개 / モシジョゲ / 英 clam
海胆 성게 / ソンゲ / 英 sea urchin
海鼠 해삼 / ヘサム / 英 sea cucumber
牡蠣 굴 / ˈクル / 英 oyster

時間　시간 / シガン /

年 해 / ヘ / 英 year
月 달 / ˈタル / 英 month
週 주 / ˈチュ / 英 week

日 ひ	일 /イル/ 英 day, date
時 じ	시 /シ/ 英 time, hour
分 ふん	분 /プン/ 英 minute
秒 びょう	초 /チョ/ 英 second
日付 ひづけ	날짜 /ナルッチャ/ 英 date
曜日 ようび	요일 /ヨイル/ 英 day
午前 ごぜん	오전 /オジョン/ 英 morning
午後 ごご	오후 /オフ/ 英 afternoon
朝 あさ	아침 /アチム/ 英 morning
昼 ひる	낮 /ナッ/ 英 daytime, noon
夜 よる	밤 /パム/ 英 night
夜明け よあけ	새벽 /セビョク/ 英 dawn, daybreak
日没 にちぼつ	일몰 /イルモル/ 英 sunset
夕方 ゆうがた	저녁 /チョニョク/ 英 late afternoon, evening
深夜 しんや	심야 /シミャ/ 英 midnight
今日 きょう	오늘 /オヌル/ 英 today
明日 あす	내일 /ネイル/ 英 tomorrow
明後日 あさって	모레 /モレ/ 英 day after tomorrow
昨日 きのう	어제 /オジェ/ 英 yesterday
一昨日 おととい	그저께 /クジョッケ/ 英 day before yesterday

職業　직업 /チゴナ/

医師 いし	의사 /ウィサ/ 英 doctor
イラストレーター	일러스트레이터 /イルロストゥレイト/ 英 illustrator
運転手 うんてんしゅ	운전 기사 /ウンジョン キサ/ 英 driver
エンジニア	엔지니어 /エンジニオ/ 英 engineer
音楽家 おんがくか	음악가 /ウマッカ/ 英 musician
会社員 かいしゃいん	회사원 /フェサウォン/ 英 office worker
介護士 かいごし	간호사 /カンホサ/ 英 care warker
画家 がか	화가 /ファガ/ 英 painter
写真家 しゃしんか	사진가 /サジンガ/ 英 photographer
看護師 かんごし	간호사 /カンホサ/ 英 nurse
客室乗務員 きゃくしつじょうむいん	스튜어디스 /ストュオディス/ 英 Cabin Crew
教員 きょういん	교원 /キョウォン/ 英 teacher
銀行員 ぎんこういん	은행원 /ウンヘンウォン/ 英 bank clerk
警察官 けいさつかん	경찰관 /キョンチャルグワン/ 英 police officer
芸術家 げいじゅつか	예술가 /イェスルガ/ 英 artist
建築家 けんちくか	건축가 /コンチュクカ/ 英 architect

891

工員 공원 /「コンウォン/ 英 factory worker

公務員 공무원 /「コンムウォン/ 英 public worker

裁判官 법관 /「ポプクヮン/ 英 judge

左官 미장이 / ミジャンイ/ 英 plasterer

作家 작가 /「チャクカ/ 英 writer, author

商人 상인 / サンイン/ 英 merchant

消防士 소방관 / ソバングヮン/ 英 fire fighter

職人 장인 /「チャンイン/ 英 workman, artisan

新聞記者 신문 기자 / シンムン「キジャ/ 英 pressman, reporter

スタイリスト 스타일리스트 / スタイルリストゥ/ 英 stylist

政治家 정치가 /「チョンチガ/ 英 statesman, politician

セールスマン 세일즈맨 / セイルジュメン/ 英 salesman

設計士 설계사 / ソルゲサ/ 英 designer

船員 선원 / ソヌォン/ 英 crew, seaman

大工 목수 / モクス/ 英 carpenter

通訳 통역사 / トンヨクサ/ 英 interpreter

デザイナー 디자이너 /「ティジャイノ/ 英 designer

店員 점원 /「チョムォン/ 英 clerk

農業(従事者) 농민 / ノンミン/ 英 farmer

判事 판사 / パンサ/ 英 judge

秘書 비서 /「ピソ/ 英 secretary

美容師 미용사 / ミヨンサ/ 英 beautician

不動産屋 부동산업자 /「プドンサノプチャ/ 英 estate agent

弁護士 변호사 /「ピョンホサ/ 英 lawyer, barrister

編集者 편집자 / ピョンジプチャ/ 英 editor

薬剤師 약사 / ヤクサ/ 英 pharmacist, druggist

漁師 어부 / オブ/ 英 fisherman

分野別単語集

食器 식기 / シクキ/

コップ 컵 / コプ/ 英 glass

カップ 컵 / コプ/ 英 cup

ティーカップ 찻잔 / チャッチャン/ 英 tea cup

グラス 글라스 /「クルラス/ 英 glass

ワイングラス 와인글라스 / ワイングルラス/ 英 wineglass

ジョッキ 손잡이가 달린 맥주잔 / ソンジャビガ「タルリン メクチュッチャン/ 英 jug, mug

水差し 물병 / ムルッピョン/ 英 pitcher

ティーポット 찻주전자 / チャッチュジョンジャ/ 英 teapot

コーヒーポット　커피포트 /コピポトゥ/ 廏 coffeepot
コースター　받침 접시 /˥パッチム ˥チョプシ/ 廏 coaster
皿　접시 /˥チョプシ/ 廏 plate, dish
小皿　작은 접시 /˥チャグン ˥チョプシ/ 廏 small plate
大皿　큰 접시 /クン ˥チョプシ/ 廏 platter
飯碗　밥공기 /˥パプコンギ/ 廏 rice-bowl
箸　젓가락 /˥チョッカラク/ 廏 chopsticks
スプーン　숟가락 /スッカラク/ 廏 spoon
フォーク　포크 /ポク/ 廏 fork
ナイフ　나이프 /ナイプ/ 廏 knife
ストロー　빨대 /ッパルッテ/ 廏 straw

人体　인체 /インチェ/

脳　뇌 /ヌェ/ 廏 brain
骨　뼈 /ッピョ/ 廏 bone
筋肉　근육 /˥クニュク/ 廏 muscle
血管　혈관 /ヒョルグァン/ 廏 blood vessel
神経　신경 /シンギョン/ 廏 nerve
気管支　기관지 /˥キグァンジ/ 廏 bronchus
食道　식도 /シクト/ 廏 gullet
肺　폐 /ペ/ 廏 lung
心臓　심장 /シムジャン/ 廏 heart
胃　위 /ウィ/ 廏 stomach
大腸　대장 /˥テジャン/ 廏 large intestine
小腸　소장 /ソジャン/ 廏 small intestine
十二指腸　십이지장 /シビジジャン/ 廏 duodenum
盲腸　맹장 /メンジャン/ 廏 cecum
肝臓　간장 /˥カンジャン/ 廏 liver
膵臓　췌장 /チュェジャン/ 廏 pancreas
腎臓　신장 /シンジャン/ 廏 kidney

数字　숫자 /スッチャ/

0　영, 공 /ヨン, ゴン/ 廏 zero
1　(固数)하나 /ハナ/ 廏 one　(序数)첫 번째 /チョッ ˥ポンッチェ/ 廏 first
2　(固数)둘 /˥トゥル/ 廏 two　(序数)두 번째 /˥トゥ ˥ポンッチェ/ 廏 second
3　(固数)셋 /セッ/ 廏 three　(序数)세 번째 /セ ˥ポンッチェ/ 廏 third
4　(固数)넷 /ネッ/ 廏 four　(序数)네 번째 /ネ ˥ポンッチェ/ 廏 fourth

5 ご (固数)**다섯** / ˈタソッ / 英 five

(序数)**다섯 번째** / ˈタソッ ˈポンッチェ / 英 fifth

6 ろく (固数)**여섯** / ヨソッ / 英 six (序数)**여섯 번째** / ヨソッ ˈポンッチェ / 英 sixth

7 しち,なな (固数)**일곱** / イルゴプ / 英 seven

(序数)**일곱 번째** / イルゴプ ˈポンッチェ / 英 seventh

8 はち (固数)**여덟** / ヨドル / 英 eight

(序数)**여덟 번째** / ヨドル ˈポンッチェ / 英 eighth

9 く,きゅう (固数)**아홉** / アホプ / 英 nine (序数)**아홉 번째** / アホプ ˈポンッチェ / 英 ninth

10 じゅう (固数)**열** / ヨル / 英 ten (序数)**열 번째** / ヨル ˈポンッチェ / 英 tenth

11 じゅういち (固数)**열하나** / ヨルハナ / 英 eleven

(序数)**열한 번째** / ヨルハン ˈポンッチェ / 英 eleventh

12 じゅうに (固数)**열둘** / ヨルットゥル / 英 twelve

(序数)**열두 번째** / ヨルットゥ ˈポンッチェ / 英 twelfth

13 じゅうさん (固数)**열셋** / ヨルセッ / 英 thirteen

(序数)**열세 번째** / ヨルッセ ˈポンッチェ / 英 thirteenth

14 じゅうし,じゅうよん (固数)**열넷** / ヨルレッ / 英 fourteen

(序数)**열네 번째** / ヨルレ ˈポンッチェ / 英 fourteenth

15 じゅうご (固数)**열다섯** / ヨルッタソッ / 英 fifteen

(序数)**열다섯 번째** / ヨルッタソッ ˈポンッチェ / 英 fifteenth

16 じゅうろく (固数)**열여섯** / ヨルリョソッ / 英 sixteen

(序数)**열여섯 번째** / ヨルリョソッ ˈポンッチェ / 英 sixteenth

17 じゅうしち,じゅうなな (固数)**열일곱** / ヨリルゴプ / 英 seventeen

(序数)**열일곱 번째** / ヨリルゴプ ˈポンッチェ / 英 seventeenth

18 じゅうはち (固数)**열여덟** / ヨルリョドル / 英 eighteen

(序数)**열여덟 번째** / ヨルリョドル ˈポンッチェ / 英 eighteenth

19 じゅうく,じゅうきゅう (固数)**열아홉** / ヨラホプ / 英 nineteen

(序数)**열아홉 번째** / ヨラホプ ˈポンッチェ / 英 nineteenth

20 にじゅう **스물** / スムル / 英 twenty

21 にじゅういち **스물하나** / スムルハナ / 英 twenty-one

30 さんじゅう **서른** / ソルン / 英 thirty

40 よんじゅう,しじゅう **마흔** / マフン / 英 forty

50 ごじゅう **쉰** / シュィン / 英 fifty

60 ろくじゅう **예순** / イェスン / 英 sixty

70 ななじゅう,しちじゅう **일흔** / イルフン / 英 seventy

80 はちじゅう **여든** / ヨドゥン / 英 eighty

90 きゅうじゅう **아흔** / アフン / 英 ninety

100 ひゃく **백** / ˈペク / 英 a hundred

1,000 せん **천** / チョン / 英 a thousand

10,000 まん,いちまん **만** / マン / 英 ten thousand

100,000 じゅうまん 十万 / シマン / ㊟ one hundred thousand
1,000,000 ひゃくまん 백만 /᷆ペンマン/ ㊟ one million
10,000,000 せんまん、いっせんまん 천만 / チョンマン / ㊟ ten million
100,000,000 おく、いちおく 억 /オク/ ㊟ one hundred million
2倍 にばい 두 배 /᷆トゥ᷆ペ/ ㊟ double
3倍 さんばい 세 배 /セ᷆ペ/ ㊟ triple
1/2 にぶんのいち (절)반, 이분의 일 /(᷆チョル)バン, イプネイル/ ㊟ a half
2/3 さんぶんのに 삼분의 이 / サムブネイ / ㊟ two thirds
2 4/5 にとごぶんのよん 이와 오분의 사 / イワ オブネサ / ㊟ two and four fifths
0.1 れいてんいち 영점 일 / ヨンチョム イル / ㊟ point one
2.14 にてんいちよん 이점 일사 / イッチョム イルサ / ㊟ two point fourteen

スポーツ　스포츠 /スポチュ/

柔道 じゅうどう 유도 / ユド / ㊟ *judo*
体操 たいそう 체조 / チェジョ / ㊟ gymnastics
新体操 しんたいそう 신체조 / シンチェジョ / ㊟ rhythmic gymnastics
バレーボール ばれーぼーる 배구 /᷆ペグ/ ㊟ volleyball
バスケットボール ばすけっとぼーる 농구 / ノング / ㊟ basketball
ハンドボール はんどぼーる 핸드볼 / ヘンドゥボル / ㊟ handball
卓球 たっきゅう 탁구 / タック / ㊟ table tennis
バドミントン ばどみんとん 배드민턴 /᷆ペドゥミントン/ ㊟ badminton
水泳 すいえい 수영 / スヨン / ㊟ swimming
水球 すいきゅう 수구 / スグ / ㊟ water polo
平泳ぎ ひらおよぎ 평영 / ピョンヨン / ㊟ breaststroke
背泳ぎ せおよぎ 배영 /᷆ペヨン/ ㊟ backstroke
バタフライ ばたふらい 접영 /᷆チョピョン/ ㊟ butterfly stroke
テニス てにす 테니스 / テニス / ㊟ tennis
スケート すけーと 스케이트 / スケイトゥ / ㊟ skating
ラグビー らぐびー 럭비 / ロクビ / ㊟ rugby
アメリカンフットボール あめりかんふっとぼーる 미식축구 / ミシクチュクク / ㊟ (American) football
野球 やきゅう 야구 / ヤグ / ㊟ baseball
ソフトボール そふとぼーる 소프트볼 / ソプトゥボル / ㊟ softball
サッカー さっかー 축구 / チュクク / ㊟ soccer, football
ゴルフ ごるふ 골프 /᷆コルプ/ ㊟ golf
スキー すきー 스키 / スキ / ㊟ skiing, ski
マラソン まらそん 마라톤 / マラトン / ㊟ marathon
陸上競技 りくじょうきょうぎ 육상경기 / ユクサンギョンギ / ㊟ athletic sports
ハンマー投げ はんまーなげ 해머던지기 / ヘモドンジギ / ㊟ hammer throw

895

槍投げ　창던지기 /チャンドンジギ/ 簧 javelin throw
幅跳び　넓이뛰기 /ノルビッティギ/ 簧 broad jump
走り高跳び　높이뛰기 /ノピッティギ/ 簧 high jump
棒高跳び　장대높이뛰기 /チャンッテノピッティギ/ 簧 pole vault
ウエイトリフティング　역도 /ヨクト/ 簧 weightlifting
レスリング　레슬링 /レスルリン/ 簧 wrestling
アーチェリー　양궁 /ヤングン/ 簧 archery
バスケットボール　농구 /ノング/ 簧 basketball
ボクシング　복싱 /ポクシン/ 簧 boxing
カヌー　카누 /カヌ/ 簧 canoe
フェンシング　펜싱 /ペンシン/ 簧 fencing
ゴールボール　골볼 /ゴルボル/ 簧 goalball
パラパワーリフティング　역도 /ヨクト/ 簧 para powerlifting
シッティングバレーボール　좌식 배구 /チュウシクペグ/ 簧 sitting volleyball
車いすバスケットボール　휠체어 농구 /フィルチェオ ノング/ 簧 wheelchair
　basketball
車いすフェンシング　휠체어 펜싱 /フィルチェオ ペンシン/ 簧 wheelchair
　fencing
車いすテニス　휠체어 테니스 /フィルチェオ テニス/ 簧 wheelchair tennis
ウィールチェアーラグビー　휠체어 럭비 /フィルチェオ ロクビ/ 簧 wheelchair rugby

台所用品　부엌용품 /プオク ヨンプム/

鍋　냄비 /ネムビ/ 簧 pan
圧力鍋　압력솥 /アムニョクソッ/ 簧 pressure cooker
薬缶　주전자 /チュジョンジャ/ 簧 kettle
フライパン　프라이팬 /プライペン/ 簧 frying pan
包丁　식칼 /シクカル/ 簧 kitchen knife
俎　도마 /トマ/ 簧 cutting board
お玉　국자 /ククチャ/ 簧 ladle
杓文字　주걱 /チュゴク/ 簧 ladle
ボウル　볼 /ポル/ 簧 bowl
水切りボウル　소쿠리 /ソクリ/ 簧 colander
計量カップ　계량컵 /ケリャンコプ/ 簧 measuring cup
調理ばさみ　조리용 가위 /チョリヨン カウィ/ 簧 poultry shears
フライ返し　프라이팬 뒤집기 /プライペン トゥィジプキ/ 簧 spatula
泡立て器　거품기 /コプムギ/ 簧 whisk
ミキサー　믹서 /ミクソ/ 簧 blender
炊飯器　밥솥 /パプソッ/ 簧 rice cooker

電気製品　전기 제품 /ˈチョンギ ˈチェプム/

冷房 れいぼう	냉방 /ネンバン/	英 air conditioning
扇風機 せんぷうき	선풍기 /ソンプンギ/	英 electric fan
暖房 だんぼう	난방 /ナンバン/	英 heating
ストーブ すとーぶ	스토브 /ストブ/	英 heater, stove
掃除機 そうじき	청소기 /チョンソギ/	英 vacuum cleaner
洗濯機 せんたくき	세탁기 /セタクキ/	英 washing machine
乾燥機 かんそうき	건조기 /ˈコンジョギ/	英 dryer
ドライヤー どらいやー	드라이기 /ˈトゥライギ/	英 drier
照明 しょうめい	조명 /ˈチョミョン/	英 lighting
冷蔵庫 れいぞうこ	냉장고 /ネンジャンゴ/	英 refrigerator
冷凍庫 れいとうこ	냉동실 /ネンドンシル/	英 freezer
電子レンジ でんしれんじ	전자레인지 /ˈチョンジャレインジ/	英 microwave oven
テレビ てれび	텔레비전 /テルレビジョン/	英 television
パソコン ぱそこん	퍼스컴, 피시 /ポスコム, ピシ/	英 personal computer
プリンター ぷりんたー	프린터 /プリント/	英 printer
ファックス ふぁっくす	팩스 /ペクス/	英 fax
コピー機 こぴーき	복사기 /ˈポクサギ/	英 copier

動物　동물 /ˈトンムル/

ライオン らいおん	라이온 /ライオン/	英 lion
虎 とら	호랑이, 범 /ホランイ, ˈポム/	英 tiger
豹 ひょう	표범 /ピョボム/	英 leopard, panther
麒麟 きりん	기린 /ˈキリン/	英 giraffe
象 ぞう	코끼리 /コッキリ/	英 elephant
鹿 しか	사슴 /サスム/	英 deer
豚 ぶた	돼지 /ˈトェジ/	英 pig
牛 うし	소 /ソ/	英 cattle
羊 ひつじ	양 /ヤン/	英 sheep
山羊 やぎ	산양 /サニャン/	英 goat
熊 くま	곰 /ˈコム/	英 bear
駱駝 らくだ	낙타 /ナクタ/	英 camel
河馬 かば	하마 /ハマ/	英 hippopotamus
パンダ ぱんだ	판다 /パンダ/	英 panda
コアラ こあら	코알라 /コアルラ/	英 koala
カンガルー かんがるー	캥거루 /ケンゴル/	英 kangaroo
栗鼠 りす	다람쥐 /ˈタラムジュィ/	英 squirrel

897

猿 ^{さる}	원숭이 /ウォンスンイ/	英 monkey, ape	

猿 <ruby>猿<rt>さる</rt></ruby>　原숭이 /ウォンスンイ/ 英 monkey, ape

猿（さる）　원숭이 /ウォンスンイ/ 英 monkey, ape

ゴリラ（ごりら）　고릴라 /↑コリルラ/ 英 gorilla

狼（おおかみ）　늑대 /ヌクテ/ 英 wolf

狸（たぬき）　너구리 /ノグリ/ 英 raccoon dog

狐（きつね）　여우 /ヨウ/ 英 fox

猪（いのしし）　멧돼지 /メットェジ/ 英 wild boar

兎（うさぎ）　토끼 /トッキ/ 英 rabbit

野兎（のうさぎ）　산토끼 /サントッキ/ 英 hare

鼠（ねずみ）　쥐 /↑チュィ/ 英 rat, mouse

犬（いぬ）　개 /↑ケ/ 英 dog

猫（ねこ）　고양이 /↑コヤンイ/ 英 cat

鯨（くじら）　고래 /↑コレ/ 英 whale

海豹（あざらし）　바다표범 /↑パダピョボム/ 英 seal

海豚（いるか）　돌고래 /↑トルゴレ/ 英 dolphin

鳥　새 /セ/

鳥（とり）　새 /セ/ 英 bird

鶏（にわとり）　닭 /↑タク/ 英 fowl, chicken

七面鳥（しちめんちょう）　칠면조 /チルミョンジョ/ 英 turkey

アヒル（あひる）　오리 /オリ/ 英 (domestic) duck

白鳥（はくちょう）　백조 /↑ペクチョ/ 英 swan

鶴（つる）　학 /ハク/ 英 crane

鷹（たか）　매 /メ/ 英 hawk

鷲（わし）　독수리 /↑トクスリ/ 英 eagle

コンドル（こんどる）　콘도르 /コンドル/ 英 condor

啄木鳥（きつつき）　딱다구리 /ッタクタグリ/ 英 woodpecker

燕（つばめ）　제비 /↑チェビ/ 英 swallow

水鳥（みずとり）　물새 /ムルッセ/ 英 waterfowl

郭公（かっこう）　뻐꾸기 /ッポックギ/ 英 cuckoo

鳩（はと）　비둘기 /↑ピドゥルギ/ 英 pigeon, dove

鶯（うぐいす）　휘파람새 /フィパラムセ/ 英 Japanese nightingale

鴎（かもめ）　갈매기 /↑カルメギ/ 英 sea gull

雲雀（ひばり）　종달새 /↑チョンダルッセ/ 英 lark

鶫（つぐみ）　티티새, 백설조 /ティティセ, ペクソルッチョ/ 英 thrush

烏（からす）　까마귀 /ッカマグィ/ 英 crow

梟（ふくろう）　올빼미 /オルッペミ/ 英 owl

ペンギン（ぺんぎん）　펭귄 /ペングィン/ 英 penguin

分野別単語集

度量衡　도량형 /ᵀ트량형 /

●距離
ミリ　밀리 /ミㇽ리/ 英 millimeter
センチ　센티미터 /センティミㇳ/ 英 centimeter
メートル　미터 /ミㇳ/ 英 meter
キロ　킬로 /キㇽロ/ 英 kilometer
ヤード　야드 /ヤㇰドゥ/ 英 yard
マイル　마일 /マイㇽ/ 英 mile

●面積
平方メートル　평방미터 /ピョンバンミㇳ/ 英 square meter
平方キロメートル　평방킬로미터 /ピョンバンキㇽロミㇳ/ 英 square kilometer
アール　아르 /アㇽ/ 英 are
ヘクタール　헥타르 /ヘㇰタㇽ/ 英 hectare
エーカー　에이커 /エイコ/ 英 acre

●重さ
グラム　그램 /ᵀグレㇺ/ 英 gram
キロ　킬로 /キㇽロ/ 英 kilogram
オンス　온스 /オンス/ 英 ounce
ポンド　파운드 /パウンドゥ/ 英 pound
トン　톤 /トン/ 英 ton

●体積
立方センチ　세제곱센티머 /セジェゴㇷ゚センティミㇳ/ 英 cubic centimeter
リットル　리터 /リㇳ/ 英 liter
立方メートル　세제곱미터 /セジェゴㇷ゚ミㇳ/ 英 cubic meter

●速度
キロ　킬로 /キㇽロ/ 英 kilometer
マイル　마일 /マイㇽ/ 英 mile
ノット　노트 /ノトゥ/ 英 knot

●温度
摂氏　섭씨 /ソプッシ/ 英 Celsius
華氏　화씨 /ファッシ/ 英 Fahrenheit

肉　고기 /ᵀコギ/

牛肉　쇠고기 /スェゴギ/ 英 beef
子牛　송아지 /ソンアジ/ 英 veal
豚肉　돼지고기 /ᵀトェジゴギ/ 英 pork
鶏肉　닭고기 /ᵀタㇰコギ/ 英 chicken

鴨　오리 / オリ / 英 duck
羊の肉　양고기 / ヤンゴギ / 英 mutton
子羊の肉　어린양고기 / オリニャンゴギ / 英 lamb
挽肉　다진 고기 / †タジン †コギ / 英 ground meat
赤身　기름기가 없는 살코기 / キルムキガ オムヌン サルコギ / 英 lean
ロース　로스 / ロス / 英 sirloin
リブロース　허리릿살 / ホリリッサル / 英 loin
ヒレ肉　허릿살 / ホリッサル / 英 fillet
サーロイン　등심 / †トゥンシム / 英 sirloin
タン　혓바닥 / ヒョッパダク / 英 tongue
レバー　간 / †カン / 英 liver
鶏のもも肉　닭다리살 / †タクタリサル / 英 leg
ハム　햄 / ヘム / 英 ham
生ハム　생햄 / センヘム / 英 Parma ham
薫製　훈제 / フンジェ / 英 smoked
ソーセージ　소시지 / ソシジ / 英 sausage
ベーコン　베이컨 / †ペイコン / 英 bacon
サラミ　살라미 소시지 / サラミ ソシジ / 英 salami

飲み物　음료 / ウムニョ /

水　물 / ムル / 英 water
ミネラルウォーター　미네랄워터 / ミネラルウォト / 英 mineral water
炭酸水　탄산수 / タンサンス / 英 soda water
赤ワイン　적포도주 / †チョクポドジュ / 英 red wine
白ワイン　백포도주 / †ペクポドジュ / 英 white wine
ロゼ　로제 / ロジェ / 英 rosê
ビール　맥주 / メクチュ / 英 beer
生ビール　생맥주 / センメクチュ / 英 draft beer
ウイスキー　위스키 / ウィスキ / 英 whiskey
シャンパン　삼페인 / シャムペイン / 英 champagne
日本酒　정종 / †チョンジョン / 英 sake
マッコリ　막걸리 / マクコルリ / 英 makgeolli
アルコール　알콜 / アルコル / 英 alcohol
カクテル　칵테일 / カクテイル / 英 cocktail
コーラ　콜라 / コルラ / 英 Coke
ジュース　쥬스 / †チュス / 英 juice
レモネード　레모네이드 / レモネイドゥ / 英 lemonade
ジンジャーエール　진저에일 / †チンジョエイル / 英 ginger ale

ミルク　우유 / ウユ / 🔒 milk
コーヒー　커피 / コピ / 🔒 coffee
カフェオレ　카페오레 / カフェオレ / 🔒 cafe au lait
アイスコーヒー　아이스커피 / アイスコピ / 🔒 iced coffee
紅茶　홍차 / ホンチャ / 🔒 tea
ミルクティー　밀크 티 / ミルク ティ / 🔒 tea with milk
レモンティー　레몬 티 / レモン ティ / 🔒 tea with lemon
アイスティー　아이스티 / アイスティ / 🔒 iced tea
緑茶　녹차 / ノクチャ / 🔒 green tea
烏龍茶　우롱차 / ウロンチャ / 🔒 oolong tea
ココア　코코아 / ココア / 🔒 hot chocolate
コーン茶　옥수수차 / オクススチャ / 🔒 corn tea

花　꽃 / ッコッ /

朝顔　나팔꽃 / ナパルッコッ / 🔒 morning glory
紫陽花　수국 / スグク / 🔒 hydrangea
菖蒲　붓꽃 / プッコッ / 🔒 flag, iris
カーネーション　카네이션 / カネイション / 🔒 carnation
ガーベラ　거베라 / コベラ / 🔒 gerbera
菊　국화 / ククヮ / 🔒 chrysanthemum
コスモス　코스모스 / コスモス / 🔒 cosmos
桜　벚꽃 / ポッコッ / 🔒 cherry blossoms
シクラメン　시클라멘 / シクラメン / 🔒 cyclamen
スイートピー　스위트피 / スウィトゥピ / 🔒 sweet pea
水仙　수선화 / スソンファ / 🔒 narcissus
睡蓮　수련 / スリョン / 🔒 water lily
菫　제비꽃 / チェビッコッ / 🔒 violet
蒲公英　민들레 / ミンドゥルレ / 🔒 dandelion
チューリップ　튤립 / トュルリナ / 🔒 tulip
椿　동백 / トンペク / 🔒 camellia
菜の花　유채꽃 / ユチェッコッ / 🔒 rape blossoms
薔薇　장미 / チャンミ / 🔒 rose
向日葵　해바라기 / ヘパラギ / 🔒 sunflower
牡丹　모란 / モラン / 🔒 peony
マーガレット　마거릿 / マゴリッ / 🔒 marguerite
木槿　무궁화 / ムグンファ / 🔒 rose of Sharon
百合　백합 / ペカナ / 🔒 lily
蘭　난 / ナン / 🔒 orchid

病院　病院 /ˈピョンウォン/

救急病院 きゅうきゅうびょういん	응급병원 /ウングプピョンウォン/	英 emergency hospital
総合病院 そうごうびょういん	종합병원 /ˈチョンハプピョンウォン/	英 general hospital
医師 いし	의사 /ウィサ/	英 doctor
看護師 かんごし	간호사 /ˈカンホサ/	英 nurse
薬剤師 やくざいし	약사 /ヤクサ/	英 pharmacist, druggist
患者 かんじゃ	환자 /ファンジャ/	英 patient
診察室 しんさつしつ	진찰실 /ˈチンチャルシル/	英 consulting room
手術室 しゅじゅつしつ	수술실 /ススルシル/	英 operating room
病棟 びょうとう	병동 /ˈピョンドン/	英 ward
病室 びょうしつ	병실 /ˈピョンシル/	英 sickroom, ward
薬局 やっきょく	약국 /ヤックク/	英 drugstore
レントゲン れんとげん	뢴트겐 /ルェントゥゲン/	英 X rays
眼科 がんか	안과 /アンクヮ/	英 ophthalmology
形成外科 けいせいげか	성형외과 /ソンヒョンウェックヮ/	英 plastic surgery
外科 げか	외과 /ウェックヮ/	英 surgery
産婦人科 さんふじんか	산부인과 /サンブインクヮ/	英 obstetrics and gynecology
歯科 しか	치과 /チックヮ/	英 dental surgery
口腔外科 こうくうげか	구강외과 /ˈクガンウェックヮ/	英 oral and maxillofacial surgery
耳鼻咽喉科 じびいんこうか	이비인후과 /イビインフックヮ/	英 otorhinolaryngology
小児科 しょうにか	소아과 /ソアックヮ/	英 pediatrics
整形外科 せいけいげか	정형외과 /ˈチョンヒョンウェックヮ/	英 orthopedics
内科 ないか	내과 /ネックヮ/	英 internal medicine
泌尿器科 ひにょうきか	비뇨기과 /ˈピニョギクヮ/	英 urology

病気　병 /ˈピョン/

インフルエンザ いんふるえんざ	인플루엔자 /インプルエンジャ/	英 influenza
ノロウイルス のろういるす	노로바이러스 /ノロバイロス/	英 norovirus
赤痢 せきり	이질 /イジル/	英 dysentery
コレラ これら	콜레라 /コルレラ/	英 cholera
チフス ちふす	티프스 /ティプス/	英 typhoid, typhus
マラリア まらりあ	말라리아 /マルラリア/	英 malaria
ジフテリア じふてりあ	디프테리아 /ˈティプテリア/	英 diphtheria
結核 けっかく	결핵 /ˈキョルヘク/	英 tuberculosis
エイズ えいず	에이즈 /エイジュ/	英 AIDS
アルツハイマー病 あるつはいまーびょう	알츠하이머병 /アルチュハイモビョン/	英 Alzheimer's disease

902

麻疹	홍역 /ホンヨク/	⊛ measles
風邪	감기 /⌈カムギ/	⊛ cold
おたふく風邪	유행성 이하선염 /ユヘンソン イハソニョム/	⊛ mumps
癌	암 /アム/	⊛ cancer
頭痛	두통 /⌈トゥトン/	⊛ headache
食中毒	식중독 /シクチュンドク/	⊛ food poisoning
盲腸炎	맹장염 /メンジャンニョム/	⊛ appendicitis
腹痛	복통 /⌈ポクトン/	⊛ stomachache
ストレス	스트레스 /ストゥレス/	⊛ stress
虫歯	충치 /チュンチ/	⊛ decayed tooth
捻挫	염좌 /ヨムジョワ/	⊛ sprain
骨折	골절 /⌈コルッチョル/	⊛ fracture
打撲	타박 /タバクサン/	⊛ bruise
脱臼	탈구 /タルグ/	⊛ dislocation

文房具　문방구 /ムンバング/

鉛筆	연필 /ヨンピル/	⊛ pencil
万年筆	만년필 /マンニョンピル/	⊛ fountain pen
ボールペン	볼펜 /⌈ポルペン/	⊛ ball-point pen
シャープペンシル	샤프펜슬 /シャプペンスル/	⊛ mechanical pencil
消しゴム	지우개 /⌈チウゲ/	⊛ eraser, rubber
インク	잉크 /インク/	⊛ ink
コンパス	컴퍼스 /コムポス/	⊛ compasses
絵の具	그림물감 /⌈クリムムルッカム/	⊛ paints, colors
パレット	팔레트 /パルレトゥ/	⊛ palette
クレヨン	크레용 /クレヨン/	⊛ crayon
クレパス	크레파스 /クレパス/	⊛ pastel crayon
色鉛筆	색연필 /センニョンピル/	⊛ colored pencil
ノート	노트 /ノトゥ/	⊛ notebook
スケッチブック	스케치북 /スケチブク/	⊛ sketchbook
手帳	수첩 /スチョプ/	⊛ notebook
日記帳	일기장 /イルギジャン/	⊛ diary
原稿用紙	원고지 /ウォンゴジ/	⊛ manuscript paper
葉書	엽서 /ヨプソ/	⊛ postal card
便箋	편지지 /ピョンジジ/	⊛ letter paper
封筒	봉투 /⌈ポントゥ/	⊛ envelope
糊	풀 /プル/	⊛ glue
セロテープ	셀로판테이프 /セロパンテイプ/	⊛ Scotch tape

903

クリップ 클립 / クルリプ / ⑱ clip
ホッチキス 호치키스 / ホチキス / ⑱ stapler

店 가게, 상점 / ˈカゲ, サンジョム /

八百屋 야채 가게 / ヤチェ ˈカゲ / ⑱ vegetable store
花屋 꽃집 / ッコッチプ / ⑱ flower shop
魚屋 생선 가게 / センソン ˈカゲ / ⑱ fish shop
肉屋 정육점 / ˈチョンニュクチョム / ⑱ meat shop
酒屋 술 가게 / スル ˈカゲ / ⑱ liquor store
パン屋 빵집 / ッパンッチプ / ⑱ bakery
薬局 약국 / ヤックク / ⑱ pharmacy, drugstore
文房具店 문방구점 / ムンバングジョム / ⑱ stationery store
靴屋 신발 가게 / シンバル ˈカゲ / ⑱ shoe store
本屋 책방 / チェクパン / ⑱ bookstore
雑貨屋 잡화점 / ˈチャプァジョム / ⑱ variety store
時計屋 시계방 / シゲバン / ⑱ watch store
理髪店 이발소 / イバルッソ / ⑱ barbershop
クリーニング店 세탁소 / セタクソ / ⑱ laundry
玩具店 완구점 / ワングジョム / ⑱ toyshop
不動産屋 복덕방 / ˈポクトクパン / ⑱ real estate agent
家具屋 가구점 / ˈカグジョム / ⑱ furniture store
キオスク 구내매점 / ˈクネメジョム / ⑱ kiosk
スーパーマーケット 슈퍼마켓 / シュポマケッ / ⑱ supermarket
デパート 백화점 / ˈペクァジョム / ⑱ department store
コンビニ 편의점 / ピョニジョム / ⑱ convenience store

野菜 야채 / ヤチェ /

胡瓜 오이 / オイ / ⑱ cucumber
茄子 가지 / ˈカジ / ⑱ eggplant, aubergine
人参 당근 / ˈタングン / ⑱ carrot
大根 무 / ム / ⑱ radish
じゃが芋 감자 / ˈカムジャ / ⑱ potato
里芋 토란 / トラン / ⑱ taro
カボチャ 호박 / ホバク / ⑱ pumpkin
牛蒡 우엉 / ウオン / ⑱ burdock
白菜 배추 / ˈペチュ / ⑱ Chinese cabbage
菠薐草 시금치 / シグムチ / ⑱ spinach

分野別単語集

葱 파 /パ/ 輝 leek
玉葱 양파 /ヤンパ/ 輝 onion
莢隠元 꼬투리째 먹는 강낭콩 /ッコトゥリッチェ モンヌン「カンナンコン/ 輝 green bean
枝豆 (풋)콩 /(プッ)コン/ 輝 green soybeans
大蒜 마늘 /マヌル/ 輝 garlic
トマト 토마토 /トマト/ 輝 tomato
ピーマン 피망 /ピマン/ 輝 green pepper
キャベツ 양배추 /ヤンベチュ/ 輝 cabbage
レタス 양상치 /ヤンサンチ/ 輝 lettuce
アスパラガス 아스파라거스 /アスパラゴス/ 輝 asparagus
カリフラワー 꽃양배추 /ッコンニャンベチュ/ 輝 cauliflower
ブロッコリー 브로콜리 /「プロコルリ/ 輝 broccoli
セロリ 셀러리 /セルロリ/ 輝 celery
パセリ 파슬리 /パスルリ/ 輝 parsley
グリーンピース 완두콩 /ワンドゥコン/ 輝 pea
玉蜀黍 옥수수 /オクスス/ 輝 corn
茸 버섯 /「ポソッ/ 輝 mushroom
もやし 숙주나물 /スクチュナムル/ 輝 bean sprout
かぶ 순무 /スンム/ 輝 turnip
冬瓜 동아 /「トンア/ 輝 wax gourd
韮 부추 /「プチュ/ 輝 scallion
蓮根 연근 /ヨングン/ 輝 lotus root
筍 죽순 /「チュクスン/ 輝 bamboo shoot

曜日 요일 /ヨイル/

日曜日 일요일 /イリョイル/ 輝 Sunday
月曜日 월요일 /ウォルョイル/ 輝 Monday
火曜日 화요일 /ファョイル/ 輝 Tuesday
水曜日 수요일 /スョイル/ 輝 Wednesday
木曜日 목요일 /モギョイル/ 輝 Thursday
金曜日 금요일 /「クミョイル/ 輝 Friday
土曜日 토요일 /トョイル/ 輝 Saturday
週 주 /「チュ/ 輝 week
週末 주말 /「チュマル/ 輝 weekend
平日 평일 /ピョンイル/ 輝 weekday
休日 휴일 /フュイル/ 輝 holiday, vacation
祭日 경축일 /「キョンチュギル/ 輝 national holiday, festival day

2017 年 9 月 10 日　　初版発行

デイリー日韓英辞典　カジュアル版

2017 年 9 月 10 日　　第 1 刷発行

編　者　　三省堂編修所
発行者　　株式会社三省堂　代表者 北口克彦
印刷者　　三省堂印刷株式会社
発行所　　株式会社三省堂
　　　　　〒 101-8371
　　　　　東京都千代田区三崎町二丁目 22 番 14 号
　　　　　　　電話　編集　(03) 3230-9411
　　　　　　　　　　営業　(03) 3230-9412
　　　　　　　http://www.sanseido.co.jp/

落丁本・乱丁本はお取り替えいたします。

ISBN978-4-385-12284-7

〈カジュアル日韓英・912pp.〉

本書を無断で複写複製することは、著作権法上の例外を除き、禁じられています。また、本書を請負業者等の第三者に依頼してスキャン等によってデジタル化することは、たとえ個人や家庭内での利用であっても一切認められておりません。

三省堂 デイリー3か国語辞典シリーズ

シンプルで使いやすい
デイリー3か国語辞典シリーズ

B6変・912頁(日中英は928頁)・2色刷

★ 日常よく使われる語句をたっぷり収録
★ 仏〜韓の各言語と英語はカナ発音付き
★ 日本語見出しはふりがなとローマ字付き
★ 付録に「日常会話」(音声ウェブサービス付き)と「分野別単語集」

デイリー日仏英辞典　　デイリー日西英辞典
デイリー日独英辞典　　デイリー日中英辞典
デイリー日伊英辞典　　デイリー日韓英辞典

コンパクトで見やすい
デイリー3か国語会話辞典シリーズ

A6変・384頁・2色刷

★ かんたんに使える表現1,200例
★ 仏〜韓の各言語はカナ発音付き
★ 実際の場面を想定した楽しい「シミュレーション」ページ
★ コラム・索引・巻末単語帳も充実

デイリー日仏英3か国語会話辞典
デイリー日独英3か国語会話辞典
デイリー日伊英3か国語会話辞典
デイリー日西英3か国語会話辞典
デイリー日中英3か国語会話辞典
デイリー日韓英3か国語会話辞典

● 世界の国名 (一部, 地域名も含む)

国・地域	韓国語	カナ発音
アイスランド	아이슬란드	アイスルランドゥ
アイルランド	아일랜드	アイルレンドゥ
アフガニスタン	아프가니스탄	アプガニスタン
アメリカ合衆国	미국	ミグク
アラブ首長国連邦	아랍 에미리트	アラベミリトゥ
アルジェリア	알제리	アルジェリ
アルゼンチン	아르헨티나	アルヘンティナ
イギリス	영국	ヨングク
イスラエル	이스라엘	イスラエル
イタリア	이탈리아	イタルリア
イラク	이라크	イラク
イラン	이란	イラン
インド	인도	インド
インドネシア	인도네시아	インドネシア
ウルグアイ	우루과이	ウルグゥイ
エクアドル	에콰도르	エクゥドル
エジプト	이집트	イジプトゥ
エチオピア	에티오피아	エティオピア
オーストラリア	오스트레일리아, 호주	オストゥレイルリア, ホジュ
オーストリア	오스트리아	オストゥリア
オランダ	네덜란드	ネドルランドゥ
ガーナ	가나	†カナ
カナダ	캐나다	ケナダ
カメルーン	카메룬	カメルン
韓国	한국	ハングク
カンボジア	캄보디아	カムボディア
北朝鮮	북한	†プカン
キューバ	쿠바	クバ
ギリシャ	그리스	†クリス
グアム	괌	†クゥム
クウェート	쿠웨이트	クウェイトゥ
クロアチア	크로아티아	クロアティア
ケニア	케냐	ケニャ
コスタリカ	코스타리카	コスタリカ
コロンビア	콜롬비아	コルロムビア
コンゴ共和国	콩고	コンゴ
サウジアラビア	사우디아라비아	サウディアラビア
シリア	시리아	シリア
シンガポール	싱가포르	シンガポル
スイス	스위스	スウィス
スウェーデン	스웨덴	スウェデン
スペイン	스페인	スペイン
スリランカ	스리랑카	スリランカ